Handexemplar.

# Das in Bayern geltende

# Nachbarrecht

## mit Berücksichtigung des Berg- und Wasserrechts

von

**Christian Meisner,**
Rechtsanwalt in Würzburg.

**Zweite**, vollständig umgearbeitete und vermehrte **Auflage.**

1910
München und Berlin
J. Schweitzer Verlag (Arthur Sellier)

K. b. Hof- und Univ.-Buchdruckerei von Junge & Sohn, Erlangen.

# Vorwort zur ersten Auflage.

Eine zusammenfassende Darstellung des in Bayern geltenden Nachbarrechts entspricht einem Bedürfnis der Praxis; denn neben der Wichtigkeit dieser Materie, welche im praktischen Rechtsleben so häufige Anwendung erfährt, ist die neue Gesetzgebung weit davon entfernt geblieben, auf diesem Gebiete ein in sich abgeschlossenes Recht einzuführen. Die Reichsgesetzgebung mußte der Verschiedenheit der örtlichen Verhältnisse durch einen weitgehenden Vorbehalt zugunsten der Landesgesetzgebung Rechnung tragen, von welchem die bayerische Ausführungsgesetzgebung einen ziemlich umfangreichen Gebrauch gemacht hat. Da die alten Statutarrechte, welche zum größten Teil die nachbarlichen Rechtsverhältnisse in den sogenannten Bauordnungen durch Spezialbestimmungen regeln, grundsätzlich aufgehoben sind, muß das neue Recht auf Einrichtungen angewendet werden, welche den Vorschriften der Statutarrechte angepaßt sind. Vielfach wurden die aufgehobenen Spezialbestimmungen der Statuten nicht ersetzt, so daß man die allgemeinen Leitsätze des neuen bürgerlichen Rechts anzuwenden hat, wo vordem ganz detaillierte Spezialvorschriften gegeben waren. Das ganze Gebiet des Wasserrechts, auf welchem bei der ruhelosen Natur des Wassers besonders viele Berührungspunkte der nachbarlichen Rechtsverhältnisse gegeben sind, ist vollständig von der reichsgesetzlichen Regelung ausgeschlossen geblieben. Die bayerischen Wassergesetze sind aufrecht erhalten; doch ist das Inkrafttreten des Bürgerlichen Gesetzbuchs keineswegs spurlos an dem Wasserrecht vorübergegangen.

Vorschriften, welche dem Nachbarrechte angehören, finden sich nicht nur im Bürgerlichen Gesetzbuch, im Ausführungsgesetze, in dem Gesetze betr. die Uebergangsvorschriften und in den Wassergesetzen, sondern auch in Spezialgesetzen des Reichs wie des Landes.

Die vorliegende Abhandlung enthält die gesamten, auf das Nachbarrecht bezüglichen Vorschriften des Reichs- und Landesrechts, soweit dieselben privatrechtlicher Natur sind. Ausgenommen wurde das Recht der Grunddienstbarkeiten, weil es angezeigt erschien, die Bearbeitung dieses Gebietes bis nach Durchführung der Grundbuchanlegung zu verschieben und hier nur die zur Abrundung des Ganzen erforderlichen Einzelheiten vorzuführen. Es ist in Aussicht genommen, seiner Zeit eine gesonderte Bearbeitung dieses Gebietes folgen zu lassen.

Es wurde darauf Bedacht genommen, den Zusammenhang des neuen Rechts mit den alten Partikularrechten herzustellen.

Die öffentlich-rechtlichen Normen sind insoweit hereinbezogen, als dies mit Rücksicht auf den Zweck einer zusammenfassenden Darstellung des Nachbarrechts geboten erschien.

Würzburg, im August 1901.

**Der Verfasser.**

---

# Vorwort zur zweiten Auflage.

Die Ergebnisse der Wissenschaft und Praxis sind nach Tunlichkeit berücksichtigt. Neu einbezogen wurden die Grunddienstbarkeiten einschließlich der Weide- und Forstberechtigungen, die Besitzklage, die Rechtsverhältnisse zwischen Grundstückseigentümern und Bergbauberechtigten, das Kellerrecht, das Fischereirecht u. a. Das Wasserrecht mußte wegen der Aenderung der Gesetzgebung vollständig umgearbeitet werden; dabei wurde jedoch der Rahmen enger gezogen als in der ersten Auflage, da bereits verschiedene gründliche Bearbeitungen des neuen Wassergesetzes vorliegen und darauf Bedacht genommen werden mußte, den Umfang nicht allzusehr zu steigern.

Das ausführliche Inhaltsverzeichnis, welches die Handhabung des Buches wesentlich erleichtern wird, verdanke ich meinem Neffen, Herrn Rechtspraktikanten Ludwig Thurn in Würzburg.

Würzburg, im August 1910.

**Der Verfasser.**

# Inhaltsverzeichnis.

---

# Abkürzungen.

AAPr. = Protokolle des Justizgesetzgebungsausschusses der Kammer der Abgeordneten (Verhandlungen der Kammer der Abgeordneten 1898/99 Beilagen-Band XX Abteilung II).
AbmG. = Gesetz, die Abmarkung der Grundstücke betreffend, vom 30. Juni 1900.
ALR. = Allgemeines preußisches Landrecht.
ArchBR. = Archiv für bürgerliches Recht.
ArchöffR. = Archiv für öffentliches Recht.
ArchZivPrax. = Archiv für zivilistische Praxis.
AutMinEntsch. = Autographierte Ministerialentschließung.
BadRechtspr. = Badische Rechtsprechung.
BayLR. = Bayerisches Landrecht.
BayZfR. = Zeitschrift für Rechtspflege in Bayern.
Becher, Mat. = Becher, die gesamten Materialien zu den das Bürgerliche Gesetzbuch und seine Nebengesetze betreffenden bayerischen Gesetzen und Verordnungen.
(Bd. 1 = Bd. 1 der IV. und V. Abteilung.)
Begr. = Begründung.
Biermann = Biermann, das Sachenrecht des Bürgerl. Gesetzb. 2. Aufl.
BlAdmPr. = Braters Blätter für administrative Praxis in Bayern.
Böhm-Klein = Böhm und Klein, das Ausführungsgesetz zum Bürgerlichen Gesetzbuche.
Bolze = Bolze, Praxis des Reichsgerichts.
Cosack = Cosack, Lehrbuch des Deutschen Bürgerl. Rechts. 4. Aufl.
Crome = Crome, System des Deutschen Bürgerlichen Rechts.

| | | |
|---|---|---|
| DAnw. | = | Dienstanweisung für die Grundbuchämter rechts d. Rheins. |
| Denkschrift | = | Denkschrift zum Entwurfe eines Bürgerlichen Gesetzbuches. |
| Dernburg | = | Dernburg, das Sachenrecht des Deutschen Reichs und Preußens. 2. Aufl. |
| DJZ. | = | Deutsche Juristenzeitung. |
| Endemann | = | Endemann, Lehrbuch des Deutschen Bürgerlichen Rechts. 8. u. 9. Aufl. |
| Entsch. | = | Sammlung von Entscheidungen rc. |
| EntschFG. | = | Entscheidungen in Angelegenheiten der freiwilligen Gerichtsbarkeit und des Grundbuchrechts. |
| EntschOGH. | = | Entscheidungen des Obersten Gerichtshofs für Bayern in Zivilsachen. |
| EntschOGHSt. | = | Entscheidungen des Obersten Gerichtshofs für Bayern in Strafsachen. |
| EntschOTr. | = | Entscheidungen des preuß. Obertribunals (Amtl. Ausg.). |
| EntschVGH. | = | Entscheidungen des bayerischen Verwaltungsgerichtshofs. |
| Entw. | = | Entwurf. |
| ErgB. | = | Ergänzungsband. |
| Eymann | = | Eymann, Wassergesetz für das Königreich Bayern. |
| FG. | = | Bayerisches Forstgesetz in der Fassung von 1896. |
| FischG. | = | Bayerisches Fischereigesetz vom 15. August 1908. |
| Gaupp | = | Gaupp-Stein, Kommentar zur Zivilprozeßordnung. |
| GBO. | = | Grundbuchordnung. |
| GO. | = | Gewerbeordnung. |
| Goldmann-Lilienthal | = | Goldmann-Lilienthal, das Bürgerliche Gesetzbuch. |
| Gruchot | = | Beiträge zur Erläuterung des deutschen Rechts, begründet von Gruchot, herausg. von Rassow, Küntzel und Eccius. |
| GVBl. | = | Gesetz- und Verordnungsblatt für das Königreich Bayern. |
| Habicht | = | Habicht, die Einwirkung des Bürgerlichen Gesetzbuches auf zuvor entstandene Rechtsverhältnisse (2. Aufl.). |
| HansGZ. | = | Hanseatische Gerichtszeitung. |
| Harster-Cassimir | = | Harster u. Cassimir, Kommentar z. bayer. Wassergesetz. |
| Henle-Schneider | = | Henle und Schneider, die bayerischen Ausführungsgesetze zum Bürgerlichen Gesetzbuche. |
| Höniger | = | Höniger, die Grenzscheidungsklage. |
| Jhering | = | Jherings Jahrbücher für Dogmatik. |
| JMBek. | = | Bekanntmachung des Justizministeriums. |
| JW. | = | Juristische Wochenschrift. |
| KommProt. | = | Protokolle der Reichstagskommission für die 2. Lesung des Entwurfes des BGB. und des Einführungsgesetzes. |
| KompKonflG. | = | Kompetenzkonfliktsgerichtshof. |
| KompVO. | = | Kompetenzverordnung. |
| Krais | = | Krais, Handbuch der inneren Verwaltung. |
| Kuhlenbeck | = | Kuhlenbeck, das Bürgerliche Gesetzbuch. |
| LG. | = | Landgericht |
| LiegenschG. | = | Das Gesetz über das Liegenschaftsrecht in der Pfalz vom 1. Juli 1898. |
| M. | = | Motive zum Entwurfe eines Bürgerlichen Gesetzbuchs für das Deutsche Reich. |
| MABl. | = | Amtsblatt des bayerischen Staatsministeriums des Innern. |
| Maenner | = | Maenner, Sachenrecht, 2. Auflage. |
| Meikel | = | Meikel, die bayerischen Ausführungsgesetze zum Bürgerlichen Gesetzbuche. |
| MinB. | = | Ministerialbekanntmachung. |
| MinEntsch. | = | Ministerialentschließung. |
| Mugdan | = | Mugdan, die gesamten Materialien zum Bürgerl. Gesetzb. |
| Neumann | = | Neumann, Jahrbuch des deutschen Rechtes. |
| N. F. | = | Neue Folge. |

| | | |
|---|---|---|
| Nieberding-Frank | = | Nieberdings Wasserrecht und Wasserpolizei im Preußischen Staate von Frank. |
| Niedner | = | Niedner, Kommentar zum Einführungsgesetz zum Bürgerlichen Gesetzbuch. |
| NotG. | = | Notariatsgesetz. |
| ObLG. | = | Entscheidungen des Obersten Landesgerichts in München in Zivilsachen. |
| ObLGSt. | = | Entscheidungen des Obersten Landesgerichts in München in Strafsachen. |
| Oertmann | = | Oertmann, Bayerisches Landesprivatrecht. |
| OGH. | = | Entscheidungen des Obersten Gerichtshofs in Bayern. |
| OldenbZ. | = | Zeitschrift für Verwaltung und Rechtspflege im Großherzogtum Oldenburg. |
| OLG. | = | Oberlandesgericht. |
| OLGSt. | = | Entscheidungen des Oberlandesgerichts München in Strafsachen. |
| Planck | = | Planck, Bürgerl. Gesetzb. mit Einführungsgesetz. 3. Aufl. |
| Pözl | = | Pözl, die bayerischen Wassergesetze, 2. Auflage. |
| PosJMSchr. | = | Juristische Monatsschrift für Posen, West- u. Ostpreußen. |
| PrR. | = | Prozeßregister. |
| PuchZ. | = | Puchelts Zeitschrift für deutsches bürgerliches Recht und französisches Zivilrecht. |
| RAPr. | = | Ausschußprotokolle der Kammer der Reichsräte. |
| RdOLG. | = | Rechtsprechung der Oberlandesgerichte von Mugdan und Falkmann. |
| RegBl. | = | Regierungsblatt. |
| RG. | = | Entscheidungen des Reichsgerichts in Zivilsachen. |
| RGBl. | = | Reichsgesetzblatt. |
| RGSt. | = | Entscheidungen des Reichsgerichts in Strafsachen. |
| RheinArch. | = | Archiv für das Zivil- und Kriminalrecht der Kgl. preußischen Rheinprovinz. |
| ROHG. | = | Entscheidungen des Reichsoberhandelsgerichts. |
| Roth, BayZR. | = | Roth, Bayerisches Zivilrecht. 2. Aufl. |
| SächsArch. | = | Sächsisches Archiv für bürgerliches Recht und Prozeß. |
| Schelhaß | = | Schelhaß, Nachbarrecht. |
| Scherer | = | Scherer, das Sachenrecht des Bürgerlichen Gesetzbuches. |
| Schneider | = | Schneider, das Liegenschaftsrecht in der Pfalz. 2. Aufl. |
| SeuffA. | = | Seufferts Archiv für Entscheidungen der höchsten Gerichtshöfe in deutschen Staaten. |
| SeuffBl. | = | Seufferts Blätter für Rechtsanwendung. |
| Staudinger | = | Staudinger, Kommentar z. Bürgerl. Gesetzb. 3. u. 4. Aufl. |
| Staudinger, Vorträge | = | Staudinger, Vorträge aus dem Gebiete des Bürgerlichen Gesetzbuchs für Verwaltungsbeamte. |
| Stobbe | = | Stobbe, Handbuch des deutschen Privatrechts. 3. Aufl. |
| Striethorst, Arch. | = | Striethorst, Archiv für Rechtsfälle des preußischen Obertribunals. |
| Turnau-Förster | = | Turnau und Förster, das Liegenschaftsrecht, 1. Band des Sachenrechts des Bürgerlichen Gesetzbuches. 3. Aufl. |
| VGH. | = | Entscheidungen des bayerischen Verwaltungsgerichtshofs. |
| VO. | = | Königliche Allerhöchste Verordnung. |
| VVdg. | = | Vollzugsverordnung. |
| WBG. | = | Gesetz über die Benützung des Wassers vom 28. Mai 1852. |
| Weber | = | Weber, Gesetz- und Verordnungssammlung. |
| WG. | = | Wassergesetz vom 23. März 1907. |
| WürttJ. | = | Jahrbücher der württembergischen Rechtspflege. |
| WürttZ. | = | Zeitschrift für die freiwillige Gerichtsbarkeit und die Gemeindeverwaltung in Württemberg. |

# Einleitung.

## I. Nachbarrecht.

Eigentum ist die rechtliche Herrschaft über eine Sache. An und für sich kann der Eigentümer mit der Sache nach Belieben verfahren und andere von jeder Einwirkung ausschließen. Indessen sind der Willkür des Eigentümers in der Verfügung über die Sache durch allgemeine gesetzliche Bestimmungen Schranken gezogen; die staatliche Ordnung erheischt, daß auch das Privateigentum in den Dienst des Gemeinwohles gestellt wird. Auch können besondere Rechte Dritter auf Grund eines dinglichen oder obligatorischen Titels bestehen, die den Eigentümer in seinen Befugnissen beschränken. All dies wird zum Ausdruck gebracht durch die Bestimmung des § 903 BGB., wonach der Eigentümer einer Sache, soweit nicht das Gesetz oder Rechte Dritter entgegenstehen, mit der Sache nach Belieben[1]) verfahren und andere von jeder Einwirkung ausschließen kann. Gesetz im Sinne des § 903 bedeutet jede Rechtsnorm; die Befugnis des Eigentümers, mit der Sache nach Belieben zu verfahren, muß also auch überall da zurücktreten, wo die nach Landesgesetz zulässigen Polizeiverordnungen eine einzelne Art der Benützung des Eigentums verbieten[2]).

Hiernach darf also der Eigentümer alles mit seinem Eigentum anfangen, was ihm nicht besonders untersagt ist. § 903 BGB. handelt nur von der Befugnis zu tatsächlichen Verfügungen[3]); daß dem Eigentümer, soweit ihm nicht durch Gesetz oder Verträge Schranken gesetzt sind, auch die ausschließliche rechtliche Herrschaft

---

[1]) Der Entwurf I sagte: „nach Willkür". Die zweite Kommission hat an Stelle dieser Worte „nach Belieben" gesetzt, um nicht den Gedanken aufkommen zu lassen, daß der Eigentümer auch von allen durch die Gebote der Sittlichkeit gegebenen Beschränkungen (vgl. §§ 226, 826 BGB.) im Gebrauche der Sache befreit sein sollte. Planck, Bem. 2 zu § 903.

[2]) Oberverwaltungsgericht Berlin im Recht 1902, S. 508; vgl. ObLG. im Recht 1904, S. 19 Nr. 43.

[3]) M. Bd. 3 S. 258 (Mugdan Bd. 3 S. 142 f.); KommProt. S. 3525 (Mugdan Bd. 3 S. 578).

über die Sache zusteht, ist selbstverständlich. — Der Umstand allein, daß die Ausübung des Eigentumsrechts einem anderen Schaden bringt, macht dieselbe noch nicht zu einer unzulässigen. So darf z. B. der Eigentümer eines Grundstücks, der auf demselben einen Brunnen gräbt, hierdurch dem Nachbar das Wasser entziehen[1]), er darf durch Errichtung eines Gebäudes dem Nachbarhause nicht nur die Aussicht, sondern auch das Licht verbauen[2]). Dagegen ist eine Ausübung des Eigentumsrechts, welche nur den Zweck haben kann, einem anderen Schaden zuzufügen, unzulässig. Schikanöse Rechtsausübung ist durch die allgemeine Norm des § 226 BGB. verboten[3]).

Andererseits kann der Eigentümer jegliche Einwirkung Dritter ausschließen; er braucht z. B. nicht zu dulden, daß ein Draht zum Zwecke der Festhaltung der elektrischen Leitung für die Straßenbahn an seinem Hause angebracht wird, auch wenn er hierdurch in keiner Weise geschädigt oder belästigt würde. Ebensowenig braucht der Grundeigentümer zu dulden, daß der Nachbar oder dessen Handwerksleute behufs Ausbesserung des Nachbarhauses sein Grundstück betreten[4]).

Die Befugnis des Eigentümers, die Einwirkungen Dritter auszuschließen, müßte mit den Bedürfnissen des Lebens in einen unversöhnlichen Widerspruch treten, wenn sie von dem Gesetzgeber nach jeder Richtung streng durchgeführt würde. Das nachbarliche Zusammenleben der Menschen führt naturnotwendig zu einer Kollision der Interessen, in welcher das Eigentum des einen das Eigentum des anderen zu überwinden sucht. Vernunft und Billigkeit sollten zwar die Grundeigentümer von selbst dazu bringen, bei Ausübung der in ihrem Eigentum liegenden Befugnisse angemessene Rücksicht auf die Interessen ihrer Nachbarn zu nehmen. Jeder muß sich sagen, daß ein allzu starres Bestehen auf seinen Eigentumsbefugnissen einen fortwährenden Kriegszustand hervorrufen würde, bei dem wohl keiner der Nachbarn die Linie seines Rechtes überschreitet, jeder aber den anderen in der Benützung des Eigentums auf eine für alle unerträgliche Weise beschränkt. Das Bedürfnis einer solchen gegenseitigen nachbarlichen Rücksicht ist für das Gemeinwohl so dringend, daß für den Gesetzgeber die unabweisbare Aufgabe erwächst, ausgleichende Grundsätze für die kollidierenden Interessen der Grundstückseigentümer zu finden und das, was Vernunft und Billigkeit fordern, als rechtliche Notwendigkeit festzusetzen[5]). Diesem Bedürfnis nach einem vermittelnden Ausgleich entspringen die Rechtsvorschriften, welche das Eigentum aller beschränken, um das Eigentum aller zu verstärken.

---

[1]) S. unten S. 403.

[2]) S. unten S. 194.

[3]) S. unten S. 70.

[4]) Im Falle des Notstandes greift § 904 BGB. in dieses Verbietungsrecht des Eigentümers ein, s. unten S. 77.

[5]) Vgl. Puchta, Institutionen Bd. 2 § 231.

Der Inbegriff aller jener Normen, durch welche der Eigentumsinhalt zum Ausgleich der widerstreitenden Interessen der angrenzenden Grundbesitzer abgemildert wird, stellt das Nachbarrecht dar[1]).

Das Bürgerliche Gesetzbuch hat ein einheitliches Recht auf diesem Gebiete nicht zu schaffen vermocht. Zwar sind vom Bürgerlichen Gesetzbuche in den §§ 906—923 nachbarrechtliche Vorschriften getroffen, welche für das ganze Reichsgebiet Geltung haben und der Abänderung durch die Landesgesetzgebung entzogen sind. Allein der Verschiedenheit der örtlichen Verhältnisse mußte durch einen weitgehenden Vorbehalt zugunsten der Landesgesetzgebung Rechnung getragen werden. Art. 124 EG. bestimmt, daß diejenigen landesgesetzlichen Vorschriften, welche das Eigentum an Grundstücken zugunsten der Nachbarn noch anderen als den im Bürgerlichen Gesetzbuch bestimmten Beschränkungen unterwerfen, unberührt bleiben. Die in den §§ 906 ff. BGB. getroffenen Eigentumsbeschränkungen können demnach durch die Landesgesetzgebung weder verschärft noch gemildert werden. Alle landesrechtlichen Vorschriften, die von diesen reichsgesetzlichen Bestimmungen abweichen, sind daher schon auf Grund der Reichsgesetzgebung außer Kraft getreten. Dagegen sind von der Reichsgesetzgebung unberührt geblieben alle Beschränkungen anderer Art, als sie durch die §§ 906 ff. BGB. den Grundstückseigentümern auferlegt sind. Hier aber hat die bayerische Ausführungsgesetzgebung eingegriffen, indem sie die von dem Reichsrecht unberührt gelassenen Vorschriften des Nachbarrechts durch ein neues einheitliches, in den Art. 62—80 des Ausführungsgesetzes zum Bürgerlichen Gesetzbuch niedergelegtes Recht ersetzt hat[2]). Daneben ist für das Wasserrecht,

---

[1]) Die Eigentumsbeschränkungen der §§ 904—924 finden auch auf die Eigentümer öffentlicher Sachen Anwendung. Biermann, Oeffentliche Sachen S. 35. A. M. Mayer, ArchöffR. Bd. 16 S. 63. Die aus den gesetzlichen Vorschriften über das Nachbarrecht sich ergebenden Befugnisse und Beschränkungen eignen sich selbstverständlich nicht zur Eintragung im Grundbuch. (Dienstanw. für d. Grundbuchämter r. d. Rh. § 123 Ziff. 2.)

[2]) Die amtliche Begründung zum Entwurf des Ausführungsgesetzes rechtfertigt dies wie folgt: „Das in Bayern geltende Nachbarrecht leidet insbesondere auf dem Gebiete des Baurechts an einer weitgehenden Zersplitterung. Mehr als ein Dutzend Baurechte sind noch in Geltung, alle in Einzelheiten voneinander verschieden. Der Verschiedenheit der Vorschriften entspricht nicht auch eine Verschiedenheit der heutigen Verhältnisse. Von den Baurechten ist das jüngste vor mehr als hundert Jahren, die älteren sind vor mehreren Jahrhunderten entstanden. Ihre Verschiedenheiten mögen damals den örtlichen Verhältnissen angepaßt gewesen sein. Inzwischen haben der Wegfall der inneren Schranken und der Aufschwung des Verkehrs einerseits, die Fortschritte der Technik und die Anforderungen der Gesundheitspflege andererseits eine ausgleichende Wirkung geübt. Manche von den aus alten Zeiten stammenden Beschränkungen sind entbehrlich, manche, die zur Zeit der Entstehung als eine wenig beschwerende Rücksichtnahme auf den Nachbar erschienen, sind bei dem steigenden Werte des Baugrundes drückend und volkswirtschaftlich schädlich geworden. Die Verhältnisse haben sich geändert, die Gesetze und Statuten sind die gleichen geblieben. Die Ersetzung dieser Vorschriften durch neues einheitliches Recht ist deshalb ein dringendes Bedürfnis" (Begründung S. 38, Becher, Mat. Bd. 1 S. 81).

welches gemäß Art. 65 EG. von der reichsgesetzlichen Regelung vollständig ausgenommen wurde, das bayerische Wassergesetz vom 23. März 1907 maßgebend.

Das in Bayern geltende Nachbarrecht stellt sich sonach als ein einheitliches Recht dar; alle partikularen Rechtsnormen des bisherigen Rechts sind auf diesem Gebiete aufgehoben, so insbesondere die Vorschriften über den Grenzabstand[1]) der Gebäude[2]), Zäune[3]), Aborte[4]), Düngerstätten[4]), Brunnen[4]), Kanäle und ähnlicher Anlagen[4]); ebenso die landesrechtlichen Vorschriften über den Abstand von Vertiefungen und Erhöhungen des Bodens[5]), die Vorschriften über Mauerausbauchung[6]) und Neidbau[7]), Verpflichtung zur Errichtung von Zäunen, Schutz der Windmühlen[8]).

Nur ein einziger Vorbehalt von der Aufhebung des bisherigen Rechts ist für das auf örtlichem Herkommen beruhende Anwenderecht gemacht worden[9]).

## II. Oeffentlich-rechtliche Eigentumsbeschränkungen.

1. Unberührt von dem Inkrafttreten des Bürgerlichen Gesetzbuches bleiben die landesgesetzlichen Vorschriften, welche im öffentlichen Interesse das Eigentum in Ansehung tatsächlicher Verfügungen beschränken (Art. 111 EG.).

Es ist besonders hervorzuheben, daß Art. 111 EG. nur die Beschränkungen gegen tatsächliche Verfügungen des Eigentümers betrifft, und das Landesgesetz den rechtlichen Inhalt des Eigentums auch im öffentlichen Interesse nicht nach Belieben beschränken darf; die Kompe-

---

[1]) Vgl. Begründung S. 41 (Becher, Mat. Bd. 1 S. 87).

[2]) Eine Vorschrift, die für Bauten einen bestimmten Abstand von der Grenze vorschreibt, enthielt nur ALR. Tl. I Tit. 8 § 139; den anderen in Bayern geltenden Rechten war eine solche Vorschrift ohnedies fremd. — Nach jetzigem Recht darf daher der Grundeigentümer unmittelbar an der Grenze seinen Neubau aufführen. Vgl. unten S. 112. Wegen des Verbots über die Landesgrenze zu bauen vgl. Seydel, Bayer. Staatsrecht Bd. 3 S. 245.

[3]) Abstandsvorschriften für Zäune bestanden nur nach Augsburger und Regensburger Recht. Die Anbringung von Stacheldrahtzäunen kann an Orten öffentlichen Verkehrs aus Sicherheitsgründen durch polizeiliche Anordnung verboten werden (§ 366 Z. 10 RStGB. u. Art. 2 Z. 6 PStGB.); dem Eigentümer kann zivilrechtliche Haftung für etwaige durch den Zaun verursachte Beschädigung erwachsen.

[4]) Vgl. unten S. 112, insbes. Anm. 4.

[5]) Solche bestanden nur im Geltungsbezirke des preußischen Rechts (ALR. Tl. I Tit. 8 §§ 185, 187). Vgl. unten S. 127.

[6]) Vgl. unten S. 76 und S. 166.

[7]) Die über § 226 BGB. hinausgehenden Vorschriften gegen den Neidbau des bisherigen Rechts sind daher aufgehoben. Begründung S. 39 (Becher, Mat. Bd. 1 S. 83). Vgl. unten S. 70 ff.

[8]) Ueber Windmühlenschutz nach ALR. vgl. RG. Bd. 50 S. 319.

[9]) S. unten S. 223 ff.

tenz hierfür wird in den Art. 115—117, 119 EG. genau abgesteckt [1]).

a) Hierher gehören vorzugsweise die baupolizeilichen Vorschriften, die in der k. Verordnung vom 17. Februar 1901 mit Geltung für das ganze Königreich mit Ausnahme von München enthalten sind. Wichtig sind vor allem die Bestimmungen des ersten Abschnittes (§§ 1—5), durch welche im Interesse geregelter Straßenzüge bestimmt wird, wo überhaupt gebaut werden darf. Der Platz, an welchem nach öffentlichem Recht gebaut werden darf, wird durch eine zweifache Messung im Raume festgelegt. Zunächst wird durch vertikale Bestimmung die Höhenlage (Niveau) angegeben, in welcher gebaut werden darf. Sodann werden in dieser Fläche mittelst wagrechter Bestimmung die Linien (Baulinien) gezogen, innerhalb deren gebaut und außerhalb deren nicht gebaut werden darf [2]). Der zweite Abschnitt der Bauordnung enthält in den §§ 6—10 Vorschriften über das Erfordernis baupolizeilicher Genehmigung für Neubauten und bauliche Aenderungen, während der dritte Abschnitt in den §§ 12—57 die materiellen Vorschriften über die Ausführung der Bauten, insbesondere über die Art der Bauführung hinsichtlich der Sicherheit für Leben und Gesundheit, hinsichtlich des Baumaterials, der Stärke der Mauern, der Anlage von Feuerstätten, der Höhe der Gebäude, der Beschaffenheit der Winkel, Abtritte, Dungstätten u. s. w. enthält. Der vierte Abschnitt (§§ 58—79) behandelt die Zuständigkeit und das Verfahren.

b) Einschlägig sind ferner die forstrechtlichen Eigentumsbeschränkungen, durch welche die Eigentümer von Waldungen bei deren Bewirtschaftung nach mehrfacher Richtung Beschränkungen unterworfen sind. Solche Beschränkungen bestehen sowohl in Ansehung der Gemeinde-, Stiftungs- und Körperschaftswaldungen (Art. 6—18 FG.) als auch in Ansehung der Privatwaldungen (Art. 19—33 FG.). So ist insbesondere die Zulässigkeit gänzlicher oder teilweiser Rodung (Ausstockung) des Waldes von bestimmten Voraussetzungen abhängig (Art. 34—40 FG.), die Abschwendung, d. i. jede den Wald ganz oder auf einem Teile seiner Fläche verwüstende, sein Fortbestehen unmittelbar gefährdende Handlung ist verboten (Art. 41 FG.), während die Aufforstung der Waldblößen geboten ist (Art. 42 FG.); die Ausübung der Weide in den Waldungen ist Beschränkungen unterworfen (Art. 43, 44 FG.) u. s. w.

c) Ferner gehören hierher die Vorschriften über die Auslichtung der Gehölze an Staatsstraßen [3]), über den Abstand mit dem Pflügen und den Zäunen von den Staatsstraßen [4]), über die Verpflichtung

---

1) Endemann Bd. 2 S. 485 f.
2) Englert, Bauordnung S. 2.
3) S. unten S. 153.
4) S. hierüber unten S. 112.

der Nachbargrundstücke von Staatsstraßen zur Aufnahme des Straßenabraums[1]).

d) Auch die Vorschriften über die Zwangsenteignung gehören hierher (Art. 109 EG.).

2. Die öffentlich-rechtlichen Eigentumsbeschränkungen der Reichsgesetze haben fortdauernde Geltung[2]); es sei hier nur Bezug genommen auf folgende:

a) Das Reichsrayongesetz vom 21. Dezember 1871[3]) beschränkt für die unmittelbare Umgebung der Festungswerke die Eigentümer in der Baufreiheit, damt ein freies Schußfeld vorhanden ist. Den Beschränkungen unterworfen ist das Terrain im Umkreis bis zu 2250 m. Die gesamte Fläche bis zu 2250 m ist in drei Zonen (Rayons) abgeteilt, innerhalb deren das Maß der Beschränkungen mit der zunehmenden Entfernung von den Festungswerken nachläßt. Für die hieraus neu eintretenden Beschränkungen leistet das Reich Entschädigung, welche von der Zivilverwaltungsbehörde vorbehaltlich des Rechtsweges festgestellt wird. Die Rente wird ausbezahlt an den im Rayonkataster bezeichneten Besitzer des Grundstücks (§ 36 VI des Rayongesetzes)[4]). Dieser ist formell zur Empfangnahme legitimiert[5]).

b) Nach dem Reichsgesetz vom 24. Mai 1898 § 11 über die Naturalleistung für die bewaffnete Macht im Frieden muß jeder Grundstückseigentümer auf seinem Grundstück Truppenübungen dulden; das Reich leistet hierfür Entschädigung.

c) Nach § 17 des Gesetzes über das Postwesen vom 28. Oktober 1871 dürfen die Posten die Aecker und Wiesen unter besonderen Verhältnissen und vorbehaltlich der Entschädigung passieren.

d) Das Reichsgesetz vom 6. Juli 1904, die Bekämpfung der Reblaus betr. (RGBl. 1904 S. 261) und das bayerische Ausführungsgesetz vom 20. Mai 1906 (GVBl. 1906 S. 193) hiezu.

e) Das Telegraphenwegegesetz vom 18. Dezember 1899 (s. hierüber unten S. 83ff.).

---

[1]) Verordnung vom 16. August 1805 (Buchners Gesetzessamml. 1. Erg.-Bd. S. 249) und MinEntsch. vom 16. Januar 1890 betr. den Vollzug dieser Verordnung (Buchners Gesetzessammlung Bd. 27 S. 167).

[2]) M. z. EG. S. 133, 135. Mugdan Bd. 1 S. 9f.

[3]) Vgl. Endmann Bd. 2 S. 487f. Dernburg Bd. 3 S. 222f. Für einen Streit über die Befugnis der Militärverwaltung, den Privaten im Interesse der Sicherheit der Festungen Baubeschränkungen aufzuerlegen, ist der Rechtsweg unzulässig; dagegen sind die Gerichte zur Entscheidung über den Ersatzanspruch zuständig, den ein Privater auf Grund der Behauptung erhebt, daß ihm durch eine solche Beschränkung Schaden erwachsen sei. Entsch. des KompKonfliktsG. Bd. 1 S. 53.

[4]) Ueber die Rechte der Realberechtigten an dieser Entschädigung trifft Art. 54 EG. z. BGB. Bestimmung.

[5]) RG. Bd. 17 S. 33, Bd. 22 S. 31, Bd. 24 S. 29.

## III. Zeitliche Statutenkollision.

Das Nachbarrecht regelt den Inhalt des Eigentums; demgemäß finden die nachbarrechtlichen Vorschriften des Bürgerlichen Gesetzbuchs und des Ausführungsgesetzes vom Inkrafttreten des Bürgerlichen Gesetzbuchs an ohne weiteres Anwendung (Art. 181 EG.). Nach neuem Recht ist daher zu entscheiden, ob und in welchem Maß der Grundeigentümer dem Nachbar Rauch, Ruß, Dampf, Erschütterungen und ähnliche Immissionen zuführen darf[1]), ob der Nachbar die Beseitigung von Anlagen, durch deren Bestand oder Benützung er in seinem Eigentumsrechte beeinträchtigt wird[2]), oder die Beseitigung eines Ueberbaues[3]) verlangen kann, ob er die Abwendung eines gefahrdrohenden Zustandes auf dem Nachbargrundstücke verlangen kann[4]), ob und in welcher Weise der Eigentümer sein Grundstück vertiefen[5]) oder erhöhen[6]) darf, ob er sich die von einem Nachbarbaume herübergefallenen Früchte aneignen darf[7]), ob er dem Nachbar das Licht verbauen[8]), ob er von seinem Nachbar die Bestellung eines Notwegs[9]) oder die Einräumung eines sonstigen für die Benützung seines Grundstücks unentbehrlichen Rechtes (z. B. Hammerschlagsrecht, Leiterrecht)[10]) verlangen darf, ob ein Grenzabstand bei der Errichtung von Gebäuden, Zäunen, Aborten, Düngerstätten, Brunnen, Kanälen und ähnliche Anlagen eingehalten werden muß[11]), ob durch den fremden Luftraum Drähte oder durch den fremden Berg ein Tunnel geführt werden dürfen[12]).

In einzelnen Punkten ist die zeitliche Statutenkollision besonders geregelt worden, nämlich für das Fensterrecht[13]), das Eindringen von Zweigen und Wurzeln[14]) und den Abstand von Pflanzen[15]).

## IV. Besondere Rechtsverhältnisse.

Hat der Eigentümer unter der Geltung der bisherigen Gesetze ein besonderes Recht erworben, welches ihn von der Einhaltung der

---

[1]) § 906 BGB. s. unten S. 90 ff.
[2]) § 907 BGB. s. unten S. 111 ff.
[3]) §§ 912 ff. BGB. s. unten S. 160 ff.
[4]) Z. B. bei Gefahr des Einsturzes eines baufälligen Hauses § 908 BGB. s. unten S. 119 ff. oder bei Gefahr des Einsturzes eines morschen Baumes s. unten S. 121.
[5]) § 909 BGB. s. unten S. 127 ff.
[6]) S. unten S. 134 f.
[7]) § 911 BGB. s. unten S. 157 ff.
[8]) S. unten S. 194 ff.
[9]) §§ 917 ff. BGB s. unten S. 207 ff.
[10]) S. unten S. 208.
[11]) S. oben S. XII.
[12]) § 905 BGB. s. unten S. 4 ff.
[13]) Art. 66 AG. s. unten S. 179 ff.
[14]) Art. 9 UeG. s. unten S. 136 ff.
[15]) Art. 75 AG. s. unten S. 145 ff.

damaligen gesetzlichen Eigentumsbeschränkung entband, so bleibt dieses besondere Recht auch gegenüber dem neuen Rechte in Kraft, selbst dann, wenn dieses die Beschränkung verschärft (Art. 184 EG.). Zu den Erwerbstiteln eines solchen besonderen Rechts kann auch die Verjährung gehören, wenn durch sie nach bisherigem Rechte eine Befreiung von einer Eigentumsbeschränkung als Grunddienstbarkeit ersessen wurde.

Unter der Herrschaft des Bürgerlichen Gesetzbuchs ist auch die Neubegründung einer Grunddienstbarkeit zulässig des Inhalts, daß die Ausübung eines Rechts ausgeschlossen ist, das sich aus dem Eigentum an dem belasteten Grundstück dem anderen Grundstücke gegenüber ergibt (§ 1018 BGB.). Für die Entstehung einer solchen Grunddienstbarkeit ist aber auseinander zu halten der Zeitraum vor und nach dem Zeitpunkte, zu welchem das Grundbuch als angelegt anzusehen ist.

Der Zeitpunkt, zu welchem das Grundbuch als für einen Bezirk angelegt anzusehen ist, wird durch Ministerialverfügung bestimmt (§ 82 der Grundbuchordnung und § 26 der Verordnung vom 23. Juli 1898 [rechtsrheinisch] und vom 28. August 1898 [pfälzisch]).

Bis zu diesem Zeitpunkte richtet sich die Begründung einer Grunddienstbarkeit noch nach bisherigem Recht (Art. 180 EG., Art. 177 AG.) [1].

---

[1]) S. unten S. 299 ff.

# I. Abschnitt.

## Die räumliche Begrenzung des Eigentums.

### § 1. Der Raum über und unter der Erdoberfläche.

I. Der Begriff des Grundstücks ist kein von Natur gegebener, sondern ein durch die Rechtsordnung künstlich geschaffener. Grundstücke sind abgegrenzte Teile der in einem natürlichen Zusammenhang stehenden Erdmasse; ihre Abgrenzung, Teilung und Vereinigung erfolgt durch die Willenserklärung der Berechtigten, deren privatrechtliche Wirksamkeit von einer amtlichen Feststellung oder der Eintragung in öffentliche Verzeichnisse und von der Beobachtung einer bestimmten Form nicht abhängig ist[1]). Das Eigentum an Grundstücken muß sich naturgemäß an die Gestaltung der Erdoberfläche anschließen. Die Abgrenzung des Eigentums muß künstlich hergestellt werden. In bezug auf die Ausdehnung der Grundstücke in horizontaler Linie erscheint die Grenze als gedachte Linie, in bezug auf die Ausdehnung in vertikaler Richtung als senkrechte Erweiterung dieser Linie nach oben und unten zur gedachten Fläche[2]). Dies wird zum Ausdruck gebracht durch die Bestimmung des § 905 BGB., wonach sich das Recht des Eigentümers eines Grundstückes auf den Raum über der Erdoberfläche und den Erdkörper unter der Erdoberfläche erstreckt[3]). Der Eigentümer eines Hauses ist daher auch Eigentümer des darunter befindlichen Kellers[4]). Was hier vom Grundstück gesagt wird, muß auch für Gebäude gelten, die ausnahmsweise nicht Bestandteil des Bodens geworden sind (vgl. § 95 BGB.). In solchem Falle muß man dem Gebäudeeigentümer mindestens das Recht auf den Raum über der Oberfläche einräumen[5]). Die gegenteilige Meinung[6])

---

[1]) SeuffBl. Bd. 73 S. 102, BayZfR. 1908 S. 405.

[2]) Monich in Jherings Jahrb. Bd. 38 S. 178. Vgl. Maenner S. 155. Ueber Wassergrundstücke s. RG. Bd. 53 S. 98.

[3]) Es kann demnach nach dem 1. Januar 1900 kein Sondereigentum an einem wesentlichen Teile eines Grundstückes begründet werden. Vgl. hierüber unten § 2.

[4]) Das schließt aber nicht aus, daß ein Dritter Besitz an dem Keller hat, oder daß der Keller auf Grund einer Grunddienstbarkeit, ja sogar eines Sondereigentums nach § 95 der ausschließlichen Benützung des Dritten untersteht. S. darüber § 4.

[5]) Biermann zu § 905.

[6]) Maenner S. 161 Anm. 20.

würde dazu führen, daß niemand Einwirkungen auf den Raum über der Erdoberfläche verbieten könnte; dem Eigentümer des Grundstückes kann das Verbietungsrecht nicht zustehen; denn er hat, wenn das Gebäude einem anderen gehört, an der Ausschließung kein Interesse (vgl. auch § 226 BGB.).

§ 905 normiert lediglich, daß der Eigentümer zur tatsächlichen Herrschaft über den Raum, der sich über und unter der Erdoberfläche befindet, berechtigt ist; ein Eigentum an dem Luftraum wollte nicht konstituiert werden [1]).

Hiernach braucht sich der Grundstückseigentümer [2]) nicht das Ueberragen des Daches des Nachbarhauses [3]) in seinen Luftraum gefallen zu lassen, ebensowenig ein Uebergreifen eines Kellers auf sein Grundstück.

Das Zusammenleben der Menschen und der hierdurch notwendig werdende Ausgleich der widerstreitenden Interessen hat für das Nachbarrecht eine Reihe gesetzlicher Beschränkungen des Eigentums notwendig gemacht, die als Ausnahmen in das Prinzip des § 905 eingreifen; so z. B. der Wegfall des Ausschließungsrechtes für mäßige Immissionen (Zuleitung von Gasen, Gerüchen, Rauch, Lärm u. s. w.), die Bestimmungen über den Notweg, Ueberbau, den natürlichen Wasserlauf u. s. w. Insoweit nicht solche spezielle Ausnahmen Platz greifen, ist die gemeinrechtliche Lehre mit dem theoretischen Dogma, daß sich der Machtbereich des Grundeigentümers bis zum Mittelpunkt des Erdkörpers nach unten und bis zum Ende der Luftsäule nach oben erstrecke, dem Prinzipe nach auch für das neue Recht übernommen. Vernünftigerweise wird jedoch diesem theoretischen Gedanken wieder die Spitze abgebrochen [4]) durch die Beschränkung, welche Satz 2 des § 905 dem Satz 1 beifügt, wonach der Eigentümer Einwirkungen nicht verbieten kann, die in solcher Höhe oder Tiefe vorgenommen werden, daß er an der Ausschließung kein Interesse hat. Diese Beschränkung des Machtbereichs des Eigentümers beruht auf demselben sozialen Gedanken, wie das Schikaneverbot des § 226 BGB. Es wäre jedoch unrichtig, den Satz 2 des § 905 als einen Anwendungsfall des § 226 zu bezeichnen [5]). Satz 2 des § 905 geht vielmehr viel weiter, als das allgemeine Schikaneverbot des § 226; denn es genügt für die Anwendung jener Bestimmung schon die Feststellung, daß der Eigentümer tatsächlich kein Interesse an der Ausschließung hat, ohne daß es nötig wäre festzustellen, daß er an der Ausschließung kein Interesse haben **kann**, und ebensowenig ist

---

[1]) KommProt. S. 3529 (Mugdan Bd. 3 S. 579).

[2]) Befindet sich das Grundstück nicht im Besitz des Eigentümers, so kann auch der Besitzer die unzulässigen Einwirkungen mit der Besitzstörungsklage verbieten. Planck Bem. 5 zu § 905.

[3]) Vgl. darüber unten § 21. I. 2. und § 24. 2. b.

[4]) Vgl. hierzu Monich in Iherings Jahrb. Bd. 38 S. 155 ff.

[5]) So Kuhlenbeck Anm. 1 zu § 905.

hier, wie im Falle des § 226 Voraussetzung, daß der Eigentümer mit dem Verbot der Einwirkung den Zweck verfolgt, einem anderen Schaden zuzufügen[1]). Das nach § 905 maßgebende Interesse des Eigentümers an der Ausschließung braucht nicht notwendig ein vermögensrechtliches zu sein; es genügt jedes nur irgend schutzwürdige Interesse (z. B. auch ein ästhetisches) in Ansehung der Benutzung oder des Wertes des Grundstücks[2]). Immerhin aber wird ein wirklich begründetes Interesse nicht allzu persönlicher Natur verlangt werden müssen, da ja durch Satz 2 eine gewisse allgemeine Duldungspflicht auferlegt werden will[3]).

Deshalb ist z. B. die nachweisbare und nicht zu beseitigende aber unbegründete Angst des Hauseigentümers, daß die Drähte[4]) über dem Hause die Gefahr des Blitzschlages erhöhen, nicht genügend, ein solches Interesse darzutun; denn das ist kein wirkliches, sondern nur ein vermeintliches Interesse. Anders wenn ein Mieter infolge einer solchen unbegründeten Angst ausziehen will; hierdurch wird das Interesse des Hauseigentümers sehr wesentlich berührt[5]).

Das Interesse muß auf die Ausschließung der Einwirkung gerichtet sein; deshalb ist die Absicht, durch das Verbot der Einwirkung die Entrichtung einer Abgabe zu erzwingen, nicht zu berücksichtigen[6]).

Aus der Fassung des Gesetzes „Einwirkungen . . ., die in solcher Höhe oder Tiefe vorgenommen werden, daß er an der Ausschließung kein Interesse hat" darf nicht etwa abgeleitet werden, daß das Interesse nur nach abstrakten Grundsätzen zu erforschen ist[7]). Dies würde dazu führen, daß der § 905 Satz 2 fast nie angewendet werden könnte. Denn dann müßte jede Möglichkeit einer Beeinträchtigung durch die Einwirkung ausgeschlossen sein und bei der Prüfung dieser Frage müßte auch jede Möglichkeit einer Veränderung der Umstände berücksichtigt werden[8]). Man müßte damit rechnen, daß es dem Grundstückseigentümer einmal einfallen könnte, auf seinem Grundstücke eine Sternwarte zu errichten, deren Benutzung durch vorhandene Leitungsdrähte beeinträchtigt werden könnte. Richtiger wird

---

[1]) Maenner S. 161. Vgl. Planck Bem. 3 zu § 905.

[2]) Vgl. KommProt. S. 3529 (Mugdan Bd. 3 S. 579); Staudinger, Vorträge S. 323. RG. Bd. 59 S. 118. Das Interesse des Eigentümers und nicht das des fremden Eingreifers bildet den Maßstab und die Grundlage. Auch das reine Affektionsinteresse genügt. R. d. OLG. Bd. 5 S. 384.

[3]) Staudinger Anm. 1b zu § 905.

[4]) Ueber Telephon- und Telegraphendrähte s. unten § 13.

[5]) Vgl. RG. Bd. 59 S. 120: Dem Eigentümer wurde ein Verbietungsrecht zugesprochen dagegen, daß von einer elektrischen Zentrale elektrische Leitungsdrähte in einer Höhe von 4 m über dem flachen Dache des Hotels gezogen wurden, da der Besuch des Hotels unter der Furcht der Gäste vor Gefahren aus der elektrischen Kraftleitung leiden könne. Solche Befürchtungen können, wenn sie auch sachlich ungerechtfertigt sein mögen, doch von verständigen Leuten geteilt werden.

[6]) Dernburg S. 232; Maenner S. 161.

[7]) A. M. Turnau-Förster Anm. 2 zu § 905.

[8]) Vgl. dagegen Turnau-Förster a. a. O.

es wohl sein zu sagen: Die Frage, ob der Eigentümer an der Ausschließung der Einwirkung ein Interesse hat, ist nach den konkreten Verhältnissen zu beurteilen; dabei ist aber zu berücksichtigen, daß der Wegfall des Interesses **durch die Höhe oder die Tiefe**, in welcher die Einwirkung vorgenommen wird, verursacht sein muß. Der Mangel eines Interesses muß in der Höhe oder Tiefe, in welcher die Einwirkung erfolgt, seinen Grund haben. Dadurch kommt man bei Beurteilung der Höhe und Tiefe zu einem relativen Maßstabe.

Hiernach hat der Eigentümer ein Interesse an der Ausschließung aller Einwirkungen, welche die Benutzung seines Grundstückes beeinträchtigen, mögen sie auch in noch so großer Höhe oder Tiefe vorgenommen werden. Dabei ist nicht nur die derzeitige Art der Benutzung[1]), sondern auch jede andere Art der Benützung, die unter den gegebenen Verhältnissen normal sein würde[2]), aber auch jede bereits in Aussicht genommene anomale Benützungsart, nicht aber jede mögliche Art der Benutzung in Betracht zu ziehen.

Wenn ein Unternehmer einen Draht in so geringer Höhe über dem Dachstuhl meines Hauses zieht, daß ich dadurch an der in Aussicht genommenen Erhöhung meines Hauses behindert werde, so liegt ein solches Interesse vor. Wenn ich auf meinem Grundstück einen 70 m hohen Aussichtsturm erbauen will, so muß eine in dieser Höhe befindliche Leitung beseitigt werden.

Besonders bei Einwirkungen in der Tiefe wird ein strenger Maßstab an den Nachweis, daß der Eigentümer an der Ausschließung der Einwirkung kein Interesse hat, zu legen sein; denn es läßt sich schwer übersehen, ob nicht durch die Einwirkung eine Veränderung in den unterirdischen Wasserläufen oder im Grundwasser eintritt. Hier müssen schlüssige Gutachten von Sachverständigen beigebracht werden, aus welchen erhellt, daß jede Gefahr ausgeschlossen ist.

Die Beweislast dafür, daß die Voraussetzungen der ausnahmsweisen Zulässigkeit der Einwirkung gegeben sind, hat derjenige, welcher die Zulässigkeit der Einwirkung behauptet[3]), und nicht der Eigentümer, welcher das Verbietungsrecht geltend macht. Dieser Beweislast hat jener zunächst Genüge geleistet, wenn er die äußeren Umstände darlegt, welche den Mangel eines Interesses für den Eigen-

---

[1]) Maenner S. 160 Anm. 16; Kretzschmar im Sächs. Arch. Bd. 12 S. 410.

[2]) RG. Bd. 59 S. 119 spricht von „beliebiger ordnungsgemäßer Verfügung" und tritt dem OLG. bei, das „die beliebige Benützung des Luftraums über dem Hause" durch den Eigentümer „zu solchen Vorkehrungen, die bei gegebener Sachlage ordnungsmäßig und üblich sein würden", in Betracht gezogen hatte; für das bisherige Recht vgl. RG. Bd. 42 S. 205.

[3]) Turnau-Förster Anm. 2 zu § 905; Planck Bem. 4 zu § 905; Kretzschmar im Sächs. Arch. Bd. 12 S. 410. RG. Bd. 59 S. 120; R. d. OLG. Bd. 5 S. 383; A. M. Bunsen in Bernhöft und Binders Beitr. Heft 6 S. 419 ff. mit der Begründung, daß die im Gesetz gezogene Schranke eine aus der Materie der Sache folgende, den sozialen Verhältnissen entsprechende **regelmäßige** Begrenzung der Besitzmachtvollkommenheit des Eigentümers bilde.

tümer erkennen lassen. Dem Eigentümer bleibt es dann immer noch anheimgestellt, ein bestimmtes Interesse zu **behaupten**; der andere hat dann auch das Nichtbestehen dieses behaupteten Interesses nachzuweisen[1]).

Der Eigentümer, welcher auf Grund des § 905 Abs. 2 zur Duldung einer Einwirkung verurteilt wurde, kann, wenn später infolge einer Veränderung der Umstände ein zur Zeit der Urteilsfällung nicht vorhandenes Interesse eingetreten ist, die Vollstreckungsgegenklage des § 767 ZPO. anstrengen[2]).

Anwendungsfälle des § 905 Abs. 2 sind z. B. Tunnelbauten, elektrische Leitungen[3]), Durchfliegen eines Luftballons[4]), Viadukte, Legung unterirdischer Kabel, Kanäle, Untergrundbahnen. In jedem einzelnen dieser Fälle ist zu prüfen, ob die Voraussetzungen des § 905 Satz 2 gegeben sind. Ein Recht, Gestänge auf Gebäuden (Telephonständer) aufzustellen, ist durch § 905 nicht begründet (s. unten § 13 B.). Soweit die Einwirkung unter der Erde zulässig ist, wird dadurch niemals ein Recht zur Aufgrabung der Erdoberfläche zwecks Herstellung der an sich zulässigen Anlage begründet, auch dann nicht, wenn sich der Unternehmer unter Sicherheitsleistung zur Wiederherstellung verpflichtet.

Das Interesse des Eigentümers eines Wohnhauses wird regelmäßig nicht verletzt, wenn man Drähte über sein Haus spannt; er kann dies also regelmäßig (vgl. aber oben S. 3) nicht verbieten. Anders, wenn er sich auf seinem Dache einen sogen. Berliner Garten oder eine Privatsternwarte eingerichtet hat, und durch die Drähte in seinem freien Ausblick gestört wird; dies kann in letzterem Fall schon durch einen einzigen Draht bewirkt werden. Befindet sich auf einem Grundstücke ein wissenschaftliches Laboratorium, dessen Präzisionsapparate durch den oberhalb des Hauses hingeleiteten elektrischen Strom beeinträchtigt werden, so kann der Unternehmer zur Beseitigung dieser Leitungsdrähte, soweit sie durch den Luftraum des Hauseigentümers gehen, angehalten werden[5]).

Der Eigentümer eines Ziergartengrundstückes wird wohl durch eine mäßige Anzahl von Leitungsdrähten, welche sich in der für dieselben üblichen Höhe befinden, regelmäßig nicht beeinträchtigt, während bei einer solchen Menge von Drähten, daß hierdurch die ästhetische Gesamtwirkung der Gartenanlage

---

[1]) Vgl. Monich in Jherings Jahrb. Bd. 38 S. 157.

[2]) Turnau-Förster a. a. O. muß auf Grund seiner Anschauung, daß an die Voraussetzungen des § 905 Abs. 2 ein abstrakter Maßstab anzulegen ist, zum entgegengesetzten Resultate gelangen.

[3]) Ueber Telegraphen- und Telephondrähte s. unten § 13.

[4]) Vgl. Planck Bem. 4a zu § 905. Ein Verbietungsrecht könnte aber dann in Frage kommen, wenn die Erhebung des Luftschiffes über dem Grundstück und seinen Bestandteilen (Gebäude, Bäume) so gering ist, daß mit der Gefahr einer Kollision ernstlich gerechnet werden muß. Dabei wird der Grad der technischen Vervollkommnung des Luftschiffes eine wesentliche Rolle spielen. Die bloße Möglichkeit einer Kollision begründet das Verbietungsrecht ebensowenig, wie die jederzeit vorhandene Möglichkeit, daß das Luftschiff herabfallen oder doch zum Landen gezwungen werden kann. Im Zweifel wird man bei der Luftschiffahrt gegen das Verbietungsrecht des Eigentümers zu entscheiden haben.

[5]) Vgl. Staudinger, Vorträge S. 323.

gestört wird, ein zur Rechtfertigung des Widerspruchs genügendes Interesse gegeben ist[1]).

Wenn sich unter meinem Grundstücke eine von diesem aus nicht zugängliche Höhle befindet, so kann ich meinem Nachbar, von dessen Grundstück die Höhle zugänglich ist, nicht verbieten, dieselbe gegen ein Eintrittsgeld zu zeigen[2]). Sobald ich aber mir selbst einen Zugang zu der Höhle verschafft habe, muß dies aufhören.

Dagegen läßt sich der Fall, daß die Fensterflügel des Nachbarhauses beim Oeffnen der Fenster durch den Luftraum des Grundeigentümers geführt werden, zumeist nicht unter § 905 Abs. 2 BGB. bringen. Denn diese Bestimmung hat eine solche Höhe im Auge, welche für die regelmäßige Benützung von Grundstücken überhaupt nicht in Betracht kommt. Anwendbar ist hier unter Umständen § 226 BGB.[3]).

II. Noch weitergehende Einschränkungen (etwa die Pflicht zur Duldung von Einwirkungen in unmittelbarer Nähe der Erdoberfläche) können durch die öffentlich-rechtliche Gesetzgebung bestimmt werden. Eine solche Vorschrift über die Verpflichtung zur Duldung von Telegraphen- und Telephondrähten enthält das Reichsgesetz betreffend die Telegraphenwege vom 18. Dezember 1899[4]). Hiervon wird später (§ 13) die Rede sein.

## § 2. Bestandteile des Grundstücks.

I. Dem Eigentümer eines Grundstücks gehören grundsätzlich alle Bestandteile, aus denen sich die Erdmasse des Grundstücks zusammensetzt[5]). Lösen sich die einzelnen Bestandteile des zum Grundstücke gehörenden Erdkörpers los (z. B. infolge eines Erdrutsches, eines Wolkenbruchs) und gelangen auf ein anderes Grundstück, so kann der Eigentümer diese losgelösten Bestandteile (z. B. die Humuserde seines Weinberges, die auf eine Wiese hinabgeschwemmt wurde) zurückholen[6]), aber nur insoweit und insolange als die Unterscheidung des entzogenen Grundstücksbestandteiles von dem Grundstücke, mit welchem sich derselbe vereinigt hat, möglich ist. Ist die Unterscheidung nicht mehr möglich, so ist der bisher fremde Körper ein Bestandteil des Grundstücks geworden[7]), der nicht zurückverlangt werden kann, der geschädigte Eigentümer ist auf die Bereicherungsklage angewiesen[8]).

---

[1]) Vgl. KommProt. S. 3529 (Mugdan Bd. 3 S. 579); Maenner S. 161.

[2]) Cosack Bd. 2 S. 149. Vgl. RG. Bd. 28 S. 154: Hier ist ausgesprochen, daß die Barbarossahöhle und deren Verwertung durch Einführung von Fremden dem Grundeigentümer, nicht dem Bergberechtigten gehört.

[3]) S. unten § 11.

[4]) Reichsgesetzblatt 1899 S. 705 ff.

[5]) Nicht jedoch auf die dem Bergberechtigten vorbehaltenen Mineralien. Berggesetz Art. 1.

[6]) Schuhmacher, Zeitschrift für Bergrecht 1903 S. 208; vgl. § 867 BGB.

[7]) Vgl. § 786 des Entw. z. BGB.; M. Bd. 3 S. 49.

[8]) Hat ein Dritter die Abtrennung der Bestandteile verschuldet (z. B. durch unzulässige Vertiefung seines Grundstückes), so ist er zum Schadensersatz verpflichtet. Vgl. Schuhmacher a. a. O. S. 209. S. unten § 17.

Eine andere Frage ist wiederum die, ob der Eigentümer des höher belegenen Grundstückes, dessen Bestandteile auf ein anderes Grundstück ohne sein Verschulden gelangt sind, diese Bestandteile zurückholen muß. Es ist z. B. durch einen Wolkenbruch von einem Berghang Material auf die Wiese eines Dritten geschwemmt worden mit der Folge, daß dieselbe vollständig versandet ist. Der Schaden trifft den Wiesenbesitzer, es fehlt jeglicher Rechtssatz, welcher den Oberlieger zum Schadensersatz verpflichten könnte. Anders wäre natürlich zu entscheiden, wenn die Verschiebung der Grundstücksbestandteile durch eine unzulässige Aenderung des Wasserlaufes herbeigeführt wäre.

II. Das Bürgerliche Gesetzbuch macht einen Unterschied zwischen wesentlichen und unwesentlichen Bestandteilen einer Sache; nur wesentliche Bestandteile d. h. solche, die nicht ohne Zerstörung des einen oder anderen Teiles oder nicht ohne Veränderung des Wesens des einen oder anderen Teiles zu trennen sind, sollen nicht als Gegenstand besonderer dinglicher Rechte in Betracht kommen können (§ 93 BGB.). Die wesentlichen Bestandteile stehen also notwendigerweise im Eigentum des Eigentümers der Hauptsache. Es kann daher nach dem 1. Januar 1900 kein Sondereigentum an einem wesentlichen Teile eines Grundstückes begründet werden. Die vor diesem Zeitpunkte begründeten Rechte bleiben jedoch bestehen. Art. 181 Abs. 2 EG. Das vor dem 1. Januar 1900 begründete Stockwerkseigentum ist durch Art. 182 EG. aufrecht erhalten. Art. 42 UeG. hat aber das bestehende Sondereigentum in Miteigentum an dem ganzen Gebäude unter dinglicher Regelung des Benützungsrechts an den einzelnen Gebäudeteilen umgewandelt. Näheres hierüber s. unten § 3.

Was mit dem Grund und Boden körperlich zusammenhängt, ist Bestandteil des Grundstücks, sofern[1]) es nicht zu einem vorübergehenden Zweck[2]) mit dem Grund und Boden verbunden ist oder als Gebäude oder anderes Werk[3]) in Ausübung eines Rechtes[4]) an dem fremden Grundstücke von dem Berechtigten mit dem Grundstücke verbunden worden ist (§ 95 BGB.). Eine Sache, bei welcher eine dieser Voraussetzungen zutrifft, ist kein Bestandteil eines Grundstückes, weder ein wesentlicher noch ein unwesentlicher.

---

[1]) Die Beweislast trifft denjenigen, der behauptet, daß die Ausnahme vorliegt.

[2]) Z. B. für die Dauer der Mietzeit, bis zur Fertigstellung eines Gebäudes (Bauhütte); für die Zeit einer vorübergehenden Schaustellung; die bis zum Verkauf eingepflanzten, zum Verkaufe bestimmten Pflanzen des Handelsgärtners.

[3]) Z. B. Wasserleitung, Senkgrube, Mauer. Ueber den Begriff der Gebäude s. unten § 21. Ueber die Rechtsverhältnisse an Kellern s. unten § 4.

[4]) Eines dinglichen Rechtes, also z. B. nicht des persönlichen Rechtes des Mieters oder Pächters. Es ist deshalb Eigentum des einen Nachbarn an der auf dem Grundstücke des anderen Nachbarn stehenden Mauerhälfte ausnahmsweise dann und deshalb möglich, weil und wenn der Mauerteil in Ausübung einer Dienstbarkeit, also eines Rechtes am Nachbargrundstücke mit diesem verbunden ist. Neumann, Jahrb. Bd. 4 S. 545 (Karlsruhe). Vgl. hierüber § 8, I.

Von den Sachen, bei denen keine dieser Ausnahmen vorliegt, die also den Bestandteilen zuzurechnen sind, erklärt das Bürgerliche Gesetzbuch als wesentliche Bestandteile einmal diejenigen, welche nicht ohne Zerstörung des einen oder anderen Teiles oder nicht ohne Veränderung des Wesens des einen oder anderen Teiles zu trennen sind (§ 93 BGB.) und zweitens die mit dem Grund und Boden fest verbundenen Sachen, insbesondere Gebäude, sowie die Erzeugnisse des Grundstücks, solange sie mit demselben zusammenhängen (§ 94 BGB.). Die Voraussetzungen des § 93 und des § 94 sind vielfach in demselben Falle vereinigt gegeben. Demnach sind nur solche Gebäude wesentliche Bestandteile, welche mit dem Boden fest verbunden sind. Ein Schuppen, der ohne diese feste Verbindung einfach auf den Boden gestellt ist, ist daher selbst dann nicht Bestandteil des Bodens, wenn er zu einem dauernden Zwecke errichtet wurde. Eine feste Verbindung ist eine solche, die nicht ohne erhebliche Einwirkung auf die Substanz des Gebäudes oder Bodens zu lösen ist.

Rücksichtlich der Erzeugnisse, die natürlich nur insolange Bestandteile des Bodens sind, als sie mit demselben zusammenhängen, ist in § 94 weiter bestimmt, daß Samen mit dem Aussäen, eine Pflanze mit dem Einpflanzen wesentlicher Bestandteil des Grundstückes ohne Rücksicht darauf wird, ob der Samen oder die Pflanze Wurzel geschlagen hat[1]). Das Eigentum an einem Baume steht demjenigen zu, auf dessen Grundstück der Baum aus dem Boden heraustritt[2]). Die Wurzeln und Zweige des Baumes folgen notwendigerweise dem Eigentum am Stamm; soweit sie in den Machtbereich des Nachbargrundstückes eingedrungen, können sie unter Umständen von dessen Eigentümer beseitigt werden[3]).

Für Bestandteile von Gebäuden trifft das Bürgerliche Gesetzbuch ähnliche Bestimmungen, wie für Grundstücke: Sachen, die nur zu einem vorübergehenden Zwecke in ein Gebäude eingefügt sind, gehören nicht zu den Bestandteilen des Gebäudes (§ 95 Abs. 2 BGB.). Sachen, welche Bestandteile des Gebäudes sind, gehören zu den wesentlichen Bestandteilen, wenn sie zur Herstellung des Gebäudes eingefügt sind, wobei keineswegs das Erfordernis aufgestellt ist, daß dieselben erd-, wand-, band-, niet-, nagelfest sind; denn es kommt nur auf den wirtschaftlichen Zweck der Einfügung an. Die Dachziegel[4]), Fenster sind sonach wesentliche Bestandteile des Gebäudes, nicht aber die Schlüssel, die überhaupt nicht eingefügt sind[5]).

---

[1]) Planck Anm. 5 zu § 94.

[2]) Ein vom Eigentum am Grundstück verschiedenes Eigentum an eingewurzelten Bäumen ist ausgeschlossen JW. 1905. S. 280. Es gehen deshalb die Bäume beim Verkauf des Grundstücks in das Eigentum des Käufers über, auch wenn der Verkäufer sie vorher einem anderen verkauft hatte. Recht Bd. 1905 S. 14 (ObLG.).

[3]) S. unten § 18.

[4]) A. M. Radlkofer in SeuffBl. Bd. 63 S. 6.

[5]) Vgl. Planck Anm. 7 zu § 94.

Das Eigentum an dem Grundstück erstreckt sich auf alle wesentlichen Bestandteile des Grundstücks. Sondereigentum an den stehenden Erzeugnissen eines Grundstücks (z. B. Bäumen) kann, soferne das betreffende Erzeugnis zu den wesentlichen Bestandteilen gehört, nicht begründet werden; die vor dem 1. Januar 1900 begründeten Rechte bleiben bestehen (Art. 181 Abs. 2 EG.).

## § 3. Stockwerkseigentum.

Eine Teilung des Grundstücks und seiner wesentlichen Bestandteile in wagrechter Richtung ist nach dem System des Bürgerlichen Gesetzbuches unmöglich; die wesentlichen Bestandteile eines Gebäudes folgen mit Notwendigkeit dem rechtlichen Schicksale desselben (s. oben S. 7). Es ist daher die Neubegründung eines Stockwerkseigentums nach dem Bürgerlichen Gesetzbuche nicht mehr zulässig[1]). Ein am 1. Januar 1900 bestehendes Stockwerkseigentum kann nicht mehr auf ein zu dem horizontal geteilten Gebäude neuerdings hinzugezogenes Grundstück erweitert werden[2]). Das am 1. Januar 1900 bestehende[3]) Stockwerkseigentum bleibt bestehen (Art. 182, 189 Abs. 1 EG.).

Das Wesen des Rechtsverhältnisses wurde verschieden aufgefaßt. Nach der einen Ansicht galten die dem Sonderrecht der einzelnen

---

[1]) Vgl. M. Bd. 3 S. 44 f. (Mugdan Bd. 3 S. 24 f.); Ausschußverh. der Kammer d. A. 1898 S. 31 (Becher, Mat. I S. 188). Es ist auch nicht zulässig, aus einem bestehenden Stockwerkseigentum durch Teilung desselben weiteres Stockwerkseigentum zu schaffen, auch dann nicht, wenn nach bisherigem Rechte eine solche Teilung zulässig war. Recht 1905 S. 576 (Stuttgart).

[2]) SeuffBl. Bd. 58 S. 187 (ObLG.).

[3]) Dem gemeinen Recht war das Stockwerkseigentum (auch Etageneigentum oder Herbergsrecht genannt) fremd. RG. Bd. 31 S. 171; ebenso dem preußischen Landrecht nach der neueren Praxis, vgl. EntschOTr. Bd. 53 S. 4; Bd. 75 S. 85; Bd. 79 S. 128. Nach code civil Art. 664 konnten die verschiedenen Stockwerke eines Gebäudes verschiedenen Eigentümern gehören (RG. Bd. 24 S. 340; Bd. 56 S. 259); das badische Landrecht hat diesen Artikel unverändert übernommen; vgl. Neumann Jahrb. 1908 S. 595. Auf Grund eines Gewohnheitsrechtes wurde das Stockwerkseigentum zugelassen für das Gebiet des bayerischen Landrechts; vgl. SeuffBl. Bd. 32 S. 297; EntschOGH. Bd. 6 S. 553; Bd. 13 S. 105; ebenso für das Gebiet des Ansbacher Rechts, vgl. SeuffBl. Bd. 4 S. 191; EntschOGH. Bd. 8 S. 221; SeuffA. Bd. 36 Nr. 106; SeuffBl. Bd. 45 S. 133. Durch ausdrückliche statutarische Vorschrift („ein Keller oder eine Kammer unter dem Gebäude eines anderen") war das Herbergsrecht begründet für Nürnberg (Reformation XXVI, 10), Kempten (VI, 21), Salzburg (Einstandsordnung § 16). Für die Stadt München wird die gewohnheitsrechtliche Bildung des Stockwerkseigentums bezeugt von Roth, Bayer. Zivilrecht § 120 Anm. 35. Für einige Rechtsgebiete ergibt sich das frühere Vorhandensein dieses Gewohnheitsrechts aus Statutarvorschriften, durch welche die Teilung eines Hauses nach Stockwerken untersagt wird, so für Würzburg (Stadtbauordnung Nr. 8), Regensburg (Wachtgerichtsordnung § 9). Vgl. bezüglich der Fleischbanken in Frankfurt Stobbe Bd. 2 S. 284; SeuffA. Bd. 9 Nr. 264; für Württemberg s. SeuffA. Bd. 24 Nr. 239; Bd. 47 Nr. 107; Recht 1905 S. 576; bezüglich weiterer außerbayerischer Rechte vgl. Stobbe Bd. 2 S. 284.

Teilhaber unterworfenen Teile des Gebäudes als selbständige unbewegliche Sachen, wobei das Miteigentum an der Grundfläche und den gemeinschaftlichen Teilen des Gebäudes als ein den Teilhabern mit dem Eigentum an den ersteren zustehendes Recht behandelt wurde[1]), nach der anderen Ansicht bestand lediglich ein Miteigentumsverhältnis mit Ausschluß der Teilung und dauernder Zuweisung der Benutzung einzelner Teile des Gebäudes an die einzelnen Teilhaber[2]).

Beiden Auffassungen ist gemeinsam einmal das ausschließliche Benützungsrecht an den ausgeschiedenen Gebäudeteilen und dann das Miteigentumsrecht an anderen Teilen des Grundstückes insbesondere der Bodenfläche. Das pfälzische Recht unterscheidet auch ausdrücklich, ob die Stockwerksberechtigten Miteigentümer des Grundstückes sind, auf dem sich das im geteilten Eigentum stehende Gebäude befindet. Nur wenn dies der Fall ist, findet der mit Art. 42 UeG. gleichlautende Art. 20 LiegenschG. Anwendung. Wenn aber ein Stockwerksberechtigter allein oder ein Dritter der Eigentümer des Grundstückes ist, dann gilt für die Pfalz Art. 19 LiegenschG., wonach das Sondereigentum an einzelnen Räumen eines fremden Gebäudes von dem Inkrafttreten des Bürgerlichen Gesetzbuches an als das veräußerliche und vererbliche Rechte an dem fremden Grundstücke gilt, auf diesen den Gebäudeteil zu haben, wobei §§ 1016, 1017 BGB. entsprechende Anwendung finden[3]). Es erscheint auffällig, daß eine derartige Unterscheidung für das rechtsrheinische Bayern nicht getroffen wurde; denn auch hier gibt es Rechtsbildungen, bei denen jemand nur das Sonderrecht an dem Stockwerk zusteht, während er an den übrigen Grundstücksteilen keinerlei Miteigentumsrechte besitzt. In einem solchen Fall wird man den Art. 42 UeG. nicht anwenden können. Hier kann ein superfiziarisches Rechtsverhältnis, Erbbaurecht oder auch eine Servitut in Frage kommen. Eine superficies und ein Erbbaurecht ist aber regelmäßig nur dann gegeben, wenn der in Sonderbenutzung stehende Gebäudeteil eine wirtschaftlich selbständige Bedeutung hat, also nicht lediglich ein annexum eines anderen Grundstückes ist, wie dies namentlich bei einem für sich allein nicht benutzbaren Teile eines Gebäudes der Fall ist[4]). Die superficies und

[1]) S. Roth, Bayer. Zivilrecht Bd. 2 § 120; vgl. Rhein. Arch. Bd. 90 Abt. I S. 237; Bd. 91 Abt. I S. 71; JW. 1894 S. 95 Nr. 52; Becher, Mat. VII S. 46.

[2]) Vgl. Stobbe Bd. 2 S. 285; Henle-Schneider S. 468; Oertmann S. 316.

[3]) Schneider S. 208.

[4]) So wird man es beispielsweise bei einem Felsenkeller, der eine vollständig selbständige Existenz (insbes. auch einen eigenen Zugang) hat, zumeist mit einer superficies oder einem Erbbaurecht zu tun haben. Gehört zu einem Hause ein Zimmer, welches in ein fremdes Haus hineingebaut ist, ohne von diesem letzteren aus zugänglich zu sein, so wird man regelmäßig ein servitutarisches Verhältnis anzunehmen haben. Vgl. hierzu auch Becher, Mat. III S. 30: „Beschränkt sich das Recht auf einen Teil eines fremden Bauwerkes, so kommt es darauf an, ob dieser

ein Erbbaurecht hat nach § 95 Abs. 1 mit 184 EG.[1]), eine Servitut nach Art. 184 EG. fortdauernde Geltung.

Der Inhalt dieser am 1. Januar 1900 bestehenden superfiziarischen und servitutarischen Rechtsverhältnisse bestimmt sich auch unter der Geltung des neuen Rechts im rechtsrheinischen Bayern ausschließlich nach bisherigem Recht; für die Pfalz sind die superfiziarischen Verhältnisse durch Art. 19 LiegenschG. in Erbbaurechte umgewandelt. Art. 42 UeG. und Art. 20 LiegenschG. befassen sich ausschließlich mit der Regelung des Stockwerkseigentums in dem oben dargelegten Sinne und suchen, indem sie von der im Art. 218 EG. eingeräumten Befugnis Gebrauch machen und die in Art. 131 EG. gegebenen Anhaltspunkte verwerten, das bestehende Stockwerkseigentum dem Geiste des neuen Rechts anzupassen.

Das zur Zeit des Inkrafttretens des Bürgerlichen Gesetzbuchs bestehende Stockwerkseigentum (Herbergsrecht) gilt nämlich gemäß Art. 42 UeG. bezw. Art. 20 LiegenschG.[2]) von diesem Zeitpunkte an (nicht erst von dem Zeitpunkte an, in welchem das Grundbuch für angelegt anzusehen ist) als Miteigentum an dem ganzen Grundstücke d. i. an der Bodenfläche und dem darauf stehenden Gebäude[3]). Das Sondereigentum der einzelnen Berechtigten ist also vom 1. Januar 1900 an erloschen, und an dessen Stelle tritt ein dem Rechte nach ungeteiltes Miteigentum; die Vorschriften des Bürgerlichen Gesetzbuches über das Miteigentum (§§ 1008—1011) bezw. die zu deren Ergänzung dienenden Bestimmungen über die Gemeinschaft (§§ 741—758) sind insoweit heranzuziehen, als sich nicht aus Art. 42 UeG. ein anderes ergibt.

Hiernach ist im Zweifel anzunehmen, daß den Teilhabern gleiche Anteile zustehen (§ 742 BGB.). War aber das Recht der einzelnen Berechtigten vor dem Inkrafttreten des Bürgerlichen Gesetzbuches räumlich kein gleiches, so steht ihnen nach diesem Zeitpunkt das Miteigentum nach dem Verhältnis der früheren räumlichen Beteiligung

---

Teil für den Berechtigten ein selbständiges Vermögensstück bildet oder ob er Bestandteil einer eigenen Anlage des Berechtigten ist. Im ersten Fall, z. B. wenn jemand Eigentümer eines Zimmers oder eines sonstigen Raumes in einem fremden Hause ist, besteht ein dem Erbbaurecht ähnliches vererbliches und veräußerliches Recht; im zweiten Falle, z. B. wenn jemand in seinem Hause einen Keller hat, der sich in das Nachbargrundstück hineinerstreckt, liegt im Sinne des Bürgerlichen Gesetzbuches eine Grunddienstbarkeit vor. Der Inhalt aller dieser Rechte wird durch Art. 184 EG. gewahrt."

[1]) Die superfiziarischen Rechte werden aufrecht erhalten, auch wenn sie nach dem Bürgerlichen Gesetzbuch künftig unzulässig sind. Niedner Bem. 4a $\alpha\ \beta\beta$ zu Art. 184.

[2]) Indivision forcée des bisherigen Pfälzer Rechts.

[3]) Vgl. § 17 der VO. vom 23. Juli 1898 betr. Anlegung des Grundbuchs r. d. Rh., sowie §§ 397, 220 Abs. 2, 296 Abs. 2 der DAnw., wonach die Anteile der Miteigentümer (die bisherigen Stockwerksrechte) regelmäßig auf gesonderten Blättern einzutragen sind. Vgl. ferner Henle-Dandl, Grundbuchanlegung S. 39, 63, 77, 80, 89.

zu[1]). Hatte der eine Berechtigte an einem Gebäude mit zwei Obergeschossen ein Stockwerk, der andere zwei Stockwerke zu Alleineigentum, so ist nach dem Inkrafttreten des Bürgerlichen Gesetzbuches das Miteigentum an dem Gebäude samt Grund und Boden in der Weise geteilt, daß ersterer zu einem Drittel, letzterer zu zwei Drittel anteilsberechtigt ist.

Der einzelne Teilhaber kann über diesen seinen Anteil samt dem hiervon untrennbaren[2]) Benützungsrechte durch Veräußerung, Bestellung einer Hypothek, Grund- oder Rentenschuld, sowie eines dinglichen Vorkaufsrechtes verfügen (§ 747 Satz 1 BGB.)[3]). Der Anteil eines Teilhabers kann von seinen Gläubigern zum Gegenstand der Zwangsvollstreckung gemacht werden. Dagegen kann über das ganze Gebäude nur von allen Teilhabern gemeinschaftlich verfügt werden (§ 747 Satz 2 BGB.). Ein einzelner Miteigentümer kann das Grundstück im ganzen weder veräußern noch belasten. Eine solche Verfügung ist gänzlich, auch bezüglich des Anteils des Verfügenden, unwirksam[4]).

Jeder Teilhaber ist zum Gebrauche des ganzen Grundstückes und des ganzen Gebäudes insoweit befugt, als nicht der Mitgebrauch der übrigen Teilhaber beeinträchtigt wird (§ 743 BGB.). Dieses Recht des gemeinsamen Gebrauchs erstreckt sich jedoch gemäß Art. 42 UeG. nicht auf diejenigen Gebäudeteile, welche zur Zeit des Inkrafttretens des Bürgerlichen Gesetzbuches dem einen Teilhaber allein gehörten; derselbe ist zur ausschließlichen und dauernden Benützung dieser Teile nach wie vor befugt.

Der Ausdruck „gehörten" trägt den verschiedenen Konstruktionen Rechnung, die nach bisherigem Rechte möglich waren (s. oben S. 9f.), so daß es gleichgültig ist, ob das bisherige rechtliche Herrschaftsverhältnis auf einem Sondereigentum oder dinglichem Benützungsrecht beruhte. Das durch Art. 42 in eine neue Form gebrachte Recht ist ein dingliches, dauerndes und ausschließliches Benützungsrecht. Das Miteigentum aller ist mit diesem Benützungsrechte zugunsten eines jeden Miteigentümers belastet[5]).

---

[1]) Zustimmend Oertmann S. 319.

[2]) Schneider S. 211.

[3]) Zustimmend Oertmann S. 318.

[4]) Vgl. Striethorst, Arch. Bd. 35 S. 226; Bd. 96 S. 252. Es kann nicht als zulässig erachtet werden, daß die Teilhaber die räumliche Ausdehnung der bestehenden Stockwerksrechte durch Vereinbarung dauernd ändern. Dies muß als ebenso unzulässig erachtet werden, wie die Teilung eines bestehenden Stockwerkseigentums. Im letzteren Punkte richtig Recht 1905 S. 576 (Stuttgart). Bedenklich ist dagegen die dortige Bemerkung: „Nicht jede Aenderung an der Sache schafft übrigens ein neues Rechtsobjekt und es ist insbesondere nach Umständen nicht ausgeschlossen, daß die Anteilsberechtigten bei bestehenden Stockwerkseigentum eine andere Zuscheidung der Räume, wenigstens der bisher schon abgeteilten, vornehmen."

[5]) Schneider S. 211. Das dingliche Benutzungsrecht wirkt zugunsten wie zuungunsten der Sonderrechtsnachfolger, jedoch nur dann, wenn es als Belastung im Grundbuch eingetragen ist (§ 1010), Oertmann S. 318, der in Anm. 7 auch darauf

Die Verwaltung des Grundstücks steht den Stockwerksberechtigten gemeinschaftlich zu. Jeder Teilhaber ist berechtigt, die zur Erhaltung des Gebäudes notwendigen Maßregeln ohne Zustimmung der anderen Teilhaber zu treffen; er kann verlangen, daß diese ihre Einwilligung zu einer solchen Maßregel im voraus erklären (§ 744 BGB.). Sind mehr als zwei Stockwerksberechtigte für ein Gebäude vorhanden, so ist eine Abstimmung über die Verwaltung des ganzen Grundstücks und über die Benutzung jener Teile, welche dem gemeinsamen Gebrauche offenstehen, nach Maßgabe des § 745 BGB. zulässig. Haben die Stockwerkseigentümer die Verwaltung und Benützung geregelt, so wirkt die getroffene Bestimmung gegen den Sondernachfolger eines Berechtigten, wenn sie als Belastung des Anteils im Grundbuch eingetragen ist (§ 1010 BGB.).

Jeder Stockwerksberechtigte kann die Ansprüche aus dem Eigentum Dritten gegenüber in Ansehung des ganzen Grundstückes geltend machen. Nur in der Verfolgung des Anspruchs auf Herausgabe des Grundstücks ist er beschränkt, indem er nur die Herausgabe an alle Stockwerksberechtigten beanspruchen kann (§ 1011 mit § 432 BGB.).

Jeder Stockwerksberechtigte ist dem andern Berechtigten gegenüber verpflichtet, die Lasten des gemeinschaftlichen Gebäudes sowie die Kosten der Erhaltung, der Verwaltung und einer gemeinschaftlichen Benutzung nach Verhältnis seines Anteils zu tragen (§ 748 BGB.); jedoch fällt der Aufwand für die Unterhaltung jener Gebäudeteile, an welchen dem betreffenden Stockwerksberechtigten das ausschließliche Benützungsrecht zusteht, auch ihm allein zur Last (Art. 42 UeG.). Bezüglich der seiner Sonderbenutzung unterstehenden Teile entscheidet der Berechtigte nach eigenem Ermessen, ob und welche Aufwendungen zu machen sind. Soweit aber der Aufwand für die Erhaltung des ganzen Gebäudes notwendig ist, muß der Sonderberechtigte den bezüglich der ihm allein zustehenden Teile erforderlichen Aufwand machen und zwar aus seiner eigenen Tasche[1]). Soweit die Rechte der übrigen Berechtigten hierdurch keine Beeinträchtigung erleiden, ist jeder Beteiligte berechtigt, an den seinem Sonderrechte unterstehenden Gebäudeteilen ohne Zustimmung der anderen Teilhaber Veränderungen vorzunehmen. Dies gilt trotz § 744 gemäß § 226.

Der Anspruch auf Aufhebung der Gemeinschaft ist ausgeschlossen (Art. 42 UeG.). Das Gemeinschaftsverhältnis bleibt bestehen, so lange es nicht durch Uebereinkommen aufgehoben ist. Die Aufhebung kann weder aus wichtigen Gründen (§ 749 Abs. 2 BGB.) noch im Falle des Konkurses über das Vermögen eines Miteigentümers von

---

hinweist, daß der Abs. 2 des Art. 42 UeG., durch welchen die entsprechende Anwendbarkeit des § 1010 bestimmt wird, im Gegensatz zu Abs. 1 des Art. 41 erst nach Anlegung des Grundbuchs zur Geltung kommt.

[1]) Schneider S. 212.

dem Konkursverwalter verlangt werden[1]). Mit dem Untergang des Gebäudes bleibt nur noch das ungeteilte Miteigentum an der Grundfläche übrig. Wird das Gebäude wieder hergestellt, so lebt das Gemeinschaftsverhältnis an dem Gebäude nicht wieder auf[2]). Das Rechtsverhältnis läßt sich vermöge seiner Eigenartigkeit auf einen Neubau nicht übertragen; es ist an das spezielle Gebäude gebunden und kann nach dessen Untergang nicht wieder aufleben. Wenn nur ein Teil des Gebäudes abgebrannt ist, so wird zu untersuchen sein, ob der abgebrannte Teil die Hauptsache darstellt, oder die Ueberreste. Ersterenfalls ist das Stockwerkseigentum ebenfalls erloschen. Ob der Untergang des Gebäudes auf Zufall (Brand)[3]) oder auf gewolltes Zusammenwirken aller Beteiligten (Abbruch) zurückzuführen ist, hat keine Bedeutung. Haben die Teilhaber ein bisher im Stockwerkseigentum stehendes Gebäude abgebrochen und ein Ersatzgebäude errichtet mit dem Willen und der Verabredung, daß dasselbe und seine einzelnen Teile dem gleichen Stockwerkseigentum wie das frühere Haus unterworfen sein soll, so wird hierdurch kein Stockwerkseigentum begründet. Das neue Gebäude steht wie das Grundstück selbst im einfachen Miteigentum. Man wird annehmen können, daß durch eine solche Vereinbarung das Recht, die Aufhebung der Gemeinschaft zu verlangen, für immer ausgeschlossen sein soll; es kommt daher § 1010 BGB. zur Anwendung[4]).

Auf die gleiche Weise läßt sich an jedem Gebäude ein dem Stockwerkseigentum verwandtes Resultat erreichen, wenn an dem Gebäude das Miteigentum begründet wird und die einzelnen Miteigentümer vertragsmäßig die Verwaltung und Benutzung in der Weise regeln, daß jedem einzelnen ein Sonderrecht an einem Stockwerk eingeräumt wird, und endlich auch das Recht auf Aufhebung der Gemeinschaft für immer ausschließen und diese Vereinbarung im Grundbuch eintragen lassen[5]).

## § 4. Das Recht an Kellern.

I. Das Eigentum an einem Grundstück erstreckt sich nach § 905 BGB. auch auf den Erdkörper unter der Erdoberfläche. Der Eigen-

[1]) Henle-Schneider Anm. 9 zu Art. 42 UeG.

[2]) A. M. Henle-Schneider Anm. 9 zu Art. 42 UeG. Nach Oertmann S. 319 soll beim Wegfall des Gebäudes nur die Ausübung der Sondernutzungsrechte bis zur Neuerrichtung des Gebäudes suspendiert sein.

[3]) Wenn nach den Vorschriften des Brandversicherungsgesetzes ein Zwang zum Wiederaufbau besteht, so haben alle Teilhaber im Verhältnis ihrer Anteile zum Wiederaufbau beizusteuern, wie ihnen auch die Brandversicherungssumme nach diesem Verhältnis zufällt (Schneider S. 211).

[4]) Aber auch § 749 Abs. 2 kommt zur Anwendung, wonach trotz einer solchen Vereinbarung die Aufhebung der Gemeinschaft jederzeit verlangt werden kann, wenn ein wichtiger Grund vorliegt.

[5]) Staudinger Bem. 3b zu § 1010; Schneider S. 214; Oertmann S. 317.

tümer eines Grundstücks ist daher auch der Eigentümer des darunter befindlichen Kellers. Die Begründung eines Sondereigentums an dem Keller ist unter der Geltung des neuen Rechts nicht mehr möglich[1]). Dagegen kann an einem Keller, der für sich einen selbständigen Bau bildet und dann als Gebäude zu erachten ist, auch jetzt noch ein Erbbaurecht begründet werden (§ 1012 BGB.) mit der Folge, daß das Eigentum an dem Kellergewölbe als Bestandteil des Erbbaurechts in Gemäßheit des § 95 BGB. dem Berechtigten zusteht[2]). Stellt aber der Keller für sich keinen selbständigen Bau dar, sondern nur einen Teil eines anderen Gebäudes, so kann ein Erbbaurecht unter der Herrschaft des Bürgerlichen Gesetzbuches hieran nicht mehr begründet werden (§ 1014 BGB.). Dagegen ist die Begründung einer Grunddienstbarkeit an einem solchen Keller auch nach neuem Recht zulässig. Die zur Zeit des Inkrafttretens des Bürgerlichen Gesetzbuches an Kellern bestehenden Sonderberechtigungen sind aufrecht erhalten, das Sondereigentum unter Umwandelung in ein Erbbaurecht (siehe oben), das Stockwerkseigentum nach Art. 182 EG., Art. 42 des UeG. und Art. 20 des LiegenschG., die superficies (Erbbaurecht, Platzrecht, auch Kellerrecht genannt)[3]) und die Grunddienstbarkeiten nach Art. 184 EG. Die Frage, welches Rechtsverhältnis gegeben ist, bietet in einzelnen Fällen Schwierigkeiten[4]). Hierfür lassen sich folgende allgemeine Richtpunkte angeben:

[1]) Uebrigens ist ein nach früherem Recht etwa vorhanden gewesenes Sondereigentum (vgl. RG. Bd. 24 S. 340), abgesehen vom Stockwerkseigentum, nicht aufrecht erhalten. (Vgl. JW. 1903, Beilage S. 90). Wo nach bisherigem Recht ein solches Sondereigentum bestanden hat, gilt es jetzt als das Recht den Keller auf einem fremden Grundstück zu haben. (RG. Bd. 56 S. 260). Man muß annehmen, daß dieses Sondereigentum von selbst in ein Erbbaurecht übergegangen ist. Vgl. Rhein. Arch. Bd. 102 Abt. I S. 144. Das Kellergewölbe wird sodann als Bestandteil des Erbbaurechts anzusehen sein und kann daher nach § 95 BGB. im Sondereigentum des Erbbauberechtigten stehen. Bei Zerfall des Gewölbes bleibt der Superfiziar Eigentümer des mobilisierten Materials M. Bd. 3 S. 473 (Mugdan Bd. 3 S. 264); Dernburg § 163 Anm. 8. Vgl. RG. Bd. 22 S. 195.

[2]) Vgl. JW. 1903, Beilage S. 90.

[3]) War nach bisherigem Rechte ein Erbbaurecht (superficies) an einem Teile eines Gebäudes begründet (vgl. RG. Bd. 7 S. 145, l. 3 D. 8, 5), so bleibt dasselbe aufrecht erhalten. Art. 184 EG. Vielfach finden sich bei einer ganzen Reihe von Häusern Bogenhallen (Laubengänge), unter denen sich der Bürgersteig am Erdgeschoß der Häuser entlang zieht, während die durch die Bogenpfeiler gestützten oberen Stockwerke den Laubengang überragen, die zu den Häusern gehörigen Keller aber in den unter dem Laubengang befindlichen Grund hineinragen. Das Reichsgericht hat in einem solchen Falle (Münster) angenommen, daß aus diesen Umständen weder nach gemeinem, noch nach preußischem allgemeinen Landrechte ohne weiteres zu folgern sei, daß die Hauseigentümer Eigentümer des Grundes und Bodens seien, soweit über demselben der Bürgersteig läuft. Bolze Bd. 1 Nr. 81.

[4]) Im Streitfalle wird der Kläger gut daran tun, seine Klage lediglich auf Anerkennung seines ausschließlichen Benützungsrechtes und Unterlassung jeder Störung dieses Benützungsrechts zu richten, nicht aber z. B. auf Feststellung, daß ihm das Eigentum zusteht. Es könnte z. B. eine Klage auf Anerkennung des Eigentums an einem Kapellenbau abgewiesen werden, weil jedenfalls kein Eigentum erwiesen und auf Anerkennung eines Erbbaurechts nicht geklagt worden sei. (Vgl. JW. 1903, Beilage S. 90).

a) Wenn man es mit einem selbständigen Bau dergestalt zu tun hat, daß der Keller nicht den Teil eines anderen Gebäudes darstellt, wird man es niemals mit Stockwerkseigentum zu tun haben, weil dasselbe begrifflich ein horizontal geteiltes Gebäude voraussetzt. Es kommt nach bisherigem Recht nur Sondereigentum, superficies und Grunddienstbarkeit in Frage. Dem Sondereigentum und der superficies ist gemeinsam, daß diese Rechte nicht mit einem (herrschenden) Grundstücke verbunden, sondern frei veräußerlich und vererblich sind[1]). Im Gegensatz hierzu steht die Grunddienstbarkeit als ein mit dem Eigentum an einem anderen Grundstück verbundenes Nebenrecht[2]).

b) Wenn aber der Keller einen konstruktiven Teil eines Gebäudes bildet, so ist vor allem wiederum zu unterscheiden, ob der Keller der gegebenen objektiven Beschaffenheit zufolge von diesem Gebäude aus wirtschaftlich benützbar ist oder nicht. Letzterenfalls (z. B. wenn der Keller von dem Hause aus, unter welchem er sich befindet, gar nicht zugänglich ist) hat man es zu tun mit einem Keller, der ebenso

---

[1]) Da das Sondereigentum infolge der Ueberleitung in ein Erbbaurecht übergegangen ist, besteht für eine Untersuchung des Unterschieds zwischen Sondereigentum und superficies kein Bedürfnis. Für die Zulässigkeit der Ersitzung einer superficies vgl. RG. Bd. 7 S. 144 (gemeines Recht), Gruchot Bd. 30 S. 130 (preuß. Recht).

[2]) RG. Bd. 7 S. 146 nimmt theoretisch an, daß eine superficies nicht allein als ein für sich bestehendes selbständiges Recht, sondern auch nach Art einer Prädialservitut als ein mit dem Eigentum eines benachbarten Grundstückes verbundenes Nebenrecht vorkommen könne. In Wahrheit hat man es eben dann mit einer Prädialservitut zu tun. Hält man die Merkmale der Veräußerlichkeit und Vererblichkeit der Superfiziarrechte nicht fest, so verwischt man die Grenze zwischen Superfiziarrechten und Dienstbarkeiten, so mit Recht M. Bd. 3 S. 471 (Mugdan Bd. 3 S. 262). — Die Entsch. d. RG. Bd. 7 S. 146 hat im Ergebnis zutreffend eine Servitut angenommen. Der Begründung kann aber nicht beigetreten werden. Wäre dort ein frei veräußerliches und vererbliches Recht in Frage gestanden, so hätten die nachgewiesenen Ersitzungshandlungen vollauf zur Begründung einer superficies genügt und hätte dann dem Berechtigten ohne weiteres ein unbeschränktes Benützungsrecht, ja sogar die Befugnis, in gewissen Grenzen über die Substanz des Gegenstandes seines Rechtes zu verfügen, zugestanden werden müssen (z. B. zur Vornahme von Aenderungen an dem Keller, dessen Wänden und Fenstern, sofern dieselben das darüber liegende Haus nicht schädigen oder gefährden. Vgl. SeuffA. Bd. 6 Nr. 152). Weil aber die Berechtigung mit einem anderen Grundstücke verbunden war, mußten die Grundsätze über den Inhalt von Dienstbarkeiten angewendet werden; hiernach ist aber der Berechtigte, soferne er nicht weitergehende Ersitzungshandlungen speziell nachweist, auf Erhaltung der dienenden Sache in ihrem einmal vorhandenen Zustande beschränkt (vgl. SeuffA. Bd. 6 Nr. 152). Zutreffend setzt Staudinger Bem. I 1 b δ zu § 1014 als Erfordernis des Erbbaurechtes, daß der Keller eine selbständige Anlage bilden muß, also in seiner Existenz nicht von anderen dem Erbbaurecht nicht unterliegenden Baulichkeiten abhängig sein darf, wobei darauf hingewiesen wird, daß es einen wichtigen Anhaltspunkt für die Selbständigkeit eines Kellers bildet, wenn derselbe schon einmal ohne ein Anwesen frei veräußert wurde. Vgl. über den Unterschied zwischen superficies und Servitut auch Holzschuher, Theorie und Kasuistik Bd. 2 S. 104; Oberneck, Reichsgrundbuchrecht 2. Aufl. S. 363; Silberschmidt in SeuffBl. Bd. 69 S. 411. Grunddienstbarkeit wurde mit Recht angenommen SeuffA. Bd. 29 Nr. 11; EntschOGH. Bd. 11 S. 726. Vgl. RG. Bd. 4 S. 135.

zu beurteilen ist, als wenn er ein selbständiges Bauwerk wäre. Dieser Fall ist besonders dann gegeben, wenn der Keller eines fremden Hauses in den unter dem Nachbarhaus befindlichen Raum herüberreicht[1]).

Wenn aber der Keller von dem Hause aus, unter welchem er sich befindet, seiner gegebenen Beschaffenheit zufolge benützt werden kann, so gehört er zu diesem Hause, ist konstruktiv und wirtschaftlich ein Teil desselben[2]). Bestehen dingliche Rechte Dritter an diesem Hause, so werden sie als Grunddienstbarkeiten zu betrachten sein[3]). Auch Stockwerkseigentum kann vorliegen, aber nur dann, wenn den einzelnen Sonderberechtigten zum mindesten an jenen Teilen des Grundstücks, welche der Sonderbenützung nicht unterstehen, das ideelle Miteigentum zusteht[4]).

II. Wird das Recht am Keller in anderer Weise als durch Entziehung oder Vorenthaltung des Besitzes beeinträchtigt, so steht dem

[1]) Man wird aber immerhin den Unterschied machen müssen, ob der Keller einen konstruktiven Teil des darüber befindlichen Hauses bildet oder nicht. Ist dies nicht der Fall, z. B. weil über einem bereits bestehenden selbständigen Kellerbau von einem Dritten ein Haus errichtet ist, oder weil unter einem ohne Keller errichteten Haus von einem Dritten ein Keller angelegt wurde, so hat man es mit einem wirklich selbständigen Kellerbau zu tun, der für sich ein Gebäude bildet oder wenigstens einen Teil eines anderen Gebäudes. Regelmäßig wird dieser Kellerbau mit der servitus oneris ferendi zugunsten des darüber errichteten Hauses belastet sein. Vgl. § 1022 BGB. Das Erbbaurecht kann ja Subjekt und Objekt einer Grunddienstbarkeit sein. Vgl. Silberschmidt a. a. O. und Zitate. Aber selbst wenn der Keller mit Rücksicht auf seine bauliche Verbindung mit dem Hause und seine Einbauung in dasselbe als ein Teil dieses Hauses im konstruktiven Sinne zu betrachten ist, ist ein solcher Keller (der Hohlraum) dann als eigenes Ganzes aufzufassen, wenn der innerhalb der Umfassungsmauern des Hauses befindliche Keller überhaupt keine Türöffnung gegen die Seite dieses Hauses hat, also von den übrigen Räumen desselben aus seine Benützung gar nicht möglich ist. Wie in diesem Falle für das bisherige Recht angenommen wurde (EntschObLG. Bd. 16 S. 282; SeuffA. Bd. 52 Nr. 147; SeuffBl. Bd. 32 S. 297), daß an einem solchen Keller ein selbständiger Besitz möglich ist, so muß auch für das neue Recht angenommen werden, daß dieser Hohlraum nicht zu den Bestandteilen des Hauses gehört. Es kann deshalb unter den angegebenen Voraussetzungen an einem solchen Keller ungeachtet des § 1014 BGB. auch unter der Geltung des neuen Rechts ein Erbbaurecht begründet werden. Vgl. Maenner S. 263 Anm. 9; Silberschmidt a. a O. S. 411. Das Kellergewölbe ist aber Eigentum des Hauseigentümers, da die Voraussetzungen des § 95 BGB. nicht gegeben sind.

[2]) Vgl. Bolze Bd. 1 Nr. 115.

[3]) Silberschmidt SeuffBl. Bd. 69 S. 412, der zutreffend darauf hinweist, daß die §§ 1021—1023 BGB. hierbei in Betracht kommen können (namentlich wichtig wegen der Unterhaltungslast). Ueber Kellerrecht unter dem gemeinen Stadtgassenpflaster vgl. Würzburger Stadtbaurecht, Würzb. Verordn.-Samml. Bd. 3 S. 790; Weber, Statutar. Bd. 3 S. 393.

Ein Erbbaurecht kann an einem solchen Keller nicht mehr begründet werden § 1014 BGB. Wird von dem Eigentümer des Kellers einem Dritten das persönliche (also nicht mit einem Grundstück) verbundene vererbliche und veräußerliche Recht bestellt, den Keller (ausschließlich oder gemeinschaftlich) zu benützen, so wird damit nur eine beschränkte persönliche Dienstbarkeit begründet, die mit dem Tode des Berechtigten erlischt (§§ 1090 mit 1061 BGB.).

[4]) S. darüber oben S. 10.

Berechtigten der Anspruch aus § 1004 zu, dem Eigentümer des Kellers ohne weiteres, dem Erbbauberechtigten nach § 1017 Abs. 2, dem Grunddienstbarkeitsberechtigten nach §§ 1027, 1090 Abs. 2.

Als Beeinträchtigung des Rechts am Keller können auch Abgrabungen auf dem Nachbargrundstücke in Betracht kommen. Der Nachbar ist hierzu, soferne er innerhalb seiner Grenzen bleibt, befugt; nur darf das Grundstück nicht in der Weise vertieft werden, daß der Boden des Nachbargrundstücks die erforderliche Stütze verliert, es sei denn, daß für eine genügende anderweitige Befestigung gesorgt ist (§ 909 BGB., s. darüber unten § 17).

Zumeist liegt der Hauptwert des Kellers in der kühlen Temperatur, infolge deren der Keller zur Auflagerung von Vorräten (so namentlich Bier, Wein) geeignet ist. Wenn nun das den Keller umgebende Erdreich auf dem Nachbargrundstück weggenommen wird (z. B. durch Anlegung eines Steinbruches oder einer Lehmgrube), wird dem Zutritt der Wärme Vorschub geleistet und so der Keller verdorben. Das kann z. B. bei dem Lagerkeller einer Brauerei zu einer äußerst erheblichen Entwertung des Kellers führen. Der Eigentümer des Kellers kann dessen ungeachtet keinerlei Ansprüche gegen den Nachbar erheben, da derselbe nur von der in seinem Eigentum gelegenen Befugnis Gebrauch macht, wenn er das Erdreich seines Grundstückes beseitigt.

Anders kann das Rechtsverhältnis zu beurteilen sein, wenn das Recht am Keller auf einer Grunddienstbarkeit, einer superficies oder einem Erbbaurecht beruht. Der Eigentümer des mit diesem Kellerrecht dinglich belasteten Grundstücks darf auf diesem keine Handlung vornehmen, durch welche die bestimmungsgemäße Benützung des Kellers beeinträchtigt wird.

## § 5. Die Grenze und deren Vermarkung.

Der Zug der Grenzen wird durch gedachte Linien bestimmt[1]). Zur äußeren Kennbarmachung dieser ideellen Grenzlinien dienen sichtbare Zeichen, die sogen. Grenzmarken. In früherer Zeit setzten die Nachbarn ihre Grenzzeichen selbst, indem sie Pflöcke einschlugen oder Steine und ähnliche sichtbare Gegenstände aufstellten. Mit dem Fortschritt der Kultur und der hiermit verbundenen größeren Parzellierung des Grundbesitzes wurde die sichere Festhaltung der Grenzlinie zu einem öffentlichen Interesse. In vielen Gegenden bildete sich schon frühzeitig das Institut der Feldschieder oder Märker aus, die für den Flurbezirk der Markgenossenschaft oder Gemeinde als Hüter der Grenzen aufgestellt waren und die Grenzzeichen meist unter Anwendung geheimer Merkmale zu setzen hatten.

An dieses durch das Herkommen bewährte Institut schloß sich die bayerische Gesetzgebung mit dem Vermarkungsgesetz vom 16. April

---

[1]) S. oben S. 1.

1868 an. Das jetzt geltende Recht ist in dem bayerischen Gesetz vom 30. Juni 1900, die Abmarkung der Grundstücke betreffend [1]), enthalten. Daneben kommt aber auch § 919 BGB. in Betracht.

Die Abmarkungspflicht liegt im Interesse der beteiligten Nachbarn und im allgemeinen Interesse. Dementsprechend ist eine privatrechtliche Verpflichtung zur Abmarkung und eine öffentlichrechtliche gegeben. In den Rahmen dieser Abhandlung fällt nur der privatrechtliche Anspruch. Hierüber gilt folgendes:

## I. Der Abmarkungsanspruch.

Die privatrechtliche Verpflichtung zur Abmarkung ist durch § 919 Abs. 1 BGB. normiert, wonach der Eigentümer [2]) eines Grundstücks von dem Eigentümer des Nachbargrundstücks verlangen kann, daß dieser zur Errichtung fester Grenzzeichen und wenn ein Grenzzeichen verrückt oder unkenntlich geworden ist, zur Wiederherstellung mitwirkt.

Der Anspruch auf Grenzabmarkung ist ein rein dinglicher Anspruch aus dem Eigentum [3]).

Der Anspruch setzt unmittelbar aneinander anstoßende Grundstücke voraus; sind zwei Grundstücke durch ein drittes Grundstück, einen Weg, einen Fluß getrennt, so ist der Anspruch nicht gegeben [4]).

Aktiv und passiv legitimiert zum Grenzabmarkungsanspruch sind die Eigentümer [5]) der angrenzenden Grundstücke, und nur diese, also nicht die an dem Grundstücke dinglich Berechtigten (Nießbraucher, Pfandgläubiger, Dienstbarkeitsberechtigte), auch nicht der Erbbauberechtigte, weil ihm die Macht zur rechtlichen Verfügung über das Grundstück fehlt [6]). Der Fideikommißinhaber ist nach bayerischem Rechte aktiv und passiv legitimiert [7]), ebenso der Lehensinhaber [8]). Nach § 1011 ist jeder Miteigentümer für sich allein aktiv legitimiert, dagegen muß

---

[1]) Durch Art. 32 dieses Gesetzes ist das Vermarkungsgesetz vom 16. April 1868 mit Art. 156 AG. aufgehoben worden.

[2]) Eine Mitwirkung der Realberechtigten ist nicht erforderlich, da die Anwendung des § 919 keine Veränderung im Bestande des Grundstückes herbeiführt. Staudinger Bem. I zu § 919.

[3]) Höniger, Grenzstreitigkeiten S. 48; Planck Bem. 2 zu § 919; Behrend in Busch, Zeitschr. Bd. 30 S. 273. Dagegen M. Bd. 3 S. 268. (Mugdan Bd. 3 S. 148).

[4]) Höniger, Grenzstreitigkeiten S. 52; Staudinger Bem. I 1a zu § 919.

[5]) Der Vorerbe ist Eigentümer, solange der Fall der Nacherbschaft noch nicht eingetreten ist. (§§ 2100, 2139 BGB.)

[6]) Kretzschmar im Zentralbl. f. freiw. Gerichtsbarkeit Bd. 3 S. 444; A. M. Staudinger Bem. I 4 zu § 919. Wohl aber ist der Erbbauberechtigte aktiv legitimiert, die Abmarkung derjenigen Fläche, die mit seinem Erbbaurecht belastet ist, zu verlangen, weil nach § 1017 die sich auf Grundstücke beziehenden Vorschriften für das Erbbaurecht gelten. Höniger S. 57. Das gleiche gilt für das in Bayern vor dem Gesetz vom 4. Juni 1848 begründete, durch Art. 63 EG. aufrecht erhaltene Erbpachtrecht (Emphyteuse).

[7]) Roth, Bayr. Civilrecht § 225; Brettreich S. 24.

[8]) Roth a. a. O. § 206 Ziff. 4; Brettreich S. 24.

die Klage gegen alle Miteigentümer gestellt werden[1]). Der Pächter ist natürlich nicht legitimiert[2]).

§ 919 bezieht sich auf alle Arten von Grundstücken, also auch auf städtische Grundstücke, selbst auf Gebäude mit festen Grenzwänden, weil nur die Marksteine als Grenzzeichen im Sinne des Gesetzes gelten[3]). Auch die Grundstücke des Staates[4]) und der Gemeinde unterliegen selbstverständlich dieser Abmarkungspflicht[5]). Dazu kommt dann noch Art. 3 AbmarkG., wonach die von den zuständigen Behörden und Personen gesetzten Grenzzeichen von den beteiligten Grundeigentümern stets instand erhalten werden müssen.

Unter Grenzzeichen im Sinne des § 919 BGB. sind für Bayern solche im Sinne des Vermarkungsgesetzes vom 16. Mai 1868 und des Abmarkungsgesetzes vom 30. Juni 1900 zu verstehen, nicht aber private Grenzzeichen. Art. 30 AbmarkG. bestimmt, daß bezüglich der Art der Abmarkung für die durch § 919 BGB. begründete Abmarkungspflicht die einschlägigen Vorschriften des Abmarkungsgesetzes maßgebend sind.

Der Abmarkungsanspruch ist sowohl dann gegeben, wenn bisher Grenzzeichen überhaupt noch nicht bestanden haben oder dieselben wieder ganz verloren gegangen sind, als auch, wenn die bestehenden Marksteine nicht die richtige Grenze anzeigen, sei es, daß sie von Anfang an falsch gesetzt wurden[6]), oder daß sie durch irgendwelche Ursachen von der Stelle gerückt wurden (z. B. durch Erdrutsch, Bodensenkungen)[7]) oder unkenntlich geworden sind (z. B. durch Verwitterung oder mechanische Beschädigung). Der Anspruch steht selbst demjenigen zu, der in strafbarer Weise die Grenzzeichen eigenmächtig verrückt hat; denn der Grund, aus welchem die Sicherung der Grenze durch Grenzzeichen fehlt, ist für die Entstehung der Abmarkungspflicht gleichgültig[8]).

---

[1]) Höniger S. 56; Staudinger Bem. I 2 zu § 919.

[2]) M. Bd. 3 S. 270 (Mugdan Bd. 3 S. 149).

[3]) Aus diesem Grunde ist RG. Bd. 44 S. 171 nicht mehr anwendbar. Vgl. auch Entsch. d. BGH. Bd. 17 S. 253.

[4]) Ueber Vermarkung der Staatsstraßen vgl. Weber, Gesetzsammlung Bd. 17 S. 592.

[5]) Vgl. Brettreich, Abmarkungsgesetz S. 25.

[6]) Besteht Streit darüber, ob eine Abmarkung formell gültig ist, so haben die Verwaltungsgerichte zu entscheiden. S. darüber unten S. 21.

[7]) Vgl. Schuhmacher, Lage und Feststellung der Eigentumsgrenzen bei seitlicher Verschiebung der Grenzzeichen infolge der durch den Bergwerksbetrieb veranlaßten Bodensenkungen in der Zeitschrift für Bergrecht 1903 S. 203 ff. Wenn sich infolge einer Senkung der Erdmasse auch die Oberfläche des Grundstücks verschiebt, so werden sich damit regelmäßig auch die Grenzlinien und Grenzzeichen verschieben, sie sind wieder an derjenigen Stelle anzubringen, an welcher sie sich vor der Verschiebung befunden haben. Schuhmacher S. 212 f. Dieser Erfolg ist im Streite mit der Grenzscheidungsklage des § 920 herbeizuführen. Schuhmacher S. 215, s. darüber unten S. 29 ff.

[8]) Vgl. Entsch. d. BGH. Bd. 17 S. 253.

Die Verpflichtung zur Mitwirkung geht nur so weit, als das Bedürfnis für Sicherung der Grenze. Die Grenze ist gesichert, wenn die Marksteine alle Grenzzüge der Grundstücke vollkommen sicher erkennen lassen.

Der Anspruch ist gemäß § 924 BGB. unverjährbar. Auf den Anspruch kann mit dinglicher Wirkung nicht verzichtet werden, in einem Verzichte könnte deshalb nur das Versprechen gefunden werden, den Anspruch nicht geltend zu machen[1]); der Singular-Rechtsnachfolger wird daher durch einen Verzicht nicht gebunden[2]). Die obligatorische Wirkung eines solchen Versprechens kann jedoch weder nach § 138 BGB. noch nach § 309 BGB. in Zweifel gezogen werden[3]); denn die Geltendmachung des durch § 919 BGB. gegebenen Anspruchs ist in das freie Belieben des Eigentümers gestellt; es liegt daher keine zwingende Vorschrift vor.

Voraussetzung des Anspruchs aus § 919 BGB. ist, daß die Grenze zwischen den Nachbarn unbestritten ist[4]).

Weigert sich der Nachbar, den Anspruch zu erfüllen, so ist Klage zum Verwaltungsgericht, nicht zum Zivilgericht zu erheben, da zur Entscheidung der Streitigkeiten über die Abmarkungspflicht gemäß Art. 30 mit Art. 19 AbmarkG. die Distriktsverwaltungsbehörde in erster und der Verwaltungsgerichtshof in zweiter und letzter Instanz zuständig ist. Diese Zuständigkeitsbestimmung hat ihre Wurzel in § 13 des GVG., welcher der Landesgesetzgebung allgemein gestattet, einzelne bürgerliche Rechtsstreitigkeiten den Verwaltungsbehörden zuzuweisen[5]).

---

[1]) Vgl. M. Bd. 3 S. 270 (Mugdan Bd. 3 S. 149).

[2]) KommProt. S. 3535 (Mugdan Bd. 3 S. 582).

[3]) Biermann, Planck, Staudinger, Fischer-Henle zu § 919. Vgl. dagegen M. Bd. 3 S. 270 (Mugdan Bd. 3 S. 149); Höniger S. 68.

[4]) M. Bd. 3 S. 268 (Mugdan Bd. 3 S. 148); Maenner S. 174; Höniger S. 52; s. dagegen Scherer Anm. 203c zu §§ 919, 920; Rönnberg, Die Grenzscheidungsklage nach römischem und gemeinem Rechte sowie nach den Entwürfen eines Bürgerlichen Gesetzbuches (Berlin 1896) S. 84. — Für Bayern hat die ganze Kontroverse keine Bedeutung; denn nach Art. 30 mit Art. 19 des bayerischen AbmarkG. entscheidet über die Abmarkungspflicht die Verwaltungsbehörde. Nach Art. 19 Abs. 3 AbmarkG. sind Streitigkeiten über Feststellung der Grenze ausdrücklich der Entscheidung der Gerichte vorbehalten. Der Anspruch auf Vermarkung kann daher schon aus prozessualen Gründen nur dann geltend gemacht werden, wenn die Grenzen unbestritten sind. Entsch. d. VGH. Bd. 23 S. 232, EntschObLGSt. Bd. 5 S. 164. Wenn die Grenze auf dem Vermessungsplan als richtig von beiden Nachbarn anerkannt wurde, dann aber ein Nachbar vor der Vermarkung Widerspruch erhebt (etwa wegen Irrtums, weil er bei der Unterzeichnung nur geglaubt habe, daß er die Richtigkeit der Vermessung, nicht aber die Richtigkeit der Grenze anerkenne), kann die Vermarkung nicht vorgenommen werden. Auch dann nicht, wenn ein über den Lauf der Grenze abgeschlossenes Uebereinkommen von einer Seite wegen Irrtums, Betrugs oder Zwangs angefochten ist und selbst dann nicht, wenn die Gültigkeit des Uebereinkommens in offensichtlich unbegründeter Weise z.B. wegen eines angeblichen Formmangels bestritten wird, vgl. Brettreich S. 26 und unten S. 22.

[5]) Nach Art. 19 AbmarkG. sind die Verwaltungsgerichte auch zur Entscheidung über die Gültigkeit einer Abmarkung zuständig. Wenn aber Streit darüber besteht, ob die

Der Gerichtsstand ist der ausschließlich dingliche des § 24 ZPO., der analog anzuwenden ist. Liegt die zu vermarkende Grenze in verschiedenen Verwaltungsbezirken, so ist in analoger Anwendung des § 36 Z. 4 ZPO. von dem Verwaltungsgerichtshof, der hier zunächst übergeordneten Instanz, das zuständige Verwaltungsgericht zu bestimmen.

Wird nach Erhebung des Anspruchs, die im verwaltungsrechtlichen Verfahren mit der Einbringung des Antrags bei der Verwaltungsbehörde, nicht erst mit der Eröffnung des Antrags an den Beklagten vollzogen ist, das Grundstück des Beklagten an einen Dritten veräußert, so ist der Rechtsnachfolger berechtigt und auf Antrag des Gegners verpflichtet, den Rechtsstreit in der Lage, in welcher er sich befindet, als Hauptpartei zu übernehmen (§ 266 ZPO.).

Bei der Entscheidung über den Abmarkungsanspruch kann die Verwaltungsbehörde nach ausdrücklicher Vorschrift des Art. 30 mit Art. 19 Abs. 3 des AbmarkG. Streitigkeiten über Feststellung der Grenze nicht entscheiden, da diese der Entscheidung der Gerichte vorbehalten sind. Die Verwaltungsbehörde wird deshalb, wenn sich vor ihr erst nach Erhebung eines Anspruchs aus § 919 BGB. Streit über den Lauf der Grenze entspinnt, das Verfahren bis zur Entscheidung über den Lauf der Grenze sachgemäßerweise aussetzen, dagegen die Klage abweisen, wenn schon vor ihrer Anbringung Streit über die Grenze bestand [1]). Eine Streitigkeit über die Grenze liegt jedoch dann nicht vor, wenn dieselbe lediglich von dem beteiligten Nachbar simuliert wird, während die Grenze durch rechtskräftiges gerichtliches Urteil [2]) außer allen Zweifel gestellt ist. Beim Vorliegen

formell gültig gesetzten Marksteine auf der richtigen Grenze stehen, so sind die Zivilgerichte zuständig. Niemals kann die Klage vor dem Zivilgerichte dahin erhoben werden, daß Beklagter in die Entfernung oder Versetzung der Marksteine einwillige; Kläger muß erst vom Zivilgericht die Grenze feststellen lassen und dann Klage zum Verwaltungsgericht erheben. Wenn freilich der Beklagte selbst und ohne Mitwirkung der staatlichen Organe Grenzzeichen gesetzt hat, ist die Klage auf Entfernung solcher Grenzzeichen, die im Sinne des Gesetzes keine wahren Grenzzeichen sind, an das Zivilgericht zu richten. Hat aber das zuständige Staatsorgan (Geometer, Feldgeschworene) die Vermarkung wenn auch in ganz ungesetzlicher Weise vorgenommen, so kann auf Entfernung dieser Grenzzeichen nicht vor Gericht geklagt werden; die Klage auf Entfernung ist vielmehr an das Verwaltungsgericht zu stellen und ist natürlich Voraussetzung dieses Klagsanspruches nichts weiter als die formelle Ungültigkeit der Vermarkung; keineswegs ist erforderlich, daß die Grenze unbestritten feststeht. Vgl. hierzu die Entsch. des Gerichtshofes für Kompetenzkonflikte vom 8. Januar 1907, Beil. II zum GVBl. vom Jahre 1907 S. 9.

[1]) Henle-Schneider, AG. S. 264; Brettreich, Abmarkungsgesetz S. 75; Windstoßer, Vermarkungsgesetz S. 18, meint dagegen, daß der Antrag abzuweisen sei. Das ist nicht immer angezeigt; denn die Verpflichtung zur Abmarkung besteht auch dann, wenn die Grenze noch nicht feststeht (§ 919 BGB.). Dagegen kann die Verwaltungsbehörde dem Antragsteller auch eine Frist zur Erhebung der Klage an das Zivilgericht vorstrecken und nach deren fruchtlosem Ablauf den Antrag abweisen.

[2]) Vgl. Brettreich, Abmarkungsgesetz S. 76; Windstoßer, Vermarkungsgesetz S. 16 und die dort angeführte Entscheidung des Verwaltungsgerichtshofes vom 14. September

des Nachweises hat die Verwaltungsbehörde die Abmarkungsverpflichtung festzustellen. Die Prüfung der Aktiv- und Passivlegitimation ist stets Sache der Verwaltungsbehörde und muß dieselbe daher im Streitfalle incidenter auch darüber entscheiden, ob der Antragsteller bezw. der von diesem auf Errichtung der Grenzzeichen Belangte Eigentümer des in Betracht kommenden Grundstückes ist[1]).

Wird die Entscheidung der Distriktsverwaltungsbehörde bezüglich einer neu vorzunehmenden oder zu erneuernden Abmarkung angerufen, so hat der Antragsteller die Plannummern der Grundstücke, um deren Abmarkung es sich handelt, den Namen des Grundeigentümers, welcher der Abmarkung widerspricht oder eine Erklärung noch nicht abgegeben hat, die Gründe, auf welche der Antrag gestützt wird, sowie die gewünschte Art der Abmarkung anzugeben und erforderlichenfalls den Katasterplan, auf welchem die zu setzenden Grenzzeichen vorgetragen sein müssen, vorzulegen (Art. 20 AbmarkG.). Der Antrag der Klage wird dahin formuliert werden können, den Beklagten zu verurteilen, zur Errichtung von Grenzzeichen auf der Grenze der Pl.-Nr. x und y nach Maßgabe des Abmarkungsgesetzes mitzuwirken und die Kosten der Abmarkung hälftig mit dem Kläger, die Kosten des Verwaltungsrechtsverfahrens aber allein zu tragen. Eine genaue Bezeichnung der Grenze ist nicht im Antrage, wohl aber in der Begründung der Klage erforderlich, weil ja hierzu dargetan werden muß, daß die Grenze unbestritten feststeht. Daneben muß dargetan werden, daß Grenzzeichen fehlen oder unkenntlich geworden sind oder nicht mehr auf der anerkannten Grenzlinie stehen. Die Distriktsverwaltungsbehörde vernimmt zunächst die widersprechenden und noch nicht gehörten Grundeigentümer mit ihren Erinnerungen, erholt die erforderlichen Gutachten der Sachverständigen und entscheidet hiernach über den gestellten Antrag. Findet für die Einvernahme der Beteiligten eine besondere Verhandlungstagfahrt statt, so sind sie hierzu gegen Nachweis mit dem Beifügen zu laden, daß diejenigen Grundeigentümer, welche ohne Entschuldigung weder in Person erscheinen, noch durch einen Bevollmächtigten sich vertreten lassen, als der Abmarkung zustimmend gelten (Art. 21 AbmarkG.).

Bleibt der geladene Gegner des Antragstellers trotz richtiger Ladung in dem Termine aus, so hat dies keineswegs zur Folge, daß nunmehr ein dem Antrage entsprechender Beschluß zu erlassen ist. Denn im Verwaltungsrechtsverfahren erfolgt die Feststellung des Sachverhaltes von Amts wegen, der Richter hat im Gegensatz zum Zivilprozeßverfahren den Sachverhalt unabhängig von den An-

---

1885. Wenn dort gesagt ist, daß auch beim Vorliegen eines rechtsgültigen Uebereinkommens über die Grenze die Verwaltungsbehörde die Abmarkungspflicht festzustellen habe, so erachte ich dies für unzutreffend; denn die Verwaltungsbehörde hat im Streitfalle nicht zu entscheiden, ob das betr. Uebereinkommen rechtsverbindlich ist.

[1]) Henle-Schneider, AG. S. 264; vgl. Entsch. d. VGH. Bd. 13 S. 16.

trägen und Behauptungen der Parteien zu ermitteln. Art. 27 des Gesetzes vom 8. August 1878, betr. die Errichtung eines Verwaltungsgerichtshofes und das Verfahren in Verwaltungsrechtssachen, bestimmt nämlich, daß die Distriktsverwaltungsbehörden vor allem für richtige Ermittelung des Sachverhaltes zu sorgen und zu diesem Behufe nicht bloß das von den Beteiligten gebotene, sondern auch das sonst zur Aufklärung dienende Material zu den Akten zu bringen, insbesondere aufschlußgebende Vorakten und Urkunden beizufügen, Zeugen und Sachverständige zu vernehmen haben. Dabei ist gemäß § 7 der Vollzugsvorschriften vom 1. September 1879 zu dem Gesetze vom 8. August 1878, betr. die Errichtung eines Verwaltungsgerichtshofes [1]), auf vollständige und verlässige Erhebung aller für die rechtliche Beurteilung der Sache erheblichen tatsächlichen Verhältnisse Bedacht zu nehmen. Hiernach kommt der Verwirklichung des gestellten Präjudizes keine eigentlich prozessuale Bedeutung zu [2]). Der Verwaltungsrichter muß daher trotz Ausbleibens des geladenen Beklagten von Amts wegen insbesondere feststellen, ob zwischen den Beteiligten die Grenze unbestritten feststeht; denn dies ist die erste Voraussetzung des Anspruchs auf Mitwirkung bei der Abmarkung [3]).

Wenn die Beteiligten im Laufe des verwaltungsrechtlichen Verfahrens eine Linie als richtige Grenzlinie anerkannt haben, und alsdann ein rechtskräftiger verwaltungsgerichtlicher Beschluß erlassen wurde, so ist, wenn sich hinterher herausstellt, daß die anerkannte Grenzlinie mit dem rechtlichen Bestande nicht übereinstimmt, durch den Beschluß eine Aenderung in den Eigentumsverhältnissen nicht herbeigeführt worden, und die Beteiligten können nachträglich die Richtigkeit der Grenzlinie bestreiten [4]). Das muß aber im Wege eines Zivilprozesses geschehen; es ist nicht etwa zulässig, das Verwaltungsrechtsverfahren nach Art. 26 des Gesetzes vom 8. August 1878, betr. die Errichtung eines Verwaltungsgerichtshofes, wieder aufzunehmen [5]). Im Zivilprozeß muß derjenige, welcher die ordnungsgemäß vermarkte Grenze nicht gelten lassen will, die Unrichtigkeit nachweisen [6]).

Gegen den Beschluß der Distriktsverwaltungsbehörde steht den Beteiligten die Beschwerde zum k. Verwaltungsgerichtshof offen. Die Beschwerde ist bei der Behörde, deren Beschluß angefochten wird, schriftlich einzureichen [7]) oder zu Protokoll zu geben. Die Angabe

[1]) GVBl. 1879 S. 1014 ff.

[2]) Vgl. Entsch. d. VGH. Bd. 11 S. 432 u. 550, Bd. 14 S. 54 u. 216.

[3]) S. oben S. 21.

[4]) Brettreich, Abmarkungsgesetz S. 75.

[5]) Brettreich, Abmarkungsgesetz S. 76.

[6]) S. unten S. 28.

[7]) Auch die Einlegung mittels Telegramms kann unter Umständen genügen. Vgl. Entsch. d. VGH. Bd. 1 S. 370: Im allgemeinen genügt ein Minimum in der Form; die bloße Erklärung, daß man gegen einen Beschluß Beschwerde ergreifen werde, genügt nicht (vgl. Entsch. d. VGH. Bd. 4 S. 492).

eines bestimmten Antrages oder von Gründen ist nicht notwendig; fehlt es an solchen Angaben, so wird angenommen, der Beschwerdeführer wolle nach Lage der Sache entschieden wissen (Art. 22 des Gesetzes vom 8. August 1878, betr. die Errichtung eines Verwaltungsgerichtshofes). Die Frist für Einlegung der Beschwerde beträgt 14 Tage, sie beginnt mit der Zustellung des schriftlichen Bescheides. Maßgebend für die Beurteilung der Frage, ob eine Beschwerde rechtzeitig eingelegt ist, ist das Präsentatum der Behörde, bei welcher sie einzureichen ist[1]). Bezüglich der Berechnung des Laufes dieser Frist und bezüglich der Wiedereinsetzung in den vorigen Stand kommen die Bestimmungen der Reichszivilprozeßordnung in entsprechende Anwendung (Art. 22 des Gesetzes vom 8. August 1878, betr. die Errichtung eines Verwaltungsgerichtshofes).

Die Entscheidung über die Verpflichtung zur Abmarkung erzeugt Rechtskraft auch gegen Dritte, die zur Zeit der Rechtshängigkeit an dem Grundstücke dinglich berechtigt oder Besitzmittler waren[2]).

Die Zwangsvollstreckung aus Entscheidungen über die Verpflichtung zur Abmarkung erfolgt nach Art. 46 des Gesetzes vom 8. August 1878, betr. die Errichtung eines Verwaltungsgerichtshofes, in Verbindung mit Art. 22 AbmarkG.

Der Antrag des Klägers ist an das Verwaltungsgericht zu stellen, welches dem Verpflichteten zur Erfüllung der ihm obliegenden Verpflichtung, zur Errichtung oder Wiederherstellung der Grenzzeichen mitzuwirken, eine angemessene Frist setzt, nach deren Ablauf die Gemeindebehörde mit dem weiteren Vollzug beauftragt wird.

Bezüglich der Kosten der Abmarkung erfolgt die Vollstreckung durch die Gemeindebehörde nach den Bestimmungen über die Abhebung und zwangsweise Beitreibung der Gemeindeumlagen (Art. 25 Abs. 6 AbmarkG.).

Die durch Art. 3 des AbmarkG. begründete Verpflichtung der beteiligten Grundeigentümer, die von den zuständigen Behörden und Personen gesetzten Grenzzeichen stets *instand zu halten*, gewährt dem Angrenzer gegen den Nachbar, welcher sich weigert, bei der Erfüllung dieser Verpflichtung mitzuwirken, einen Anspruch auf Erfüllung, der in gleicher Weise geltend zu machen ist, wie der Anspruch auf Mitwirkung bei der Abmarkung.

## II. Das Abmarkungsgeschäft.

Die Art der Abmarkung und das Verfahren ist durch § 919 Abs. 2 BGB. den Landesgesetzen überlassen; für Bayern sind die diesbezüglichen Vorschriften durch das Abmarkungsgesetz vom 30. Juni 1900 gegeben.

---

[1]) Aut. Min.-Entschl. v. 2. März 1881. Vgl. Entsch. d. VGH. Bd. 9 S. 58.
[2]) Höniger S. 76.

Hiernach sind zur Vornahme der Vermarkung eigene Organe aufgestellt, derart, daß die Vermarkung nur durch diese Organe in legaler Weise vorgenommen werden kann. Für jeden Gemeindebezirk und jeden ausmärkischen Bezirk sind auf Lebensdauer 4—7 eidlich verpflichtete (Art. 16 AbmarkG.) Feldgeschworene aufgestellt, welche sich durch Kooptation ergänzen (Art. 5—8 AbmarkG.). Dieselben sind (neben den staatlichen Messungsbehörden) im Umfange ihres Bezirkes ausschließlich befugt, Abmarkungsgeschäfte vorzunehmen d. i. Grenzzeichen zu setzen, sie zum Zwecke der Untersuchung zu heben, sie wieder in die richtige Lage zu bringen und im Falle der Entbehrlichkeit herauszunehmen. Zur gültigen Vornahme eines Abmarkungsgeschäftes ist die Anwesenheit von zwei Feldgeschworenen nötig (Art. 9 AbmarkG.). Die Feldgeschworenen können sich zum Zwecke der Kontrolle der Echtheit und Unverrücktheit der Grenzzeichen bei dem Setzen derselben bestimmter geheimer Zeichen, sogenannter Unterlagen, bedienen (Siebenergeheimnis, Art. 10 AbmarkG.). Zur Abmarkung sind in der Regel dauerhafte Steine von entsprechender Größe oder Form zu verwenden. Die Steine müssen soweit zugerichtet sein, daß ihre Bedeutung als Grenzzeichen zweifellos erkennbar ist. Ausnahmsweise sind auch andere Grenzzeichen, insbesondere solche von dauerhaftem Holze zulässig, wenn die Beschaffenheit des Bodens (z. B. Sumpfland) das Setzen von Steinen nicht angezeigt erscheinen läßt, oder wenn die Beschaffung der Steine mit unverhältnismäßigen Kosten verbunden wäre (Art. 2 AbmarkG.).

Zur Vornahme des Abmarkungsgeschäftes sind die beteiligten Grundeigentümer oder deren Vertreter gegen Nachweis zu laden. Erscheinen die Beteiligten nicht, so kann das Abmarkungsgeschäft gleichwohl gültig vorgenommen werden (Art. 17 AbmarkG.). Hierbei muß jedoch die Einschränkung gemacht werden, daß die Abmarkung in Abwesenheit der Beteiligten nur dann gültig vorgenommen werden kann, wenn die Voraussetzungen der Abmarkung gegeben sind. Dazu gehört vor allem, daß die Grenze und die Verpflichtung zur Abmarkung feststeht, sei es, daß hierüber eine Einigung der Beteiligten nachgewiesen[1]) ist oder ein rechtskräftiger verwaltungsgerichtlicher Beschluß vorliegt. War dies nicht der Fall, so kann die Gültigkeit einer in Abwesenheit eines Beteiligten erfolgten Abmarkung bei der Distriktsverwaltungsbehörde angefochten werden (vgl. Art. 19 AbmarkG.)[2]). Weil mit Rücksicht hierauf die Anwesenheit der Beteiligten vielfach nicht umgangen werden kann, bestimmt Art. 17 AbmarkG., daß die Kosten eines durch unentschuldigtes Ausbleiben vereitelten Termines der Nichterschienene zu tragen hat. Beim Legen

---

[1]) Vgl. Beil. z. d. Verhandl. d. K. d. A. 1899 Bd. 1 S. 352. Brettreich, Abmarkungsgesetz S. 33. Die Anerkennung der festgestellten Grenze muß ausdrücklich entweder an Ort und Stelle oder auf Grund eines entsprechenden Planes erfolgen.

[2]) S. darüber oben S. 21.

oder Untersuchen der geheimen Zeichen haben sich die beteiligten Grundeigentümer und ihre Vertreter zu entfernen (Art. 17 AbmarkG.). Ueber die Vornahme der Abmarkungsgeschäfte sind Protokolle zu führen. In denselben ist die Zeit, der Name und die Eigenschaft der Anwesenden anzugeben. und die stattgehabte Handlung zu beschreiben. Das Protokoll ist von den beteiligten Grundeigentümern oder deren Vertretern und den Feldgeschworenen zu unterzeichnen (Art. 18 AbmarkG.). Die Unterlassung der Eintragung eines Vermarkungsgeschäftes bildet keinen Grund für die Ungültigkeit der vorgenommenen Vermarkung, wenn die sonstigen gesetzlichen Voraussetzungen erfüllt sind[1]).

Stimmt die nach dem Willen der Beteiligten abzumarkende Grenzlinie nicht mit den wirklichen Eigentumsverhältnissen überein und soll demnach eine neue Eigentumsgrenze geschaffen werden, so kann zwar die Abmarkung einstweilen vorgenommen werden; dieselbe erlangt aber ihre endgültige Wirksamkeit erst, wenn den Erfordernissen für den dinglichen Eigentumsübergang Genüge geleistet ist (notarielle Verlautbarung und nach Anlegung des Grundbuchs Eintrag im Grundbuch)[2]). (Vgl. § 22 Abs. 2 der Vollzugsvorschriften vom 21. Dez. 1900; § 20 Z. 4 der Feldgeschworenenordnung)[3]).

Streitigkeiten über die Art der Abmarkung, über die Giltigkeit einer solchen und über die Erhaltung von Grenzzeichen sind in gleicher Weise wie die Streitigkeiten über die Abmarkungspflicht von der Distriktsverwaltungsbehörde in erster und von dem Verwaltungsgerichtshof in zweiter und letzter Instanz zu entscheiden (Art. 19 AbmarkG.). Mit einem Streit über die formale Gültigkeit der Abmarkung ist ein Streit über die materielle Wirkung der Vermarkung nicht zu verwechseln, zu dessen Entscheidung der Zivilrichter berufen ist (s. hierüber unten III).

Die Kosten der Abmarkung[4]) sind von den Beteiligten zu gleichen Teilen zu tragen, soferne nicht aus einem zwischen ihnen bestehenden Rechtsverhältnisse sich ein anderes ergibt (§ 919 BGB.). Letzteres ist z. B. dann der Fall, wenn die Abmarkung dadurch notwendig geworden ist, daß ein Beteiligter die vorhandenen Grenzsteine schuldhaft zerstört hat und daher nach § 823 ff. BGB. für den Schaden haftbar ist. Auch über diese Frage hat im Streitfalle das Verwaltungsgericht zu entscheiden. Nach Art. 17 Abs. 3 AbmarkG.

---

[1]) Entsch. d. VGH. Bd. 17 S. 253.

[2]) Vgl. Begründung zum AbmarkG. S. 350. Brettreich S. 26 f. Ein Vertrag über Festsetzung unsicherer Grenzen, bei dem die Vertragsteile keine Veränderung in den Eigentumsverhältnissen, sondern nur die Feststellung des vorhandenen Eigentums beabsichtigen, bedarf zu seiner Gültigkeit keiner Form. BayZfR. 1906 S. 227 (RG.).

[3]) MABl. 1900 Nr. 62.

[4]) Von den Kosten der Abmarkung sind wohl zu unterscheiden die Kosten des Verwaltungsrechtsstreites über die Abmarkungspflicht, welche dem Unterliegenden ausschließlich zur Last fallen.

fallen die Kosten eines durch unentschuldigtes Ausbleiben eines Beteiligten vereitelten Termines zur Vornahme des Abmarkungsgeschäftes dem Nichterschienenen zur Last. Da die Kostenfrage nur ein Annexum der Vermarkungspflicht ist, ist bei einem Streit über die Kosten in gleicher Weise wie über die Abmarkungspflicht (Art. 19 AbmarkG.) die Zuständigkeit der Verwaltungsgerichte gegeben [1]).

## III. Wirkung der Abmarkung[2]).

Die gesetzlich vollzogene Abmarkung[3]) bewirkt, abgesehen von dem durch Art. 28 AbmarkG. und § 274 Nr. 2 RStGB. bewirkten strafrechtlichen Schutz der vermarkten Grenze[4]), eine behördliche Beurkundung darüber, daß die beteiligten Nachbarn die Richtigkeit der Grenze so, wie sie vermarkt wurde, anerkannt haben. Durch die Vermarkung wird keine Aenderung in den Eigentumsverhältnissen herbeigeführt; aber sie schafft ein ausschlaggebendes Beweismittel dafür, wie weit das

---

[1]) Vgl. Beil. z. d. Verhandl. d. K. d. A. 1899 Bd. 1 S. 353; Entsch. d. VGH. Bd. 17 S. 156.

[2]) Abmarkung ist nicht zu verwechseln mit Vermessung s. unten S. 32.

[3]) Es kommen hierfür Grenzzeichen im Sinne des VermarkG. vom 16. Mai 1868 und des AbmarkG. vom 30. Juni 1900 in Betracht, nicht aber private Grenzzeichen. (Vgl. Begründung S. 350). Grenzzeichen, welche vor Inkrafttreten des VermarkG. vom 16. Mai 1868 durch Siebener, Feldgeschworene auf Grund alter Siebenerordnungen gesetzt wurden, sind gleichfalls als gültig zu erachten. Brettreich S. 27. Vgl. VermarkG. v. 1868 Art. 25. Nach Roth, Bayer. Zivilrecht Bd. 2 § 118 Anm. 24 finden sich Bestimmungen über Siebener (Steinsetzer, Feldschieder u. s. w.): Hohenlohe, LR. III, 20, Arnold II, 485; Weißenburg, St. IV, Arnold II, 720; Würzburg, V. 5. Juli 1753 MS. Bd. 2 S. 640; Schweinfurt, Feldordnung Samml. 60—82; Solms, LO. II, 30; Mainz, LR. V u. UGO. IX; Erbach, Steinsetzordnung 7. Nov. 1695, Weber V, 305; Amberg, Amt- und Portungschauordnung 26. Febr. 1552 Art. 26. Bei einem Eigentumsstreit kann das Zivilgericht in die Lage kommen, über die Gültigkeit der Abmarkung incidenter zu entscheiden, während an sich ein Streit über die Gültigkeit der Abmarkung zur Zuständigkeit der Verwaltungsgerichte gehört. Kläger beruft sich beispielsweise zum Beweise seines Eigentums auf vorhandene Marksteine, Beklagter wendet ein, daß die Vermarkung ungültig ist. Ist die Abmarkung von dem hierzu zuständigen öffentlichen Organe vorgenommen worden, so darf das Zivilgericht die Ungültigkeit nicht annehmen; dem Beklagten ist eine Frist zur Einleitung des verwaltungsgerichtlichen Verfahrens zu setzen und der Prozeß bis zur Entscheidung des Verwaltungsgerichts auszusetzen. Wenn Beklagter das verwaltungsgerichtliche Verfahren innerhalb der gesetzten Frist nicht eingeleitet hat, muß das Gericht die Abmarkung als formell gültig behandeln. Vgl. oben S. 21.

[4]) Vgl. SeuffBl. Bd. 70 S. 510. In der dort mitgeteilten Entscheidung hat das Oberste Landesgericht als Voraussetzung für den strafrechtlichen Schutz der Grenzzeichen bezeichnet, daß die Grenze unbestritten feststeht, da andernfalls die Feldgeschworenen zur Setzung nicht „zuständig" seien. Die Entscheidung ist bedenklich; es wird die Zuständigkeit der Geschworenen zur Vornahme des Abmarkungsgeschäftes und die materiell rechtliche Gültigkeit der Vermarkung zusammengeworfen. Allerdings hat neuerdings das Reichsgericht (JW. 1908 S. 383 Nr. 24) ausgesprochen, daß Grenzzeichen den Schutz des § 274 Z. 2 RStGB. nur dann genießen, wenn sie mit Zustimmung beider Grenznachbarn gesetzt sind oder die fehlende Zustimmung des einen nach § 919 BGB. ersetzt ist.

Eigentum reicht. Die Beweiskraft der Beurkundung kann zwar nicht aus § 415 ZPO. abgeleitet werden, da sich die Zivilprozeßordnung nur mit der Beweiskraft der schriftlichen Urkunden befaßt[1]); allein bei Anwendung des § 286 ZPO., der für die Beweiswürdigung der übrigen Urkunden maßgebend ist[2]) und dem Richter das Recht einräumt, seine Ueberzeugung ohne Beeinflussung durch irgendwelche Beweisregeln zu schöpfen, wird das Gericht gleichwohl stets dazu kommen, auf Grund der Abmarkung die beiderseitige Anerkennung der Grenze als voll erwiesen zu erachten[3]); denn das staatlich geordnete Abmarkungsverfahren gibt hinreichende Gewähr dafür, daß diese erste Voraussetzung des Abmarkungsgeschäftes vorgelegen hat. — Ist aber die beiderseitige Anerkennung der Grenze bewiesen, so muß dieselbe bis zum Beweise des Gegenteiles als richtig angenommen werden. Denn die Anerkennung ist unter Umständen erfolgt, welche den Beteiligten die Tragweite ihrer Erklärungen zum vollen Bewußtsein bringen mußten, und es ist daher auch anzunehmen, daß sich die Beteiligten, welche als Eigentümer hierzu wohl in der Lage waren, über die einschlägigen Verhältnisse informiert haben. Diese Erwägungen müssen vernünftigerweise dem Richter die Ueberzeugung bringen, daß die vermarkte Grenze die richtige ist, sofern nicht das Gegenteil bewiesen wird.

Vielfach wird der Anerkennung der Grenze, die vor der Abmarkung erfolgt, eine vertragsmäßige Feststellung der Grenze durch die Nachbarn zugrunde liegen oder damit zusammenfallen. Wenn die Nachbarn bei diesem Vertrage davon ausgehen, daß durch diesen die richtige Grenze festgelegt werde und vielleicht unter Lösung einer vorhandenen Ungewißheit jeder von ihnen erhalte oder behalte, was ihm gehört, dann ist ein solcher Vertrag formfrei gültig. Wenn aber durch den Vertrag eine Grenze festgesetzt würde, die erst dadurch geschaffen wird, daß die Nachbarn sich Teile ihrer Grundstücke abtreten, dann müßte die Form des § 313 BGB. beobachtet werden[4]).

## § 6. Grenzstreitigkeiten.

### I.

Wer die Eigentumsklage erhebt, muß sein Eigentum beweisen. Wenn nicht das Eigentum eines bestimmten selbständigen Grundstückes streitig ist, sondern nur darüber gestritten wird, wie weit sich dieses Grundstück räumlich erstreckt, mit anderen Worten, wie die Grenze

---

[1]) Struckmann-Koch, Zivilprozeßordnung 7. Aufl. S. 509 (Bem. zu § 415). Petersen, Zivilprozeßordnung Vorbem. vor § 415 u. dortige Nachweise.

[2]) RG. Bd. 6 S. 197; Struckmann-Koch a. a. O. S. 350 (Bem. 3 zu §§ 288—290).

[3]) Vgl. Kretzschmar im SächsArch. Bd. 12 S. 405; Staudinger Bem. IV zu § 919.

[4]) BayZfR. 1906 S. 227 (RG.).

desselben läuft, so ist es Sache des Eigentumsklägers, den von ihm behaupteten Zug der Grenze zu beweisen. Ist dies dem Kläger nicht möglich, so müßte er mit der Eigentumsklage selbst dann unterliegen, wenn der beklagte Nachbar nicht den Gegenbeweis liefern kann, daß der von dem Kläger in Anspruch genommene Landstreifen sein — des Beklagten — Eigentum ist. Die Konsequenz würde dahin führen, daß die Grenze für immer im Zweifel bleiben müßte.

Dem wird durch die Bestimmung des § 920 BGB. abgeholfen. Die Anwendung derselben setzt eine Grenzverwirrung voraus. Eine solche liegt vor, wenn keiner der beiden Grenznachbarn den genauen Zug der Grenze beweisen kann. Eine Grenzverwirrung kann nur bei Grundstücken, die unmittelbar aneinanderstoßen, vorkommen. Liegt z. B. zwischen den zwei Grundstücken des A und B ein öffentlicher Weg, so kann zwar A gegen B negatorisch klagen, weil B auf den Weg herauspflügt und dadurch den Weg über die Grenze des A herüberdrängt[1]); denn hierdurch hat B einen Zustand der Beeinträchtigung für das Eigentum des A geschaffen, für welchen B als Störer verantwortlich ist (§ 1004), aber das den B zur Beseitigung der Beeinträchtigung verurteilende Erkenntnis erzeugt keine dingliche Wirkung. Die Vorschrift des § 920 BGB. bezieht sich auf alle Fälle einer Grenzverwirrung, in denen die richtige Grenze nicht ermittelt werden kann und ist daher auch für überbaute Grundstücke anzuwenden[2]). Ist die Grenze ordnungsgemäß vermarkt, dann wird regelmäßig eine Grenzverwirrung nicht vorliegen; denn durch die Vermarkung wird Beweis dafür erbracht, daß die Grenze so läuft, wie die Markzeichen dieselbe anzeigen[3]). Zwar ist gegen die Richtigkeit dieser angezeigten Grenzlinie Gegenbeweis zulässig, der aber nur dadurch geführt werden kann, daß der Gegenbeweisführer das Eigentum an einer bestimmten Fläche des Bodens nachweist. Es ist nicht

---

[1]) Vgl. EntschOGH. Bd. 12 S. 260; Dernburg, Pand. Bd. 1 § 229 Anm. 7; Dernburg, Sachenrecht S. 300 Note 15.

[2]) Nach gemeinem Recht ist die Grenzscheidungsklage da ausgeschlossen, wo die Nachbargrundstücke mit Gebäuden besetzt sind, die feste Grundmauern aufweisen. — Vgl. Windscheid, Pand. Bd. 2 § 450 Anm. 1; Staudinger Bem. 2b zu § 920; SeuffA. Bd. 51 Nr. 97; diese Entscheidung ist für das neue Recht nicht mehr zutreffend. Die freie richterliche Beweiswürdigung wird in vielen Fällen annehmen können, daß durch den Bestand fester Grenzmauern das Eigentum bewiesen wird; eventuell wird die Grenze auf Grund des Besitzstandes nach dem Zug der Mauer in Gemäßheit des § 920 festgelegt. Andererseits wird bei der Behauptung eines Grenzüberbaues (vgl. § 912 ff. BGB.) vielfach die Grenze gesucht werden müssen; so schon für gemeines Recht Dernburg, Pand. Bd. 1 § 229 Anm. 5. — Wird von einem Grundstückseigentümer behauptet, daß der Nachbar über die Grenze gebaut hat, so wird, trotz des Vorhandenseins fester Grundmauern, über den Zug der Grenze gestritten.

Bei Grenzmauern im Sinne des § 921 wird wohl in den seltensten Fällen die Grenzlinie haarscharf festgestellt werden können. Gerade hier ist daher eine Grenzverwirrung sehr wohl möglich. (Vgl. hierüber unten § 6 II, 5).

[3]) Vgl. oben S. 28.

etwa angängig, daß er lediglich die Unrichtigkeit der vermarkten Grenze nachweist und dadurch die Bedeutung der Markzeichen überhaupt aufhebt; er muß vielmehr sein Eigentum für jeden Quadratzentimeter Land, den er jenseits der vermarkten Grenzlinie für sich in Anspruch nimmt, nachweisen, und nur insoweit als ihm dies gelingt, ist die vermarkte Grenzlinie zurückzusetzen. Wenn aber infolge einer Bodensenkung oder eines Erdrutsches mit den Erdmassen die Grenzzeichen eine Verschiebung erfahren haben, kann trotz vorliegender Abmarkung eine Grenzverwirrung gegeben sein, auf welche § 920 anzuwenden ist[1]). Andererseits wird dort, wo die Grenze nicht vermarkt ist, eine Grenzverwirrung häufig vorkommen; denn es fehlt in Bayern an einem mit gesetzlicher Beweiskraft ausgestatteten Flurplan. Der Steuerkatasterplan hat diese Beweiskraft nicht. Der Zweck desselben erschöpft sich darin, für die Steuererhebung die erforderliche Grundlage zu geben. Er ist nicht bestimmt für zivilrechtliche Verhältnisse maßzugeben. Die Herstellung des Steuerkatasters ist nun zwar auf Grund einer Liquidierung d. h. der Anerkennung der Richtigkeit aller maßgebenden Feststellungen durch die Besitzer erfolgt. Man mag daher zugeben, daß dem solchermaßen zustande gekommenen Kataster eine gewisse Autorität beikommt. Allein andererseits sind durch die Erfahrung in zahlreichen Fällen Irrungen festgestellt. Es hängt dies vor allem damit zusammen, daß der Katasterplan nicht nach der auf unmittelbarer Messung beruhenden zuverlässigen Zahlenmethode, die jetzt vorzugsweise angewendet wird, sondern nach der sogen. graphischen Methode hergestellt wurde; dazu kommt dann der verhältnismäßig kleine Maßstab der Karte (1 : 5000), bei welchem Irrtümer sich leicht einschleichen können[2]). Endlich liegt es in der

[1]) Schuhmacher, Zeitschr. für Bergrecht 1903 S. 216. Vgl. oben S. 20.

[2]) Vgl. Entsch. d. VGH. Bd. 13 S. 423; Brettreich, Abmarkungsgesetz S. 2: „Das bayerische Katasterwesen hat ohne Zweifel seine großen Vorzüge, allein die Katasterpläne, namentlich die älteren, durch Neumessungen nicht ersetzten, entbehren der ausreichenden Genauigkeit und oft der Uebereinstimmung mit den tatsächlichen Eigentumsverhältnissen.“

Reinmund, Grenzermittlungen nach dem Katasterplan (Regensburg 1903), weist darauf hin, daß die Benützung der Katasterpläne zur Grenzwiederherstellung nicht ganz einwandfrei ist. S. 4. Wo einigermaßen Anhaltspunkte vorhanden seien, lasse sich die Plangrenze mit ziemlicher Sicherheit herstellen, zumal wenn schon eine Vermarkung bei der Landesaufnahme bestanden habe oder sofort danach erfolgt sei. S. 5. Dabei dürfe aber nicht verkannt werden, daß gerade in jenen Bezirken, in welchen die Vermarkung schon von jeher üblich gewesen sei (s. oben S. 24 Anm. 4), häufig durch allzu eifrige Feldgeschworene eigenmächtig ganze Ortsfluren und dann meistens entgegen dem Katasterplane vermarkt worden seien. Noch schwieriger sei die Grenzermittlung in Landstrichen, die keine Vermarkung haben. Wenn Raine vorhanden seien, so sei die Herstellung der Grenze noch etwas leichter. Wo die Raine einigermaßen von beiden Angrenzern geschont worden seien, bieten die Ecken der auf ihre Breiten kontrollierten Grundstücke genügende Anhaltspunkte; wo aber früher sehr breite Raine bestanden hätten, von denen ursprünglich die Mitte aufgemessen worden sei, lasse sich nie annehmen, daß beide Grundstücke gleichmäßig gegen die Mitte erweitert worden seien. Es werde vielmehr regelmäßig der Fall sein, daß nur ein Nachbar im Lauf der

Natur der Sache, daß gerade bei der Feststellung der Grenzen zuweilen eine gewisse Willkür obwalten mußte. Denn es ist klar, daß zur Zeit, als die Grenze zwecks Anlegung des Steuerkatasters ermittelt wurde, dieselbe vielfach unter den Beteiligten gar nicht unbestritten feststand. Gleichwohl mußte im Katasterplan eine bestimmte Grenze gezogen werden und es besteht keine Garantie dafür, daß die in Streitfällen angenommene Grenze auch die richtige war. Ein unrichtiger Formaleintrag aber kann für Zivilrechtsverhältnisse keine Wirkung erzeugen, weil das Gesetz ein diesbezügliches Präjudiz den beteiligten Besitzern nicht gestellt hat. § 95 des Grundsteuergesetzes vom 15. August 1828 läßt einen solchen zivilrechtlichen Nachteil für die Unterlassung einer Reklamation nur insoweit eintreten, als es sich um Dominikalien, Zehnten und andere nutzbare Rechte handelt[1]).

Unter Berücksichtigung der oben angeführten Erwägungen wird man sogar soweit gehen müssen, dem Grundsteuerkataster den Wert eines nur tatsächlichen Beweismittels für die Feststellung der Grenzen nahezu abzusprechen. Es ist auch noch zu berücksichtigen, daß die Vermessung in Bayern in der Zeit von 1808 bezw. definitiv 1811 bis 1853[2]) vorgenommen wurde, und somit die Katastereinträge zeitlich soweit zurückliegen, daß inzwischen eine Eigentumsverschiebung durch Ersitzung[3]) eingetreten sein kann.

Durch die geometrische Vermessung, die lediglich auf Grund des Katasters vorgenommen wird, kann daher ein Nachweis über den Zug der Grenze nicht erbracht werden[4]). Immerhin kann der

---

Zeit den Rain verschmälert und somit die Grenze zu seinen Gunsten verschoben habe. Die abgesteckte Grenze weiche hier oft bedeutend von dem bisherigen Grenzzug in der Natur ab. S. 6. In Ländereien, die hauptsächlich dem Gemüsebau dienen, sei die Ausnützung des Bodens eine derartige, daß die Raine ganz zu Verlust gegangen seien. Hier müsse eben von Fall zu Fall entschieden werden, ob es möglich sei, die Plangrenze herzustellen oder nicht.

[1]) Vgl. SeuffBl. Bd. 50 S. 14, Bd. 57 S. 160.

[2]) Vgl. Stengel, Wörterb. d. deutsch. Verw.=R. Bd. 1 S. 713.

[3]) In jenen Gegenden Bayerns, in welchen vor Inkrafttreten des Notariatsgesetzes vom Jahre 1861 für die Verträge über Grundstücke eine besondere Form nicht vorgeschrieben war (vgl. Roth, Bayer. Zivilrecht § 136), kommen auch Aenderungen durch Rechtsgeschäfte in Betracht. Vgl. auch oben S. 29 bei Anm. 4.

[4]) Vgl. EntschOGH. Bd. 6 S. 389; EntschObLG. N. F. Bd. 2 S. 116. Lindner, Gemeinde=Ordg. Anm. 1a zu Art. 27. Dies wird auch unter der Geltung der Grundbuchordnung zutreffend bleiben. In den Motiven zur Grundbuchordnung S. 17 wird als selbstverständlich erklärt, daß die in dem amtlichen Verzeichnis (§ 2 Abs. 2 der GBO.) enthaltenen Angaben über die Lage und Größe eines Grundstückes, auch wenn das Grundbuch sie wieder gibt oder auf sie Bezug nimmt, von dem öffentlichen Glauben des Grundbuches nicht gedeckt werden; diese Angaben seien lediglich tatsächlicher Natur, der § 892 BGB. aber wolle dem Erwerber nur die Sicherheit geben, daß der Inhalt des Grundbuchs in Ansehung der dinglichen Rechtsverhältnisse mit der wirklichen Rechtslage im Einklange stehe. Vgl. hierzu aber auch Wolff, Gruchot Bd. 45 S. 765ff.

Anders lag das Verhältnis nach bisherigem preußischen Rechte. Denn § 4 der preußischen GBO. bestimmte, daß die Grund= und Gebäudesteuerbücher zur Ausmittelung der eingetragenen Grundstücke, ihrer Lage und Größe dienen. Vgl. hierzu

Richter auf Grund seines freien richterlichen Beweiswürdigungsrechtes aus dem Katasterplan und der hierauf beruhenden geometrischen Vermessung einen Beweisbehelf ableiten, der in Verbindung mit gewichtigen anderen Momenten, nie aber für sich allein genügt, um die richterliche Ueberzeugung von dem Eigentum zu begründen. Wenn z. B. nachgewiesen wird, daß vom Jahre 1885 bis zum Jahre 1898 der Besitzstand dem Flurplan entsprochen hat und für die Zeit vor dem Jahre 1885 keiner der beiden Beteiligten den Besitz nachgewiesen hat, dann kann der Richter, obwohl der Zeitraum vom Jahre 1885 bis zum Jahre 1898 die 30jährige Ersitzungszeit des gemeinen Rechts nicht ausfüllt, das Eigentum desjenigen als bewiesen erachten, der im Jahre 1898 aus seinem Besitze verdrängt wurde. Als wertvolles Beweismittel für den Verlauf der Grenze ist der Katasterplan nicht zu erachten.

Ueber die Einrichtung des Grundsteuerkatasters und des Katasterplanes verbreitet sich die Dienstanweisung für die Grundbuchämter in den Landesteilen rechts des Rheins §§ 159 ff. Es wird für jede Steuergemeinde ein eigener Grundsteuerkataster geführt (§ 161). Der Katasterplan läßt insbesondere die Lage, Figur, Begrenzung, Kulturart und Plannummer jedes einzelnen Grundstückes mit der Hausnummer oder Besitznummer des Eigentümers entnehmen. Die Plannummern sind in der Regel mit schwarzen, die Hausnummern oder Besitznummern mit roten Ziffern eingeschrieben (§ 163). Die Wege und Gewässer und andere nicht steuerbare Flächen werden in der Regel am Schlusse des Katasters vorgetragen (§ 164). Privatflüsse sind vielfach im Kataster ohne Rücksicht auf die Eigentumsverhältnisse mit einer Plannummer bezeichnet; in ähnlicher Weise sind häufig Wege und Gräben behandelt, die nicht eigene Grundstücke im Eigentum einer bestimmten Person oder im Miteigentum mehrerer Personen sind, sondern die Bestandteile der Grundstücke bilden, über die der Weg oder der Graben führt, bei denen also die als Weg oder Graben benützten Teile nur mit einer Grunddienstbarkeit belastet sind. In diesen Fällen darf also für die Frage, ob ein Privatfluß, Weg oder Graben als eigenes Grundstück zu erachten ist, die Tatsache nicht als ausschlaggebend erachtet werden, daß eine gesonderte Plannummer gebildet ist; (§ 170 der DAnw.). Die Beifügung kleiner lateinischer Buchstaben bei der Plannummer deutet an, daß das an sich einheitliche, im Eigentum einer Person stehende Grundstück in seinen einzelnen Teilen von verschiedener Bodengüte oder von verschiedener Bebauung ist. Ist z. B. auf dem Grundstücke Pl.-Nr. 100 ein Wohnhaus mit Hofraum, ein Hausgarten und ein Baumgarten angelegt, so kann das Wohnhaus mit Umgriff als Pl.-Nr. 100 a, der

---

Gruchot Bd. 37 S. 1099; Wolff bei Gruchot Bd. 45 S. 765; JW. 1889 S. 442 Nr. 42 und dagegen Dernburg, Sachenrecht S. 158. Vgl. auch SeuffA. Bd. 55 Nr. 67 (RG.); R. d. OLG. Bd. 8 S. 213.

Hausgarten mit Pl.-Nr. 100 b, der Baumgarten mit Pl.-Nr. 100 c bezeichnet sein. Diese einzelnen durch Buchstaben kenntlich gemachten Teile bilden keine eigenen Grundstücke, sondern alle Teile zusammen bilden das Grundstück Pl.-Nr. 100. Es ist früher nicht selten vorgekommen, daß bei Veräußerung der mit Buchstabenplannummern bezeichneten Teile eines Grundstückes an verschiedene Personen die Buchstabenplannummern beibehalten wurden[1]). (§ 171 der DAnw.).

Die Beifügung eines Sternes zur Plannummer zeigt an, daß die Plannummer mehrmals vorgetragen ist. Dies geschieht im Falle gesonderter Katasterierung der Anteile an einem in ungeteilter Gemeinschaft stehenden Grundstücke[2]) und im Falle der Ueberbauung eines fremden Grundstückes; letzterem wird der Fall der Errichtung eines Bauwerks unter der Oberfläche eines fremden Grundstückes gleich geachtet[3]) (§ 172 der DAnw.).

## II.

Das Gesetz geht davon aus, daß die Grenze zwar subjektiv ungewiß sein kann, aber objektiv gewiß bleibt, und daß trotz des subjektiven Dunkels der Richter die richtige Grenze unter allen Umständen feststellen muß[4]).

1. Kann keine Partei die Grenze nach den für den Beweis des Eigentums geltenden Grundsätzen nachweisen, so soll in erster Linie der Besitzstand maßgebend sein. Welcher Zeitpunkt hierfür entscheidend sein soll, ist im Gesetze nicht gesagt. Man muß daher annehmen, daß der gegenwärtige, nicht der bisherige Besitzstand gemeint ist[5]). Der Richter hat also die Zeit der Urteilsfällung, nicht etwa die der Klageerhebung, zugrunde zu legen. Wer sich den Besitz durch verbotene Eigenmacht verschafft hat, besitzt fehlerhaft (§ 858 BGB.). Der andere kann Wiedereinräumung des Besitzes verlangen (§ 861 BGB.). Dieser possessorische Anspruch bildet das Aequivalent des gegenwärtigen Besitzes. Es ist nicht erforderlich, daß der Verdrängte gegen seinen Gegner die Besitzklage auf Wiedereinräumung des Besitzes erhebt[6]). Es ist also der Nachweis gestattet, daß der Besitzer dem anderen gegenüber fehlerhaft besitzt.

---

[1]) Es kann unter Umständen von Bedeutung sein, daß aus der Buchstabenbezeichnung der Plannummer zu ersehen ist, daß die beiden Nachbargrundstücke früher in einer Hand vereinigt waren, z. B. für Servitutenentstehung durch Widmung. S. unten § 32.

[2]) Z. B. bei gemeinschaftlichen Hofräumen, Einfahrten, Backöfen, beim Stockwerkseigentum (§ 173 der DAnw.).

[3]) Für die Bezeichnung der Grundfläche und des Bauwerks mit Sternplannummern ist es ohne Bedeutung, ob das Bauwerk auf Grund eines dinglichen Rechts (Erbbaurechts, superfiziarischen Rechts, Dienstbarkeit) oder auf Grund eines persönlichen Verhältnisses (insbes. Pacht, Miete) errichtet ist (§ 174 der DAnw.). Vgl. ferner §§ 190 u. 191 der DAnw.

[4]) Vgl. M. Bd. 3 S. 272 (Mugdan Bd. 3 S. 150).

[5]) Vgl. M. Bd. 3 S. 271 (Mugdan Bd. 3 S. 150).

[6]) Vgl. M. Bd. 3 S. 272 (Mugdan Bd. 3 S. 150).

Wenn aber die possessorischen Rechtsmittel nicht mehr zulässig sind[1]), so übt es keinen Einfluß, daß der Besitz einen fehlerhaften Ursprung hat. Es ist auch kein ruhiger Besitzstand Voraussetzung des § 920 BGB.[2]). Besitzer eines Grundstückes ist derjenige, welcher die tatsächliche Gewalt an demselben ausübt (§ 854 BGB.). Ob dies der Fall ist, bestimmt sich nach den Umständen. Einen hierauf gerichteten Willen verlangt das Bürgerliche Gesetzbuch nicht[3]). In dem Einpflocken eines Grundstückes mit Grenzzeichen, Einzäunen eines Grundstückes, Einstecken von Dörnern zum Schutze gegen Betreten durch Menschen, Errichtung einer Warnungstafel, in dem Pflügen eines Ackers, Abgrasen eines Raines sind regelmäßig Besitzhandlungen zu finden. Auch durch den Tropfenfall kann an dem unter der Traufe gelegenen Raum Besitz ausgeübt werden[4]). Alle Handlungen, durch welche eine Einwirkung auf das Grundstück ausgeübt wird, können als Besitzhandlungen in Betracht kommen. Es ist nach der Anschauung des Lebens und Verkehrs zu entscheiden, ob infolge solcher Einwirkungen ein tatsächliches Herrschaftsverhältnis vorliegt[5]). Unter Umständen ist auch eine Einwirkung genügend, die weder alle Teile der Sache trifft, noch an sich die vollendete Omnipotenz der Herrschaft in sich begreift, aus der sich aber doch die Fähigkeit für den Handelnden ergibt, über das Objekt zu verfügen[6]). An einem Teich kann z. B. der Besitz durch Ausübung der Jagd, Fischerei, Schilf- und Materialentnahme ausgeübt werden[7]).

2. Kann der Besitzstand nicht festgestellt werden (z. B. bei unkultivierten Grundstücken), so ist jedem der Grundstücke ein gleich großes Stück der streitigen Fläche, d. i. jener Fläche, an welcher der Besitzstand nicht nachweisbar ist, zuzuteilen. Eine Feststellung des Besitzstandes ist namentlich dann unmöglich, wenn beide Teile den Besitz nebeneinander ausgeübt haben. Jedem Grundstücke ist ein gleich großes Stück zuzuteilen. Auf Wert und Bonität wird also keine Rücksicht genommen[8]). Auch das Größenverhältnis der beteiligten Nachbargrundstücke dergestalt, daß etwa ein diesem Größen-

---

[1]) Nach § 864 BGB. erlischt der possessorische Anspruch auf Wiedereinräumung des Besitzes mit dem Ablauf eines Jahres nach der Verübung der verbotenen Eigenmacht, wenn nicht vorher der Anspruch im Wege der Klage geltend gemacht wird.

[2]) Vgl. M. Bd. 3 S. 271 (Mugdan Bd. 3 S. 150).

[3]) Vgl. Bendix, Die Besitzlehre nach dem BGB. S. 1; Turnau-Förster Bem. 4 zu § 854; A. M. Dernburg S. 63; Frank, Besitzwille S. 14 ff. — Zum Erwerb des Besitzes ist nicht erforderlich, daß der Erwerber von seinem Besitze Kenntnis hat. Vgl. Strohal, Jahrbücher für Dogmatik Bd. 38 S. 71; Turnau-Förster Bem. 4 zu § 854.

[4]) S. unten § 24, 1.

[5]) Vgl. Bendix, Die Besitzlehre S. 9.

[6]) Bendix a. a. O. S. 9.

[7]) Vgl. EntschOTr. Bd. 55 S. 208.

[8]) Vgl. M. Bd. 3 S. 272 (Mugdan Bd. 3 S. 150).

verhältnis entsprechender Teilungsmaßstab angelegt würde[1]), kommt nicht in Betracht. Bei der Teilung braucht eine bestimmte Teilungslinie nicht eingehalten zu werden. Es sind in jedem Fall verschiedene Linien möglich, durch welche die vorgeschriebene Teilung bewirkt werden kann[2]).

3. Soweit eine diesen Vorschriften entsprechende Bestimmung der Grenze zu einem Ergebnis führt, das mit den ermittelten Umständen, insbesondere mit der feststehenden Größe der Grundstücke, nicht übereinstimmt, ist die Grenze so zu ziehen, wie es unter Berücksichtigung dieser Umstände der Billigkeit entspricht (§ 920 Abs. 2 BGB.)[3]). Bei der Hervorhebung des Falles, in welchem die Größe der Grundstücke feststeht, ist der Gesetzgeber von folgender Erwägung ausgegangen: Wenn im Falle der Grenzverwirrung die richtige Grenze nicht erwiesen werde, so könne doch genau feststehen, ein wie großer Teil des streitigen Flächenabschnittes dem einen oder dem anderen Nachbar gehöre, z. B. wenn feststehe, daß von zwei benachbarten Grundstücken das eine 100 das andere 200 qm groß sei; in solchem Falle dürfe die Grenze weder nach dem Besitzstand, noch durch Halbierung des streitigen Stücks bestimmt werden. Die Bestimmung müsse vielmehr so erfolgen, daß jeder Nachbar ein Grundstück von dem ihm unzweifelhaft zustehenden Flächeninhalt erhalte[4]). Diese Erwägungen sind theoretisch durchaus zutreffend, praktisch aber wohl in den meisten Fällen bedeutungslos. Denn wenn überhaupt eine Grenzverwirrung vorliegt, dann wird zumeist auch die Größe der einzelnen Grundstücke nicht feststehen; steht die Größe der einzelnen Grundstücke fest, so wird man regelmäßig die Grenze durch einfache Vermessung festlegen können[5]).

4. Im übrigen ist der Inhalt der im § 920 Abs. 2 BGB. enthaltenen Bestimmung recht dunkel[6]). Was man unter einem Ergebnis, das mit den ermittelten Umständen nicht übereinstimmt, ver=

---

[1]) Vgl. dagegen Staudinger Anm. II, 3c zu § 920. Das Gesetz führt keineswegs, wie Staudinger annimmt, die unverhältnismäßige Größe der beteiligten Grundstücke als Beispiel an; unter dem Ergebnis, das mit der feststehenden Größe der Grundstücke nicht übereinstimmt, soll vielmehr der Fall getroffen werden, in welchem infolge der Zuteilung das eine Grundstück mehr Flächenmaß und das andere weniger erhalten würde, als es feststehendermaßen hat.

[2]) Vgl. KommProt. S. 3536 (Mugdan Bd. 3 S 583).

[3]) Vgl. Recht 1901 S. 355 Nr. 1329; Recht 1908 S. 14 Nr. 75. Der Richter ist aber nicht befugt, absichtlich eine Umlegung unzweckmäßiger Grenzen vorzunehmen. Endemann S. 457; Biermann Anm. 2 zu § 920.

[4]) Vgl. KommProt. S. 3536 (Mugdan Bd. 3 S. 583).

[5]) Auch hier ist übrigens wiederum darauf hinzuweisen, daß die katastermäßige Größenbestimmung noch keine Feststellung der Größe darstellt, da für deren Richtigkeit von Anfang an zuverlässige Garantien nicht gegeben waren und seit der Katastierung auch eine Verschiebung der Größenverhältnisse eingetreten sein kann. (S. oben S. 32).

[6]) Rönnberg, Grenzscheidungsklage S. 92, spricht von einer bedauernswerten Unklarheit.

stehen soll, ist kaum zu ergründen. Man wird nur solche Umstände heranziehen dürfen, aus denen sich ergibt, daß die nach Abs. 1 gefundene Grenze nicht richtig sein kann. Eine bloße Unzweckmäßigkeit dieser gefundenen Grenze erfüllt wohl diese Voraussetzung nicht. Es genügt daher z. B. nicht ohne weiteres, daß ein Bach vorhanden ist, der eine zweckmäßigere Grenzlinie bilden würde, als die gefundene Linie[1]).

5. Auch aus der Unverhältnismäßigkeit der Größe der beiden Grundstücke kann ein solcher Umstand nicht abgeleitet werden. Wenn also von den angrenzenden Grundstücken die unbestrittenermaßen dem A gehörige Fläche 1 ha und die unbestritten dem B gehörige Fläche nur 0,10 ha umfaßt, so mag wohl die Hälfteteilung der streitigen Fläche, welche eine Größe von 0,5 ha hat, unbillig sein; allein das Gesetz hat im Abs. 1 des § 920 BGB. ausdrücklich bestimmt, daß bei Ermangelung einer Feststellung über den Besitzstand jedem Grundstück ein gleich großes Stück der streitigen Fläche zuzuteilen ist und in den Gesetzgebungsarbeiten[2]) ist besonders hervorgehoben, daß nicht etwa das Größenverhältnis der Nachbargrundstücke in Betracht komme, dergestalt, daß ein diesem Größenverhältnis entsprechender Teilungsmodus angelegt werde[3]). Dagegen kann ein Umstand, mit welchem das Ergebnis, zu dem die nach Abs. 1 erfolgte Bestimmung der Grenze geführt hat, nicht übereinstimmt, bei Grenzeinrichtungen, die zum Vorteile beider Grundstücke dienen (s. § 921 BGB., Mauer, Winkel, Rain, Hecke ꝛc.) häufig gegeben sein. § 921 BGB. stellt die Vermutung auf, daß die Nachbarn zur Benützung solcher Grenzeinrichtungen gemeinschaftlich berechtigt sind, soferne nicht äußere Merkmale darauf hinweisen, daß die Einrichtung einem der Nachbarn allein gehört. — Der Besitzstand ist für diese Frage gleichgültig. Strengt ein Nachbar die Grenzscheidungsklage an, so würde, wenn sich die richtige Grenze nicht ermitteln läßt, gemäß § 920 BGB. für die Abgrenzung zunächst der Besitzstand maßgebend sein. Allein eine diesem Besitzstand entsprechende Bestimmung der Grenze würde, wenn der eine Nachbar den Besitz der ganzen Grenzeinrichtung hat, zu einem Ergebnis führen, das mit dem vom Gesetze vermuteten Recht der gemeinschaftlichen Benützung im Widerspruch steht (§ 920 Abs. 2 BGB.). Es ist daher die Grenze so zu ziehen, wie es unter Berücksichtigung dieses Umstandes der Billigkeit

---

[1]) Vgl. dagegen Staudinger Anm. II, 3c zu § 920. — Etwas anderes ist es, wenn der Richter auf Grund seiner Souveränität der Beweiswürdigung aus dem Umstande, daß ein wertloser Streifen Landes jenseits des Baches liegt, als bewiesen annimmt, daß dieser Streifen nicht zum Eigentum des diesseits des Baches liegenden Grundstückes gehöre.

[2]) KommProt. S. 3536 (Mugdan Bd. 3 S. 583).

[3]) S. dagegen Staudinger Anm. II, 3c zu § 920. Die dortige Aufstellung, daß das Gesetz die unverhältnismäßige Größe der beteiligten Grundstücke als Beispiel anführe, ist sicher unzutreffend. S. oben S. 34.

entspricht. Dies wird dazu führen, die gedachte Grenzlinie durch die Mitte der Grenzeinrichtung zu legen[1]). Wenn aber äußere Umstände darauf hinweisen, daß die Einrichtung einem der Nachbarn allein gehört, dann entfällt die im § 921 aufgestellte Vermutung des gemeinschaftlichen Benützungsrechtes. In diesem Falle hat eben der eine Nachbar einen Umstand dargetan, der dafür spricht, daß die Grenzeinrichtung auf seinem Eigentum steht und schneidet die Grenzlinie mit dieser Einrichtung ab. Auf den Besitzstand kommt es auch hier nicht an.

Ein instruktives anderes Beispiel bringt Cosack[2]): Ein Majoratsherr und dessen Rechtsvorgänger haben jahrhundertelang das Majoratsgut und das darangrenzende Allodialgut gemeinsam bewirtschaftet. Nun teilt sich die Majorats- und Allodial-Erbschaft. Niemand kennt die Grenze zwischen dem Majoratsgut und dem Allodialgut. Doch ergeben die Wirtschaftsrechnungen der ältesten Zeit, daß das Allodialgut klein gewesen sein muß. Das Gericht darf mit souveräner Freiheit die Grenze so ziehen, daß auf das Allodialgut nur $^1/_{10}$ des gesamten Areals entfällt.

## III.

Der Streit um den Lauf der Grenze zwischen zwei Nachbargrundstücken ist ein spezieller Fall des Eigentumsstreites[3]). Durch § 920 BGB. wird keine Grenzscheidungsklage im Sinne eines besonderen Anspruchs eingeführt. Das hier vorgeschriebene Verfahren soll die Eigentumsklage nicht ersetzen[4]), sondern nur den Beweis des Eigentums im Falle einer unlösbaren Grenzverwirrung erleichtern. Hätte ein besonderer Anspruch begründet werden wollen, so hätte dies einen präzisen Ausdruck im Gesetze finden müssen. Wenn es im § 920 BGB. heißt, daß jedem Grundstück ein gleich großes Stück „zuzuteilen" ist, so weist dies nicht notwendig darauf hin. Der Entwurf I hatte die Fassung: „So ist als richtige Grenze diejenige Linie anzusehen, durch welche jedem der beiden Grundstücke ein gleich großes Stück des streitigen Flächenraumes zugeteilt wird." Mit der Fassung des Entwurfes II wollte man offenbar nur eine Vereinfachung der Redaktion, nicht aber eine sachliche Aenderung herbeiführen[5]). Denn letzterenfalls hätte man sicher in den Gesetzgebungsarbeiten eine Motivierung gegeben, was nirgends geschehen ist. Es ist auch nirgends von einem Anspruch, der im Falle der Grenzverwirrung dem einen Nachbarn gegen den andern gegeben sei, etwas zu ersehen, vielmehr handelt es sich nur darum,

[1]) Unrichtig Höniger, Grenzscheidungsklage S. 102.

[2]) Cosack Bd. 2 S. 160.

[3]) Vgl. M. Bd. 3 S. 270 (Mugdan Bd. 3 S. 149).

[4]) Vgl. hierzu Endemann S. 456. S. dagegen Staudinger Bem. I u. II 1 zu § 920; Dernburg, Sachenrecht S. 298; Planck Bem. 4a zu § 920.

[5]) Vgl. dagegen Rönnberg, Grenzscheidungsklage S. 86ff.

welche Linie bei einem auf Grenzverwirrung beruhenden Streit vom Richter als Grenzlinie anzusehen ist, falls die richtige Grenze sich nicht ermitteln läßt. Die Eigentumsklage wird ihres Charakters als solche nicht dadurch entkleidet, daß unter Umständen der Nachweis des bloßen Besitzes zur Begründung der Klage genügt. Denn dies ist nur deshalb der Fall, weil die gesetzliche Vermutung eintritt, daß der Besitzer Eigentümer sei; und der Kläger muß zur Begründung seiner Klage Eigentum behaupten; beweisen kann er dieses Eigentum dann unter Umständen durch den bloßen Besitz. Die gegenteilige Ansicht der Motive[1]) ist mit der von diesen an anderer Stelle dargelegten Auffassung, daß es sich im § 920 um einen speziellen Fall der Eigentumsklage handelt, nicht in Einklang zu bringen[2]).

Um das in § 920 BGB. vorgesehene Verfahren herbeizuführen, muß daher allemal die Eigentumsklage angestrengt werden[3]). Hierzu ist erforderlich, daß der Kläger[4]) eine bestimmte Grenze behauptet[5]). Um der erforderlichen Bestimmtheit des Klagantrages zu genügen, wird sich die Bezugnahme auf einen geometrischen Plan empfehlen[6]). Ueber den Antrag des Klägers kann der Richter nicht hinausgehen, wohl aber kann er hinter demselben zurückbleiben. Deswegen ist das Verfahren noch kein judicum duplex[7]). Weil die Klage die Eigentumsklage ist, so ist zur Erhebung derselben der Eigentümer aktiv und

---

[1]) M. Bd. 3 S. 273 (Mugdan Bd. 3 S. 151), denen sich auch Ortloff, Nachbarrecht S. 224, Staudinger zu § 920 und Maenner S. 176 angeschlossen haben. Vgl. auch Dernburg, Sachenrecht S. 298; JW. 1881 S. 70. 1892 S. 171 Nr. 52.

[2]) Vgl. Rönnberg, Grenzscheidungsklage S. 89; Biermann Bem. 1 zu § 920.

[3]) Vgl. übrigens JW. 1908 S. 242 Nr. 15 (RG.).

[4]) Der dinglich Berechtigte, der zur Verfolgung seines Anspruchs die Grenze nachzuweisen hat, kann sich in gleicher Weise auf die Beweisregel des § 920 berufen, wie der Eigentümer. S. über diese Frage Staudinger Bem. II, 2 zu § 920 und dortige Nachweise. Wenn im Prozesse des Eigentümers eine rechtskräftige Entscheidung ergangen ist, so ist dieselbe für den dinglich Berechtigten maßgebend, auch wenn derselbe zu dem Rechtsstreite nicht beigezogen wurde.

[5]) PosJMSchr. 1901 S. 60; Goldmann-Lilienthal S. 278f. Vgl. EntschOLG. Bd. 5 S. 72; A. M. Staudinger Bem. II, 1 zu § 920; Dernburg, Sachenrecht § 87. Vgl. dagegen auch JW. 1892 S. 171 Nr. 52. Auch Höniger S. 92ff. erachtet es nicht für notwendig, daß der Kläger einen bestimmten Grenzzug als den richtigen behauptet. Der Antrag werde vielmehr genügend dahin zu formulieren sein, I. die Grenze zwischen den Grundstücken der Parteien zu regulieren (ermitteln), II. den Beklagten zu verurteilen, die richterlich ermittelte Grenze als richtig anzuerkennen. — Die Konsequenz dieser Ansicht führt dahin, daß diejenige der beiden Parteien, welche den Prozeß anfängt, gewinnt. Der Beklagte, dem es ebenso darum zu tun sein mag, daß die Grenzverhältnisse klar gestellt werden und dessen außerhalb des Prozesses vertretene Ansicht über die Grenze bei der richterlichen Grenzermittlung sogar gebilligt werden kann, muß gleichwohl stets die Kosten tragen. Eine sofortige Anerkennung des Anspruchs ist ja nicht möglich, da der Anspruch I auf eine richterliche Handlung gerichtet ist.

[6]) Der Klagsantrag würde lauten: „Der Beklagte ist schuldig, anzuerkennen, daß das dem Kläger zustehende Eigentum an der Pl.-Nr. x bis zu der im beiliegenden Plan eingezeichneten mit a b bezeichneten Grenzlinie reicht."

[7]) Vgl. Maenner S. 176; Endemann S. 457; A. M. Dernburg, Sachenrecht S. 299.

passiv legitimiert. Gemäß § 1011 mit § 432 BGB. kann die Klage auch von nur einem Miteigentümer erhoben werden. Dagegen muß sie gegen alle Miteigentümer gerichtet werden, da eine notwendige Streitgenossenschaft im Sinne des § 62 der RZPO. besteht[1]). Einem nur dinglich Berechtigten (Servitutberechtigten, Nutznießer) steht der im § 1004 normierte Anspruch zu (§§ 1017, 1027, 1065, 1090 BGB.) und wenn es sich bei Geltendmachung dieses Anspruchs um die räumliche Ausdehnung des Rechts handelt, muß im Falle der Grenzverwirrung § 920 Anwendung finden[2]).

Das Urteil wirkt deklaratorisch, nicht konstitutiv[3]). Dies ist die Konsequenz der oben begründeten Ansicht, daß der sich aus § 920 BGB. ergebende Anspruch nur ein spezieller Fall der Eigentumsklage ist. Der Richter soll trotz des subjektiven Dunkels die richtige Grenze als bewiesen erklären[4]). Das Urteil erzeugt daher auch Rechtskraft gegen die sonstigen Berechtigten; anders nur für den Fall einer nachweisbaren Kollusion[5]). Das Urteil muß die Grenze genau bestimmen[6]). Vielfach wird dies nur unter Bezugnahme auf einen Plan möglich sein. Ist im Rechtsstreit zwischen den Eigentümern[7]) das Eigentum an der strittigen Fläche rechtskräftig festgestellt, dann kann die Klage nicht mehr gestellt werden; ihr steht der Einwand der rechtskräftig entschiedenen Sache entgegen[8]). Der sich aus § 920 BGB. ergebende Anspruch ist durch § 924 BGB. der Verjährung entzogen, d. h. wenn die Grenzverwirrung auch noch so lange gedauert hat, kann die Eigentumsklage zum Zwecke der Grenzfeststellung gleichwohl erhoben werden.

---

[1]) Vgl. Gruchot Bd. 26 S. 993.

[2]) Goldmann-Lilienthal S. 279; Höniger S. 97. Vgl. Planck, Staudinger, Turnau-Förster zu § 920. Maenner S. 176, Dernburg S. 300, A. M. Biermann Bem. 5 zu § 920.

[3]) Ortloff, Nachbarrecht S. 224; Maenner S. 176; A. M. Kuhlenbeck Anm. 3 zu § 920; Rönnberg, Grenzscheidungsklage S. 94. Nach Cosack Bd. 2 S. 160, Biermann Bem. 1 zu § 920 wäre zu unterscheiden, ob eine der Parteien den richtigen Zug der Grenze nachweist oder nicht. Ersterenfalls soll das Urteil deklaratorisch, letzterenfalls konstitutiv sein. Aber auch im letzteren Falle hat der Richter nur die Linie bezeichnet, die nach gesetzlicher Fiktion als die richtige betrachtet werden soll. Für deklaratorische Kraft BayZfR. 1906 S. 227 (RG.). Turnau-Förster, Planck zu § 920; Kretzschmar im SächsArch. Bd. 12 S. 407; Endemann S. 457. Für konstitutive Kraft: Höniger S. 103; Leske Bd. 1 S. 400; Staudinger Bem. I, 4 zu § 920.

[4]) M. Bd. 3 S. 272 (Mugdan Bd. 3 S. 150).

[5]) Biermann S. 118; Turnau-Förster Anm. zu § 920; Kretzschmar im SächsArch. Bd. 12 S. 407. Liegt aber der Fall der Kollusion nicht vor, so bleibt es bei dem Urteil, selbst wenn sich nachträglich herausstellt, daß die angenommene Grenzlinie unrichtig ist. A. M. Staudinger Bem. II, 4 δ zu § 920. Die Restitutionsklage bleibt selbstverständlich vorbehalten.

[6]) Vgl. JW. 1881 S. 70.

[7]) Hat ein nur dinglich Berechtigter geklagt, so tritt diese Rechtskraft für Dritte nicht ein. Kretzschmar im SächsArch. Bd. 12 S. 407.

[8]) Anders nach gemeinem Recht, wo die Grenzscheidungsklage ein besonderer Rechtsanspruch war. (Vgl. JW. 1880 S. 156).

## § 7. Grenzeinrichtungen.

### I. Begriff der Grenzeinrichtung.

Unter Grenzeinrichtung im Sinne des § 921 BGB. versteht man eine durch Menschentätigkeit herbeigeführte Veranstaltung, durch welche der von der Grenze durchschnittenen Bodenfläche eine Beschaffenheit gegeben ist, die von selbst den Zweck der Einrichtung, zum Vorteile beider Grundstücke zu dienen, ergibt. Die Vorschriften der §§ 921, 922 finden auch auf eine vor dem 1. Januar 1900 schon vorhandene Einrichtung Anwendung. Stand diese Einrichtung nach bisherigem Rechte im Miteigentum nach Bruchteilen, so hat sich dies mit dem Inkrafttreten des Bürgerlichen Gesetzbuches geändert[1]). Es ist aber nicht erforderlich, daß die Einrichtung schon von alters her bestanden hat, auch deren Neuerrichtung kann vielmehr die Voraussetzungen für die Anwendung des § 821 BGB. erfüllen[2]). Es ist auch keineswegs erforderlich, daß die Nachbarn einen auf gemeinsame Benutzung abzielenden förmlichen Grunddienstbarkeitsvertrag geschlossen haben; im Gegenteil: die Vorschriften der §§ 921, 922 sind gerade für die Fälle getroffen, in welchen ein Grunddienstbarkeitsverhältnis nicht oder doch nicht erwiesenermaßen vorhanden ist[3]). Es kann aber selbstredend nicht in der Willkür eines Grundeigentümers gelegen sein, einseitig und gegen den Willen seines Nachbars eine Grenzeinrichtung zu schaffen, für welche der Grund und Boden des Nachbars mit in Anspruch genommen wird. Es steht vielmehr an sich dem Nachbar der Anspruch auf Beseitigung einer solchen einseitig errichteten Einrichtung zu, insoweit sie auf seinem Grund und Boden steht (§ 903 BGB.). Allein hier greifen wieder die Vorschriften der §§ 912 ff. BGB. über den Ueberbau ein. Allemal dann, wenn nach diesen Vorschriften der Nachbar den Bau dulden muß, ist die ganze Einrichtung als Grenzeinrichtung zu erachten. Wie unten § 21, I, 6 ausgeführt ist, bewirkt regelmäßig schon die formlos erteilte Zustimmung des Nachbars zur Ueberbauung seines Grundstückes den Wegfall seines Beseitigungsanspruchs. Wird von zwei Nachbarn gemeinschaftlich oder von einem derselben unter ausdrücklicher oder stillschweigender Zustimmung des anderen eine von der Grenze durchschnittene Einrichtung getroffen, welche nach ihrer objektiven Beschaffenheit zum Vorteile beider Grundstücke zu dienen bestimmt erscheint, so hat man es mit einer Grenzeinrichtung im Sinne des § 921 zu tun[4]).

---

[1]) RG. Bd. 53 S. 311; Gruchot Bd. 45 S. 1018.

[2]) M. Bd. 3 S. 275 (Mugdan Bd. 3 S. 152). Ob die Grenzeinrichtung vor oder nach dem Inkrafttreten des Bürgerlichen Gesetzbuches errichtet wurde, ist gleichgültig. Vgl. Staudinger, Vorträge S. 349.

[3]) Pfirstinger in SeuffBl. Bd. 67 S. 67.

[4]) Vgl. Pfirstinger in SeuffBl. Bd. 67 S. 68. Dieser Grundsatz läßt sich sogar auf den Fall anwenden, daß der Eigentümer eines Grundstückes dadurch eine

Ein Zwang zur Mitwirkung an der Schaffung einer Grenzeinrichtung kann nicht ausgeübt werden[1]). Für Weinberge läßt sich nach bisherigem Recht in manchen Gegenden ein Herkommen nachweisen, wonach der Eigentümer eines jeden Weinbergs eine gewisse Breite liegen lassen mußte. Unter der Geltung des neuen Rechts kommt einem solchen Herkommen keine gesetzliche Bedeutung mehr zu (vgl. unten § 26, IV). Immerhin wird eine solche Uebung auch unter der Geltung des neuen Rechts als tatsächlicher Behelf für die Annahme einer Grenzeinrichtung Verwertung finden können.

Nach der oben gegebenen Definition ist also einmal erforderlich, daß die Grenzeinrichtung von der Grenze durchschnitten wird, mithin teils zu dem einen, teils zu dem anderen Grundstücke gehört, wobei aber die Grenze nicht gerade durch die Mitte der Einrichtung zu fallen braucht[2]). Gehört die Bodenfläche, auf welcher sich die Einrichtung befindet, erweislich[3]) nur dem einen Nachbar, so ist eben eine Grenzeinrichtung im Sinne des § 921 BGB. nicht gegeben[4]). Gleichwohl kann unter Umständen dem angrenzenden Nachbar das Recht der Mitbenützung an einer solchen jenseits seiner Grenze liegenden Einrichtung (z. B. einer Mauer) zustehen; er muß aber den besonderen Erwerb dieses Rechtes (z. B. vertragsmäßige Bestellung oder Ersitzung) nachweisen. Das Recht auf Mitbenützung stellt sich in solchem Falle wohl regelmäßig als Grunddienstbarkeit dar[5]).

---

enge Reihe, welche von der Grenze durchschnitten wird, bildet, daß er, gleichwie es der Angrenzer seinerzeit bei Errichtung seines Gebäudes getan hat, mit seinem Neubau ebenfalls etwas von der Grenze zurückbleibt. Die Schaffung der engen Reihe war dann mit der Errichtung des älteren Baues vorbereitet, und mit der Aufführung des Neubaus vollendet. Vgl. dagegen Wolff im Recht 1900 S. 448, nach dessen Ansicht sich in solchem Falle der äußerlich als Grenzanlage erkennbare Zustand erst dann zu einem gesetzlichen gestalten soll, wenn beide Nachbarn die Absicht der Abschließung aufgegeben haben. Dies soll insbes. dann anzunehmen sein, wenn die dem Zweck der Anlage entsprechende Benützung längere Zeit hindurch beiderseits geduldet ist. Die Ansicht von Wolff ist geeignet, in der Praxis zu unklaren Verhältnissen zu führen. Wird mit Wissen und Wollen der beiden Nachbarn eine Einrichtung geschaffen, die sich äußerlich als Grenzeinrichtung darstellt, dann ist sie auch als gesetzliche zu behandeln, wenn nicht vor Vollendung der Anlage ein Teil seinen gegenteiligen Willen äußerlich wahrnehmbar manifestiert hat (z. B. durch Einschlagen von Pflöcken auf einer Grenze).

[1]) Insbes. besteht kein Kommunmauerzwang mehr s. unten § 8.

[2]) Vgl. Wolff im Recht 1900 S. 449.

[3]) Das Alleineigentum kann auch durch den Nachweis der Ersitzung bewiesen werden. Doch ist hierfür der Nachweis des ausschließlichen Besitzes erforderlich. Hat der Gegner desjenigen, der sich auf Ersitzung beruft, bezüglich einer engen Häuserreihe zwar keine anderen Besitzhandlungen und Einrichtungen, als das Haben von an sich unzulässigen Fenstern und eines Dachvorsprunges, so genügt dies doch, um darzutun, daß jener nicht im alleinigen und ausschließlichen Besitze war, mithin das Alleineigentum nicht ersessen hat; vgl. EntschOGH. Bd. 16 S. 58.

[4]) A. M. Cosack Bd. 2 S. 159, dem es zur Widerlegung der Vermutung des § 921 nicht genügt, wenn einer der Nachbarn sein Alleineigentum dartut, wohl aber, wenn das Alleineigentum durch äußere Merkmale erkennbar ist.

[5]) Vgl. übrigens Habicht, Einwirkung S. 381.

Außer dieser Lage der Grenzeinrichtung ist aber eine Beschaffenheit derselben erforderlich, welche schon äußerlich den Zweck derselben kund gibt, der Benützung der Nachbarn zum Vorteile der beiderseitigen Grundstücke zu dienen. Dagegen ist es kein begriffsbestimmendes Erfordernis, daß die Einrichtung bestimmt ist, gerade als Grenzscheidungsmittel zu dienen[1]); es kann daher auch eine Brunnenanlage Grenzeinrichtung sein. Andererseits dient eine Einrichtung schon wegen ihrer bloßen Eigenschaft als Grenzscheidungsmittel zum Vorteile beider Grundstücke. Das Vorhandensein einer baulichen Anlage ist nicht erforderlich, sondern es genügt schon, daß eine zu gemeinsamer Benützung verwendbare und eingerichtete Fläche vorliegt[2]), wie dies z. B. bei einem zwischen zwei Häusern liegenden engen Zwischenraum (sogen. Reihe oder Winkel) zutrifft. Der Zweck, zum Vorteile beider Grundstücke zu dienen, muß sich aus der Beschaffenheit der Einrichtung von selbst ergeben. Deshalb erfüllen nur Zwischenräume von geringer Ausdehnung zwischen zwei Häusern den Begriff einer Grenzeinrichtung, also nicht eine zwischen zwei Häusern befindliche Durchfahrt von 8 Fuß Breite[3]), andererseits ist auch nicht erforderlich, daß der Winkel höchstens 3 Fuß breit ist[4]).

Wohl zu unterscheiden von einer Grenzeinrichtung ist der Fall, in welchem ein zwischen zwei Grundstücken belegenes selbständiges Grundstück im Miteigentum der beiden Angrenzer steht und den wirtschaftlichen Zwecken dieser beiden angrenzenden Grundstücke dauernd zu dienen bestimmt ist, wie dies namentlich bei gemeinschaftlichen Einfahrten, Hofräumen, aber auch Wegen vorkommt. Entscheidend ist, ob das betreffende gemeinschaftliche Grundstück ein selbständiges Grundstück ist, also im Grundsteuerkataster als eigene Plannummer eingetragen ist. Nach gemeinem Recht, wie auch nach Allgemeinem preußischen Landrecht und code civil war in Ansehung solcher Gemeinschaftsverhältnisse die Teilung ausgeschlossen, wenn die Fortdauer der Gemeinschaftlichkeit für den Gebrauch oder die Bewirtschaftung der anderen Grundstücke notwendig und dauernd in deren Interesse gelegen war[5]). Ist nach den bisherigen Vorschriften die Teilung eines solchen Grundstücks, das im Miteigentum der Eigentümer anderer Grundstücke steht und diesen dauernd zu bestimmten wirtschaftlichen Zwecken dient, wegen dieser Zweckbestimmung ausgeschlossen, so gilt das

---

[1]) Recht 1904 S. 576 Nr. 2490 (Dresden).

[2]) M. Bd. 3 S. 275 (Mugdan Bd. 3 S. 152).

[3]) Vgl. JW. 1881 S. 142. Es wird deshalb auch ein zwischen zwei Häusern befindlicher Lichthof nur dann eine Grenzeinrichtung darstellen, wenn er eine geringe Breite hat.

[4]) Vgl. Striethorst, Arch. Bd. 16 S. 171.

[5]) Vgl. SeuffBl. Bd. 5 S. 108, Bd. 41 S. 328. EntschOGH. Bd. 6 S. 68, Bd. 7 S. 401; SeuffA. Bd. 7 Nr. 176, Bd. 15 Nr. 126, Bd. 22 Nr. 138. Vgl. für Kulturweg (Exploitationsweg), der lediglich dem Zwecke der Bewirtschaftung der anstoßenden Grundstücke dient und eine eigene Plannummer hat. RG. Bd. 15 S. 330. Vgl. Neumann, Jahrb. Bd. 3 Abt. 1 S. 29.

Grundstück von dem Inkrafttreten des Bürgerlichen Gesetzbuchs an als zugunsten des jeweiligen Eigentümers eines jeden der anderen Grundstücke mit einer Grunddienstbarkeit des Inhalts belastet, daß er es zu den bestimmten Zwecken benützen darf (Art. 43 UeG. ähnlich Art. 21 LiegenschG. für die Pfalz). Daß das gemeinschaftliche Grundstück gerade zwischen den Grundstücken der Eigentümer liegt, in deren Miteigentum es steht, ist kein begriffsgemäßes Erfordernis. Es fällt deshalb auch das im Miteigentum der Müller stehende Quellgrundstück unter Art. 43 UeG. — Im übrigen laufen die Bestimmungen des Art. 43 UeG. und Art. 21 LiegenschG. über die Gebrauchsrechte an dieser sogen. notwendigen Gemeinschaft des bisherigen Rechts (indivision forcée) auf dieselben Regeln hinaus, wie sie für die Grenzeinrichtungen durch § 921 normiert sind [1]).

Was nun die Grenzeinrichtungen anlangt, so ist, wie oben gezeigt, begriffgemäßes Erfordernis, daß die Grenze durch die Einrichtung geht. Da nun in zahllosen Fällen die genaue Grenze unbekannt ist, würde die Feststellung dieses Erfordernisses in der Praxis große Schwierigkeiten bieten. Diese Schwierigkeit wird dadurch behoben, daß nach bürgerlichem Recht eine Einrichtung, welche sich ihrem äußeren Anschein nach als Grenzeinrichtung darstellt und welche im Gegensatz zu einem Gangsteig, Flutgraben u. s. w. unverrückbar ist [2]), bis zum Beweise des Gegenteils als wirkliche Grenzeinrichtung behandelt wird [3]), indem aus dem Umstande, daß die Einrichtung beiden Grundstücken zum Vorteile dient, geschlossen wird, daß in Ermangelung einer anderen Grenzbestimmung die Grenze durch die Einrichtung hindurch gehe [4]). Diese Vermutung wird aber gebrochen, wenn eine Grenze nachgewiesen werden kann, welche die vermeintliche Grenzeinrichtung ausschließlich dem einen Grundstücke zuteilt [5]).

Als Beispiele von Grenzeinrichtungen sind in § 921 BGB. besonders genannt Zwischenräume (Häuserreihen, Feuergassen, Licht-

---

[1]) Die Teilhaber müssen einen angemessenen modus vivendi bei der gemeinschaftlichen Benützung finden. (Vgl. SeuffA. Bd. 62 Nr. 207.) Es können die übrigen Teilhaber keinen Widerspruch dagegen erheben, wenn sich das Maß der Benützung einer Einfahrt durch einen Teilhaber z. B. wegen Hebung seines Geschäftes steigert; selbstverständlich brauchen sich aber die anderen Teilhaber nicht ganz an die Wand drücken zu lassen. (Vgl. SeuffA. Bd. 24 Nr. 300); andererseits darf die Benützungsart der Einfahrt von einer bloßen Durchfahrt nicht geändert werden zu einem Stapelplatz für Wägen (vgl. SeuffA. Bd. 22 Nr. 216). Vgl. ferner SeuffA. Bd. 43 Nr. 175, Bd 57 Nr. 34.

[2]) Diese Einschränkung muß gemacht werden; denn ein Weg kann durch einen gewinnsüchtigen Nachbar durch allmähliches Wegackern nach und nach von der Grenze weg auf das Nachbargrundstück hinübergedrückt werden. Bei einem Flutgraben kann das Wasser sogar selbsttätig eine solche Verschiebung herbeiführen. Vgl. über diese Fälle unten IV.

[3]) Vgl. M. Bd. 3 S. 276 (Mugdan Bd. 3 S. 152) und dagegen Endemann Bd. 2 S. 458.

[4]) KommProt. S. 3546 (Mugdan Bd. 3 S. 584).

[5]) M. Bd. 3 S. 276 (Mugdan Bd. 3 S. 152).

schacht)[1]), Raine, Winkel, Gräben (Flutgräben), Mauern (Kommunmauern), Hecken[2]), Planken. Diese gesetzlichen Beispiele lassen sich noch vermehren: gemeinsame Dachrinnen zwischen zwei Häusern, gemeinsame Dungstätte, gemeinsamer Brunnen[3]), durch Waldungen geschlagene Grenzgestelle, Wege, namentlich Gangsteige, Baumreihen; es ist auch denkbar, daß ein Weg samt der dazu gehörigen Allee Grenzeinrichtung ist; Steinwälle[4]).

Das Bürgerliche Gesetzbuch geht von dem Prinzip aus, daß jedes Grundstück gegen das Nachbargrundstück eine geometrische Grenze haben muß, und daß diese Grenze objektiv stets gewiß und in den Fällen subjektiver Ungewißheit stets auffindbar ist. Mit diesem Prinzip ist der Standpunkt der bisherigen Rechtsquellen, welche zumeist ein ungeteiltes Miteigentum[5]) der Nachbarn an den Grenzanlagen annahmen, nicht vereinbar. Denn es fehlt für ein solches Miteigentum an einem Gegenstande: ein drittes Grundstück ist außer den beiden Nachbargrundstücken nicht vorhanden[6]). Das Bürgerliche Gesetzbuch hat daher die Konstruktion eines Miteigentums abgelehnt und eine rechtliche Vermutung aufgestellt, die dahin geht, daß das Alleineigentumsrecht eines jeden Nachbars an dem auf seinem Grund und Boden stehenden Teile der Grenzeinrichtung zugunsten der in dem Zwecke der Grenzeinrichtung gelegenen Mitbenützung durch den anderen Nachbar beschränkt ist[7]).

Besteht die Grenzeinrichtung in einem Bauwerke, so ist das

---

[1]) Ueber die Breite dieser Zwischenräume vgl. oben S. 43.

[2]) Bei einer Hecke, die als Grenzeinrichtung dient, kommen nicht die Grundsätze des § 923 BGB. in Anwendung; die Beseitigung einer solchen Hecke kann daher einseitig nicht verlangt werden, s. dagegen Scherer Bem. 211 zu § 923.

[3]) Recht 1904 S. 576 Nr. 2490 (Dresden).

[4]) Bei steinigem Boden hat oft eine zuweilen auf Generationen zurückgehende Arbeit die Steine gesammelt und längs der Grenze aufgeschichtet, wodurch sich allmählich ein förmlicher Rain von Steinen gebildet hat. Hier hat man es mit einer Grenzeinrichtung zu tun. Jeder Nachbar ist berechtigt, die weiter herausgeholten Steine darauf zu legen, auch, wenn dadurch mit der Zeit die Einrichtung breiter wird.

[5]) Vgl. Wolff im Recht 1900 S. 447 und die dortigen Nachweise.

[6]) Vgl. hierzu jedoch oben S. 43.

[7]) M. Bd. 3 S. 274 f. (Mugdan Bd. 3 S. 151). Hat nach bisherigem Recht an einer Grenzeinrichtung ein Miteigentum nach Bruchteilen bestanden, so finden nach Art. 173, 181 Abs. 2 EG. die Vorschriften des Bürgerlichen Gesetzbuchs Anwendung. Das sind eben die §§ 921, 922. Die Anwendung der Bestimmungen über Gemeinschaft nach Bruchteilen in den §§ 741 ff. ist ausgeschlossen, da das Bürgerliche Gesetzbuch ein Miteigentum nach Bruchteilen bei einer dem Vorteile beider Nachbarn dienenden Grenzeinrichtung (z. B. Scheidemauer) nicht anerkennt, ein solches Miteigentum also seit dem 1. Januar 1900 nicht mehr bestehen kann. RG. Bd. 53 S. 311 und dortige Nachweise. Vgl. Gruchot Bd. 45 S. 1018. Wesentlich hiervon verschieden ist jedoch der Fall, daß die äußerlich als Grenzeinrichtung sich darstellende Einrichtung ein selbständiges Grundstück oder Bauwerk darstellt, welches kein Bestandteil der unmittelbar angrenzenden Grundstücke ist, sondern dieselben als ein selbständiges Grundstück trennt. In einem solchen Falle ist das nach bisherigem Recht bestandene Miteigentum auch unter der Geltung des neuen Rechtes aufrecht erhalten (vgl. SeuffA. Bd. 62 Nr. 207 (Celle) bezüglich einer Einfahrt zwischen zwei Häusern). S. hierzu oben S. 43.

Bauwerk wesentlicher Bestandteil der Grundstücke; zu jedem Grundstück gehört der auf ihm stehende Teil des Bauwerks (pro diviso). Aber das ganze Bauwerk, dessen einzelne Teile im Sondereigentum der beiden Nachbarn stehen, ist als Ganzes dem gemeinschaftlichen Benutzungsrechte unterworfen [1]). Selbst wenn die Nachbarn ein solches Bauwerk auf der Grenze mit dem vertragsmäßigen Willen errichten, daß es ihr Miteigentum (pro indiviso) werden solle, entsteht Sondereigentum an dem einzelnen Teile des Bauwerkes; nur im Wege der Bestellung eines Erbbaurechts an dem Bauwerk könnte Miteigentum geschaffen werden [2]).

## II. Aeußere Merkmale für das ausschließliche Benützungsrecht eines Nachbars.

Diese Vermutung für das gemeinschaftliche Benützungsrecht kann aber entkräftet werden. Hierzu ist genügend

a) der Nachweis, daß die ganze Einrichtung ausschließlich auf dem Grund und Boden des einen Nachbars steht; denn dann ist dessen Alleineigentum [3]) und damit das Recht auf Ausschließung der Einwirkung eines Dritten (§ 903 BGB.) nachgewiesen. Will dessen Nachbar gleichwohl ein Mitbenützungsrecht geltend machen, so muß er einen besonderen Entstehungsgrund für dasselbe nachweisen.

b) Wenn das Alleineigentum eines Nachbars nicht erwiesen werden kann, vielmehr die Grenze (nachgewiesenermaßen oder vermutlich) durch die Einrichtung selbst geht, kann das ausschließliche Benützungsrecht des einen Nachbars durch ein darauf hinweisendes äußeres Merkmal bewiesen werden. Ist letzteres der Fall, dann stellt sich die Rechtslage folgendermaßen dar: das Eigentum an der Einrichtung ist realiter zwischen den Nachbarn durch die Grenzlinie geteilt; derjenige Nachbar, für dessen ausschließliches Benützungsrecht durch äußere Merkmale entschieden ist, übt an dem Teile der Einrichtung, welcher im Alleineigentum des anderen steht, die Herrschaft in gleicher Weise wie ein Servitutberechtigter aus, der den Eigentümer des dienenden Grundstückes von der Mitbenützung der betreffenden Anlage ausschließt.

Welcher Art die äußeren Merkmale, die auf ein ausschließliches Benützungsrecht hinweisen, sein müssen, ist im Bürgerlichen Gesetzbuch nicht bestimmt. Für die am 1. Januar 1900 bestehenden Grenzeinrichtungen bleibt in dieser Beziehung das bisherige Recht maßgebend [4]). Uebrigens

---

[1]) Wolff im Recht 1900 S. 448.

[2]) Vgl. Wolff a. a. O.

[3]) Vgl. oben S. 41.

[4]) Habicht, Einwirkung S. 380, vgl. dagegen Endemann Bd. 2 S. 459 Anm. 30. Dernburg, Sachenrecht S. 242: Diese Bestimmungen haben keine gesetzliche Kraft mehr, aber die hierin aufgestellten Merkmale sind auch unter der Herrschaft des Bürgerlichen Gesetzbuches zu beachten, jedoch nicht in bindender Weise. Gruchot Bd. 35 S. 410 (RG.) ist deshalb nicht mehr zutreffend.

geben die in den bisherigen Rechtsquellen aufgestellten diesbezüglichen Normen nur Erfahrungssätze wieder, die — wenn auch nicht mit bindender Kraft — auch für die nach dem 1. Januar 1900 entstandenen Grenzeinrichtungen anzuwenden sind. Im Bezirke des gemeinen Rechts waren gesetzliche Merkmale überhaupt nicht bestimmt und hatte man sich daher nach den durch die Erfahrung gewonnenen Regeln zu richten[1]). Hierfür dürfen auch die Normen anderer Rechtsquellen herangezogen werden.

Daß die äußeren Merkmale sich gerade an der Grenzeinrichtung selbst befinden, ist nicht erforderlich.

Winkel. Wenn in einen Winkel (Häuserreihe) bisher nur einer der Nachbarn die Traufe hat fallen oder allein dorthin Gossen hat ausmünden lassen oder allein Fenster in seiner daran angrenzenden Wand hat, so wird vermutet, daß der Zwischenraum ihm allein gehöre[2]). Wenn ein Winkel von nicht zu geringer Längsausdehnung nur dem einen Nachbar zugänglich ist, so spricht dies dafür, daß er diesem allein gehört.

Graben. Befindet sich der Auswurf eines Grabens oder Kanals nur auf dem Grund und Boden des einen Nachbars, so ist zu vermuten, daß diesem die Grenzeinrichtung allein gehört[3]).

Bei Mauern sind die äußeren Merkmale, welche darauf hinweisen, daß dieselben einem der Nachbarn allein gehören, verschieden, je nachdem es sich um Mauern handelt, welche den Nachbarhäusern als Wände dienen, oder um solche Mauern, welche die Hofräume, Hausgärten u. s. w. der Nachbarn voneinander trennen.

Bei Hausmauern, die als Wände der beiden Nachbarhäuser dienen, gibt es nur wenige Merkmale, welche dartun, daß die Mauer nur einem der Nachbarn gehört. Wenn nur das Gebälke des einen Hauses auf der Mauer und nicht nur auf der halben Dicke der Mauer, sondern auf der ganzen Dicke derselben aufliegt, dann ist anzunehmen, daß sie zu diesem Hause gehört[4]). Wenn eine Mauer, die überhaupt kein Gebälke trägt, über das Gebäude des einen Nachbars hinausragt, so daß sie sich nur unter dem Dache des anderen Nachbars befindet, gehört sie dem letzteren[5]). Doch kann die Beweiskraft dieser Merkmale wiederum dadurch ausgeschlossen werden, daß andere Merkmale die Gemeinschaftlichkeit dartun, so z. B. wenn durch die Mauer eine Abtrittsröhre[6]) oder ein Kamin[7]) geht, der von beiden Nachbarn gemeinschaftlich benützt wird, oder wenn auf der Stirnseite der Mauer in deren Mitte ein Ab-

---

[1]) Vgl. Schelhaß S. 99.

[2]) ALR. Tl. I Tit. 8 § 121; Ulmer Bauordnung XI 1; Memminger Bauordnung. Derselbe Grundsatz hat auch nach fränkischem Landrecht gegolten, vgl. Würzburger Stadtbaurecht, dritter Abschnitt § 3. (Hiernach wird vermutet, daß eine Giebelwand kein Winkelrecht hat. Wird ein Winkel von der Traufwand des einen Nachbars und von der Giebelwand des anderen Nachbars begrenzt, so muß daher vermutet werden, daß er dem ersteren allein gehört). S. d. n. unten § 24.

[3]) Diese Vermutung ist im ALR. Tl. I Tit. 8 § 188 und Code civil Art. 668 ausgesprochen, ist aber als allgemein gültige Regel zu erachten, vgl. Roth, Bayer. Zivilr. Bd. 2 S. 66.

[4]) Vgl. Amberger Bauordnung IX; Würzburger Bauordnung IV § 6; Mainzer Bauordnung VII § 23; Holzschuher, Theorie und Kasuistik Bd 2 S. 92.

[5]) Vgl. Regensburger Wachtgerichtsordnung XVI 1—5; Mainzer Bauordnung VII 23; Ulmer Bauordnung VI 4—11; Memminger Bauordnung X 4—13; Schelhaß, Nachbarrecht S. 98.

[6]) Vgl. Würzburger Stadtbaurecht IV § 6.

[7]) Vgl. Mainzer Bauordnung VII § 23.

zugsrohr (Nust) senkrecht zum Boden führt, welches das von den Dachtraufrinnen beider Nachbaranwesen kommende Wasser aufnimmt[1]).

Die Gemeinschaftlichkeit an einer Scheidemauer ist unter besonderen Umständen selbst dann möglich, wenn dieselbe einen konstruktiven notwendigen Bestandteil des zuerst errichteten Hauses und die Abschlußwand des von demselben Besitzer später daran angebauten Hauses bildet. Wird später ein Haus wegverkauft und hierbei ausdrücklich bestimmt, daß die Scheidewand gemeinschaftliches Eigentum sein solle, so hat man es mit einer Grenzeinrichtung zu tun[2]).

Bei Mauern, durch welche die Hofräume und Hausgärten der Nachbarn voneinander geschieden werden, sind die Merkmale, welche darauf hinweisen, daß die Mauer nur dem einen Nachbar gehört, zahlreicher. Solche sind darin zu finden, wenn nur an der einen Mauerseite Pfeiler, Bogen, Tragsteine, Vertiefungen (Blenden), Blindfenster, eiserne Ringe, eingehauene Wappen und Schriften sich vorfinden. Die Mauer gehört demjenigen, auf dessen Seite sich die Pfeiler, Bogen 2c. befinden[3]). Besonders wichtig ist der Umstand, wenn die Oberfläche der Mauer nur nach einer Seite geneigt ist (Traufe). Dies weist darauf hin, daß die Mauer dem Nachbar gehört, auf dessen Seite sich die Traufe befindet[4]).

Ein weiteres Merkmal liegt vor, wenn eine Mauer, die unten dicker ist als oben, auf der einen Seite lotrecht ist, so daß nur die andere Seite die nach oben laufende Verjüngung der Mauer zeigt. Die Mauer gehört demjenigen, auf dessen Seite sich die Verdickung der Mauer befindet. Ist die eine Seite der Mauer rauh, die andere aber glatt, so spricht dieser Umstand für das ausschließliche Recht desjenigen Nachbars, dem die rauhe Seite zugekehrt ist[5]).

Ist ein Grundstück ringsum von einer Mauer umgeben, das daran angrenzende Nachbargrundstück aber nicht, so ist die Mauer als zu ersterem gehörig zu betrachten.

Eine Hecke muß dann als dem einen Nachbar gehörig erachtet werden, wenn dieser sein Grundstück auch an der anderen Seite eingezäunt hat, während dies bei dem Nachbargrundstück nicht der Fall ist[6]).

Die Planke gehört dann dem einen Nachbarn ausschließlich, wenn auf der diesem zugekehrte Seite allein die Pfostenständer oder Stiele stehen[7]). Aus dem Umstand, auf welcher Seite ausschließlich die Häupter der Nägel stehen, läßt sich ein verlässiger Schluß nicht ziehen[8]).

---

[1]) Vgl. Ulmer Bauordnung VI § 4—11; Memminger Bauordnung X § 4—13; Augsburger Bauordnung I § 32—36.

[2]) RG. Bd. 53 S. 309. Wäre eine solche Vereinbarung nicht nachweisbar, so wäre für das zuletzt erbaute Haus nur die Bestellung einer Grunddienstbarkeit durch Widmung anzunehmen. Der Grunddienstbarkeitsberechtigte darf die Mauer nur in dem bisherigen Umfange benützen.

[3]) Vgl. ALR. Tl. I Tit. 8 § 160; Würzburger Bauordnung IV § 6; Regensburger Wachtgerichtsordnung VI § 1—5; Mainzer Bauordnung VII § 23; Ulmer Bauordnung VI § 4—11; Memminger Bauordnung X § 4—13; Augsburger Bauordnung I § 32—36; Holzschuher, Theorie und Kasuistik Bd. 2 S. 92; Schelhaß, Nachbarrecht S. 97 f.

[4]) Vgl. Code civil Art 654; ALR. I, 8 § 159; Regensburger Wachtgerichtsordnung XVI; Würzburger Stadtbaurecht IV § 8. — Vgl. SeuffBl. Bd 43 S. 93: Wenn sich der Horsch oder die Platten nach beiden Seiten neigen, so kommt nichts darauf an, wenn die Neigung des Horsches gegen die eine Seite stärker ist, als gegen die andere; die Mauer gilt als gemeinschaftlich.

[5]) Holzschuher, Theorie und Kasuistik Bd. 2 S. 92; Schelhaß, Nachbarrecht S. 100.

[6]) Vgl. Code civil Art. 670.

[7]) Vgl. Augsburger Bauordnung I 51; ALR. I Tit. 8 § 154; Roth, Bayer. Zivilrecht Bd. 2 S. 67.

[8]) Nach Amberger Bauordnung IX soll die Planke demjenigen gehören, auf dessen Seite die Häupter der Nägel stehen; Memminger Bauordnung X 14 entscheidet genau umgekehrt.

Eine Dungstätte auf der Grenze wird dann als ausschließlich dem einen Nachbarn gehörig erachtet, wenn nur von dessen Haus ein Rohr in dieselbe mündet und auch sonst keine Rinne von dem anderen Anwesen in die Dungstätte führt[1]).

Der sogen. hohe Rain d. h. der zwischen einem höher und einem tiefer liegenden Grundstücke befindliche Abhang gehört nach seiner natürlichen Beschaffenheit zum oberliegenden Grundstück[2]). Dies gilt aber nur bei ganz auffälliger Niveauverschiedenheit der beiden Grundstücke.

## III. Inhalt des gemeinschaftlichen Benützungsrechtes.

Ist im gegebenen Fall in Gemäßheit des § 921 BGB. die gemeinschaftliche Berechtigung beider Nachbarn zur Benützung der Grenzeinrichtung gegeben, so fragt sich, welchen Inhalt dieses Benützungsrecht hat. Hierüber stellt § 922 BGB. die Norm auf. Jeder Nachbar kann die Grenzeinrichtung zu dem Zwecke, der sich aus ihrer Beschaffenheit ergibt, insoweit benützen, als nicht die Mitbenützung des anderen beeinträchtigt wird.

Welcher Zweck sich aus der Beschaffenheit der Grenzeinrichtung ergibt, ist aus ihren objektiven Merkmalen nach wirtschaftlichen Grundsätzen zu entscheiden. Vielfach geht der Zweck nicht weiter als eine Scheidung der beiden Grundstücke herbeizuführen. Bei anderen Grenzeinrichtungen liegt der Zweck in der Abwendung der Feuersgefahr, der Ableitung des Dachtraufwassers, der Ermöglichung des Durchgehens, der Zuführung von Licht und Luft u. s. w. Nur eine dieser Zweckbestimmung entsprechende Benützung ist dem Nachbarn gestattet. Will ein Nachbar ein weitergehendes Benützungsrecht behaupten, so muß er einen besonderen Erwerbsgrund z. B. vertragsmäßige Bestellung oder Ersitzung einer Grunddienstbarkeit beweisen.

Im einzelnen sind hiernach folgende allgemeine Gesichtspunkte gegeben:

In die Winkel oder Häuserreihen dürfen die Abwässer der Hauswirtschaft nicht geleitet werden, noch weniger Unrat und Fäkalien. Wenn freilich seit alters für die Abwässer oder Fäkalien Abzugsrohre oder sonstige Zuleitungen bestehen, welche in den Winkel einmünden, dann sprechen eben äußere Merkmale für die Befugnis zu solcher Benützung. Dem Nachbar ist es nicht verwehrt von seinem Anwesen eine Türe in den Winkel zu brechen, um denselben zum Zwecke der Reinigung zu betreten und auch sonst durch zu gehen[3]). Ist ein solcher Gang der objektiven Beschaffenheit nach bestimmt, als

---

[1]) Vgl. Augsburger Bauordnung I 53; Roth, Bayer. Zivilrecht Bd. 2 S. 68.

[2]) Dernburg, Sachenrecht S. 242.

[3]) Vgl. l. 41 § 1 D 8,2. Wolff im Recht 1900 S. 176. Anders wäre nur zu entscheiden, wenn hierdurch das Mitbenützungsrecht des Nachbars beeinträchtigt werden würde; dies könnte der Fall sein, wenn die beiderseitigen dem Winkel zugekehrten Hauswände überhaupt keine Oeffnungen haben und somit infolge dieser Beschaffenheit die ganze Einrichtung dem Schutz gegen Feuersgefahr zu dienen bestimmt erscheint.

Durchgang zu dienen, so muß es auch gestattet sein, mit einem Schubkarren durch denselben zu fahren, dies selbst dann, wenn es mit Rücksicht auf die Enge des Ganges nicht möglich ist, daß beide Nachbarn aneinander vorbeifahren können, so daß also eine gleichzeitige Benützung insoweit nicht möglich ist[1]). Andererseits ist es nicht gestattet, die Reihe zur Aufbewahrung irgendwelcher Gegenstände (z. B. Lagerung von Holz oder Steinen, Aufbewahrung von Handwagen, Dung[2]) zu benützen; es müßte denn sein, daß eine vorhandene besondere Einrichtung das Gegenteil dartut, z. B. ein Schutzdach, oder eine Dunggrube u. s. w. Eine Polizeivorschrift über die Reihen enthält § 49 der bayerischen Bauordnung vom 17. Februar 1901, wonach die Winkel und Reihen so gepflastert werden müssen, daß ein entsprechender Wasserlauf ermöglicht ist und Vorrichtungen zur Einleitung des Inhalts von Abtritten in solche Reihen unzulässig und zur Einleitung von Schmutzwässern nur dann erlaubt sind, wenn eine hinreichende Spülung mit reinem Wasser bewirkt werden kann. Zuwiderhandlungen sind nach Art. 73 des Polizeistrafgesetzbuches strafbar. Durch diese Bestimmungen wird in das privatrechtliche Benützungsrecht von Reihen eingegriffen, gleichviel ob das Benützungsrecht nur einer Person oder den beiden Nachbarn gemeinschaftlich zusteht. Es ist aber zu beachten, daß dies nur auf Grund einer Polizeivorschrift eintritt, und es kann sich auf diese Weise das Resultat ergeben, daß eine Zivilklage auf Unterlassung der Zuleitung von Abwässern und Fäkalien abgewiesen werden muß, weil durch das Vorhandensein von Zuleitungseinrichtungen die wirtschaftliche Zweckbestimmung der Reihe für die Aufnahme dieser Stoffe dargetan wird, während auf Anzeige bei der Polizeibehörde dieselbe dem Nachbar trotz seiner zivilrechtlichen Berechtigung diese Zuleitung verbieten wird.

Dagegen hat die Polizeivorschrift des § 49 der Bauordnung insoferne eine zivilrechtliche Folge, als der eine Nachbar gegen den anderen den Anspruch erheben kann, daß die Reihe auf gemeinschaftliche Kosten gepflastert wird. Denn die Unterhaltungskosten sind gemäß § 922 Abs. 2 BGB. von beiden Nachbarn zu gleichen Teilen zu tragen und die Pflasterung der Reihe ist infolge der polizeilichen Vorschrift eine notwendige Vorkehrung.

Bei Grenzmauern kann sich ebenfalls je nach der Beschaffenheit der Mauer ein verschiedener Zweck und somit auch eine Verschiedenheit der zulässigen Benützungsart ergeben. Eine Mauer, deren Zweck lediglich in der Scheidung der beiden Grundstücke besteht, darf nicht als Stütze für Balken benützt werden. Dagegen ist es dem Nachbarn unverwehrt, an derselben auf seiner Seite Gemälde oder Spalierlatten zur Ziehung von Pflanzen oder

---

[1]) Vgl. SeuffA. Bd. 62 Nr. 207.
[2]) Vgl. Gruchot Bd 27 S. 914 (RG.).

Haken für Leitern anzubringen[1]). Selbstverständlich ist der Nachbar nicht berechtigt, den Teil der Scheidemauer, welcher dem anderen Nachbarn gehört, zu verändern, z. B. ein Gitter auf diesem Teil oder auf der Grenzlinie oder gar einen Maueraufbau zu errichten. Art. 68 AG. kommt für eine solche Scheidemauer überhaupt nicht in Betracht, da diese Bestimmung nur für solche Mauern gilt, die zwei Gebäuden gemeinschaftlich ist.

Eine Mauer, welche zwei Gebäude voneinander trennt, wird regelmäßig nach ihrer Beschaffenheit dazu bestimmt sein, die Last des beiderseitigen Gebälkes zu tragen. Der Nachbar kann daher Balken in dieselbe einlassen. Eine Mauer kann von jedem der Nachbarn nicht nur bis zur Hälfte ihrer Dicke, sondern in ihrer ganzen Ausdehnung benützt werden, sofern sich diese Art der Benützung aus der Zweckbestimmung der Mauer ergibt, was für den Einzelfall besonders zu entscheiden ist. So kann z. B. das Gebälk auf der ganzen Dicke der Mauer aufgelegt werden, während eine Aushöhlung der Mauer regelmäßig nur bis zur Hälfte der Mauer gehen darf[2]). Ein Wandschrank darf nicht eingelassen werden, wenn dadurch der Zweck der Mauer, einen schallsicheren Abschluß der Nachbarhäuser zu bilden, vereitelt würde. Man darf sich aber bei Entscheidung dieser Frage nicht gerade den Fall denken, daß beide Nachbarn an derselben Stelle zur Einlassung eines Wandschrankes die Mauer bis zur Hälfte derselben aushöhlen würden; denn die beiden Berechtigten haben gegenseitig aufeinander Rücksicht zu nehmen[3]). Gas- und Wasserleitungsröhren darf jeder Nachbar einfügen. Nach moderner Anschauung dienen die Mauern bestimmungsgemäß zur Aufnahme solcher Leitungsröhren. Auch darf der Nachbar regelmäßig seinen Kamin in die Mauer hineinstellen[4]). Selbstverständlich darf die Mauerwand getüncht oder tapeziert werden; es können Nägel und Kloben in dieselbe geschlagen werden. Eine Treppe kann an der Mauer mit ihrem Stützpunkt angebracht werden. An der Stirnseite der gemeinschaftlichen Hausmauer kann die Dachrinne senkrecht zum Boden geführt werden, doch darf hierbei der eine Nach-

---

[1]) Vgl. Holzschuher, Theorie und Kasuistik Bd. 2 S. 87.

[2]) Vgl. Maenner S. 178; JW. 1883 S. 188 Nr. 40; Wolff im Recht 1900 S. 476.

[3]) Vgl. R. d. OLG. Bd. 4 S. 294; Cosack Bd. 2 S. 159; Dernburg, Sachenrecht S. 242. Ist die Mauer eine Brandmauer im Sinne des § 40 der Bauordnung vom 17. Februar 1901, so ist sie gegen Einbrüche, die ihren Zweck gefährden, durch die Vorschriften des § 16 der Bauordnung geschützt, wonach Oeffnungen in Brandmauern im allgemeinen unzulässig sind und nur unter besonderen Voraussetzungen von der Baupolizeibehörde gestattet werden können. Nach ALR. I, 8 §§ 135, 136 durfte jeder Nachbar die Mauer an seiner Seite bis zur Hälfte der Dicke durch Anlegung von Wandschränken und anderen Anlagen benutzen. EntschOTr. Bd. 26 S. 191; für das gemeine Recht vgl. l. 25 § 1 D 8,2, aber auch SeuffA. Bd. 41 Nr. 5.

[4]) Dernburg, Sachenrecht S. 242, vgl. ALR. Tl. I Tit. 8 § 132.

bar für sich nur soviel Raum beanspruchen, daß von der Dicke der Mauer derselbe Raum für den anderen Nachbar zum gleichen Zwecke übrig bleibt. Ueber die Zuführung von Feuchtigkeit und ähnlichen Immissionen sind die für das Alleineigentum geltenden Grundsätze des Nachbarrechts (§§ 906 ff. BGB.) analog anzuwenden. Gegen den Willen des einen Teilhabers darf der andere einem Dritten gestatten, Telegraphendrähte an dem ihm realiter gehörigen Teil der Mauer anzubringen, wenn hierdurch das Mitbenützungsrecht des anderen Teilhabers nicht beeinträchtigt wird[1]).

Eine besondere Regelung hat die bayerische Ausführungsgesetzgebung (Art. 68 AG.) der Frage angedeihen lassen, ob der Nachbar berechtigt ist, die Grenzmauern zu erhöhen und inwieweit er hierzu die Mitwirkung des anderen Nachbars verlangen kann[2]). Die Befugnis zur Erlassung derartiger Vorschriften wird aus Art. 124 EG. abgeleitet. Allein mit Unrecht. Denn nach Art. 124 EG. bleiben die landesgesetzlichen Vorschriften, welche das Eigentum an Grundstücken zugunsten der Nachbarn noch anderen als den durch das Bürgerliche Gesetzbuch bestimmten Beschränkungen unterwerfen, unberührt. Es ist nun klar, daß damit eine Befugnis nicht erteilt ist, den Inhalt jener Beschränkungen, welche durch §§ 905—924 BGB. erschöpfend geregelt sind, abzuändern[3]). Nun werden von §§ 921 f. BGB. die gegenseitigen Beschränkungen, welchen das pro diviso geteilte Eigentum der Nachbarn an den Grenzeinrichtungen unterworfen sein soll, geregelt. § 922 sagt ausdrücklich, inwieweit jeder Nachbar berechtigt sein soll, die Grenzeinrichtung zu benützen. Die Erhöhung einer Mauer ist eine Art der Benützung; denn die bestehenden Teile der Mauer werden dazu benützt, den Aufbau zu tragen. Ist also dieses Benützungsrecht nicht schon durch das Bürgerliche Gesetzbuch dem Nachbar eingeräumt, so liegt in der landesgesetzlichen Aufstellung dieser Befugnis eine Erweiterung einer in dem Bürgerlichen Gesetzbuch bestimmten Beschränkung und nicht die Einführung einer anderen Beschränkung. Eine solche Erweiterung ist aber der Landesgesetzgebung nicht anheimgestellt. Die über die Befugnis der Nachbarn zur Erhöhung einer gemeinschaftlichen Mauer gegebenen landesrechtlichen Vorschriften sind deshalb ungültig[4]),

---

[1]) Vgl. Dernburg, Sachenrecht S. 242 und dagegen Spitting bei Gruchot Bd. 31 S. 819.

[2]) Das bayerische Ausführungsgesetz hat die Bestimmungen, welche das preußische Ausführungsgesetz Art. 23 und 24 für den bisherigen Geltungsbereich des Rheinischen Rechtes getroffen hat, übernommen. Dieselben finden sich ferner in den Ausführungsgesetzen von Anhalt Art. 34; Baden Art. 13; Bremen § 24; Hessen Art 82.

[3]) Vgl. Niedner, EG. Bem. 1 u. 4a zu Art. 124; Staudinger Anm. 2 B zu Art. 124 EG.

[4]) Oertmann, Landesprivatrecht S. 337 erkennt an, daß die hier gegen die Rechtsgültigkeit vorgebrachten Gründe beachtenswert sind, tritt denselben aber entgegen, weil die §§ 921, 922 BGB. in Wahrheit keine Eigentumsbeschränkung, sondern nur eine Rechtsvermutung wegen der Abgrenzung der den Beteiligten zustehenden Rechte

soweit sie sich nicht auf die Uebergangszeit (Art. 69 u. 70 AG.) beziehen. Nach dem Bürgerlichen Gesetzbuche ist der Nachbar zur einseitigen Erhöhung einer Grenzmauer nicht befugt. Nach § 922 darf die Grenzeinrichtung nur zu dem Zwecke benützt werden, der sich aus ihrer Beschaffenheit ergibt. Das Recht auf Vergrößerung der Grenzeinrichtung ist hiermit nicht eingeräumt. Denn die Benützung muß sich an die bestehende Beschaffenheit anschließen. Zur Beschaffenheit gehört in erster Linie die räumliche Grenze der Einrichtung. Auch wenn durch die Erhöhung der Mauer dieselbe nicht gefährdet würde, hat der Nachbar das Recht zu widersprechen, soweit sein realer Anteil an der Mauer in Betracht kommt[1]); denn er ist Eigentümer desselben und es kann ihm nicht als Chikane ausgelegt werden, wenn er auf sein Eigentum nicht weiter einwirken läßt, als ihm durch das Gesetz zur Pflicht gemacht ist. Soweit derjenige Teil der Mauer in Betracht kommt, der im Alleineigentum seines Nachbars steht, hat er ein Mitbenützungsrecht. Insoweit dies nicht geschmälert wird, kann er die Vornahme eines Aufbaues, der sich nur auf diesen seinem Nachbar eigentümlich gehörigen Mauerteil erstreckt, nicht hindern[2]). Das Benützungsrecht wird durch einen Aufbau jedenfalls dann beeinträchtigt, wenn durch die Erhöhung die bereits stehende Mauer gefährdet wird. Eine Unterhaltungspflicht bezüglich des nur auf dem Eigentum des anderen Nachbars errichteten Aufbaues würde ihn nicht treffen. Denn bezüglich des Aufbaues weist der äußere Umstand, daß er nur auf einem Teil des Unterbaues steht, daraufhin, daß er nur dem einen Nachbar gehört (§ 921 BGB.).

An dem Inhalt dieser reichsrechtlichen Bestimmungen konnte die Landesgesetzgebung nichts ändern. Art. 68 AG. ist daher ungültig. Da auch der gegenteiligen Meinung Rechnung zu tragen ist, muß gleichwohl in eine Erörterung dieser landesgesetzlichen Bestimmung eingetreten werden. Es geschieht dies unten § 9.

Die nach obigen Grundsätzen der Zweckbestimmung der Grenz-

---

enthalten. Mir scheint damit nichts gewonnen. Daß das Bürgerliche Gesetzbuch real abgeteiltes Eigentum an den beiden Mauerhälften unterstellt, ist gewiß. Wenn nun das Gesetz jedem Nachbar das Recht zur Mitbenützung der dem anderen Nachbar eigentümlich gehörigen Mauerhälfte beilegt, so ist der letztere in der freien Benützung seines Eigentums beschränkt. Daß dieses Mitbenützungsrecht in bestimmten Fällen nicht gegeben ist, ändert die rechtliche Beurteilung derjenigen Fälle nicht, in welchen es besteht. Und wo es besteht, hat es seine Kraft nicht infolge einer Rechtsvermutung, sondern kraft Rechtens.

[1]) Baut ein Berechtigter auch auf dem Teile der Mauer auf, welcher im Alleineigentum des Nachbars steht, so können die Vorschriften über den Ueberbau nur dann Anwendung finden, wenn ein neues Gebäude auf der Grenzmauer errichtet wird; § 912 setzt voraus, daß die Grenzüberschreitung bei Errichtung eines Gebäudes erfolgt ist. Das schließt sowohl die Aenderung eines bestehenden Gebäudes als auch die Neuerrichtung eines anderen Bauwerks (bloßen Maueraufbau) aus. S. unten § 21, I, 4.

[2]) Zustimmend JW. 1908 S. 12 Nr. 13 (RG.) (auch abgedruckt BayZfR. 1908 S. 42).

einrichtung entsprechende Benützung darf nur soweit ausgedehnt werden, daß dem anderen Nachbar die Möglichkeit der gleichen Benützung für sein Grundstück bleibt. Unter Benützung hat man den tatsächlichen Gebrauch und die Nutzung zu verstehen.

Ob Früchte und Nutzungen von der Grenzeinrichtung zu ziehen sind, bestimmt sich nach dem Zwecke, der sich aus der Beschaffenheit der Anlage ergibt. Bei einer Häuserreihe ist dies nicht der Fall. In einer solchen darf man nicht etwa Gras oder Bäume anpflanzen. Sind aber Früchte vorhanden, so gebührt nach § 743 BGB., der nach dem Schlußsatz des § 922 BGB. hierher bezüglich ist, jedem Nachbar ein seinem Anteil entsprechender Bruchteil der Früchte, wobei nach § 742 BGB. anzunehmen ist, daß jeder Nachbar Anspruch auf die Hälfte der Früchte hat.

## IV. Die Verwaltung der Grenzeinrichtung.

Die Verwaltung der Grenzeinrichtung steht den beiden Nachbarn gemeinschaftlich zu (§ 922 mit § 744 Abs. 1 BGB.). Jeder Nachbar ist berechtigt, die zur Erhaltung der Grenzeinrichtung notwendigen Maßregeln ohne Zustimmung des anderen zu treffen. Er kann verlangen, daß dieser seine Einwilligung zu einer solchen Maßregel im voraus erteilt (§ 744 Abs. 2 BGB.).

Haben die Nachbarn die Verwaltung und Benützung durch (formlose) Verabredung geregelt, so werden hierdurch die Nachbarn nur obligatorisch gebunden; zur Wirksamkeit für und gegen die Sondernachfolger ist trotz § 746 Eintragung im Grundbuch erforderlich, bis zu dessen Anlegung notarieller Vertrag, weil der Inhalt des Eigentums hierdurch eine Aenderung erfährt. (§ 1010)[1]).

Jeder Nachbar kann auf dem in seinem Sondereigentum stehenden Teile der Grenzeinrichtung einem Dritten ein dingliches oder obligatorisches Recht (Wegrecht auf seinem Teile des Zwischenraums) bestellen, soweit hierdurch nicht das Mitbenützungsrecht des anderen Nachbars beeinträchtigt wird[2]).

Die Unterhaltungskosten sind unter allen Umständen von beiden Nachbarn je zur Hälfte zu tragen, auch wenn die Grenze nachweisbar nicht durch die Mitte der Einrichtung geht (§ 922 Abs. 2 BGB.). Unter Unterhaltungskosten sind nur jene Aufwendungen zu verstehen, welche erforderlich sind, um die Grenzeinrichtung in einer ihrem Zwecke entsprechenden Beschaffenheit zu erhalten. Stellt sich ein Weg mitsamt der dazu gehörigen Allee als Grenzeinrichtung dar, so gehört auch die Nachpflanzung einzelner eingegangener Bäume zu den Unterhaltungskosten. Es muß daher zu den Kosten, welche durch die Nachpflanzung des auf dem Boden eines Nachbarn stehenden,

---

[1]) Wolff im Recht 1900 S. 476.

[2]) Vgl. Wolff a. a. O.

zu der Grenzeinrichtung (Allee) gehörigen Baumes erwachsen, auch der andere Nachbar beitragen. Auch solche Unterhaltungskosten, die nur durch die Benützung des einen Nachbars entstanden sind, müssen von beiden Nachbarn gemeinschaftlich getragen werden[1]). Das Gesetz legt schlechtweg die Unterhaltungspflicht beiden Nachbarn auf. Es hat daher nur darauf anzukommen, ob die Aufwendung notwendig ist. Aus welchem Grunde die Notwendigkeit eingetreten ist, ist gleichgültig. War die Benützungsart, durch welche der eine Nachbar die Voraussetzung für die Aufwendung der Unterhaltungskosten gesetzt hat, zulässig, so spricht nicht einmal die Billigkeit dafür, den anderen Nachbar, der aus freien Stücken von dem ihm in gleicher Weise zustehenden Benützungsrecht keinen Gebrauch gemacht hat, von der Unterhaltungspflicht freizuhalten. War dagegen die Art der einseitigen Benützung unzulässig, so ist zwar an und für sich der andere Nachbar verpflichtet, die Unterhaltungskosten mit zu tragen, er hat aber unter Umständen gegen den Nachbar einen Schadensersatzanspruch gemäß §§ 823 ff. BGB., mit dem er aufrechnen kann. Ist das Eigentum von dem Nachbar, welcher durch unzulässige Benützung die Unterhaltungskosten verursacht hat, später auf einen anderen übergegangen, so können sie diesem letzteren gegenüber nicht aufgerechnet werden. Diese Folge kann nicht befremden. Der Grund hierfür liegt in dem Unterschied zwischen dem dinglichen Anspruch aus § 922 und dem obligatorischen Anspruch aus §§ 823 ff.

Eine Klage auf Teilung ist ausgeschlossen. Dies ergibt sich aus § 922 Abs. 3 BGB., wonach die Einrichtung, insolange einer der Nachbarn an dem Fortbestand der Einrichtung ein Interesse[2]) hat, ohne seine Zustimmung nicht beseitigt oder geändert werden darf. Damit ist nicht gesagt, daß gegen den Widerspruch des Nachbars überhaupt keine Aenderung vorgenommen werden darf. Die Aenderung ist nur insoweit unzulässig, als die Mitbenützung des Nachbars beeinträchtigt wird[3]) oder der Nachbar an dem unveränderten Fortbestand sonst ein Interesse hat. Dies folgt aus § 226 BGB. Daraus ergibt sich, daß eine zeitgemäße Umgestaltung der Einrichtung unter Umständen auch gegen den Willen des Nachbars zulässig ist. Dann nämlich, wenn hierdurch derselbe weder in seinem Benützungsrecht beeinträchtigt wird, noch eine Erhöhung der Unterhaltungskosten für die Zukunft herbeigeführt wird. Wenn das Ziergartengrundstück des A von alters her durch einen Lattenzaun, der sich als Grenzeinrichtung im Sinne des § 921 BGB. darstellt, von dem Acker

---

[1]) Der Ansicht im KommProt. S. 3549, daß gegen die unbillige Verteilung solcher Kosten die Praxis sich durch eine strenge Auslegung des Begriffs der Unterhaltungskosten helfen könne, ist nicht beizupflichten.

[2]) Biermann Anm. zu § 922; Staudinger Anm. zu § 922; Maenner S. 178. Das Interesse braucht kein vermögensrechtliches zu sein.

[3]) JW. 1908 S. 12 Nr. 13 (RG.) (auch abgedruckt BayZfR. 1908 S. 42).

des B geschieden wird, so kann A auch gegen den Widerspruch des B den Lattenzaun auf seine Kosten durch einen eisernen Zaun ersetzen. Daß ein Nachbar auch gegen den Widerspruch des anderen den morschen Holzzaun, der durch eine Reparatur nicht in ordnungsgemäßen Zustand zurückgebracht werden kann, durch einen neuen Holzzaun ersetzen kann, ergibt sich schon aus seiner in § 744 Abs. 2 BGB. begründeten Berechtigung, die zur Erhaltung der Grenzeinrichtung notwendigen Maßregeln einseitig zu treffen. Der andere Nachbar muß die Hälfte der Herstellungskosten ersetzen. Hat ein Nachbar einseitig an Stelle des unbrauchbaren Holzzaunes einen eleganten eisernen Zaun errichtet, so kann er den anderen Nachbar nur auf den hälftigen Ersatz desjenigen Betrages in Anspruch nehmen, den die Einrichtung eines neuen Holzzaunes erfordert hätte.

Selbstverständlich bedeutet eine Verlegung der Grenzeinrichtung eine sehr wesentliche Aenderung; dieselbe kann besonders bei Rainen, Wegen, Gangsteigen vorkommen. Die Fälle sind zahlreich, in welchen die Bauern bestrebt sind, die Ausdehnung ihres Grundstückes zu vergrößern, indem sie immer mehr von dem auf der Grenze befindlichen Rain oder Weg wegackern. Während der Rain auf diese Weise immer schmäler wird und schließlich ganz verschwindet, wird der Weg mehr und mehr auf das Nachbargrundstück hinübergedrängt, so daß schließlich der Weg ganz jenseits der Grenze liegt.

In einem solchen Falle kann man natürlich aus der Untätigkeit des Nachbars, der sich eine solche Verschiebung gefallen läßt, nicht ableiten, daß derselbe hiermit einverstanden ist. Ihm steht vielmehr der Anspruch auf Wiederherstellung des früheren Zustandes zu (§ 1004 BGB.).

Bei Flutgräben auf der Grenze bewirkt oft die selbsttätige Wirkung des Wassers die Verschiebung. Hier kann natürlich der Eigentümer, auf dessen Grundstück der Flutgraben durch das Wasser ohne Mitwirkung des anderen Angrenzers hinübergeschoben wurde, gegen diesen nicht den Anspruch auf Wiederherstellung des früheren Zustandes erheben, wohl aber darauf, daß derselbe dies gemeinschaftlich mit ihm bewirkt; es ist dies eine Folge der gemeinschaftlichen Unterhaltungspflicht.

Nimmt der eine Nachbar ohne Zustimmung des anderen eine unzulässige Beseitigung oder Aenderung der Grenzeinrichtung vor, so hat der letztere den Anspruch auf Wiederherstellung. Dieser Anspruch ist immer dann gegeben, wenn der andere Nachbar seine Zustimmung nicht erteilt hat. Es ist einerseits nicht erforderlich, daß derselbe Widerspruch erhoben hat, andererseits kann unter Umständen in einem Stillschweigen die Zustimmung gefunden werden[1]).

---

[1]) Die Zustimmung zur Aufhebung und Aenderung der Grenzeinrichtung bedarf keiner Form. Wolff im Recht 1900 S. 477. Solange der Aufhebungswille nicht äußerlich vollzogen ist, besteht die Grenzeinrichtung als solche weiter.

Die Aufhebung der Grenzeinrichtung und der sich hieraus ergebenden Benützungsrechte kann nicht ohne Zustimmung des Hypothekengläubigers oder sonst dinglich Berechtigten erfolgen (§ 876)[1]).

## § 8. Kommunmauervertrag und Kommunmauerzwang.

### I. Kommunmauervertrag.

Nicht selten vereinbaren die Eigentümer angrenzender Grundstücke, daß der eine Nachbar die Mauer seines Hauses auf der Grenze dergestalt errichten soll, daß die Mauer halb diesseits, halb jenseits der Grenze steht, wogegen dem anderen Nachbar das Recht eingeräumt wird, gegen Erstattung der halben Baukosten die Mauer für einen späteren Anbau zu benützen. Wenn diese Vereinbarung vor einem Wechsel im Eigentum der beiden Grundstücke vollzogen ist, so daß die beiden Häuser mit der gemeinschaftlichen Grenzmauer errichtet sind, so ergeben sich keinerlei rechtliche Schwierigkeiten. Auch wenn ein solches Abkommen formlos[2]) getroffen wurde, erzeugt es obligatorische Gebundenheit und der Eigentümer, welcher zuerst gebaut hat, kann von demjenigen, der angebaut hat, auf Grund des Vertrages Erstattung der halben Baukosten der Mauer verlangen. Die Rechtsverhältnisse der auf der Grenze errichteten Mauer sind nach §§ 921 f. zu behandeln (s. oben § 7.).

Schwierig wird dagegen die Beurteilung der Rechtslage, wenn vor dem Anbau des anderen Hauses ein Wechsel im Eigentum an den beteiligten Grundstücken eingetreten ist. Ist das Rechtsverhältnis in dinglicher Weise geregelt worden, was nur bei formgültiger Bestellung einer Grunddienstbarkeit der Fall ist[3]), dann regelt sich dasselbe nach dem Inhalt des Vertrages und den gesetzlichen Vorschriften über Grunddienstbarkeiten. Es ist durchaus zulässig, daß bei der Bestellung der Grunddienstbarkeit das Recht zu deren Ausübung (Anbau und Benützung der Mauer) von einer Gegenleistung (Zahlung der halben Baukosten) abhängig gemacht ist[4]). Wenn aber ein dinglich wirksamer Vertrag nicht vorliegt, sei es weil ein solcher nicht geschlossen werden wollte oder die erforderliche Form

---

[1]) Auch diese Zustimmung kann formlos (durch konkludente Handlungen) erklärt werden. Wolff im Recht 1900 S. 477; Dernburg S. 243.

[2]) Vgl. Pfirstinger, Die Kommunmauer S. 17.

[3]) Staudinger Bem. IV 2a zu § 921. Geiershöfer im Recht 1905 S. 404 f. Die Bestellung der Grunddienstbarkeit kann in folgender Weise wirksam erfolgen: Die beiden Nachbarn räumen sich für ihre Grundstücke gegenseitig in dinglicher Weise das An- und Aufbaurecht an der Grenze ein; der erstbauende Teil muß die Grenzmauer je zur hälftigen Breite auf das beiderseitige Grundbesitztum stellen. Der zweitanbauende Teil ist beim Anbau zur Benützung der Grenzmauer berechtigt und verpflichtet und muß dem erstbauenden die Hälfte der Herstellungskosten dieser Mauer von Gebälk zu Gebälk vergüten (BayZfR. 1907 S. 334, Nürnberg).

[4]) Staudinger a. a. O.; Geiershöfer im Recht 1905 S. 402. Dieser Anspruch auf Zahlung der halben Baukosten ist vor Ausführung des Anbaus nicht ohne das Eigentum übertragbar (BayZfR. 1907 S. 334, Nürnberg).

(Eintragung im Grundbuch bezw. bis zur Anlegung des Grundbuchs notarieller Vertrag) nicht gewahrt ist, muß von folgenden Erwägungen ausgegangen werden. Solange nur das eine Haus mit der halb über die Grenze gebauten Mauer steht, hat man es noch gar nicht mit einer Grenzeinrichtung im Sinne des § 921 zu tun; denn insolange dient die Mauer nicht zum Vorteil der beiden Grundstücke; der über die Grenze gebaute Teil der Mauer ist auch rechtlich kein Teil des Grundstückes, auf welchem er steht, sondern ein Teil des Gebäudes (§ 94 Abs. 2)[1]. Infolgedessen hat der Nachbar zunächst kein Mitbenützungsrecht an dieser Mauer oder auch nur an der auf seinem Grund und Boden stehenden Hälfte (§ 903). Er muß aber diese Mauerhälfte auf seinem Grund und Boden dulden, wogegen der Eigentümer des Gebäudes verpflichtet ist, eine jährliche Rente für diesen Ueberbau zu entrichten[2]. Dies ergibt sich aus den §§ 912 ff. Zwar wirkt die nur formlos erteilte Erlaubnis zur Errichtung der halben Mauer auf dem Nachbargrundstücke nicht dinglich, aber gleichwohl hat der Gebäudeeigentümer, welchem der Angrenzer den Ueberbau gestattet, einen Anspruch auf Belassung dieses Zustandes, weil Vorsatz und grobe Fahrlässigkeit im Sinne des § 912 dann zu verneinen sind, wenn der Bauende zu der Annahme berechtigt war, daß er über die Grenze bauen dürfe[3].

Im übrigen besteht nach einer eingetretenen Singularrechtsnachfolge und abgesehen von dem Fall, daß der Singularrechtsnachfolger in den seinerzeit abgeschlossenen Kommunmauervertrag eingetreten ist, für den Eigentümer des zuletzt bebauten Grundstücks weder ein Recht noch eine Pflicht zum Anbau an die auf der Grenze stehende Mauer. Da das Eigentum an dieser Mauer (auch an dem über die Grenze gebauten Teile der Mauer) dem Gebäudeeigentümer zusteht[4], kann derselbe jede Einwirkung eines Dritten verbieten (§ 903); der seinerzeit nur formlos geschlossene Kommunmauervertrag ist mit Rücksicht auf die eingetretene Singularrechtsnachfolge gegenstandslos. Aus diesem Grunde besteht aber auch keine Pflicht zum Anbau an die Mauer; es kann vielmehr der Angrenzer ohne Benützung dieser Mauer sein Haus mit einer selbständigen Mauer versehen und braucht dann natürlich an den Kosten der seiner Zeit als Kommunmauer gebauten Mauer nichts zu bezahlen[5].

---

[1] Pfirstinger, Die Kommunmauer (1905) S. 16; Geiershöfer im Recht 1905 S. 402; Staudinger Bem. IV 1 zu § 921. Vgl. Pfirstinger in BayZfR. 1907 S. 483 gegen das OLG. Nürnberg, ebenda S. 335.

[2] Vgl. Notariatszeitschrift 1901 S. 231 und dagegen Pfirstinger, die Kommunmauer S. 21 f. und Pfirstinger in SeuffBl. 1902 S. 100.

[3] RG. Bd. 52 S. 17. Vgl. unten § 21 I 5.

[4] Vgl. Pfirstinger, Die Kommunmauer S. 18, der zutreffend hervorhebt, daß dem Gebäudeeigentümer nicht auch die Grundfläche, auf welcher die übergebaute Mauerhälfte steht, eigentümlich gehört. Vgl. hierzu oben S. 1.

[5] Auch sein Rechtsvorgänger kann nicht etwa von dem seinerzeitigen Gegenkontrahenten oder Gebäudeeigentümer auf Schadensersatz belangt werden.

Es zeigt sich also auch hier, daß zur Schaffung der Grenzeinrichtung, die durch den Anbau an der auf der Grenze stehenden Gebäudemauer bewirkt wird, der übereinstimmende Wille der beiden Angrenzer erforderlich ist (vgl. oben § 7 I).

Wird der Anbau an die Mauer ausgeführt, so wird dieselbe zu einer wahren und echten Grenzeinrichtung im Sinne des § 921. Mit dem Anbau und durch denselben wird die Grenzeinrichtung geschaffen. Daraus ergibt sich aber auch die Folge, daß von nun ab die Verpflichtung des Eigentümers des zuerst errichteten Gebäudes zur Zahlung der Ueberbaurente aufhört; denn die auf der Grenze stehende Mauer erfährt durch den Anbau eine Veränderung in ihren Eigentumsverhältnissen, indem sie von nun ab nicht nur wesentlicher Bestandteil des zuerst errichteten Gebäudes, sondern ebenso auch des zuletzt errichteten Gebäudes ist dergestalt, daß das Eigentum durch die Grenze realiter geteilt ist[2]. Es wird also rechtlich ein Bestandteil an dem einen Hause abgelöst und dem anderen Hause einverleibt. Die Mauer als Ganzes wird eine gemeinschaftliche Grenzeinrichtung. Die Kosten, welche auf die Schaffung dieser Grenzeinrichtung erwachsen sind, müssen gemeinschaftlich bezahlt werden. Zahlungspflichtig ist derjenige, welcher den Anbau ausführen läßt, forderungsberechtigt derjenige, welcher zur Zeit des Anbaues an die Mauer deren Eigentümer war[2].

Der Umfang des Anbaus gibt das Maß des Anteils an den Kosten; hat der Anbauende von der Kommunmauer (nach Höhe und Länge) nur den vierten Teil der Mauer in Benützung genommen, so hat er nur den auf diesen vierten Teil der Mauer entfallenden Hälfteanteil der Kosten zu ersetzen[3]. Grund der Ersatzpflicht ist die Bereicherung (§ 812)[4]; bereichert ist derjenige, der anbaut; durch die seinerzeitige Errichtung der Mauer ist er nicht bereichert, sondern erst durch die Benützung der Mauer zum Anbau, zu welcher er kein Recht hat, da ja der seinerzeit nur obligatorisch geschlossene Vertrag

---

[1]) Pfirstinger, Die Kommunmauer S. 19. Vgl. Recht 1908 S. 57 Nr. 320.

[2]) Pfirstinger a. a. O. S. 28.

[3]) Pfirstinger, Die Kommunmauer S. 26, 32.

[4]) Vgl. Pfirstinger a. a. O. S. 31. Man wird ihm aber in der Anwendung des § 951 nicht beipflichten können, da derselbe sich nur mit dem Rechtsverlust an beweglichen Sachen befaßt. Pfirstinger a. a. O. S. 25 f. will den Anspruch in erster Linie aus § 748 ableiten; allein diese Bestimmung entscheidet nur über die Kosten der Erhaltung und nicht über die Kosten der Schaffung einer Grenzeinrichtung (Staudinger Bem. IV 2b zu § 921). Abzulehnen ist auch die Konstruktion von Koppers DJZ. 1904 S. 806, der prinzipiell eine stillschweigende Schuldübernahme annimmt, weil es, ganz abgesehen von dem Mangel der nach § 415 erforderlichen Mitteilung, überhaupt bedenklich ist, bei beiderseitigem Stillschweigen einen Vertragsschluß anzunehmen (Staudinger a. a. O. und dortige Nachweise) und überdies der Anbauende ausdrücklich erklären könnte, daß er in den Vertrag nicht eintreten wolle, sondern der Nachbar sich an seinen seinerzeitigen Gegenkontrahenten halten solle.

infolge des Eigentumswechsels hinfällig geworden ist[1]). Der Anbauende hat die Bereicherung aus dem Vermögen desjenigen erlangt, der bis zum Anbau Eigentümer der auf fremdem Grunde stehenden Mauerhälfte ist, weil derselbe durch den Anbau sein Eigentum an dieser Mauerhälfte verliert.

Da es sich um einen Bereicherungsanspruch handelt, braucht der Anbauende niemals mehr als die Hälfte des Bauwertes zu ersetzen, den die Mauer zur Zeit des Anbaues hat.

Daraus ergibt sich eine weitere Folge. Hatte der Erbauer der Kommunmauer vor dem Anbau des Nachbars seinen künftigen Anspruch auf Ersatz der halben Baukosten bezw. des halben Bauwertes zediert und danach sein Grundstück veräußert, so hat der Zessionar, wenn darnach der Angrenzer an die Mauer anbaut, keinen Anspruch gegen den Angrenzer[2]). Nur dann würde die Zession wirksame Folgen haben, wenn der Nachbar während der Zeit anbaut, zu welcher der Zedent noch Eigentümer der Kommunmauer ist[3]). Eine Pfändung des Anspruchs auf Baukostenentschädigung ist erst zulässig, wenn der Anspruch durch Ausführung des Anbaus zur Entstehung gelangt ist[4]).

## II. Zwang zur Errichtung einer Kommunmauer.

Verschiedene bisherige Rechtsvorschriften verpflichten den Eigentümer, auf Anforderung seines Nachbars eine Mauer als Kommunmauer zu bauen oder dem Nachbar den erforderlichen Grund und Boden abzutreten[5]). Ein derartiger Kommunmauerzwang fällt für die Zeit nach dem Inkrafttreten des Bürgerlichen Gesetzbuches weg. Für die Fälle, in welchen zur Zeit des Inkrafttretens des Bürgerlichen Gesetzbuches der Eigentümer eines Grundstückes auf Grund eines solchen Zwangsrechtes eine derartige Mauer zur gemeinschaftlichen Benützung zu errichten begonnen hatte, bestimmt Art. 70 AG., daß die bisherigen Vorschriften für das Recht und die Pflicht der Mauererrichtung maßgebend bleiben. Für die Benützung dieser ge-

---

[1]) Dies zur Widerlegung von Staudinger Bem. IV 2b zu § 921 und Koppers, DJZ. 1904 S. 806), die eine ungerechtfertigte Bereicherung um deswillen ablehnen, weil die Mauer früher auf Grund Vertrages errichtet wurde, also nicht ohne Rechtsgrund. Staudinger kommt übrigens mit der von ihm vertretenen Ansicht, daß der Anbauende, soweit er nur den auf seiner Grundfläche stehenden Mauerteil zum Anbau (durch Einlegen von Balken u. s. w.) benütze, keine Entschädigung zu leisten habe, in Widerspruch mit dem von ihm selbst aufgestellten und zutreffenden Satz (Bem. IV 1 zu § 921), daß bis zum Anbau die ganze Mauer dem Gebäudeeigentümer gehört.

[2]) Pfirstinger a. a. O. S. 30. Vgl. SeuffBl. Bd. 70 S. 211 (München); dieser Entscheidung liegt allerdings der Fall des Art. 70, 68 AG. zugrunde.

[3]) Pfirstinger a. a. O. S. 35.

[4]) Pfirstinger a. a. O. S. 37.

[5]) Für Bayern kommen nur Code civil Art. 663, Nürnberger Reformation von 1564 Tit. 26 Gesetz 8 und Münchener Bau- und Kundschaftsordnung vom Jahre 1489 Art. 4 in Betracht; s. Roth, Bayer. Zivilrecht Bd. 2 S. 64f.

meinschaftlichen Mauer gelten jedoch die Bestimmungen des § 922 BGB. Ist eine gemeinschaftliche Mauer auf Grund eines solchen Zwangsrechtes hergestellt worden, gleichviel, ob die Mauer vor oder nach dem 1. Januar 1900 vollendet wurde[1]), so finden die bisherigen Vorschriften, nach welchen im Falle der Benützung der Mauer seitens des Eigentümers des Nachbargrundstückes ein Teil der Kosten zu ersetzen ist, keine Anwendung mehr. Es sind vielmehr die Bestimmungen des Art. 68 Abs. 2 und 3 AG., welche sich mit dem Ersatz der Baukosten für eine Mauererhöhung befassen, entsprechend zur Anwendung zu bringen[2]). Nur dann, wenn der durch das bisherige Recht eingeräumte Ersatzanspruch schon vor dem 1. Januar 1900 fällig geworden ist, bleiben die bisherigen Vorschriften maßgebend (Art. 70 AG.).

## § 9. Erhöhung einer Grenzmauer.

### I. Recht der Erhöhung[3]).

Es ist oben[4]) die Ansicht begründet worden, daß die Bestimmungen des Ausführungsgesetzes über das Recht eines Teilhabers, eine Grenzmauer ihrer ganzen Dicke nach zu erhöhen, ungültig sind.

Pflichtet man dieser Ansicht nicht bei, so ergibt sich folgendes:

Art. 68 bezieht sich nur auf solche Grenzmauern, welche zwei Gebäuden gemeinschaftlich und als Stützmauer zu dienen bestimmt sind, also nicht auf bloße Scheidemauern[5]).

An und für sich läßt Art. 68 Abs. 1 AG. dem Nachbar für den auf seiner Seite liegenden Teil der Mauer das aus seinem Sondereigentum entspringende Recht, der Erhöhung der Mauer nach ihrer ganzen Dicke zu widersprechen. Wenn ihm aber der andere Nachbar den Nachweis erbringt, daß durch eine solche Erhöhung die Mauer keine Gefährdung erleidet[6]), so wird hierdurch das Verbietungs-

---

[1]) Der tatsächliche Beginn der Errichtung entscheidet für die Aufrechterhaltung des bisherigen Rechts; dem Zeitpunkt der Vollendung ist keine Bedeutung beigemessen. SeuffBl. Bd. 70 S. 209.

[2]) S. darüber unten § 9.

[3]) Auf ein Unterfangen (Tieferlegen) der Mauer (z. B. zum Zwecke der Anlage eines Kellers, wo bis dahin keiner vorhanden ist) hat ein Teilhaber gegen den Willen des anderen keinen Anspruch. Obermeyer in SeuffBl. Bd. 68 S. 496.

[4]) S. oben § 7 III.

[5]) Ein bloßer aus zusammengemauerten Steinen verbundener Sockel, der nur zur Anbringung und Stütze eines Grenzgitters dient, ist überhaupt nicht als Mauer zu erachten. Vgl. RheinArch. Bd. 104, I, S. 38 (Köln).

[6]) Aus anderen Gründen (z. B. Entziehung von Luft und Licht durch den Maueraufbau) kann ein Verbietungsrecht nicht abgeleitet werden. Oertmann, Landesprivatrecht S. 335.

recht aufgehoben[1]). Wie dieser außergerichtliche Nachweis zu führen ist, bestimmt das Gesetz nicht; in der Regel wird er durch Beibringung sachverständiger Gutachten geliefert werden. Es muß aber jedenfalls ein solcher Nachweis erbracht werden, daß ein vernünftiger Mensch sich dabei beruhigen kann. Es ist möglich, daß der Eigentümer gegen das vom Nachbar beigebrachte Gutachten von Sachverständigen begründete persönliche oder sachliche Bedenken haben kann. Insolange er begründeten Anlaß zu solchen Bedenken hat, verliert er sein Verbietungsrecht nicht. Der Nachweis muß eben so beschaffen sein, daß er vernünftige Zweifel ausschließt[2]). Ist dem Nachbar zwar ein Beweis durch Sachverständige oder auf andere Weise erbracht, welchen er nicht für genügend erklärt und es kommt dann zum Prozeß[3]), in welchem dargetan wird, daß einerseits der beigebrachte Nachweis ein vollständiger nicht war und andererseits ein Schaden durch die Erhöhung tatsächlich nicht verursacht wird, so werden die Prozeßkosten nach § 93 RZPO. dem Kläger zur Last gelegt werden müssen, wenn der Beklagte sofort nach Erbringung des genügenden Nachweises seine Zustimmung zur Erhöhung erteilt. Denn dann hat er zur Erhebung der Klage durch sein Verhalten keinen Anlaß gegeben[4]). Wenn der Beklagte aber noch nach der im Prozeß erfolgten Beibringung des genügenden Nachweises widersprochen hätte, dann müßte er sämtliche Kosten tragen[5]).

Sobald der genügende Nachweis erbracht ist, ist der Nachbar verpflichtet, die Erhöhung auf der ganzen Dicke der Mauer, also auch auf seiner Seite, zu dulden. Zu einem aktiven Mitwirken bei der Errichtung des Maueraufbaues ist der Nachbar nicht verpflichtet. Ist die Mauer zu schwach, um den beabsichtigten Aufbau zu tragen, so kann der Nachbar, welcher den Aufbau aufführen will, die Mauer verstärken lassen. Die Verstärkung hat er jedoch auf seiner Seite anzubringen (Art. 68 Abs. 3 AG.). Dagegen ist es nicht etwa zulässig, daß er die stehende Mauer einreißt und mit stärkerer Konstruktion herstellt[6]). Art. 68 AG. räumt dem Nachbar nur ein

---

[1]) Selbstverständlich entfällt das Verbietungsrecht, wenn der Nachbar den Aufbau gestattet hat; eine solche formlos erteilte Erlaubnis wirkt aber natürlich nur obligatorisch.

[2]) AAPr. S. 171 u. 172; Becher, Mat. I S. 444f.

[3]) Derjenige, welcher die Mauer ihrer ganzen Dicke nach erhöhen will und hieran durch den anderen Angrenzer gehindert wird, hat die actio negatoria (§ 1004) zu erheben; Oertmann, Landesprivatrecht S. 336; für die Feststellungsklage ist hier das rechtliche Interesse stets gegeben; gegen tatsächliche Hinderung ist der Anspruch auf Unterlassung weiterer Beeinträchtigung gegeben. S. unten § 27.

[4]) AAPr. S. 172; Becher, Mat. I S. 445.

[5]) Nicht bloß die „weiteren", wie es in AAPr. S. 172; Becher, Mat. I S. 445 heißt; denn dann fehlt es an der zweiten Voraussetzung des § 93 ZPO., daß der Beklagte den Anspruch sofort anerkennt.

[6]) Vgl. Henle-Schneider Anm. 5 zu Art. 68 AG.

Recht zur Erhöhung der Mauer ein; steht die Mauer unter den Dächern der beiden Nachbarhäuser derart, daß die Dachtraufdächer der beiden Nachbaranwesen auf der Oberkante der Mauer zusammenstoßen, so darf der Nachbar zum Zwecke der Erhöhung der Mauer keine Einwirkung auf das Dach des Nachbars ausüben. Denn dort, wo das Dach des Nachbars anfängt, hört die Grenzeinrichtung auf. Vielfach ist die Beschaffenheit der Scheidemauer derart, daß die beiden Häuser, welche äußerlich ein unausgeschiedenes Ganzes bilden, im Innern von der Scheidemauer getrennt werden. Solche Nachbarhäuser haben meistens zusammen einen einheitlichen Dachstuhl. Der Dachstuhl ist nun unter keinen Umständen eine Grenzeinrichtung. Schwierigkeit wird es nur bereiten, die genaue Grenzlinie beim Mangel äußerer Merkmale festzustellen. Aber die Grenze läßt sich nötigenfalls im Wege des Grenzscheidungsverfahrens feststellen. Würde durch die beabsichtigte Erhöhung der Mauer auf das so gefundene Alleineigentum des Nachbars an dem Dachstuhl eingewirkt, dann ist die Erhöhung der Mauer unzulässig. Regelmäßig wird diese Voraussetzung zutreffen. Der Nachbar, welcher bauen will, kann sich nur dadurch helfen, daß er die Mauer auf seiner Seite verstärkt und dann den Aufbau in einer Weise aufführt, daß er hierdurch auf das Eigentum des Nachbars an dem realiter abgeteilten Dachstuhl keine Einwirkung ausübt. Ist die Erhöhung der Mauer zulässig, so müssen die Kosten derselben von demjenigen Nachbar bestritten werden, der sie ausführt. Derselbe hat auch den Mehraufwand zu tragen, den die Unterhaltung der Mauer infolge der Erhöhung verursacht (Art. 68 Abs. 4 letzter Satz)[1]). Andererseits ist auch nur dieser Nachbar berechtigt, die Vorteile der Mauererhöhung zu genießen. Der andere Nachbar hat also auch keinen Anspruch auf die Mitbenützung jenes Teiles der Mauererhöhung, der auf dessen Alleineigentum steht. Durch Art. 68 Abs. 2 AG. wird dies in negativer Weise zum Ausdruck gebracht. Der Eigentümer des Grundstückes, von dem aus die Erhöhung erfolgt ist, kann dem Eigentümer des anderen Grundstückes die Benützung des Aufbaues verbieten. Bei dieser Fassung des Gesetzes ist die Benützung des Maueraufbaues durch den anderen Nachbar insolange nicht rechtswidrig, als kein Verbot der Benützung erfolgt ist. Das Verbietungsrecht des Eigentümers des Grundstückes, von dem aus die Erhöhung erfolgt ist, fällt aber dann weg, wenn ihm von dem anderen Nachbar für die Hälfte oder, wenn nur ein Teil des Aufbaues benützt werden soll, für den entsprechenden Teil der Baukosten Ersatz geleistet wird. Ist der Bauwert geringer als der Betrag der Baukosten, so bestimmt sich der zu ersetzende Betrag nach dem Bauwerte. Der Ersatz ist stets dem derzeitigen Eigentümer des Grundstückes, von dem aus die Erhöhung vorgenommen wurde, zu leisten, auch wenn dessen Besitz-

[1]) Böhm-Klein Anm. 2 zu Art. 68.

vorgänger den Aufbau ausgeführt hatte. Das Verbietungsrecht ist ein dem Eigentümer zustehendes dingliches Recht, welches derselbe nur verliert, wenn man an ihn bezahlt[1]). Hat der Eigentümer des Grundstückes, von dem aus die Erhöhung vorgenommen wurde, die Mauer zum Zwecke der Erhöhung verstärken müssen[2]), so erhöht sich der von dem anderen Nachbar zu ersetzende Betrag um die Hälfte der Baukosten bezw. des Bauwertes der Verstärkung und des entsprechenden Teiles des Wertes der zu der Verstärkung verwendeten Grundfläche. Verlangt der Eigentümer des Grundstückes, auf dem die Verstärkung angebracht worden ist, diese Ersatzleistung, so ist er verpflichtet, dem Eigentümer des anderen Grundstückes das Eigentum an der zu der Mauer verwendeten Grundfläche soweit zu übertragen, daß die neue Grenzlinie durch die Mitte der verstärkten Mauer geht. Die Vorschriften über den Kauf finden entsprechende Anwendung[3]). Die Ersatzleistung kann auch durch Hinterlegung[4]) oder durch Aufrechnung erfolgen. Es ist keineswegs in das Belieben des Nachbars, der den Aufbau ausgeführt hat, gestellt, sich durch Verweigerung der

[1]) S. oben § 8 I, vgl. übrigens SeuffBl. Bd. 53 S. 1 ff. Das Verbietungsrecht auf Benützung des Anbaus ist der Verjährung nicht entzogen (Art. 78 AG.). Die Verjährung beginnt mit der Benützung. Meikel in SeuffBl. Bd. 66 S. 512.

[2]) Das ist nur dann der Fall, wenn die Verstärkung zum Zwecke der Erhöhung notwendig, nicht nur nützlich war, vgl. Begründung z. AG. S. 42; Becher, Mat. I S. 90; Böhm-Klein Bem. 3 zu Art. 68.

[3]) Diese Bestimmung ist äußerst doktrinär und unpraktisch. Der Gesetzgeber ist zu derselben durch eine schiefe Auffassung des Wesens der Grenzeinrichtung gekommen. Er geht nämlich von der Voraussetzung aus, daß vermöge der Verstärkung eine Grenzverschiebung stattfinden wird, infolge deren die genaue Grenze durch die Mitte der verstärkten Mauer geht. Das ist nicht richtig. Eine von einem Angrenzer auf seinem Grund und Boden vorgenommene bauliche Aenderung übt auf das Eigentum des unter der Mauer befindlichen Bodens gar keinen Einfluß. Es ist eine unrichtige Voraussetzung, daß die Grenze gerade durch die Mitte der Grenzeinrichtung gehen muß. (Vgl. dagegen M. Bd. 3 S. 275; Mugdan Bd. 3 S. 152). Es ist sehr wohl möglich, daß eine Grenzmauer zu $^1/_4$ ihres Querschnittes auf dem Boden des A und zu $^3/_4$ auf dem Boden des B steht. Bei einer solchen Rechtslage würde sich aus der oben erwähnten Bestimmung des Art. 68 AG. eine geradezu absurde Konsequenz ergeben, wie die nachstehende Skizze dartut.

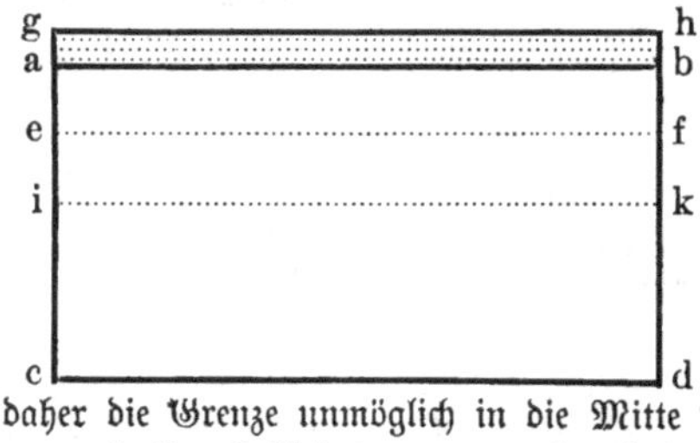


a b c d stellt den Querschnitt der Grenzmauer dar; e f ist die Grenzlinie. g h a b ist der Querschnitt der Verstärkung, welche A angebracht hat. Nach Art. 68 AG. muß nun die Mittellinie von g h c d festgelegt werden; dieselbe wird durch i k dargestellt. A hat dann samt der Verstärkung noch lange nicht die Hälfte der verstärkten Mauer; durch eine von ihm betätigte Abtretung kann daher die Grenze unmöglich in die Mitte verlegt werden.

[4]) Durch bloßes, wenn auch tatsächliches Anbieten der Ersatzleistung wird das Verbietungsrecht noch nicht entzogen. Nimmt der Ersatzberechtigte nicht an, so muß vielmehr hinterlegt werden.

Annahme der Ersatzleistung sein Verbietungsrecht zu erhalten. Andererseits kann der Nachbar, welcher den Maueraufbau errichtet hat, den anderen Nachbar, sobald derselbe den Maueraufbau ohne vorherige Ersatzleistung tatsächlich in Benützung genommen hat, nach seiner Wahl auf Ersatz der Baukosten oder auf Unterlassung der Benützung belangen[1]).

Anlangend die Beweislast, so muß derjenige, der das Verbietungsrecht geltend macht, lediglich beweisen, daß von ihm oder seinem Besitzvorgänger der Aufbau ausgeführt wurde[2]). Sache des Gegners ist es dann, zu beweisen, daß er die Baukosten dem Eigentümer oder dessen Besitzvorgänger ersetzt hat. Sowohl das Verbietungsrecht, als der Anspruch auf Ersatzleistung[3]) erlöschen gem. Art. 77 AG. durch Verzicht des Berechtigten, welcher als empfangsbedürftige Willenserklärung gegenüber dem Eigentümer des Nachbargrundstückes zu erklären ist. Für diesen Verzicht ist keine Form vorgeschrieben; derselbe ist unwiderruflich. Ist das Grundstück des Berechtigten mit dem dinglichen Rechte eines Dritten belastet, so ist die Zustimmung des Dritten zum Verzichte erforderlich, wenn dessen Recht durch den Verzicht berührt würde. Die Zustimmung des Dritten ist entweder dem Grundbuchamte oder dem Eigentümer des Nachbargrundstückes gegenüber zu erklären und ist unwiderruflich (Art. 77 Abs. 2 AG. mit § 876 BGB). Im Falle der Belastung mit einer Reallast, einer Hypothek, einer Grundschuld oder einer Rentenschuld ist der Verzicht auf das in Art. 68 Abs. 2 AG. bezeichnete Verbietungsrecht dem Dritten gegenüber wirksam, wenn er erfolgt, bevor das Grundstück zugunsten des Dritten in Beschlag genommen worden ist (Art. 77 Abs. 2 AG.). Der Eigentümer kann also ungeachtet einer bestehenden Hypothek oder eines dieser gleichgestellten Rechtes auf sein Verbietungsrecht ohne Zustimmung des Gläubigers verzichten, so lange nicht das Grundstück zu dessen Gunsten in Beschlag genommen ist.

---

[1]) Schmidt in SeuffBl. Bd. 66 S. 359, SeuffBl. Bd. 70 S. 210 (München). A. M. die erste Auflage; Meikel in SeuffBl. Bd. 66 S. 510; Oertmann, Bayer. Landesprivatrecht S. 336 f., gewährt einen klagbaren Anspruch auf Kostenerstattung von dem Moment an, wo der Nachbar durch tatsächliche Gebrauchsaneignung oder wörtliche Erklärung den Willen bekundet hat, sich die Vorteile der Mauererhöhung anzueignen.

[2]) Ob die Erhöhung für die Mauer schädlich war oder nicht, ist für das Verbieten der Benützung gleichgültig. Auch wenn die Erhöhung auf Grund einer von dem anderen Nachbar erteilten Erlaubnis ausgeführt wurde, kann der Erbauer demselben die Benützung des Aufbaus bis zur Ersetzung der halben Baukosten verbieten.

[3]) Und zwar auf Ersatz sowohl der Baukosten bezw. des Bauwertes der Erhöhung als der Verstärkung; Art. 68 Abs. 3 AG., welcher die Kosten der Verstärkung behandelt, ist zwar in Art. 77 AG nicht besonders genannt, allein es handelt sich hierbei nur um eine Erweiterung der in Art. 68 Abs. 2 AG. behandelten Ersatzpflicht Vgl. Böhm-Klein Anm. 5 zu Art. 68 AG.

## II. Uebergangsvorschrift.

Die Art. 68 f. AG. sind maßgebend für alle Grenzmauern, gleichviel ob dieselben vor oder nach Inkrafttreten des Bürgerlichen Gesetzbuchs errichtet worden sind[1]). Ist eine Grenzmauer, zu deren Benützung die Eigentümer der Nachbargrundstücke gemeinschaftlich berechtigt sind, vor dem Inkrafttreten des Bürgerlichen Gesetzbuches von dem Eigentümer des einen Grundstückes erhöht worden, so findet, soweit nach den bisherigen Vorschriften[2]) für die Benützung des Aufbaues seitens des Eigentümers des anderen Grundstückes ein Teil der Kosten zu ersetzen oder eine sonstige Vergütung zu leisten ist, die Vorschrift des Art. 68 Abs. 2 und 3 über das Recht des einen Nachbars, die Benützung des Aufbaues zu verbieten, Anwendung, es sei denn, daß die Vergütung schon vor dem Inkrafttreten des Bürgerlichen Gesetzbuches fällig geworden ist, in welchem Falle es bei der Gestaltung, die das Rechtsverhältnis durch die bisherigen Vorschriften erhalten hat, sein Bewenden hat. Im anderen Falle richtet sich die Heranziehung zu den Baukosten auch dann nach den neuen Vorschriften, wenn die Erhöhung der gemeinschaftlichen Mauer schon vor dem Inkrafttreten des Bürgerlichen Gesetzbuches erfolgt ist, die Benützung des Aufbaues aber erst nach diesem Zeitpunkte eintritt[3]). Dagegen ist die Frage, ob die vor diesem Zeitpunkte erfolgte Erhöhung der Mauer zulässig war, nach bisherigem Rechte zu entscheiden[4]). Hat aber das bisherige Recht für den Fall, daß die Erhöhung in unzulässiger Weise von dem einen Teilhaber vorgenommen wurde, dem anderen Teile einen Anspruch auf Niederreißung einer verbotswidrig vorgenommenen Erhöhung eingeräumt, so wird dieser Anspruch durch das Inkrafttreten der Ausführungsgesetzgebung[5]) beseitigt. Die gegenteilige Ansicht entbehrt der Begründung, obwohl sie sich auf Gesetzgebungsverhandlungen berufen kann[6]). Es kann in einem geordneten Rechtsleben

---

[1]) Pfirstinger, Die Kommunmauer S. 12.

[2]) Code civil Art. 658 f., sowie die Statutarrechte von München (Bauordnung Art. 4); Amberg (Bauordnung XI); Ulm (Bauordnung VII, 3); Memmingen (Bauordnung XI, 4); Mainz (Bauordnung VII, 21) gebem dem Nachbar die Befugnis, eine gemeinschaftliche Mauer ohne Zustimmung des anderen Nachbars zu erhöhen und versagen dem anderen Nachbar das Recht der Mitbenützung, bis er die Hälfte der Baukosten ersetzt hat.

[3]) Henle-Schneider Anm. 3 zu Art. 69 AG.

[4]) Zulässig ist die Erhöhung einer Kommunmauer ihrer ganzen Dicke nach nach den Statutarrechten von München, Amberg, Ulm, Memmingen und Mainz. Die Statutarrechte von Nürnberg Ref. XXVI, 4 und Augsburg (Bauordnung II, 5) gestatten dem Miteigentümer das Höherbauen auf der Hälfte der Mauer. Das gemeine Recht dagegen verbietet die einseitige Erhöhung einer Kommunmauer l. 27 § 1 D 8, 2: Si in area communi aedificare velis, socius prohibendi ius habet, quia invito socio in iure communi non habeas ius aedificandi.

[5]) Die Gültigkeit des Art. 68 AG. vorausgesetzt s. oben § 7 III.

[6]) Aeußerung von Jacubezkys AAPr. S. 173 (Becher, Mat. I 446 f.) und im Gefolge hiervon Böhm-Klein Anm. 2 zu Art. 69 und Henle-Schneider Anm. 2 zu Art. 69 AG.

nicht angängig sein, daß der eine Teilhaber von dem anderen die Niederreißung der Mauer verlangen kann, obwohl der andere Nachbar berechtigt ist, die niedergerissene Mauer am anderen Tag in gleicher Weise wieder aufzubauen. Einem solchen Verlangen kann aus § 226 BGB. wirksam begegnet werden.

## § 10. Grenzbaum.

Aus dem Begriffe der Grenze ergibt sich, daß dieselbe, indem sie die fest kohärierenden Bestandteile der Grundstücke (Erdboden, Gestein, Gebäude) durchschneidet, die auf beiden Seiten der Grenze liegenden Stücke dem einen oder dem anderen Grundstücke zuteilt. Durchschneidet die Grenzlinie den Stamm eines Baumes da, wo er aus der Erde heraustritt, so ist dieser Grenzbaum, so lange er im Grund und Boden steht, realiter geteilt; das eine Stück gehört dem einen, das andere Stück dem anderen Grundeigentümer zum Alleineigentum. Dasselbe gilt von anderen Gewächsen, die auf der Grenze stehen[1]). Auf die Wurzelung kommt es also nicht an. Der Baum, dessen Stamm von der Grenze nur gestreift, nicht geschnitten wird, steht mit samt seinen in das Eigentum des Nachbars hinüberragenden Wurzeln und Zweigen im Alleineigentume desjenigen, auf dessen Grund und Boden der Stamm heraustritt[2]). Wird der Stamm erst weiter oben wegen schiefen Wachstums von der Grenze geschnitten, so ist § 910 anzuwenden[3]). Dieses real abgeteilte Eigentum des Nachbars an den Bestandteilen des stehenden Baumes würde an sich die Befugnis in sich schließen, jede beliebige Einwirkung auf die im Alleineigentum befindlichen Teile des stehenden Baumes auszuüben, also den Baum bis zur Grenzlinie zu zerstören[4]). Allein das Bürgerliche Gesetzbuch hat diese Konsequenz des Eigentumsbegriffes im gegenseitigen nachbarlichen Interesse nicht zugelassen, weil bei der organischen Natur des Baumes und Strauches die Zerstörung auf der einen Seite den Verderb des Baumes oder Strauches auch auf der anderen Seite herbeiführt. § 923 BGB. bestimmt deshalb, daß jeder Nachbar in der tatsächlichen Verfügung über den Baum bezw. Strauch beschränkt ist und nur in Gemeinschaft mit dem anderen Nachbar verfügen darf. Da diese Gemeinschaft nicht von einem dauernden Zwecke getragen wird, so ist jedem Nachbar das Recht beigelegt, die Beseitigung des Baumes oder Strauches zu verlangen. Auf keinen Fall hat aber der Nachbar das Recht, den Baum ohne Einwilligung des anderen zu fällen[5]). Der Anspruch auf Beseitigung des Grenzbaumes oder Grenzstrauches

[1]) M. Bd. 3 S. 278 (Mugdan Bd. 3 S. 153).
[2]) Vgl. EntschOGH Bd. 8 S. 453; Staudinger Anm. 1 zu § 923.
[3]) Staudinger Bem. 1b zu § 923.
[4]) Vgl. M. Bd. 3 S. 278 (Mugdan Bd. 3 S. 154).
[5]) Staudinger Bem. zu § 923.

unterliegt nach § 924 BGB. nicht der Verjährung. Der Anspruch auf Beseitigung ist aber dann ausgeschlossen, wenn der Baum als Grenzzeichen dient und den Umständen nach nicht durch ein anderes zweckmäßiges Grenzzeichen ersetzt werden kann[1]). Letztere Ausnahme wurde für notwendig gehalten wegen der in manchen Gegenden, insbesondere den Ueberschwemmungsgebieten größerer Flüsse, bestehenden Notwendigkeit, die Grenze durch Bäume (sogen. Kopfbäume, gekappte Weiden) zu sichern, weil andere Grenzzeichen weggespült würden[2]). Dient eine Baumreihe oder eine Sträucherreihe (Hecke) als Grenzeinrichtung im Sinne des § 921, so besteht der Anspruch auf Beseitigung nicht, gemäß § 922 BGB.[3]).

Für andere Sachen z. B. Steine, Balken gelten die Vorschriften des § 923 selbstverständlich nicht. Der Nachbar ist befugt, den Stein bis zu seiner Grenze herauszubrechen. Nimmt er den ganzen von der Grenze durchschnittenen Steinblock heraus, so handelt er rechtswidrig. An dem herausgenommenen Steinblock tritt Miteigentum nach Bruchteilen ein, welche von dem bisherigen Grenzschnitt nach Verhältnis des Realeigentumes bestimmt werden[4]).

In gleicher Weise müßte an sich mit der Trennung des Baumes oder Strauches vom Boden Miteigentum der beiden Nachbarn an dem Baum pro indiviso eintreten, wobei der einem jeden Nachbar zuzuweisende Bruchteil der früheren räumlichen Erstreckung des Baumes in das eine und das andere Gebiet entsprechen müßte. Da die Ermittelung dieses Quotenverhältnisses in der Praxis mit erheblichen Schwierigkeiten verbunden wäre, so hat § 923 BGB. für Bäume und Sträucher diese juristische Konsequenz durchbrochen, indem der gefällte Baum den Nachbarn zu gleichen Bruchteilen zugesprochen wird. Dem entspricht die weitere Vorschrift, daß die Kosten der Beseitigung des Baumes ebenfalls zu gleichen Teilen von den Nachbarn zu tragen sind. Da indessen die Beseitigung möglicherweise mehr Kosten verursacht als Gewinn verschafft, so erfordert die Billigkeit, daß der eine Nachbar dem anderen Nachbar, welcher die Beseitigung fordert, die Ausführung der Trennung auf eigene Kosten und zu eigenem Gewinn überlassen kann (§ 923 BGB.). In diesem Falle erwirbt derjenige, der den Baum beseitigt, mit der Trennung des Baumes das Alleineigentum desselben. Besteht ein Nießbrauch am Grundstücke, so ist, da der Baum eine Frucht ist, nur der Nieß-

---

[1]) Die Beweislast dafür, daß der Baum als Grenzzeichen dient, trägt derjenige, der den Baum erhalten will; sie wird erfüllt sein, wenn die Grenze nicht vermarkt ist und der Grenzbaum an einer Stelle steht, an welche bei vorzunehmender Vermarkung ein Grenzstein kommen müßte. Die Beweislast dafür, daß der Baum nicht durch ein anderes zweckmäßiges Grenzzeichen ersetzt werden kann, trifft denjenigen, der die Beseitigung verlangt. Biermann, Staudinger, Planck zu § 923.

[2]) KommProt. S. 3550 (Mugdan Bd. 3 S. 585).

[3]) A. M. Scherer Anm. 211 zu § 923 (Bd. 3 S. 111).

[4]) Vgl. Staudinger Bem. 3 zu § 923 und dortige Nachweise.

braucher zu der Trennung und zu der Verfügung über die getrennten Stücke des Baumes, welche sein Eigentum werden, berechtigt[1]). Der Pächter hat nur einen obligatorischen Anspruch darauf, daß ihm der Verpächter während der Pachtzeit die Aneignung der Früchte gestattet. Befindet sich der Pächter im Besitze des verpachteten Grundstückes, so erwirbt er zwar das Eigentum an den Früchten mit deren Trennung (§ 956 BGB.), aber gemäß § 581 nur an den Früchten, die nach den Regeln einer ordnungsgemäßen Wirtschaft als Ertrag anzusehen sind. Ob der gefällte Grenzbaum zu diesen Früchten gehört, ist je nach der Gestaltung des einzelnen Falles verschieden zu beurteilen; deshalb ist der Pächter dem Nießbraucher nicht schlechtweg gleichzustellen[2]).

Auch die Früchte des Baumes gehören den Teilhabern zu gleichen Teilen. Dürres Holz des lebenden Baumes gilt nach dem Bürgerlichen Gesetzbuche als Frucht, ist daher gleichfalls zu teilen[3]).

Soferne auf Grund eines besonderen Rechtsverhältnisses (z. B. Pacht) die Früchte einem anderen als dem Eigentümer gehören, gilt der andere als Nachbar im Sinne des § 923[4]).

Die landesgesetzlichen Vorschriften, welche die Rechte der Grundeigentümer in Ansehung der auf der Grenze stehenden Obstbäume abweichend von den Vorschriften des § 923 Abs. 2 BGB. bestimmen, bleiben nach Art. 122 EG. unberührt. Ebenso bleiben zugunsten eines Grundstückes, das am 1. Januar 1900 mit Wald bestanden ist, die landesgesetzlichen Vorschriften, welche die Rechte des Eigentümers eines Nachbargrundstückes in Ansehung der auf der Grenze stehenden Bäume und Sträucher abweichend von den Vorschriften des § 923 Abs. 2 und 3 bestimmen, bis zur nächsten Verjüngung des Waldes in Kraft (Art. 183 EG.). Die bayerische Ausführungsgesetzgebung hat von diesem Vorbehalt weder nach der einen noch nach der anderen Richtung Gebrauch gemacht.

---

[1]) M. Bd. 3 S. 279 (Mugdan Bd. 3 S. 154).
[2]) Vgl. dagegen Maenner S. 179.
[3]) Dernburg, Sachenrecht S. 290.
[4]) Staudinger Bem. 1c zu § 923 und Nachweise.

# II. Abschnitt.

## Gesetzliche Beschränkungen des Eigentums.

---

### A. Allgemeine Eigentumsbeschränkungen.

### § 11. Schikanöse Rechtsausübung [1]).

So viel die Ausübung der Rechte anlangt, folgt aus dem Wesen des Rechtes an sich, daß es in dem Belieben des Berechtigten steht, das Recht innerhalb der gezogenen Schranken auszuüben. Die Ausübung eines Rechtes ist nicht schon deswegen unerlaubt, weil dadurch ein anderer Schaden leidet. Im Prinzip gilt auch für das bürgerliche Recht der Grundsatz: qui iure suo utitur, nemini facit iniuriam. Deshalb darf z. B. der Grundstückseigentümer, der sich einen Brunnen gräbt, dadurch dem Nachbar das Wasser, welches dessen Brunnen speist, abgraben [2]) oder er darf demselben durch Errichtung eines Gebäudes das Licht verbauen [3]). An und für sich wäre der Eigentümer befugt, auf seinem Grundstücke Einrichtungen zu treffen, durch welche die Ausübung drahtloser Telegraphie auf anderen Grundstücken vereitelt wird oder die abgesandten Funken abgefangen werden [4]).

Es besteht deshalb an sich auch keine Verpflichtung des Grundeigentümers, positive Veranstaltungen auf seinem Eigentum zu treffen, um seinen Nachbar vor Nachteilen zu schützen [5]). So ist der Eigentümer

---

[1]) Vgl. Ramdohr bei Gruchot Bd. 46 S. 577 ff. u. S. 806 ff.

[2]) S. jedoch Art. 19 WG.

[3]) S. unten § 23.

[4]) Endemann S. 461 Anm. 2. Aber gerade hier wird diese an sich durch § 903 gegebene Befugnis regelmäßig entzogen sein; denn soweit im Einzelfall § 226 nicht anwendbar ist, werden fast ausnahmslos die Voraussetzungen des § 826 gegeben sein. Ueber drahtlose Telegraphie vgl. den Internationalen Funkentelegraphenvertrag vom 3. November 1906 (RGBl. 1908 S. 411 ff.).

[5]) Vgl. Endemann S. 461, der beispielsweise anführt, daß der Eigentümer nicht verpflichtet sei, die Berberitzen, von denen Pilze ausgehen, welche die Uebertragung des Getreiderostes auf die Roggenfelder des Nachbars herbeiführen, zu beseitigen, da er diese Pflanzen nicht halte und daher von ihm die schädigende Einwirkung nicht verursacht werde. Dem wird aus den oben im Text angegebenen Gründen nicht durchweg beizupflichten sein. Die von jedermann zu erfordernde Rücksicht auf fremde Interessen kann unter Umständen eine Rechtspflicht begründen, deren Verabsäumung nach § 823 u. § 826 ersatzpflichtig machen kann. So wird

eines Grundstückes, von dem sich ein Felsblock abzulösen droht, nicht verpflichtet, denselben zu stützen[1]); und ebensowenig kann der Nachbar von dem Eigentümer eines Teiches verlangen, daß derselbe den Teich unter allen Umständen so einrichte, daß Miasmen nicht in erheblichem Grade auf das Nachbargrundstück gelangen[2]).

Aber in allen diesen Fällen kann nach Lage der besonderen Verhältnisse doch eine Verpflichtung zum Schadensersatze bestehen; denn nach geltendem Gesetze ist die brutale Ausübung des eigenen Rechtes, wenn sie zur erheblichen Verletzung anderer Interessen führt, nicht immer zulässig[3]). Vielfach werden auch polizeiliche Vorschriften eingreifen, deren schuldhafte Verletzung nach § 823 Abs. 2 zum Schadensersatz verpflichtet.

Eine prinzipielle Einschränkung der Machtbefugnis des Eigentümers bewirkt § 226 BGB. Wenn eine rechtliche Befugnis ohne eigenes Interesse des Berechtigten lediglich zur Kränkung eines Dritten ausgeübt wird, dann verstößt dies gegen den Zweck des Gesetzes, das eine Berechtigung nur zur Förderung menschlicher Interessen, niemals aber zu deren Schädigung verleiht[4]). Soll einem solchen Mißbrauch des Rechtes ein Riegel vorgeschoben werden, so ist hierzu ein allgemeines gesetzliches Verbot erforderlich. In den Entwürfen zum Bürgerlichen Gesetzbuche hatte man von der Erlassung eines derartigen Verbotes Umgang genommen. Man hatte erwogen, es sei nicht rätlich, einem Streite über die Beschaffenheit eines Interesses, welches der Berechtigte an der Ausübung des Rechtes hat und dessen Vorhandensein er durch die Tatsache der Ausübung bekundet, die Türe zu öffnen; der Nachweis, daß die Rechtsausübung nur aus Schikane erfolge, sei schwer zu erbringen, während auf der anderen Seite ein solches Verbot vielfach mißbraucht werden und so im Ergebnis zu einer Schikane auf der anderen Seite führen könne[5]). Erst der Bundesrat hat nach dem Vorbild des preußischen Landrechtes (ALR. I 8 § 28) dem damaligen § 887 den Zusatz gegeben: „Eine Ausübung des Eigentumes, die nur den Zweck haben kann, einem anderen Schaden zuzufügen, ist unzulässig." Der Reichstag hat dieses auf das Eigentum beschränkte Prinzip zu einem allgemeingültigen erhoben. Hiernach ist die Ausübung eines Rechtes unzulässig, wenn sie nur den Zweck haben kann, einem anderen Schaden zuzufügen (§ 226 BGB.).

---

in einer Getreidegegend gefordert werden können, daß der Grundeigentümer die Berberizensträuche, welche eine Gefahr für den Getreidebau der ganzen Gegend bilden, ausrottet. Aehnliches gilt von den weiteren Beispielen Endemanns, daß der Eigentümer die Wespennester in seinem Garten (vgl. § 368 Abs. 2 RStGB.) und den Schwamm in seinem Keller nicht zu beseitigen brauche.

[1]) Vgl. unten § 16, 1, a.

[2]) Vgl. unten § 14, II.

[3]) Vgl. unten § 17, 4.

[4]) Ramdohr bei Gruchot Bd. 46 S. 589.

[5]) M. Bd. 1 S. 275 (Mugdan Bd. 1 S. 505).

Die Rechtsbefugnis selbst ist nicht entzogen, sondern nur die Ausübung in dem konkreten Fall. Ist diese Ausübung im gegebenen Fall rechtskräftig als unzulässig erklärt, so steht die Rechtskraft des Urteils einer unter anderen Verhältnissen erfolgenden Ausübung nicht entgegen [1]).

Die Fassung des § 226 ist eine recht enge, so daß sich der Richter nicht allzuhäufig in der Lage finden wird, von dieser Gesetzesbestimmung Gebrauch zu machen; denn § 226 ist an die Voraussetzung gebunden, daß, objektiv betrachtet, die Rechtsausübung gar keinen anderen Zweck haben kann, als den der Schädigung [2]), wobei begrifflich nicht erforderlich ist, daß der Zweck bereits erreicht wurde [3]). In diesem Erfordernis eines objektiven Tatbestandes ruht das Schwergewicht der Bestimmung und durch dasselbe wird der energische Vorstoß, der mit § 226 gegen den Begriff der Rechtsbefugnis, insbesondere in seiner Anwendung auf das Eigentum, geführt werden sollte, außerordentlich abgeschwächt. Zuweilen wird die Rechtsausübung, die auf Grund des § 226 nicht verboten werden kann, nach § 826 unzulässig sein [4]). Die wichtigsten Fälle, in welchen schikanöse Rechtsausübung in Frage kommen könnte, sind durch Einzelbestimmungen in der Weise geregelt, daß die Rechtsbefugnis selbst entzogen wird, wenn zur Ausübung derselben das Interesse fehlt. So § 905 BGB., wonach der Eigentümer Einwirkungen nicht verbieten kann, die in solcher Höhe oder Tiefe vorgenommen werden, daß er an der Ausschließung kein Interesse hat; § 906 BGB., wonach der Eigentümer eines Grundstückes die Zuführung von Gasen, Dämpfen, Gerüchen, Rauch, Ruß, Wärme, Geräusch, Erschütterungen und ähnliche von einem anderen Grundstück ausgehende Einwirkungen insoweit nicht verbieten kann, als die Einwirkung die Benutzung seines Grundstückes nicht oder nur unwesentlich beeinträchtigt; ferner § 910 Abs. 2 BGB., wonach der Grundstückseigentümer Wurzeln und Zweige, die in seine Eigentumssphäre herübergedrungen sind, nicht beseitigen darf, wenn sie die Benützung des Grundstückes nicht beeinträchtigen. Auf alle diese Vorschriften bezieht sich das allgemeine Chikaneverbot des § 226 nicht; denn diese Bestimmung setzt voraus, daß an sich ein Recht besteht, was in den Fällen dieser Einzelvorschriften nicht zutrifft.

---

[1]) Staudinger Bem. 4a zu § 226; Ramdohr bei Gruchot Bd. 46 S. 809; SeuffA. Bd. 35 Nr. 273.

[2]) Ramdohr bei Gruchot Bd. 46 S. 819, der mit bes. Schärfe auf den Unterschied der Begriffe Zweck und Absicht hinweist. Zweck ist die Bestimmung, welche ein „Etwas" hat; er haftet dem Dinge oder Vorgang objektiv an. Die Ermittlung der Zweckbestimmung erfolgt von einem außerhalb der Person des Bestimmenden befindlichen, objektiven Standpunkt aus.

[3]) Ramdohr a. a. O. S. 825.

[4]) Vgl. darüber Maenner S. 158 Anm. 8; SeuffA. Bd. 62 Nr. 151. (Verbauen der Aussicht).

Das erwähnte Erfordernis eines objektiven Tatbestandes führt bei der Anwendung des § 226 zu wichtigen Konsequenzen. Es genügt nicht, daß die Rechtsausübung der Absicht einer Schädigung entspringt, ja nicht einmal, daß nachweisbar der einzige Zweck des Handelnden die Schadenszufügung gewesen ist[1]). Der Gesetzgeber will nicht haben, daß bei dem Offenbleiben verschiedener Möglichkeiten die Absicht des Rechtausübenden nachgeprüft werden soll; erforderlich ist vielmehr, daß nach Lage der Verhältnisse, objektiv betrachtet, gar kein anderer Zweck des Handelns gedacht werden kann, als der einer Schadenszufügung.

Hieraus ergibt sich die wichtige Folge, daß die Beweislast für diese Voraussetzung des § 226, welche demjenigen obliegt, der seine Anwendung verlangt, nicht durch eine Eideszuschiebung über die subjektive Absicht der Schadenszufügung getragen werden kann; denn diese Absicht beweist für sich allein noch nichts. In Gemäßheit des § 445 ZPO. kann aber auch nicht über den objektiven Tatbestand (daß die Rechtsausübung nur einen schikanösen Zweck haben kann) der Eid zugeschoben werden[2]).

---

[1]) Vgl. dagegen R. der OLG. Bd. 1 S. 439 (Kammergericht). Hier wurde der § 226 angewendet, weil nach Lage des Falles der wahre Zweck, den der Kläger verfolge, nicht der einer Sicherung seiner Mietforderung sein könne, sondern nur der, den Beklagten in seinem Interesse zu schädigen. Allein nicht darauf kommt es an, was der wahre Zweck ist, sondern darauf, daß kein anderer Zweck vorliegen kann. Gegen diese Entscheidung wendet sich Ramdohr bei Gruchot Bd. 46 S. 590 u 829. Nur wenn jeder andere Zweck als der einer Benachteiligung des anderen ausgeschlossen ist, kann die Anwendung des § 226 in Frage kommen. JW. 1905 S. 388; Staudinger Bem. 4 b zu § 226. Läßt sich noch ein anderer Zweck des Handelns, namentlich also der des eigenen Vorteils, denken, mag selbst dieser Zweck augenscheinlich mit der Schädigung des anderen verknüpft und wegen der Wahl des benützten Mittels oder aus sonstigen Gründen von einem rechtlich Denkenden nicht zu billigen sein, also gegen die guten Sitten verstoßen, so ist für die Anwendung des § 226 kein Raum; es kann aber in solchem Fall § 826 in Frage kommen. SeuffA. Bd. 62 Nr. 151 (München) ObLG. n. F. Bd. 3 S. 758 (Verbauen der Aussicht). Ueber die Anwendbarkeit des § 826 und daß derselbe weiter geht als § 226 vgl. Maenner S. 158 Anm. 8. Schneidler im Recht 1906 S. 603 vertritt den Standpunkt, es sei zur Anwendung des § 226 weiter nichts erforderlich, als daß der Rechtausübende subjektiv keinen anderen Zweck hat, als den der Schadenszufügung. Es sei gar nicht zu beweisen, daß objektiv kein anderer Zweck denkbar sei. Nach Zahn Recht 1906 S. 847 soll § 226 stets dann anwendbar sein, wenn als Zweck einer Rechtsausübung in so hervorragender Weise die Schadenfreude erscheint, daß daneben etwaige andere Motive für die moralisch-juristische Betrachtung gar nicht ins Gewicht fallen. Diesem Standpunkt steht nahe SeuffA. Bd. 61 S. 92 (ObLG.).

Vgl. hierzu auch Planck Anm. zu § 226. SeuffBl. Bd. 63 S. 502.

Anders nach gemeinem Recht, vgl. Windscheid, Pand. Bd 1 § 121 Anm. 3; Dernburg, Pand. Bd. 1 § 41; Vangerow, Pand. Bd. 1 § 297; EntschOGH. Bd. 10 S 619; SeuffA. Bd. 31 Nr. 118, Bd. 35 Nr. 273, Bd. 37 Nr. 292, Bd. 45 Nr. 167.

[2]) Ramdohr bei Gruchot Bd. 46 S. 822; Staudinger Bem. 4 b zu § 226; Maenner S. 159 Anm. 9. Ist der Tatbestand des § 226 dargetan, so ist die Widerrechtlichkeit der Rechtsausübung von Amts wegen zu berücksichtigen. Maenner S 159 Anm. 9; Crome Bd. 1 S. 531; Endemann Bd. 1 § 84a Z. 2; A. M. Staudinger Bem. 6 zu § 226; Planck Bem. zu § 226; Dernburg Bd. 1 S. 110.

Bei dinglichen Rechtsverhältnissen muß zur Feststellung der schikanösen Rechtsausübung aus den örtlichen Verhältnissen der Nachweis erbracht werden, daß für die Rechtsausübung weder ein wirtschaftlicher noch ein persönlicher Zweck vorliegen kann; hieraus ist sodann die Schlußfolgerung zu ziehen, daß der Zweck eben nur auf eine Schädigung gerichtet sein kann. Der Richter wird sich seine Ueberzeugung wohl in erster Linie auf Grund eines Augenscheines an Ort und Stelle bilden.

Wer sein Grundstück mit einer Mauer umgibt und dadurch dem Nachbar das Licht entzieht, kann zur Beseitigung nicht schon deshalb angehalten werden, weil er nachweisbar (z. B. weil er es selbst dem Maurermeister gesagt hat oder sogar vor Gericht ausdrücklich zugestanden hat) die Mauer nur zu dem Zweck errichtet hat, um seinem Nachbar Licht und Aussicht zu benehmen; denn die Umfriedungen von Grundstücken können objektiv betrachtet auch dem wirtschaftlichen Zweck dienen, die Grundstücke zu sichern. Allemal dann, wenn nach den örtlichen Verhältnissen bei der konkreten Anlage ein wirtschaftlicher Zweck erkannt werden kann, ist die Anwendung des § 226 von vorneherein ausgeschlossen. (Es kann aber § 826 in Frage kommen, s. oben S. 73 Anm. 1) Wenn freilich die Mauer zu einer derartigen Höhe geführt wurde, daß die Unwirtschaftlichkeit und objektive Unzweckmäßigkeit[1]) der Bauführung in die Augen springt, dann ist der Schluß gerechtfertigt, daß die Errichtung der Mauer, insoweit dies der Fall ist, nur den Zweck einer Schädigung haben kann und kann der Nachbar zur Einlegung derselben bis zu der Höhe angehalten werden, die einen wirtschaftlichen Zweck erkennen läßt. Wenn der Besitzer eines Grundstückes dieses nach drei Seiten mit einem durchsichtigen Lattenzaum umgibt und nur auf der Seite, welche den Fenstern des unmittelbar anstoßenden Nachbarhauses zugekehrt ist, eine dichte Bretterwand aufstellt, so ist ebenfalls regelmäßig die Anwendung des § 226 gerechtfertigt.

Auf Störungen durch einen in Ausübung eines Gewerbebetriebes erzeugten Lärm ist § 226 nicht anwendbar[2]).

Steht einem Grundstück die Grunddienstbarkeit zu, daß der daran anstoßende Hof nicht überbaut werden darf, so kann dem Anspruch auf Beseitigung des dennoch errichteten Baues nicht der Einwand der Schikane entgegengesetzt werden, weil durch den Bau dem herrschenden Grundstück weder Luft noch Licht entzogen werde[3]).

Unzweifelhaft liegt der Fall der Schikane vor, wenn der Eigentümer es dem Nachbar, dem die Grunddienstbarkeit zusteht über den Hof des ersteren zu gehen, verwehrt, den Weg mit Sand zu bestreuen, um ihn trocknen Fußes passieren zu können; anders, wenn dies auf einem landwirtschaftlich benützten Grundstück geschehen soll.

Es ist übrigens nicht an dem, daß nur die Möglichkeit eines wirtschaftlichen Interesses die Anwendung des § 226 ausschließt, vielmehr genügt hierzu jegliches, auch nur rein persönliches Interesse.

Dient ein Gartengrundstück als Restaurationsgarten, so kann es dem Eigentümer desselben nicht verwehrt werden, eine Bretterwand an der

---

[1]) Vgl. EntschOGH. Bd 10 S. 619.

[2]) Vgl. Bolze Bd. 9 Nr. 39 (Störung des Gottesdienstes durch eine Böttcherei).

[3]) Vgl. Bolze Bd. 6 Nr. 84.

Grenze vor den Fenstern des Nachbarhauses bis zu dessen 3. Stock emporzuführen; denn der Zweck dieser Bauführung kann auch darin bestehen, die Gäste vor neugierigen Blicken zu schützen; dieser Zweck ist auf den Schutz des eigenen Interesses gerichtet, wenn seine Erfüllung auch die Interessen des Nachbars schädigt.

Hieraus ergibt sich, daß der klare Wortlaut des Gesetzes gegen den sogen. Neidbau, an welchen der Gesetzgeber wohl in erster Linie gedacht hat, nur in seltenen Fällen einen Schutz gewährt. Der Nachbar, der boshaft genug ist, es sich etwas kosten zu lassen, um seinem Nachbar Schaden zuzufügen, braucht nur irgendeinen Bau (Scheune, Halle) auszuführen, welcher nach den örtlichen Verhältnissen eine wirtschaftliche Zweckbestimmung erkennen läßt. Der geschädigte Nachbar wird alsdann klaglos gestellt.

Der Eigentümer eines Hauses hat das Recht, eine Maschine zur Erzeugung elektrischen Lichtes aufzustellen; die hiermit verbundenen Belästigungen durch Ruß, Rauch, Geräusch und Erschütterung muß sich der Nachbar nach § 906 gefallen lassen, wenn diese Einwirkungen die Benützung seines Grundstückes nicht oder nur unwesentlich beeinträchtigen oder durch eine Benützung des anderen Grundstückes herbeigeführt werden, die nach den örtlichen Verhältnissen bei Grundstücken dieser Lage gewöhnlich ist. Wenn nun jenes Haus gar nicht bewohnt wird und gleichwohl die Maschine zur Erzeugung des überhaupt nicht verwendeten elektrischen Lichts in Betrieb gesetzt wird, so ist regelmäßig § 226 anwendbar[1]). Ausnahmen sind denkbar, so z. B. wenn die Maschine zeitweilig in Gang gesetzt werden muß, um im richtigen Stand gehalten zu werden, oder wenn nach den gegebenen Umständen mit der Möglichkeit zu rechnen ist, daß der Besitzer des Hauses durch Beleuchtung Mietslustige aufmerksam machen will.

Der Eigentümer eines Grundstückes ist an sich befugt, dem Nachbar die unterirdischen Wasseradern und Quellen abzugraben[2]). Wenn er dies jedoch durch eine Anlage bewirkt, die nach den örtlichen und wirtschaftlichen Verhältnissen für die Benützung des Grundstückes unmöglich einen Zweck haben kann, so ist § 226 anzuwenden. So bald aber die Anlage so eingerichtet ist, daß das dem Nachbar entzogene Wasser von dem Besitzer des Grundstückes für sich nutzbar verwendet werden kann, ist dagegen die Anwendung des § 226 ausgeschlossen. Hat z. B. der Besitzer eines Gartengrundstückes auf demselben einen Brunnen, der allen Bedürfnissen, auch jenen der Bequemlichkeit, vollständig genügt, so wird man regelmäßig annehmen dürfen, daß die Anlage eines weiteren Brunnens auf diesem Grundstück nur den Zweck der Schädigung haben kann.

An der Einhaltung der Grenze hat der Grundeigentümer jederzeit ein Interesse, auch wenn die Grenzüberschreitung dermalen irgendwelchen nachteiligen Einfluß auf die Benützung des Grundstückes nicht ausübt. Dem Anspruch des Eigentümers auf Beseitigung einer Anlage, mit welcher die Grenze überschritten ist, wird daher, soferne dieser Anspruch nach § 912 ff. des BGB. überhaupt gerechtfertigt ist, regelmäßig § 226 nicht entgegen gehalten werden können. Auch wenn nachgewiesen wird, daß er die Beseitigung in der Absicht verlangt, den anderen zu schädigen und er dermalen von der Grenzüberschreitung keinerlei fühlbare Beeinträchtigungen erleidet,

---

[1]) SeuffBl. Bd. 63 S. 503.

[2]) Vgl. jedoch Art. 19 WG.

so kann objektiv betrachtet der Anspruch auf Beseitigung doch auch den Zweck haben, die Integrität der Grenze zu erhalten. Nur bei ganz geringfügigen Grenzüberschreitungen mag es vorkommen, daß der Eigentümer zeitweilig an deren Beseitigung gar kein Interesse haben kann.

Z. B. bei einer Ausbauchung der Mauer des Nachbarhauses, die in seinen Luftraum hineinragt. An sich könnte der Eigentümer nach § 1004 die Beseitigung dieser Beeinträchtigung verlangen, aber zumeist wird man vom objektiven Standpunkte aus sagen können, daß für die Ausübung dieses Anspruches auch nicht die Möglichkeit eines anderen Zweckes besteht als die Schadenszufügung[1]). Wenn freilich der Grundstückseigentümer, in dessen Luftraum die Mauerausbauchung hineinragt, seinerseits senkrecht an der Grenze eine Mauer für seinen Neubau aufführen will, dann ist ein anderweitiges, wirtschaftliches Interesse an der Beseitigung der Mauerausbuchung sofort erkennbar[2]). Der Eigentümer kann den Luftraum nicht bis zur Grenzlinie ausnützen, bezw. er müßte, wenn er dies doch will, seiner Wand eine fehlerhafte Struktur geben (vgl. unten § 21, I, 1).

Aehnlich verhält es sich, wenn die Fensterflügel des Nachbarhauses beim Oeffnen derselben durch den Luftraum des Grundeigentümers geführt werden. § 905 Abs. 2 ist hier nicht anzuwenden, denn diese Bestimmung hat eine solche Höhe im Auge, welche für die regelmäßige Benützung von Grundstücken überhaupt nicht in Betracht kommt. Dagegen kann der Anspruch des Grundeigentümers auf Unterlassung dieser Einwirkung auf den Luftraum durch die Vorschrift des § 226 lahm gelegt werden. Die Gefahr einer Grenzverwischung besteht bei einer derartigen Beeinträchtigung nicht, ebensowenig besteht die Gefahr, daß der Hauseigentümer durch Zeitablauf ein Recht auf die Benützung des nachbarlichen Luftraumes zum Aufschlagen der Fenster erwirkt; denn das Bürgerliche Gesetzbuch kennt im Prinzip keinen Erwerb von Grunddienstbarkeiten durch Ersitzung oder Verjährung[3]). Es läßt sich deshalb vielfach für den Anspruch auf Unterlassung einer solchen Benützung des Luftraums gar keine Möglichkeit eines anderen Zweckes als der einer Schikane erkennen. Wenn freilich der Grundeigentümer das Recht hat, das Oeffnen der Fenster überhaupt (auch wenn sein Luftraum nicht benützt wird) zu verbieten[4]), so kann er in der Ausübung des Rechtes durch die Vorschrift des § 226 nie gehindert werden.

Sind die Voraussetzungen des § 226 BGB. gegeben, so ist die Rechtsausübung unzulässig. Derjenige, dessen Eigentum durch die Rechtsausübung beeinträchtigt wird, kann die Beseitigung der Beeinträchtigung verlangen; sind weitere Beeinträchtigungen zu besorgen, so kann der Eigentümer auf Unterlassung klagen (§ 1004

---

[1]) Vgl. SeuffA. Bd. 23 Nr. 210, Bd. 42 Nr. 192; RG. Bd. 45 S. 287; BayZfR. 1906 S. 227; Endemann S. 463 Anm. 11.

[2]) Vgl. RG. Bd. 45 S. 287. Dort ist auch ausgeführt, daß das bloße Hineinragen eines schiefen Giebels in den fremden Luftraum für sich allein keinen zur Ersitzung geeigneten Rechtsbesitz darstellt. Vgl. aber andererseits wegen der Ersitzung R. d. OLG. Bd. 5 S. 423.

[3]) Für die Uebergangszeit ist die Rechtslage eine andere. Denn gemäß Art. 189 EG. u. Art. 177 AG. erfolgt die Begründung eines Rechtes an einem Grundstück auch nach dem Inkrafttreten des Bürgerlichen Gesetzbuches nach den bisherigen Gesetzen bis zu dem Zeitpunkt, in welchem das Grundbuch als angelegt anzusehen ist. Vgl. unten § 32. Ueber das Bestehen von Fensterläden als servitus proiciendi. EntschOGH. Bd. 4 S. 410.

[4]) S. unten § 22.

BGB.). Daneben hat der Eigentümer auf Grund des § 823 Abs. 2 BGB. sowie auf Grund des § 826 einen Anspruch auf Schadensersatz [1]).

## § 12. Notstandshandlung.

Der eigenmächtige Eingriff in die Eigentumssphäre eines anderen ist rechtswidrig; auf das Motiv des Eingriffs kommt im Allgemeinen nichts an. Das Gemeinwohl, in dessen Dienst auch das Privateigentum von einer sittlichen Rechtsordnung gestellt werden muß, verlangt eine Ausnahme von diesem Grundsatz für den Fall, daß der Eingriff durch einen Notstand, das ist zum Zwecke der erforderlichen Abwehr einer gegenwärtigen Gefahr, veranlaßt wurde.

Diesem Gedanken trägt das geltende Recht in etwas weitgehendem Maße Rechnung, indem es in § 904 BGB. bestimmt, daß der Eigentümer [2]) einer Sache nicht berechtigt ist, die Einwirkung eines anderen auf die Sache zu verbieten, wenn die Einwirkung zur Abwendung einer gegenwärtigen Gefahr objektiv notwendig und der drohende Schaden gegenüber dem aus der Einwirkung dem Eigentümer entstehenden Schaden unverhältnismäßig groß ist. Diese Vorschrift ist eine Ergänzung der in § 228 BGB. enthaltenen Bestimmung. § 228 erlaubt die verteidigende Notstandshandlung, bei welcher die Gefahr durch die fremde Sache selbst droht, z. B. ich schieße den wutkranken, auf mich losgehenden fremden Hund nieder. Im Falle des § 904 BGB. dagegen handelt es sich um eine angreifende Notstandshandlung: Der Eingriff erfolgt in eine Sache, welche an dem Notstand gänzlich unbeteiligt ist; die Gefahr kommt von einer anderen Seite und die fremde Sache wird als Mittel zur Abwendung dieser Gefahr benützt.

Wenn bei einer Feuersbrunst ein Haus eingerissen wird, um die Weiterverbreitung des Feuers zu hindern, so ist zu unterscheiden, ob das Haus bereits brennt oder nicht; ersterenfalls ist § 228 BGB., letzterenfalls § 904 BGB. anzuwenden.

1. Die Vorschrift des § 904 BGB. gilt für alle Arten von Einwirkungen auf die Sache (Gebrauch, Beschädigung, Wegnahme und selbst Zerstörung). Nur eine Einwirkung auf Sachen, nicht auch auf andere Rechtsgüter, steht in Frage. Deshalb ist ein Eingriff in den Hausfrieden unter keinen Umständen erlaubt [3]).

---

[1]) Planck Anm. zu § 226 führt aus, daß sich § 826 mit dem § 226 deckt. Man müsse annehmen, daß der § 826 davon ausgehe, daß eine Handlung, welche in Ausübung eines Rechtes vorgenommen werde, nur dann gegen die guten Sitten verstoße, wenn die Ausübung des Rechtes unzulässig sei. Wann dies der Fall sei, werde in § 226 bestimmt. Endemann Bd. 1 § 85 begründet die Schadensersatzpflicht mit § 823 Abs. 2.

[2]) Selbstverständlich gilt das gleiche auch für den Inhaber anderer Rechte an der Sache, insbes. für den Besitzer (KommProt. S. 8522, Mugdan Bd. 1 S. 804; Maenner S. 159).

[3]) Vgl. Maenner S. 160; Biermann zu § 904. Wenn man daher auch

2. Die Regel gilt für alle Arten von Gefahren. Es ist gleichgültig, ob die Gefahr Leben oder Gesundheit, Ehre oder Freiheit, oder das Vermögen betrifft. Jedes rechtlich anerkannte Interesse kann in Betracht kommen. Es ist ohne Bedeutung, ob die Gefahr von dem Eingreifenden verschuldet ist[1]). Ebenso bedeutungslos ist es, ob durch die Gefahr die Interessen desjenigen, der die Einwirkung vornimmt, oder die Interessen eines Dritten bedroht werden (Nothilfe)[2]).

Immer aber muß eine Gefahr, d. i. die Gefährdung eines Rechtsgutes vorliegen. Es wird also ein außergewöhnliches Ereignis vorausgesetzt, durch das die bestehenden Verhältnisse, mit denen man rechnen muß, derart verändert werden, daß eine sofortige Abhilfe notwendig wird[3]).

Dem Hauseigentümer steht daher kein Recht zu, zwecks Vornahme einer Reparatur an seiner Hausmauer auf dem Nachbargrundstücke ein Gerüst aufzuschlagen. Ein sogen. Hammerschlags- oder Leiterrecht ist dem Hauseigentümer auch sonst nirgends eingeräumt. Wenn dagegen ein Balkon herabzustürzen droht, kann die Anwendung des § 904 BGB. gegeben sein. Nicht minder muß sich der Nachbar gefallen lassen, daß sein Haus zum Verspreißen des Nachbargebäudes, an welchem eine Hauptreparatur vorgenommen wird, benützt wird, soferne dies zur Verhütung des Einsturzes notwendig ist. Der Eigentümer eines Grundstücks ist regelmäßig nicht verpflichtet, das Betreten seines Grundstücks dem Nachbar, der sein Grundstück vertieft, zwecks Vornahme der Befestigungsarbeiten zu gestatten. Auch auf § 226 kann sich derselbe nicht berufen[4]).

Die Gefahr muß eine gegenwärtige d. h. unmittelbar bevorstehende sein. Wenn der Schaden bereits eingetreten ist, dann ist diese Voraussetzung ebensowenig gegeben, wie bei einer zukünftigen Gefahr[5]).

Wer nachts auf dem Heimwege eine Latte von einem fremden Zaun herunterbricht, um für einen allenfallsigen Angriff gewappnet zu sein, handelt widerrechtlich; anders, wenn er die Latte erst dann wegnimmt, wenn er bemerkt, daß er verfolgt wird.

3. Erfordernis ist aber, daß der drohende Schaden gegenüber dem durch die Einwirkung dem Eigentümer entstehenden Schaden

---

nicht mit Dernburg, Sachenrecht S. 269 annehmen kann, daß das Verbietungsrecht des Eigentümers nur dann ausgeschlossen ist, wenn sittliche Pflicht die Hilfe in der Not gebietet, so braucht man deswegen doch nicht gut zu heißen, daß hungernde und frierende Vagabunden, welche obdachlos zur Winterszeit herumstreifen, ungestraft, ja von Rechts wegen, in das Gehöfte des Gutsbesitzers eindringen, dort nächtigen und sich auf Kosten des Gutsbesitzers nähren können.

[1]) Maenner S. 160; Dernburg, Sachenrecht S. 268; Planck, Staudinger zu § 904. A. M. Liszt, Deliktsobligationen S. 89 93, 94; Endemann Bd. 1 § 88.

[2]) Endemann Bd 1 § 88; Staudinger Bem. 3a zu § 904; Biermann zu § 904.

[3]) RG. Bd. 57 S. 191; Maenner S. 159 Anm. 11.

[4]) Recht 1904 S. 252 Nr. 1164 (Köln).

[5]) Vgl. die Rechtsprechung zum § 53 StGB. (gegenwärtiger Angriff als Voraussetzung der Notwehr). Wenn die Gefahr, hier der Einsturz des Hauses, in der Zukunft liegt, kommt § 904 nicht zur Anwendung, Recht 1904 S. 252 Nr. 1164 (Köln).

unverhältnismäßig groß ist. Soll ein Vermögensschaden durch Zufügung eines Vermögensschadens abgewendet werden, so entscheidet das Verhältnis der in Betracht kommenden Vermögensverluste. Handelt es sich um den Schutz immaterieller Interessen, so wird nach billigem Ermessen abzuwägen sein[1]). Der Schutz der körperlichen Integrität wird zumeist einen mit der Einwirkung verbundenen Vermögensschaden des Eigentümers überwiegen.

4. Die Einwirkung muß zur Abwendung der Gefahr notwendig sein, d. h. das Recht zum Eingriff ist ausgeschlossen, wenn zur Abwendung der Gefahr andere genügende Hilfsmittel zu Gebote standen[2]), oder der Eingriff ein zur Abwendung der Gefahr objektiv untaugliches Mittel[3]) war.

Die Notwendigkeit ist zwar im objektiven Sinne zu verstehen, doch darf nicht eine absolute Notwendigkeit erfordert werden. Es ist vielmehr unter Berücksichtigung der Situation zu entscheiden, ob ein verständiger Mensch unter den gegebenen Umständen ein anderes Mittel zur Beseitigung der Gefahr finden konnte. Wenn das nicht der Fall war, ist der Begriff der Notwendigkeit, dem immer ein relatives Gepräge anhaftet, erschöpft.

Wenn ein Teil meines Hauses abzustürzen droht, so bin ich nicht berechtigt, ein Gerüst auf dem Gartengrundstück meines Nachbars zur Befestigung dieses Gebäudeteils aufzurichten, wenn sich diese Arbeit auch von dem Dache meines Hauses bewerkstelligen läßt. Wenn dagegen meiner Mauer der Einsturz droht, kann ich auf dem Grundstück meines Nachbars Stützbalken anbringen, auch wenn hierdurch dessen Gartenanlagen beschädigt werden.

Darauf, ob die Gefahr durch die Einwirkung tatsächlich abgewendet wird, kommt es nicht an, es genügt, wenn die Einwirkung nach den Umständen als geeignet betrachtet werden konnte, der Gefahr wirksam zu begegnen[4]).

5. Die Entziehung des Verbietungsrechts, welche zunächst für den Eigentümer ausgesprochen wird, aber auch für alle anderen Rechte an Sachen und für den Besitz Geltung hat[5]), bewirkt, daß dem Eigentümer das Recht der Selbstverteidigung gegen den Eingriff genommen ist. Wehrt er sich, so hat der Urheber der Einwirkung das Recht der Selbsthilfe[6]).

---

[1]) Maenner S. 160.

[2]) Staudinger Anm. 2b zu § 904; Planck Bem. 2b zu § 904.

[3]) Endemann Bd. 1 § 88.

[4]) Vgl. Planck Bem. 2b zu § 904.

[5]) KommProt S. 8522 (Mugdan Bd. 1 S. 804).

[6]) Endemann Bd. 1 § 88; Biermann zu § 904; Maenner S. 160; Kuhlenbeck Anm 2 zu § 904; Planck Bem. 3a zu § 904; A. M. Cosack Bd. 1 S. 273, Bd. 2 S. 149. Nach Cosack dürfte das Notrecht zur Einwirkung auf die Sache nicht mittels Eigenmacht gegen den Besitzer der Sache ausgeübt werden. Wenn der Eigentümer den Eingriff verbiete, so handele er zwar rechtswidrig und werde schadensersatzpflichtig, aber der Gefährdete dürfe das Verbot nicht einfach unbeachtet lassen und den Eingriff eigenmächtig vornehmen.

Die Anwendung des § 904 hängt nicht davon ab, daß dem Eigentümer die Voraussetzungen des Rechts zum Eingriffe nachgewiesen werden[1]).

Ein der Einwirkung von dem Eigentümer entgegengesetzter Widerstand ist eine unerlaubte Handlung, die zum Schadensersatz verpflichtet[2]), sofern dem Eigentümer Vorsatz oder Fahrlässigkeit zur Last fällt, er also das Recht des andern zur Einwirkung kannte oder erkennen mußte[3]).

6. Dagegen kann der Beschädigte Ersatz des ihm durch die Einwirkung entstehenden Schadens verlangen. Als ersatzpflichtig kann nur derjenige in Anspruch genommen werden, der den Eingriff vorgenommen hat[4]). Zwar beruht die Ersatzpflicht nicht auf einer deliktartigen Handlung, denn sie tritt ein ohne Rücksicht darauf, ob der Notstand und die dadurch bewirkte Einwirkung auf einem Verschulden beruht oder nicht[5]). Allein an und für sich hätte der Eigentümer das Recht, die Einwirkung auf seine Sache zu verbieten. Dieses Verbietungsrecht könnte selbstverständlich nur gegen den ausgeübt werden, der die Einwirkung vornehmen will. § 904 BGB. entzieht dem Eigentümer das Verbietungsrecht und gibt ihm als Aequivalent den Schadensersatzanspruch. Es ist in der Natur der Sache begründet, daß dieser Ersatzanspruch seine Richtung gegen eben denjenigen nehmen muß, gegen welchen die entzogene Rechtsbefugnis begründet wäre. Es ist nicht zu verkennen, daß diese Auffassung zu unpraktischen Ergebnissen führen mag, indem bei der Nothilfe häufig die Beteiligung des einzelnen und die Person des zu belangenden Helfers gar nicht mehr festzustellen ist und ebenso häufig diese Leute nicht in der Lage sein werden, aus ihren Mitteln den Ersatz zu leisten. Auch mag eine derartige Haftung des Helfers in der Not nicht geeignet sein, zur Hilfeleistung in der Stunde der Gefahr anzuspornen. Allein andererseits würde es doch zu weit gehen, den Dritten lediglich deshalb, weil in seinem Interesse die Einwirkung erfolgte, direkt haftbar zu machen. Es fehlt an jedem Rechtsgrund für eine solche juristische Konstruktion. Die Argumentation[6]), daß

---

[1]) Maenner S. 159.

[2]) Biermann Anm. 2 zu § 904; Meumann, Prolegomena § 27.

[3]) Planck Bem. 3a zu § 904.

[4]) Cosack Bd. 2 S. 149; Dernburg § 79; Kuhlenbeck Bem. 6 zu § 904; Staudinger Bem. 3a zu § 904; Merkel, Kollision rechtmäßiger Interessen S. 184; Rümelin, Gründe der Schadenzurechnung S. 96; Kretzschmar im SächsArch. Bd. 12 S. 394, jetzt auch Maenner S. 160. A. M. Endemann Bd. § 88 Anm. 14; Biermann Anm. 3 zu § 904; Meumann, Prolegomena § 27. Nach deren Ansicht würde den Schaden stets derjenige zu ersetzen haben, zu dessen Rettung die Sache beschädigt wurde.

[5]) Deshalb gilt für die Verjährung des Schadensersatzanspruches § 195 und nicht § 852, Neumann Bem. 4c zu § 904, und aus dem gleichen Grunde ist auch der Unzurechnungsfähige ersatzpflichtig. Meumann, Prolegomena § 28.

[6]) Endemann Bd. 1 § 88 Anm. 14.

Rettung gegen Schadensersatz eine rechtliche Einheit bilde und man beides nicht trennen, noch unter verschiedene Voraussetzungen stellen dürfe und daß das gerettete Gut ipso iure mit der Schadensersatzpflicht belastet werde, gibt keine Lösung; denn auf Grund welcher Gesetzesvorschrift soll diese Folge ipso iure eintreten? Wer sollte übrigens für den Schaden aufkommen, wenn die Einwirkung zur Abwendung einer gemeinsamen Gefahr erfolgt? Es entsteht z. B. in einem Theater ein Gedränge; ein Vorübergehender zertrümmert die verschlossene Notausgangstüre, um Luft zu schaffen. Ein billiger Ausgleich wird dadurch herbeigeführt, daß der Handelnde gegen den Dritten, zu dessen Gunsten er gehandelt hat, einen Ersatzanspruch wegen Geschäftsführung ohne Auftrag hat[1]).

Hat der Eingreifende auf Weisung eines Dritten gehandelt, zu dem er im Verhältnis eines Besitzdieners steht, so haftet der Dritte unmittelbar[2]).

Ersatzberechtigt ist der Geschädigte, mag es der Eigentümer oder ein Berechtigter sein[3]).

Wenn die zerstörte Sache auch ohne die Einwirkung mit Sicherheit verloren gewesen wäre, so entfällt die Ersatzpflicht[4]).

7. Durch Art. 109 EG. ist bestimmt, daß die landesgesetzlichen Vorschriften über die im öffentlichen Interesse erfolgte Entziehung, Beschädigung oder Benützung einer Sache unberührt bleiben. In dieser Hinsicht kommt insbesondere Art. IB des Bayerischen Zwangsenteignungsgesetzes vom 17. November 1837 in Betracht, wonach Eigentümer angehalten werden können, unbewegliches Eigentum für öffentliche, notwendige oder gemeinnützige Zwecke abzutreten oder mit einer Dienstbarkeit beschweren zu lassen; in Fällen öffentlichen Notstands, nämlich bei Feuers- und Wassergefahr, Erdbeben und Erdfällen, sowie in Kriegs- und anderer Not und zwar ohne vorgängiges förmliches Verfahren und ohne Aufenthalt, jedoch gegen nachträgliche volle Entschädigung. Die Befugnis zu solchen Eingriffen bei Unglücksfällen steht nur der Staatsgewalt und zwar regelmäßig der Distriktspolizeibehörde, in äußersten Notfällen auch der Ortspolizeibehörde zu[5]). Man wird mit Rücksicht auf die staatliche Ordnung des Feuerlöschwesens nicht fehl gehen, wenn man annimmt, daß die Leitung der organisierten freiwilligen oder Pflichtfeuerwehr auf Grund einer Delegation ermächtigt ist, bei Brandfällen derartige Eingriffe mit staatlicher Autorität vorzunehmen. Die Bestimmung des Zwangs-

[1]) Vgl. Staudinger Bem. 3a zu § 904; Endemann Bd 1 § 88 erachtet dies zu Unrecht für sehr zweifelhaft; § 677 BGB. u. insbes. § 680 BGB. stellen diesen Ersatzanspruch außer allen Zweifel.

[2]) Neumann Bem. 4b zu § 904.

[3]) Maenner S. 160.

[4]) Oetker in Bernhöfts Beitr. Heft 4 S. 48.

[5]) Vgl. Henle, Zwangsenteignungsgesetz S. 65; Staudinger, Vorträge S. 322.

enteignungsgesetzes hat eine besonders praktische Bedeutung für die Fälle, in welchen Gebäude niedergerissen werden, um einen in einem anderen Gebäude[1]) ausgebrochenen Brand zu hemmen. Geschieht dies auf Anordnung der Obrigkeit, so ist die Anwendung des § 904 BGB. schlechtweg ausgeschlossen und kommen nur die Bestimmungen des Zwangsenteignungsgesetzes in Betracht. Ein nachträgliches Verfahren darüber, ob der Eingriff notwendig war, findet nicht statt; der Eigentümer ist zu entschädigen (Art. VII des Zwangsenteignungsgesetzes). Entschädigungspflichtig ist der Staat, sobald dessen Organe die Expropriation veranlaßt haben[2]). Die einschlägigen Bestimmungen des Zwangsenteignungsgesetzes kommen übrigens nur für jene Gebäude in Betracht, die nicht bei der Bayerischen Brandversicherungsanstalt versichert sind. Denn nach Art. 34 des Gesetzes vom 3. April 1875, die Brandversicherungsanstalt für Gebäude in den Landesteilen rechts des Rheines betreffend, ist die Brandversicherungsanstalt ersatzpflichtig auch bezüglich derjenigen versicherten Gebäude, in welchen es zwar nicht gebrannt hat, welche aber bei Gelegenheit und infolge eines in einem anderen Gebäude ausgebrochenen Brandes beschädigt oder zur Hemmung des Feuers ganz oder teilweise niedergerissen werden. Diese Entschädigungspflicht der Anstalt erstreckt sich nur auf die bei ihr versicherten Gegenstände. Sie ist begründet allemal dann, wenn der Eingriff in die nichtbrennenden Gebäulichkeiten zweckentsprechend gewesen ist, gleichviel, wer den Eingriff vorgenommen hat. Ist aber die Beschädigung oder die Niederreißung durch das Löschpersonal oder auf Anordnung des das Lösch- und Rettungswerk leitenden Beamten vorgenommen, so muß die Anstalt selbst dann haften, wenn der Eingriff als unnötig und zweckwidrig befunden werden muß[3]). Hat dagegen ein Unberufener den Eingriff veranlaßt, so haftet die Anstalt nur dann, wenn sich der Eingriff zweckentsprechend darstellt; andernfalls haftet derjenige, der den Eingriff vorgenommen hat, dem Eigentümer auf Entschädigung, aber nicht nach Maßgabe des § 904 BGB., der mangels einer Notwendigkeit der Einwirkung nicht anzuwenden ist, sondern auf Grund der allgemeinen Vorschriften über die unerlaubten Handlungen (§ 823 BGB.). In solchem Falle hat überdies der Eigentümer des Hauses, welches beschädigt werden soll, das Recht, sich gegen den Eingriff eines Unberufenen zur Wehr zu setzen, weil eben mangels der Voraussetzung des § 904 BGB. sein Verbietungsrecht nicht aufgehoben ist.

---

[1]) Wird das brennende Haus selbst eingerissen, um eine Ausdehnung des Feuers auf die Nachbarhäuser aufzuhalten, so ist § 228 BGB. einschlägig; denn dann handelt es sich um eine Beschädigung der Sache, durch welche die Gefahr droht. Vgl. Endemann Bd. 1 § 88.

[2]) Vgl. RG. Bd. 7 S. 173.

[3]) Vgl. Hauck, Erläuterungen zum Brandvers.-Ges. S. 70; BlAdmPr. Bd 24 S. 31.

## § 13. Verpflichtung zur Duldung von Telegraphen- und Telephonanlagen.

Während bis zum 1. Januar 1900 die Benützung fremder Grundstücke, auch öffentlicher Straßen, für die Telegraphenlinien an sich unzulässig war und, abgesehen von dem Rechte der Zwangsenteignung[1]), das Verbietungsrecht des Eigentümers nur durch den Mangel eines jeden Interesses an der Ausschließung beseitigt werden konnte[2]), ist durch das vom Reich erlassene Telegraphenwegegesetz vom 18. Dezember 1899[3]), welches zufolge seines § 19 am 1. Januar 1900 in Kraft getreten ist[4]), der Telegraphenverwaltung[5])

---

[1]) Nach Art. I Z. 12 des Zwangsenteignungsgesetzes, welcher neben dem vom Reich erlassenen Telegraphenwegegesetze fortdauernde Gültigkeit hat, können Eigentümer angehalten werden, ihre Grundstücke gegen vorgängige Entschädigung zur Aufstellung von Telegraphen zum Dienste des Staates abzutreten oder mit einer Dienstbarkeit beschweren zu lassen. Diese Bestimmung gilt nur für die vom Staate betriebenen Telegraphenlinien, gleichviel ob dieselben zum amtlichen oder öffentlichen Verkehr benützt werden (vgl. Henle, Zwangsenteignungsgesetz S. 62); sie kann nicht auf Telephonanlagen ausgedehnt werden, auch wenn dieselben vom Staate betrieben werden. Meili, Die Anwendung des Expropriationsrechtes auf die Telephonlinien S 67; Henle, Zwangsenteignungsgesetz S. 62.

[2]) Vgl. die interessante Entsch. des RG. Bd. 42 S. 205. Hier wurde ein indirektes Interesse an der Ausschließung angenommen für eine Stadtgemeinde, welche auf ihren Straßen die elektrische Straßenbahn betreiben will. Durch § 12 des RG. über das Telegraphenwesen vom 6. April 1892 (RGBl. 1892 S. 469) ist nämlich dem Unternehmer einer Starkstromleitung die Verpflichtung auferlegt, beim Vorhandensein älterer Schwachstromleitungen der Gefahr einer Störung im Betriebe der letzteren dadurch vorzubeugen, daß er an seiner späteren elektrischen Anlage auf seine Kosten Vorkehrungen trifft oder dulden muß, daß solche auf seine Kosten getroffen werden. Dasselbe gilt, wenn durch eine später eintretende Aenderung der bereits früher bestehenden elektrischen Anlage die Gefahr einer Störung der anderen Leitung veranlaßt wird. Auf diese Weise ist durch den Bestand der Fernsprech- und Telegraphenleitungen eine Beeinträchtigung der Freiheit des Privateigentums dargetan, an deren Ausschließung der Eigentümer ein Interesse hat. Vgl. RG. Bd. 50 S. 83 über die Frage, inwieweit nach § 12 des Gesetzes über das Telegraphenwesen vom 6. April 1892 der Unternehmer der späteren elektrischen Anlage verpflichtet ist, die Kosten verbesserter Sicherungsmaßregeln dem Unternehmer der älteren elektrischen Anlage zu ersetzen. Ueber die Kollision elektrischer Leitungen vgl. Aron in den Annalen des Deutschen Reichs 1904 S. 311 ff.

[3]) RGBl. 1899 S. 705.

[4]) Die bereits vor dem 1. Januar 1900 für oder gegen die Telegraphenverwaltung, sei es auf Grund besonderer Verträge, sei es auf Grund des § 12 des Telegraphengesetzes vom 6. April 1892 erwachsenen Ansprüche sind nach bisherigem Recht zu beurteilen. Amtlich erläuterte Ausgabe des TelWegGes. Anm. I zu § 19. Im übrigen findet auf die vorhandenen zu öffentlichen Zwecken dienenden Linien der Telegraphenverwaltung das neue Gesetz Anwendung, soweit nicht entgegenstehende besondere Vereinbarungen (z. B. Vereinbarung einer Vergütung für die Benützung des Verkehrsweges, Ermäßigung der Fernsprechgebühren) getroffen sind. Vgl. hierüber Amtl. erl. Ausg. TelWegGes. Anm. III zu § 19.

[5]) Das ist die Reichstelegraphenverwaltung, die k. bayerische und die k. württembergische Telegraphenverwaltung (§ 16 TelWegGes.). Die Vorschriften

die Benützung fremder Grundstücke für ihre Telegraphenlinien, unter welchen nach § 1 Abs. 2 des Gesetzes die Fernsprechlinien mitbegriffen sind, unter gewissen Voraussetzungen gestattet.

### A. Recht der Benützung von Verkehrswegen.

Vor allem ist der Telegraphenverwaltung ein Recht der Benützung eingeräumt an Verkehrswegen, als welche mit Einschluß des Luftraumes und des Erdkörpers die öffentlichen Wege, Plätze, Brücken und die öffentlichen Gewässer nebst deren dem Gemeingebrauche dienendem Ufer gelten (§§ 1—11 TelWegGes.). Soweit ein Verkehrsweg eingezogen wird, worüber die nach dem Landesrecht zuständigen Behörden zu entscheiden haben[1]), erlischt die Befugnis der Telegraphenverwaltung zu seiner Benützung (§ 3 Abs. 3 TelWegGes.).

### I. Inhalt des Benützungsrechtes an Verkehrswegen.

Die Telegraphenverwaltung darf für ihre zu öffentlichen Zwecken dienenden Telegraphen- und Fernsprechlinien die Verkehrswege benützen (§ 1 TelWegGes.).

Der Begriff der zu öffentlichen Zwecken dienenden Telegraphenlinien ist derselbe wie in den §§ 317 u. 318 StGB.[2]). Damit sind nicht bloß die der Benützung des Publikums offen stehenden Telegraphenanlagen gemeint, sondern alle jene, welche dem Interesse der Allgemeinheit dienen, also auch diejenigen, welche zur Benützung in öffentlichen Angelegenheiten dienen, ohne dem Publikum geöffnet zu sein[3]) z. B. Feuerwehrtelegraphen. Auch die Haupt- und Nebenanschlüsse an die Fernsprechnetze oder Umschaltestellen gehören dazu[4]).

Der Begriff der öffentlichen Wege und öffentlichen Flüsse bestimmt sich nach dem Landesrecht.

1. Die Benützung der Verkehrswege für die Telegraphenanlagen ist jedoch unzulässig, insoweit dadurch der **Gemeingebrauch** der Verkehrswege, d. i. der jedermann ohne besondere Genehmigung[5]) zustehende Gebrauch, dauernd beschränkt würde (§ 1 TelWegGes.).

---

des Telegraphenwegegesetzes finden auf Telegraphenlinien, welche die Militärverwaltung oder die Marineverwaltung für ihre Zwecke herstellen läßt, entsprechende Anwendung (§ 17 TelWegGes.).

[1]) S. Seydel, Bayer. Staatsrecht § 337 Note 44 (Bd 3 S. 302).

[2]) Kom.-Ber. z. TelWegGes. S. 5.

[3]) Vgl. Olshausen, StGB. Anm. 3 zu § 317; Oppenhoff, StGB. Anm. 2 zu § 317.

[4]) RGSt. Bd. 29 S. 244.

[5]) Daher fällt die Benützung des Weges zu besonderen Anlagen (Straßenbahnen, Beleuchtungsanlagen 2c.) nicht unter den Gemeingebrauch (Amtl. erl. Ausg. des TelWegGes. Bem. II zu § 1). Ueber Rechtsverhältnisse des Gemeingebrauches s. Kuhlenbeck, Von den Pandekten zum Bürgerlichen Gesetzbuch Bd. 2 S. 391 ff.

Ergibt sich nach der Errichtung einer Telegraphenlinie, daß sie den Gemeingebrauch eines Verkehrsweges, und zwar nicht nur vorübergehend, beschränkt oder die Vornahme der zu seiner Unterhaltung erforderlichen Arbeiten verhindert oder der Ausführung einer von dem Unterhaltungspflichtigen beabsichtigten Aenderung des Verkehrsweges entgegensteht, so ist die Telegraphenlinie, soweit erforderlich, abzuändern oder gänzlich zu beseitigen (§ 3 Abs. 1 TelWegGes.). Die gebotene Aenderung oder Beseitigung hat die Telegraphenverwaltung auf ihre Kosten zu bewirken (§ 3 Abs. 2 TelWegGes.). Wegen einer nur vorübergehenden Erschwerung der Unterhaltung eines Verkehrsweges ist Ersatz zu leisten (§ 2 TelWegGes.). Der Ersatzanspruch verjährt in zwei Jahren von dem Schlusse des Jahres an, in welchem er entstanden ist (§ 13 TelWegGes.). Er wird von der Verwaltungsbehörde[1]) vorläufig festgesetzt; gegen deren Entscheidung steht binnen eines Monats nach der Zustellung die gerichtliche Klage zu (§ 13 TelWegGes.).

Entsteht Streit darüber, ob wegen nicht nur vorübergehender Behinderung des Gemeingebrauchs der Verkehrswege z. B. infolge einer erheblichen Steigerung des Wagenverkehrs auf einer Straße, eine Aenderung an der Telegraphenlinie notwendig ist, so ist derselbe, da für Bayern besondere Zuständigkeitsbestimmungen fehlen, im ordentlichen Rechtswege auszutragen[2]).

2. Die **Baumpflanzungen** auf und an den Verkehrswegen sind nach Möglichkeit zu schonen, auf das Wachstum der Bäume ist tunlichst Rücksicht zu nehmen. Ausästungen können nur insoweit verlangt werden, als sie zur Herstellung der Telegraphenlinien oder zur Verhütung von Betriebsstörungen erforderlich sind; sie sind auf das unbedingt notwendige Maß zu beschränken (§ 4 Abs. 1 TelWegGes.). Nach den Ausführungsbestimmungen des Reichskanzlers vom 26. Januar 1900[3]) sind die Ausästungen in dem Maße zu bewirken, daß die Baumpflanzungen mindestens 60 cm nach allen Richtungen von den Leitungen entfernt sind. Ausästungen über die Entfernung von 1 m im Umkreis der Leitungen können nicht verlangt werden.

Die Telegraphenverwaltung hat dem Besitzer der Baumpflan-

---

[1]) Zuständig hierfür ist die Distriktsverwaltungsbehörde, für die der Kreisregierung unmittelbar untergeordneten Städte die Kreisregierung, Kammer des Innern (MinBek. vom 11. April 1900 GVBl. S. 398).

[2]) Vgl. Amtl. erl. Ausg. des TelWegGes. Bem. I zu § 3. Die Beteiligten können Klage gegen den Fiskus aber erst dann erheben, wenn sie in Gemäßheit des Art. 2 AG. z. ZPO. den Administrativweg betreten haben; zwar bestimmt § 13 Abs. 4 TelWegGes., daß für diese Ansprüche der Rechtsweg *sofort* offen steht; allein damit will nur zum Ausdruck gebracht werden, daß die im *Telegraphenwegegesetze* enthaltenen Beschränkungen in diesen Fällen nicht eingehalten werden müssen.

[3]) RGBl. 1900 S. 7.

zungen eine mit Rücksicht auf den Umfang der Arbeiten angemessene[1]) Frist zu setzen, innerhalb welcher er die Ausästung selbst vornehmen kann. Sind die Ausästungen innerhalb der Frist nicht oder nicht genügend vorgenommen, so bewirkt die Telegraphenverwaltung die Ausästungen. Dazu ist sie auch berechtigt, wenn es sich um dringliche Verhütung oder Beseitigung einer Störung handelt (§ 4 Abs. 2 TelWegGes.). Einer speziellen Aufforderung zur Ausästung bedarf es nur, wenn es sich um neue Telegraphenanlagen handelt. Bezüglich der regelmäßigen Ausästungen sind die Baumbesitzer nur zu befragen, ob sie diese selbst bewirken oder deren Vornahme der Telegraphenverwaltung überlassen wollen[2]).

Die Telegraphenverwaltung ersetzt den an den Baumpflanzungen verursachten Schaden und die Kosten der auf ihr Verlangen vorgenommenen Ausästungen (§ 4 Abs. 3 TelWegGes.). Diese Kosten sind nicht nur bei Neuanlagen, sondern auch bei den regelmäßigen Ausästungen an vorhandenen Linien von der Telegraphenverwaltung zu tragen[3]). Der Ersatzanspruch verjährt in zwei Jahren von dem Schlusse des Jahres an, in welchem er entstanden ist (§ 13 TelWegGes.). Er wird von der Verwaltungsbehörde[4]) vorläufig festgesetzt; gegen deren Entscheidung steht binnen eines Monats nach der Zustellung die gerichtliche Klage zu (§ 13 TelWegGes.)[5]).

3. Die Rechtsverhältnisse rücksichtlich der besonderen Anlagen auf Verkehrswegen d. i. aller jener Anlagen, welche auf den Verkehrswegen nur mit besonderer Bewilligung errichtet werden dürfen (der Wegeunterhaltung dienende Einrichtungen, Kanalisations-, Wasser-, Gasleitungen, Schienenbahnen, elektrische Anlagen und dergleichen), sind in den §§ 5 u. 6 TelWegGes. behandelt[6]).

a) Die Telegraphenlinien sind so auszuführen, daß sie vorhandene besondere Anlagen nicht störend beeinflussen. Die aus der Herstellung erforderlicher Schutzvorkehrungen erwachsenden Kosten hat die Telegraphenverwaltung zu tragen (§ 5 Abs. 1 TelWegGes.).

Die Verlegung oder Veränderung vorhandener besonderer Anlagen kann nur gegen Entschädigung und nur dann verlangt werden, wenn die Benützung des Verkehrsweges für die Telegraphenlinie sonst unterbleiben müßte und die besondere Anlage anderweit ihrem Zwecke entsprechend untergebracht werden kann (§ 5 Abs. 2 TelWegGes.). Ueber Verjährung und Geltendmachung dieses Anspruchs s. oben Z. 2 a. E.

Auch beim Vorhandensein dieser Voraussetzungen hat die Benützung der Verkehrswege für die Telegraphenlinie zu unterbleiben,

---

1) Vgl. hierzu unten § 18 I.
2) Amtl. erl. Ausg. des TelWegGes. Anm. II zu § 4.
3) S. dagegen Amtl. erl. Ausg. des TelWegGes. a. a. O.
4) S. oben unter I 1.
5) Vorher ist der Rechtsweg unzulässig JW. 1901 S. 86 (RG.).
6) Vgl. Aron in den Annalen des Deutschen Reichs 1904 S. 311 ff.

wenn der aus der Verlegung oder Veränderung der besonderen Anlage entstehende Schaden gegenüber den Kosten, welche der Telegraphenverwaltung aus der Benützung eines anderen ihr zur Verfügung stehenden Verkehrsweges erwachsen, unverhältnismäßig groß ist (§ 5 Abs. 3 TelWegGes.).

b) Diese Vorschriften finden auf solche in der Vorbereitung befindliche besondere Anlagen, deren Herstellung im öffentlichen Interesse liegt, entsprechende Anwendung. Eine Entschädigung auf Grund des § 5 Abs. 2 TelWegGes.[1]) wird nur bis zu dem Betrage der Aufwendungen gewährt, die durch die Vorbereitung entstanden sind. Als in der Vorbereitung begriffen gelten Anlagen, sobald sie auf Grund eines im einzelnen ausgearbeiteten Planes die Genehmigung des Auftraggebers und, soweit erforderlich, die Genehmigungen der zuständigen Behörden und des Eigentümers oder des sonstigen Nutzungsberechtigten des in Anspruch genommenen Weges erhalten haben (§ 5 Abs. 4 TelWegGes.).

c) Spätere besondere Anlagen, ingleichen Veränderungen solcher Anlagen[2]) sind nach Möglichkeit[3]) so auszuführen, daß sie die vorhandenen Telegraphenlinien nicht störend beeinflussen (§ 6 Abs. 1 TelWegGes.). Soweit zu diesem Zwecke Maßnahmen zum Schutze von Telegraphenanlagen an der späteren Anlage[4]) oder an den Telegraphenanlagen[5]) zu treffen sind, hat dieselben der Unternehmer der besonderen Anlage zu tragen. Es muß also die spätere besondere Anlage mit allen Schutzvorkehrungen, die an ihr getroffen werden können ohne ihren wirtschaftlichen Zweck zu gefährden[6]), versehen werden. Hierher gehört z. B. die Anbringung von Schutznetzen und Schutzdrähten, die Aufsattelung von Holzleisten auf die Arbeitsleitung elektrischer Bahnen, die Anwendung isolierter Leitungsdrähte, die Herstellung kurzer Kabelleitungen, welche die Kosten nicht unverhältnismäßig steigern. Soweit hiermit nicht ausreichend geholfen werden kann, sind die dann nötigen Schutzmaßregeln an der vorhandenen Telegraphenanlage anzubringen z. B. durch Einschaltung von Schmelzsicherungen, Herstellung metallischer Rückleitungen, Umwandlung oberirdischer Linien in unterirdische, wo dies ohne Gefährdung des Betriebes möglich ist[7]). Läßt sich auch durch Schutzvorrichtungen eine Sicherstellung des Betriebes der vorhandenen

---

[1]) S. oben unter a.

[2]) § 6 Abs. 6 TelWegGes.

[3]) Damit ist zum Ausdruck gebracht, daß die spätere Anlage ausgeführt werden kann, wenn auch die Störung einer vorhandenen Telegraphenlinie nicht zu vermeiden ist, während im Falle des § 5 Abs. 1 die neue Telegraphenlinie nicht angebracht werden kann, wenn die Störung der vorhandenen Anlage nicht zu vermeiden ist. Aron in den Annalen des Deutschen Reichs 1904 S. 312.

[4]) § 6 Abs. 1 TelWegGes.

[5]) § 6 Abs. 5 TelWegGes. vgl. oben § 13 am Anfang.

[6]) „Nach Möglichkeit" § 6 Abs. 1 TelWegGes.

[7]) Amtl. erl. Ausg. des TelWegGes. Anm. II zu § 6 (S. 15).

Telegraphenanlage nicht erreichen, so hat die beabsichtigte spätere besondere Anlage zu unterbleiben[1]).

d) Für jene späteren Anlagen, welche aus Gründen des öffentlichen Interesses, insbesondere aus volkswirtschaftlichen oder Verkehrsrücksichten, von den Wegunterhaltungspflichtigen oder unter überwiegender Beteiligung eines oder mehrerer derselben zur Ausführung gebracht werden sollen[2]), hat das Gesetz (§ 6 Abs. 2) besondere Vorteile zugestanden:

α) Würden die durch die Anpassung der späteren besonderen Anlage an die vorhandenen Telegraphenanlagen erforderlichen Maßregeln, durch welche ein störender Einfluß der neuen besonderen Anlage auf die vorhandenen Telegraphenlinien nach Tunlichkeit hintangehalten werden soll[3]) (§ 6 Abs. 1 TelWegGes.), zu einer wesentlichen Erschwerung der Herstellung der späteren Anlage führen oder deren Herstellung unmöglich machen, so muß die Telegraphenanlage der besonderen Anlage Platz machen und beim Verlangen des Wegeunterhaltungspflichtigen auf Kosten der Telegraphenverwaltung verlegt oder entsprechend verändert werden[4]) (§ 6 Abs. 2 TelWegGes.).

Die Verlegung einer nicht lediglich dem Orts-, Vororts- oder Nachbarortsverkehr dienenden Telegraphenlinie kann nur dann verlangt werden, wenn die Telegraphenlinie ohne Aufwendung unverhältnismäßig hoher Kosten[5]) anderweitig ihrem Zwecke entsprechend untergebracht werden kann (§ 6 Abs. 2 letzter Satz TelWegGes.).

β) Wenn diese Voraussetzung nicht gegeben ist, mithin die Telegraphenanlage bestehen bleiben darf, so hat die Telegraphenverwaltung die zum Schutze der Telegraphenlinie erforderlichen Vorrichtungen[6]) auf ihre Kosten zu treffen (§ 6 Abs. 3 TelWegGes.). Ein Ersatzanspruch verjährt in zwei Jahren von dem Schlusse des Jahres an, in welchem er entstanden ist. Er wird von der Verwaltungsbehörde[7]) vorläufig festgesetzt; gegen deren Entscheidung steht binnen eines Monats von der Zustellung die gerichtliche Klage zu (§ 13 TelWegGes.).

---

[1]) Amtl. erl. Ausg. des TelWegGes. Anm. IIb zu § 6 (S. 16).

[2]) S. hierüber RG. Bd 63 S. 88.

[3]) Und deren Kosten auch in diesem Falle dem Unternehmer der besonderen Anlage zur Last fallen; vgl. Amtl. erl. Ausg. d. TelWegGes. Anm. II Abs. 1 zu § 6.

[4]) Vgl. Amtl. erl. Ausg. des TelWegGes. Anm IIa zu § 6.

[5]) Für den Begriff der „unverhältnismäßig hohen" Kosten kommt nicht das Verhältnis der Kosten der neuen Anlage zu den Kosten der Verlegung der Telegraphenlinien in Betracht, sondern das Interesse der Telegraphenverwaltung wird für die Feststellung der Verhältnisziffern wesentlich maßgebend sein müssen. Aron in den Annalen des Deutschen Reichs 1904 S. 315.

[6]) Dies umfaßt die Schutzvorkehrungen sowohl an der Telegraphenanlage selbst, wie auch an der späteren Anlage. RG. Bd 57 S. 364.

[7]) S. oben I 1.

## II. Verfahren vor Benützung der Verkehrswege.

Vor der Benützung eines Verkehrsweges zur Ausführung neuer Telegraphenlinien oder wesentlicher Aenderungen vorhandener Telegraphenlinien hat die Telegraphenverwaltung einen Plan[1]) über die in Aussicht genommene Anlage aufzustellen. Dieser Plan soll den besonders Beteiligten mitgeteilt und außerdem bei den Post- und Telegraphenämtern, soweit die Telegraphenlinie deren Bezirke berührt, auf die Dauer von vier Wochen öffentlich ausgelegt werden (§ 7 TelWegGes.). Die Telegraphenverwaltung ist zur Ausführung des Planes befugt, wenn nicht gegen diesen binnen vier Wochen von der Zustellung bezw. der öffentlichen Auslegung des Planes bei der Behörde, welche den Plan ausgelegt hat, Einspruch schriftlich oder zu Protokoll[2]) erhoben wird. Ueber den Einspruch entscheidet die höhere Verwaltungsbehörde[3]), gegen deren Entscheidung binnen einer Frist von zwei Wochen nach der Zustellung die Beschwerde an die Landeszentralbehörde[4]) stattfindet (§ 8 TelWegGes.).

### B. Rechte der Telegraphenverwaltung zur Benützung von Privatgrundstücken.

Die Telegraphenverwaltung ist befugt, Telegraphenlinien durch den Luftraum[5]) über Grundstücken, die nicht Verkehrswege im Sinne des Telegraphengesetzes sind, zu führen, soweit nicht dadurch die Benützung des Grundstücks nach den zur Zeit der Herstellung der Anlage bestehenden Verhältnissen wesentlich beeinträchtigt wird. Wird erst durch eine später in diesen eintretende Aenderung eine Beeinträchtigung der Benützung verursacht, z. B. weil der Eigentümer sein von den Telegraphenleitungen überspanntes Gebäude erhöhen will, so muß die Telegraphenverwaltung die Leitung auf ihre Kosten beseitigen oder so verlegen, daß eine Beeinträchtigung des Grundstückseigentums völlig vermieden wird[6]) (§ 12 Abs. 1 TelWegGes.). Dies gilt insbesondere auch, wenn der Eigentümer auf seinem Grundstücke besondere Anlagen (z. B. elektrische Beleuchtungsanlagen) errichtet, welche den Betrieb der durch den Luftraum geführten Telegraphenlinien beeinträchtigen. In diesem Falle finden die §§ 5 und 6

[1]) Hierüber trifft die Ausführungsbestimmung des Reichskanzlers vom 26. Januar 1900 nähere Bestimmungen. RGBl. 1900 S. 7.

[2]) Ausführungsbestimmungen des Reichskanzlers vom 26. Januar 1900 Z. 5.

[3]) Als höhere Verwaltungsbehörde im Sinne des § 8 TelWegGes. gilt die Kreisregierung K. d. J. (MinBek. v. 11. April 1900 GVBl. S. 398).

[4]) Die Befugnisse der Landeszentralbehörde werden von dem k. Staatsministerium d. J. im Benehmen mit dem k. Staatsministerium des k. Hauses und des Aeußeren ausgeübt. (MinBek. v. 11. April 1900 GVBl. S. 398).

[5]) Ein Recht, Gestänge auf Gebäuden oder Grundstücken aufzustellen, ist dadurch nicht gegeben (Amtl. erl. Ausg. des TelWegGes. Anm. IV zu § 12). Ein solches Recht ist auch aus keiner allgemeinen Bestimmung des BGB., insbes. nicht aus § 905 BGB. abzuleiten. Vgl. Staudinger, Vorträge S. 323.

[6]) Amtl. erl. Ausg. des TelWegGes. Anm. I zu § 12.

TelWegGes. keine Anwendung. Streitigkeiten über die Befugnis der Telegraphenverwaltung zur Benützung fremder Grundstücke (z. B. der Anspruch auf Beseitigung einer Telephonleitung, § 1004 BGB.) sind im Zivilrechtswege auszutragen. Gemäß Art. 2 AG. z. ZPO. können jedoch Klagen gegen den Fiskus erst nach Betretung des Administrativweges erhoben werden; § 13 Abs. 4 TelWegGes. steht nicht entgegen[1]).

Beeinträchtigungen in der Benützung eines Grundstückes, welche ihrer Natur nach lediglich vorübergehend sind, stehen der Führung der Telegraphenlinien durch den Luftraum nicht entgegen, doch ist der entstehende Schaden zu ersetzen. Ebenso ist für Beschädigungen des Grundstücks und seines Zubehörs, die infolge der Führung der Telegraphenlinien durch den Luftraum eintreten, Ersatz zu leisten (§ 12 Abs. 2 TelWegGes.).

Die Beamten und Beauftragten der Telegraphenverwaltung, welche sich als solche ausweisen, sind befugt, zur Vornahme notwendiger Arbeiten an Telegraphenlinien, insbesondere zur Verhütung und Beseitigung von Störungen, die Grundstücke nebst den darauf befindlichen Baulichkeiten und deren Dächer mit Ausnahme der abgeschlossenen Wohnräume während der Tagesstunden nach vorheriger schriftlicher Ankündigung zu betreten (§ 12 Abs. 3 TelWegGes.).

Der Ersatzanspruch des § 12 Abs. 2 und 3 TelWegGes. verjährt in zwei Jahren von dem Schlusse des Jahres an, in welchem er entstanden ist (§ 13 TelWegGes.)[2]).

## B. Die gesetzlichen Eigentumsbeschränkungen des Nachbarrechtes.

### § 14. Immissionen.

Die rechtliche Abscheidung der Grundstücke würde mit den Bedürfnissen des Lebens in einen unversöhnlichen Widerspruch treten, wenn die zugunsten des Eigentümers bestehende Befugnis, die Einwirkung Dritter auszuschließen, derart streng durchgeführt würde, daß eine jede nicht autorisierte mechanische oder physikalische Hinüberwirkung als objektive Rechtswidrigkeit behandelt würde[3]).

Vor allem läßt sich eine gewisse Art der Hinüberwirkung nicht in bestimmte Grenzen bannen. Die Schall- und Lichtwellen, die auf dem einen Grundstücke erzeugt werden, pflanzen sich mit physikalischer Notwendigkeit auf andere Grundstücke fort und ebensowenig lassen sich die Gase (Gerüche) an der Scholle festhalten. Auch die Er-

---

[1]) Vgl. oben I 1.

[2]) Auf Ersatzansprüche, die vor dem 1. Januar 1900 entstanden sind, findet das Telegraphenwegegesetz keine Anwendung. JW. 1901 S. 86 (RG.).

[3]) M. Bd. 3 S. 264 (Mugdan S. 146).

schütterung, welche auf den Boden übertragen wird, läßt sich an den Grenzpfählen nicht Halt gebieten; kurz, es läßt sich eine ganze Reihe derartiger Immissionen auf fremdes Gebiet nach zwingenden Naturgesetzen und unvermeidbaren Folgen des menschlichen Beisammenlebens nicht aufhalten[1]). Andererseits würde der Inhalt des Eigentums in vielen Fällen sehr erheblich reduziert, wenn man jede derartige Immission, z. B. die Einwirkung eines noch so unerträglichen Geräusches, das Eindringen selbst gesundheitsschädlicher Gase u. s. w. ohne Beschränkung zulassen würde. Würde nicht durch positive Vorschrift die Zulässigkeit gewisser Einwirkungen ausgesprochen, so würde jegliche Einwirkung dem Begriff des Eigentums zufolge unzulässig sein. Damit war die Notwendigkeit gegeben, durch positive Bestimmungen das Eigentum nach dieser Hinsicht zu beschränken[2]). Die zweite Kommission hat den von der ersten Kommission[3]) vertretenen Standpunkt verlassen. Letztere war davon ausgegangen, daß jeder Grundeigentümer innerhalb seines Machtbereiches schalten und walten könne ohne Rücksicht darauf, daß seine Handlungen notwendig in den Machtbereich anderer Grundeigentümer hinüberwirken, so daß es sich für den Gesetzgeber nur darum handele, die natürliche Immissionsfreiheit jedes Grundeigentümers positiv auf ein für die anderen erträgliches Maß einzuschränken[3]). Die zweite Kommission ist von dem gegenteiligen Standpunkte ausgegangen, wonach jede Immission an sich verboten ist und die Zulässigkeit einer Immission durch eine besondere Ausnahmebestimmung begründet wird. Demgemäß stellt das Bürgerliche Gesetzbuch bei Regelung der Rechtsmaterie über die Immissionen in Anlehnung an die bisherige Rechtsprechung das Prinzip auf, daß der Eigentümer Einwirkungen, die das gewöhnliche Maß des Erträglichen nicht übersteigen, im Interesse des Zusammenlebens der Menschen zu dulden habe, daß ihm mithin nur gegen übermäßige Immissionen das durch § 903 BGB. begründete Verbietungsrecht verbleibt[4]).

I. § 906 befaßt sich nur mit Einwirkungen, die durch **sinnliche Wahrnehmung** vermittelt werden; eine Einwirkung auf das **Gefühlsleben** fällt nicht darunter, wie überhaupt der Begriff der „ideellen“ oder „immateriellen“ Immission dem Bürgerlichen Gesetzbuch

---

[1]) KommProt. S. 3532 (Mugdan Bd. 3 S. 580).

[2]) M. Bd. 3 S. 266 (Mugdan Bd. 3 S. 147).

[3]) Vgl. KommProt. S. 3532 (Mugdan Bd. 3 S. 580).

[4]) Bei einer örtlichen Statutenkollision entscheidet über die Zulässigkeit der Immission nicht das Recht desjenigen Gebietes, in welchem das von der Immission betroffene Grundstück liegt, sondern das Recht des Grundstückes, von welchem die Immission ausgeht. Denn darauf kommt es an, ob die Benützung des Grundstückes, durch welche die Immission herbeigeführt wird, nach dem dort geltenden Rechte zulässig ist. Ist nach diesem Rechte die Immission unzulässig, so muß sie von dem davon betroffenen Grundstücke gleichwohl dann geduldet werden, wenn nach dessen Recht diese Immission nicht verboten werden kann. Vgl. dagegen Endemann S. 476, der nur das Recht des von der Immission betroffenen Grundstückes entscheiden läßt.

fremd ist[1]). Der Umstand, daß durch eine nicht über die Grenzen hinauswirkende Benützung des Grundstückes der Wert des Nachbargrundstückes beeinträchtigt wird, ist belanglos[2]). Deshalb kann eine Fabrik explodierender Stoffe, ein Pulvermagazin nicht deshalb verboten werden, weil durch die hiermit verbundene Explosionsgefahr Furcht erregt wird[3]), ebensowenig die Errichtung eines Leichenhauses, weil hierdurch Schauder und Grausen erregt wird[4]), oder ein Bordell, weil hierdurch das Schamgefühl verletzt wird[5]). Dagegen kann es bei einem Leichenhause nach § 906 ins Gewicht fallen, wenn üble Gerüche herüberdringen oder durch die herüberfliegenden Insekten eine Gefahr der Infektion durch Insektenstiche herbeigeführt wird[6]). Auch bei dem Betriebe eines Bordells kann § 906 nur insoweit Anwendung finden, als derselbe von Umständen begleitet wird, die eine durch sinnliche Wahrnehmung vermittelte Einwirkung auf das Nachbargrundstück herbeiführen (z. B. das Benehmen der Dirnen, insbes. Belästigung der Passanten durch dieselben, fortwährendes Anfahren von Droschken in der Nacht, Singen und Klavierspiel u. s. w.)[7]). Im übrigen kann der Bordellbetrieb, soweit § 906 nicht einschlägt, unter Umständen aus § 826 verboten werden[8]).

---

[1]) RG. Bd. 50 S. 226, Bd. 57 S. 239. R. d. OLG. Bd. 5 S. 386. Vgl. hierzu auch Endemann S. 471.

[2]) Es müßte denn der Tatbestand der §§ 226, 823, 826 gegeben sein. JW. 1902 Beil. S. 211. Wenn infolge eines gefährlichen Betriebes die Nachbarn durch polizeiliche Anordnung in der Bebauung ihrer Grundstücke beschränkt werden, kann aus diesem besonderen Rechtsgrund eine Entschädigungspflicht in Frage kommen. SeuffA. Bd. 57 Nr. 191.

[3]) RG. Bd. 50 S. 225 (Petroleumraffinerie), Bd. 63 S. 374 (Gasfabrik). R. d. OLG. Bd. 4 S. 55. Solche gefährliche Betriebe (wie Schießpulverfabriken, Anlagen zu Feuerwerkereien, zur Bereitung von Zündstoffen aller Art, Gasbereitungsanstalten) bedürfen nach § 16 der Gewerbeordnung einer gewerbepolizeilichen Genehmigung. Die Verwaltungsbehörde hat darauf zu sehen, daß die Anlage nur unter Bedingungen gestattet wird, welche für die Sicherheit Dritter hinreichende Gewähr leisten. Vgl. auch die k. Verordnung vom 27. Juni 1862, die Verhütung von Feuersgefahren betr. (Regierungsblatt 1862 S. 1573); Ministerialbekanntmachung vom 6. August 1870, betr. die Verfertigung, den Besitz, die Aufbewahrung, den Verkauf und Transport von Schießpulvern, Schießbaumwolle und Feuerwerksgegenständen (Regierungsblatt 1870 S. 1425). Vgl. auch § 47 der Bauordnung vom 18. Februar 1901. Ueber Anlegung und Betrieb von Dampfkesseln s. Pechmann, Wirkungskreis der Distriktsverwaltungsbehörde Bd. 2 S. 210; über Anfertigung von Sprengstoffen s. Pechmann a. a. O. S. 212.

[4]) R. d. OLG. Bd. 4 S. 61.

[5]) RG. Bd. 57 S. 239. JW. 1904 S. 291. Bad. Rechtspr. 1905 S. 198. Recht 1904 S. 361 Nr. 1642.

[6]) R. d. OLG. Bd. 4 S. 61. Puchelts Zeitschr. Bd. 33 S. 94.

[7]) RG. Bd. 57 S. 239. JW. 1904 S. 291. R. d. OLG. Bd. 5 S. 386. SeuffA. Bd. 60 S. 18.

Sind diese Voraussetzungen vorhanden, so ist der Anspruch auf Unterlassung selbst dann gegeben, wenn die Prostitution von der Polizei auf die fragliche Straße konsigniert wurde; gerade dann sind weitere Beeinträchtigungen zu besorgen. Vgl. Recht 1908 S. 234 Nr. 1386.

[8]) SeuffA. Bd. 56 Nr. 199. R. d. OLG. Bd. 2 S. 457. JW. 1904 S. 291. BayZfR. 1908 S. 183.

1. Im einzelnen fällt unter § 906 die Zuführung von Gasen[1], Dämpfen[2], Gerüchen[3], Rauch[4], Ruß[5], Wärme[6], Geräusch[7], Erschütterungen[8] und ähnlichen von einem anderen Grundstücke ausgehenden Einwirkungen, deren Feststellung der Praxis überlassen wurde.

Als weitere Anwendungsfälle ergeben sich aus der Praxis: das

---

[1]) Gase. Vgl. SeuffA. Bd. 3 Nr. 7, Bd. 15 Nr. 2 (Gasfabrik); JW. 1908 S. 11 Nr. 12 (Brikettfabrik).

[2]) Dämpfe. Vgl. SeuffA. Bd. 3 Nr. 7 (Gasfabrik), Bd. 8 Nr. 346 (Ziegelei), Bd. 11 Nr. 14 (Seifenfabrik), Bd. 32 Nr. 18 (Mittelbare Immission übelriechender Dämpfe durch Einleitung heißer Fabrikwässer in einen öffentlichen Fluß); Bolze Bd. 5 Nr. 106 (Dämpfe aus warmem Abwasser, infolge deren Holzwerk anfaulte und Pflanzen eingingen).

[3]) Gerüche (Miasmen, Ausdünstungen, vgl. unten § 14, II, 2). Vgl. Bolze Bd. 14 Nr. 175 (Schlachthaus); SeuffA. Bd. 46 Nr. 248 (Fabrik), Bd. 51 Nr. 11 (Käserei); RG. Bd. 37 S. 173; Bolze Bd. 22 Nr. 56 (Fäkalien); Recht 1904 S. 282 Nr. 1279; JW. 1904 S. 203 Nr. 15 (Dünste aus Hotelküche), 1900 S. 639 (Bedürfnisanstalt); RG. Bd. 37 S. 172; SeuffA. Bd. 53 Nr. 8; JW. 1904 S. 487 Nr. 12 (Knochenkocherei); Recht 1904 S. 386 Nr. 1709 (Schmiede).

[4]) Rauch. Vgl. Bolze Bd. 18 Nr. 43 (Brennerei); SeuffA. Bd. 31 Nr. 312, Bd. 42 Nr. 100 (Dampfdreschmaschine), Bd. 46 Nr. 248 (Fabrik), Bd. 38 Nr. 8 (Ziegelfeldbrände); SeuffBl. Bd. 36 S. 392; Recht 1908 S. 91 Nr. 528 (Eisenbahnbetrieb); R. d. OLG. Bd. 2 S. 506 (schädliche Raucheinwirkung auf Waldungen); Recht 1904 S. 386 Nr. 1709 (Schmiede).

[5]) Ruß. SeuffA. Bd. 11 Nr. 114 (Dampfmühle), Bd. 21 Nr. 208 (Bäckerei); Bolze Bd. 3 Nr. 90 (Schwärzung der Häuser durch Lokomotivruß).

[6]) Wärme. Vgl. JW. 1899 S. 757 Nr. 38 (Backofen), 1905 S. 495 Nr. 21 (Dampfkesselraum neben Eiskeller).

[7]) Geräusch. Vgl. SeuffA. Bd. 52 Nr. 146 (Schriftgießerei); RG. Bd. 6 S. 217; SeuffBl. 4. Erg.-Bd. S. 148 (Dampfdruckerei); Recht 1905 S. 194 Nr. 846 (RG.), 1903 S. 551 Nr. 2789 (Jena); Bolze Bd. 16 Nr. 65 (Brüllen der Kühe in einer Molkerei); JW. 1893 S. 315 Nr. 32 (Geschäftsbetrieb im ganzen bei einer Molkerei); SeuffA. Bd. 49 Nr. 236 und SeuffBl. 12. Erg.-Bd. S. 389 (Eisenbahnbetrieb); JW. 1904 S. 384; DJZ. Bd. 9 S. 407 (Kinderspielplatz); RG. Bd. 57 S. 224 (Straßenbahnbetrieb, Wagenhalle einer Trambahn); SeuffA. Bd. 59 Nr. 217 (Kirchenglocken, jedoch Rechtsweg unzulässig); JW. 1904 S. 175; 1905 S. 231 (Kegelbahn); SeuffA. Bd. 57 Nr. 9 (Wirtshauslärm); DJZ. Bd. 8 S. 552 (nächtliches Klavierspielen in einem Restaurant); bezüglich des Lärms infolge eines Bordells s. oben S. 92; Recht 1904 S. 386 Nr. 1709 (Hamburg); Bad. Rechtspraxis 1907 S. 129 (Hundegebell), 1906 S. 168 (Bäckerei); JW. 1894 S. 267 (Uebungsschießen); EntschOGH. Bd. 14 S. 175 (Wasserwerksbetrieb); SeuffBl. 4. Erg.-Bd. S. 148 (Dampfdruckerei); RG. Bd. 26 S. 352 (Holzsägerei); SeuffA. Bd. 45 Nr. 240 (Böttcherei); Bolze Bd. 8 Nr. 62 Dampfpfeife einer Fabrik). Bezüglich der Errichtung und Verlegung von Anlagen, von denen ein übermäßiger Lärm ausgeht, in der Nähe von Kirchen, Schulen, öffentlichen Gebäuden, Krankenhäusern vgl. § 27 Gewerbeordnung. Für Kegeln vgl. unten S. 105 Anm. 7.

[8]) Erschütterungen. Bolze Bd. 22 Nr. 71 (Kreis- und Hobelmaschine); EntschOGH. Bd. 9 S. 185 (Stanzmaschine), Bd. 14 S. 175 (Wasserwerksbetrieb); JW. 1890 S. 182 Nr. 18; Bolze Bd. 3 Nr. 89 (Dampfhammer); RG. Bd. 7 S. 265, Bd. 17 S. 103 (Eisenbahnbetrieb); R. d. OLG. Bd. 2 S. 252 (elektrische Kraftanlage), Bd. 5 S. 151.

Eindringen von Staub[1]), Sand[2]), Steinsplittern[3]), Asche[4]), Funken[5]), Feuchtigkeit[6]), Wasserstaub[7]), Zuführung starker Lichtreflexe[8]), von starker Kälte[9]), von Pilzkeimen[10]), Schnee[11]), Geschossen[12]), Einwirkung von elektrischen Strömen[13]), Herüberfliegen von Bienen[14]) und Tauben[15]). Ferner gehört hierher das Eindringen von Ratten und Mäusen[16]).

---

[1]) Staub. SeuffA. Bd. 18 Nr. 11, Bd. 42 Nr. 100, Bd. 48 Nr. 247 (Dampfdrescherei); JW. 1908 S. 11 Nr. 12 (Kohlenstaub).

[2]) Sand. SeuffA. Bd. 61 Nr. 55 RG. (von einem aufgeschütteten Sandhaufen, Sandkippe); Puchelt-Heinsheimer, Zeitschr. für franz. Zivilr. Bd. 21 S. 441 (bei militärischen Uebungen). Vgl. Bolze Bd. 10 Nr. 60. Dort wurde der Militärfiskus zur Entschädigung des Eigentümers eines an den Exerzierplatz angrenzenden Grundstückes verurteilt, weil dieses durch die aufgewirbelten Sandwehen, welche infolge des Zusammenfahrens des Kieses entstanden, allmählich versandet war.

[3]) l. 8 § 5 D 8, 5 (Steinbruch).

[4]) Asche. RG. Bd. 40 S. 182; JW. 1908 S. 11 Nr. 12.

[5]) Lokomotivfunken: RG. Bd. 17 S. 103; SeuffA. Bd. 13 Nr. 235, Bd. 14 Nr. 208; Gruchot Bd. 45 S. 1016; Bd. 46 S. 1009; JW. 1904 S. 360. Diese Entscheidungen gewähren bei Schadenszufügung durch Funkenwurf Ersatzanspruch ohne Verschulden. Bedenklich; s. darüber unten § 29, 2, b.

[6]) Feuchtigkeit. Vgl. Bolze Bd. 5 Nr. 86 (durch eine Brauerei).

[7]) Z. B. von einem Springbrunnen.

[8]) Z. B. Scheinwerfer (Endemann S. 470 Anm. 37) oder Anstrich einer Mauer mit blendend weißer Lackfarbe. Die Beschattung (Entziehung von Licht) ist keine unzulässige Einwirkung BayZfR. 1808 S. 125 (R.G).

[9]) Urteil des Reichsgerichts V 344/97 mitgeteilt von Turnau-Förster Anm. 2 zu § 906 (künstlich erzeugte Kälte).

[10]) Striethorst, Arch. Bd. 59 S. 1 (Pilze, welche sich auf Berberizensträuchern entwickeln und welche notorisch Rost in den Roggenfeldern herbeiführen). Vgl. hierzu oben § 11 S. 70 Anm. 5 und Endemann S. 461 Anm. 4. Cour d'appel Limoges mitgeteilt von Scherer 3. Jahrg. S. 306 (Tuberkelbazillen infolge eines Asyls für im letzten Stadium befindliche Lungenkranke).

[11]) Schnee. Vgl. Bolze Bd. 21 Nr. 52 (beim Schneeschippen eines Weges).

[12]) Geschosse. Vgl. Bolze Bd. 21 Nr. 54; Gruchot Bd. 45 S. 1016 (Haftung des Militärfiskus ohne Verschulden für das zufällige Herüberfliegen von Kugeln aus einem Militärschießstand).

[13]) Endemann S. 470 Anm. 37; Staudinger Bem. II, 3 zu § 906. Die Einwirkung von Starkstromleitungen auf bereits früher bestandene Schwachstromleitungen ist durch § 12 des Reichsgesetzes über das Telegraphenwesen vom 6. April 1892 (RGBl. 1892 S. 469) geregelt; s. hierüber oben S. 83.

[14]) Bienen. Vgl. RG. Bd. 12 S. 174; SeuffA. Bd. 47 Nr. 97; Pritzl SeuffBl. Bd. 66 S. 459; Endemann S. 469; Friedrichs DJZ. 1904 S. 685; Kuhlenbeck im Recht 1904 S. 309 gegen Strauß DJZ. 1903 S. 367. Für den durch Bienen herbeigeführten Schaden (Bienenstich) haftet der Bienenzüchter nach § 833; Pritzl in SeuffBl. Bd. 66 S. 465. Durch das Gesetz vom 30. Mai 1908 betreffend Aenderung des § 833 ist die Haftung des Halters von Haustieren gemildert worden. Die Biene ist kein Haustier. Ein Antrag, dem § 833 als Abs. 3 hinzuzufügen: „Die Bienen gelten als Haustiere" wurde abgelehnt. (Nr. 538 der Drucksachen des Reichstags 1907/08, Kom. Ber. S. 4, Reichstagsberatung S. 5142). Ueber das Recht des Selbstschutzes gegen Bienen und die Schranken dieses Rechtes s. unten § 14, V. Der Eigentumfreiheitsklage wegen Eindringens von Bienen ist die Grundlage entzogen, wenn der Bienenschwarm infolge Ausziehens herrenlos geworden ist (§ 971). Endemann S. 469 Anm. 35.

[15]) Tauben vgl. EntschOGH. Bd. 6 S. 400; SeuffA. Bd. 33 Nr. 5; SeuffBl. Bd. 42 S. 94. Vgl. dagegen Endemann S. 469 Anm. 35.

[16]) Mit manchen Gewerbebetrieben (z. B. Getreidelagern, Aufbereitung von

2. Alle diese Fälle fallen unter die Bestimmung des § 906 BGB. Zweifelhaft ist dies nur für das Eindringen von Bienen und Tauben sowie von Ratten und Mäusen; es ist fraglich, ob es sich um eine „ähnliche Einwirkung“ handelt, wie in den vom Gesetz aufgestellten Fällen. Doch dürfte dies zu bejahen sein; denn auch hier hat man es mit Körpern zu tun, welche von verhältnismäßig geringem Volumen sind und deren Abhaltung von den Nachbargrundstücken in Ansehung der Ratten und Mäusen geradezu unmöglich ist, in Ansehung der Bienen und Tauben zwar nicht gerade unmöglich, aber doch nach der Beschaffenheit der Tiere, denen eine rationelle Wirtschaft den Ausflug lassen muß, untunlich ist[1]). Dies trifft dagegen nicht zu bei Hühnern, Gänsen, Kaninchen, noch weniger bei Katzen, Hunden, Schafen, Rindern u. s. w. Hier kann es sich zweifelsohne nicht um eine ähnliche Einwirkung handeln. Der Eigentümer eines Grundstückes kann daher das Eindringen solcher Tiere schlechtweg verbieten[2]).

Was speziell das Eindringen von Bienen anlangt, so ergibt sich bei Anwendung der Grundsätze des § 906 folgendes.

a) Das Verbietungsrecht besteht vor allem dann nicht, wenn durch das Hinüberfliegen der Bienen die Benützung des Nachbargrundstückes nicht oder nicht wesentlich beeinträchtigt wird.

Ob eine wesentliche Beeinträchtigung vorliegt, wird einerseits nach der Menge der Bienen und der Zahl der Fälle, in welchen sie eindringen, andererseits nach der Art der Benützung des betr. Grundstückes zu entscheiden sein.

Die Belästigung ist weit fühlbarer in einem Restaurationsgarten als auf einer Wiese. Aber auch für einen Restaurationsgarten wird das Eindringen von Bienen nur dann als wesentliche Beeinträchtigung angesprochen werden können, wenn die Bienen in größerer Menge auftreten.

Aber selbst wenn durch die fremden Bienen die Benützung des Grundstücks wesentlich beeinträchtigt wird, kann dessen Eigentümer das Eindringen der Bienen dann nicht verbieten, wenn die Bienenzucht nach den örtlichen Verhältnissen bei Grundstücken der Lage wie die, von welchen die Bienen kommen, gewöhnlich ist. Auf dem Lande wird diese Voraussetzung eher zutreffen

---

Tierfellen) ist eine Ratten- und Mäuseplage verbunden, welche für die Nachbarn sehr lästig werden kann. Schadensersatzpflicht hier nur bei Verschulden, da § 833 nicht einschlägt.

[1]) A. M. Staudinger Bem. I, 5 zu § 906 und Nachweise.

[2]) Dem Eigentümer ist der Anspruch aus § 1004 BGB. gegeben; der Anspruch auf Beseitigung der Störung wird wohl kaum praktisch werden; wohl aber der Anspruch auf Unterlassung weiterer Beeinträchtigungen, wenn solche zu besorgen sind. Wenn ein Hund auf fremdem Gebiet einmal reviert, so ist diese Besorgnis nicht begründet; anders, wenn der Hund des Nachbars wiederholt in den Hofraum des Eigentümers läuft. Desgleichen ist der Anspruch auf Unterlassung begründet, wenn ein Ortseinwohner es wiederholt geschehen läßt, daß seine Gänse oder Hühner in fremde Gärten, Hofräume oder auf fremde Felder laufen. Die Klage ist gegen denjenigen, welcher die Tiere hält, zu richten; dieser muß dafür sorgen, daß die Gänse und Hühner nicht auf fremde Grundstücke laufen. Für den durch die Tiere angerichteten Schaden haftet er in Gemäßheit des § 833 Abs. 2 BGB. Daneben kommt noch das Feldschadengesetz vom 6. März 1902, GVBl. 1902 S. 99 in Betracht. Vgl. hierzu Th. von der Pfordten, Feldschadengesetz, Textausgabe mit Erläuterungen. 2. Aufl. 1907.

als in der Stadt[1]). Doch ist es keineswegs ausgeschlossen, daß auch in der Stadt, namentlich in den mit Gartenanlagen reichlich versehenen Teilen, Bienenzucht getrieben wird. Wo dies in einer Vielzahl von Fällen, so daß man von Ortsüblichkeit sprechen kann, vorkommt, kann der Inhaber eines Konzertgartens das Eindringen von Bienen nicht verbieten, auch wenn ihm hierdurch die Gäste vertrieben werden[2]).

3. Das Eindringen von Wasser, welches nicht in der Luft suspendiert ist[3]), wird durch § 906 BGB. nicht getroffen. Soweit Wasser, welches auf dem Boden oder von der Dachtraufe läuft, in Betracht kommt, sind die landesgesetzlichen Vorschriften anzuwenden; denn gemäß Art. 65 EG. bleiben die landesgesetzlichen Vorschriften, welche dem Wasserrecht angehören, durch das bürgerliche Gesetz unberührt. Nach Art. 17 Abs. 2 WG. ist der Eigentümer des niedriger liegenden Grundstückes nicht befugt, den natürlichen Ablauf des Wassers, welches sich auf dem höher liegenden Grundstück auf natürliche Weise ansammelt, zu dessen Nachteil zu hindern, während nach Art. 17 Abs. 1 WG. der Eigentümer nicht befugt ist, dem Wasser, welches auf seinem Grundstücke entspringt oder sich darauf natürlich sammelt, zum Abflusse auf fremdes Eigentum eine dieses belästigende andere Leitung, als wohin nach der Beschaffenheit des Bodens der natürliche Lauf geht, oder eine belästigende größere als die natürliche Stärke zu geben.

Auch die Frage, ob der Nachbar das durch den menschlichen Gebrauch hindurchgegangene, durch Fabrikabwässer verunreinigte Wasser von Privatflüssen aufnehmen muß, gehört dem Wasserrecht an[4]). Dagegen fällt das Versetzen des Grundwassers mit schädlichen chemischen Stoffen unter § 906[5]).

II. 1. Voraussetzung des § 906 ist, daß die Einwirkung von einem anderen Grundstück ausgeht[6]); ob dieses Grundstück unmittelbar angrenzt oder weiter entfernt liegt, so daß die Einwirkung erst durch Vermittlung der dazwischen liegenden Grundstücke herübergelangt, ist gleichgültig[7]). Es ist unerheblich, ob der Dritte,

---

[1]) Vgl. Prițl SeuffBl. Bd. 66 S. 459.

[2]) Recht des Selbstschutzes gegen eindringende Bienen (Vergiftung?) s. unten § 14, V.

[3]) Das Eindringen von Wasserstaub infolge eines Springbrunnens fällt unter § 906, nicht aber das Eindringen des ganzen Wasserstrahles des Springbrunnens, auch nicht, wenn derselbe nur zeitweilig z. B. durch stärkeren Wind auf das Nachbargrundstück hinübergetrieben wird.

[4]) A. M. Staudinger, Vorträge S. 334; vgl. auch die Anm. 7.

[5]) Gruchot Bd. 48 S. 939.

[6]) Dieses Erfordernis liegt nicht vor, wenn auf dem Grundstück des Beklagten ein Gewerbe betrieben wird, das zu Ansammlungen und zum Lärmen des Publikums auf der Straße Anlaß gibt. RG. Bd. 57 S. 240.

[7]) M. Bd. 3 S. 265 (Mugdan Bd. 3 S. 146); Haidlen, Nachbarrecht S. 6. Vgl. JW. 1882 S. 158. — Deshalb fällt auch die Immission der Fabrikabwässer in einen öffentlichen Fluß dann, aber auch nur dann unter § 906 BGB., wenn infolge dieser Einleitung aus dem Flusse übelriechende Gase oder Dämpfe

dessen Grundstück die Immission vermittelt, dieselbe aufnehmen muß[1]). Es ist nicht notwendig, daß die Quelle der Einwirkungen sich in maschinellen oder sonstigen Einrichtungen verkörpert. Es ist nicht einmal erforderlich, daß die Einwirkung mit der wirtschaftlichen Benützung des Grundstücks zusammenhängt[2]), sondern es handelt sich lediglich um räumliche Bezeichnung des Ursprungs der Einwirkung. Auch braucht derjenige, der die Einwirkung veranlaßt, zu dem Grundstücke, von welchem dieselbe ausgeht, in keinem rechtlichen Verhältnis als Eigentümer, Mieter u. s. w. zu stehen[3]).

Es ist daher nach § 906 zu beurteilen, wenn jemand auf der Straße eine Kanone abfeuert[4]).

Deshalb ist auch gegen übermäßige Belästigungen durch fortgesetztes Klavierspielen unter Umständen ein Verbietungsrecht des Eigentümers begründet[5]).

---

u. s. w. aufsteigen. Die Angrenzer des Flusses haben dann unter Umständen in Gemäßheit des § 906 einen Anspruch gegen den Fabrikanten. Hierbei ist jedoch zu beachten, daß § 906 nicht einschlägig ist insoweit, als durch die Fabrikabwässer der Gebrauch des Flußwassers beeinträchtigt wird. Diese Frage gehört dem Wasserrecht an. Vgl. hierzu RG. Bd. 53 S. 43.

[1]) IW. 1887 S. 125 Nr. 42.

[2]) A. M. Goldmann-Lilienthal II § 10 Anm. 29 u. 50, gebilligt von Staudinger Bem. I 4 zu § 906, die dem Inhaber einer Konditorei einen unbeschränkten Anspruch gegen die Rauchbelästigung eines Kastanienrösters gewähren. Diese Anschauung deckt sich weder mit den Bedürfnissen des Verkehrs noch mit dem Wortlaute des Gesetzes.

[3]) Vgl. IW. 1894 S. 30 Nr. 93.

[4]) Dies wird regelmäßig unzulässig sein. Eine andere Frage ist die, ob der Eigentümer des Grundstücks hierwegen eine Klage erheben kann. Die Beeinträchtigung ist mit dem Aufhören der Schallwirkung von selbst beseitigt. Die Gefahr der Wiederholung wird zur Zeit der Klageerhebung regelmäßig nicht mehr bestehen. Es ist deshalb auch kein Anspruch auf Beseitigung der Beeinträchtigung oder Unterlassung weiterer Beeinträchtigung (§ 1004 BGB.) gegeben. Ist infolge des Schreckens (vgl. hierzu ROHG. Bd. 21 S. 412), der durch den plötzlichen Knall verursacht wurde, die Gesundheit eines Hausbewohners beschädigt worden, so hat dieser einen Schadensersatzanspruch gem. § 823 BGB., weil das unerwartete Abfeuern einer Kanone in der Nähe bewohnter Häuser eine schuldhafte Handlung darstellt. Vgl. § 367 Nr. 8 StGB., worunter auch das blinde Schießen fällt (Stenglein Bd. 7 S. 217).

[5]) Vgl. DIZ. 1903 S. 552 (Braunschweig). Zum Teil A. M. Staudinger Anm. II, 1b zu § 906, weil gegen Belästigungen nach der rein persönlichen Seite der Schutz des Bürgerlichen Gesetzbuchs versage und dieser Schutz der polizeilichen und strafrechtlichen Regelung überlassen sei. Richtig ist, daß damit, daß ein Nervenkranker die Musik nicht vertragen kann, ein Verbietungsrecht nicht zu begründen ist. Wenn aber ein Haus als Wohnhaus benützt wird und die drei Töchter des Nachbars von früh bis nachts die lärmendsten Weisen bei offenem Fenster herunterspielen, dann ist das Wohnen in den angrenzenden Wohnhäusern jedermann verleidet, und daher nach objektivem Maßstabe die Benützung dieser Häuser zum Wohnen wesentlich beeinträchtigt. Eine andere Frage ist die, ob das Verbietungsrecht des Eigentümers nicht deswegen ausgeschlossen ist, weil die Einwirkung durch eine Benützung des anderen Grundstückes herbeigeführt wird, die nach den örtlichen Verhältnissen bei Grundstücken dieser Lage gewöhnlich ist (Vgl. Cosack Bd. 2 S. 152.). Gewiß ist es in Städten gewöhnlich,

2. Die Zuführung setzt kein positives Tun voraus, ein Nichthindern genügt. Wer zur Entstehung oder Verbreitung der Imponderabilien die Ursache liefert, muß es verantworten, daß diese ihren eigenen Weg nehmen[1]). Ist somit eine unmittelbare Tätigkeit nicht Voraussetzung des Begriffes „Zuführen", so erfordert derselbe doch ein eigenes Verhalten des Nachbarn; ein solches eigenes Verhalten liegt z. B. nicht vor, wenn sich Ruß auf einem Grundstücke von selbst angesammelt hat und später wieder aufgewirbelt wird[2]). Anders, wenn der Ruß aus den auf dem Grundstück selbst befindlichen Schlöten stammt. Ein eigenes Verhalten in dem erwähnten Sinne liegt nicht vor, wenn der Wind den in natura vorhandenen Kalkstaub auf das Nachbargrundstück trägt, anders dagegen, wenn der Staub durch die exerzierenden Truppen aufgewühlt wird[3]).

Die Unzulässigkeit einer Zuführung hat ein Verschulden des Immittenten nicht zur Voraussetzung[4]).

III. Die Zuführung solcher Imponderabilien durch eine eigene Leitung[5]) ist unter allen Umständen unzulässig. Eine besondere Leitung im Sinne des § 906 liegt dann vor, wenn die auch nicht beabsichtigte Wirkung der Einrichtung gerade darin besteht, daß hierdurch die Imponderabilien (Rauch, Dampf, Gas) von dem Grundstück, auf dem sie entstehen, weg auf ein anderes Grundstück gebracht werden[6]). Es ist nicht notwendig, daß die Leitung bis an die Grenze geführt ist. Andererseits ist aber erforderlich, daß die Leitung geeignet ist, den oben erwähnten Zweck zu erfüllen. Ist das Rohr,

---

daß Klavier gespielt wird, aber es gibt hierfür doch eine Grenze, bei der das Außergewöhnliche anfängt. Es kann daher der Klavierteufel auch durch den Zivilrichter ausgetrieben werden. A. M. Staudinger, Vorträge S. 335, weil hier nur eine Beeinträchtigung nach Maßgabe rein subjektiver Empfindungen vorliege. Es gibt aber eine Klavierplage, die den Durchschnittsmenschen, nicht nur den Musikprofessor, zur Verzweiflung bringen kann.

[1]) M. Bd. 3 S. 265 (Mugdan Bd. 3 S. 146); Maenner S. 161.

[2]) Crome Bd. 3 § 394 Anm. 23; Endemann S. 461 Anm. 4 und S. 470 Anm. 39 setzt als Voraussetzung der Unzulässigkeit einer Immission, daß ihre Ursache in einer Veranstaltung liegt, welche auf dem Nachbargrundstücke durch menschliche Arbeit eingerichtet ist, im Gegensatz zu den von Natur vorhandenen schädlichen Zuständen, zu deren Beseitigung keine Pflicht bestehe. Das ist im Prinzip richtig, soweit die Eigentumfreiheitsklage in Betracht kommt. In besonderen Fällen kann aber ausnahmsweise eine Ersatzpflicht begründet sein, s. über diese Frage oben S. 70 Anm. 5; s. dort auch den Fall, daß von einem Sumpfe Miasmen aufsteigen. Dernburg S. 273 unterstellt eine solche Unterlassung schlechthin dem § 906.

[3]) Vgl. die oben S. 94 Anm. 2 angeführte Entscheidung.

[4]) Staudinger Bem. I, 5 zu § 906; RG. Bd. 51 S. 408.

[5]) Selbstverständlich unbefugte; der Fall, daß eine Dienstbarkeit oder eine sonstige Berechtigung vorliegt, gehört nicht hierher. Staudinger, Vorträge S. 335.

[6]) Es ist deshalb gleichgültig, ob die Anlage durch menschliches Tun oder durch Naturgewalt oder von Tieren (Gänge) bewirkt worden ist. Vgl. Hörle, Verwaltungsarchiv Bd. 10 S. 368.

durch welches der Dampf ausströmt, zwar gegen das Nachbargrundstück gerichtet, aber die Mündung desselben soweit von der Grenze entfernt, daß der Dampf die ihm durch das Rohr gegebene Richtung nicht bis zur Grenze beibehalten kann, so ist dies nicht der Fall. Auf die absolute Unzulässigkeit der Zuführung durch eine besondere Leitung kann sich nur der Eigentümer jenes Grundstückes berufen, auf welches durch die Leitung ein **direkter** Einfluß ausgeübt wird.

Läßt z. B. der Fabrikherr unter Zustimmung seines unmittelbaren Angrenzers das Rohr, durch welches er den Dampf abführt, hart an dessen Grenze ausmünden, so kann der weiter entfernte Grundnachbar aus dem Umstande allein, daß eine besondere Leitung vorliegt, sein Verbietungsrecht nur dann begründen, wenn diese Leitung noch direkt auf sein Grundstück wirkt. Derjenige, der die Unzulässigkeit der Leitung behauptet, hat die Beweislast, daß eine besondere Leitung im obigen Sinne vorliegt. Ist dies der Fall, so kann er die Beseitigung dieser Leitung verlangen, auch wenn durch dieselbe die **Benützung** seines Grundstückes nicht oder nur unwesentlich beeinträchtigt wird. Wird das Interesse des Eigentümers aber durch die Leitung **überhaupt nicht** berührt, so kann dem Verlangen auf Beseitigung derselben unter Umständen § 226 BGB. im Wege stehen.

IV. Liegt keine besondere Leitung vor, sondern wirken die Imponderabilien lediglich durch ihre natürliche Verbreitung und unabhängig von menschlichem Zutun über die Grenze hinüber[1]), so gelten folgende Grundsätze:

**Der Eigentümer kann die Zuführung derartiger Immissionen nicht verbieten:**

1. insoweit die Einwirkung die Benützung seines Grundstückes nicht oder nur unwesentlich beeinträchtigt. Diese Frage bildet eine Rechtsfrage[2]). Einflüsse des gewöhnlichen Haushaltes oder des kleinen Gewerbebetriebs werden regelmäßig zu dulden sein[3]). Ob die Benützung des Grundstückes wesentlich beeinträchtigt wird, ist nach einem rein objektiven Maßstabe zu beurteilen. Hierbei ist davon auszugehen, daß der Eigentümer das Recht hat, sein Grundstück beliebig zu benützen. Auch eine für derartige Grundstücke außergewöhnliche Art der Benützung darf daher der Nachbar nicht

---

[1]) M. Bd. 3 S. 265 (Mugdan Bd. 3 S. 146).

[2]) Recht 1904 S. 603 Nr. 2608 (ObLG.). Natürlich wird diese Rechtsfrage auf der Grundlage tatsächlicher Erwägungen entschieden. Es kann sich hierbei oft um Fragen handeln, die ganz besonders schwierig sind, bei deren Beantwortung der Richter immerhin nicht allzu ängstlich zu Werke gehen darf. Er wird sich mit demjenigen hohen Grade der Wahrscheinlichkeit begnügen dürfen und müssen, der dem Umfange der menschlichen Erkenntnis und den Erfahrungen entspricht und Wahrheit ist für ihn das, was er nach dem Stande der Wissenschaft und auf Grund der bisherigen Erfahrungen für Wahrheit halten darf. Unter Berufung auf RG. Bd. 15 S. 338 angewendet auf den Beweis für die Schädlichkeit der Raucheinwirkung auf das Wachstum des Waldes von R. d. OLG. Bd. 2 S. 506 (Dresden).

[3]) Staudinger Bem. II, 4 zu § 906.

wesentlich beeinträchtigen. Es entscheidet weder die gewöhnliche, regelmäßige noch die bisher geübte Benützungsweise.

Beispielsweise wird dem Eigentümer einer Wiese, der dieselbe als Bleiche benützen will und deshalb durch den Rauch und Ruß der benachbarten Fabrik erheblich beeinträchtigt wird, der negatorische Anspruch nicht deshalb zu versagen sein, weil die Benützung der Wiese als Bleiche in jener Gegend ganz außergewöhnlich ist [1]).

Ob die Beeinträchtigung längere Zeit hindurch andauert oder ihrem Wesen nach vorübergehender Natur ist, ist nicht ausschlaggebend, kann aber sowohl für die Frage nach der Wesentlichkeit als für die Frage nach der Gemeinüblichkeit von Bedeutung werden [2]).

Wird auf dem bisher als Ackerland benützten Grundstück ein Wohnhaus errichtet, so steigert sich dadurch das Verbietungsrecht des Eigentümers gegen Immissionen. Der Fabrikherr kann sich nicht darauf berufen, daß seine Fabrik eher gestanden hat, als das Wohnhaus [3]). Der Umstand, daß die Beeinträchtigung nur dadurch zu einer wesentlichen wird, daß das Nachbarhaus schlecht gebaut ist und deshalb die Erschütterung, welche einem gut gebauten Hause nicht schaden würde, nicht aushalten kann, genügt nicht zur Begründung der Zulässigkeit dieser Einwirkung [4]). Die Beschränkung hat ihren Grund im Mangel eines wesentlichen Interesses. Weshalb aber ein solches vorliegt, ist ohne Bedeutung, ebenso der Umstand, daß es in der Hand des Eigentümers liegt, ein solches Interesse in Wegfall zu bringen.

Bei Prüfung der Frage, ob eine Einwirkung übermäßig ist, ist das Gericht keineswegs an etwa hierüber erlassene polizeiliche Anordnungen gebunden [5]); für die Frage nach der Wesentlichkeit der Beeinträchtigung müssen solche polizeiliche Anordnungen ganz einflußlos sein; für die Frage der Gemeinüblichkeit kann aber eine solche polizeiliche Anordnung als ein tatsächlicher Beweisbehelf verwertet werden. Gewerbepolizeiliche Genehmigung eines Betriebs kann den Anspruch auf Unterlassung unter Umständen in einen solchen auf bloße Schadloshaltung umwandeln [6]).

Wenn seitens verschiedener Nachbarn unabhängig voneinander Immissionen zugeführt werden und erst durch das Zusammenwirken

---

[1]) KommProt. S. 3534 (Mugdan Bd. 3 S. 581). Vgl. Recht 1908 S. 57 Nr. 317 (Herstellung von Teigwaren).

[2]) Die Aufführung eines Neubaus wird zumeist für den Nachbar eine recht wesentliche Beeinträchtigung darstellen; gleichwohl muß er die damit verbundenen Belästigungen dulden, weil das Bauen gemeinüblich ist; dies gilt selbst für jene Lagen, in welchen weit und breit noch kein Haus steht. In solchem Fall muß eben der Kreis der in Betracht kommenden Grundstücke weit hinaus gelegt werden. Vgl. Hörle, Verwaltungsarchiv Bd. 10 S. 368.

[3]) S. darüber unten S. 105.

[4]) Vgl. EntschOGH. Bd. 17 S. 19; Bolze Bd. 10 Nr. 67.

[5]) Recht 1905 S. 194 Nr. 846 (RG.), vgl. auch unten § 14, VIII.

[6]) S. darüber unten § 28; sonstige polizeiliche Genehmigung übt keinen rechtlichen Einfluß; vgl. JW. 1904 S. 487 Nr. 12.

aller Immissionen eine wesentliche Beeinträchtigung der Benützung des Grundstückes herbeigeführt wird, ist gleichwohl diese Beeinträchtigung als durch jede einzelne Immission herbeigeführt zu erachten. Dies ergibt sich aus dem oben erwähnten Zweck der Vorschrift; es ist jede einzelne Einwirkung kausal für den durch alle herbeigeführten Erfolg[1]). Auch kann von keinem der mehreren Immittenten eingewendet werden, daß die anderen neben oder vor ihm belangt werden müssen[2]).

Immer aber muß objektiv die Benützung beeinträchtigt sein. Es muß daher regelmäßig das Empfinden eines normalen Durchschnittsmenschen zugrunde gelegt werden; auf persönliche Nervosität oder individuelle Eigentümlichkeit ist keine Rücksicht zu nehmen[3]).

Der von der benachbarten Fabrik kommende Lärm beeinträchtigt die Benützung wesentlich, weil das davon betroffene Grundstück eine Nervenheilanstalt ist, nicht aber, weil der derzeitige Eigentümer nervenkrank ist[4]).

Zur Annahme einer wesentlichen Beeinträchtigung genügt es, wenn das Wohnen an Annehmlichkeit verliert und dadurch der Wert des Grundstücks herabgemindert wird[5]).

An der Wesentlichkeit der Beeinträchtigung ändert der Umstand nichts, daß dieselbe nur infolge einer solchen Benützung des von der Immission betroffenen Grundstückes herbeigeführt wird, welche ungewöhnlich ist. Auch kann sich der Immittent nicht darauf berufen, daß jener seine Schädigung selbst abwenden könne[6]).

2. Aber auch wenn durch die Zuführung von Immissionen die Benützung des benachbarten Grundstückes wesentlich beeinträchtigt wird, kann dessen Eigentümer die Zuführung dann nicht verbieten, wenn dieselbe durch eine Benützung des anderen Grundstückes herbei-

[1]) Vgl. RG Bd. 21 S. 300; Riehl, Gruchots Beitr. Bd. 51 S. 159 kommt praktisch zu demselben Ergebnis. Dem Immittenten liege der Nachweis ob, daß seine Immissionen nicht über das Maß des Erlaubten hinausgehen. Da diesen Nachweis in solchen Fällen niemand zu erbringen vermöge, so falle die das Maß des Gemeinüblichen und Erlaubten überschreitende Gesamtwirkung allen zur Last. Mir erscheint diese Begründung bedenklich. Beizupflichten wird aber Riehls weiterer Ausführung sein, daß es bezüglich der Schadensersatzklage ex delicto und § 26 der Gewerbeordnung darauf ankomme, ob der Anteil des einzelnen an dem angerichteten Schaden feststellbar sei oder nicht; ersterenfalls habe ein jeder nur die auf ihn fallende Quote des Schadens zu ersetzen; letzterenfalls haften alle als Gesamtschuldner, das ergebe sich bei der Deliktsklage aus § 830, bei der Klage aus § 26 der Gewwerbeordnung aus § 431 BGB.

[2]) Vgl. Bolze Bd 6 Nr. 134.

[3]) Endemann S. 472 Anm. 45; Recht 1903 S. 551 Nr. 2789 (Jena), ebenda S. 557 Nr. 2887 (Colmar); SeuffA. Bd 59 Nr. 125 (RG.); JW. 1904 S. 384 (Kinderspielplatz, Schlafen bei offenem Fenster). In einem Badeplatz sind bezüglich Lärms, Rauches u. s. w. strengere Anforderungen zu stellen als in einer andern Stadt, auch wenn dies keine Fabrikstadt ist. Vgl. JW. 1904 S. 203 Nr. 15 (Küchengerüche in einem Badeort).

[4]) Endemann S. 472 Anm. 45; Staudinger Anm. II, 1b zu § 906.

[5]) Recht 1908 S. 201 Nr. 1198 (Frankfurt).

[6]) A. M. Dernburg S. 274.

geführt wird, die nach den örtlichen Verhältnissen bei Grundstücken dieser Lage gewöhnlich ist. Damit will das Gesetz sagen: wenn in einer bestimmten Gegend („Lage") die Grundstücke gewöhnlich so benützt werden, daß die Benützung der anderen Grundstücke dieser Gegend dadurch beeinträchtigt wird, so sollen alle Grundstücke gleich behandelt werden, selbst wenn die Beeinträchtigung noch so wesentlich sein sollte; jeder Eingesessene dieser Gegend darf diese Benützung beginnen oder weiterführen, wie andererseits jeder Eigentümer dieser Lage verpflichtet ist, sich diese Störungen gefallen zu lassen[1]). Das Interesse der Allgemeinheit drängt eben das Interesse des einzelnen zurück. Ausschlaggebend ist in dieser Beziehung lediglich die Lage des Grundstückes, von dem die Einwirkung ausgeht.

Bei Prüfung der Frage, ob die Benützung gewöhnlich ist, ist die (nächste) Umgebung des in dieser Art benützten Grundstückes maßgebend, weiter entfernte Ortschaften oder die Verhältnisse in anderen Städten sind nicht zu berücksichtigen[2]). Immerhin ist es zulässig Ortsüblichkeit anzunehmen, wenn ein ähnlicher Betrieb (z. B. eine Schmiede) nicht in demselben Dorfe, wohl aber allgemein in anderen Dörfern auf ähnlicher Grundlage üblich ist[3]). Es sind aber zunächst die Verhältnisse der ganzen Stadt ins Auge zu fassen. Nur dann darf die Beobachtung auf einen Teil der Stadt beschränkt werden, wenn dieser durch die Art seiner Bebauung oder der dort betriebenen Gewerbe ein charakteristisches, von anderen Stadtteilen in objektiv erkennbarer Weise unterschiedenes Gepräge trägt[4]). Die Feststellung, daß der fragliche Stadtbezirk keine Fabrikgegend sei, in der Geräusche und Qualm in dem erwiesenen Maße als ortsüblich zu bezeichnen seien, genügt deshalb nicht, wenn die betreffende Stadt eine Fabrikstadt ist; dann wäre vielmehr die weitere Feststellung erforderlich, daß das Stadtviertel, in welchem die Grundstücke der Parteien liegen, ein Villenviertel ist[5]).

---

[1]) R. d. OLG. Bd. 2 S. 252; Recht 1908 S. 91 Nr. 526 (RG. jahrelange Bauarbeiten mit der Folge, daß das beeinträchtigte Haus nahezu unbewohnbar wurde). Dies gilt selbst dann, wenn durch die Einwirkung (Erschütterung) die Substanz des Nachbarhauses angegriffen wird (R. d. OLG. Bd. 5 S. 151 Breslau). Es darf keine Rücksicht darauf genommen werden, daß die Schädigung eine besonders große ist (z. B. infolge der Schonungsbedürftigkeit des auf Herstellung von Teigwaren gerichteten Gewerbes) Recht 1908 S. 57 Nr. 317 (RG.).

[2]) Recht 1903 S. 18 Nr. 32 (RG.), 1908 S. 57 Nr. 318 (RG.). Vgl. auch Recht 1903 S. 430 Nr. 2263 (ObLG. Verlegung einer Brückenwage in eine andere Stadtgegend). Es ist für die Beobachtung, unter angemessener Berücksichtigung aller Umstände, ein Bezirk abzugrenzen. JW. 1908 S. 12 Nr. 12.

[3]) DJZ. 1906 S. 486 (RG.). Handelt es sich um eine städtische Schmiede, so genügt zur Annahme der Ortsüblichkeit die Feststellung, daß der betreffende Stadtteil der unruhigste der ganzen Stadt ist (Recht 1907 S. 511 Nr. 1036). Vgl. R. d. OLG. Bd. 5 S. 151 (Breslau). Der mit dem Straßenbahnbetrieb verbundene Lärm gilt als ortsüblich (RG. Bd. 57 S. 224).

[4]) Recht 1904 S. 252 Nr. 1163; JW. 1904 S. 175 Nr. 18 (RG.).

[5]) Recht 1908 S. 92 Nr. 530 (RG.).

Um die Ortsüblichkeit annehmen zu können, ist eine gleichartige Uebung bei einer Mehrheit von Grundstücken erforderlich[1]). Deshalb genügt das zeitliche Nachfolgen eines einzigen neuen störenden Betriebes auf einen gänzlich beendeten störenden Betrieb nicht[2]). Es ist aber nicht erforderlich, daß die Betriebe, von welchen die Einwirkung ausgeht, gleichartig sind[3]), es genügt, wenn die Einwirkungen im wesentlichen gleichartig sind[4]). Es stellt kein Erfordernis für den Begriff der Gemeinüblichkeit dar, daß die betreffende Benützungsart während einer bestimmten längeren Zeit geübt worden ist[5]). Es kann deshalb diese Gemeinüblichkeit auch dadurch begründet werden, daß gleichzeitig eine größere Anzahl von Betrieben mit der gleichen Benützungsart in eine bis dahin hiervon freie Lage verlegt wird.

Wenn der Wind die unausstehlichen Gerüche eines Fabrikbetriebes in das eine halbe Stunde entfernte Villenquartier trägt, müssen das die Villenbewohner ertragen, wenn in der Lage, in welcher die Gerüche aufsteigen, eine Benützung, mit welcher die Erzeugung derartiger Gerüche verbunden ist, gewöhnlich ist[6]).

Der mit dem Dreschen verbundene Staub ist für denjenigen, der in einem Dorfe seine Sommervilla hat, so unangenehm, wie für den Bewohner eines städtischen Hauses. Aber den örtlichen Verhältnissen auf dem Lande entspricht es, daß der Landmann sein Getreide mittelst Dampfbetriebs ausdreschen läßt. Deshalb kann der Eigentümer der Sommervilla die damit verbundene Belästigung nicht von sich abweisen[7]). Dem Eigentümer des städtischen Anwesens steht dagegen das Verbietungrecht zu; denn in der Stadt ist der Dreschmaschinenbetrieb etwas Außergewöhnliches. Liegt das städtische Anwesen in einem Fabrikviertel, so wird sich jeder Eigentümer den mit dem Fabrikbetrieb verbundenen Rauch, Ruß und Lärm gefallen lassen müssen. Den Staub der Dampfdreschmaschine, der im Vergleich mit jenen Einwirkungen eine viel geringere Belästigung darstellen mag, braucht er dagegen nicht zu dulden; denn der landwirtschaftliche Betrieb wird für ein Fabrikviertel regelmäßig nicht als gewöhnliche Benützungsart gelten können. Andererseits kann unter Umständen auch auf dem Lande die Dampfdrescherei zu einer außergewöhnlichen Art der Benützung werden. Dann nämlich, wenn sie sich nicht darauf be-

[1]) JW. 1908 S. 12 Nr. 12 (RG.). Vgl. aber auch R. d. OLG. Bd. 5 S. 151.
[2]) Recht 1904 S. 282 Nr. 1280 (RG.).
[3]) R. d. OLG. Bd 5 S. 151 (Breslau).
[4]) Das ist aber nicht schon deshalb der Fall, weil die verschiedenen Betriebe Rauch zuführen. Es macht einen wesentlichen Unterschied in der Art der Zuführung aus, ob die den Rauch entwickelnden Eisenbahnlokomotiven in der Höhe des oberen Stockes und in der Entfernung von nur 1 m vorüberfahren und den Rauch unmittelbar auf das Haus werfen, oder ob der aus hohen Fabrikschlöten kommende Rauch erst nach der im Luftraum erfolgten Verteilung auf die Grundstücke herabkommt. Recht 1908 S. 91 Nr. 528 (RG.). Ein Eisenwerk kann sich nicht darauf berufen, daß gleiche und noch stärkere Einwirkungen durch den benachbarten Straßenbahnverkehr und Eisenbahnbetrieb verursacht werden, weil hinsichtlich der Art, des Maßes und der Zeit der Einwirkungen wesentliche Verschiedenheiten bestehen. Recht 1908 S. 201 Nr. 1199 (RG.).
[5]) Vgl. RG. Bd. 21 S. 299.
[6]) Cosack Bd. 2 S. 151.
[7]) Vgl. SeuffA. Bd 42 Nr. 100.

schränkt, eigenes Getreide auszudreschen, sondern als ein selbständiger Gewerbebetrieb ausgeübt wird. Der Eigentümer der Sommervilla in einem Dorf kann daher die Zuführung des mit dem Dampfmaschinenbetrieb verbundenen Staubes, Lärmes und Rauches verbieten, wenn der Dampfdreschmaschinenbesitzer, von dem die Ortsangehörigen ihr sämtliches Getreide gegen Entgelt ausdreschen lassen, die Dreschmaschine auf der Ortsstraße oder in einem benachbarten Hofe als Standquartier aufstellt; denn ein derartiger Großbetrieb ist nach den örtlichen Verhältnissen außergewöhnlich [1]). Anders, wenn der Dampfdreschmaschinenbesitzer mit seiner Maschine von Hof zu Hof zieht.

Auf dem Lande muß man die Gerüche eines Misthaufens und eines einigermaßen reinlich gehaltenen Schweinestalls in Kauf nehmen.

Liegt ein Dampfhammer in einem Industrieviertel, so müssen solche Erschütterungen, welche das Schreiben und Zeichnen behindern, ertragen werden, da es dort infolge der verschiedenen Werke, der Eisenbahn u. s. w. allenthalben zittert [2]).

Für die Frage, welche Benützung in einer Gegend gewöhnlich ist, kommt es nicht nur auf die Art, sondern auch auf das Maß der Benützung der anderen Grundstücke an. Ist ein bestimmter Betrieb, mit dem ein gewisser Grad von Geräusch verbunden ist, in der Gegend gewöhnlich und kann deshalb die Zuführung dieses Geräusches nicht verboten werden, so ist es deshalb noch nicht gestattet, den Betrieb rücksichtslos zu steigern, so daß nun die Störung, die bisher vielleicht die Grenze, wo sie wesentlich wird, nur wenig überschritten hat, weit über diese Grenze hinausgeht [3]).

Werden in einem Viertel die Grundstücke gewöhnlich in der Weise benützt, daß auf ihnen die Elektrizität in eigenen Kraftanlagen erzeugt wird, so kommt es noch weiter darauf an, welches Maß von Geräusch und von Erschütterungen hierbei gewöhnlich erzeugt wird [4]).

Der Begriff der Ortsüblichkeit ist im wesentlichen tatsächlicher Natur [5]). Für denselben ist die Anschauung der Bevölkerung maßgebend; die Anschauung der Polizeibehörde kann höchstens in dem Sinne eines Spiegels der Auffassung der Bevölkerung verwertet werden (s. oben S. 100, vgl. auch unten § 14, VIII).

Die örtlichen Verhältnisse sind jeweils nach dem derzeitig bestehenden Zustande zu würdigen [6]).

Ist eine Molkerei seinerzeit auf unbebautem Areal errichtet worden, so ist, wenn inzwischen die Stadt an die Molkerei herangewachsen ist,

---

[1]) Vgl. SeuffA. Bd. 48 Nr. 247.

[2]) Bolze Bd. 3 Nr. 89.

[3]) JW. 1903 Beil. S. 103. Vgl. JW. 1900 S. 890; 1903 Beil. S. 86; 1902 Beil. S. 202 (Uebergang zur Nachtarbeit); Recht 1903 S. 18 Nr. 32 (Erweiterung des Fabrikbetriebs); R. d. OLG. Bd. 5 S. 151 Breslau (Einführung eines neuen Verfahrens).

[4]) R. d. OLG. Bd. 2 S. 252.

[5]) JW. 1903 Beil. S. 86, 1905 S. 495 Nr. 21 (RG.)

[6]) Vgl. JW. 1893 S. 315 und 1902 Beil. S. 202; R. d. OLG. Bd. 6 S. 111. Mit der Aenderung der örtlichen Verhältnisse kann gerade auch der Maßstab des Gemeinüblichen eine Aenderung erfahren. Vgl. Gruchot Bd. 46 S. 370; Staudinger Bem. IIIc zu § 906; JW. 1907 S. 17 Nr. 20.

nach städtischen Verhältnissen zu entscheiden, ob die Benützung des Grundstückes zu einer Molkerei gewöhnlich ist[1]).

Ist andererseits durch das Anwachsen einer Stadt und durch die damit verbundene Steigerung des Bodenwertes aus einem früheren Fabrikviertel ein Wohnungsviertel geworden, indem nach und nach die Fabriken weiter hinausverlegt wurden, so darf der Fabrikherr, der allein seine Fabrik an der früheren Stelle weiter betreibt, den Ruß und Rauch seines Betriebes den benachbarten Grundstücken nicht mehr in der gleichen Weise zuleiten, wie früher.

Durch die **Priorität** (Prävention) wird eine Befugnis zur Fortsetzung der Immission nicht erworben[2]).

Der Fabrikherr kann sich daher nicht darauf berufen, daß seine Fabrik eher bestanden hat, als das Wohnhaus[3]).

Dies gilt auch für Entschädigungsansprüche wegen Immission selbst dann, wenn der Eigentümer des leidenden Grundstückes die nachteilige Einwirkung der auf dem Nachbargrundstücke befindlichen Anlagen auf die veränderte Benützung seines Grundstückes (Wohnhausbau) voraussehen mußte; denn dann durfte er auch annehmen, daß der Nachbar Vorkehrungen treffen werde, die von da im Gegensatz zu früher als schädlich empfundenen Einwirkung auf das zu ertragende Maß zurückzuführen[4]).

Auch eine **Verjährung** des Anspruchs auf Gestattung der Zuführung der Immission ist nicht denkbar. Selbst wenn die Immission 30 Jahre lang und länger unbeanstandet zugeführt wurde, so ist hierdurch kein Recht begründet worden, weil die Zuführung keine Rechtsausübung darstellt[5]).

Wenn ein Gärtner in einem Villenviertel seit 30 Jahren seinen Garten unbehelligt mit der Ausbeute seiner Senkgrube gedüngt hat, so darf der Nachbar die damit verbundene Einwirkung durch üble Gerüche gleichwohl verbieten. Denn weder die Rücksichtslosigkeit des einen, noch die Nachsicht des anderen hat einen Rechtszustand geschaffen[6]).

Entscheidend ist lediglich die tatsächliche allgemeine Uebung, wobei keineswegs Voraussetzung ist, daß **jedes** Grundstück des ganzen Ortes in gleicher Weise benützt wird. So ist es z. B. für die Ortsüblichkeit des Kegelns nicht erforderlich, daß etwa auf jedem Grundstück gekegelt wird[7]). Ist die Benützung des Grundstückes nach

---

[1]) Bolze Bd. 16 Nr. 65; JW. Bd. 1893 S. 315 Nr. 32.

[2]) JW. 1901 S. 19 Nr 30; Gruchot Bd. 27 S. 905; Recht 1901 S. 590 (Karlsruhe); JW. 1905 S. 495 Nr. 21 (Dampfkesselraum neben früher bestandenem Eiskeller). A. M. Hörle, Verwaltungsarchiv Bd. 10 S. 370 und zum Teil Endemann S. 473. Unzutreffend Scherer Bd. 3 S. 165: „Ein dreißigjähriger gleichmäßiger Betrieb begründet die Ortsüblichkeit im Sinne des § 906". Im Falle JW. 1890 S. 51 Nr. 17 wäre nach jetzigem Recht entgegengesetzt zu entscheiden.

[3]) SeuffA. Bd. 46 Nr. 248.

[4]) Gruchot Bd. 45 S. 1015 (RG.). Anders beim Bergbau s. Gruchot a. a. O.

[5]) Vgl. RG. Bd. 12 S. 173. Bd. 57 S. 229; Bd. 11 Nr. 51. Aehnlich, jedoch gegen Verallgemeinerung zurückhaltend, Recht 1907 S. 1467 (RG.).

[6]) Cosack Bd. 2 S. 152.

[7]) Gruchot Bd. 48 S. 605; DJZ. 1904 S. 40. Vgl. bez. des Kegelns JW. 1905 S. 231; danach soll das Kegeln in einer Stadt nur insoweit verboten

Art und Maß bei Grundstücken dieser Lage nach den örtlichen Verhältnissen gewöhnlich, so kommt es nicht darauf an, ob die Einwirkung durch angemessene Maßregeln vermieden werden könnte.

Der Fabrikeigentümer ist nicht verpflichtet schallsichere Fenster und Türen anzubringen, wenn dies auch sonst in jener Gegend nicht üblich ist. Er darf die Steinkohlen verwenden, die allgemein in der betreffenden Lage verfeuert werden, auch wenn dieselben besonders starken Qualm verursachen[1]). (Unter Umständen kann polizeilicher Schutz angerufen werden.) Dagegen muß der Fabrikant einen Rauchverzehrer auf seinem Kamin anbringen, wenn dies auch die anderen Fabrikanten seines Viertels tun.

Es kann sich für eine bestimmte Gegend eine Benützungsweise des Eigentums als die **dort** gewöhnliche im Gegensatz zu dem herausbilden, was anderwärts, wo Menschen in geordneten Verhältnissen zusammenleben, gebräuchlich ist und wo dies der Fall ist, muß diese Benützungsweise geduldet werden[2]).

Ein **Verzicht** auf die Ansprüche wegen an sich unzulässiger Immissionen ist natürlich wirksam. Derselbe kann auch stillschweigend erklärt werden; so z. B. kann in dem Verkauf der Teilfläche eines Grundstückes zur Errichtung einer Fabrik ein solcher Verzicht erblickt werden. Vgl. hierüber unten § 32.

V. Während der Eigentümer gemäß § 903 BGB. an sich jede Einwirkung Dritter ausschließen und zu diesem Behufe die negatorische Klage gegen den Störer erheben kann[3]), wird durch § 906 BGB. eine Eigentumsbeschränkung dahin statuiert, daß der Eigentümer gewisse Immissionen nicht verbieten, das heißt hierwegen den negatorischen Anspruch nicht erheben kann. Dagegen wird durch § 906 für den Eigentümer **keine Duldungspflicht** in dem Sinne begründet, daß es dem Eigentümer des beeinträchtigten Grundstückes verwehrt wäre, durch entsprechende Vorkehrungen die Immissionen **tatsächlich** abzuwehren[4]).

Er kann z. B. eine hohe Mauer zum Schutze gegen die Schallwellen des benachbarten Fabrikbetriebes errichten, auch wenn dadurch die Schallwellen für das Grundstück, auf welchem sie erzeugt werden, unerträglich werden sollten. Andererseits braucht der Eigentümer des beeinträchtigten Grundstückes solche Vorkehrungen nicht zu treffen[5]). Steht ihm das Verbietungsrecht zu, so wird es ihm durch den Umstand nicht entzogen, daß sein Haus außergewöhnlich dünne Wände hat und er durch deren Verstärkung in der Lage wäre, die Einwirkung der Schallwellen auf ein erträgliches Maß zurückzuführen[6]). Er braucht auch nicht zu ge-

---

werden können, als hierdurch ein übermäßiger, die Nachtruhe der Nachbarn störender Lärm in die Nachbarhäuser hinüberdringt. — Nach Gruchot Bd 48 S. 604 wird andererseits der Begriff der Ortsüblichkeit noch nicht dadurch erfüllt, daß sich in **einem Häuserblock** mehrere Kegelbahnen befinden.

[1]) Vgl. Cosack Bd. 2 S. 152.

[2]) Vgl. RG. Bd. 21 S. 299.

[3]) Vgl. hierüber unten § 14, VI.

[4]) M. Bd. 3 S. 268 (Mugdan Bd. 3 S. 148); KommProt. S. 3534 (Mugdan Bd. 3 S. 581).

[5]) Turnau-Förster Anm. 9 zu § 906, JW. 1898 S. 447 Nr. 39.

[6]) S. dagegen für bisheriges Recht SeuffA. Bd. 45 Nr. 240.

statten, daß der Nachbar selbst die Verstärkung der Mauer vornimmt, auch wenn dieser bereit ist, dies auf seine Kosten zu tun.

**Auch das Eindringen von Bienen kann der Nachbar durch entsprechende Vorkehrungen abwehren.**

Wie weit geht aber dieses Recht zur Abwehr? Darf der Nachbar die Bienen, welche in sein Grundstück eingedrungen sind, töten? Sie stehen im Eigentum des Imkers und sind für den Nachbar fremde Sachen. Eine vorsätzliche oder fahrlässige Vernichtung der Bienen verpflichtet daher zum Schadensersatz, soferne die Vernichtung widerrechtlich ist (§ 823). Die Widerrechtlichkeit wird vor allem durch § 228 ausgeschlossen: Wer eine fremde Sache beschädigt oder zerstört, um eine durch sie drohende Gefahr von sich oder einem anderen abzuwenden, handelt nicht widerrechtlich, wenn die Beschädigung oder die Zerstörung zur Abwendung der Gefahr erforderlich ist und der Schaden nicht außer Verhältnis zu der Gefahr steht. Hat der Handelnde die Gefahr verschuldet, so ist er zum Schadensersatz verpflichtet. Daß diese Selbstverteidigung nach § 228 nur gegenüber einer einzelnen Biene, die mich belästigt, zulässig sein soll[1]), vermag ich nicht einzusehen. Weshalb soll der Besitzer eines Konzertgartens, dem infolge einer förmlichen Bienenplage die Gäste vertrieben werden, nicht gegenüber dieser Gefahr, die sein Geschäft und vielleicht seine wirtschaftliche Existenz bedroht, das Recht des Selbstschutzes haben; es sind ja durch § 228 auch die reinen Vermögensinteressen geschützt[2]). Einer Ueberspannung des Rechtes auf Selbstschutz wird in der Praxis dadurch vorgebeugt werden, daß im Einzelfalle unter Berücksichtigung aller Umstände kritisch geprüft wird, ob denn wirklich die Vernichtung zur Abwendung der Gefahr erforderlich war und der Schaden nicht außer Verhältnis zu der Gefahr stand. Die Bienen müssen schon außergewöhnlich massenhaft in den Restaurationsgarten eingedrungen sein, wenn die Annahme gerechtfertigt sein soll, daß die Aufstellung von flüssigem Zucker, welchen die Bienen überreichlich mit der Folge des Verendens aufzunehmen pflegen, oder gar von Gift erforderlich war. Nur wenn dies der Fall war, entfällt die Rechtswidrigkeit. Bienen, die in *bewohnte Räume* eingedrungen sind, wird man regelmäßig mit allen Mitteln vernichten dürfen, gleichviel ob sie nur vereinzelt oder zahlreich auftreten; in solchem Falle wird man sich regelmäßig nicht anders helfen können[3]). Natürlich darf das wiederum nicht dazu mißbraucht werden, um die Bienen anzulocken und die eigens angelockten Bienen zu töten. Es geht nicht an, die Rechtswidrigkeit prinzipiell deshalb auszuschließen, weil das Aufstellen von flüssigem Zucker auf *eigenem* Grundstück nicht widerrechtlich sei (§ 903). An und für sich kann der Eigentümer freilich auf seinem Grundstücke tun was er will, aber so wenig er befugt ist, in seinem Garten einen giftigen Köder aufzustellen, um die fremden Katzen zu töten[4]), so wenig ist es ihm prinzi-

[1]) So Kuhlenbeck im Recht 1904 S. 309.

[2]) Staudinger Bem. 4a zu § 228.

[3]) Dem Schokoladefabrikanten ist es unbenommen, sich gegen das Eindringen von Bienen in die Fabrikräume dadurch zu schützen, daß er an den Luft- und Lichtöffnungen flüssigen Zucker vermischt mit Salzsäure aufstellt.

[4]) Vgl. hierzu auch RGSt. Bd. 34 S. 296. So kann auch das Legen von Selbstgeschossen (Fußangeln) auf eigenem Grund und Boden rechtswidrig sein. Die Selbstgeschosse müssen so eingerichtet sein, daß sie erst gegenüber einem beginnenden Angriff in Tätigkeit treten; andernfalls kann der Veranstalter bei eintretenden Verletzungen Unschuldiger verantwortlich werden. Vgl. Olshausen StGB. 7. Aufl. Bem. 12c zu § 53; vgl. ferner § 367 Nr. 8 StGB.). Durch die VO. vom 26. Januar 1908 (GVBl. 1908 S. 965, BayZfR. 1908 S. 444), den Schutz von Vögeln betreffend, ist das Fangen und Erlegen der dort angeführten Vögel schlechtweg verboten.

piell und unter allen Umständen erlaubt, einen zur Vernichtung der fremden Bienen bestimmten Stoff auszulegen. Ebenso ist es sicher, daß mir das Anlegen von Pflanzen auf meinem Grundstück nicht schon deshalb verboten werden kann, weil sie den Bienen schädlich sind; wenn aber die Anlegung dieser Bienenschädlinge gerade zu dem Zwecke geschieht, um die Bienen zu vernichten, kann dieses Mittel rücksichtlich der Zulässigkeit seiner Anwendung nicht anders beurteilt werden, als das vorsätzliche Erschießen einer Katze [1]).

Honigraub, Raubbienen.

Eine besondere Untersuchung bedarf nun der Fall, daß in den Bienenstock eines Züchters fremde Bienen eindringen und daraus den Honig rauben [2]). Darf der Bienenzüchter zum Schutz gegen diese Beraubung seines Stockes die fremden Bienen durch Aufstellung von Gift töten?

Es steht fest, daß es eine besondere Raubbienenart nicht gibt, daß niemand imstande ist, seine Bienen auf Raub auszusenden, der Besitzer der beraubten Stöcke in 100 Fällen 99mal selbst die Schuld an der Räuberei trägt [3]), der der raubenden Bienen aber stets und unter allen Umständen schuldlos ist [4]); insbesondere rauben die Bienen nicht aus Hunger oder Honigmangel, sondern aus dem natürlichen Triebe, Honig zu suchen, wo er eben zu finden ist [5]). Es kann auch dem Züchter der raubenden Bienen nicht zugemutet werden, daß er seinerseits seine raubenden Bienen in den Keller stellt, weil er dabei den Verlust des Honigs und selbst des Bienenvolkes riskiert. Endlich gibt es viele anderweitige Mittel zur Abwehr der sogen. Raubbienen, während von den Imkern in Theorie und Praxis einmütig als das verwerflichste Mittel der Selbsthilfe die Vergiftung der sogen. Raubbienen angesehen wird [6]).

Daraus ergibt sich, daß der Imker nicht berechtigt ist die fremden Raubbienen zu vergiften, da dies zur Abwendung der Gefahr nicht erforderlich ist; denn es stehen dem Imker genügend Mittel zu Gebote, um sich der Räubereien auf andere Weise als durch Tötung der Bienen zu erwehren. Das Vergiften der Raubbienen zum Schutz gegen die Räuberei verpflichtet deshalb zum Schadensersatz (§ 823) [7]). Aber selbst wenn die Widerrechtlichkeit durch § 228 ausgeschlossen wäre, würde in solchem Falle die Schadensersatzpflicht nach § 228 Abs. 2 bestehen, wenn der gefährdete Imker die Gefahr durch sein irrationelles Handeln selbst verschuldet hat [7]).

Da fast ausnahmslos der Eigentümer der beraubten Stöcke schuld an der Räuberei ist, wird man dies im gegebenen Falle insolange unterstellen dürfen, als nicht der Bienenzüchter den Exkulpationsbeweis erbringt.

---

[1]) Vgl. dagegen Friedrichs DJZ. 1904 S. 688; Kuhlenbeck im Recht 1904 S. 310; Kuhlenbeck will lediglich auf Grund des § 826 eine Haftung eintreten lassen. Strauß, DJZ. 1903 S. 367 versagt dem Grundeigentümer schlechtweg das Recht, auf seinem Grundstück Giftpflanzen zu halten oder Gift aufzustellen um die vorüberfliegenden Bienen zu töten.

[2]) Nicht zu verwechseln mit dem Einfall eines Bienenschwarmes in eine fremde, besetzte Bienenwohnung (Not-, Hunger- oder Bettelschwarm). Die diesbezüglichen Rechtsverhältnisse sind in § 964 BGB. geregelt.

[3]) Durch Verstöße gegen die Imkerkunst, insbes. durch Füttern bei Tage und bei offenen Fluglöchern. Berlepsch, Die Biene u. die Bienenzucht (1860), S. 164; Huber, Die neue nützliche Bienenzucht (1905), S. 39.

[4]) Berlepsch a. a. O. S. 170; Huber a. a. O. S. 42, vgl. auch Bienenzeitung 1898 S. 152.

[5]) Berlepsch a. a. O. S. 170; Huber a. a. O. S. 38.

[6]) Berlepsch und Huber a. a. O.

[7]) Urteil des Landgerichts Würzburg vom 13. Febr. 1907 R.-Nr. 745/A II 1905.

Abgesehen von § 228 Abs. 2 kann hier übrigens unbedenklich § 826 angewendet werden, denn das Vergiften der Raubbienen gilt nach der Meinung aller anständigen Bienenzüchter als unanständig und unmoralisch.

VI. Die Eigentumfreiheitsklage (s. hierüber das Nähere unten § 27). Insoweit die Einwirkung durch Immissionen nach den Bestimmungen des § 906 nicht erlaubt ist, ist der Nachbar gemäß § 903 BGB. zur Ausschließung der Einwirkung berechtigt[1]). Die Klage, mit welcher diese unzulässige Einwirkung abgewehrt wird, ist die Eigentumfreiheitsklage des § 1004 BGB. Dieselbe geht auf Beseitigung der Beeinträchtigung und auf Unterlassung weiterer Beeinträchtigung.

Der Anspruch auf Beseitigung der Beeinträchtigung setzt das objektive Bestehen eines durch den Willen einer anderen Person aufrecht erhaltenen körperlichen Zustandes voraus; hier kommen solche Anlagen in Betracht, welche durch ihre Benützung eine unzulässige Immission auf das Nachbargrundstück bewirken (§ 907), s. hierüber unten § 27, II, 1.

Der Anspruch auf Unterlassung weiterer Beeinträchtigung setzt lediglich voraus, daß nach den Umständen weitere Beeinträchtigungen zu besorgen sind (s. darüber unten § 27, II, 2). Der Klagsanspruch geht in solchem Falle dahin: der Beklagte hat die Zuführung von Rauch und Ruß auf das Grundstück des Klägers insoweit zu unterlassen, als dieselbe die Benützung dieses Grundstückes wesentlich beeinträchtigt und durch eine Benützung des beklagtischen Grundstückes herbeigeführt wird, welche nach den örtlichen Verhältnissen bei Grundstücken dieser Lage ungewöhnlich ist. Der Kläger braucht nicht die Vorkehrung bestimmter Maßregeln, durch welche die unzulässige Beeinträchtigung hintangehalten werden soll, zu verlangen; er darf dies nicht einmal tun, ebensowenig als das Urteil hierüber Bestimmung zu treffen hat. All dies gehört in das Zwangsvollstreckungsverfahren (Näheres hierüber s. unten § 27, II, 2).

Aktiv legitimiert zur Eigentumfreiheitsklage ist der Eigentümer und der dinglich Berechtigte, nicht aber der Mieter und Pächter[2]) (s. darüber § 27, IV, 1).

---

[1]) Der Immittent kann sich nicht darauf berufen, daß durch zu hohe Anforderungen hinsichtlich der Vermeidung schädlicher Einflüsse eine bestimmte Industrie vernichtet würde; Recht 1908 S. 57 Nr. 318 (RG.).

[2]) RG. Bd. 59 S. 327. Der Mieter kann aber wegen Immissionen die Besitzstörungsklage erheben. Vgl. Endemann S. 474 Anm. 52 und 244 Anm. 9. — Auch kann der Mieter den Vermieter aus § 536 dazu anhalten, daß er seinerseits gegen den Nachbar vorgeht. Vgl. R. d. OLG. Bd. 17 S. 26 (Dresden). Eventuell kann der Mieter nach § 544 oder, wenn der Vermieter trotz Aufforderung nicht die erforderlichen Maßnahmen gegen den Nachbar ergreift, aus § 538 ohne Kündigungsfrist aufkündigen. Hat aber der Mieter beim Abschluß des Mietvertrags gewußt, daß nebenan ein Hammerwerk betrieben werde, so stehen ihm gegenüber dem Vermieter diese Rechte nicht zu (§ 539), während sein Anspruch auf Besitzschutz gegen den Nachbar von einer solchen Kenntnis nicht berührt wird.

Passiv legitimiert zur Eigentumfreiheitsklage ist der Störer (vgl. hierüber unten § 27, IV, 2), ohne Rücksicht darauf, ob er Eigentümer des Grundstückes ist, von welchem die Störung ausgeht. Aber der letztere kann unter Umständen schon deswegen als Störer angesprochen werden, weil er den Zustand der Beeinträchtigung oder Gefährdung, der von seinem Grundstück aus für den Nachbarn herbeigeführt worden ist, nicht abstellt (z. B. als Vermieter bezüglich der von seinem Mieter begangenen Störung); s. darüber unten § 27, IV, 2.

Eine besondere Gestaltung erleidet die Eigentumfreiheitsklage gegenüber gewerblichen Anlagen durch § 26 der Reichsgewerbeordnung und gegenüber Verkehrsunternehmungen durch Art. 80 AG. (s. darüber unten § 28).

Die Eigentumfreiheitsklage selbst geht nicht auf Schadensersatz; hierfür ist Verschulden des Immittenten Voraussetzung (§ 823). Derselbe mußte voraussehen oder bei Anwendung der pflichtgemäßen Sorgfalt voraussehen können, daß von seinem Grundstücke aus eine unzulässige Einwirkung im Sinne des § 906 auf das Nachbargrundstück erfolgen werde (s. darüber unten § 29).

Nur in jenen Fällen, in welchen dem beeinträchtigten Eigentümer der Anspruch auf Beseitigung und Unterlassung der Immission durch Sondervorschrift entzogen ist, soll nach der herrschenden, insbesondere auch vom Reichsgericht vertretenen Ansicht auch ohne Nachweis eines Verschuldens ein Schadensersatzanspruch bestehen (s. darüber unten § 28 und 29).

VII. Die Beweislast dafür, daß die Immission zulässig sei, trägt der Immittent. Der Eigentümer, welcher die Immission verbietet und den negatorischen Anspruch wegen der Immission erhebt, hat nur zu beweisen, daß eine Einwirkung vorliegt. Damit hat er zunächst seine Befugnis zur Abwehr dargetan; denn dieselbe liegt an sich im Begriffe des Eigentums. Sache des Immittenten ist es darzutun, daß diese Einwirkung erlaubt ist, daß also entweder durch die Einwirkung die Benützung des Grundstückes nicht oder nur unwesentlich beeinträchtigt wird, oder aber die Einwirkung durch eine Benützung des anderen Grundstückes herbeigeführt wird, die nach den örtlichen Verhältnissen bei Grundstücken dieser Lage gewöhnlich ist[1]).

VIII. Selbstverständlich läßt § 906 alle im öffentlichen Rechte begründeten Vorschriften unberührt, andererseits wird eine nach § 906 unzuläsige Immission durch polizeiliche Genehmigung nicht zulässig[2]). So kann der Eigentümer eines Grundstückes die nach § 906 nicht

---

[1]) Biermann Anm. zu § 906; Maenner S. 163; JW. 1901 S. 640 (RG.), 1902 Beil. S. 202 (RG.); Recht 1904 S. 282 Nr. 1280 (RG.); Ortloff, Arch. f. bürg. Recht Bd. 26 S. 333; A. M. Bunsen, Bernhöft und Binders Beitr. Heft 6 S. 419, weil das Gesetz für den Regelfall das Verbietungsrecht ausschließe und den Anspruch nur ausnahmsweise gewähre.

[2]) Vgl. oben S. 100 und 104.

zulässige Zuführung des mit dem Fässerpichen verbundenen Rauches und Geruches auch dann verbieten, wenn das Fässerpichen auf dem von der Ortspolizeibehörde angewiesenen Platze stattfindet.

Beispielsweise seien erwähnt: § 368 Nr. 6 StGB. Art. 45, 96 des Forstgesetzes (Anzünden von Feuer an gefährlichen Stellen in Wäldern, Heiden oder in gefährlicher Nähe von Gebäuden oder feuerfangenden Sachen), § 3 Abs. 3, §§ 19, 12 der VO. vom 27. Juni 1862. § 368 Nr. 7 StGB. (Schießen mit Feuergewehr oder Abbrennen von Feuerwerken in gefährlicher Nähe von Gebäuden oder feuerfangenden Sachen), § 368 Nr. 8 StGB. und § 8 der Komp. VO. vom 4. Januar 1872 (Das Schießen und Abbrennen von Feuerwerkskörpern an bewohnten oder von Menschen besuchten Orten ohne distriktspolizeiliche Genehmigung); Art. 32 PStGB., § 15 der Komp. VO. vom 4. Januar 1872 (die Veranstaltung öffentlicher Feuerwerke)[1]), § 368 Nr. 8 StGB., VO. vom 27. Juni 1862 (das Feuermachen im Freien innerhalb der Ortschaften außer in Notfällen ist ohne ortspolizeiliche Genehmigung verboten, ebenso ist das Auspichen der Fässer an andern als den von der Ortspolizeibehörde bestimmten Plätzen, der Gebrauch von Fackeln, Leuchtpfannen ohne ortspolizeiliche Genehmigung verboten). Art. 78 PStGB. § 22, Komp. VO. vom 4. Januar 1872 (Anlegung einer Schießstätte)[2]).

## § 15. Verbotene Anlagen[3]).

I. Es gibt eine Menge von Anlagen, bei deren Errichtung sich der Eigentümer zwar noch streng innerhalb der Grenzen seines Eigentums hält, welche indessen im Laufe der Zeit, sei es, daß sie selbsttätig funktionieren, sei es, daß sie ihrem Zwecke gemäß benützt werden, zu unzulässigen Einwirkungen führen[4]). Die Erlassung von Spezial-

---

[1]) Vgl. auch §§ 33b, 60a Reichsgewerbeordnung.

[2]) Bez. der Anlegung eines Militärschießplatzes s. Pechmann, Wirkungskreis der Distriktsverwaltungsbehörden Bd. 1 S. 263.

[3]) Das allgemeine Prinzip von der Abgrenzung der im Eigentum liegenden Machtverhältnisse der Grundstückseigentümer beruht auf dem Grundsatze, daß jeder auf seinem Grund und Boden unbeschränkt ist, daß er jedoch bei Ausübung seiner Befugnisse nicht hinübergreifen darf in die Eigentumssphäre des Nachbarn. Solange daher eine von dem Eigentümer auf seinem Grundstück getroffene Einrichtung noch keine Einwirkung auf das Nachbargrundstück gezeitigt hat, hat der Eigentümer des letzteren kein Recht, gegen den anderen einen Anspruch zu erheben, auch wenn mit Sicherheit oder doch Wahrscheinlichkeit in Zukunft unzulässige Einwirkungen von seiten der Nachbareinrichtungen hervortreten werden.

Dieses allgemeine Prinzip wird aus wohlerwogenen Zweckmäßigkeitsgründen vom Bürgerlichen Gesetzbuch durchbrochen. Es wäre unbillig, dem Nachbar unter allen Umständen die Geltendmachung eines Anspruches zu versagen, bis tatsächlich die unzulässige Einwirkung erfolgt und somit der Schaden eintritt. Die Vorschriften, welche dem Schutze des Eigentums bei bloßer Gefährdung desselben, also vor der tatsächlich erfolgten Einwirkung, dienen, sind in den §§ 907—909 des BGB. normiert (§§ 15—17 dieser Abhandlung).

[4]) M. Bd. 3 S. 293 (Mugdan Bd. 3 S. 162).

bestimmungen, welche von der besonderen Natur der einzelnen Arten von Anlagen ausgehend die Einhaltung von Abständen gebieten und Vorsichtsmaßregeln auferlegen, hat man im Bürgerlichen Gesetzbuche mit Rücksicht auf die lokale Verschiedenheit der Anschauungen nicht für angezeigt erachtet. Dies wurde durch den Vorbehalt des Art. 124 des EG. der Landesgesetzgebung überlassen. Bayern hat übrigens von diesem Vorbehalt rücksichtlich der in § 907 BGB. in Betracht kommenden Anlagen keinen Gebrauch gemacht. Privatrechtliche Vorschriften über den Abstand solcher Anlagen existieren daher in Bayern nicht[1]). Die früheren partikularrechtlichen Normen haben auch für die Anlagen, die vor dem 1. Januar 1900 errichtet wurden, keine Geltung mehr; so z. B. die Vorschriften des Preußischen-, Münchener-, Nürnberger-, Mainzer-, Augsburger-, Regensburger-, Ulmer- und Memminger-Rechtes über den Abstand für Abtritte; des Preußischen-, Münchener-, Memminger-, Augsburger- und Regensburger-Rechtes für Mistgruben; des Preußischen Landrechtes und Augsburger-Rechtes für Brunnen[2]). Dagegen sind die Vorschriften öffentlich-rechtlicher Natur, welche sich auf den Abstand von Anlagen von der Grenze beziehen, durch das Bürgerliche Gesetzbuch nicht berührt worden, und haben dieselben daher fortdauernde Geltung. Hierbei ist aber zu beachten, daß die Nichteinhaltung derartiger Polizeigesetze dem hiervon benachteiligten Nachbar keine Berechtigung zur Erhebung des negatorischen Anspruchs[3]), sondern nur Veranlassung zur Erhebung einer Beschwerde im Verwaltungswege geben kann; denn der Eigentümer hat kein Privatrecht auf Einhaltung dieser durch Polizeivorschriften normierten Abstände[4]).

---

[1]) Bei einer örtlichen Statutenkollision entscheidet über das Erfordernis des Grenzabstandes von Anlagen an sich das Recht desjenigen Gebietes, auf welchem sich die betreffende Anlage befindet. Müßte jedoch nach diesem Rechte ein Abstand eingehalten werden, nach dem Rechte des daran angrenzenden Grundstückes aber nicht oder nur in geringerem Maße, so ist nur diese Vorschrift zu berücksichtigen. Mit anderen Worten: bei Grundstücken, welche durch die Grenze verschiedener Rechtsgebiete geschieden sind, braucht für beide Grundstücke nur diejenige Rechtsvorschrift eingehalten zu werden, welche das Halten der Anlagen weniger erschwert. Vgl. Endemann S. 476 Anm. 60.

[2]) Vgl. Roth, Bayer. Zivilrecht Bd. 2 § 125 Anm. 17 ff.

[3]) JW. 1908 S. 142 Nr. 12 (RG.).

[4]) Durch Art. 73 des PStGB. in Verbindung mit § 52 der Bauordnung sind dem Verordnungswege und der Polizeibehörde Anordnungen über Anlage, Einrichtung oder Abänderung von Abtritten, Dung- und Versitzgruben in Wohngebäuden oder in unmittelbarer Nähe von Wohnungen, Brunnen oder Brunnenquellen vorbehalten und können daher durch Verordnung mit Wirkung für das ganze Königreich oder durch eine distrikts- oder ortspolizeiliche Verfügung mit Wirkung für den Amtsbezirk Vorschriften über den Grenzabstand der Abtritte, Dung- und Versitzgruben rechtswirksam gegeben werden. Dung- und Versitzgruben müssen gemäß § 52 Abs. 2 der Bauordnung unter allen Umständen mindestens 1 m von den Umfassungsmauern bewohnter Gebäude entfernt sein.

Den Angrenzern von Staatsstraßen ist verboten, Zäune auf freiem Felde

II. Wo nun landesgesetzliche Spezialbestimmungen fehlen, könnten fühlbare Lücken in der Gesetzgebung zutage treten, wenn nicht das Bürgerliche Gesetzbuch allgemeine Grundsätze für derartige Anlagen aufstellen würde. Bei Anlagen, welche ihre Wirkung allmählich und unter kaum merklichen Fortschritten auf das Nachbargebiet erstrecken, wird die Lage beider Teile verschlimmert, wenn erst das Vorliegen einer grenzüberschreitenden Beeinträchtigung konstatiert werden muß, da die Erlangung des früheren Zustandes für den Beeinträchtigten erschwert und die Restitution für den anderen Teil mit großer Mühe und Kosten verbunden ist[1]). Aus diesem Grunde rechtfertigt sich ein prinzipielles und allgemeines Präventivverbot, welches die von der Anlage ausgehenden Wirkungen, bevor sie die Grenzen überschreiten und fremdes Recht verletzen, zu verhüten sucht.

Demgemäß wird durch § 907 BGB. dem Eigentümer eines Grundstückes die Befugnis verliehen zu verlangen, daß auf den Nachbargrundstücken nicht Anlagen hergestellt oder gehalten werden, von denen mit Sicherheit vorauszusehen ist, daß ihr Bestand oder ihre Benützung eine unzulässige Einwirkung auf sein Grundstück zur Folge hat. Dieser Anspruch ist durch § 924 BGB. der Verjährung entzogen.

Das Wesentliche bei § 907 ist somit, daß zur Begründung des Beseitigungsanspruches noch keine unzulässigen Einwirkungen auf das Nachbargrundstück stattgefunden zu haben brauchen[2]). § 907 setzt nicht voraus, daß die beiden in Betracht kommenden Grundstücke unmittelbar aneinander angrenzen[3]).

1. Unter Anlage[4]) ist ein Werk von gewisser Selbständigkeit, ein Bau oder ein Bauteil u. dergl. zu verstehen, also nicht eine bloß räumliche Veränderung, wie Erhöhung oder Tieferlegung eines Grundstückes, z. B. die bloße erhöhende Aufschüttung einer Straße oder

---

näher als 3 Schuh an die Straßengräben vorzurücken und hohe Zäune zu errichten. Verordnung vom 16. August 1805 Z. V. RegBl. S. 897.

Gegen die Errichtung genehmigungspflichtiger gewerblicher Anlagen können im Verwaltungswege Einwendungen erhoben werden (§ 17 Abs. 2 Gewerbeordnung). In diesem Verwaltungsverfahren sind auch die nachbarrechtlichen Vorschriften zu berücksichtigen. Dem Zivilrechte wird durch die Entscheidung der Verwaltungsbehörde selbstverständlich nicht präjudiziert. Möglicherweise kann aber § 26 Gewerbeordnung einen Einfluß auf die Art des zustehenden Anspruches üben. S. unten § 28.

[1]) M. Bd. 3 S. 294 (Mugdan Bd. 3 S. 163).

[2]) RG. Bd. 50 S. 229.

[3]) A. M. Staudinger Bem. I, 3 zu § 907.

[4]) Hörle, Verwaltungsarchiv Bd. 10 S. 393 führt beispielsweise als Anlage im Sinne des § 907 auf: Dunggruben, Schlammgruben, Schmutzkanäle, Aborte, Brunnen, Gräben, Teiche, Häute- oder Knochenlager, Schweineställe, Fisch- und Geflügelschlächtereien, Schmieden, Backöfen, Rauchfänge, Heizungs- und Feuerungsanlagen, Brauereien, Wollwäschereien, Anstalten zur Bereitung künstlicher Mineralwässer, Salzmagazine, Gruben mit ätzenden Flüssigkeiten, sowie der Genehmigungspflicht nicht unterworfene Rauchwarenzubereitungsanstalten, Färbereien, Feldziegelöfen, Feldbrände, elektrische Leitungen.

deren Tieferlegung, mag auch dadurch der Zugang zu dem Nachbargrundstücke erschwert oder demselben die Aussicht oder das Licht beeinträchtigt werden[1]). Dagegen ist der Ausbau einer Straße dann als Anlage im Sinne des § 907 zu erachten, wenn dabei Wassergräben und Kanäle angelegt sind, welche dem Nachbargrundstück unzulässige Einwirkungen zuführen[2]).

Desgleichen Schlamm- und Sandmassen, die beim Bau eines Kanals aufgeschüttet worden sind[3]). Ein Bienenkorb unmittelbar an der Grenze kann als Anlage im Sinne des § 907 angesprochen werden, desgleichen ein Taubenschlag. Auch eine in einem öffentlichen Flusse

---

[1]) RG. Bd. 51 S. 253, wonach gegen die Erhöhung einer öffentlichen städtischen Straße dem dadurch geschädigten Angrenzer nach dem Bürgerlichen Gesetzbuch nur dann ein Verbietungsrecht oder ein Schadensersatzanspruch zusteht, wenn er ein besonderes wohlerworbenes Dienstbarkeits- oder Vertragsrecht darauf nachzuweisen vermöge. Ueber Aufhebung und Aenderung einer öffentlichen Straße vgl. die Abhandlung von Kober, SeuffBl. Bd. 61 S. 1 ff., der die Entschädigungspflicht aus einem obligatorischen Garantievertrage ableitet. Maenner S. 157 Anm. 6 läßt das bisherige Recht weiter gelten, soweit der Straßenbau und der Hausbau vor dem Inkrafttreten des BGB. vor sich gingen, gleichviel ob es sich um ein dingliches Recht oder um ein Schuldverhältnis handle. Soweit hiernach das neue Recht anzuwenden sei, werde man zu dem gleichen Resultat gelangen können wie bisher, indem nur in jenen Gebieten, in welchen bisher die Verpflichtung des Straßeneigentümers anerkannt war, die Annahme einer stillschweigenden Begründung des Rechtsverhältnisses gerechtfertigt erscheine. Küster bei Gruchot Bd. 48 S. 745 möchte das einschlägige bisherige Recht auf Grund des Art. 113 EG. aufrecht erhalten.

Dernburg S. 239 lehnt den stillschweigenden Vertrag ab und sucht das Recht der Straßengrundstücke auf die Kommunikation durch die Straße aus der „Natur der Dinge“ abzuleiten. — Von anderen wird ganz allgemein der Satz aufgestellt, daß für alle Schädigungen Privater, die durch Maßnahmen im öffentlichen Interesse hervorgerufen werden, das betreffende Gemeinwesen zu haften habe; so SeuffA. Bd. 7 Nr. 184, Bd. 10 Nr. 166, Bd. 29 Nr. 244, Dernburg, Pand. Bd. 1 § 72, Gierke, Genossenschafts-Theorie S. 194; Regelsberger, Pand. Bd. 1 S. 423 und dagegen SeuffA. Bd. 37 Nr. 224, Kober, SeuffBl. Bd. 61 S. 17. Für das preußische Recht hat das Reichsgericht in konstanter Rechtsprechung einen servitutarischen Sonderrechtsanspruch des Straßenanliegers angenommen RG. Bd. 44 S. 284, JW. 1900 S. 167 Nr. 44; 1902 S. 192 Nr. 45; 1903 S. 275 Nr. 18, RG. Bd. 56 S. 101; ebenso für das rheinische Recht RG. Bd. 10 S. 271; PuchZ. Bd. 24 S. 74; JW. 1900 S. 85 Nr. 33 auf Grund eines stillschweigenden Vertragsverhältnisses. Dagegen lehnt das Reichsgericht für das Gebiet des gemeinen Rechts jeden Anspruch des Straßenanliegers ab. RG. Bd. 3 S. 171, Bd. 6 S. 160, JW. 1889 S. 209 Nr. 19, 1902 S. 319 Nr. 41, 1903 Beil. S. 89; RG. Bd. 51 S. 255; BayZfR. 1908 S. 123. — Oertmann S. 397 spricht für Bayern den Straßenanliegern ein Sonderrecht ab. Uebrigens sind für Streitigkeiten über Anlegung und Aenderung öffentlicher Straßen, somit auch über Nivellierung solcher Straßen, die Gerichte nicht zuständig, selbst dann nicht, wenn der Anspruch auf Einhaltung eines gewissen Nivellementsplanes auf einen Vertrag mit der Stadtgemeinde gestützt wird. Entsch. d. Kompetenzkonfliktsgerichtshofes vom 30. Nov. 1882, Bd. 1 S. 43, auch im GVBl. 1883 Beil. I.

[2]) Recht 1906 S. 1197 Nr. 2848 (Frankfurt).

[3]) RG. Bd. 60 S. 138; JW. 1905 S. 201 Nr. 5.

errichtete Stauanlage, durch welche das Grundstück eines Anliegers beeinträchtigt wird, gehört hierher[1]).

Nur Anlagen, welche eine Einwirkung auf das Nachbargrundstück ausüben, können unter § 907 fallen, nicht dagegen solche Anlagen, die sich streng auf der Grundfläche ihres Eigentümers halten und nicht in das Gebiet des anderen Grundstückes hinübergreifen, wenn sie dieses auch vielleicht durch Entziehung von Licht, Aussicht oder Bequemlichkeiten beeinträchtigen[2]); deshalb gehört eine Bretterwand nicht zu den Anlagen im Sinne des § 907[3]), noch weniger Fenster, für welche überhaupt die landesrechtlichen Vorschriften gelten[4]), dagegen sind Türen, welche bestimmungsgemäß nur den Zweck haben können, den Uebertritt von einem Anwesen auf ein Nachbargrundstück zu ermöglichen, Anlagen im Sinne des § 907[5]), desgleichen der Straßenanschluß, durch welchen jemand eine auf seinem Grundstück angelegte Straße in den Weg eines anderen einmünden läßt[6]).

Ein unmittelbar vor dem Fenster des Nachbars aufgestellter Kandelaber ist keine unzulässige Anlage, wenn auch hierdurch die Gefahr des Einsteigens in das Nachbarhaus begründet wird. Denn der Eigentümer ist nach § 903 befugt, den Kandelaber aufzustellen, er übt damit keine Einwirkung auf das Nachbargrundstück.

2. Man kann bei den Anlagen im Sinne des § 907 solche unterscheiden[7]), welche selbsttätig ohne Hinzutreten einer weiteren menschlichen Tätigkeit funktionieren (wie Gräben und Kanäle, welche Feuchtigkeit enthalten, Dung- und Versitzgruben)[8]) und solche Anlagen, welche nur, wenn sie in Funktion gesetzt werden, einwirken (z. B. Backöfen, Rauchfänge und gewerbliche Anlagen[9]). In beiden Fällen kommen nur Anlagen mit solchen Einwirkungen in Betracht, die durch sinnliche Wahrnehmung vermittelt werden, nicht dagegen mit bloßen Einwirkungen auf das Gefühlsleben; es fallen also Anlagen, von denen lediglich sogen. ideale oder immaterielle Immissionen (Erregung von Furcht, Grausen, Scham) ausgehen, nicht unter § 907 (vgl. bezüglich der Anlagen mit Explosionsgefahr (Pulvermagazin), bezüglich der Leichen-

---

[1]) Recht 1908 S. 268 Nr. 1563 (RG.); JW. 1908 S. 301 Nr. 8 (RG.).

[2]) RG. Bd. 51 S. 253; Recht 1908 S. 92 Nr. 531; JW. 1908 S. 142 Nr. 12 (RG.).

[3]) Recht 1906 S. 1197 Nr. 2847 (Frankfurt).

[4]) Neumann, Jahrb. Bd. 5 S. 399 (LG. Mainz).

[5]) Vgl. EntschOGH. Bd. 8 S. 284. Der Nachbar, auf dessen Eigentum der durch die Türe vermittelte Ausgang führt, braucht sich nicht damit zu begnügen, daß die Türe verschlossen gehalten wird, er kann Beseitigung, zum mindesten aber eine solche Einrichtung der Türe verlangen, daß sie nicht mehr geöffnet werden kann.

[6]) R. d. OLG. Bd. 2 S. 345 (Marienwerder).

[7]) M. Bd. 3 S. 294 (Mugdan Bd. 3 S. 163).

[8]) R. d. OLG. Bd. 4 S. 59.

[9]) Turnau-Förster Anm. 1 zu § 907. Vgl. R. d. OLG. Bd. 2 S. 345; JW. 1901 S. 52.

häuser und Bordelle oben S. 92), wie überhaupt Anlagen, welche das Nachbargrundstück in anderer Weise als durch stoffliches Hinüberwirken, wie z. B. durch Werfen von Schatten oder Behinderung des Luftzutrittes beinträchtigen, nicht unter § 907 fallen[1]). Nicht zu den Anlagen im Sinne des § 907 BGB. gehören Bäume und Sträucher, die durch Abs. 2 des § 907 BGB. ausdrücklich ausgenommen sind. Für diese ist § 910 BGB. sowie Art. 71 ff. AG. maßgebend[2]). Dagegen fällt es unter § 907 BGB., wenn jemand ein Haus mit so schlechter Fundamentierung baut, daß sich die dem Nachbar zugekehrten Wände notwendig über dessen Grundstücke neigen müssen[3]). Voraussetzung der Anwendung des § 907 BGB. ist der Nachweis, daß die Anlage von selbst oder bei ihrer Benützung unzulässige Einwirkungen zur notwendigen, wenn auch nur allmählich hervortretenden Folge hat. Die auf die bloße Möglichkeit sich gründende Besorgnis derartiger Einwirkungen genügt nicht[4]). Von einer Anlage ist eine unzulässige Einwirkung nur dann mit Sicherheit zu erwarten, wenn sie die Folge einer ordnungsgemäßen Benützung der Anlage ist[5]). Denn andernfalls kann ja die Benützung so gestaltet werden, daß unzulässige Störungen vermieden werden[6]). Wenn aber der Bestand der Anlage selbst ein ordnungswidriger ist, läßt sich derselbe Grundsatz nicht aufstellen. Ist eine dicht an der Grenze befindliche Dunggrube nicht zementiert, dann kann auf Beseitigung geklagt werden. Dagegen kann nicht auf Beseitigung geklagt werden, wenn die Dunggrube zementiert ist und nur der Zementverputz schadhaft ist; denn in diesem Falle liegt nur eine mangelhafte Unterhaltung desjenigen Zustandes vor, der an sich geeignet wäre, die Einwirkung auszuschließen[7]). Die zu gewärtigende Einwirkung muß eine unzulässige d. h. eine solche sein, durch welche das Recht des Eigentümers im Sinne der §§ 903, 905, 906 BGB. verletzt würde[8]).

III. Während nun nach § 1004 BGB. der Eigentümer gegenüber einer solchen Anlage erst vorgehen könnte, wenn bereits eine der

---

[1]) BayZfR. 1908 S. 123 (RG.).

[2]) S. unten § 18 und 19.

[3]) Cosack Bd. 2 S. 153 Vgl. hierzu unten § 16.

[4]) M. Bd. 3 S. 295 (Mugdan Bd. 3 S. 163); JW. 1902 Beil. S. 203 (RG.); Recht 1904 S. 282 Nr. 1281 (RG.). Es genügt also nicht der Beweis, daß, wenn auf dem Nachbargrundstücke Feuer entstehen sollte, mit Sicherheit die Flammen in das Grundstück des Klägers hinüberwirken würden, sondern es muß auch nachgewiesen werden, daß das Feuer mit Sicherheit vorauszusehen sei (RG. Bd. 50 S. 226). Aus dem gleichen Grunde sind bei einem ordnungsgemäß angelegten Rohrnetz einer Gas- oder Wasserleitung die Voraussetzungen des § 907 nicht gegeben. Der Unternehmer haftet für den durch Rohrbruch entstandenen Schaden nur im Falle seines Verschuldens (RG. Bd. 63 S. 374).

[5]) R. d. OLG. Bd. 4 S. 60; Maenner S. 164 Anm. 38.

[6]) JW. 1902 Beil. S. 187 (RG.).

[7]) Vgl. R. d. OLG. Bd. 4 S. 60; Maenner S 164 Anm. 38.

[8]) KommProt. S. 3603 (Mugdan Bd. 3 S. 602).

nach §§ 903, 905, 906 BGB. unzulässigen Einwirkungen auf sein Grundstück eingetreten wäre und auch unter dieser Voraussetzung nur das Recht hätte, Beseitigung der Einwirkung zu verlangen und gegebenenfalls auf Unterlassung weiterer Einwirkungen zu klagen, gibt § 907 BGB. dem Eigentümer das Recht zu verlangen, daß auf den Nachbargrundstücken Anlagen der bezeichneten Art überhaupt gar nicht hergestellt oder gehalten werden. Vermöge dieses Anspruchs kann der Eigentümer sowohl die Herstellung solcher Anlagen verhindern, als auch ihre Beseitigung herbeiführen[1]).

Der Anspruch auf Beseitigung setzt nicht voraus, daß der Nachbar der Anlage widersprochen hat. Handelt es sich um gewerbliche Anlagen, welche nach § 16 der Gewerbeordnung einer gewerbepolizeilichen Genehmigung bedürfen, so können die Einwendungen aus §§ 906, 907 BGB. in dem der Genehmigung vorausgehenden Verwaltungsverfahren geltend gemacht werden (§ 17 Gewerbeordnung)[2]).

Der Anspruch geht darauf, daß die Errichtung der Anlage unterlassen oder die bereits vorhandene Anlage selbst beseitigt wird, also nicht nur auf Beseitigung der Einwirkung. Mit bloßer Unterlassung der Benützung, durch welche allein die unzulässige Einwirkung herbeigeführt wird, braucht sich der Nachbar nicht zu begnügen[3]). Wenn freilich der Nachbar Einrichtungen an der Anlage getroffen hat, welche für die Zukunft die unzulässige Einwirkung auf das Nachbargrundstück ausschließen, dann muß sich der Nachbar hiermit zufrieden geben. Er kann aber, insolange dies nicht geschehen ist, Klage auf Beseitigung der ganzen Anlage erheben und ist nicht etwa darauf beschränkt, die Klage lediglich auf Herstellung solcher Einrichtungen zu stellen. Trifft der Eigentümer der Anlage solche Einrichtungen vor Erhebung der Klage, so ist dadurch der Anspruch auf Beseitigung der Anlage entzogen. Der Kläger, welcher die Klage auf Beseitigung stellt, muß beweisen, daß zur Zeit der Klageerhebung oder später die Anlage eine solche war, daß mit Sicherheit unzulässige Einwirkungen zu erwarten waren. War dies der Fall und hat der Beklagte erst nach Erhebung der Klage diejenigen Einrichtungen getroffen, welche unzulässige Einwirkungen ausschließen, so kann eine Verurteilung zur Beseitigung der Anlage nicht mehr eintreten. Der Beklagte muß aber in diesem Falle beweisen, daß tatsächlich infolge der nach der Klageerhebung getroffenen Einrichtungen unzulässige Einwirkungen ausgeschlossen sind. Erst wenn der Beklagte diesen Beweis erbracht hat, braucht der Kläger von seiner ursprünglich begründeten Klage auf Beseitigung abzugehen und wenn

---

[1]) Denkschrift S. 123 (Mugdan Bd. 3 S. 972); JW. 1900 S. 640 (Beseitigung einer öffentlichen Bedürfnisanstalt).

[2]) S. unten § 28.

[3]) Vgl. KommProt. S. 3603 (Mugdan Bd 3 S. 602).

er dies sofort tut, fallen dem Beklagten die sämtlichen Kosten zur Last. War aber zur Zeit der Klageerhebung oder später eine unzulässige Einwirkung bereits eingetreten und waren weitere unzulässige Einwirkungen für die Zukunft mit Sicherheit zu erwarten, so kann der Kläger, wenn nachgewiesenermaßen der Beklagte nach Erhebung der Klage Einrichtungen, welche für die Zukunft die Einwirkung ausschließen, getroffen hat, von der Klage auf Beseitigung der ganzen Anlage übergehen zum Anspruch auf Unterlassung weiterer Beeinträchtigung. Dieser letztere Anspruch wird dem Kläger nicht dadurch entzogen, daß die obenerwähnten Einrichtungen nach Erhebung der Klage hergestellt wurden[1]).

IV. Einer mit obrigkeitlicher Genehmigung errichteten gewerblichen Anlage oder Eisenbahn-, Dampfschiffahrts- und ähnlichen Einrichtungen gegenüber kann jedoch die Klage nicht auf Einstellung des Gewerbebetriebes, auch nicht auf Beseitigung der Anlage, sondern nur auf Herstellung von Einrichtungen, welche die benachteiligende Einwirkung ausschließen, oder wo solche Einrichtungen untunlich oder mit einem gehörigen Betriebe des Gewerbes unvereinbar sind, auf Schadloshaltung gerichtet werden (§ 26 der Reichsgewerbeordnung und Art. 80 d. AG.)[2]).

V. Eine Ausnahme von der Vorschrift des § 907 BGB. wird durch Abs. 2 geschaffen für den Fall, daß bei der Herstellung oder Einrichtung der Anlage die landesgesetzlichen Vorschriften über die Entfernung von der Grenze, über die Anbringung von Schutzvorkehrungen u. dgl. eingehalten worden sind. Es kommen jedoch nur solche Schutzmaßregeln in Betracht, welche die konkrete Einwirkung abzuhalten oder abzuschwächen geeignet sind.

Wenn landesgesetzlich bloß bestimmt ist, daß Dunggruben nach oben mit einem dichten Abschluß zu versehen sind, so kann die Beseitigung der Dunggrube verlangt werden, wenn zwar diese Auflage erfüllt ist, die Wandungen der Grube für Jauche aber durchlässig sind.

Ist für die Dunggrube ein gewisser Grenzabstand vorgeschrieben, so bezweckt diese Vorschrift nur den Schutz gegen das Eindringen von Jauche. Ist der landesgesetzlich vorgeschriebene Abstand mit der Dunggrube eingehalten, so kann wegen drohender Einwirkung durch Jauche keine Klage

---

[1]) Vgl. RG. Bd. 36 S. 178; JW. 1896 S. 210 Nr. 37, 1898 S. 610 Nr. 41. Vgl. unten § 27, II, 2. Nur dann, wenn weitere unzulässige Beeinträchtigungen mit absoluter Sicherheit ausgeschlossen sind, ist der Kläger klaglos gestellt; das ist nicht schon dann der Fall, wenn der Betrieb eingestellt wird oder Einrichtungen getroffen sind, die bei ordnungsgemäßer Instandhaltung und Benutzung die unzulässige Einwirkung auszuschließen geeignet sind. Nur mit dieser Beschränkung kann Staudinger Bem. I 1 b zu § 907 beigepflichtet werden.

[2]) RG. Bd 50 S. 229 f. hierüber unten § 28. Diese Ansprüche bleiben dem Eigentümer auch, wenn er im Verwaltungsverfahren gegen die Genehmigung der Anlage keine Einwendung (§ 17 Gewerbeordnung) erhoben hat. Es steht zweifellos eine auf privatrechtlichem Titel beruhende Einwendung in Frage. Staudinger, Vorträge S. 338.

auf Beseitigung erhoben werden, wohl aber wegen der drohenden Einwirkung durch Gerüche.

Der Gesetzgeber wollte durch Zulassung dieser Ausnahme das unerwünschte Ergebnis vermeiden, daß jemand, der eine Anlage vorschriftsmäßig eingerichtet hat, gleichwohl vom Nachbar zur Beseitigung der Anlage gezwungen werden könnte. Das Vorgehen des Nachbars gegen den Inhaber der Anlage ist daher in diesem Fall erst dann statthaft, wenn tatsächlich unzulässige Einwirkungen auf das Nachbargrundstück eingetreten sind [1]). Die Landesgesetzgebung ist also nicht in der Lage zu bestimmen, daß bei Beobachtung der landesgesetzlichen Schutzvorschriften der Nachbar trotz Hervortretens unzulässiger Einwirkungen keinen negatorischen Anspruch haben soll [2]).

Im übrigen ist es gleichgültig, welcher Art diese landesgesetzlichen Vorschriften sind [3]). Regelmäßig werden es polizeiliche Vorschriften sein [4]). Auch jene Bestimmungen, welche von den Behörden auf Grund einer Delegation erlassen worden sind, gehören hierher.

Ist sonach durch ortspolizeiliche Vorschrift bestimmt, daß Schweineställe mit Abzugsröhren zum Zwecke des Luftwechsels zu versehen sind, so kann der Nachbar, wenn trotz Vorhandenseins vorschriftsmäßiger Abzugsröhren mit Sicherheit eine unzulässige Einwirkung durch Gerüche zu erwarten ist, keinen Anspruch auf Beseitigung erheben, bevor nicht die unzulässige Einwirkung tatsächlich hervorgetreten ist.

## § 16. Gefahr des Einsturzes von Gebäuden und sonstigen Bauwerken.

I. Ein weiterer Fall, in welchem gegen künftige Einwirkung ein Schutz gewährt wird, ist in § 908 BGB. enthalten. Während sich § 903 gegen rechtswidrige menschliche Handlungen wendet, fordert § 908 ein Eingreifen des Menschen zur Abwehr von Gefahren, welche von der toten, dem Naturgesetz der Schwerkraft unterworfenen Sache drohen [5]). Das gemeine Recht gibt demjenigen, der sich durch eine baufällige Anlage bedroht fühlt, das Rechtsmittel der cautio damni infecti. Die Haftung auf Grund dieses Rechtsinstituts ist eine im hohen Grade objektive, indem sie von aller Schuld des Handelnden absieht. Die Eigentümlichkeit desselben liegt darin, daß die Haftung nur dann eintritt, wenn der Bedrohte seinerseits sich vor dem Eintritt des schädigenden Erfolges gerührt und

---

[1]) KommProt. S. 3604 (Mugdan Bd. 3 S. 603). Dann aber kann die Beseitigung verlangt werden; der Eigentümer braucht sich nicht mit der bloßen Unterlassung der Beeinträchtigung zu begnügen.

[2]) KommProt. S. 3605 (Mugdan Bd. 3 S. 603).

[3]) Privatrechtliche Vorschriften bestehen in Bayern nicht; s. oben § 15 am Anfang.

[4]) Vgl. Staudinger Bem. III a zu § 907. Meine Ausführungen in der ersten Aufl. S. 77 (2. Aufl. § 15 I) sind dort gründlich mißverstanden worden; es wird von mir lediglich vertreten, daß eine polizeiliche Abstandsvorschrift kein privatrechtliches Klagerecht auf Einhaltung des Abstandes gewährt.

[5]) Neumann, Jahrb. Bd. 5 S. 396 (Colmar).

von dem Gegner gerichtliche Kautionsleistung verlangt hat. Nur dann wird von diesem Erfordernis abgesehen, wenn dem Bedrohten die Unterlassung des Kautionsbegehrens nicht als Nachlässigkeit ausgelegt werden kann, weil er wegen Kürze der Zeit oder sonstiger triftiger Gründe die Kautionsstellung nicht hat fordern können[1]). Das preußische Recht legt den Eigentümern von Gebäuden, die an Straßen oder öffentliche Plätze stoßen, die Verpflichtung auf, dieselben im baulichen Zustande zu unterhalten, soweit es zur Erhaltung der Substanz und zur Verhütung alles Schadens und Nachteiles für das Publikum notwendig ist (ALR. Tl. I, Tit. 8 § 37). Die Unterlassung dieser Pflicht hat nach ALR. Tl. I, Tit. 6 § 26 für den Eigentümer Schadensersatzpflicht zur Folge[2]). Nach code civil Art. 1686 bestand eine Schadensersatzpflicht ohne jedes Verschulden, soferne der durch den Einsturz verursachte Schaden in mangelhafter Unterhaltung oder fehlerhafter Konstruktion seine Ursache hat.

II. 1. Die einschlägige Vorschrift des Bürgerlichen Gesetzbuches ist in § 908 enthalten. Voraussetzung dieser Bestimmung ist, daß einem Grundstück die Gefahr droht, daß es durch den Einsturz eines Gebäudes oder eines anderen Werkes, das mit einem Nachbargrundstück verbunden ist oder durch die Ablösung von Teilen des Gebäudes oder Werkes beschädigt wird:

a) Unter einem Werk, das mit einem Nachbargrundstück verbunden ist, versteht man einen einem bestimmten Zwecke dienenden, nach gewissen Regeln der Kunst und der Erfahrung hergestellten unbeweglichen Gegenstand[3]); also einen solchen, der in seiner Gesamtheit unbeschadet seiner Gestalt und Verbindung nicht von einer Stelle zur anderen gebracht werden kann. Besonders hervorgehoben aus diesem weiteren Begriff sind von dem Gesetze die Gebäude[4]); zu den anderen mit einem Grundstück fest verbundenen Werken gehören Mauer, Senkgrube, Brunnen, Zaun, Denkmal, elektrische Leitungsstangen, Kanal, Damm, Turngerüste[5]). Dagegen gehört eine aus Balken und Brettern bestehende Hütte nicht hierher, soferne sie

---

[1]) Delius, Ueber die Haftung für den Einsturz von Gebäuden und anderen Werken S. 16.

[2]) Vgl. EntschROHG. Bd. 20 S. 171.

[3]) SeuffA. Bd. 61 Nr. 55 (RG.); deshalb ist ein zusammengeschütteter Erdhaufen, gleichviel von welcher Höhe, kein Werk. Ein solcher wird zu einem Werk erst durch die Bearbeitung zu einem bestimmten Zweck, z. B. wenn eine Böschung hergestellt wird. Steile, durch bloße Abgrabungen entstandene, keinem bestimmten Zwecke dienende Erdwände eines Nachbargrundstückes sind kein mit diesem Grundstück verbundenes Werk. Württ. J. Bd. 19 S. 277 (Stuttg.), wohl aber ein Steinbruch vgl. Reger, Entsch. Bd. 6 S. 82.

[4]) Ueber den Begriff der Gebäude s. unten § 21 I 1.

[5]) Vgl. Kuhlenbeck Note 1 zu § 836; Delius, Ueber die Haftung für den Einsturz von Gebäuden und anderen Werken S. 14. Vgl. JW. 1905 S. 370 Nr. 10 (Deichbruch), S. 387 Nr. 3 (Fensterladen).

nicht mit dem Boden in eine feste Verbindung gebracht worden ist. Wesentlich ist, daß das Werk von Menschenhand errichtet ist. Nicht in Betracht kommt daher der natürliche Zustand des Grundstückes, hätte er auch beseitigt werden können und müssen[1]).

Wenn z. B. ein Felsblock auf ein benachbartes Haus herabzustürzen droht, ist die Voraussetzung des § 908 BGB. nicht gegeben; ebensowenig, wenn ein altersschwacher Baum, der jenseits der Grenze steht, so morsch ist, daß er vom nächsten Sturmwind auf das Haus des Nachbars geworfen werden kann[2]).

Wenn aber ein von Natur vorhandener Zustand infolge einer durch menschliche Tätigkeit bewirkten Umwandlung für das Nachbargrundstück gefahrdrohend wird, ist unter Umständen der Anspruch auf Abwendung der Gefahr selbst dann begründet, wenn man es nicht mit einem Werk im Sinne des § 908 zu tun hat. Der Anspruch kann sich aus § 907 ergeben, wenn mit Sicherheit vorauszusehen ist, daß der Bestand der Anlage eine unzulässige Einwirkung auf das Nachbargrundstück zur Folge haben wird[3]) (Ablösung oder Hinüberfallen von Teilen) s. darüber oben § 15 II, 2. Abgesehen hiervon kann sich die Verpflichtung des Eigentümers der gefahrdrohenden Anlage vermöge seiner Haftung aus der unerlaubten Handlung ergeben. Zwar liegt eine Verletzung des Eigentums im Sinne des § 823 Abs. 1 BGB. insolange nicht vor, als die Einwirkung bloß droht, also noch nicht eingetreten ist. Aber regelmäßig wird sich der Anspruch aus § 823 Abs. 2 ableiten lassen. Der Schaden ist schon dann gegeben, wenn durch den gefahrdrohenden Zustand die Benützung des Nachbargrundstückes beeinträchtigt wird. Der Schadensersatzanspruch wird erfüllt durch Abwendung der Gefahr (§ 249 BGB.). Als Schutzgesetze kommen hier die polizeilichen Vorschriften (auch die ortspolizeilichen) in Betracht. Ist eine Einwirkung schon eingetreten, so ge-

---

[1]) Delius, Ueber die Haftung für den Einsturz von Gebäuden und anderen Werken S. 14.

[2]) Vgl. Cosack Bd. 2 S. 154. Auch § 907 BGB. ist nicht anwendbar; denn weder der Felsblock, noch der Baum ist eine Anlage; bezüglich des Baums ist dies in Abs. 2 des § 907 ausdrücklich hervorgehoben. Der Hauseigentümer ist aber berechtigt, die Schutzmaßregeln zu treffen, welche die Gefahr aufheben; er darf zu diesem Zwecke das fremde Grundstück betreten und, soweit es notwendig ist, benützen, z. B. um den Felsblock zu stützen (§ 904); ist zur Abwendung der Gefahr die Absprengung des den Absturz drohenden Felsblockes erforderlich, so ist der Hauseigentümer hierzu in Gemäßheit des § 228 BGB. berechtigt. Würde dadurch ein auf dem Felsblock stehendes Bauwerk in Mitleidenschaft gezogen werden, so wäre abzumessen, ob der mit der Wegsprengung verbundene Schaden nicht außer Verhältnis zu der Gefahr steht. Selbst dann würde an sich der Hauseigentümer zur Wegsprengung des Felsblockes berechtigt sein, wenn er die durch denselben verursachte Gefahr selbst herbeigeführt hat, indem er z. B. sein Grundstück vertieft und dadurch dem Felsblock die erforderliche Stütze im Erdreich entzogen hat. Jedoch würde der Hauseigentümer schadensersatzpflichtig sein (Satz 2 des § 228).

[3]) Vgl. SeuffA. Bd. 61 Nr. 55 (RG.).

nügt die Gefahr weiterer Einwirkung, um den Anspruch aus § 1004 sicher zu stellen.

b) Dem Nachbargrundstück muß ferner die Gefahr einer Beschädigung durch Einsturz oder durch Ablösung von Teilen des Gebäudes oder Werkes drohen. Eine Gefahr droht nicht nur dann, wenn der künftige Eintritt der Beschädigung gewiß ist, sondern auch schon dann, wenn nach Lage der Verhältnisse die Möglichkeit zu gewärtigen ist. Es ist also nicht einmal eine Wahrscheinlichkeit erforderlich. Andererseits genügt auch nicht jede noch so entfernte Möglichkeit; die Möglichkeit muß vielmehr unter Zugrundelegung der vorliegenden Umstände und der normalen Verhältnisse gegeben sein. Die Gefahr muß infolge des allgemeinen Naturgesetzes bestehen, kraft dessen die Gebäude und sonstigen Werke, wie alle irdischen Dinge, mit der Zeit zugrunde gehen. Dabei ist auch die Benützung des Hauses und deren normale Folgen in Betracht zu ziehen, nicht aber ein bei der Benützung mögliches Unglück. Daher gehört der Fall, daß auf dem Nachbargrundstück eine Pulverfabrik betrieben wird und deshalb die Gefahr besteht, daß durch eine Explosion Teile der Fabrik herübergeschleudert werden, nicht unter § 908 BGB.[1]). Für normale Verhältnisse kann man auch nicht heranziehen, daß ein Erdbeben, wohl aber daß ein heftiger Sturmwind kommen kann. Ein Wirbelwind, der ein ganz außergewöhnliches Naturereignis ist, gehört hinwiederum nicht zu normalen Verhältnissen. Ein Hochwasser gehört dann zu den normalen Verhältnissen, wenn das Werk in Ueberschwemmungsgebiet liegt, andernfalls nicht. In Betracht ist zu nehmen die Erschütterung, welche durch die hart am Hause vorbeifahrenden Schnellzüge oder durch die Ausübung des in dem baufälligen Haus oder auf einem Nachbargrundstück betriebenen Gewerbes herbeigeführt wird.

Ob eine Gefahr besteht, muß nach objektivem Maßstab beurteilt werden. Es genügt nicht, wenn die Gefahr nur subjektiv als bevorstehend befürchtet wird[2]). Wenn die Besorgnis nur in der Einbildung des Grundeigentümers beruht, besteht eben keine wirkliche, sondern nur eine vermeintliche Gefahr.

In erster Linie ist also zu prüfen, ob die Gefahr eines Einsturzes des Werkes (Gebäudes) oder der Ablösung von Teilen desselben (Balken, Erker, Fenster, Dachziegel, Stuckverzierungen, Gesimse) besteht, wie überhaupt die Verursachung der Gefährdung gleichgültig ist[3]). Ob der Zustand des Werkes, durch welchen diese Gefahr bedingt ist, auf einem Verschulden des Eigentümers beruht, ist ohne Bedeutung. Selbst eine durch ein Erdbeben, durch einen

---

[1]) S. RG. Bd. 50 S. 226. Vgl. Recht 1901 S. 562 und oben § 14, I.

[2]) Anders für die cautio damni infecti des gemeinen Rechts; Burkhard, die cautio damni infecti S. 128.

[3]) Ortloff, ArchBR. Bd. 26 S. 347.

Erdrutsch oder eine Feuersbrunst herbeigeführte Baufälligkeit gibt dem Nachbar den Anspruch aus § 908 [1]).

Hieran hat sich die weitere Prüfung zu schließen, ob die Gefahr besteht, daß durch den drohenden Einsturz des Werkes (oder die drohende Ablösung von Teilen desselben) das Nachbargrundstück beschädigt wird. Keineswegs ist erforderlich, daß das Werk die Grenze überragt oder gar auf Teilen des Nachbargrundstückes (Mauer) aufliegt [2]). Ingleichen nicht, daß das Grundstück, auf welchem das Werk steht, an das gefährdete Grundstück unmittelbar anstößt; es genügt vielmehr, wenn die beiden Grundstücke in einer so nahen räumlichen Beziehung zueinander stehen, daß der Einsturz des Werkes oder die Ablösung von Teilen eine schädigende Einwirkung auf das andere Grundstück ausüben kann. Das kann selbst dann der Fall sein, wenn andere Grundstücke dazwischen liegen. Man denke nur an die Gefahr des Einsturzes eines Fabrikschornsteines. Wenn das baufällige Haus des A auf dem in ordnungsgemäßem Zustande befindlichen Hause des B aufliegt und infolge dessen die Gefahr besteht, daß durch den Einsturz des dem A gehörigen Hauses das dem B gehörige Haus auf das an letzteres anstoßende Haus des C geworfen wird, so kann C nicht gegen B, wohl aber gegen A den Anspruch des § 908 BGB. erheben.

Eine Beschädigung ist in jeder mechanischen Einwirkung auf die Substanz des Grundstückes oder der darauf errichteten Anlagen zu erblicken. Sind die Ziegel des Nachbardaches gelockert, so kann auch der Eigentümer des daran anstoßenden Krautackers sich auf § 908 BGB. berufen. Denn durch herabfallende Ziegel werden zwar keine Löcher in den Boden geschlagen, wohl aber die Pflanzen beschädigt. Man wird sogar soweit gehen müssen, entgegen dem strengen Wortlaut des Gesetzes eine Beschädigung des Grundstückes schon in einer Beeinträchtigung seiner Benützung zu finden. Wenn ein Ziegel auf den gepflasterten Hofraum fällt, so ist dies der Fall.

2. Der Anspruch aus § 908 BGB. geht dahin, daß der für den gefahrdrohenden Zustand Verantwortliche die zur Abwendung der Gefahr erforderliche Vorkehrung trifft.

a) Der Anspruch steht nur dem Eigentümer [3]) des bedrohten Grundstückes zu, nicht auch dem Besitzer (Mieter, Pächter ꝛc.).

b) Der Anspruch richtet sich, und das ist die Besonderheit des § 908, nicht auf ein Dulden oder Unterlassen, sondern enthält einen Zwang zu direktem Handeln; er geht dahin, daß die zur Abwendung der Gefahr erforderliche Vorkehrung getroffen wird. Der Klagsantrag wird daher z. B. lauten: „Der Beklagte ist schuldig, Vor-

---

[1]) Vgl. Cosack Bd. 2 S. 153; Ortloff S. 239; Maenner S. 165.

[2]) Ortloff, ArchBR. Bd. 26 S. 347.

[3]) Dem Miteigentümer (§ 1011 BGB.), dem Erbbauberechtigten (§ 1017 Abs. 2 BGB.), dem Dienstbarkeitberechtigten (§§ 1027, 1090 Abs. 2 BGB.) und dem Nießbraucher (§ 1065 BGB.).

kehrungen zu treffen, welche die Gefahr einer Beschädigung des klägerischen Grundstücks durch einen Einsturz des auf dem Anwesen Hs.-Nr. x befindlichen Schornsteines (oder durch Ablösung von Dachziegeln von dem zum Anwesen Hs.-Nr. x gehörigen Gebäude) abwenden." Es ist nicht Sache des Klägers, die erforderlichen Vorkehrungen bestimmt zu bezeichnen. Es ist dies nicht einmal zulässig. Dem Beklagten muß es vielmehr überlassen werden, durch welche Vorkehrungen er die Gefahr abwenden will[1]). Er kann das baufällige Gebäude einlegen; er kann demselben durch eiserne Klammern ein festes Gefüge geben; er kann es durch Balken stützen; er kann auf der Grenze eine genügend starke Mauer aufführen, welche auch für den Fall eines Einsturzes jede Einwirkung auf das Nachbargrundstück abhalten würde. Die Anbringung einer Warnungstafel ist natürlich nicht genügend[2]). Hierbei ist zu betonen, daß der Grundeigentümer kein Interesse an der Verhinderung des Einsturzes, sondern nur an der Verhinderung der Beschädigung hat. Die erforderliche Vorkehrung im Sinne des § 908 ist daher schon dann getroffen, wenn verhindert wird, daß bei einem Einsturz des Werkes Teile desselben auf das Nachbargrundstück fallen, z. B. durch Errichtung einer Schutzmauer. Im Zwangsvollstreckungsverfahren ist zu entscheiden, ob eine auf Grund einer Verurteilung betätigte Vorkehrung genügend ist[3]).

c) Passiv legitimiert zur Klage ist zunächst der Besitzer des Grundstücks, nicht der Eigentümer, auch nicht der frühere Besitzer; denn auf § 836 Abs. 2 ist in § 908 BGB. nicht verwiesen (§ 908 in Verbindung mit § 836 Abs. 1 BGB.). Besitzer ist derjenige, der das Grundstück als ihm gehörig besitzt, gleichviel, ob er sich im guten oder bösen Glauben befindet. Die im § 836 Abs. 1 BGB. beigefügte Beschränkung, wonach der Besitzer nur haftet, soferne der Einsturz des Werkes oder die Ablösung von Teilen desselben die Folge fehlerhafter Errichtung oder mangelhafter Unterhaltung ist, kommt für die Anwendung des § 908 BGB. nicht in Betracht; denn die Voraussetzung des § 908 ist ein gefahrdrohender Zustand des Werkes. Zur Unterhaltung eines Werkes gehört aber, daß ein durch irgendwelche Umstände, auch durch vis major, herbeigeführter gefahrdrohender Zustand ohne Verzug beseitigt wird. Geschieht das nicht, so ist der später erfolgte Einsturz auch die Folge einer mangelhaften Unterhaltung. Ebenso gegenstandslos ist für die Anwendung des § 908 BGB. der weitere Zusatz des § 836 BGB., wonach die Ersatzpflicht nicht eintritt, wenn der Besitzer zum Zwecke der Ab-

---

[1]) Vgl. hierzu RG. Bd. 37 S. 174, Bd. 40 S. 184; Gruchot Bd. 44 S. 1097; JW. 1900 Beil. S. 1.

[2]) A. M. Delius, Ueber die Haftung für den Einsturz von Gebäuden und anderen Werken S. 11.

[3]) Vgl. Gruchot Bd. 44 S. 1097.

wendung der Gefahr die im Verkehr erforderliche Sorgfalt angewendet hat; denn wenn dies der Fall sein soll, müssen die zur Abwendung der Gefahr erforderlichen Vorkehrungen getroffen worden sein, mit anderen Worten, der Anspruch aus § 908 BGB. ist erfüllt [1]).

Wenn aber das gefahrdrohende Werk oder Gebäude nicht von dem Grundstücksbesitzer, sondern von einem anderen in Ausübung eines Rechtes besessen wird, so muß der Anspruch aus § 908 BGB. gegen diesen letzteren gerichtet werden; der Besitzer des Grundstückes ist in diesem Falle nicht passiv legitimiert (§ 908 mit § 837 BGB.). Der Fall des § 837 BGB. kann vorkommen auf Grund eines Erbbaurechts, einer Grunddienstbarkeit, eines Nießbrauches oder einer beschränkten persönlichen Dienstbarkeit, ferner bei einem Ueberbau [2]). Auch jene Fälle gehören hierher, in denen auf Grund eines obligatorischen Rechtes, z. B. eines Miet- oder Pachtverhältnisses, zu einem vorübergehenden Zweck ein Gebäude oder ein sonstiges Werk mit einem Grundstück verbunden ist (§ 95 Abs. 1 BGB.) und sich im Eigenbesitz des obligatorisch Berechtigten befindet [3]).

Neben demjenigen, der nach den eben vorgetragenen Grundsätzen haftet, ist passiv legitimiert derjenige, der die Unterhaltung des Werkes für den Besitzer übernimmt (was beim Mieter, Pächter, Hausverwalter zutreffen kann, aber nicht zutreffen muß), oder das Werk vermöge eines ihm zustehenden Nutzungsrechtes zu unterhalten hat (ein Fall, der bei Grunddienstbarkeiten [4]), beim Nießbrauch [5]) und bei beschränkten persönlichen Dienstbarkeiten, insbesondere bei einem Wohnungsrecht [6]) vorkommen kann; § 908 mit § 838 des BGB.). Die Verbindlichkeit aus § 908 BGB. ist vom Eigenbesitzer und dem daneben haftbaren Unterhaltungspflichtigen samtverbindlich zu erfüllen.

d) Der Anspruch aus § 908 BGB. ist der Verjährung entzogen (§ 924 BGB.).

e) Vollständig unabhängig von den Vorschriften des § 908 BGB. sind das Recht der Selbsthilfe nach § 228 BGB., sowie die polizeilichen Schutzvorschriften. Nach § 367 Nr. 13 des StGB. ist strafbar, wer es trotz der polizeilichen Aufforderung unterläßt, Gebäude, welche einzustürzen drohen, auszubessern oder niederzureißen. Im Falle einer Verurteilung hat der Richter gemäß Art. 105 BStGB. im Strafurteil auszusprechen, daß die Polizeibehörde berechtigt ist, die Beseitigung des ordnungswidrigen Zustandes anzuordnen und zu diesem Zwecke die Sicherstellung, Abänderung, den

---

[1]) Vgl. Turnau-Förster Bem. 2 z. § 908: Irgendein Verschulden aus fehler- und mangelhafter Unterhaltung u. s w. ist nicht Voraussetzung des Anspruchs.

[2]) Planck Bem. z. § 837.

[3]) Planck Bem. z. § 837.

[4]) §§ 1021, 1022 BGB.

[5]) § 1041 BGB.

[6]) §§ 1090, 1093 BGB.

gänzlichen oder teilweisen Abbruch des betreffenden Bauwerkes zu verfügen. Besteht Gefahr auf dem Verzug, so ist die Polizeibehörde berechtigt, diese Maßregel sofort vorzukehren.

3. Die Haftung für den durch den Einsturz eines Werkes (Gebäudes) verursachten Schaden wird in den §§ 836ff. BGB. behandelt. Hiernach ist der Eigenbesitzer des Grundstückes verpflichtet, den Schaden zu ersetzen, soferne der Einsturz oder die Ablösung die Folge fehlerhafter Errichtung oder mangelhafter Unterhaltung ist. Die Ausdrücke fehlerhaft und mangelhaft sind durchaus objektiv zu nehmen; sie weisen nicht auf ein Verschulden hin. Es kann sein, daß der Baumeister sich der Fehlerhaftigkeit seiner Bauweise bewußt war und deswegen verantwortlich ist. Es kann aber auch sein, daß er vollständig den Regeln der Technik entsprechend gebaut hat; trotzdem ist ein Fehler da infolge von Umständen, die er nicht zu kennen brauchte. Ebenso ist die mangelhafte Unterhaltung nur der Gegensatz zur ordnungsgemäßen und das ist diejenige, welche den schädigenden Erfolg verhütet hätte[1]).

Die Ersatzpflicht tritt nicht ein, wenn der Besitzer zum Zwecke der Abwendung der Gefahr die im Verkehr erforderliche Sorgfalt beobachtet hat[2]).

Befindet sich in der Zinkabdeckung eines Hauses ein Riß, so erfordert die ordnungsgemäße Unterhaltung des Gebäudes die Beseitigung des Risses. Wurde durch das eindringende Wasser das Mauerwerk feucht und löste sich deshalb der Putz ab, so war die Ablösung die Folge mangelhafter Unterhaltung des Gebäudes. Ist insoweit vom Beschädigten der Beweis erbracht, so haftet der Besitzer, sofern er seinerseits nicht den Beweis erbringt, daß er zum Zwecke der Abwendung der Gefahr die im Verkehr erforderliche Sorgfalt beobachtet hat. War der Putz, wenn auch nur an einzelnen Stellen, schadhaft, konnten die Stücke, die herabzufallen drohten, Beschädigungen verursachen und konnte dies der Besitzer bei Anwendung der im Verkehr erforderlichen Sorgfalt erkennen, so ist dieser Entlastungsbeweis mißlungen[3]).

**Ob der Einsturz äußerlich durch menschliche Tätigkeit oder durch ein Naturereignis veranlaßt ist, macht keinen Unterschied, es kommt auf die Verursachung an[4]).**

Wenn ein Erdbeben oder eine durch unterirdische Gewässer herbeigeführte Senkung des Bodens Risse in der Mauer verursacht hat, dann liegt es dem Verantwortlichen ob, alsbald geeignete Vorsichtsmaßregeln zu treffen. Tut er das nicht, so hat er seine Unterhaltungspflicht mangelhaft erfüllt. Stürzt in diesem Fall die Mauer zusammen, bevor der Besitzer in der Lage war, die erforderlichen Vorkehrungen zu treffen, so haftet er dagegen nicht für den Schaden; denn derselbe kann nicht als

---

[1]) Delius, Haftung für den Einsturz S. 15.

[2]) Dieser dem Besitzer obliegende Entlastungsbeweis ist erbracht, wenn er im allgemeinen während seiner Besitzzeit die zur Verhütung solcher Gefahren verkehrsüblichen Maßnahmen und von Zeit zu Zeit Revisionen vorgenommen hat, hierbei aber keine Schäden entdecken konnte. SeuffA. Bd 61 Nr. 6 (RG).

[3]) Gruchot Bd 52 S. 129 (RG.).

[4]) Vgl. Planck Anm. 2c z. § 836.

eine Folge der mangelhaften Unterhaltung betrachtet werden. Ebenso liegt der Fall, wenn der Baumeister durch fehlerhafte Konstruktion einen gefahrdrohenden Zustand verursacht hat. Auch hier ist es Sache des Besitzers, alsbald die nötigen Vorkehrungen zu treffen.

Das Wesentliche ist also: der Einsturz muß zurückzuführen sein auf Ursachen, die im Gebäude selbst liegen. Die Haftung tritt nicht ein, wenn das Ereignis durch Vorgänge herbeigeführt ist, die ganz unabhängig vom Zustande des Hauses gewirkt haben, wie Erdbeben oder Ueberschwemmung, soferne sie den Einsturz oder die Ablösung unmittelbar bewirkt haben. Wenn sie nur einen schadhaften Zustand herbeigeführt haben, der aber wieder zu beheben war, dann tritt unter den sonstigen Voraussetzungen die Ersatzpflicht ein[1]).

Wird ein mangelhaft gebautes Haus durch einen Sturmwind zum Einsturz gebracht, so ist der Einsturz dann eine Folge des fehlerhaften Bauzustandes, wenn das Haus bei fehlerloser Beschaffenheit dem Sturmwinde widerstanden hätte.

Ebensowenig tritt die Haftung aus § 836 BGB. ein, wenn bei einer baulichen Aenderung infolge der Bauarbeiten ein Einsturz oder eine Ablösung von Teilen erfolgt.

Neben dem Besitzer haftet nach § 836 Abs. 2 BGB. für den entstandenen Schaden auch der frühere Eigenbesitzer, wenn der Einsturz innerhalb eines Jahres nach der Beendigung seines Besitzes eingetreten ist, es sei denn, daß er während seines Besitzes die im Verkehr erforderliche Sorgfalt beobachtet hat oder ein späterer Besitzer durch Beobachtung dieser Sorgfalt den Schaden hätte abwenden können. Diese Bestimmung ist so getroffen, daß eine Solidarhaftung des früheren und des späteren Besitzers vorkommen kann[2]). Die Verbindlichkeit des späteren Besitzers schließt jedoch die des früheren aus. Im übrigen haften neben bezw. an Stelle des Besitzers diejenigen Personen, welche für den Anspruch aus § 908 BGB. passiv legitimiert sind. (S. oben 2c.) Die Haftung eines Dritten für Verschulden nach § 823 BGB., z. B. des Baumeisters, bleibt daneben bestehen. Mehrere Ersatzpflichtige haften solidarisch (§ 840 BGB).

## § 17. Verbotenes Vertiefen des Erdbodens.

1. Das römische Recht gab im Falle des gefährlichen Grabens in der Nähe der Grenze nur den Anspruch auf die cautio damni infecti.

Weder durch das Bürgerliche Gesetzbuch, noch durch die bayerischen Ausführungsgesetze ist ein zivilrechtlicher Zwang eingeführt, bei Abgrabungen einen bestimmten Abstand von der Grenze einzuhalten.

---

[1]) Delius, Haftung für den Einsturz S. 15.

[2]) Planck Bem. 2b zu § 836; Delius, Haftung für den Einsturz S. 17, ist dagegen der Ansicht, daß eine Solidarhaftung des früheren und des späteren Besitzers nicht vorkommen könne, da die Verbindlichkeit des einen die des anderen ausschließe.

Der Grundeigentümer ist daher an sich berechtigt, senkrecht an der Grenze herunter zu graben. Jede, wenn auch minimale Grenzüberschreitung begründet den Anspruch aus § 1004 BGB., eventuell aus § 823 BGB. Aber solange die Grenze nicht überschritten wird, darf unmittelbar an derselben heruntergegraben werden, auch wenn dadurch dem Nachbargrundstück geschadet, z. B. bewirkt wird, daß diesem durch den Sonnenbrand die Feuchtigkeit entzogen wird, sodaß längs der Abgrabung die Pflanzungen nicht mehr gedeihen können[1]) oder durch die Abgrabung die unterirdischen Wasserläufe verändert werden, so daß der Brunnen des Nachbars versiegt (vgl. jedoch Art. 19 WG.). § 909 BGB. bestimmt nun, daß ein Grundstück nicht in der Weise vertieft werden darf, daß der Boden des Nachbargrundstücks die erforderliche Stütze verliert; es sei denn, was Sache des Einredebeweises ist, daß für eine genügende anderweitige Befestigung gesorgt ist.

Unter Vertiefung eines Nachbargrundstückes versteht man jede Wegnahme von Bestandteilen des Bodens, gleichviel zu welchem Zweck dies geschieht (z. B. Unterkellerung eines Hauses[2]), Anlage eines Steinbruches, einer Senkgrube, eines Fundamentes[3]) für einen Neubau, eines Fischteiches, eines Bergwerks).

Daß der durch die Vertiefung bewirkte Zustand auf eine gewisse Dauer angelegt ist, ist nicht erforderlich; deshalb fällt auch das stück-

---

[1]) Scherer Bem. 182 z. § 909 stellt auf, daß der abgrabende Grundeigentümer einen genügenden Schutzstreifen, welcher die Austrocknung des Nachbargrundstückes verhindert und die Pflügung desselben bis zur Grenze ermöglicht, liegen lassen muß. Diese Ansicht findet im Gesetze keine Stütze. Der Eigentümer ist Herr seines Grundstücks; er braucht auf den Nachbar nicht weiter Rücksicht zu nehmen, als ihm durch das Gesetz zur Pflicht gemacht wird. Vgl. EntschOGH. Bd 5 S. 218, Bd. 7 S. 403; SeuffA. Bd. 47 Nr. 96. Anders wäre es natürlich, wenn dem Nachbargrundstück ein Anwenderecht zustehen würde. In diesem Fall hat der Nachbar einen Anspruch darauf, daß ein zum Wenden genügender Streifen Landes jenseits der Grenze liegen gelassen wird. Vgl. hierüber unten § 26. Für das öffentliche Recht ist einschlägig die Verordnung vom 16. August 1805, die Verbesserung der öffentlichen Straßen betreffend (Reg.-Bl. 1805 S. 897, Buchners Gesetzes-Samml. 1. Erg.-Bd S. 249), welche auf Grund des Art. 45 Abs. 2 PStGB. durch die MinBek. vom 28. April 1863 (Reg.-Bl. 1863 S. 691, Buchners Gesetzes-Samml. 1. Erg.-Bd. S. 247) aufrecht erhalten und durch die Verordnung vom 3. März 1870 (Reg. Bl. 1870 S. 393, Buchners Gesetzes-Samml. 5. Erg.-Bd. S. 56) geändert wurde. Hiernach ist den Angrenzern von Staatsstraßen — nur auf solche bezieht sich die Verordnung (Peckmann, Wirkungskreis der Distriktsverwaltungsbehörden Bd. 2 S. 269 Anm. 2) — polizeilich untersagt, ihre Felder näher als in einem Abstand von 3 Schuh von dem Graben oder Straßenrande zu pflügen (VO. v. 16. August 1805 III). Wenn jedoch vor den Gräben oder Straßen Vorbifänge gezogen sind oder die Bifänge längs der Straße laufen, ist das Bepflügen bis zu einem Abstand von 1½ Schuh vom Graben oder Straßenrande gestattet (MinBek. vom 3. März 1870, I). Die Strafbestimmungen der Verordnung vom 16. August 1805 sind durch Art. 2 Z. 14 EG. z. StGB. aufgehoben; einschlägig sind jetzt die Strafvorschriften des § 366 Nr. 10 StGB., Art. 10 und 159 PStGB.

[2]) Vgl. Bolze Bd. 16 Nr. 47.

[3]) Vgl. SeuffA. Bd 51 Nr. 8

weise Ausheben eines Fundaments behufs sofortiger Wiederauffüllung unter § 909[1]).

Der Boden bildet ein zusammenhängendes Ganzes. Ein Teil bedarf des anderen, um den Zusammenhang zu behalten. Durch eine Vertiefung des Grundstückes verliert das Nachbargrundstück die erforderliche Stütze, wenn dem Boden desselben oder den auf dem Grundstück errichteten Anlagen[2]) infolge der Vertiefung der Halt entzogen wird, so daß die Gefahr des Einsturzes oder der Senkung besteht. Es ist nicht erforderlich, daß der Zusammenhang selbst bereits verloren ist, wenn nur die zur Zusammenhaltung der Grundstücksbestandteile erforderliche Stütze entzogen ist[3]). Hierzu kann unter Umständen schon eine an sich unerhebliche Vertiefung genügen.

An einem Berghang liegen übereinander zwei Weinberge. Längs der oberen Grenze des tiefer liegenden Grundstücks hebt dessen Eigentümer einen Graben aus; das von oben kommende Wasser nimmt das fruchtbare Erdreich des oben liegenden Weinbergs nach und nach mit und der Tieferliegende fängt dieses Erdreich in seinem Graben auf. Eine solche Vertiefung ist unzulässig.

Die Entziehung der erforderlichen Stütze kann auch dadurch bewirkt werden, daß dem Boden durch die Vertiefung das Grundwasser entzogen und dadurch das darüber liegende Erdreich gesenkt wird. Dadurch allein, daß infolge der Vertiefung der Grundwasserstand sinkt oder der Brunnen des Nachbars versiegt, wird § 909 freilich nicht anwendbar; wenn aber die Festigkeit und Tragfähigkeit des Bodens des Nachbargrundstücks auf einem gewissen Stande des Grundwassers unter ihm beruht und wenn dem Boden durch die infolge der Vertiefung herbeigeführte Entziehung des Grundwassers die erforderliche Festigkeit entzogen wird, so daß das darauf befindliche Gebäude seine Stütze verliert, so findet § 909, nicht das durch Art. 65 EG. der Landesgesetzgebung vorbehaltene Wasserrecht Anwendung[4]).

Ob die Entziehung der erforderlichen Stütze infolge einer beabsichtigten Vertiefung eintreten wird, ist eine technische Frage. Es genügt für den Anspruch auf Unterlassung der Vertiefung, daß die Ausführung derselben eine Gefahr[5]) des Einsturzes oder der Senkung begründen würde; eine Gewißheit braucht nicht dargetan zu werden.

---

[1]) SeuffA. Bd. 58 Nr. 53; RG. Bd. 51 S. 179.

[2]) Insbesondere einem Gebäude; vgl. SeuffA. Bd 51 Nr. 8; vgl. Bolze Bd 14 Nr. 41 (Mauer).

[3]) Vgl. SeuffA. Bd. 51 Nr. 8.

[4]) RG. Bd. 62 S. 372; bedenklich ist jedoch an dieser Entscheidung die Bemerkung: „Daß die Entziehung des Grundwassers unmittelbar erst mit dem Auspumpen des in dem vertieften Kanal angesammelten Wassers erfolgt ist, kann den ursächlichen Zusammenhang zwischen der Vertiefung und der Entziehung des Grundwassers nicht beeinflussen". In solchem Falle hat nicht die Vertiefung, sondern erst die nach dem Vertiefen erfolgte Entziehung des Grundwassers die Bodensenkung herbeigeführt. Diese Frage gehört dem Wasserrecht an.

[5]) S. oben § 16, 1b. Vgl. Bolze Bd. 14 Nr. 40.

Wenn eine steile Abgrabung vorgenommen ist, dann wird infolge der Witterungsverhältnisse (Wasser und Verwitterung) durch Abschwemmen und Abbröckeln allmählich eine Böschung gebildet, die sich so lange fortentwickelt, bis die Standsicherheit erreicht ist. Dem Nachbargrundstücke ist durch eine auf einem Grundstück vorgenommene Vertiefung nur dann die erforderliche Stütze nicht entzogen, wenn die Vertiefung soweit von der Grenze entfernt bleibt, daß der stehen gebliebene Geländestreifen die allmähliche Einstellung einer standsicheren Böschung ermöglicht, ohne daß die Oberfläche des Nachbargrundstückes für die Grundfläche der Böschung mit verwendet wird.

Die Breite des für die Böschung erforderlichen Schutzstreifens richtet sich nach Gewicht, Reibung und Kohäsion der in Betracht kommenden Bodenarten, nach der Gleichartigkeit der Masse und der Lage und Beschaffenheit der Auflagenschicht; man spricht von einem natürlichen Böschungswinkel, wie ihn die speziellen Bodenarten und Verhältnisse erfordern. Nach dem „Handbuche der Ingenieurwissenschaften" ist in unserem Klima der natürliche Böschungswinkel für sandige Erdarten 1$^1/_2$ : 1, unter ungünstigen Verhältnissen bis 2 : 1 und nur ausnahmsweise flacher; in Kies und Geröllе pflegen sich die Böschungen bei einer Steigung von 1$^1/_4$ : 1, in weichem Tagegestein u. dgl. bei einer Steigung von 1 : 1 und in festem Gestein je nach dem Grade der Wetterbeständigkeit in steiler Lage bis zur senkrechten dauernd zu halten. Nach Loewe Straßenbau sind die erforderlichen Steigungsverhältnisse für Humus 1$^1/_2$ : 1, lehmige Erden 1$^1/_4$ : 1 bis 1 : 1, wenn die Einschnittstiefen nicht mehr als 4—5 m betragen und die durchschnittenen Bodenarten trocken gelagert sind. Angenommen z. B., es wäre auf einem Grundstück eine 1 m tiefe Sandschicht (hierfür Böschungswinkel 2 : 1), darauffolgend eine 2 m tiefe kiesige Geröllschicht (hierfür Böschungswinkel 1$^1/_4$ : 1); dann eine 2 m tiefe weiche Tagegesteinsschicht (hierfür Böschungswinkel 1 : 1) vorhanden, worauf standsicheres Felsgestein folgen würde, so würde eine 6 m tiefe Abgrabung 6,5 m von der Grenze entfernt bleiben (oder für anderweitige Sicherung gesorgt werden) müssen, falls der Gleichgewichtszustand für das Nachbargrundstück erhalten bleiben soll; nämlich für die 1 m tiefe Sandschicht 2 m, für die 2 m tiefe Geröllschicht 2$^1/_2$ m, für die 2 m tiefe weiche Tagegesteinsschicht 2 m.

Wenn ein Eigentümer auf seinem Grundstück bereits eine Vertiefung vorgenommen (z. B. einen Keller ohne festes Mauerwerk ausgehoben) hat und sein Nachbar nimmt nun auf seinem Grundstück ebenfalls eine Vertiefung vor, wird natürlich das Erdreich auch auf dem ersteren Grundstück viel leichter zusammenfallen. Hier ist nach einem billigen Ausgleich und unter Zuteilung der gleichen Rechte an beide Nachbarn zu entscheiden, ob und inwieweit die neue Vertiefung unzulässig ist.

Nur dann darf das Grundstück in der Weise vertieft werden, daß der Boden des Nachbargrundstückes die erforderliche Stütze verliert, wenn für eine genügende anderweitige Befestigung[1]) gesorgt ist. Diese anderweitige Befestigung muß schon zur Zeit der Vertiefung

---

[1]) Der Eigentümer eines Grundstückes ist regelmäßig (Notstand im Sinne des § 964 ausgenommen) nicht verpflichtet, das Betreten seines Grundstückes dem vertiefenden Nachbarn zwecks Vornahme der Befestigungsarbeiten zu gestatten. Diesem steht hierfür auch § 226 nicht zur Seite (Recht 1904 S. 252 Nr. 1164. Köln).

wirken, so daß jede Gefahr eines Einsturzes oder einer Senkung für das Nachbargrundstück und dessen Anlagen ausgeschlossen ist. Durch die Vertiefung darf also nicht einmal eine vorübergehende Gefahr begründet werden[1]). Welcher Art die anderweitige Befestigung ist, ist gleichgültig. Der Nachbar muß deshalb auch mit einem noch so unschönen Gerüst zufrieden sein. Er kann auch nicht eine solche Befestigung verlangen, die eine besondere Dauerhaftigkeit gewährleistet. Verspriesung mit Holzbalken ist daher genügend. Wenn dieselben später morsch werden, muß der Besitzer des vertieften Grundstückes eben anderweitige Fürsorge treffen.

Ist für anderweitige genügende Befestigung nicht gesorgt, so hat der Eigentümer[2]) des Nachbargrundstückes den negatorischen Anspruch auf Unterlassung der Vertiefung[3]). Ist die Vertiefung bereits vorgenommen und dadurch die Gefahr eines Einsturzes oder einer Senkung begründet, so hat der Nachbar einen Anspruch darauf, daß der frühere Zustand wieder hergestellt oder für eine genügende anderweitige Befestigung gesorgt wird[4]).

Durch die Vornahme der Vertiefung ist ein Zustand geschaffen, der das Recht des Nachbars beeinträchtigt. § 1004 verleiht den Anspruch auf Beseitigung dieser Beeinträchtigung; aus § 909 allein

---

[1]) Nur für die Sicherungsmaßregeln, die zur Zeit notwendig sind und für erforderliche Vorbereitung künftig notwendiger Maßnahmen muß der den Bau beginnende Nachbar sorgen. Württ. Z. Bd. 14 S. 317 (Stuttgart).

[2]) §§ 1011. 1017. 1027. 1065. 1090 sind anzuwenden. Maenner S. 166.

[3]) Solange die Vertiefung noch nicht vorgenommen ist, geht der Klageantrag nur auf Unterlassung der Vertiefung. Es braucht dem Beklagten nicht offen gelassen zu werden, für eine anderweitige Befestigung zu sorgen; denn er darf nicht eher vertiefen, als er anderweitig befestigt hat. — Vgl. Biermann Anm. z. § 909.

Ist eine genügende Befestigung des Bodens des Nachbargrundstückes technisch nicht möglich, so muß die beabsichtigte Vertiefung unterbleiben. Dies kann namentlich praktisch werden, wenn durch die Vertiefung dem Nachbargrundstücke das Grundwasser und damit die erforderliche Stütze entzogen wird. Kann dies durch eine Spundwand nicht verhindert werden, so muß die Vertiefung unterbleiben. Vgl. RG. Bd. 62 S. 371 und andererseits Turnau-Förster Bem. 3 zu § 909.

[4]) Die Vertiefung war unzulässig; allein es hat der Kläger nicht schlechtweg den Anspruch auf Ausfüllung der Vertiefung; er muß sich zufrieden geben, wenn der Beklagte für anderweitige Befestigung sorgt. Vgl. dagegen Recht 1906 S. 1197 Nr. 2849 (Stuttgart), wonach der Nachbar nur auf Beseitigung d. i. Zufüllung der Vertiefung seinen Antrag zu richten habe. — Vgl. übrigens Turnau-Förster Anm. 2 z. § 909. — Der Klageantrag würde etwa lauten: „Der Beklagte ist schuldig, entweder den von ihm ausgehobenen Graben derart auszufüllen, daß der Boden des dem Kläger gehörigen Grundstücks Pl.-Nr. x die erforderliche Stütze wieder erhält oder für eine genügende anderweitige Befestigung zu sorgen." Die Fassung des Antrags in der zweiten Alternative muß allgemein gehalten werden, weil es dem Beklagten überlassen werden muß, welche Art von genügender Befestigung er wählen will. Durch eine Verurteilung zur Aufführung einer Schutzmauer würde er in diesem Wahlrecht beschränkt.

ergibt sich nur ein Anspruch auf Unterlassung der Vertiefung. Dieser negatorische Anspruch setzt kein Verschulden voraus[1]).

Aktivlegitimiert zur Erhebung des Anspruchs ist der Eigentümer des benachbarten Grundstückes. Es wird anzunehmen sein, daß auch der nicht unmittelbar angrenzende Nachbar das Untersagungsrecht hat, sofern nur sein Grundstück durch die Vertiefung gefährdet wird. Man denke nur an den Fall, daß am Hange eines Berges drei Aecker übereinanderliegen. Wenn der Eigentümer des untersten Ackers eine Vertiefung vornimmt, welche für das mittlere Grundstück eine Gefahr des Erdsturzes mit sich bringt, so besteht für das oberste Grundstück die Gefahr des Nachrutsches.

Passivlegitimiert für den Anspruch ist derjenige, welcher die Vertiefung vornimmt oder vornehmen läßt und wenn die unzulässige Vertiefung ausgeführt ist, derjenige, welcher diesen Zustand aufrecht erhält. Der Eigentümer ist daher regelmäßig der richtige Beklagte[2]). Anders wäre es, wenn jemand, dem der Eigentümer keinerlei Rechte an dem Grundstück eingeräumt hat, eine Vertiefung vornehmen will.

2. Schadensersatzpflicht. Die vorsätzliche oder fahrlässige Uebertretung des gesetzlichen Verbotes ist ein gegen den Eigentümer sich richtendes Delikt mit den allgemeinen Folgen einer unerlaubten Handlung nach § 823 Abs. 2 BGB.[3]). Der eingetretene Erfolg kann aber dem Täter nur dann zugerechnet werden, wenn er denselben voraussehen konnte[4]). Eine Ersatzpflicht für den Einsturz des Hauses trifft ihn daher nur dann, wenn er bei sorgfältiger Prüfung hätte voraussehen können, daß durch die Vertiefung das Nachbargrundstück die erforderliche Stütze verlieren würde. Hierfür ist auf die Bodenbeschaffenheit beider Grundstücke und auf die Entfernung der Ver-

---

[1]) SeuffA. Bd. 56 Nr. 200. R. d. OLG. Bd. 5 S. 152 (Cassel). In letzterer Entscheidung ist die Frage angeregt, ob nicht dasselbe Resultat aus § 1004 „Beseitigung der Beeinträchtigung" gewonnen werden kann.

[2]) SeuffA. Bd. 56 Nr. 200 (Braunschweig); R. d. OLG. Bd. 4 S. 62; Endemann Bd. 2 S. 480.

[3]) Vgl. SeuffA. Bd. 53 Nr. 150; Bolze Bd. 23 Nr. 49 und 50. — Immer aber ist ein Verschulden Voraussetzung der Ersatzpflicht. Recht 1904 S. 253 Nr. 1165 (Köln); Gruchot Bd. 50 S. 680 (RG.); SeuffA. Bd. 61 N. 34 (RG.). Vgl. auch unten § 29. § 909 ist zwar ein den Schutz des anderen bezweckendes Gesetz im Sinne des § 823 Abs. 2 BGB. SeuffA. Bd. 58 Nr. 53 (RG.). Es ist aber zweifellos, daß bei § 909 ein Verstoß gegen das Gesetz auch ohne Verschulden möglich ist (SeuffA. Bd. 61 Nr. 34 RG.). Nimmt ein Nachbar Ausschachtungen auf seinem Grundstücke vor, ohne die erforderlichen Sicherungsmaßregeln trotz der Erkennbarkeit ihrer Notwendigkeit zu treffen, so liegt hierin ein Verschulden. Vgl. Samml. d. Entsch. d. Bayer. Gerichtsh. für Kompetenzkonflikte Bd. 1 S. 32, woselbst für den Ersatzanspruch gegen eine pfälzische Distriktsgemeinde wegen Beschädigung eines Hauses durch plangemäße Ausführung des obrigkeitlich genehmigten Baues einer Distriktsstraße die Zuständigkeit der Gerichte angenommen wurde. Infolge Abgrabung des Bodens war eine Scheune eingestürzt.

[4]) Vgl. EntschOGH Bd. 17 S. 16.

tiefung von der Grenze entscheidendes Gewicht zu legen[1]). Die Ersatzpflicht ist nicht an die Voraussetzung gebunden, daß gegen ein Verbot des Nachbars vertieft wurde. Man kann dem Nachbar die Unterlassung eines Verbotes auch nicht als konkurrierendes Verschulden anrechnen; denn er kann sich ruhig darauf verlassen, daß der vertiefende Eigentümer die Tragweite der Vertiefung pflichtgemäß geprüft hat. Zur pflichtmäßigen Prüfung für den Eigentümer, der die Vertiefung ausführen will, wird unter Umständen auch die Einholung eines technischen Gutachtens erforderlich sein, z. B. über die Frage, ob die beabsichtigte Vertiefung dem Nachbarhause nicht Schaden bringen werde[2]). Erhebungen über die Fundamentierung des fremden Hauses können je nach der Art der beabsichtigten Vertiefung geboten sein. Deshalb wird sich der Vertiefende regelmäßig nicht damit entlasten können, daß die Fundamentierung des Nachbarhauses zu schwach gewesen sei; denn wenn das Fundament ohne Vertiefung genügend tragkräftig war, wird regelmäßig anzunehmen sein, daß eine eingetretene Mauersenkung die Folge der Vertiefung war.

Zeigt sich die Gefahr des Nachsturzes erst später und war sie bei Anlegung der Vertiefung auch bei sorgfältiger Prüfung nicht vorauszusehen, so kann nur das spätere Unterlassen der Fürsorge für eine genügende Befestigung den Charakter einer unerlaubten Handlung annehmen[3]). Der Besitznachfolger desjenigen, der die Vertiefung vorgenommen hat, haftet für denjenigen Schaden, der hätte vermieden werden können, wenn er alsbald die nötigen Vorkehrungen getroffen hätte[4]).

Ist die Vertiefung schon vor dem Inkrafttreten des Bürgerlichen Gesetzbuches vorgenommen worden, so kommt es darauf an, ob sie nach früherem Recht zulässig war oder nicht. Nach gemeinem Recht konnte der Nachbar sich die cautio damni infecti bestellen lassen. Hatte er dies übersehen, so war die Vertiefung zulässig. Bei strenger Durchführung des Instituts der cautio damni infecti müßte man annehmen, daß eine Schadensersatzpflicht für den durch die Vertiefung dem Nachbar zugefügten Schaden dann nicht besteht, wenn der letztere es unterlassen hat, sich die cautio damni infecti bestellen zu lassen. Allein die Praxis hatte jenen starren Rechtsstandpunkt schon längst verlassen und die aquilische Klage gleichwohl gewährt[5]).

---

[1]) Vgl. Turnau-Förster Anm. 2 zu § 909.

[2]) Bedient sich der Eigentümer bei Vertiefungsarbeiten der Tätigkeit eines Baumeisters, so haftet er nicht bloß aus § 831, sondern hat an sich auch die Pflicht der Ueberwachung. Es kann aber in dieser Richtung von einem Laien nur verlangt werden, daß er Fehler und Mängel wahrnimmt, die so auffällig und augenscheinlich zutage treten, daß sie jedem auch nicht sachkundigen Beobachter ohne weiteres als Mängel oder doch als gefahrdrohende Maßnahmen erkennbar sind. Recht 1908 Beil. 2 S. 495 Nr. 2826 (Augsburg).

[3]) Vgl. R. Bd. 3 S. 296 (Mugdan Bd. 3 S. 164).

[4]) Vgl. Bolze Bd. 6 Nr. 85.

[5]) Vgl. SeuffA. Bd. 53 Nr. 150.

Der Anspruch auf Unterlassung der Vertiefung wie auch auf Beseitigung einer unzulässigen Vertiefung unterliegt nicht der Verjährung (§ 924).

3. Wegreißen von Gebäuden. § 909 BGB. bezieht sich nicht auf den Fall, daß ein Gebäude abgerissen wird und dadurch das Nachbarhaus den Halt verliert[1]). Auch sonst ist keine gesetzliche Bestimmung vorhanden, welche dem Eigentümer des Hauses, welches weggerissen werden soll, die Verpflichtung auferlegt, dafür zu sorgen, daß dem Nachbarhaus ein anderweitiger genügender Halt gegeben wird. Wenn kein besonderes Rechtsverhältnis, wie z. B. servitus oneris ferendi, vorliegt[2]), so kann der Eigentümer sein Haus wegreißen, auch wenn dadurch dem Hause des Nachbars der Halt verloren geht. Doch muß er dabei mit aller Vorsicht verfahren[3]), widrigenfalls er in Gemäßheit des § 367 Nr. 14 StGB. in Verbindung mit § 823 Abs. 2 BGB. ersatzpflichtig werden kann[4]). Durch § 367 Nr. 14 StGB. soll aber nur verhütet werden, daß durch den Abbruch eines Bauwerkes und im unmittelbaren Anschluß daran Leben und Gesundheit von Personen und fremdes Eigentum gefährdet und geschädigt wird; keinesfalls darf aber diese Vorschrift darauf erstreckt werden, daß der Abbrechende Vorsichtsmaßregeln zu treffen habe, die darauf abzielen, den nach erfolgtem Abbruch, etwa infolge davon, daß hierdurch dem Nachbarhause eine Stütze entzogen wurde, eintretenden Unfällen dauernd vorzubeugen. Ist der Abbruch ohne Schädigung des Nachbarhauses ausgeführt, so ist es Sache seines Eigentümers dafür zu sorgen, daß sein Haus in den Stand gesetzt werde, ohne die frühere Stütze fortzubestehen[5]). Zu diesem Behufe muß ihm der Eigentümer des Nachbargrundstückes, wenn dies nach § 904 notwendig erscheint, die Benützung seines Eigentums gestatten. Kommt der Hauseigentümer dieser seiner Verpflichtung nicht nach, so finden die Vorschriften des § 908 BGB. gegen ihn Anwendung. S. oben § 16.

4. Erhöhung der Erdoberfläche. An dieser Stelle ist darauf einzugehen, wie sich das Rechtsverhältnis zwischen den Nachbarn bei einer Erhöhung der Erdoberfläche stellt. Man denke an den Fall,

---

[1]) Vgl. Endemann Bd. 2 S. 479.

[2]) Eine solche Servitut ist nicht schon dadurch erworben, daß tatsächlich während rechtsverjährender Zeit das Nachbarhaus seine Stütze an dem anderen Haus gefunden hat; denn dies stellt für sich allein noch keinen Rechtsbesitz dar. EntschOGH. Bd. 5 S. 458.

[3]) Vgl. EntschOGH. Bd. 5 S. 443; SeuffA. Bd. 56 Nr. 25; R. d. OLG. Bd. 4 S. 281.

[4]) JW. 1902 Beil. S. 231. Vgl. RG. Bd. 38 S. 183.

[5]) Gruchot Bd. 45 S. 1053 (RG.). Dort wird auch darauf hingewiesen, daß eine Ersatzpflicht durch Zuwiderhandeln gegen § 367 Nr. 15 StGB begründet werden kann. Vgl. hierzu Gruchot Bd. 46 S. 975 (RG.).

daß eine im Eigentum des Eisenbahnfiskus stehende Wiese zu dem daran anstoßenden, höher gelegenen Eisenbahnterrain gezogen und deshalb entsprechend erhöht wird[1]). Es besteht keine gesetzliche Vorschrift, welche den Eigentümer verhindern könnte, eine solche Erhöhung vorzunehmen. Fügt er dadurch dem Nachbar Schaden zu, so hat er denselben im allgemeinen nicht zu ersetzen. So kann z. B. der Nachbar nicht den Ersatz des Schadens verlangen, der durch Entziehung des Lichtes und der Luft herbeigeführt wird. Wenn durch den Druck, welchen das aufgeschüttete Erdmaterial auf den Untergrund ausübt, derselbe sich senkt und hierdurch dem Nachbargrundstück die erforderliche Stütze entzogen wird, so liegt der Fall des § 909 BGB. vor; denn durch den Druck wird eine Vertiefung herbeigeführt und die Erdaufschüttung würde im gegebenen Falle sich nicht als genügende anderweitige Befestigung erwiesen haben[2]). Insoweit durch die Erhöhung der natürliche Wasserlauf geändert wird, indem das Wasser nicht wie bisher von dem Nachbaranwesen auf die Wiese ablaufen kann oder das Wasser von dem erhöhten Grundstück in vermehrtem Maße auf das Nachbargrundstück abströmt, kommt das Wassergesetz in Anwendung. Nach dessen Bestimmungen ist eine schädliche Aenderung des natürlichen Wasserlaufes unzulässig (Art. 17 WG.). Wenn durch den vermehrten Druck eine Veränderung in den unterirdischen Wasserläufen oder dem Grundwasser herbeigeführt wird (z. B. es steigt das Grundwasser im Nachbarkeller), so kann deswegen der Nachbar weder einen Anspruch auf Unterlassung der Erhöhung, noch auf Schadensersatz erheben. Immerhin muß angenommen werden, daß bei Ausführung der Erhöhung nach allen Regeln der Technik und mit allen Vorsichtsmaßregeln verfahren werden muß, welche eine derartige benachteiligende Einwirkung auf das Nachbargrundstück hintanzuhalten geeignet sind. Denn auch ein Recht darf nicht in brutaler Weise so ausgeübt werden, daß die Ausübung einem anderen Schaden bringt[3]).

Wird durch die Erderhöhung eine durch sinnliche Wahrnehmung vermittelte Immission auf das Nachbargrundstück bewirkt, so ist nach Maßgabe der §§ 906 und 907 die Zulässigkeit der Immission und der ganzen Anlage zu entscheiden. Vgl. über den Fall der Aufschüttung von Sandhaufen (Sandkippe) und dadurch bewirkten Sandzuführung oben S. 94 Anm. 2.

---

[1]) Seuff.A. Bd. 51 Nr. 7.

[2]) So hat das OLG. Oldenburg (Oldenb. Z. Bd. 32 S. 83) einen Grundstückseigentümer zum Schadensersatz verurteilt, der durch das Höherbauen seines Hauses und die dadurch bewirkte Belastung des Bodens das Senken des Nachbarhauses bewirkt hat, weil er diese schädliche Einwirkung durch geeignete Maßregeln (Schlagen einer Spundwand) hätte verhüten können. Voraussetzung der Schadensersatzpflicht ist natürlich Vorhersehbarkeit des Schadens.

[3]) Vgl. oben § 11 S. 71.

## § 18. Ueberhängen von Zweigen. Eindringen von Wurzeln.

Die Grenzen, durch welche die Grundstücke verschiedener Eigentümer getrennt sind, setzen dem Machtbereiche des Eigentümers ein räumliches Ziel. Innerhalb der räumlichen Grenzen seines Grundstückes darf er die ihm durch das Gesetz verliehenen Machtbefugnisse ausüben; ein Uebergreifen auf die jenseits der Grenze liegenden Grundstücke ist ihm im Prinzipe nicht gestattet. Eine weitere Ausnahme von diesem Grundsatze ist durch das gegenseitige nachbarliche Interesse für die Eigentümer von Bäumen begründet.

Das Eigentum an einem Baum steht demjenigen zu, auf dessen Grundstück der Stamm aus dem Boden heraustritt. Auf die Lage der Wurzeln kommt es nicht an; dieselben sind wesentliche Bestandteile des Baumes und stehen daher im Eigentum desjenigen, aus dessen Boden der Stamm heraustritt. Bäume, die nicht weit von der Grenze stehen, ragen mit ihren Wurzeln und Zweigen über die Grenze hinüber und greifen daher in den Machtbereich des Nachbars ein. Gegen diesen Eingriff in sein Eigentum ist dem Nachbar ein besonderer Rechtsbehelf gegeben.

I. § 910 BGB. verleiht ihm ein Selbsthilferecht gegen Wurzeln eines Baumes oder Strauches, die von einem Nachbargrundstück eingedrungen sind und gegen Zweige[1]), welche von einem Baum oder Strauch herüberragen. Es darf nämlich der Grundstückseigentümer und nur dieser[2]) die eingedrungenen Wurzeln und herüberragenden Zweige abschneiden und behalten. Die Wurzeln ohne weiteres[3]), die Zweige jedoch erst dann, wenn er dem Besitzer des Baumes oder Strauches eine angemessene Frist zur Beseitigung bestimmt hat und die Beseitigung nicht innerhalb der Frist erfolgt. Für die Angemessenheit dieser Frist kommt in Betracht, daß die Beseitigung der Aeste in der Periode des Wachstums des Baumes schädlich ist[4]). Bei einem großen Wald muß insbesondere auch der Umfang der Arbeit in Betracht gezogen werden. Wenn der Grund-

---

[1]) Nicht dieselben Grundsätze gelten, wenn der Stamm, der jenseits der Grenze aus dem Boden heraustritt, infolge eines schiefen Wachstums über die Grenze herüberragt. — Vgl. Cosack Bd. 2 S. 157. In diesem Fall hat der Nachbar kein Selbsthilferecht; er kann nur auf Beseitigung klagen. — Vgl. dagegen SeuffA. Bd 43 Nr. 6.

[2]) Nicht auch diejenigen, welche bezüglich des Anspruchs aus § 1004 dem Eigentümer gleichgestellt sind. Biermann S. 108; Planck Bem. zu § 910. A. M. Maenner S. 167 Anm. 60.

[3]) Ortloff, im ArchBürgR. Bd. 17 S. 277 hält auch vor der Beseitigung der Wurzeln die Bestimmung einer angemessenen Frist für notwendig.

[4]) KommProt. S. 3570 (Mugdan Bd. 3 S. 594). Bei Beurteilung der Angemessenheit der Frist ist nicht allein auf ihre absolute Dauer, sondern auch auf die Jahreszeit und eine sachgemäße Bewirtschaftung Rücksicht zu nehmen; insbesondere bei Obstbäumen kann in der Zeit, in welcher sie im Wachstum oder in vollem Safte stehen, die Beseitigung von Aesten nicht verlangt werden. Fromherz im Recht 1906 S. 1070.

stückseigentümer vor der Beseitigung der Zweige keine oder doch keine angemessene Frist gesetzt hat, so ist die Beseitigung widerrechtlich[1]). Dies hat vor allem zur Folge, daß der Nachbar, welcher die Zweige beseitigt hat, das hierdurch angefallene Holz nicht behalten darf. Er muß es herausgeben oder den Wert ersetzen[2]). Im Falle des Verschuldens ist er schadensersatzpflichtig, z. B. wenn er bei dem Ausästen von Obstbäumen nicht sorgfältig zu Werke gegangen ist[3]).

Die in zulässiger Ausübung des Selbsthilferechts abgeschnittenen Wurzeln und Zweige darf der Nachbar behalten. Hängen an den Zweigen Früchte, so gehören ihm auch diese[4]). Hat der Baumeigentümer der an ihn ergangenen Aufforderung Folge geleistet und die Zweige beseitigt, so verbleiben ihm dieselben selbstverständlich. Hat der Baumeigentümer auf Verlangen des Nachbars oder doch mit dessen Zustimmung die Wurzeln selbst beseitigt, so gehört ihm das Holz, weil er der Eigentümer des Baumes und somit auch der Wurzeln ist[5]).

Dem Eigentümer des Nachbargrundstückes steht das durch § 910 BGB. eingeräumte Selbsthilferecht nicht zu, wenn und insoweit die Wurzeln oder die Zweige die Benützung seines Grundstückes nicht beeinträchtigen (§ 910 Abs. 2 BGB.). Daß die Voraussetzungen dieser Ausnahmebestimmung gegeben sind, hat der Baumeigentümer zu erweisen[6]). Eine Beeinträchtigung der Benützung ist immer dann gegeben, wenn die wirtschaftliche Verwertung des Grundstücks infolge der Wurzeln oder Zweige nach irgendwelcher Richtung verhindert oder erschwert wird. Hierfür sind nicht nur die bisherigen Verhältnisse, sondern auch ein unmittelbar bevorstehender Wechsel derselben maßgebend.

Die Benützung einer Wiese wird durch eingedrungene Wurzeln meist nicht beeinträchtigt. Der Grundstückseigentümer kann aber regelmäßig die Beseitigung verlangen, wenn er die Wiese in ein Ackergrundstück umwandeln will; denn das Ackern wird regelmäßig durch die Wurzeln erschwert werden.

Befinden sich überragende Zweige über dem Dache des Nachbarhauses, so kann der Nachbar deren Beseitigung verlangen, da die atmosphärischen

---

[1]) War die Frist nicht angemessen, so darf der Nachbar nicht etwa dann, wenn er nach dem Fristablauf und im ganzen eine angemessene Zeit gewartet hat, das Abschneiden der Zweige vornehmen. Denn das Gesetz macht die Ausübung des Selbsthilferechts davon abhängig, daß eine angemessene Frist gesetzt wurde. — Biermann Bem. 1a z. § 910; Planck, Bem. 2 z. § 250.

[2]) Kretzschmar im SächsArch. Bd. 12 S. 413.

[3]) Turnau-Förster Bem. I, 1 z. § 910. Die Beseitigung der Aeste darf nicht in einer Zeit vorgenommen werden, in welcher sie für die Bäume schädlich ist (etwa weil diese im vollen Safte stehen). Fromherz im Recht 1906 S. 1070.

[4]) A. M. Fromherz im Recht 1906 S. 1069. Dagegen ist dessen Ansicht beizupflichten, daß die Beseitigung der Aeste während der Zeit, in welcher ein Obstbaum noch mit Früchten behangen ist, nicht verlangt werden kann; dies ist bei Bemessung der „angemessenen Frist" zu berücksichtigen.

[5]) Es fehlt also die diesen Fall regelnde gesetzliche Bestimmung keineswegs, wie Ortloff im ArchBürgR. Bd. 17 S. 277 annimmt.

[6]) KommProt. S. 3567 (Mugdan Bd. 3 S. 593).

Niederschläge infolge des Vorhandenseins der überragenden Zweige das Dach in erhöhtem Maße angreifen und auch die Feuchtigkeit festhalten.

Will der Nachbar auf seinem Grundstücke einen Bau errichten, so können ihm die Wurzeln, von deren Vorhandensein er früher gar nichts wußte, sehr hinderlich werden.

Weil nur die jeweilige Art der Benützung in Berücksichtigung gezogen ist, so steht dem Nachbar auch nicht die Einrede der rechtskräftig entschiedenen Sache entgegen, wenn er nach Aenderung der Benützung wieder klagt[1]).

Es ist sehr gut möglich, daß nur ein Teil der Wurzeln oder Zweige die Benützung des Nachbargrundstückes beeinträchtigt. Bei den Wurzeln wird dies sogar regelmäßig der Fall sein. In solchen Fällen darf der Nachbar nur jene Wurzeln und Zweige beseitigen, welche die Benützung beeinträchtigen[2]).

Eine Beeinträchtigung der Benützung liegt nicht schon darin, daß die Wurzeln dem Boden unter allen Umständen Nahrung entziehen und insoferne, objektiv betrachtet, nachteilig auf das Grundstück einwirken. Es ist vielmehr eine nachteilige Wirkung auf die Benützung zu verlangen. Eine solche ist dann gegeben, wenn durch die Wurzeln dem Boden derartig viel Nahrung[3]) entzogen wird, daß die Fruchtgewinnung verkürzt oder durch die Wurzeln die Bestellung erschwert wird. Die Beschränkung des Selbsthilferechts wurde von der Kommission aufgenommen, um der Möglichkeit einer Schikane vorzubeugen. Sie deckt sich nicht mit dem allgemeinen Schikaneverbot, wonach bloß jene Rechtsausübung unzulässig ist, welche nur den Zweck haben kann, einem anderen Schaden zuzufügen. § 226 BGB. wäre z. B. dann nicht anwendbar, wenn der Grundeigentümer irrtümlicherweise annehmen würde, daß durch die Zweige oder Wurzeln die Benützung seines Grundstückes beeinträchtigt wird. Wohl aber tritt in diesem Falle die Beschränkung des § 910 BGB. in Wirksamkeit[4]).

II. Ob der Eigentümer neben dem Recht zur Selbsthilfe ein Klagerecht auf Beseitigung der eingedrungenen Wurzeln und Zweige habe, ist bestritten. Die herrschende Meinung verneint dies, indem sie sich den in den Gesetzgebungsarbeiten gemachten Ausführungen an-

---

[1]) Kretzschmar im Sächs. Arch. Bd. 12 S. 413.

[2]) Vgl. SeuffA. Bd. 43 Nr. 6. Dort ist das Recht auf Beseitigung der Zweige, nicht aber jenes auf Beseitigung des herübergewachsenen schiefen Stammes zugesprochen, weil letzterer nicht schade. Nach heutigem Recht braucht übrigens der Stamm überhaupt nicht geduldet zu werden, da sich die Vorschrift des § 910 BGB. auf den herübergewachsenen Stamm nicht bezieht.

[3]) Vgl. KommProt. S. 3571 (Mugdan Bd. 3 S. 594).

[4]) Die Beschränkung des § 910 schließt sich an deutschrechtliche Grundsätze an. Vgl. Sachsenspiegel Bd. II Art. 52 § 2: Siner bome telge ne solm over den tun ok nicht gan, sine nakebare to scaden; und die Glosse hierzu: Dis alles vernimm doch, sofern die Zweige dir als den nachbauern schaden theten; denn so solches nicht wäre, darf man ihn nicht abhauen.

schließt[1]). Entwurf I § 861 hatte einen solchen Anspruch auf Beseitigung ausdrücklich vorgesehen. Die Meinungen in der zweiten Kommission waren geteilt. Ein Antrag auf Abänderung des § 861 enthielt u. a. folgende Bestimmung: „Ein Anspruch darauf, daß der Besitzer die Beseitigung vornehme, steht ihm (dem Nachbar) nicht zu". Die Kommission billigte diesen Satz mit folgender Begründung[2]):

Der Gedanke, dem Eigentümer einen Anspruch auf Beseitigung zu geben, sei unpraktisch. Der Eigentümer müsse dann, wenn etwa der Nachbar sich weigere, ein Urteil erwirken, und selbst dieses sei nicht direkt vollstreckbar. Der Anspruch auf Beseitigung erscheine aber überhaupt nicht genügend gerechtfertigt. Es handle sich nicht um einen bewußt widerrechtlichen Eingriff in das Eigentum. Man könne nicht wohl sagen, daß der Nachbar durch sein Verschulden die Störung herbeigeführt habe; denn der Baum wachse einfach aus natürlichen Gründen.

Diese Erwägungen führten dazu, daß die Bestimmung des Entwurfes I § 851, durch welche ausdrücklich ein Anspruch auf Beseitigung eingeräumt war, gestrichen wurde. Dagegen unterließ man es bei der Redaktion, den im Prinzip durchaus gebilligten Satz des oben erwähnten Antrags ausdrücklich aufzunehmen, daß dem Nachbar ein Anspruch auf Beseitigung nicht zustehe. Man hielt dies für überflüssig.

Dem gegenüber ist folgendes zu bemerken: Auszugehen ist von dem allgemeinen Prinzip des § 903 BGB., wonach der Eigentümer andere von jeder Einwirkung ausschließen kann, soweit nicht das Gesetz oder Rechte Dritter entgegenstehen. Nirgends im Gesetze ist gesagt, daß der andere ein Recht hat, die Wurzeln und Zweige seiner Bäume in den Machtbereich seines Nachbars eindringen zu lassen; insbesondere ist dies im § 910 BGB. nicht bestimmt. Hier ist dem Nachbar nur ein besonderes Selbsthilferecht gegen die Einwirkung eingeräumt. Der Eigentümer, auf dessen Grundstück eingewirkt wird, hat durch die Bestimmung des § 910 BGB. etwas erhalten und nichts verloren. Steht daher auf Grund der allgemeinen gesetzlichen Vorschriften dem Eigentümer ein Anspruch auf Beseitigung zu, so ist er ihm durch § 910 BGB. nicht entzogen[3]). Dieser Anspruch auf Beseitigung ist durch § 1004 BGB. gegeben. Derjenige, welcher Bäume in der Nähe der Grenze anlegt oder hält, hat auch das Bewußtsein davon, daß er das Eigentum des Nachbars beeinträchtigt. Ein weiterer Behelf für die hier vertretene Ansicht ist aus folgendem abzuleiten. Das Selbsthilferecht des § 910 ist nur dem Eigentümer gegeben, nicht auch denjenigen, welche bezüglich

---

[1]) KommProt. S. 3568 (Mugdan Bd. 3 S. 593); Denkschrift S. 124 (Mugdan Bd. 3 S. 973); Maenner S. 166; Turnau-Förster Anm. 1 z. § 910; Leske, Vergl. Darstellung d. BGB. u. s. w. S. 274; Staudinger Bem. 3 zu § 910; Planck Bem. 2 zu § 910; R. d. OLG. Bd. 2 S. 141; Kretzschmar im SächsArch. Bd. 12 S. 414.

[2]) KommProt. S. 3568 (Mugdan Bd. 3 S. 593).

[3]) Die irrige Meinung des Gesetzgebers, daß dies geschehen sei, kann für sich allein eine andere Gesetzesnorm nicht zur Aufhebung bringen. Uebereinstimmend Ortloff, ArchBürgR. Bd. 17 S. 274 ff.

des Anspruchs aus § 1004 dem Eigentümer gleich gestellt sind (s. oben S. 136 Anm. 2). Entweder gewährt man diesen den Anspruch auf Beseitigung aus § 1004, der dem Eigentümer selbst nicht zusteht, oder aber man muß ihnen die Pflicht zur Duldung auferlegen, wofür im Gesetz gar kein Anhaltspunkt gegeben ist. Im Gebiete des gemeinen Rechts wurde mit Recht neben dem interdictum de arboribus caedendis die actio negatoria zugelassen[1]).

Die notwendige Folgerung, die hieraus gezogen werden muß, ist die, daß der Anspruch auf Beseitigung an und für sich auch dann gegeben ist, wenn die Wurzeln oder Zweige die Benützung des Nachbargrundstückes nicht beeinträchtigen und daher das Selbsthilferecht des § 910 BGB. durch dessen Abs. 2 ausgeschlossen ist[2]). Allein § 226 BGB. wird wohl in den meisten Fällen zur Ausschließung dieses Klagerechts führen. Ausnahmen sind allerdings denkbar.

Dem Eigentümer eines Wiesengrundes, dessen Wiesenkultur durch die eingedrungenen Wurzeln einer Baumreihe nicht beeinträchtigt wird, kann man, wenn er die Beseitigung der Wurzeln verlangt, wohl kaum entgegenhalten, daß die Ausübung dieses Anspruchs nur den Zweck haben kann, dem Baumbesitzer zu schaden; denn tatsächlich werden dem Grundstück durch die Wurzeln Nährstoffe entzogen, an deren Erhaltung der Eigentümer ein Interesse haben mag, auch wenn die dermalige Benützung des Grundstückes hierdurch nicht beeinträchtigt wird.

Es ist möglich, daß durch die eingedrungenen Wurzeln ein Schaden verursacht wird, es wird z. B. die Fundamentmauer eines Hauses auseinander getrieben. Durch das Eindringen der Wurzeln wird, sofern hierdurch die Benützung des Nachbargrundstückes beeinträchtigt wird, ein objektiv rechtswidriger Zustand bewirkt. Solange aber der Nachbar weder die Beseitigung der Wurzeln verlangt noch sein Selbsthilferecht ausübt, wird sein Einverständnis damit, daß der Baum an der Grenze steht und somit mit seinen Wurzeln herübergreift, angenommen werden können. Er hat deshalb keinen Ersatzanspruch für die Beschädigung seiner Hausmauer. Selbst wenn man seine Zustimmung nicht aus den Umständen ableiten könnte, würde man zu demselben Resultat auf Grund des § 254 gelangen können. Denn wenn man ein Verschulden des Baumeigentümers annehmen könnte, so wäre das des Gebäudeeigentümers sicher das weit überwiegende.

III. Zeitliche Statutenkollision. Die Vorschriften des § 910 BGB. finden auch auf die zur Zeit des Inkrafttretens des BGB. schon vorhandenen Bäume Anwendung[3]).

---

[1]) Vgl. SeuffA. Bd. 11 Nr. 115, Bd. 17 Nr. 7; Windscheid, Pand. § 169 N. 10; Wächter, Pand. § 119.

[2]) A. M. Ortloff a. a. O., der die Beschränkung des Selbsthilferechts (wonach nicht mehr vom Ueberhang beseitigt werden soll, als zur Abwendung der Beeinträchtigung notwendig ist) auch für die klageweise Geltendmachung des Anspruchs aus § 1004 gelten läßt.

[3]) Turnau-Förster Anm. I, 1 zu § 910.

Auf Grund des in Art. 183 EG. eingeräumten Vorbehaltes hat das bayerische Gesetz, Uebergangsvorschriften zum Bürgerlichen Gesetzbuch betr., in Art. 9 zu Gunsten der auf einem Waldgrundstücke stehenden Bäume für die Uebergangszeit Ausnahmen statuiert.

Der Begriff des Waldes ist ein verschiedener, je nachdem man ihn im naturwissenschaftlichen oder forstwirtschaftlichen Sinne auffaßt. Naturwissenschaftlich wird jede größere, mit wilden Holzarten bewachsene Fläche — ohne Rücksicht auf ihre wirtschaftliche Bestimmung — Wald genannt. Im forstwirtschaftlichen Sinne versteht man dagegen unter Wald eine mit wilden Holzarten bestandene und zur Gewinnung des Holzes bestimmte Bodenfläche von einer gewissen räumlichen Ausdehnung[1]).

Wenn auch zuzugeben ist, daß der in Art. 183 EG. zugunsten der Waldgrundstücke eingeräumte Vorbehalt der Absicht entsprungen ist, die Waldbewirtschaftung zu fördern und dies darauf hinweisen könnte, den Begriff Wald im forstwirtschaftlichen Sinne zu verstehen, so ist doch ausschlaggebend, daß der gemeine Sprachgebrauch den Begriff Wald im naturwissenschaftlichen Sinne versteht und dürfte daher dieser bei Auslegung des Gesetzes zugrunde zu legen sein.

Es sind daher Parkanlagen, die nicht der Holzgewinnung, sondern nur dem Vergnügen dienen, bei entsprechender Größe den Waldungen zuzurechnen. Keinesfalls aber isolierte Baumgruppen, auch wenn sie zur Holzzucht bestimmt sind; ebensowenig Alleen und Baumanlagen, die zum Obstbau bestimmt sind[2]).

a) Der Eigentümer eines Waldgrundstückes[3]) ist gemäß Art. 9 Abs. 1 UeG. verpflichtet, die eingedrungenen Wurzeln und herüberragenden Zweige eines Baumes dann zu dulden, wenn der Baum auf einem Nachbargrundstück steht, das schon am 1. Januar 1900 mit Wald bestanden war. Die Wurzeln und Zweige müssen geduldet werden, selbst wenn sie Schaden anrichten und auch dann, wenn sich die Zweige in geringerer Höhe als fünf Meter vom Boden befinden. Diese Duldungspflicht besteht nur solange, als die beiden Nachbargrundstücke mit Wald bestanden sind. Ob die Wurzeln und

---

[1]) Ganghofer, Forstgesetz S. 1.

[2]) Ganghofer a. a. O.

[3]) Zu einem Waldgrundstück gehören alle einzelnen Bestandteile des Waldes, wenn sie momentan auch nicht mit Bäumen und Pflanzen bestockt sind. Auch die auf dem Waldgrundstück vorhandenen Wege, öden Plätze u. s. w. sind zum Walde zu rechnen (Ganghofer, Forstgesetz S. 2). Einer Bodenfläche geht die Eigenschaft eines Waldes nur dadurch, daß sie dauernd eine andere Bestimmung erhält, nicht aber schon dadurch verloren, daß sie teilweise nebenher oder vorübergehend in anderer Weise als zur Erzielung und Gewinnung von Holz benützt wird. Aus diesem Grunde ändert auch die Anlage und Ausbeutung eines Steinbruchs auf einer Bodenfläche, welche bis dahin einen Bestandteil eines Waldes bildete, diese Eigenschaft nicht ohne weiteres und können daher auch Steinbrüche in Waldungen, gleich den Waldblößen, Bestandteile eines Waldes bilden. EntschOLGSt. Bd. 4 S. 48.

Zweige vor oder nach dem 1. Januar 1900 eingedrungen sind, ist ohne Bedeutung.

Die Duldungspflicht nach dieser landesgesetzlichen Vorschrift hört auf, wenn auf dem Grundstücke, von dessen Bäumen Wurzeln und Zweige eingedrungen sind, die nächste Verjüngung des Waldes stattfindet, indem der Wald als Ganzes gerodet und neu aufgeforstet wird. Es ist nicht notwendig, daß der ganze Wald auf einmal verjüngt wird, sondern es genügt, wenn er nur partienweise verjüngt wird. Wenn also nur ein bestimmter Teil abgetrieben und neu angepflanzt wird, dann ist bezüglich dieses Teiles eine Verjüngung des Waldes eingetreten. Für diesen verjüngten Teil gelten die allgemeinen Vorschriften des Bürgerlichen Gesetzbuches, während für die übrigen Waldteile Art. 9 UeG. Anwendung findet[1]).

Die Beseitigung einzelner Bäume und ihre Ersetzung durch neue ist keine Verjüngung[2]). Den einzelnen nachgepflanzten Ersatzbäumen gegenüber besteht daher bis zur erfolgten Verjüngung des Waldes die gleiche Duldungspflicht, wie den Bäumen gegenüber, die schon am 1. Januar 1900 gestanden sind.

Wenn das an das Waldgrundstück anstoßende Grundstück, in welches die Zweige eingedrungen sind, zur Zeit des Inkrafttretens des Bürgerlichen Gesetzbuches gleichfalls mit Wald bestanden ist, aber später Ackergrundstück wird, so gilt von der Zeit dieser Aenderung seiner Beschaffenheit an nicht mehr der Abs. 1, sondern der Abs. 2 des Art. 9 UeG. (s. nachstehend unter b). Die weitergehende Duldungspflicht des Abs. 1 beruht auf der Erwägung, daß der Nachbar infolge der gegenseitigen Duldungspflicht ebensoviel erhält, als er dem Nachbargrundstücke gewährt. Diese Erwägung trifft nicht mehr zu, wenn das Grundstück des Nachbars ein Ackergrundstück geworden ist[3]).

Wird der Wald, von welchem Zweige in das Nachbargrundstück eingedrungen sind, niedergelegt und nicht wieder aufgeforstet, so findet Art. 9 UeG. für Bäume, welche auf diesem Grundstücke übrig gelassen oder neu angepflanzt wurden, selbstverständlich keine Anwendung mehr[4]).

Im Falle des Plenterbetriebes gilt als der Zeitpunkt der nächsten Verjüngung der Beginn des Jahres 1950 (Art. 9 Abs. 3 UeG.).

Die Waldungen in Bayern werden vorzugsweise im schlagweisen Betriebe bewirtschaftet. Der schlagweise Betrieb charakterisiert sich zunächst dadurch, daß an Stelle eines haubaren oder abnutzungsfähigen Waldbestandes innerhalb eines verhältnismäßig kurzen, zumeist die Dauer von 30 Jahren nicht überschreitenden Zeitraumes ein ganz neuer Waldbestand begründet wird, so daß auf einer hinreichend großen Fläche jeweils ein gleichaltriger Holzwuchs sich befindet. Der Schlag kann nun ein Kahl-

---

1) AAPr. S. 495 (Becher, Mat. Abt. VII S. 97).
2) AAPr. S. 495 (Becher, Mat. Abt. VII S. 98).
3) AAPr. S. 495 (Becher, Mat. Abt. VII S. 97).
4) Vgl. Habicht, Einwirkung S. 369.

schlag sein, wenn ganz abgeräumt wird, oder ein sogen. Sonnenschlag, bei welchem innerhalb eines gewissen Zeitraumes die älteren Bäume weggenommen werden, damit der entstandene Jungwuchs sich entwickeln kann. Die Verjüngung eines Waldes erstreckt sich hiernach entweder sogleich über die ganze Fläche desselben oder in bestimmten Intervallen je über einen geschlossenen Teil dieser Fläche [1]).

Der Plenterbetrieb ist nur in einigen Bezirken Bayerns, zumeist in Waldungen bäuerlichen Besitzes oder in Schutzwaldungen üblich und zunächst nur für gewisse schattenliebende Holzarten, wie Buche, Weißtanne und Fichte geeignet. Von den im schlagweisen Betriebe bewirtschafteten Waldungen unterscheiden sich die Plenterwaldungen dadurch, daß in ihnen die Altersstufen nicht flächenweise geschieden sind, sondern daß Stämme aller Altersklassen, von der einjährigen Pflanze an bis zum haubaren Stamme, zumeist einzeln, zuweilen auch gruppenweise regellos durcheinander gemengt stehen. Der Plenterwald ist daher jederzeit mit vollem Holzwuchs versehen, er ist aber auch ebenso in ständiger Verjüngung begriffen. Eine völlige Verjüngung eines Plenterwaldes wäre daher nur dann gegeben, wenn an Stelle eines jeden einzelnen zur Zeit des Inkrafttretens des Bürgerlichen Gesetzbuches aufstehenden Holzwuchses ein anderer von gleichem Alter getreten sein würde; an Stelle eines haubaren Stammes müßte also wieder ein haubarer Stamm, an Stelle einer einjährigen Pflanze wieder eine solche getreten sein. Man müßte sozusagen über jeden Baum ein Geburtsregister führen. Da dies technisch unmöglich ist, wurde an Stelle des Zeitpunkts der nächsten Verjüngung für Plenterwaldungen der Beginn des Jahres 1950 als maßgebend erklärt [2]).

b) **Dem Eigentümer eines nicht mit Wald bestandenen Grundstücks liegt zugunsten von Grundstücken, die bei dem Inkrafttreten des Bürgerlichen Gesetzbuches schon mit Wald bestanden waren [3]), gegenüber den herüberragenden Zweigen (nicht auch gegenüber eingedrungenen Wurzeln) [4]), soweit diese mindestens 5 m vom Boden entfernt sind, die gleiche Duldungspflicht ob, wie sie Art. 9 Abs. 1 UeG. vorschreibt. Diese Duldungspflicht endigt in dem gleichen Zeitpunkt (Art. 9 Abs. 2 UeG.).**

Die Entfernung wird von der unteren Spitze der Zweige bis zum Boden gemessen. Die Messung ist vorzunehmen, wenn die Zweige frei von Regen oder Schnee sind. Sind die Zweige durch daranhängende Früchte heruntergedrückt, so muß gleichwohl die volle Entfernung von 5 m gewahrt sein. Wenn der Erdboden durch bestimmungsgemäße Benützung des Grundstückes (z. B. durch Aufackern) erhöht ist, ist nicht von der Furche aus, sondern von dem Kamm des Beetes zu messen.

Solche Zweige müssen auch dann geduldet werden, wenn sie die Benützung des anderen Grundstückes beeinträchtigen. Die Zweige, die weniger als 5 m vom Boden entfernt sind, dürfen anderer-

---

[1]) AAPr. S. 562 (Becher, Mat. Abt. IV u. V Bd. 1 S. 977).

[2]) AAPr. S. 562 (Becher, Mat. Abt. IV u. V Bd. 1 S. 977).

[3]) Hiervon sind aber durch Art. 9 Abs. 4 UeG. isolierte Waldparzellen, die bis zum Beginn des Jahres 1885 als landwirtschaftliche Grundstücke benutzt worden sind, ausgenommen. S. unten Ende dieses Paragraphen.

[4]) S. unten Ende dieses Paragraphen und oben Ziff. I.

seits nur dann im Wege der Selbsthilfe beseitigt werden, wenn sie die Benützung des Grundstücks beeinträchtigen. Dies folgt aus § 910 BGB., der, soweit Art. 9 UeG. nicht Platz greift, in Anwendung zu kommen hat[1]).

Für die Beseitigung der herüberragenden Zweige, die weniger als 5 m vom Boden entfernt sind, ist dem Eigentümer des mit Wald bestandenen Grundstückes eine dem Umfange der Arbeit für das ganze Grundstück entsprechende Frist von höchstens zwei Jahren zu gewähren (Art. 9 Abs. 2 UeG.). Durch diese Bestimmung wird zu Gunsten der Waldgrundstücke die Angemessenheit der in § 910 BGB. vorgesehenen Frist in einen ziemlich weiten Rahmen gestellt. Die Frist muß nicht nur gewährt, sondern dem Waldbesitzer direkt gestellt werden (§ 910 BGB.)[2]).

Auf der westlichen, nordwestlichen, südwestlichen und südlichen Seite des mit Wald bestandenen Grundstückes müssen auch solche weniger als fünf Meter vom Boden entfernte herüberragende Zweige geduldet werden, wenn im Falle der Beseitigung der Fortbestand eines zum Schutze des Waldes erforderlichen Baumes oder Strauches gefährdet oder die Ertragsfähigkeit des Waldbodens infolge des Eindringens von Wind und Sonne beeinträchtigt werden würde (Art. 9 Abs. 2 UeG.)[3]).

Für die eingedrungenen Wurzeln gilt keine Besonderheit; sie können daher nach § 910 BGB. beseitigt werden, wenn sie die Benützung des Grundstückes beeinträchtigen.

Auf isolierte Waldparzellen d. h. auf solche mit wilden Bäumen bestandene Grundstücke, welche von landwirtschaftlichen Grundstücken umgeben sind und vermöge ihrer geringen Ausdehnung eine forstwirtschaftliche Benützung nicht gestatten[4]), finden, soferne

---

[1]) A. M. Henle-Schneider Anm. 6 zu Art. 9 UeG., nach deren Ansicht die Entfernung der Zweige, die weniger als 5 m vom Boden entfernt sind, verlangt werden kann, unabhängig davon, ob sie dem anderen Grundstücke Nachteile bringen, also z. B. auch von dem Eigentümer einer Oedfläche. Die Vorschrift des § 910 Abs. 2 BGB. finde hier keine Anwendung. — Dies kann dem Art. 9 UeG. nicht entnommen werden. Sein Wortlaut spricht nicht dafür, daß in dieser Beziehung der Eigentümer eines Waldgrundstückes ungünstiger gestellt sein soll als die Eigentümer anderer Grundstücke. Selbst wenn dies aber der Fall wäre, würde es keine Wirkung haben, weil Art. 183 EG. dem Landesrecht nur einen Vorbehalt „zugunsten" der Waldgrundstücke einräumt.

[2]) S. darüber oben Ziff. I.

[3]) Auf den Südwest-, West- und Nordwesträndern der Wälder ist der Angriff des Windes besonders schädlich für die Waldungen, auf der Südseite wirkt die Insolation (Sonnenbestrahlung) auf die durch Aeste nicht geschützten Stammteile namentlich durch Austrocknung des aufsteigenden Saftes nachteilig. Vgl. Trendel, SeuffBl. Bd. 71 S. 519.

[4]) Bei den Verhandlungen des Ausschusses der Reichsratskammer hat der Vertreter der Forstbehörde sich dahin ausgesprochen, daß zu den Parzellen kleine Waldgrundstücke gehören, welche über 8—10 Tagwerke nicht hinausgehen. Stoßen zwei oder mehrere Parzellen zusammen, so werden sie insgesamt als isolierte

sie bis zum Beginne des Jahres 1885 als landwirtschaftliche Grundstücke benützt worden sind, nicht die Vorschriften des Art. 9 UeG., sondern die allgemeinen Normen des § 910 BGB. Anwendung (Art. 9 Abs. 4 UeG.).

## § 19. Grenzabstand von Pflanzen[1].

Es ist an sich kein Eingriff in das Recht des Nachbars, wenn jemand auf seinem Grundstück Bäume hält; das ist des Eigentümers gutes Recht[2]). Soweit dies direkte Einwirkungen in die Eigentumssphäre des Nachbars im Gefolge hat (Eindringen von Wurzeln und Zweigen), kann sich der Nachbar in Gemäßheit des § 910 BGB. schützen[3]). Allein dieser Schutz ist nicht ausreichend. Die Wurzeln und Zweige greifen naturgemäß immer von neuem über; die von den Bäumen ausgehende Beschattung beeinträchtigt die Ertragsfähigkeit des unmittelbar angrenzenden Grundstückes; die Bäume halten die Feuchtigkeit im Boden fest und sind eine Brutstätte für Insekten und andere kleine Tiere[4]). Deshalb hat das bayerische Ausführungsgesetz in Anlehnung an die neueren Gesetzgebungen[5]) dem Grundeigentümer das Gebot eines mäßigen Abstandes der Bäume und Sträucher von der Nachbargrenze auferlegt. Diese Eigentumsbeschränkung findet ihre Rechtfertigung in dem durch das nachbarliche Zusammenleben bedingten Gebote gegenseitiger Rücksicht. Es soll hintangehalten werden, daß der Eigentümer durch eine Benützung seines Grundeigentums, die ihm nur geringe Vorteile bringt, dem Nachbar einen unverhältnismäßig größeren Nachteil zufügt[6]). Deshalb hat Art. 71 AG. Vorschriften über den Grenzabstand von Gewächsen eingeführt, die sich auf **Bäume, Sträucher, Hecken, Weinstöcke und Hopfenstöcke** beziehen.

---

Parzelle gelten können, wenn sie in ihrer Gesamtfläche die für eine Parzelle zulässige Größe nicht überschreiten. Vgl. hierzu Trendel, SeuffBl. Bd. 71 S. 520.

[1]) Bei einer örtlichen Statutenkollision entscheidet über das Erfordernis des Grenzabstandes das Recht desjenigen Gebietes, auf welchem sich die betreffende Pflanze befindet. Müßte nach diesem Rechte ein Abstand eingehalten werden, nach dem Rechte des daran angrenzenden Grundstücks aber nicht oder nur in geringerem Maße, so ist nur diese Vorschrift zu berücksichtigen. Mit anderen Worten: Bei Grundstücken, welche durch die Grenze verschiedener Rechtsgebiete geschieden sind, braucht für beide Grundstücke nur derjenigen Rechtsvorschrift entsprochen zu werden, welche das Halten der Pflanze weniger erschwert. Vgl. Endemann S. 476 Anm. 60.

[2]) AAPr. S. 175 (Becher, Mat. Abt. IV u. V Bd. 1 S. 451).

[3]) S. oben § 18.

[4]) Begründung z. AG. S. 42 (Becher, Mat. Abt. IV u. V Bd. 1 S. 91).

[5]) Vgl. Code civil, Hess. Ges. v. 23 Januar 1881, Württ. Ges. v. 15. Juni 1893. Von den Statutarrechten hatten nur wenige (Augsburg, Regensburg, Schweinfurt, für Hopfen auch München und Memmingen) ähnliche Vorschriften. Vgl. Begründung z. AG. S. 42 (Becher, Mat. Abt. IV u. V Bd. 1 S. 91).

[6]) Vgl. AAPr. S. 175 (Becher, Mat. Abt. IV u. V Bd. 1 S. 452).

I. Diese Pflanzen dürfen, abgesehen von den unten III behandelten Ausnahmefällen, nicht unmittelbar an der Grenze, sondern nur in einem bestimmten Abstand von der Grenze gehalten werden.

Der Abstand ist nur dann einzuhalten, wenn der Berechtigte es verlangt. Das Verlangen kann formlos und zu jeder Zeit geschehen, solange der Anspruch nicht verjährt ist. Es kann daher gestellt werden sowohl vor als nach der Pflanzung der betr. Gewächse. Ein Verzicht auf dieses Verlangen ist, wie sich aus Art. 77 Abs. 1 AG. ergibt, wirkungslos[1]). Aktivlegitimiert zu dem Verlangen und dem sich hieraus ergebenden Anspruch auf Erfüllung ist nur der Eigentümer des Grundstückes (Art. 71 AG.), aber auch diejenigen, welche bezüglich des Anspruchs aus § 1004 dem Eigentümer gleichgestellt sind (§§ 1017, 1027, 1065, 1090), nicht auch der Besitzer. Passivlegitimiert ist derjenige, welcher die Pflanzen hält oder halten will; also regelmäßig der Besitzer, aber auch der Eigentümer des Nachbargrundstückes. Denn er ist derjenige, welcher den im Widerspruch mit dem Inhalt des Eigentums stehenden Zustand aufrecht erhält oder begründen will.

Der Inhalt des Anspruchs geht auf Erfüllung des Verlangens. Sind die Bäume u. s. w. noch nicht gepflanzt, so kann der Anspruch nur im Wege der Feststellungsklage geltend gemacht werden. Es müssen dann aber auch deren prozessuale Voraussetzungen gegeben sein. Der Klageantrag würde dahin gehen: „Es wird festgestellt, daß der Beklagte nicht berechtigt ist, Bäume in einer geringeren Entfernung als x Meter von der Grenze des dem Kläger gehörigen Grundstückes zu halten". Sind die Bäume bereits gepflanzt, so kann der Eigentümer des Nachbargrundstückes die Beseitigung der Beeinträchtigung verlangen (§ 1004 BGB.). Der Anspruch geht darauf, daß der Baum von der Stelle, an welcher er unzulässigerweise steht, entfernt wird, nicht darauf, daß der Baum auf den vorgeschriebenen Abstand zurückversetzt wird. Ob dies der Nachbar tun will, ist seine Sache, verurteilt kann er hierzu nicht werden. Der Klageantrag geht daher einfach dahin: „Der Beklagte ist schuldig, den Pappelbaum zu beseitigen". Ist zu besorgen, daß der Nachbar auch in Zukunft Pflanzen in vorschriftswidriger Nähe der Grenzen anlegen wird, so kann auch auf Unterlassung geklagt werden (§ 1004 BGB.).

Wie unten noch dargelegt werden wird, kann für Bäume, die über 2 m hoch sind, ein größerer Abstand verlangt werden, als für Bäume, welche diese Höhe nicht überschritten haben. Die Verpflichtung zur Einhaltung dieses größeren Abstandes kann der Nachbar hintanhalten, wenn er den betr. Baum durch Beschneiden verhindert, über 2 m hinauszuwachsen. Sobald er aber den Baum tatsächlich über 2 m hat hinauswachsen lassen und der Nachbar das

---

[1]) Böhm-Klein Anm. 2 z. Art. 71.

Verlangen auf Beseitigung gestellt hat, muß der Baum beseitigt werden, auch wenn der für Bäume bis zu 2 m Höhe vorgeschriebene Abstand eingehalten ist. Der Nachbar braucht sich nicht damit zu begnügen, daß der Baum durch nachträgliches Abschneiden auf das Maß unter 2 m zurückgebracht wird[1]) Hat der Eigentümer des Baumes, der über 2 m hinausgewachsen ist, den Baum durch Abschneiden auf das Maß von 2 m zurückgebracht, bevor der Nachbar das Verlangen auf Beseitigung gestellt hatte, so kann dieser die Beseitigung des Baumes, der den für Bäume bis zu 2 m vorgeschriebenen Abstand einhält, nicht mehr verlangen; denn das Recht des Nachbars wird durch Ueberschreitung des vorgeschriebenen Abstandes erst von dem Zeitpunkte an verletzt, in welchem er die Einhaltung des Abstandes verlangt.

Die Verjährung des Anspruchs auf Beseitigung tritt in fünf Jahren ein; sie beginnt mit dem Ablauf des Kalenderjahres, in welchem die Verletzung der über den Abstand gegebenen Vorschriften erkennbar wird (Art. 78 AG.). Die Verletzung ist erkennbar, sobald mit einem Baum, Strauch u. s. w. der vorgeschriebene Abstand nicht eingehalten ist. Der Beginn der Verjährung ist also nicht an die Voraussetzung gebunden, daß der Nachbar die Einhaltung des Abstandes verlangt. Für Pflanzen bis zu 2 m Höhe ist ein Abstand von 0,50 m vorgeschrieben. Für Pflanzen, die über 2 m hoch sind, ist regelmäßig ein Abstand von 2 m vorgeschrieben und gegenüber einem landwirtschaftlich benützten Grundstück regelmäßig sogar ein Abstand von 4 m. Man setze nun den Fall, daß am 1. Mai 1908 eine Baumpflanze von 1,90 m Höhe in einer Entfernung von 30 cm von der Grenze gesetzt wird. Im Jahre 1909 überschreitet der Baum die Höhe von 2 m. Wann beginnt die Verjährung des Anspruchs auf Einhaltung des Abstandes von 2 m? Am 31. Dezember 1908; denn die Verletzung der Abstandsvorschriften ist schon im Jahre 1908 eingetreten.

Nach der Vollendung der Verjährung ist der Verpflichtete berechtigt, die Leistung, d. i. die Beseitigung des Baumes, zu verweigern (§ 222 BGB.). Durch die Verjährung wird dagegen nicht eine dauernde Belastung des Inhaltes begründet, daß eine Pflanze von der Art derjenigen, die während der Verjährungszeit bestanden hat, an der Stelle, wo diese bestanden hat, gehalten werden darf[2]). Werden Gewächse, in Ansehung derer der Anspruch verjährt ist, durch neue ersetzt, so ist daher gemäß Art. 78 Abs. 2 AG. die vollendete Verjährung ohne Einfluß auf das Recht des Eigentümers des Nachbargrundstückes, in Ansehung der neuen Gewächse die Einhaltung des vorgeschriebenen Abstandes zu verlangen. Werden in einer Reihe von Gewächsen (Baumreihe oder Hecke) einzelne Pflanzen

[1]) Böhm-Klein Anm. 5 z. Art. 71; Meikel Anm. 2 zu Art. 71 AG.
[2]) Begründung z. AG. S. 44 (Becher, Mat. Abt. IV und V, Bd. 1 S. 95).

ersetzt, so ist zu untersuchen, ob die Baum- oder Gesträucherreihe sich als eine Einheit darstellt. Zweifelsohne ist die Hecke eine solche Einheit. Dagegen ist eine Baumreihe oder eine Reihe von Weinstöcken, Hopfenstöcken ꝛc. regelmäßig keine Einheit; wohl aber eine förmliche Allee[1]), und ebenso eine durch Weinstöcke gebildete Laube. Bei kunstgärtnerischen Anlagen kann auch in einer bloßen Baumreihe eine Einheit gefunden werden, wenn sie bestimmt ist, der ganzen Anlage als ein symmetrisch eingefügter Teil zu dienen. Wird ein einzelner Teil einer Einheit von Gewächsen ersetzt, so wirkt die für das Ganze eingetretene Verjährung auch für den einzelnen Teil. Dies folgt trotz Art. 78 Abs. 2 AG. aus dem Verhältnis des Ganzen zu seinen Teilen. Der Eigentümer des Nachbargrundstückes muß sich daher gefallen lassen, daß die neuen Gewächse an die Stelle der alten gesetzt werden, deren Ersatz sie abgeben sollen.

Ein Verzicht auf die durch die Abstandsvorschriften begründeten Beschränkungen findet nicht statt, wie sich durch argumentum a contrario aus Art. 77 AG. ergibt[2]).

II. Anlangend die **Größe des Abstandes**, so wird derselbe gemäß Art. 73 AG. bei Bäumen von der Mitte des Stammes an der Stelle, wo dieser aus dem Boden hervortritt, bei Sträuchern und Hecken von der Mitte der zunächst an der Grenze befindlichen Triebe[3]), bei Hopfenstöcken von der Hopfenstange oder dem Steigdraht (und zwar ebenfalls wo diese aus dem Boden herauskommen) gemessen.

Die Größe des Abstandes ist verschieden:

a) **für Pflanzen unter und bis zu 2 m Höhe** beträgt der vorgeschriebene Abstand 0,50 m (Art. 71 Abs. 1 AG.). Hierbei macht es keinen Unterschied, ob das Grundstück, zu dessen Gunsten der Abstand verlangt wird, kultiviert ist oder nicht[4]), ob auf ihm Gebäude stehen. Auch Pflanzen, welche an fremden (z. B. öffentlichen) Gewässern stehen, müssen diesen Abstand einhalten.

b) **für Pflanzen, die über 2 m hoch sind**, beträgt der vorgeschriebene Abstand im allgemeinen 2 m (Art. 71 Abs. 1 AG.). Hiervon gibt es jedoch drei Ausnahmen:

---

[1]) Dies hat nur für Grundstücke, die keine öffentlichen Wege sind, eine Bedeutung; denn mit Bäumen längs einer öffentlichen Straße braucht nach Art. 74 AG. überhaupt kein Abstand eingehalten zu werden.

[2]) Oertmann, Landesprivatrecht S. 338. Doch ist ein Aenderung dieses Rechtszustandes durch Bestellung einer entgegenstehenden Grunddienstbarkeit möglich. Oertmann a. a. O.

[3]) Der Eigentümer der Sträucher und Hecken kann natürlich die der Grenze zugekehrten Triebe jeweils zuschneiden und dadurch bewirken, daß er die Hecke viel näher an der Grenze halten darf, als dies bei ungehindertem natürlichen Wachstum der Fall wäre.

[4]) Unter Umständen könnte das allgemeine Schikaneverbot des § 226 BGB. in Aktion treten.

1. Zugunsten eines Waldgrundstückes[1]) kann auch für solche Pflanzen nur die Einhaltung eines Abstandes von 0,50 m verlangt werden (Art. 71 Abs. 2 AG.). An Waldgrundstücke dürfen die Pflanzen deshalb näher herangerückt werden, weil bei diesen Schutz vor Beschattung nicht in Frage kommt und sie den sonstigen Nachteilen der Nähe von Gewächsen weniger ausgesetzt sind[2]). Hiervon werden insbesondere[3]) die Fälle betroffen, in welchen Waldung gegen Waldung steht.

Bezüglich der Grundstücke, die schon zur Zeit des Inkrafttretens des Bürgerlichen Gesetzbuchs mit Wald bestanden waren, vgl. unten IV, 2.

Im übrigen ist es ohne Bedeutung, ob es sich um bereits bestehende Waldungen handelt, oder ob ein bisher anderweitig benutztes Grundstück aufgeforstet wird[4]). Steht Waldung gegen Waldung und rodet der eine Waldbesitzer sein Waldgrundstück, um darauf einen Acker anzulegen, so muß der andere bei der nächsten Verjüngung seines Waldes 2 m Abstand von der Grenze einhalten (Art. 75 Abs. 2 AG.)[5]); dem ersteren aber ist es dann nach wie vor unverwehrt, einzelne Bäume (z. B. Obstbäume) bis auf einen Abstand von 50 cm an die Grenze heranzurücken; denn zugunsten eines Waldgrundstückes kann kein größerer Abstand gefordert werden (Art. 71 Abs. 2 AG.).

2. **Ein Abstand von nur 0,50 m und nicht von 2 m kann ferner dann gefordert werden, wenn Wein oder Hopfen auf einem Grundstücke angebaut wird, in dessen Lage ein solcher Anbau nach den örtlichen Verhältnissen üblich ist** (Art. 71 Abs. 2, Satz 2 AG.). Es ist keine notwendige Voraussetzung, daß auch das Nachbargrundstück in gleicher Weise angebaut ist; auch wenn an der Grenze des Nachbargrundstückes ein Wohnhaus steht, ist beim Vorhandensein der oben aufgestellten Voraussetzung mit diesen Pflanzen nur der geringere Abstand einzuhalten. Erfordernis ist aber, daß gerade in der Lage des betreffenden Grundstückes der Anbau von Hopfen bezw. Wein üblich ist. Wenn z. B. in einer Weingegend nur die Hänge, nicht auch die Niederungen mit Wein angebaut zu werden pflegen, so kann sich der Eigentümer eines in der Niederung gelegenen Grundstückes nicht auf die Ausnahmebestimmung berufen, selbst dann nicht, wenn zufällig noch ein anderer Eigentümer eines benachbarten Grundstückes Wein auf seinem Grundstück angebaut haben sollte; denn einzelne Fälle bewirken nicht, daß der Anbau

---

[1]) Ueber den Begriff Waldgrundstücke s. oben § 18, II.
[2]) Begründung z. AG. S. 42 (Becher, Mat. Abt. IV und V, Bd. 1 S. 91).
[3]) Nicht „nur"; vgl. AAPr. S. 173 (Becher, Mat. Abt. IV und V, Bd. 1 S. 448) und dagegen die auf einem offenbaren Mißverständnis der Aeußerung des Regierungsvertreters beruhende Bemerkung des Abgeordneten Fuchs in AAPr. S. 174 (Becher, Mat. Bd. 1 S. 449).
[4]) Trendel, SeuffBl. Bd. 71 S. 510.
[5]) Trendel a. a. O. Vgl. unten IV, 2

in der betreffenden Lage üblich ist. Diese Voraussetzung trifft nur dann zu, wenn eine größere Anzahl (nicht gerade die Mehrzahl) der Grundstücke in derselben Weise angebaut ist. Maßgebend ist der gegenwärtige Zustand. Werden in einer bisherigen Hopfengegend die Hopfenstöcke fast allgemein ausgerodet, so kann sich der Eigentümer eines weiterhin als Hopfengarten benützten Grundstückes nicht darauf berufen, daß bislang in der betr. Lage der Hopfenbau üblich war.

3. Gegenüber einem landwirtschaftlich benützten Grundstücke, dessen wirtschaftliche Bestimmung durch Schmälerung des Sonnenlichtes erheblich beeinträchtigt werden würde, ist gemäß Art. 72 Abs. 1 AG. mit Bäumen (nicht auch mit Sträuchern und Hopfenstöcken), welche über 2 m hoch sind, ein Abstand von 4 m einzuhalten. Diese weitergehende Eigentumsbeschränkung wurde mit Rücksicht auf das Bedürfnis der Landwirtschaft eingeführt, den Betrieb intensiver zu gestalten[1]).

Hervorzuheben ist, daß der größere Abstand von 4 m nur zugunsten derjenigen landwirtschaftlich benützten Grundstücke einzuhalten ist, deren landwirtschaftliche Bestimmung durch Schmälerung des Sonnenlichtes erheblich beeinträchtigt würde[2]). Die Voraussetzung fehlt bei Oedungen, Viehweiden und minderwertigen Wiesen[3]). Zu den landwirtschaftlich benützten Grundstücken gehören an sich auch die Oekonomiegebäude; nach dem Zwecke der Vorschrift wird man von einer landwirtschaftlichen Benützung im Sinne des Gesetzes nur dann sprechen können, wenn durch die Benützung dem Boden Früchte abgewonnen werden sollen. Deshalb kann zugunsten einer Scheune der größere Abstand des Art. 72 auch dann nicht verlangt werden, wenn durch die Nähe der Bäume der Scheune der erforderliche Luftzug entzogen wird.

Eine weitere Voraussetzung ist nach Art. 72 Abs. 2 AG., daß das Grundstück diese wirtschaftliche Bestimmung schon zu der Zeit gehabt hat, zu welcher die Bäume die Höhe von 2 m überschritten haben. Die Beweislast hierfür trifft denjenigen, welcher den Abstand von 4 m verlangt[4]). Dies ergibt sich aus der Fassung des Gesetzes: „Die Einhaltung des Abstandes kann nur verlangt werden, wenn ...“

Hat z. B. der Eigentümer einer nur als Weide benützten Wiese sein Grundstück durch Bewässerungsanlagen zu einer guten Wiese umgestaltet, so kann er die Beseitigung eines von der Grenze 2 m entfernten. 8 m hohen Nußbaumes dann nicht verlangen, wenn dieser schon vor Herbeiführung der Melioration der Wiese höher als 2 m war.

---

[1]) Begründung z. AG. S. 43 (Becher, Mat. Abt. IV und V, Bd. 1 S. 91).

[2]) Trendel, SeuffBl. Bd. 71 S. 511 nimmt an, daß nur auf der Südseite des landwirtschaftlich benützten Grundstückes der größere Abstand von 4 m einzuhalten sei, weil nur hier von einer Schmälerung des Sonnenlichtes gesprochen werden könne. Das wird für die Regel, aber keineswegs ausnahmslos zutreffen.

[3]) AAPr. S. 176 (Becher, Mat. Abt. IV und V, Bd. 1 S. 452).

[4]) Vgl. Böhm-Klein Bem. 3b zu Art. 72 AG.

Andererseits müssen die Voraussetzungen des Art. 72 Abs. 1 AG. zur Zeit des Verlangens gegeben sein[1]).

Wenn z. B. eine Wiese infolge einer Aenderung des Wasserlaufes zu einer ganz minderwertigen geworden ist, so kann der Abstand von 4 m nicht mehr verlangt werden.

Hat der Eigentümer einer kultivierten Wiese die Beseitigung eines nur 2 m von der Grenze entfernten Baumes von 5 m Höhe im Wege der Klage verlangt, so entzieht er dieser Klage den Boden, wenn er auf der in Betracht kommenden Stelle seiner Wiese ein Gebäude errichtet; es bleibt ihm dann nichts anderes übrig, als seine Klage in der Hauptsache zurückzunehmen, andernfalls müßte sie abgewiesen werden; bei rechtzeitiger Zurücknahme des Hauptanspruchs fallen die Kosten dem Beklagten zur Last.

Hatte der Kläger schon vor Erbauung des Hauses rechtskräftiges Urteil auf Beseitigung des Baumes erwirkt und dann den Neubau ausgeführt, so steht dem Beklagten die Vollstreckungsgegenklage des § 767 ZPO. zu.

Aber auch, wenn sämtliche Voraussetzungen des Art. 72 Abs. 1 AG. gegeben sind, ist in folgenden Ausnahmefällen nur ein Abstand von 2 m und nicht von 4 m einzuhalten:

*α*) mit Stein- und Kernobstbäumen[2]) (Art. 72 Abs. 1 Satz 2). Hierher sind zu rechnen Birn-, Apfel-, Pflaumen-, Zwetschgen-, Pfirsich-, Aprikosen-, Kirsch-, Reineklauden-, Mirabellenbäume u. s. w. Die Nußbäume fallen nicht unter diese Kategorie.

*β*) **mit Bäumen, die sich in einem Hofraum oder Hausgarten befinden (Art. 74 Abs. 2 AG.). Als Hofraum ist eine zu einem Gebäude gehörige Grundfläche zu betrachten, die bestimmt ist, dem wirtschaftlichen Zwecke des Gebäudes zu dienen[3]). Eine Umfriedung des Raumes ist nicht erforderlich, doch muß die Fläche unmittelbar an das Gebäude angrenzen, zu welchem sie gehört. Unter Hausgarten hat man ein Grundstück zu verstehen, welches in der Nähe eines Wohngebäudes gelegen ist und die Bestimmung hat, den Bewohnern des Hauses als kultiviertes Grundstück zu dienen[4]). Eine Umfriedung ist auch hier nicht wesentlich; ebensowenig erforderlich ist ein unmittelbares Angrenzen an das Wohngebäude. Unter Umständen kann sonach auch eine neben dem Hause befindliche, mit Obstbäumen versehene Wiese unter den Begriff des Hausgartens fallen[5]).**

---

[1]) A. M. Meikel, Anm. 2 zu Art. 72 AG., der den Zeitpunkt der Geltendmachung des Anspruchs derart entscheidend betrachtet, daß es belanglos sei, ob in der Zwischenzeit die wirtschaftliche Bestimmung gewechselt habe.

[2]) Durch den größeren Abstand von 4 m würde die Obstbaumzucht beeinträchtigt, auch genügt mit Rücksicht auf die gewöhnliche Höhe und die sonstige Beschaffenheit dieser Bäume ein Abstand von 2 m zum Schutze der Nachbargrundstücke. Begründung z. AG. S. 43 (Becher, Mat. Abt. IV und V, Bd. 1 S. 92).

[3]) Vgl. Entsch. d. BGH. Bd. 14 S. 237.

[4]) AAPr. S. 165 (Becher, Mat. Abt. IV und V Bd. 1 S. 434). Ein Lawn-Tennis-Spielplatz gehört nicht hierher; ein solcher kann aber in einem Hausgarten liegen.

[5]) AAPr. S. 165 (Becher, Mat. Abt. IV und V Bd. 1 S. 434). Stenglein, Zeitschr. Bd. 13 S. 198 (Grasgarten).

Dies selbst dann, wenn zwar der Ertrag der Wiese als Viehfutter, die Wiese zugleich aber als Trockenplatz, Bleiche, als Aufenthaltsort für die Hausbewohner (Spielplatz) dient. Aber immer ist Erfordernis, daß der Garten zunächst den häuslichen Zwecken gewidmet ist. Der Begriff wird also, namentlich auf dem Lande, wo die Grenzen zwischen Feld- und Gartenbau sowohl nach Art als Gegenstand der Bestellung mehr oder minder ineinander fließen, nicht gerade auf Gärten für Blumenzucht, Obst- oder Gemüsebau (Baum- und Krautgärten) einzuschränken sein; wohl aber wird Grundstücken, welche lediglich dem allgemeinen Zwecke des Landwirtschaftsbetriebes dienen, wie Kornäckern, Weidegründen, namentlich bei größeren Flächenmaßen, wenn sie auch in die Umfriedung des häuslichen Anwesens einbezogen sind, in der Regel die Eigenschaft eines Hausgartens nicht zuerkannt werden können[1]).

Die ein Schloßgut umgebenden Parkanlagen können, wenn der Umfang nicht allzu groß ist, als Hausgarten betrachtet werden[2]).

$\gamma$) Im Falle einer Aufforstung, wenn sie nach der Lage des aufzuforstenden Grundstückes der wirtschaftlichen Zweckmäßigkeit entspricht (Art. 74 Abs. 3 AG.). Unter Aufforstung versteht man die Anlegung von Wald auf einem bisher nicht mit Wald bestandenen Grundstück (im Gegensatz zur Wiederaufforstung oder Verjüngung)[3]). Die erforderliche Zweckmäßigkeit ist im objektiven Sinne zu verstehen. Es kommt daher nicht darauf an, ob die Aufforstung etwa nach den Verhältnissen des Eigentümers zweckmäßig ist, z. B. weil er sich mit dem landwirtschaftlichen Betriebe nicht befassen will und die einfachere forstwirtschaftliche Benützung vorzieht, sondern es muß die Lage des Grundstückes eine solche sein, daß es zweckmäßig ist, es aufzuforsten. Bei der Vorschrift des Abs. 3 handelt es sich um öde Flächen und um Abhänge, die nicht anders ausgenützt werden können[4]). Es wird aber auch der Fall hierher zu rechnen sein, daß eine kleine Wiese von drei Seiten von Wald umschlossen ist und wegen dieser ihrer Lage als Wiese keinen entsprechenden Ertrag abwirft. Die Voraussetzung des Art. 74 Abs. 3 AG. liegt nicht vor, wenn ein Grundstück in Mitte einer dem Ackerbau gewidmeten Fläche aufgeforstet wird[5]).

---

[1]) Wirschinger, Jagdrecht S. 37; RGSt. Bd. 5 S. 230.

[2]) Vgl. Wirschinger, Jagdrecht S. 46.

[3]) Böhm-Klein, Anm. 6 zu Art. 75 AG.

[4]) AAPr. S. 175 (Becher, Mat. Abt. IV und V, Bd. 1 S. 452). Jacubezky bei Becher, Mat. Abt. IV und V, Bd. 1 S. 839.

[5]) Jacubezky (Becher, Mat. Abt. IV und V, Bd. 1 S. 838).

4. Zugunsten der Staatsstraßen besteht in Bayern schon seit langer Zeit eine öffentlich-rechtliche Eigentumsbeschränkung[1]), welche durch das Inkrafttreten des Bürgerlichen Gesetzbuches und der Ausführungsgesetzgebung gemäß Art. 111 EG. und Art. 1 AG. nicht berührt wurde.

Hiernach muß zu beiden Seiten der Staatsstraßen mit Holz[2]) und Gesträuch ein Abstand von 7 m[3]) eingehalten werden. Der Abstand von 7 m ist die Normalgrenze. Die Einhaltung eines größeren Abstandes kann die Straßenbaubehörde unter keinen Umständen verlangen; innerhalb der Normalgrenze wird in jedem Einzelfalle der einzuhaltende Abstand nach dem örtlichen Bedürfnis bestimmt; entscheidend ist hierfür das Ermessen der Verwaltungsbehörde.

Ein Anspruch auf Entschädigung für diese Eigentumsbeschwerung steht den beteiligten Grundeigentümern nicht zu. Durch eine Ministerialbekanntmachung vom 6. Juli 1876[4]) ist jedoch bestimmt, daß in der Folge[5]) bei der Anlage neuer Staatsstraßen sowie bei Erweiterung

---

[1]) Durch kurfürstliches Mandat vom 29. April 1773 wurde die späterhin mehrmals gleichlautend wiederholte Bestimmung getroffen, daß zu beiden Seiten der Staatsstraßen das Gehölze und Gebüsch auf eine bestimmte Entfernung ausgehauen werden solle. Bestätigt sind diese Vorschriften u. a. durch königl. Reskript vom 13. Februar 1809 (Döllinger, GVSamml. Bd. 16 S. 717). Während ursprünglich der vorgeschriebene Abstand 15 Schritt betrug, wurde er durch Minist.-Entschl. vom 5. August 1840 auf 8 Schritt reduziert und mit königl. Entschließung vom 7. Dezember 1850 (Döllinger, GVSamml. Bd. 31 S. 181, Weber, Gesetzessammlung Bd. 4 S. 202) auf 10 Schritt oder 25 Fuß festgesetzt. Mit diesem Maßstab sind die genannten Verordnungen durch den Landtagsabschied vom Jahre 1837 und die oberpolizeilichen Vorschriften vom 28. April 1863 § 2 Z. 2 (Regierungsblatt 1863 S. 681 ff.) ausdrücklich bestätigt worden. Der oberste Gerichtshof hat wiederholt (Samml. von EntschOGHSt. Bd. 5 S. 42, Bd. 6 S. 41, S. 398) die rechtsverbindliche Kraft dieser Vorschriften anerkannt; s. insbesondere auch die eingehenden Ausführungen in Samml. der Entsch. d. VGH. Bd. 13 S. 346 ff. Vgl. ferner Henle, Zwangsenteignungsgesetz S. 44 ff.

[2]) Wie sich aus der wiederholten Anwendung des Ausdruckes „Auslichten" und „Gehölze" ergibt, bezieht sich die Vorschrift nicht auf jeden einzelnen Baum oder Strauch, sondern man wird für die Anwendung dieser öffentlich-rechtlichen Eigentumsbeschränkung als Voraussetzung aufstellen müssen, daß zum mindesten eine wald- oder schlagähnliche Anhäufung von Bäumen oder Sträuchern vorhanden sein muß. Vgl. insbesondere Verordnung vom 13. Februar 1809, die Auslichtung der „Gehölze" an den Straßen betr. (Döllinger, GVSamml. Bd. 16 S. 717; Weber, Gesetzessammlung Bd. 1 S. 277); Minist.-Entschl. vom 7. Dezember 1850, die Breite der „Waldauslichtung" an den Staatsstraßen betr. (Döllinger, GVSamml. Bd. 31 S. 181; Weber, Gesetzessammlung Bd. 4 S. 202); MinBek. vom 6. Juni 1876, das Auslichten der „Gehölze" längs der Staatsstraßen betr. (GVBl. S. 358; Weber, Gesetzessammlung Bd. 11 S. 557).

[3]) Der nach dem Landtagsabschied vom Jahre 1837 maßgebende Abstand von 10 Schritt oder 25 Fuß ist in der MinBek. vom 26. Oktober 1876 (Ministerialamtsblatt S. 425) in 7 m umgewandelt worden.

[4]) GVBl. 1876 S. 358 (Weber, Gesetzessammlung Bd. 11 S. 557).

[5]) Damit ist zugleich ein Entschädigungsanspruch insoweit abgeschnitten, als eine Verpflichtung zur Auslichtung schon zur Zeit der Erlassung der Ministerialbekanntmachung bestand; mit anderen Worten: rücksichtlich der zu jenem Zeitpunkt bereits bestehenden Staatsstraßen ist die Auslichtung nach wie vor ohne Entschädigung durchzuführen.

oder Umlegung bestehender Staatsstraßen für die in Anspruch genommenen Auslichtungsflächen den betr. Grundeigentümern nach Maßgabe des Zwangsenteignungsgesetzes vom 17. November 1837 Entschädigung gewährt werde. Nach ausdrücklicher Erklärung des Ministers bewegt sich diese Verordnung als Vollzugsvorschrift innerhalb des Rahmens der bestehenden Auslichtungsgesetze, eine Gesetzesänderung wollte und konnte durch diese Bekanntmachung nicht herbeigeführt werden. Die zugesicherte Entschädigung erfolge in jedem Einzelfall auf Grund des Verzichts der Staatsregierung auf ihr gesetzliches Recht der unentgeltlichen Inanspruchnahme der Auslichtungsfläche[1]). In der Ministerialbekanntmachung vom 26. Oktober 1876[2]) ist als Regel die eigentümliche Erwerbung der Auslichtungsfläche durch das Staatsärar in Aussicht genommen.

Ein Rechtsanspruch im Sinne eines vor den Zivil- oder Verwaltungsgerichten verfolgbaren Anspruches auf Entschädigung ist bei dieser rechtlichen Gestaltung den Beteiligten nicht verliehen. Die Entschädigung hat ihre Wurzel in dem guten Willen der Staatsregierung; diese hat wohl bekannt gegeben, daß allgemein Entschädigung geleistet und rücksichtlich der Höhe dieser Entschädigung für die Staatsregierung die Grundsätze des Zwangsenteignungsgesetzes zugrunde gelegt werden sollen; wenn aber die Staatsregierung diesen ihren guten Vorsatz im Einzelfalle preisgibt, bleibt dem Beteiligten nur die Aufsichtsbeschwerde an die vorgesetzte Behörde, während die Hilfe der Zivil- und Verwaltungsgerichte beim Mangel eines gesetzlich gewährleisteten Entschädigungsanspruches versagen muß.

Der Vollzug der Vorschriften über das Auslichten der Gehölze und Gebüsche an Staatsstraßen liegt auf Requisition der Straßenbaubehörde den Distriktsverwaltungsbehörden ob, welche sich zu diesem Behufe der in Art. 20 PStGB. gegebenen Mittel bedienen können[3]). Da die Vorschriften rein polizeilicher Natur sind, ist nach Art. 13 Abs. 1 Z. 3 des Gesetzes über die Errichtung eines Verwaltungsgerichtshofes nur die Zuständigkeit der aktiven Verwaltung, nicht aber jene des Verwaltungsgerichtshofes begründet[4]).

Die Nichtbeachtung der Auslichtungsvorschriften ist strafbar gemäß § 366 Nr. 10 StGB. bezw. Art 90 mit 159 PStGB.[5]).

Die Auslichtungsvorschriften beziehen sich lediglich auf Staatsstraßen[6]), nicht aber auf Distriktsstraßen und Gemeindewege[7]).

---

[1]) S. Henle, Zwangsenteignungsgesetz S. 48f.

[2]) Ministerialamtsblatt 1876 S. 425ff.

[3]) S. Henle, Zwangsenteignungsgesetz S. 49.

[4]) Entsch. d. VGH. Bd. 13 S. 345.

[5]) Vgl. EntschOGHSt. Bd 5 S. 42, Bd 6 S. 41 u. S. 398.

[6]) Die Erklärung eines Weges zur Staatsstraße ist Sache der Staatsgewalt und zwar des freien Ermessens der staatlichen Verwaltung. Seydel, Bayer. Staatsrecht § 337 bei Note 34, Bd. 3 S. 301.

[7]) BlAdmPr. Bd. 13 S. 116, Bd. 15 S. 141; MinBek. vom 19. Mai 1876 (Ministerialamtsblatt 1876 S. 237); Pechmann, Wirkungskreis der Distrikts-

III. Ueberhaupt kein Abstand ist einzuhalten:

1. Mit Gewächsen, die sich hinter einer Mauer oder einer sonstigen dichten Einfriedung befinden und diese nicht oder nicht erheblich überragen (Art. 74 Abs. 1 Satz 1 AG.). Gleichgültig ist, ob die dichte Einfriedung auf dem Grund und Boden des Pflanzenbesitzers oder dem des Nachbars steht. In solchem Falle wird der Schaden nicht durch die Bäume ꝛc., sondern durch die dichte Einfriedung zugefügt. Dagegen aber, daß der Nachbar auf seinem Grundstücke hart oder unmittelbar an der Grenze eine Einfriedung errichtet, wird ein Schutz überhaupt nicht gewährt[1]).

Der Begriff der dichten Einfriedung ist nach dem Zwecke der Vorschrift zu bestimmen. Ob man durch die Einfriedung durchsehen kann, ist gleichgültig; wesentlich ist nur, ob bei der Beschaffenheit der Einfriedung die Gefahr besteht, daß die Zweige durch sie hindurchragen[2]). Ob diese Gefahr besteht, ist nach der Beschaffenheit der Einfriedung und der Gewächse zu entscheiden. Bei einem engen Lattenzaune wird sie zumeist nicht bestehen, noch weniger bei einer Umfriedung aus Drahtgeflecht, wohl aber bei einem eisernen Staketenzaun mit größeren Zwischenräumen.

Die Frage, ob der Baum die Mauer erheblich überragt, hängt davon ab, ob eine Gefahr besteht, daß die überragenden Teile des Baumes in den Luftraum des Nachbargrundstückes eindringen, oder ob der durch den Baum verursachte Schatten neben dem durch die Umfriedung verursachten Schatten sich für das Nachbargrundstück augenfällig geltend macht. Dies ergibt sich aus dem Zweck der Vorschrift. Ist diese Frage nach der einen oder anderen Richtung zu bejahen, dann ist mit dem betreffenden Baum der Abstand einzuhalten, welcher durch die allgemeinen Bestimmungen vorgeschrieben ist[3]).

Der Eigentümer des Baumes, mit welchem der vorgeschriebene Abstand nicht eingehalten ist, kann sich dem Verlangen auf Beseitigung des Baumes dadurch entziehen, daß er an der Grenze eine dichte Einfriedung errichtet. Geschieht dies erst, nachdem Klage auf Beseitigung des Baumes erhoben war, so müssen die bis zur Errichtung der Einfriedung erwachsenen Kosten dem Beklagten überbürdet werden; in der Hauptsache kann aber der Kläger kein Urteil erwirken, weil der Anspruch nicht mehr besteht.

2. Ueberhaupt kein Abstand ist ferner einzuhalten mit Bäumen, die längs einer öffentlichen Straße oder auf einem öffentlichen Platze gehalten werden (Art. 74 Abs. 1 Satz 2 AG.). Die Worte: „längs einer öffentlichen Straße" sind gewählt, um sowohl

---

verwaltungsbehörden Bd. 2 S. 270; Henle, Zwangsenteignungsgesetz S. 49. In Bedürfnisfällen ist hier das strikte Zwangsenteignungsverfahren einzuleiten. Henle a. a. O.

[1]) AAPr. S. 177 (Becher, Mat. Abt. IV und V, Bd. 1 S. 455).

[2]) AAPr. S. 177 (Becher, Mat. Abt. IV und V, Bd. 1 S. 455).

[3]) S. oben unter II.

den Fall zu treffen, daß die Bäume auf dem Straßenkörper selbst stehen, als auch den Fall, daß sie neben dem Straßenkörper gepflanzt sind [1]).

Nur für öffentliche Straßen gilt die Erlassung des Abstandes.

Der Gutsbesitzer, der längs der Grenze einen Privatweg hält und denselben mit Alleebäumen bepflanzen will, muß den vorgeschriebenen Abstand einhalten.

Der Begriff der öffentlichen Straßen und Plätze bestimmt sich nach Landesrecht [2]).

3. Endlich braucht kein Abstand eingehalten zu werden mit Pflanzungen, welche zum Uferschutze, zum Schutze von Abhängen und Böschungen oder zum Schutze einer Eisenbahn dienen (Art. 74 Abs. 1 AG.). Es ist zu prüfen, ob objektiv diese Pflanzen geeignet sind einen Schutz zu gewähren; die bloße subjektive Willensrichtung des Pflanzenhalters genügt nicht.

IV. Zeitliche Statutenkollision. Es wäre unbillig, die durch das Ausführungsgesetz neu eingeführten Vorschriften über den Abstand von Gewächsen auf Pflanzungen anzuwenden, welche bei dem Inkrafttreten des Ausführungsgesetzes nach den bis dahin geltenden Vorschriften in zulässiger Weise bereits bestanden haben.

1. Deshalb bestimmt Art. 75 AG., daß es für die zur Zeit des Inkrafttretens des Bürgerlichen Gesetzbuches vorhandenen Bäume, Sträucher und Hecken, Weinstöcke und Hopfenstöcke bei den bisherigen Vorschriften verbleibt, soweit sie das Halten der Gewächse in einer geringeren [3]) als der nach dem Ausführungsgesetz einzuhaltenden Entfernung von der Grenze des Nachbargrunstückes gestatten.

Werden in einer Reihe von Gewächsen (Baumreihen) oder von einer Hecke einzelne Teile ersetzt, so ist zu untersuchen, ob die betreffende Baum- oder Pflanzenreihe sich als eine Einheit darstellt. Zweifellos ist die Hecke eine solche Einheit; dagegen ist eine Baumreihe oder eine Reihe von Weinstöcken, Hopfenstöcken regelmäßig keine Einheit, wohl aber eine förmliche Allee [4]) oder eine durch Weinstöcke

---

[1]) AAPr. S. 178; Becher, Mat. Abt. IV und V Bd 1 S. 458.

[2]) S. hierüber BlAdmPr. Bd. 43 S. 321 ff.; vgl. ferner EntschOLGSt. Bd. 6 S. 119: Oeffentlicher Weg ist jeder dem allgemeinen Verkehre dienende Weg ohne Rücksicht darauf, wer sein Eigentümer ist. Es ist deshalb auch ein Weg, der von jedermann auf Grund einer der Gemeinde zustehenden Servitut (Gemeindeservitut) begangen werden darf, als öffentlicher Weg zu erachten.

[3]) Soweit die bisherigen Vorschriften eine größere Entfernung als das neue Recht fordern, sind sie schlechtweg aufgehoben. Das preußische Recht schreibt nur für Hecken einen Abstand von $1^1/_2$ Fuß vor (Tl. I Tit. 8 § 174 ALR.). — Code civil Art. 671 schreibt, soferne nicht in besonderen Verordnungen oder nach Herkommen etwas anderes bestimmt ist, für hochstämmige Bäume einen Abstand von 2 m und für andere Bäume und lebende Hecken einen Abstand von $^1/_2$ m vor. — Von den Statutarrechten enthalten nur wenige (Augsburg, Regensburg, Schweinfurt, für Hopfen auch München und Memmingen) solche Vorschriften.

[4]) Das hat nur für Alleen, welche an Wegen stehen, die nicht öffentlich

gebildete Laube. Bei kunstgärtnerischen Anlagen kann auch in einer bloßen Baumreihe eine Einheit gefunden werden, wenn sie bestimmt ist, der ganzen Anlage als ein symmetrisch eingefügter Teil zu dienen.

Solange die Einheit (Hecke, Allee, Laube), welche schon zur Zeit des Inkrafttretens des Bürgerlichen Gesetzbuches vorhanden war, besteht, darf eine in der Einheit entstandene Lücke ersetzt werden. Stellt sich aber die Reihe von Bäumen, Sträuchern u. s. w. nicht als Einheit dar, so müssen die neuen Pflanzen, durch welche die abgehenden ersetzt werden, auf den durch das Ausführungsgesetz vorgeschriebenen Abstand zurückgerückt werden. Nach und nach wird so die ganze Reihe auf den gesetzlichen Abstand gebracht werden.

2. Waldgrundstücke. Bei einem Grundstücke, das zur Zeit des Inkrafttretens des Bürgerlichen Gesetzbuches mit Wald[1]) bestanden ist, verbleibt es auch für neue Bäume und Sträucher bei den bisherigen Vorschriften, soweit sie das Halten der Gewächse in einer geringeren als der nach dem Ausführungsgesetz einzuhaltenden Entfernung von der Grenze des Nachbargrundstückes gestatten, jedoch nur bis zur nächsten Verjüngung[2]) des Waldes. Im Falle des Plenterbetriebes[3]) gilt die Verjüngung als am 1. Januar 1950 eingetreten. Aber auch nach der Verjüngung kann die Einhaltung eines mehr als 2 m betragenden Abstandes unter keinen Umständen verlangt werden (also auch nicht zugunsten eines landwirtschaftlich benützten Grundstückes, dessen wirtschaftliche Bestimmung durch Schmälerung des Sonnenlichtes erheblich beeinträchtigt werden würde[4]). Art. 75 Abs. 2 AG.

## § 20. Ueberfall von Baumfrüchten[5]).

Trägt ein überhängender Baum oder Strauch, d. h. ein solcher, von welchem Teile über die Grenze in den Luftraum des Nachbars

---

sind, eine Bedeutung; denn mit Bäumen längs einer öffentlichen Straße braucht nach Art. 74 Abs. 1 Satz 2 AG. überhaupt kein Abstand gehalten zu werden; s. oben III, 2.

[1]) Ueber den Begriff Wald s. oben § 18, II.

[2]) Ueber den Begriff Verjüngung, insbes. auch teilweise Verjüngung s. oben § 18, II, a.

[3]) Ueber den Begriff Plenterbetrieb s. oben § 18, II, a.

[4]) Hier wäre nach Art. 72 Abs. 1 AG. an sich mit Bäumen, die über 2 m hoch sind, ein Abstand von 4 m einzuhalten; s. oben II, b.

[5]) Der Ueberfall von Baumfrüchten war durch das gemeine Recht dahin geregelt, daß dem Eigentümer eines überhängenden Fruchtbaumes gestattet war, einen Tag um den anderen das Nachbargrundstück zum Zweck der Abholung der daraufgefallenen Früchte zu betreten. Im älteren sächsischen Recht galt der Satz, daß dem Baumeigentümer an überhängenden Früchten soviel gehöre, als er erlangen könne, alles übrige aber dem Nachbar zu Eigentum zufalle. Dort wie hier war die Voraussetzung, daß der Nachbar den Ueberhang sich gefallen lasse und im Ueberfall eine Ausgleichung des ihm etwa durch den Ueberhang zugehenden Nachteiles zu finden sei. Das preußische Landrecht (ALR. Tl. 1 Tit. 9 § 289) spricht dem Nachbar nicht nur den Ueberfall zu, sondern auch das

hinüberragen, Früchte[1]), so stehen diese, solange sie hängen, im Eigentum desjenigen, aus dessen Grund und Boden der Stamm heraustritt; derselbe darf auch die Früchte abernten[2]). Geht die Grenzlinie durch den Stamm, so teilt sie das Eigentum an dem stehenden Baum realiter und jeder Angrenzer ist daher auch Eigentümer derjenigen Früchte, welche diesseits seiner Grenze hängen.

Fallen aber Früchte auf das Nachbargrundstück, so gelten sie als Früchte dieses Grundstückes, gleich als ob sie auf diesem gewachsen wären (§ 911 BGB.). Dies gilt gleichmäßig von Bäumen und Sträuchern, die auf der Grenze oder jenseits derselben stehen[3]). Das Eigentum an diesen hinübergefallenen Früchten fällt daher regelmäßig (§ 953 BGB.) dem Grundstückseigentümer zu, eventuell dem Nießbrauchberechtigten (§ 954 BGB.) oder dem Pächter, der im Besitze des Grundstückes ist (§ 956 BGB.).

Es ist gleichgültig, wodurch veranlaßt wurde, daß die Früchte hinübergefallen sind und ob sie jenseits der Grenze gehangen haben. § 911 BGB. gilt auch bei einem durch Sturm verursachten größeren Obstfall. Selbst wenn das Fallen der Früchte durch Schütteln veranlaßt wurde, gelangen sie in das Eigentum desjenigen, welchem die Früchte des Grundstückes gehören, auf welches sie gefallen sind. Hat dieser selbst geschüttelt, so hat er unbefugt gehandelt und ist deshalb obligatorisch verpflichtet, die Früchte zurückzugeben oder ihren Wert zu erstatten. §§ 823, 812 BGB.[4]) Einen Diebstahl begeht er aber durch Aneignung nicht, denn im Moment der Aneignung ist die Sache für ihn keine fremde; § 911 BGB. bestimmt, daß diese Früchte als Früchte jenes Grundstückes gelten, auf welches sie gefallen sind. An Früchten des Grundstückes erwirbt aber der Berechtigte mit der Trennung von selbst[5]) das Eigentum (§§ 953 ff. BGB.). Möglicher-

---

Recht, die in seinem Luftraum am Baume hängenden Früchte abzubrechen, soweit sie der Eigentümer nicht erreichen kann, ohne des Nachbars Grund zu betreten. Das sächsische bürgerliche Gesetzbuch (§ 363) räumt dem Stammeigentümer das Recht ein, die hängenden Früchte sich insoweit anzueignen, als er sie ohne Betretung des fremden Grundstückes erlangen kann, wogegen die herabgefallenen Früchte dem Nachbar gehören. Vgl. Ortloff, Nachbarrecht S. 254 f.

[1]) Früchte im natürlichen Sinne, also Kirschen, Aepfel, Eicheln, nicht aber Früchte im Sinne des § 99 BGB., also z. B. nicht Aeste. Dernburg S. 280.

[2]) A. M. Cosack Bd. 2 S. 157.

[3]) Cosack Bd. 2 S. 158.

[4]) Vgl. Planck Bem. zu § 911; Endemann S. 465 Anm. 18; Cosack Bd. 2 S. 159, a. M. Staudinger Bem. 1 zu § 911; Ortloff, Nachbarrecht S. 256; Biermann, Turnau-Förster Bem. zu § 911. Am weitesten geht Endemann a. a. O., der in Anwendung des Satzes: „Wer den bösen Tropfen hat, genießt auch den guten“ dem Eigentümer des Grundstückes, über welchem sich der Ueberhang befindet, nicht nur das Schütteln, sondern im Gegensatz zu Planck auch das Abbrechen gestattet. Das widerspricht dem klaren Wortlaut des Gesetzes, das nur den Ueberfall im Auge hat.

[5]) A. M. Kuhlenbeck, Bem. 1 zu § 911.

weise kann aber derjenige, welcher unbefugt geschüttelt hat, wegen Sachbeschädigung strafbar sein[1]).

Als gefallen sind nur jene Früchte zu betrachten, welche unmittelbar nach ihrer Loslösung von dem Baume auf das Nachbargrundstück gefallen sind, wenn sie auch zunächst auf dem Boden des Baumeigentümers aufgeschlagen und dann erst über die Grenze gerollt sind. Dagegen sind solche Früchte, die schon ruhig auf dem Grundstück des Baumeigentümers gelegen sind und dann von einem Sturmwind über die Grenze geschleudert wurden, nicht hierher zu rechnen. Doch kann man dem Nachbar, auf dessen Grundstück die Früchte tatsächlich liegen, nicht den Beweis aufbürden, daß sie hinübergefallen sind und nicht etwa erst nachträglich durch den Wind hinübergeschleudert wurden. Letzteres nachzuweisen, liegt vielmehr dem Baumeigentümer ob.

Der Baumeigentümer ist nicht berechtigt, die hinübergefallenen Früchte zu holen und setzt sich einer Bestrafung wegen Diebstahls aus, wenn er dies doch tut. Dagegen ist es ihm nicht verwehrt, die an dem Baume hängenden Früchte zu brechen, auch wenn sie in dem Luftraum des Nachbargrundstückes hängen[2]), er kann sich hierzu auch eines Obstbrechers bedienen.

**Die Vorschrift des § 911 Satz 1 BGB. findet nach Satz 2 keine Anwendung, wenn das Nachbargrundstück dem öffentlichen Gebrauche dient. Hierher gehören öffentliche Straßen und Plätze[3]), öffentliche Flüsse und Seen[4]). In diesen Fällen verbleiben die Früchte demjenigen, welchem die übrigen Früchte des Baumes gehören, also regelmäßig dem Eigentümer des Grundstückes, auf welchem der Baum steht[5]). Dieser kann die Früchte an sich nehmen, auch wenn sie auf dem Nachbargrundstück, welches dem öffentlichen Gebrauche dient, liegen. Diese liegenden Früchte bleiben solange im Eigenbesitz des Baumeigentümers, bis ein Preisgeben derselben nach den Umständen anzunehmen ist[6]) und damit die übergefallenen Früchte als herrenlos im Sinne der §§ 958 und 959 BGB. zu gelten haben. Insolange dies nicht der Fall ist, ist die Aneignung der Früchte seitens Dritter objektiv rechtswidrig und setzt sich derjenige, welcher die Früchte wegnimmt, der Gefahr einer Be-**

---

[1]) Vgl. dagegen Endemann S. 465 Anm. 18.

[2]) Vgl. Scherer, Anm. 186 zu § 911.

[3]) Ueber den Begriff der öffentlichen Wege und Plätze entscheidet das Landesrecht; s. hierüber BlAdmPr. Bd. 43 S. 321 ff.; vgl. ferner EntschOLGSt. Bd. 6 S. 119: Oeffentlicher Weg ist jeder dem allgemeinen Verkehre dienende Weg ohne Rücksicht darauf, wer sein Eigentümer ist. Steht der Gemeinde ein sogen. Gemeindewegrecht zu, inhaltlich dessen nicht nur die Gemeindemitglieder, sondern jeder Beliebige den Weg benützen darf, so ist dieser Weg als ein öffentlicher zu betrachten.

[4]) Der Begriff der öffentlichen Gewässer wird im Wasserrecht erörtert.

[5]) Vgl. §§ 953 ff. BGB.

[6]) Ortloff, Nachbarrecht S. 257.

strafung wegen Diebstahls eventuell wegen Mundraubes aus. Regelmäßig wird aber das Bewußtsein der Rechtswidrigkeit fehlen. Manche Früchte, z. B. wilde Kastanien, Haselnüsse, Tannenzapfen dürfen nach allgemeiner Auffassung ohne weiteres als preisgegeben erachtet werden, so daß ihre Aneignung auf öffentlich zugänglichem Gebiete nicht rechtswidrig ist, so lange nicht ein ausdrückliches Verbot und dessen Kenntnis das Bewußtsein der Rechtswidrigkeit begründet[1]). Aber auch bezüglich anderer Früchte sind die Volksanschauungen lockere, indem vielfach angenommen wird, daß dann, wenn der Berechtigte nicht sofort die auf öffentliches Gebiet übergefallenen Früchte aufnehmen läßt oder ein Verbot gegen das Auflesen erläßt, ein Verzicht auf das Eigentum angenommen werden dürfe[2]).

## § 21. Ueberbau.

Wer bei Errichtung eines Gebäudes die Grenze seines Eigentums[3]) überschreitet, begeht einen Eingriff in das Eigentum des Nachbars. Bei konsequenter Durchführung des Eigentumsschutzes könnte der betroffene Nachbar die Beseitigung des Bauwerkes verlangen, soweit es in seine Eigentumssphäre hineinragt[4]). Der hiermit für den Eigentümer des Bauwerkes verbundene Schaden würde oft außer allem Verhältnis zu der dem Eigentümer der überbauten Fläche zugefügten Beeinträchtigung stehen. Die Durchführung des Eigentumsschutzes würde daher namentlich dann als eine unbillige Härte gegenüber dem Gebäudeeigentümer erscheinen, wenn dieser im besten Glauben, auf eigenem Grund und Boden zu bauen, den Ueberbau ausgeführt hat. Das BGB. hat durch die §§ 912 bis 916 einen billigen Ausgleich zwischen den kollidierenden Interessen des Gebäudeeigentümers und des beeinträchtigten Grundnachbars herbeigeführt[5]). Dieser Ausgleich verschafft dem Gebäudeeigentümer

---

[1]) Vgl. Staudinger, Bem. 2 zu § 912; Kuhlenbeck Bem. 2 zu § 912.

[2]) Ortloff, Nachbarrecht S. 257.

[3]) Eine analoge Anwendung der §§ 912 ff. BGB. ist nicht zulässig. Dessen Grundsätze können daher nicht auf den Fall angewendet werden, wenn der Eigentümer eines Grundstückes, von dem eine Teilfläche mit einer Grunddienstbarkeit belastet ist, über die Grenze des unbelasteten Teiles auf den belasteten Teil hinüberbaut und hierdurch die Dienstbarkeit beeinträchtigt. Der Dienstbarkeitsberechtigte kann daher die Beseitigung des Baues verlangen, soweit er auf dem belasteten Teil des Grundstückes steht. J. W. 1900 S. 891.

[4]) Das war der Standpunkt des gemeinen Rechtes (vgl. JW. 1880 S. 93).

[5]) ALR. Tl. 1 Tit. 9 §§ 340 und 341 bestimmten, daß derjenige, welcher auf der Grenze einen Bau ausführen will, dies dem Nachbar mit der Angabe, wie weit er ihn vorzurücken beabsichtige, anzuzeigen habe und daß dann, wenn gegen die angegebenen Baufluchtlinien von dem Nachbar kein Einwand erhoben und das Gebäude durch einen Zufall oder ein geringes Versehen über die angegebene Linie vorgerückt worden sei, der Bauherr dem Nachbar nur den Grund und Boden nach einer billigen Taxe zu vergüten brauche. — Die württembergische Bauordnung vom 6. Oktober 1872 Art. 72 läßt das Eigentum des überbauten

erhebliche Vorteile, ohne den anderen Teil in erheblicher Weise zu belästigen.

Dem beeinträchtigten Nachbar wird nämlich vom BGB. in gewissen Fällen das Recht entzogen, die Beseitigung des Ueberbaues zu verlangen; er muß vielmehr den Ueberbau dulden und sich hierfür mit einer Geldentschädigung abfinden lassen.

## I. Voraussetzungen der Duldungspflicht.

1. Zu dulden ist der Ueberbau nur bei einem Gebäude, nicht bei jedem sonstigen Bauwerk. Der Begriff des Bauwerkes ist der weitere[1]); man versteht darunter jedes von Menschenhand hergestellte Werk, das sich als ein selbständiges Ganzes darstellt und mit dem Erdboden verbunden ist[2]).

Unter einem Gebäude versteht man ein Bauwerk, welches nach der Art seiner Anlage[3]) geeignet ist, Personen, Tieren oder Sachen durch seine räumliche Umfriedung[4]) Schutz gegen äußere Einflüsse zu gewähren[5]). Erforderlich ist aber, daß das Bauwerk seinem Umfange nach den Zutritt von Menschen gestattet[6]). Zum Unterschied von Hütten wird daneben eine gewisse Dauerhaftigkeit und Festigkeit des verwendeten Baumaterials erfordert[7]) und außerdem eine feste Verbindung mit dem Erdboden. Das Bauwerk muß unbeweglich sein, also in seiner Gesamtheit unbeschadet seiner Gestalt und Verbindung nicht von einer Stelle zur andern gebracht werden können[8]).

Für den Begriff des Gebäudes ist nicht erforderlich, daß das

---

Grundes, wenn der Bauende im guten Glauben bei Ausführung des Baues ohne Widerspruch des Nachbars die Grenze seines Eigentums überschritten hatte, gegen volle Entschädigung des Nachbars auf den Bauenden übergehen. Vgl. M. Bd. 3 S. 283 (Mugdan Bd. 3 S. 156).

[1]) M Bd. 3 S. 470 (Mugdan Bd. 3 S. 262); Wolff, Grenzüberbau S. 88.

[2]) Wolff, Grenzüberbau S. 88.

[3]) Nicht notwendig „nach seiner Zweckbestimmung"; Wolff, Grenzüberbau S. 89.

[4]) Wolff, Grenzüberbau S. 89; deshalb gehören Schleusen und Dämme nicht zu den Gebäuden.

[5]) Vgl. RGSt. Bd. 3 S. 411. Zu den Gebäuden gehören demnach jene Bauwerke nicht, welche nur der Umfriedung des Raumes zu dienen geeignet sind, z. B. Mauern Vgl. Turnau-Förster Bem. 2 zu § 912; ebensowenig eine Brücke, ein Tor, ein Denkmal; Wolff, Grenzüberbau S. 92.

[6]) Wolff, Grenzüberbau S. 89; RGSt. Bd. 10 S. 103; deshalb ist ein Taubenschlag kein Gebäude, RGSt. Bd. 7 S. 262; Olshausen, KommStGB. Anm. 13 zu § 243.

[7]) RGSt. Bd. 10 S. 103. A. M. für das BGB. Wolff, Grenzüberbau S. 90, der hierfür einen anderen Maßstab anwenden will als für das Strafrecht. Aber der Zweck der Vorschriften über den Ueberbau weist naturgemäß auf das Erfordernis der Dauerhaftigkeit hin. Es müßte sonst auch eine aus Lehm zusammengeklebte Unterkunftshütte im Walde den Gebäuden zugerechnet werden.

[8]) RGSt. Bd 4 S. 164; Wolff, Grenzüberbau S. 90; Olshausen, KommStGB. Anm. 11 zu § 243; A. M. Oppenhoff, KommStGB. Anm. 14 zu § 243; Rüdorff-Stenglein, KommStGB. Anm. 10 zu § 243.

Bauwerk die Eigenschaft eines umschlossenen Raumes hat[1]), wenn es nur nach der Seite oder nach oben umfriedet ist. Deshalb ist eine für den Wirtschaftsbetrieb bestimmte Gartenhalle als Gebäude zu betrachten[2]); auch eine Bedachung ist nicht unbedingt erforderlich[3]). Nicht erforderlich ist, daß das Bauwerk verschließbar ist[4]).

Auf dem Lande findet man häufig freistehende Backöfen, die solid gebaut sind und den Zutritt von Menschen gestatten. Solche Backöfen[5]) gehören zu den Gebäuden. Ebenso gehören Brunnenstuben, die auf dem Lande vielfach in einem steinernen Aufbau mit Ueberdachung bestehen, zu den Gebäuden.

Eine mit Steinen massiv ausgemauerte und zementierte Senkgrube (Mistgrube) ist kein Gebäude[6]); dagegen ist ein mit soliden Mauern versehener Keller ein Gebäude[7]), da es für den Begriff des Gebäudes gleichgültig ist, ob das Werk oberhalb oder unterhalb des Erdbodens errichtet ist.

Auf Gebäude, die nur zu einem vorübergehenden Zwecke bestimmt sind (§ 95 Abs. 1 Satz 1 BGB.), sind die Vorschriften über den Ueberbau nicht anzuwenden, weil nach dem offensichtlichen Zweck des Gesetzes nur ein für die Dauer angelegtes Gebäude geschützt sein soll[8]).

Nicht erforderlich zur Anwendung der Vorschriften über den Ueberbau ist, daß das Gebäude bereits vollständig fertiggestellt ist; es genügt, wenn mit der Errichtung des Gebäudes begonnen und dieselbe so weit fortgeschritten ist, daß der Teil des Gebäudes, mit welchem überbaut ist, bereits aus dem Boden hervorgetreten ist und mit demselben in fester Verbindung steht.

2. Weitere Voraussetzung ist, daß über die Grenze gebaut ist (§ 912 BGB.). Welcher Art das überbaute Grundstück ist, insbesondere welchem Zwecke es dient, kommt im allgemeinen nicht in Betracht.

Einer besonderen Erwähnung bedarf der Fall der Ueberbauung einer öffentlichen Straße. Auch in diesem Falle ist die Anwendung der §§ 912ff. BGB. nicht grundsätzlich ausgeschlossen; allein tatsächlich wird es wohl regelmäßig an der Voraussetzung des § 912

---

[1]) RGSt. Bd. 10 S. 403; Wolff, Grenzüberbau S. 89; A. M. Striethorst, Arch. Bd. 97 S. 91.

[2]) EntschOGH. Bd. 17 S. 43f.

[3]) Wolff, Grenzüberbau S. 89; A. M. Olshausen, KommStGB. Anm. 12b zu § 243; mit Recht wird daher der ungedeckte Rohbau zu den Gebäuden gerechnet.

[4]) EntschOLGSt. Bd. 3 S. 591.

[5]) Rüdorff-Stenglein, KommStGB. Anm. 10 zu § 243. Vgl. dagegen Wolff, Grenzüberbau S. 89; Olshausen, KommStGB. Anm. 13 zu § 243; Oppenhoff, KommStGB. Anm. 13 zu § 243.

[6]) Striethorst, Arch. Bd. 48 S. 240.

[7]) RGSt. Bd. 3 S. 411; Liszt, Strafrecht S. 444.

[8]) Turnau-Förster, Bem. II, 2 zu § 912. A. M. Wolff, Ueberbau S. 91.

BGB. fehlen, daß dem Ueberbauenden weder Vorsatz noch grobe Fahrlässigkeit zur Last fällt. Doch lassen sich Ausnahmen denken; so z. B. bei einem freien Platz vor dem Hause, der zwar in Wirklichkeit zu der Straße gehört, aber von dem Hauseigentümer als ihm gehörig betrachtet wird, oder wenn auf Grund eines unrichtigen Bescheides der Baupolizeibehörde gebaut wurde. Jedenfalls sind bei einer Ueberbauung einer öffentlichen Straße auch die privatrechtlichen Rechte und Pflichten des Straßeneigentümers in Betracht zu ziehen[1]). Zwar wird das öffentliche Recht durch das bürgerliche Recht nicht berührt (Art. 111 EG.). Die Bestimmungen des öffentlichen Rechts über den Ueberbau auf öffentlichen Straßen haben daher fortdauernde Gültigkeit. Sie nehmen aber nur Rücksicht auf das öffentliche Interesse; daneben besteht das privatrechtliche Interesse des Straßeneigentümers[2]). § 38 der Bauordnung vom 17. Februar 1901 bestimmt, daß Altanen, Balkone oder Galerien über die Baulinie[3]) nicht mehr als 1,30 m vorspringen, nur in Straßen von wenigstens 12 m Breite und nur in einer Höhe von mindestens 3,50 m über dem darunter befindlichen Trottoir oder öffentlichen Wege angebracht werden dürfen. — Hieraus geht nur hervor, unter welchen Voraussetzungen vom öffentlich-rechtlichen Gesichtspunkte aus eine Ueberbauung der Straße unzulässig ist und daß darüber hinaus ein Ueberbau selbst dann unzulässig ist, wenn der Eigentümer der Straße den Ueberbau ausführen will oder mit der Ausführung des Ueberbaues durch einen Dritten einverstanden ist[4]). Es wird aber keineswegs die privatrechtliche Frage entschieden, ob der Eigentümer der Straße den in dem Ueberbau liegenden Eingriff in sein Eigentum gestatten muß. Hierfür ist lediglich das bürgerliche Recht maßgebend. An und für sich könnte der Eigentümer den Ueberbau, auch wenn er sich in den Grenzen des § 38 der Bauordnung hält, verbieten (§ 903 BGB.). Allein mit Rücksicht auf die regelmäßige Benützung einer Straße handelt es sich hier um eine Einwirkung, die in solcher Höhe vorgenommen wird, daß der Straßeneigentümer an der Ausschließung der Einwirkung kein Interesse hat (§ 905 BGB.). Deshalb kann er einen nach § 38 der Bauordnung zulässigen Ueberbau nicht verbieten; aber nicht darin ist der Grund zu finden, daß § 38 der Bauordnung den Ueberbau nach

---

[1]) A. M. Wolff, Grenzüberbau S. 101, weil das öffentliche Recht in erschöpfender Weise das Maß normiere, in welchem die öffentliche Straße verengt werden dürfe.

[2]) Vgl. SeuffA. Bd. 55 Nr. 132. Hier hat das Reichsgericht der Negatorienklage der Stadtgemeinde als Eigentümerin einer Straße gegen eine polizeilich genehmigte Benützung des Bürgersteiges zum Wirtschaftsbetriebe stattgegeben.

[3]) Die Baulinie kann (nicht „muß") mit der Grenze zwischen Straßenkörper und Gebäude zusammenfallen. Trifft dies zu, so ist im Falle des § 38 der Bauordnung ein Ueberbau gegeben.

[4]) Vgl. SeuffA. Bd. 55 Nr. 132.

öffentlichem Recht zuläßt, sondern weil das Privatrecht (§ 905 BGB.) das Verbietungsrecht nimmt. — In diesem Falle kommen die Vorschriften des BGB. über den Ueberbau, insbesondere der Rentenanspruch des Grundeigentümers, nicht zur Anwendung, weil es an der Voraussetzung fehlt, daß der Ueberbau objektiv rechtswidrig ist[1]). Eine solche objektive Rechtswidrigkeit kann nach Privatrecht trotz öffentlich-rechtlicher Zulässigkeit eines Ueberbaues z. B. dann vorliegen, wenn das Staatsministerium einen den Vorschriften des § 38 der Bauordnung nicht entsprechenden Ueberbau durch Erteilung einer nach § 65 Abs. 2 der Bauordnung zulässigen Dispens genehmigt hat. Der Straßeneigentümer kann dann trotz erteilter baupolizeilicher Genehmigung die Beseitigung des Ueberbaues verlangen, wenn er durch den Ueberbau in der Benützung des überbauten Straßenteils beeinträchtigt wird; eventuell kommen die Bestimmungen des BGB. über den Ueberbau (§§ 912 ff.) zur Anwendung.

Ueber die Grenze[2]) ist dann gebaut, wenn das Gebäude selbst oder irgendein festgefügter Teil[3]) des Gebäudes (Erker, Balkon, Keller, Giebel)[4]) in das Erdreich oder den Luftraum des

---

[1]) S. unten § 21 I, 6.

[2]) Der Nachweis der Grenze liegt demjenigen ob, der die Beseitigung verlangt. S. über Grenzstreitigkeiten, insbes. die Beweiskraft der Vermarkung und daß der Vermessung (dem Katasterplan) keine Beweiskraft zukommt, oben S. 32.

[3]) Festgefügt, nicht bloß eingefügt muß der Gebäudeteil sein, derart, daß er von dem Gebäude nicht getrennt werden kann, ohne daß das Gebäude oder der Teil zerstört oder in seinem Wesen verändert würde. Die Notwendigkeit dieser Einschränkung ergibt sich aus dem Zwecke des Gesetzes im Zusammenhalt mit dessen Wortlaut „über die Grenze gebaut". Wenn lediglich die an dem Gebäude angebrachten Läden, Jalousien in das Nachbargrundstück überragen oder die Läden und Fenster beim Aufschlagen in den Luftraum des Nachbars hinüberragen, liegt kein Ueberbau im Sinne der §§ 912 ff. BGB. vor. Der Grundnachbar kann daher die Beseitigung der überragenden Läden und Jalousien verlangen (§ 907 BGB.) bezw. das Aufschlagen der Fenster und Läden durch seinen Luftraum verbieten. Wenn die Ausübung dieses Rechtes nur den Zweck haben kann, dem Inhaber des Gebäudes zu schaden, ist sie nach § 226 BGB. unzulässig; s. oben S. 76.

[4]) Der überragende Gebäudeteil braucht nicht auf dem fremden Boden zu stehen; es genügt ein Hineinragen in den fremden Luftraum. Dernburg S. 282; Biermann Anm. 1 zu § 912; Wolff, Grenzüberbau S. 94. Mit letzterem wird man auch § 915 BGB. für anwendbar erachten müssen. — Man wird aber gegen Wolff a. a. O. annehmen müssen, daß auch dann, wenn die Störung nur eine geringfügige ist, z. B. der herüberragende Dachgiebel nur durch den Tropfenfall lästig wird, der Nachbar gemäß § 915 BGB. von dem Hauseigentümer den Erwerb der überbauten Fläche verlangen kann. Derjenige, welcher objektiv rechtswidrig in fremdes Eigentum eingreift, kann sich nicht beschwert fühlen, wenn hieraus die Konsequenzen gezogen werden. Der Kaufpreis wird entsprechend niedrig sein. Goldmann-Lilienthal, das BGB., S. 270, verlangen für die Anwendbarkeit der §§ 912 ff., daß der Ueberbau auf dem fremden Grund und Boden steht; diese Ansicht schließt sich an die bisherige preußische Praxis an, die aber auf anderer gesetzlicher Grundlage beruht. — Aehnlich Endemann S. 481 Anm. 8: „Begrifflich könnte auch ein übergreifender Erker, Dachvorsprung, Keller als Ueberbau angesprochen werden; aber die Rechtsfolge des § 912 scheint mir hierauf

Nachbargrundstückes hinübergreift. Um wie viel die Grenze überschritten wird, ist gleichgültig; auch wenn das Gebäude zum weitaus größten Teile auf dem Nachbargrundstücke steht[1]) und selbst wenn sich der fremde Bau über das ganze Nachbargrundstück erstreckt[2]), liegt ein Ueberbau vor. Doch darf der Ueberbau kein selbständiges Gebäude darstellen; er muß mit dem auf dem Boden des Bauherrn stehenden Bauwerk ein einheitliches Gebäude darstellen[3]).

Wenn das ganze Gebäude auf fremdem Boden steht, so können die §§ 912 ff. BGB. nicht in Anwendung kommen; in solchem Falle kommen §§ 94 und 93, eventuell 1012 ff. BGB. in Betracht[4]).

Die Vorschriften der §§ 912 ff. sind nicht anwendbar, wenn das Grundstück, auf welchem der Bau errichtet wurde, und das daran anstoßende Nachbargrundstück zur Zeit der Ausführung des Baues in der Hand eines Eigentümers vereinigt sind[5]).

Ueber die Grenze ist nicht gebaut und somit ist auch kein Raum für die Anwendung der §§ 912 ff., wenn ein Gebäude unter Verletzung einer Grunddienstbarkeit des Nachbars (z. B. servitus non altius tollendi) errichtet wurde[6]), auch dann nicht, wenn auf einem

---

nicht zu passen; ich kann, insbesondere wenn ich selbst bauen will, die Beseitigung dieser übergreifenden Bauteile verlangen". Vgl. auch Förster, DJZ. Bd. 6 S. 244.

[1]) Wolff, Grenzüberbau S. 93.

[2]) RG. Bd. 52 S. 15.

[3]) Wolff, Grenzüberbau S. 93. Es können auch zwei unter einem Dache stehende Häuser sich als verschiedene Gebäude darstellen, vgl. oben S. 57 und 63 u. RGSt. Bd. 8 S. 102. Das Vorder- und Hinterhaus wird als ein Gebäude anzusehen sein, nicht aber das Vorderhaus und Gartenhaus. Wolff a. a. O. Anm. 1.

[4]) Staudinger, Bem. 1a zu § 912; Dernburg S. 281; Maenner S. 168.

[5]) RG. Bd. 65 S. 362; Wolff, Ueberbau S. 102 f.; Kohler, ArchZivPrax. Bd. 87 S. 287. Kommen später die bisher in einer Hand vereinigten Grundstücke an verschiedene Eigentümer, so hat der Eigentümer des überbauten Grundstücks den Ueberbau nur dann zu dulden, wenn er hierzu dinglich oder persönlich verpflichtet ist. Hierbei soll nach RG. Bd. 65 S. 362 zu beachten sein, daß die Begründung eines dinglichen Rechts gemäß § 873 BGB. nur durch dinglichen Vertrag und Eintragung in das Grundbuch erfolgen kann. Ohne dieses wesentliche Erfordernis der Begründung eines dinglichen Rechts wird die in den Veräußerungsverträgen ausdrücklich oder stillschweigend vereinbarte Duldungspflicht nur eine persönliche sein, so daß also der Singularrechtsnachfolger nicht mehr daran gebunden ist. Bei einem Erwerb durch Zuschlag in der Zwangsversteigerung ist lediglich der Zuschlag maßgebend; es wird hier also regelmäßig nicht einmal eine obligatorische Duldungspflicht vorliegen. RG. a. a. O. Die Ansicht des Reichsgerichts ist bestritten. A. M. Oberneck, Reichsgrundbuchrecht Bd. 1 S. 529. Zutreffend nimmt Turnau-Förster Bem. II, 1 zu § 912 an, daß nach der Veräußerung eines der beiden bisher in einer Hand vereinigten Grundstücke der Erwerber einen ihm bekannten Ueberbau ohne Entschädigung zu dulden habe. Stelle sich erst später heraus, daß die richtige Grenze überschritten sei, so könne der Erwerber die Wegschaffung des Ueberbaus fordern. (Vgl. aber auch Biermann zu § 912 und Kohler, ArchZivPrax. Bd. 87 S. 288.) Veräußert der Bauende das andere Grundstück und behält das bebaute zurück, so hat er den Ueberbau zu dulden, nicht aber sein Singularrechtsnachfolger, s. dagegen Kohler a. a. O.

[6]) RG. Bd. 48 S. 262.

Grundstücke, von dem eine Teilfläche mit einer den Ueberbau verbietenden Grunddienstbarkeit belastet ist, ein Gebäude errichtet wird und dabei ein Stück der belasteten Fläche überbaut wird[1]).

Eine nachträgliche Senkung der Mauer oder Mauerausbauchung mit der Wirkung einer Grenzüberschreitung fällt nicht unter die §§ 912 ff. BGB.; hier ist nicht über die Grenze gebaut. Ueber eine solche Mauerausbauchung oder Senkung der Wand enthält weder das BGB. noch die bayerische Ausführungsgesetzgebung eine besondere Vorschrift. Deshalb haben die allgemeinen Grundsätze in Anwendung zu kommen. Die Mauerausbauchung, welche in den Luftraum des Nachbars hineinragt, stellt eine Beeinträchtigung des Eigentums dar, deren Beseitigung der Nachbar in Gemäßheit des § 1004 BGB. verlangen kann[2]).

3. Der Ueberbau muß von dem Eigentümer[3]) ausgeführt sein; dem Eigentümer steht der Erbbauberechtigte gleich (§ 1017 BGB.), auch der Fideikommißbesitzer wird ihm gleichzustellen sein[4]), dagegen erzeugt der Ueberbau des Pächters, Nießbrauchers die Duldungspflicht des Nachbars nicht[5]). Hat aber der Nießbraucher, Pächter mit Einverständnis oder Genehmigung des Eigentümers gebaut, so hat er als dessen Vertreter gehandelt (§§ 185, 184 BGB.)[6]). Dem Ueberbau des Eigentümers ist derjenige des fälschlich eingetragenen Bucheigentümers nur dann gleichzustellen, wenn die Voraussetzungen des § 185 BGB. gegeben sind[7]).

4. **Bei der Errichtung des Gebäudes muß die Grenzüberschreitung erfolgt sein.** Eine nach Errichtung des Gebäudes

---

[1]) RG. Bd. 47 S. 356; JW. 1900 S. 891; 1902 Beil. S. 258.

[2]) S. oben S. 76. Mit Rücksicht auf § 226 BGB. ist der Nachbar regelmäßig verpflichtet, die Mauerausbauchung zu dulden, wofern hierdurch die Benützung seines Grundstücks nicht beeinträchtigt wird. Vgl. Staudinger Anm. 1 zu § 912; Wolff, Grenzüberbau S. 92. — Monich, IheringsJ. Bd. 38 S. 179 will die Mauerausbauchung dem § 910 BGB. analog behandeln. Wolff, Grenzüberbau S. 92 Anm. 24 pflichtet dem hinsichtlich des Abs. 2 des § 910 BGB. bei, nicht aber bezüglich des Abs. 1. Eine analoge Anwendung des § 910 verbietet sich aber überhaupt, da es sich dort um eine singuläre Rechtsvorschrift handelt, welche nur mit Rücksicht auf das natürliche Wachstum der Bäume gegeben ist. Turnau-Förster Bem. 2 zu § 912 subsumiert die Mauerausbauchung unter § 905 oder § 908.

[3]) Die Anwendung der §§ 912 ff. auf einen von einem Vorbesitzer, der nicht Eigentümer war, aufgeführten Bau ist nicht ausgeschlossen. Turnau-Förster Bem. II, 1 zu § 912.

[4]) Wolff, Grenzüberbau S. 108.

[5]) Cosack Bd. 2 S. 156; Maenner S. 169; Planck Bem. 1c zu § 912 Wolff, Grenzüberbau S. 110; Biermann Anm. 1a zu § 912. A. M. Dernburg S. 282.

[6]) Wolff, Grenzüberbau S. 111. Da die Genehmigung mit rückwirkender Kraft ausgestattet ist (§ 184 BGB.), so gilt der Nachbar schon von der Grenzüberschreitung, nicht erst von der Erteilung der Genehmigung an zur Duldung verpflichtet. Der Zeitpunkt der Grenzüberschreitung ist daher maßgebend für den Widerspruch des Nachbars und für dessen Anspruch auf die Rente.

[7]) Wolff, Grenzüberbau S. 112 gegen Endemann Bd. 2 S. 481 Anm. 7.

betätigte Ansetzung eines Balkons oder Erkers muß auf Verlangen des Nachbars beseitigt werden[1]); anders bei einem nachträglichen Anbau, der für sich selbst ein Gebäude darstellt und teilweise die Grenze überschreitet.

5. **Das Ueberschreiten der Grenze darf nicht auf Vorsatz oder grober Fahrlässigkeit beruhen** (§ 912 Abs. 1 BGB.). Vorsatz liegt vor, wenn der Bauende weiß, daß er die Grenze überschreitet, ohne ein Recht zu haben. Fahrlässigkeit liegt vor, wenn er dies hätte wissen müssen[2]). Eine Definition der groben Fahrlässigkeit gibt das BGB. nicht. Es ist nach den Umständen zu entscheiden, ob eine besonders schwere Verletzung der im Verkehr erforderlichen Sorgfalt anzunehmen ist[3]). Vorsatz und Fahrlässigkeit sind dann zu verneinen, wenn der Bauende zu der Annahme berechtigt war, daß er über die Grenze bauen dürfe[4]). Nicht unter allen Umständen ist die grobe Fahrlässigkeit schon deshalb zu verneinen, weil der Ueberbauende im guten Glauben war, daß der Nachbar mit dem Ueberbau einverstanden sei; es kommt eben darauf an, ob dieser gute Glaube, wenn irrig, auf grober Fahrlässigkeit beruht[5]). Hat der Bauherr den Bau durch einen Vertreter ausführen lassen, so kommt für den Vorsatz und die Fahrlässigkeit nicht die Person des Vertretenen, sondern die des Vertreters in Betracht. Hat aber im Falle einer durch Rechtsgeschäft erteilten Vertretungsmacht (Vollmacht) der Vertreter nach bestimmten Weisungen des

---

[1]) Wolff, Grenzüberbau S. 92. Die Regeln der §§ 912 ff. BGB. gelten insbesondere auch dann nicht, wenn ein Gebäude nur ausgebessert wird. Biermann Anm. 1 zu § 912; R. d. OLG. Bd. 4 S. 65; Kretzschmar im SächsArch. Bd. 12 S. 418; dagegen will Turnau-Förster Bem. 2 zu § 912 in Ansehung des Reparaturbaues die Entscheidung nach Lage des Einzelfalles gefällt wissen.

[2]) Das Kennen oder Kennenmüssen der Grenzüberschreitung genügt nicht; der zu vertretende Umstand ist die objektiv rechtswidrige Grenzüberschreitung. Wolff, Grenzüberbau S. 113. Vgl. auch R. d. OLG. Bd. 15 S. 348 (Hamburg).

[3]) Turnau-Förster Anm. 3 zu § 912; JW. 1901 S. 52.

[4]) RG. Bd. 52 S. 17. Eine solche Annahme kann unter besonderen Umständen ihre Berechtigung in einem obligatorischen Vertrage finden, durch welchen sich der Eigentümer zur Ueberlassung des Eigentums an der hinterher überbauten Fläche verpflichtet hat. RG. a. a. O. Hat ein Grundeigentümer die Mauer seines Gebäudes auf Grund einer mit dem Nachbar getroffenen formlosen Vereinbarung über kommune Errichtung der Mauer zur Hälfte jenseits der Grenze errichtet, so liegt ein Ueberbau im Sinne der §§ 912 ff. vor; Vorsatz und Fahrlässigkeit sind zu verneinen; solange der obligatorisch gebundene Eigentümer des überbauten Grundstückes es nicht an einen Singularrechtsnachfolger veräußert hat, ist im Zweifel keine Rente zu entrichten, da dies bei Abschluß des Kommunmauervertrages die Vertragsteile nicht gewollt haben werden. Vgl. hierüber oben S. 58.

[5]) Vgl. dagegen R. d. OLG. Bd. 15 S. 348 (Hamburg). Der Umstand, daß den vom Ueberbau betroffenen Nachbar ein konkurrierendes Verschulden trifft (er hat z. B. als Verkäufer die Grenze dem Käufer unrichtig angegeben), wird regelmäßig eine grobe Fahrlässigkeit bei der Grenzüberschreitung ausschließen. Wo dies aber ausnahmsweise nicht zutrifft, kann nicht etwa § 254 Anwendung finden. A. M. Endemann S. 482 Anm. 13.

Vollmachtgebers gehandelt, so kann sich dieser in Ansehung solcher Umstände, die er selbst kannte, nicht auf die Unkenntnis des Vertreters berufen. Dasselbe gilt von Umständen, die der Vollmachtgeber kennen mußte, sofern das Kennenmüssen der Kenntnis gleichsteht (§ 166 BGB.)[1]).

Maßgebender Zeitpunkt für den Vorsatz und die grobe Fahrlässigkeit ist der Zeitpunkt der Grenzüberschreitung[2]). Die Grenze ist überschritten, sobald der Zustand eingetreten ist, in welchem das fremde Grundstück überbaut ist. Eine Vollendung des Baues ist hierzu nicht erforderlich.

Die Beweislast für die Abwesenheit von Vorsatz und grobem Verschulden trifft den Gebäudeeigentümer[3]). Die Beweislast muß durch Darlegung der tatsächlichen Verhältnisse belegt werden. Wird die Grenzüberschreitung erst nach längerer Zeit entdeckt, so wird gerade das längere Unbekanntgebliebensein der richtigen Grenze für den entschuldbaren Irrtum sprechen[4]).

Dem Bauenden ist keine Pflicht zur Anzeige seines Bauvorhabens an den Nachbar auferlegt. Gerade wenn der Bauende im besten Glauben über den Zug der Grenze ist, wird er die Anzeige unterlassen[5]). Ueberdies läßt eine bloße Anzeige, wenn die Grenze nicht an Ort und Stelle begangen wird, leicht Raum zu Mißverständnissen, welche den Nachbar zu einer ihm nachteiligen Unterlassung des Widerspruchs veranlassen können[6]).

6. Der Ueberbau muß objektiv rechtswidrig sein. Diese Voraussetzung ist dann gegeben, wenn der Eingriff in das Eigentum an sich unzulässig wäre, so daß der Nachbar die Beseitigung der Beeinträchtigung verlangen könnte, wenn nicht eben die §§ 912ff. BGB. entgegenständen[7]).

---

[1]) Wolff, Grenzüberbau S. 114. Der Bauarbeiter ist übrigens nicht Vertreter.

[2]) Wolff, Grenzüberbau S. 115.

[3]) Wolff, Grenzüberbau S. 115; RG. Bd. 47 S. 117; JW. 1901 S. 52.

[4]) M. Bd. 3 S. 284 (Mugdan Bd. 3 S. 157); Kohler ArchZivPr. Bd. 87 S. 287.

[5]) M. Bd. 3 S. 284 (Mugdan Bd. 3 S. 157); Ostermeyer, Sachenrecht S. 142.

[6]) Es geht deshalb auch zu weit, wenn Schmidt in der BayNotZ. 1907 S. 49 annimmt, daß die seitens des Nachbars erfolgte Unterzeichnung des Bauplanes, aus welchem er die Grenzüberschreitung ersehen konnte, den Bauherrn zur Annahme des Einverständnisses mit der Grenzüberschreitung berechtige, so daß Vorsatz und grobe Fahrlässigkeit zu verneinen seien. In dieser Allgemeinheit ist dem nicht beizupflichten; es wird immer auf die näheren Umstände des Einzelfalls ankommen; u. a. wird hierbei die Geschäftsgewandtheit des Nachbarn, die Art der Grenzüberschreitung, deren Offensichtlichkeit im Bauplane eine Rolle spielen. Im Zweifel wird man eher gegen den Bauherrn entscheiden müssen; denn wenn er mit Vorbedacht fremdes Eigentum in rechtswidriger Weise an sich ziehen will, ist er nach Anstand und Rechtsgefühl verpflichtet, sich über das Einverständnis des Nachbars zweifelsfrei zu vergewissern.

[7]) Wolff, Grenzüberbau S. 96.

In erster Linie kommt hier der Fall in Betracht, daß der eine Nachbar dem anderen die Erlaubnis erteilt hat, den Neubau über die Grenze zu rücken. Soll ein wirksamer Vertrag vorliegen, so ist bis zu dem Zeitpunkte, in welchem das Grundbuch als angelegt anzusehen ist, notarielle Verlautbarung gemäß Art. 14 NotG. erforderlich[1]) und von da ab die Eintragung im Grundbuch. Liegt ein solcher gültiger Vertrag vor, dann wird hierdurch eine Grunddienstbarkeit begründet. Welche Entschädigung hierfür von dem Bauherrn an den Nachbar zu gewähren ist, bemißt sich ausschließlich[2]) nach dem Vertrag.

Ist die Erlaubnis nicht durch einen rechtsgültigen Vertrag erteilt worden, so wird kein Recht an einem fremden Grundstücke begründet. Der Ueberbau ist daher trotz der erteilten Erlaubnis objektiv rechtswidrig. Wenn dem Bauherrn mit Rücksicht auf die erteilte Erlaubnis Vorsatz und grobe Fahrlässigkeit nicht zur Last fällt[3]), weil er sich zur Grenzüberschreitung für berechtigt erachten konnte, werden die §§ 912 ff. BGB. anzuwenden sein[4]).

7. Der Ueberbau darf nicht gegen den Widerspruch des Nachbars ausgeführt sein. Der Nachbar braucht den Ueberbau dann nicht zu dulden, wenn er vor oder sofort nach der Grenzüberschreitung Widerspruch erhoben hat (§ 912 Abs. 1 BGB.). Widerspruchsberechtigt ist aber nach § 916 BGB. ferner derjenige, dessen Erbbau- oder Dienstbarkeitsrecht durch den Ueberbau beeinträchtigt wird. Hat von den mehreren Widerspruchsberechtigten der eine widersprochen, der andere nicht, so kann ersterer die Beseitigung des Ueberbaues verlangen, während letzterer ihn dulden muß[5]). Durch die zeitliche Beschränkung, welche für die Wirksamkeit des Widerspruchs bestimmt ist, soll eine Zerstörung des Gebäudes vermieden werden. Sofort ist nicht gleichbedeutend mit augenblicklich. Mit Rücksicht auf die Lebensgewohnheiten ist anzunehmen, daß eine mäßige Spanne Zeit zu gewähren ist. Schriftliche Mitteilung ist verkehrsüblich; wenn dieser Weg für den Widerspruch gewählt wurde, ist das Schwergewicht auf den Zeitpunkt der Absendung zu legen, mag auch der Brief dem Adressaten etwas verspätet zugehen. Eine übermäßige Verspätung der Zustellung geht zu Lasten des Absenders; denn der Widerspruch ist empfangsbedürftig[6]). Der Widerspruch darf also nicht schlechthin so lange mit Wirksamkeit erfolgen, als das

---

[1]) Vgl. SeuffBl. Bd. 42 S. 262.

[2]) Der Inhalt der §§ 912 ff. kann für die Willensauslegung überhaupt nicht herangezogen werden (s. dagegen Wolff, Grenzüberbau S. 97), weil deren immerhin künstliche Konstruktion dem Willen der Beteiligten fernliegen dürfte.

[3]) S. oben Ziff. 5.

[4]) Wolff, Grenzüberbau S. 97, s. darüber oben Ziff. 5.

[5]) Wolff, Grenzüberbau S. 130 gegen Enneccerus-Lehmann, Bürg. Recht Bd. 2 S. 67, nach deren Ansicht der Anspruch auf Beseitigung für alle begründet sein soll, wenn nur einer der Berechtigten widersprochen hat.

[6]) Vgl. Wolff, Grenzüberbau S. 122.

Gebäude noch nicht fertig ist, sondern muß sofort erfolgen, sobald die erste sichtbare, tatsächliche Grenzüberschreitung (z. B. Legung des Fundaments) erfolgt ist. Hierzu ist erforderlich, daß schon ein Teil des Gebäudes selbst errichtet ist[1]); denn nur um eine Grenzüberschreitung durch einen Ueberbau handelt es sich. Deshalb genügt die Aufgrabung des fremden Erdbodens noch nicht, noch weniger die Aufstellung des Baugerüstes, wenn auch aus dessen Aufstellung erhellt, daß das Gebäude über die Grenze gerückt werden soll.

Darauf, ob überhaupt oder wann der Nachbar von der Grenzüberschreitung Kenntnis erhielt, kommt gar nichts an[2]). Auch wenn der Nachbar gar nicht in der Lage war, Kenntnis davon zu nehmen, ist er mit einem späteren Widerspruch ausgeschlossen[3]); das Gesetz geht von dem Standpunkte aus, daß es Sache des Grundeigentümers ist, sich um sein Eigentum umzutun und die Grenzschau zu halten.

Der Widerspruch ist eine empfangsbedürftige Willenserklärung; er setzt Geschäftsfähigkeit des Widersprechenden voraus und wird wirksam, sobald er dem Gegner zugeht (§ 130 BGB.). Er kann formlos, auch durch konkludente Handlungen, z. B. Niederreißen des Baues[4]), zum Ausdruck gebracht werden. Immer aber muß er sich gegen die konkrete Grenzüberschreitung richten; das ist wichtig, besonders für einen vor der Grenzüberschreitung erfolgten Widerspruch. Ein genereller Protest ist wirkungslos.

Der Grund des Widerspruches ist gleichgültig. Auch wenn der Nachbar, welcher den Irrtum über die Grenze teilte, nur widersprochen hat, weil er ungerechtfertigterweise ein Lichtrecht zu haben

[1]) A. M. Wolff, Grenzüberbau S. 121. Vgl. Kretzschmar im SächsArch. Bd. 12 S. 419: „Der Widerspruch muß spätestens unmittelbar nach der Grenzüberschreitung erklärt werden". Der Widerspruch kann aber schon vor der Grenzüberschreitung wirksam erhoben werden, nur muß eine bestimmte Ueberschreitung bereits drohen. Wolff, Grenzüberbau S. 122.

[2]) Turnau-Förster Anm. 4 zu § 912; Wolff, Grenzüberbau S. 123.

[3]) Nach Biermann Anm. 1c zu § 912 soll, wenn der Widerspruch aus Irrtum, Zwang, Betrug unterblieben ist, der Nachbar ein Anfechtungsrecht haben. Turnau-Förster Anm. 2 zu § 912 gewährt die Anfechtung im Falle des Betrugs und Zwangs, während er sie im Falle des Irrtums versagt. Das Recht der Anfechtung versagen in allen Fällen Wolff, Grenzüberbau S. 123; Goldmann-Lilienthal BGB. S. 271; Scherer Bd. 3 S. 102 Nr. 189; Maenner S. 169. Ob die Anfechtung im Falle des Betrugs und Zwangs zulässig ist, kann dahingestellt bleiben; denn dies ist deswegen ohne besondere praktische Bedeutung, weil in diesen Fällen regelmäßig dem Bauherrn Vorsatz zur Last fällt und dann die Bestimmungen des BGB. über den Ueberbau schon aus diesem Grunde nicht angewendet werden können. Jedenfalls kann der Nachbar sein Schweigen wegen Irrtums nicht anfechten. Die gegenteilige Ansicht wird von Maenner S. 169 und Wolff, Grenzüberbau S. 123 Anm. 27 zutreffend mit dem Hinweise widerlegt, daß die hierfür angeführte Entsch. des RG. Bd. 38 S. 289 wohl für das preußische Landrecht gemäß ALR. Tl. 1 Tit. 9 § 332 zutreffend sei, nicht aber für das bürgerliche Recht. Vgl. RG. Bd. 35 S. 265.

[4]) Wolff, Grenzüberbau S. 120.

glaubte, muß ein Widerspruch im Sinne des § 912 BGB. angenommen werden. Berechtigt zur Erhebung des Widerspruchs ist der Eigentümer oder Miteigentümer (§ 1011 BGB.) des Bodens; der Pächter ist nicht berechtigt, das Widerspruchsrecht für den Eigentümer auszuüben[1]). Tut er dies gleichwohl, so handelt er als Geschäftsführer ohne Auftrag für den Verpächter und ist daher der Widerspruch gültig, wenn ihn der Bauende nicht wegen Mangels der Vertretungsmacht zurückweist (§ 180 BGB.). Der Hypothekengläubiger und Vorkaufsberechtigte ist zum Widerspruch nicht berechtigt[2]). Gegner ist der Ueberbauende[3]) oder dessen Vertreter; ein gegenüber dem Bauarbeiter erfolgter Widerspruch genügt nicht; macht der Arbeiter dem Bauherrn noch rechtzeitig Mitteilung, so kann er als Bote des Widersprechenden gelten. Der von dem Bauherrn bestellte Baumeister oder dessen Bauleiter darf als ermächtigt gelten, alle auf den Bau bezüglichen Mitteilungen für den Bauherrn entgegenzunehmen[4]).

Der Nachbar, welcher die Beseitigung des Ueberbaues verlangt, hat die Beweislast dafür, daß er rechtzeitig gegen die Grenzüberschreitung Widerspruch erhoben hat[5]).

## II. Inhalt der Duldungspflicht.

**Sind die unter I. aufgeführten Voraussetzungen gegeben, so hat der Nachbar den Ueberbau zu dulden (§ 912 BGB.). Diese Verpflichtung enthält eine gesetzliche Eigentumsbeschränkung. Sie tritt von Rechts wegen, nicht erst auf Verlangen des Ueberbauenden ein. Sie ist auch nicht davon abhängig, daß der Berechtigte die dem Verpflichteten nach § 912 Abs. 2 BGB. zustehende Rente bezahlt hat. § 273 BGB. steht nicht entgegen, weil sich aus dem Rechtsverhältnisse des Ueberbaues ein anderes ergibt[6]).**

**Die Duldungspflicht bedarf zu ihrer Entstehung nicht der Eintragung in das Grundbuch[7]).**

---

[1]) Vgl. Enneccerus-Lehmann, Das bürgerl. Recht Bd. 2 S. 118 und dagegen Wolff, Grenzüberbau S. 118, 119.

[2]) Wolff, Grenzüberbau S. 120. Vgl. Recht 1902 S. 258 (RG.).

[3]) Wird der Bau von Mehreren errichtet, so ist der Widerspruch Allen gegenüber zu erklären; Turnau-Förster zu § 982 und die dort zitierte EntschRG.; doch wird vielfach der eine als von den übrigen stillschweigend bevollmächtigt erachtet werden dürfen z. B. wenn er den Bau leitet; eventuell kann er als Bote gelten.

[4]) Es ist hierzu nicht erforderlich, daß der Bauherr ortsabwesend ist. In diesem Punkte anscheinend a. M. Wolff, Grenzüberbau S. 120.

[5]) Vgl. M. Bd. 3 S. 284 (Mugdan Bd. 3 S. 157).

[6]) Wolff, Grenzüberbau S. 127; Turnau-Förster Anm. 4 zu § 912.

[7]) Wolff, Grenzüberbau S. 135, nach dessen zutreffender Ansicht sich das Recht zur Duldung überhaupt nicht zur Eintragung eignet; s. dagegen Goldmann-Lilienthal, BGB. S. 271; Oberneck, Reichsgrundbuchrecht S. 386.

Das Eigentum an der überbauten Fläche steht nach wie vor demjenigen zu, welchem auch der übrige Teil des Grundstückes gehört [1]).

Dem Ueberbauenden steht das Eigentum an dem Ueberbau zu; denn dieser wird nicht Bestandteil des Grundstückes, auf welchem er steht [2]), weil es ein Sondereigentum an vertikalen Gebäudeteilen nicht gibt [3]) und abgesehen hiervon der Ueberbau in Ausübung eines Rechtes an einem fremden Grundstücke von dem Berechtigten ausgeführt worden ist (§ 95 Abs. 1 BGB.) [4]). Daraus folgt, daß der hinübergebaute Teil des Gebäudes dem rechtlichen Schicksal der Hauptsache folgt [5]).

Der Ueberbau muß, so lange er steht, geduldet werden. Es ist dem Gebäudeeigentümer nicht verwehrt, Veränderungen an dem Ueberbau vorzunehmen, soferne dadurch nur nicht die Grenzüberschreitung rücksichtlich der fremden Grundfläche vergrößert wird. Der Gebäudeeigentümer darf daher den Ueberbau beliebig erhöhen [6]). Berührt der Ueberbau den Boden des überbauten Grundstückes nicht (z. B. Balkon, Erker), so darf er wohl erhöht, nicht aber nach unten fortgesetzt werden; denn dadurch würde eine größere Beeinträchtigung des Nachbargrundstückes herbeigeführt. Die aus dem Ueberbau sich ergebenden Rechte und Pflichten bleiben stetig. Es kann deshalb auch ein späterer Erwerber des Grundstückes, auf welches übergebaut ist, den Abbruch des Gebäudes nicht verlangen, auch wenn er von dem Ueberbau nichts wußte [7]).

Die Pflicht zur Duldung des Ueberbaues erlischt, sobald der Ueberbau tatsächlich beseitigt ist [8]). Um eine Beseitigung des Ueberbaues annehmen zu können, ist nicht immer erforderlich, daß von ihm gar nichts mehr auf fremdem Grunde übrig geblieben ist. Eine Beseitigung des auf fremdem Grund stehenden Ueberbaues ist vielmehr schon dann als eingetreten zu erachten, wenn seine Ueberbleibsel nach den Umständen keine selbständige wirtschaftliche Bedeutung mehr haben. Bei einem mit festen Grundmauern versehenen Gebäude wird eine Beseitigung des Ueberbaues regelmäßig insolange nicht angenommen werden können, als das Fundament

---

[1]) Anders nach ALR. Tl. 1 Tit. 9 § 341 und nach Art. 72 der württembergischen Bauordnung.

[2]) M. Bd. 3 S. 287 (Mugdan Bd. 3 S. 159); Monich in IheringsJ. Bd. 38 S. 179; Staudinger, Bem. II A 2 zu § 912; Bd. I Anm. 7 zu § 94; Wolff, Grenzüberbau S. 133.

[3]) Boethke bei Gruchot Bd. 45 S. 722, s. oben S. 58; Wolff, Grenzüberbau S. 134 nimmt dagegen an, daß es bei dem Akzessionsprinzip des § 946 sein Bewenden habe, wenn dem Gebäudeeigentümer das Recht auf Duldung des Ueberbaus nicht zustehe.

[4]) Maenner S. 171.

[5]) Vgl. Wolff, Grenzüberbau S. 134.

[6]) Wolff, Grenzüberbau S. 137.

[7]) Maenner S. 171.

[8]) Cosack Bd. 2 S. 155; Wolff, Grenzüberbau S. 157.

noch im Boden steckt. Wenn aber der Bauherr seinen Neubau weiter zurücksetzt, hat das Fundament keine selbständige wirtschaftliche Bedeutung mehr; der Ueberbau ist als beseitigt zu erachten. Dasselbe gilt, wenn der Bauherr geraume Zeit überhaupt keine Anstalten zum Wiederaufbau trifft und infolge der Länge der Zeit die Oberfläche des Grundstücks mit dem Fundament sich gewissermaßen verwachsen hat. In solchen und ähnlichen Fällen kann man vom wirtschaftlichen Standpunkte aus einen Ueberbau im Sinne des Gesetzes als vorhanden nicht mehr annehmen; der wirtschaftliche Standpunkt ist aber hier der entscheidende; denn die §§ 912 ff. haben nur den Zweck, einer unwirtschaftlichen Zerstörung vorzubeugen[1]). Wenn nur ein Teil des überbauten Grundes von dem Ueberbau befreit wird, so erlischt die Duldungspflicht eben nur teilweise[2]).

Der Grund der Beseitigung des Ueberbaues ist gleichgültig. Die Duldungspflicht erlischt, gleichviel ob der Ueberbau durch Naturgewalt oder freiwillige Handlung des Bauherrn oder eines Dritten beseitigt wurde, ja selbst wenn der zur Duldung Verpflichtete den Ueberbau rechtswidrig beseitigt hat; doch ist derselbe zum Schadensersatz verpflichtet und muß daher den Zustand wieder herstellen, welcher bestehen würde, wenn die schuldhafte Beseitigung des Ueberbaues nicht eingetreten wäre[3]). Dies kann aber nur durch Bestellung einer Grunddienstbarkeit, welcher ein dem gesetzlichen Inhalt des Ueberbaurechtes entsprechender vertragsmäßiger Inhalt zu geben ist, geschehen; denn für den durch den Nachbar selbst ausgeführten Bau fehlt es an den gesetzlichen Voraussetzungen des § 912[4]).

[1]) Wie gestaltet sich das rechtliche Schicksal der Ueberbleibsel (des Fundamentes)? Sobald ein Ueberbau im Sinne des Gesetzes nicht mehr vorliegt, ist die Beeinträchtigung des Eigentums durch die Ueberbleibsel unzulässig; der Grundstückseigentümer kann die actio negatoria (§ 1004 BGB.) auf Beseitigung anstellen. Aus demselben Grunde muß der Eigentümer des Ueberbaues die übrigen Beeinträchtigungen des überbauten Grundstückes beseitigen, welche nach der Beseitigung des Ueberbaues noch vorhanden sind; so z. B. wenn durch Aufsaugung chemischer Abwässer der in dem Ueberbau betriebenen Fabrik der Boden für Ackerbau und Anpflanzungen unbrauchbar geworden ist, muß der ordnungsgemäße Zustand wieder hergestellt werden; dagegen besteht eine Schadensersatzpflicht nicht. Wolff, Grenzüberbau S. 160 gewährt dagegen einen Schadensersatzanspruch; der Ueberbauende dürfe wohl ein schädliches Gewerbe betreiben, müsse aber für den durch den Betrieb verursachten Schaden einstehen; nur mit dieser durch Treu und Glauben gebotenen Begrenzung dürfe sein Recht auf Duldung des Ueberbaues verstanden werden. Diese Begründung dürfte unzulänglich sein. Der Schadensersatzanspruch setzt ein Verschulden voraus. Wer den Ueberbau wie ein Eigentümer benützt, handelt aber nicht schuldhaft, weil er hierzu, solange die Voraussetzungen des Ueberbaues gegeben sind, berechtigt ist.

[2]) Wolff, Grenzüberbau S. 158. Hier wird zutreffend hervorgehoben, daß der Fall, in welchem nur ein Stockwerk des Ueberbaues abgetragen worden ist, auf die Duldungspflicht gar keinen Einfluß ausübt. Das Stockwerk kann wieder aufgesetzt und noch ein weiteres dazugefügt werden.

[3]) Wolff, Grenzüberbau S. 158. Diese Verpflichtung ist eine persönliche, geht also auf den Singularrechtsnachfolger nicht über. Wolff S. 159.

[4]) S. oben I, 3.

## III. Entschädigung des Grundeigentümers.

1. Der Nachbar, welcher den Ueberbau zu dulden hat, ist durch eine Rente zu entschädigen (§ 912 Abs. 2 BGB.). Die Rente hat die Natur einer gesetzlichen, allen anderen, auch den älteren Lasten vorgehenden Belastung (§ 914 Abs. 1 BGB.). Bei der Zwangsversteigerung bleibt diese Last auch dann bestehen, wenn sie bei der Feststellung des geringsten Gebots nicht berücksichtigt wurde (§ 52 Abs. 2 ZVG.)[1]).

Voraussetzung des Rentenanspruches ist, daß der Eigentümer des überbauten Grundstücks **verpflichtet** ist, den Ueberbau zu dulden[2]). Das ist insbesondere dann nicht der Fall, wenn er gegen die Grenzüberschreitung rechtzeitig Widerspruch erhoben hat. Doch kann in der Einforderung der Rente ein Verzicht auf den Beseitigungsanspruch je nach den Umständen für Zeit oder für immer gefunden werden. Ein solcher Verzicht ist obligatorisch, nicht aber dinglich, auch ohne Form wirksam[3]). Wird die Ueberschreitung der Grenze erst nachträglich entdeckt, so kann die Rente doch von dem Zeitpunkt der Grenzüberschreitung an gefordert werden[4]).

2. Der Anspruch auf die Rente steht demjenigen zu, dessen Rechte durch den Ueberbau beeinträchtigt werden; das ist der jeweilige Eigentümer des überbauten Grundstückes (§ 913 BGB.). Entsprechende Rechte räumt § 916 BGB. demjenigen ein, dessen Erbbaurecht oder Dienstbarkeit an dem Nachbargrundstücke durch den Ueberbau beeinträchtigt ist[5]). Weitere Realberechtigte kommen nicht in Betracht, da für diese, insbesondere für die Pfandgläubiger, die durch den Ueberbau herbeigeführte Beeinträchtigung durch die mit der Duldungspflicht verbundene Rente, welche ihnen an Stelle der überbauten Fläche haftet, ausgeglichen wird (§§ 96, 1107, 1126, 1192, 1200 BGB.)[6]).

Das Rentenrecht selbst kann nicht von dem Eigentum an dem überbauten Grundstücke getrennt werden, da es als dessen Bestand-

---

[1]) Der Rentenberechtigte kann wegen der laufenden und der aus den letzten zwei Jahren rückständigen Rente in der vierten Klasse an erster Stelle Befriedigung verlangen, wegen älterer Rückstände in der achten Klasse an erster Stelle (§ 10 ZVG. mit § 914 Abs. 1 BGB.), Dernburg S. 284 Anm. 12. Wegen der Zwangsvollstreckung in das rentenberechtigte Grundstück s. § 148 Abs. 1 ZVG.

[2]) Wolff, Grenzüberbau S. 138. Vgl. dagegen Cosack Bd. 2 S. 155.

[3]) Wolff, Grenzüberbau S. 139.

[4]) Maenner S. 170.

[5]) Eine analoge Anwendung des § 916 BGB. ist nicht zulässig. Dessen Grundsätze können daher nicht auf den Fall angewendet werden, wenn der Eigentümer eines Grundstückes, von dem eine Teilfläche mit einer Grunddienstbarkeit belastet ist, über die Grenze des unbelasteten Teiles auf den belasteten Teil hinüberbaut und hierdurch die Dienstbarkeit beeinträchtigt. Der Dienstbarkeitsberechtigte kann daher die Beseitigung des Baues verlangen, soweit er auf dem belasteten Teil des Grundstückes steht. JW. 1900 S. 891.

[6]) Dernburg S. 284.

teil gilt (§ 914 Abs. 3 mit § 1110 BGB.). Dies steht jedoch einer Abtretung oder Pfändung des Anspruchs auf die einzelne Rente nicht entgegen.

Der Miteigentümer kann die Ansprüche aus dem Rentenrechte in Ansehung der ganzen Sache geltend machen, den auf Befriedigung nur in Gemäßheit des § 432 BGB.[1]).

Wird das Grundstück, auf welchem der Ueberbau steht, geteilt, so ist nur der Eigentümer jenes Teiles rentenberechtigt, auf welchem sich der Ueberbau befindet[2]) (§ 1109 Abs. 3 BGB.).

Der Rentenanspruch steht dem Berechtigten auch dann zu, wenn er den Widerspruch gegen die Grenzüberschreitung absichtlich unterließ[3]).

Der Anspruch auf Zahlung der Rente und die Pflicht zur Duldung des Ueberbaus stehen sich als Leistung und Gegenleistung gegenüber[4]). Doch ist die Duldungspflicht nicht von Zahlung der Rente abhängig s. oben II.

3. Schuldner der Rente ist der Eigentümer des Ueberbaues.

Der Eigentümer haftet für die während der Dauer seines Eigentums fälligen Leistungen auch persönlich (§ 914 Abs. 3 mit § 1108 BGB.). Der Besitznachfolger haftet für die Rückstände des Vorbesitzers dinglich (§ 914 Abs. 3 mit §§ 1107, 1113 ff. BGB.).

Wird das Grundstück, zu welchem der Ueberbau gehört, geteilt, so haftet für die Rente nur der Eigentümer jenes Teiles, auf welchem sich das Gebäude befindet. Dies ist trotz § 1108 BGB., der gemäß § 914 Abs. 3 BGB. anzuwenden ist, anzunehmen, weil im Grunde genommen von allem Anfang an nur der Grundstücksteil belastet ist, auf welchem der Ueberbau steht[5]).

4. Für die Höhe der Rente ist die Zeit der Grenzüberschreitung[6]) maßgebend (§ 912 Abs. 2 BGB.). Eine spätere Veränderung der Umstände, insbesondere ein Steigen oder Sinken des Grundwertes hat deshalb auf die Höhe der Rente keinen Einfluß. Für die Festsetzung der Rentenhöhe ist die Größe des durch den Ueberbau herbeigeführten Schadens maßgebend. Hierfür ist auch damit zu rechnen, daß der Ueberbau jederzeit erhöht werden kann. Die Höhe des Entschädigungsanspruches ist beim Vorhandensein mehrerer Berechtigter für jeden einzelnen Berechtigten nach Maßgabe der widerfahrenen Beeinträchtigung selbständig festzusetzen. Die mehreren Rentenberechtigten (vgl. § 916 BGB.) werden in Ansehung der Höhe des Entschädigungsanspruches weder durch die von anderer

---

[1]) Wolff, Grenzüberbau S. 139.

[2]) Wolff, Grenzüberbau S. 140; Biermann Bem. zu § 914; Kretzschmar im SächsArch. Bd. 12 S. 426.

[3]) Wolff, Grenzüberbau S. 141.

[4]) Wolff, Grenzüberbau S. 126. A. M. Boethke, Gruchot Bd. 45 S. 723.

[5]) Biermann Bem. zu § 914; Maenner S. 171; Wolff, Grenzüberbau S. 141; Kretzschmar im Sächs. Arch. Bd 12 S. 426.

[6]) M. Bd. 3 S. 286 (Mugdan Bd. 3 S. 158).

Seite abgeschlossenen Rechtsgeschäfte, noch durch die unter anderen Personen ergehenden Urteile gebunden und können für die künftige Duldung die Fixierung eines angemessenen Betrages verlangen[1]).

Die Feststellung der Höhe ist zunächst der Vereinbarung der Beteiligten anheimgestellt. Eine solche Vereinbarung erzeugt, wenn formlos abgeschlossen, eine nur obligatorische Wirkung zwischen den Beteiligten. Dasselbe gilt von einer Vereinbarung über einen Erlaß der Rente. Dagegen wird zu einer vertragsmäßigen Feststellung der Rentenhöhe mit dinglicher Wirkung und ebenso zu einem Verzicht auf die Rente mit dinglicher Wirkung bis zu dem Zeitpunkt, in welchem das Grundbuch als angelegt anzusehen ist, notarielle Verlautbarung nach Art. 14 des NotG.[2]) und von da ab Eintragung im Grundbuch erfordert (§ 914 Abs. 2 BGB.). Eine Vereinbarung über die Höhe oder den Erlaß der Rente mit dinglicher Wirkung kann nur mit Zustimmung der an den beteiligten Grundstücken dinglich Berechtigten geschlossen werden (§§ 876, 877 BGB.[3]).

Die Eintragung des Verzichts und der Festsetzung der Höhe hat gemäß § 21 GBO. auf dem Blatte des mit der Rente belasteten Grundstücks zu erfolgen[4]).

5. Verfallzeit der Rente. Die Rente verfällt jährlich (§ 913 Abs. 2 BGB.). Das Jahr ist vom Zeitpunkte der Grenzüberschreitung[5]) zu rechnen[6]).

Die Rente ist im voraus zu entrichten (§ 913 BGB.). Verzug in der Zahlung der Rente hat nicht zur Folge, daß der Rentenberechtigte die Beseitigung des Ueberbaues verlangen kann[7]).

Verzugszinsen können nicht beansprucht werden (§ 914 Abs. 3 mit §§ 1107, 289 BGB.).

Ansprüche auf Rückstände verjähren in vier Jahren (§ 197 BGB.) vom Schlusse des Kalenderjahres ab, in welchem der Anspruch fällig geworden ist (§ 201 BGB.).

6. Das Rentenrecht erlischt mit der Beseitigung[8]) des Ueberbaues.

Die Rente wird nicht in das Grundbuch eingetragen (§ 914 Abs. 2 BGB.[9]).

---

[1]) Wird die Grenzüberschreitung erst später entdeckt, so kann der Rentenanspruch auch für die Zeit vor der Entdeckung geltend gemacht werden (Wolff, Grenzüberbau S. 144), soweit er nicht verjährt ist.

[2]) Art. 14 des NotG. gilt bis zu diesem Zeitpunkte gemäß Art. 177 AG., 189 EG.

[3]) KommProt. S. 3557 (Mugdan Bd. 3 S. 590); Kretzschmar im SächsArch. Bd. 12 S. 420. Vgl. übrigens Wolff, Grenzüberbau S. 150.

[4]) Kretzschmar a. a. O.; Turnau-Förster zu § 916. A. M. Boethke bei Gruchot Bd. 45 S. 723.

[5]) S. oben I, 5.

[6]) Dernburg S. 284.

[7]) S. oben II.

[8]) S. oben II.

[9]) Abgesehen von einer vertragsmäßigen Feststellung der Rente; s. oben III, 4. Vgl. Dienstanw. f. d. Grundb. r. d. R. § 123 Z. 1.

Das Recht auf die Rente bleibt auch bestehen, wenn es bei der Festsetzung des geringsten Gebotes im Zwangsversteigerungsverfahren nicht berücksichtigt worden ist (§ 52 Abs. 2 ZVG.), das Recht auf die rückständigen Renten jedoch nur mit der Beschränkung des § 10 Nr. 4 ZVG.[1]). Bei Konkurrenz mehrerer Ueberbaurenten oder einer Notwegsrente mit einer Ueberbaurente haben die mehreren Renten gleichen Rang[2]).

Das Rentenrecht selbst ist der Verjährung entzogen[3]), weil der Rentenanspruch stets neu entsteht, so lange die Duldungspflicht besteht.

## IV. Recht des Grundeigentümers auf Kapitalabfindung gegen Abtretung der überbauten Fläche.

Der rentenberechtigte Grundeigentümer[4]) kann nach § 914 BGB. jederzeit verlangen, daß ihm der Rentenpflichtige gegen Uebertragung des Eigentums an dem überbauten Teile des Grundstücks den Wert ersetzt, den dieser Teil zur Zeit der Grenzüberschreitung gehabt hat (§ 915 BGB.), sofern es der Eigentümer des Ueberbaues nicht vorzieht, den Ueberbau zu beseitigen[5]). Nur dem Rentenberechtigten ist dieser Anspruch eingeräumt; dem Rentenpflichtigen steht daher die Befugnis nicht zu, seinerseits die Uebereignung der überbauten Grundfläche zu verlangen.

Für die Höhe des Wertersatzes ist der Kapitalstock der Rente, welche sich nach Maßgabe der oben (III, 4) vorgetragenen Grundsätze ergibt, zu berechnen, wobei der zur Zeit der Grenzüberschreitung landesübliche Zinsfuß zugrunde zu legen ist. Die bezahlten Rentenbeträge kommen für die Kapitalabfindung nicht in Anrechnung. Selbstverständlich können aber neben den bezogenen Renten nicht noch Zinsen von dem Uebernahmekapital gefordert werden[6]).

Die Geltendmachung des Anspruches erfolgt durch eine empfangsbedürftige[7]) Willenserklärung des Berechtigten. Sie kann bedingt und befristet erfolgen. Es ist nicht erforderlich, daß sich

---

[1]) Turnau-Förster zu § 916.

[2]) Wolff, Grenzüberbau S. 145. Dagegen will Biermann zu § 916 den Satz: prior tempore potior iure anwenden.

[3]) R. Bd. 3 S. 286 (Mugdan Bd. 3 S. 158); Maenner S. 171; Biermann Bem. zu § 915; Kuhlenbeck Bem. 2 zu § 913; Staudinger Bem. zu § 912; Turnau-Förster Bem. zu § 912; Wolff, Grenzüberbau S. 163. A. M. Kohler, ArchZivPrax. Bd. 87 S, 288; Goldmann-Lilienthal, BGB. S. 274 Anm. 1.

[4]) Und nur der Eigentümer, nicht etwa auch der Erbbau- oder Dienstbarkeitsberechtigte. Wolff, Grenzüberbau S. 165. Jeder Miteigentümer kann das Recht aus § 915 allein geltend machen. Wolff, Grenzüberbau S. 166.

[5]) S. dagegen Wolff, Grenzüberbau S. 166 u. 168.

[6]) Turnau-Förster Bem. zu § 915.

[7]) Daher ist § 130 BGB. anzuwenden. Gegner der Willenserklärung ist der Rentenpflichtige. Ist ein solcher zurzeit nicht vorhanden, so muß ein Grundstücksvertreter nach §§ 58, 787 CPO. bestellt werden. Wolff, Grenzüberbau S. 167.

hierbei der Berechtigte **ausdrücklich** zur Uebereignung der Grundfläche erbietet. Es genügt, wenn sich diese Willensmeinung aus den Umständen ergibt.

Für den Rentenpflichtigen besteht eine gesetzliche Verpflichtung zur Annahme dieses Verlangens, ein Kontrahierungszwang[1]). Die Rechte und Verpflichtungen beider Teile bestimmen sich nach den Vorschriften über den Kauf. Der Vertrag wird gültig mit Erfüllung der gesetzlichen Formvorschriften. Hierzu ist bis zu dem Zeitpunkte, in welchem das Grundbuch als angelegt anzusehen ist, notarielle Verlautbarung, von da ab Auflassung und Eintragung im Grundbuch erforderlich[2]). Eine formlose Einigung über die Höhe der Kapitalabfindung erzeugt daher keine Wirkung. Der Berechtigte hat das Eigentum frei von Lasten zu übertragen (§§ 433, 434 BGB.)[3]) und kann nur Zug um Zug gegen eine solche Ueberlassung Zahlung der Kapitalabfindung verlangen. Für die Zeit bis zur Uebertragung des Eigentums ist die Rente fortzuentrichten (§ 915 Abs. 2 BGB.), soferne nicht der Werterfatz bezahlt ist[4]). § 439 BGB., wonach der Verkäufer einen Mangel im Rechte nicht zu vertreten hat, wenn der Käufer den Mangel beim Abschlusse des Kaufes kennt, kann nicht angewendet werden, weil § 439 BGB. voraussetzt, daß der Käufer in der Lage war, beim Abschlusse des Kaufes die Beseitigung des ihm bekannten Mangels auszubedingen, was hier nicht zutrifft[5]).

Der Anspruch auf die Kapitalabfindung ist der Verjährung entzogen (§ 924 BGB.); der Anspruch auf Leistung der **festgestellten** Kapitalabfindung unterliegt der Verjährung.

## V. Zeitliche Statutenkollision.

Die Frage, ob die Bestimmungen des BGB. über den Ueberbau auch dann gelten, wenn der Ueberbau schon vor dem 1. Januar 1900 ausgeführt worden ist, ist bestritten. Nach der einen Meinung ist das schlechtweg ausgeschlossen[6]), nach einer anderen Meinung treten diese Bestimmungen erst dann in Kraft, wenn und sobald das Grundbuch als angelegt anzusehen ist[7]), nach einer dritten Meinung sind diese Vorschriften ohne weiteres sofort mit dem Inkrafttreten des BGB. anzuwenden, auch wenn der Ueberbau schon vorher errichtet wurde[8]). Der letzten, herrschenden Meinung ist der Vorzug

---

[1]) Biermann Bem. zu § 915. Vgl. Staudinger Bem. zu § 915; vgl. Kohler ArchZivPrax. Bd. 87 S. 287; Enneccerus-Lehmann, Das bürgerliche Recht Bd. 2 S. 67, und dagegen Wolff, Grenzüberbau S. 169.

[2]) S. oben III, 4. Vgl. Dernburg S. 284.

[3]) Vgl. Art. 120 EG. über die Ausstellung der sogen. Unschädlichkeitsatteste.

[4]) Wolff, Grenzüberbau S. 186.

[5]) Wolff, Grenzüberbau S. 179.

[6]) Gruchot, Beiträge Bd. 44 S. 21.

[7]) Maenner 1. Aufl. S. 126, während es in der 2. Aufl. S. 168 dahingestellt bleibt, und dagegen Wolff, Grenzüberbau S. 192.

[8]) Habicht, Einwirkung S. 379; Wolff, Grenzüberbau S. 189; Niedner,

zu geben. Ausschlaggebend ist, daß die §§ 912 ff. BGB. dem Eigentümer kein Recht verleihen, über die Grenze zu bauen, sondern nur den Nachbar verpflichten, den Ueberbau zu dulden, obwohl er einen rechtswidrigen Zustand darstellt. Es handelt sich also um eine Beschränkung des Eigentums; darüber, was der Eigentümer auf Grund seines Eigentums jetzt tun oder lassen muß, können nur die jetzt geltenden Vorschriften entscheiden. Deshalb, weil einzelne Bestimmungen über das Ueberbaurecht erst durchzuführen sind, wenn das Grundbuch als angelegt anzusehen ist, folgt nur, daß diese Vorschriften, welche nur den Vollzug, nicht die Voraussetzungen des Ueberbaurechtes regeln, vorerst nicht angewendet werden können[1]).

Es stellt keine Ausnahme von diesem Grundsatze dar, daß in jenen Fällen das neue Recht keine Anwendung findet, in welchen der Ueberbauende durch den Ueberbau schon vor dem 1. Januar 1900 auf Grund des bisherigen Rechts das Eigentum an der überbauten Fläche erlangt hatte[2]). Denn hier fehlt es an der ersten Voraussetzung der §§ 912 ff. BGB., daß das Eigentum an der überbauten Fläche dem Gebäudeeigentümer nicht zusteht[3]).

Für die Bemessung der Ueberbaurente ist nicht die Zeit der Grenzüberschreitung, sondern die des Inkrafttretens des BGB. maßgebend, weil erst mit diesem Zeitpunkt die Duldungspflicht und somit der Rentenanspruch entstanden ist[4]). Daraus folgt auch, daß für die Zeit vor dem 1. Januar 1900 unter keinen Umständen eine Rente beansprucht werden kann.

## § 22. Fensterrecht[5]).

Die Rechtsstellung des Eigentümers schließt die Befugnis in sich, sein Eigentum bis zur Grenze auszunützen. Demgemäß darf der Grundeigentümer unmittelbar an der Grenze seinen Neubau aufführen; der Nachbar kann dagegen keinen Widerspruch erheben, auch wenn ihm dadurch Licht und Luft entzogen wird (vgl. hierüber unten § 23). Eine Beschränkung des Eigentums ist jedoch durch die bayerische Ausführungsgesetzgebung insoweit statuiert, als die Innehabung von Fenstern und anderen Lichtöffnungen in den Gebäuden in Betracht kommt.

---

Anm. 3 b α zu Art. 181; JW. 1900 S. 561 u. 891; JW. 1900 Beil. S. 16; RG. Bd. 46 S. 143, Bd. 47 S. 115, Bd. 52 S. 16. Selbst dann gilt das neue Recht, wenn rechtskräftiges Urteil auf Beseitigung des Ueberbaues vorliegt. Gegen ein solches Urteil kann die Vollstreckungsgegenklage (§ 767 ZPO.) erhoben werden. Wolff, Grenzüberbau S. 191; Habicht, Einwirkung S. 379.

[1]) Wolff, Grenzüberbau S. 192.

[2]) Vgl. ALR. Tl. I Tit. 9 § 341.

[3]) RG. Bd. 46 S. 143, Bd. 47 S. 115, Bd. 52 S. 16.

[4]) Wolff, Grenzüberbau S. 191.

[5]) Bei Grundstücken, welche durch die Grenze zweier Rechtsgebiete geschieden sind, braucht für beide Grundstücke nur diejenige Rechtsvorschrift eingehalten zu werden, welche das Halten der Fenster weniger erschwert. Vgl. oben § 15 Anm. 2.

## I. Voraussetzungen der Beschränkung.

Diese Beschränkung besteht jedoch nur zugunsten jener Nachbargrundstücke, die mit Gebäuden versehen sind oder als Hofraum oder Hausgarten dienen (Art. 62 AG.) und ferner zugunsten jener Grundstücke, die einer öffentlichen Eisenbahnanlage dienen z. B. Eisenbahnkörper (Art. 64 AG.); sie gilt nicht für die Mauern, zwischen denen sich ein nach § 921 BGB. zu beurteilender Zwischenraum befindet; hierfür sind die §§ 921, 922 ausschließlich maßgebend (vgl. oben § 7). Unter einem Gebäude versteht man ein Bauwerk, welches nach der Art seiner Anlage geeignet ist, Personen, Tieren oder Sachen durch seine räumliche Umfriedung Schutz gegen äußere Einflüsse zu gewähren. Erforderlich ist aber, daß das Bauwerk seinem Umfange nach den Zutritt von Menschen gestattet. Zum Unterschied von Hütten wird daneben eine gewisse Dauerhaftigkeit und Festigkeit des verwendeten Baumaterials erfordert und außerdem eine feste Verbindung mit dem Erdboden[1]). Nicht erforderlich zur Erfüllung des Begriffes eines Gebäudes ist sonach, daß das Bauwerk zum Wohnen bestimmt ist[2]). Wenn ein bisher nicht mit einem Gebäude versehenes Grundstück bebaut wird, so tritt der Fall des Art. 62 AG. ein. Es muß also nunmehr der Eigentümer des Nachbargrundstückes seine Fenster entsprechend den Vorschriften des Art. 62 AG. einrichten, wenn die übrigen Voraussetzungen dieser Gesetzesbestimmung gegeben sind. Er hat kein Recht darauf, daß der ihm günstige bisherige Zustand fortdauert[3]).

Daß das geschützte Gebäude sich unmittelbar bis zur Grenze des Nachbargrundstückes ausdehnt, ist nicht erforderlich. Wenn es aber so weit von der Grenze des Nachbargrundstückes entfernt ist, daß der Gebäudeinhaber nicht das mindeste Interesse daran hat, daß der Nachbar bei seinen Fenstern die Beschränkungen des Art. 64 AG. einhält, kann die Ausübung des Verbietungsrechtes nach § 226 BGB. unzulässig sein[4]).

---

[1]) Ueber den Begriff des Gebäudes siehe des Näheren oben § 18 I, 1. Hütten werden mit Rücksicht auf den Begriff des Gebäudes nicht in Betracht kommen. Oertmann, Landesprivatrecht S. 331 Anm. 4. Dagegen können Anlagen, die nur zu einem vorübergehenden Zweck mit dem Grund und Boden verbunden sind, Gebäude sein. S. oben § 18, I und dagegen Oertmann a. a. O.

[2]) Vgl. dagegen AbgAusschProt. S. 165 (Becher, Mat. Abt. IV und V, Bd. 1 S. 432): „Der besondere Schutz wird auf diejenigen Grundstücke beschränkt, welche Wohnzwecken dienen, im Gegensatze zu den Grundstücken, die bloß der Landwirtschaft dienen, weil nur bei diesen Grundstücken ein ernstes Schutzbedürfnis besteht". Diese Erwägung ist vollständig zutreffend, deckt sich aber nicht mit dem Inhalte des Gesetzes, in welchem die Gebäude schlechtweg genannt sind. Im Sinne des Gesetzes ist daher auch eine Scheune, Lagerhalle und Fabrik geschützt.

[3]) AbgAusschProt. S. 165 (Becher, Mat. Abt. IV und V, Bd. 1 S. 433). Waren jedoch die Fenster schon vor dem 1. Januar 1900 vorhanden, so kommt unter Umständen Art. 66 AG. zur Anwendung; s. darüber unten.

[4]) Oertmann, Landesprivatrecht S. 331.

Immer aber wird als Voraussetzung des Verbietungsrechtes erfordert, daß sich auf dem Grundstücke, für welches der Schutz des Art. 64 AG. in Anspruch genommen wird, ein Gebäude befindet. Ist das nicht der Fall, so ist die Einrichtung von Fenstern ohne Beschränkung auch dann gestattet, wenn das unmittelbar anstoßende, nicht mit einem Gebäude versehene Grundstück an ein demselben Eigentümer gehörendes, mit einem Gebäude versehenes Grundstück angrenzt.

Als Hofraum ist eine zu einem Gebäude gehörige Grundfläche zu betrachten, die bestimmt ist, dem wirtschaftlichen Zwecke des Gebäudes zu dienen[1]). Eine Umfriedung des Raumes ist nicht erforderlich, doch muß die Fläche unmittelbar an das Gebäude angrenzen, zu welchem sie gehört. Unter Hausgarten hat man ein Grundstück zu verstehen, welches in der Nähe eines Wohngebäudes gelegen ist und die Bestimmung hat, den Bewohnern des Hauses als kultiviertes Grundstück zu dienen[2]). Eine Umfriedung ist auch hier nicht erforderlich, ebensowenig ein unmittelbares Angrenzen an das Wohngebäude. Unter Umständen kann sonach auch eine neben dem Hause befindliche, mit Obstbäumen versehene Wiese unter den Begriff des Hausgartens fallen[3]).

Auf Fälle, in welchen das Nachbargrundstück beiden Nachbarn gemeinschaftlich gehört, können an sich die Vorschriften des Art. 64 AG. Anwendung finden; handelt es sich um einen gemeinschaftlichen Zwischenraum, der Grenzeinrichtung im Sinne des § 921 BGB. ist, dann ist ausschließlich nach §§ 921 f. zu entscheiden, ob die in der Fensteranbringung gelegene Benützung des Zwischenraumes zulässig ist[4]). Nach Maßgabe des § 922 kann die Anbringung eines Fensters, welches den Beschränkungen des Art. 62 AG. entsprechend eingerichtet ist, gleichwohl unzulässig sein (z. B. bei einer Feuergasse); umgekehrt ist die Anbringung von Fenstern, die dem Art. 62 AG. nicht entsprechen, gestattet, wenn der Zwischenraum seiner äußeren Beschaffenheit zufolge zur Zuführung von Licht bestimmt erscheint.

Zugunsten der in Art. 64 AG. bezeichneten Grundstücke ist für den Nachbar rücksichtlich der Haltung von Fenster- und Lichtöffnungen aller Art, von Balkonen, Galerien und ähnlichen Anlagen[5]), eine Eigentumsbeschränkung statuiert, von der jedoch wieder jene Fenster- und Lichtöffnungen sowie sonstige Anlagen ausgenommen sind, die sich an der Baulinie[6]) befinden (Art. 65 AG.).

---

[1]) Entsch. d. VGH. Bd. 14 S. 238.

[2]) AbgAusschProt. S. 165 (Becher, Mat. Abt. IV und V, Bd. 1 S. 434). Ein Lawn-Tennisspielplatz gehört deshalb nicht hierher. Ueber den Begriff des Hausgartens vgl. oben § 19 II 3 $\beta$.

[3]) AbgAusschProt. S. 165 (Becher, Mat. Abt. IV und V, Bd. 1 S. 434).

[4]) Vgl. Turnau-Förster S. 356.

[5]) Z. B. Terrassen, Belvederes.

[6]) Art. 65 setzt voraus, daß eine Baulinie vorhanden ist. Unter Baulinie versteht man eine von der zuständigen Behörde gezogene Linie, durch welche die

Erlangt ein Grundstück erst nach der Anbringung der Fenster auf dem Nachbargebäude die Eigenart, von deren Vorhandensein die Beschränkungen bezüglich der Fenstereinrichtung abhängen (z. B. durch Erbauung eines Gebäudes), so ist von da ab das Verlangen auf eine den Art. 62 f. entsprechende Einrichtung der Fenster berechtigt. Der Bau an der Grenze eines noch unbebauten Nachbargrundstückes verleiht kein Recht auf Fortdauer des günstigen bisherigen Zustandes [1]).

Unter Lichtöffnung ist eine für den Eintritt von Licht bestimmte Oeffnung zu verstehen [2]). Dazu gehören auch Bodenlucken [3]). Für andere Oeffnungen gelten diese Beschränkungen nicht; insbesondere also nicht für Türen. Wenn die Türe eines Gebäudes unmittelbar auf das Nachbargrundstück führt und dem Gebäudeeigentümer eine Grunddienstbarkeit zur Begehung des Nachbargrundstückes nicht zusteht, so kann die Beseitigung der Türe auf Grund des § 907 BGB. verlangt werden [4]).

Die Eigentumsbeschränkung für den Inhaber der Fenster u. s. w. hat zur Voraussetzung, daß die Fenster und sonstigen Lichtöffnungen sowie die Balkone, Erker, Galerien und ähnliche Anlagen weniger als 60 cm von der Grenze des Nachbargrundstückes entfernt sind. Das Maß von 60 cm ist nicht willkürlich gewählt, sondern entspricht im wesentlichen dem alten Traufabstand von zwei Werkschuh. Auch war dasselbe Maß in mehreren deutschen Nachbarrechtsgesetzen bestimmt [5]). Die Möglichkeit des Einblickes in fremde Grundstücke ist mit dem Zusammenwohnen in geschlossenen Ortschaften untrennbar verbunden. Der Ausblick auf ein fremdes Grundstück ist keine Einwirkung auf dieses. Es ist deshalb nicht als angängig erachtet worden, ein allgemeines Verbot solcher Fenster zu erlassen, welche den Einblick in die Nachbarbehausungen gestatten. Anders

---

Grenzen der nach dem Bebauungsplan anzulegenden öffentlichen Straßen festgelegt werden. Hier ist erforderlich, daß diese Baulinie längs des Gebäudes hinzieht, dessen Fenster in Frage stehen. Vgl. Oertmann, Landesprivatrecht S. 332. Solange die Baulinie nicht gezogen ist, gilt für die Fenster u. s. w. die nachbarrechtliche Beschränkung; sie fällt aber dann weg, wenn hinterher die Baulinie so gezogen wird, daß sich nunmehr die Fenster u. s. w. an der Baulinie befinden. Die Entscheidung über die Festsetzung der Baulinie erfolgt für die unmittelbaren Städte durch die Kreisregierung in erster und durch das Staatsministerium in zweiter und letzter Instanz; sonst durch das Bezirksamt in erster und durch die Regierung in zweiter und letzter Instanz, vorbehaltlich des ministeriellen Oberaufsichtsrechtes (§§ 58, 61, 77 der Bauordnung vom 17. Februar 1901). Solange die Baulinie nicht rechtskräftig festgesetzt ist, muß die Beschränkung eingehalten werden.

[1]) Oertmann, Landesprivatrecht S. 332; Becher, Mat. Abt. IV und V, Bd. 1 S. 433.

[2]) ReichsrAusschProt. Nr. 7 S. 15 (Becher, Mat. Abt. IV und V, Bd. 1 S. 827).

[3]) Vgl. Gruchot Bd. 41 S. 641; JW. 1897 S. 258 Nr. 96.

[4]) Begründung z. AG. S. 40 (Becher, Mat. Abt. IV und V, Bd. 1 S. 86).

[5]) AbgAusschProt. S. 165 (Becher, Mat. Abt. IV und V, Bd. 1 S. 433).

verhält es sich bei Fenstern, die der Grenze so nahe sind, daß sie Luft und Licht nur von dem fremden Grundstück her erhalten. Deswegen hat es der Gesetzgeber für genügend erachtet, nur für jene Fenster nachbarrechtliche Beschränkungen einzuführen, welche weniger als 60 cm von der Grenze entfernt sind[1]). Daß diese Voraussetzung des geringeren Abstandes als 60 cm gegeben ist, hat derjenige zu beweisen, welcher die Beschränkung rücksichtlich der Fenster verlangt. Hierzu gehört auch der Nachweis der Grenzlinie, wenn sie bestritten ist.

Für die Eigentumsbeschränkung kommen demnach nur die dem begünstigten Nachbargrundstück zugekehrten Fenster in Betracht[2]), aber auch diejenigen, welche in schräger Richtung dem Nachbargrundstück zugekehrt sind[3]).

Die Entfernung wird von dem Fuße der Wand, in der sich das Fenster befindet, unterhalb der zunächst der Grenze befindlichen Außenkante der Fensteröffnung ab gemessen (Art. 62 Abs. 1 Satz 2 AG.). Das Maß wird von außen genommen; nicht etwa von der Höhe des Fußbodens innen, sondern von der äußeren Umfassungsmauer des Gebäudes[4]). Es ist also auszugehen von derjenigen Außenkante der Fensteröffnung, welche der Grenze zunächst liegt. Von dem Punkte der Kante, welcher der Grenze am nächsten gelegen ist, ist die kürzeste Verbindungslinie mit dem Fuße der Wand d. h. mit jener Linie, welche durch das Gebäude und den Erdboden gebildet wird, herzustellen. Von dem Punkte, an welchem sich die beiden Linien schneiden, ist dann zu messen, ob der nächste Punkt der Grenzlinie weniger als 60 cm entfernt ist. Ist dies der Fall, dann ist die Lichtöffnung u. s. w. der gesetzlichen Beschränkung unterworfen[5]).

---

[1]) Begründung z. AG. S. 40 (Becher, Mat. Abt. IV und V, Bd. 1 S. 85).

[2]) Böhm-Klein, Bem. 4 zu Art. 62—65.

[3]) Art. 54 des Regierungsentwurfes hatte folgende Fassung: „Sind Fenster, die in gerader oder schräger Richtung auf ein mit Gebäuden versehenes oder als Hofraum oder Hausgarten dienendes Nachbargrundstück gehen, weniger als 0,60 m von der Grenze des Nachbargrundstückes entfernt, so müssen sie u. s. w." Durch die Fassung des Gesetzes wollte man keine sachliche Aenderung herbeiführen, sondern nur etwas Selbstverständliches weglassen. Man denke an eine Straße, die nach dem geschlossenen Bausystem gebaut ist. Die Häuser sind aneinander gebaut, hinter den Häusern sind die Hausgärten, welche durch eiserne Zäune voneinander getrennt sind. Von den gegen den Hausgarten gekehrten Fenstern muß das dem Zaune zunächst liegende mindestens 60 cm von der Grenze entfernt sein, andernfalls ist es der gesetzlichen Eigentumsbeschränkung unterworfen. Vgl. AbgAusschProt. S. 165 (Becher, Mat. Abt. IV und V, Bd. 1 S. 432ff.).

[4]) AbgAusschProt. S. 164 (Becher, Mat. Abt. IV und V, Bd. 1 S. 432).

[5]) Wenn die Mauer, in welcher sich das Fenster befindet, nicht lotrecht steht oder einen Sockel hat, kann es vorkommen, daß der Fuß der Mauer nur 59 cm von der Grenze entfernt ist, während der Abstand des Fensters selbst eigentlich 61 cm beträgt. Es muß das Fenster dann gleichwohl so behandelt werden, als ob es weniger als 60 cm von der Grenze entfernt wäre.

In gleicher Weise wird auch bei den übrigen Anlagen (Balkone, Erker, Galerien und ähnliche Anlagen), welche der Beschränkung unterworfen sind, der Abstand gemessen (Art. 63 Satz 2 AG.).

## II. Inhalt der Beschränkung.

Sind obige Voraussetzungen erfüllt, so geht der Inhalt der für solche Fenster und Lichtöffnungen sowie Balkone, Erker, Galerien und ähnliche Anlagen eingeführten Beschränkung nicht dahin, daß sie überhaupt nicht eingerichtet bezw. beibehalten werden dürfen. Es muß ihnen nur eine Einrichtung gegeben werden, daß sowohl das Auswerfen von Sachen sowie das Ausgießen von Flüssigkeiten auf das Nachbargrundstück verhindert und der Nachbar gegen die durch den Einblick aus allzugroßer Nähe verursachte Belästigung gesichert wird[1]). Zu diesem Zwecke bestimmt das Gesetz (Art. 62 AG.), daß die Fenster (Lichtöffnungen) auf Verlangen des Eigentümers des Nachbargrundstückes so eingerichtet werden müssen, daß bis zur Höhe von 1,80 m über dem hinter ihnen befindlichen Boden weder das Oeffnen noch das Durchblicken möglich ist[2]). Die Höhe von 1,80 m wird also von dem im Innern des Gebäudes befindlichen Fußboden gemessen. Das Gesetz bezweckt, einem aufrecht stehenden Menschen das Durchblicken unmöglich zu machen. Ist das Grundstück, zu dessen Gunsten die Beschränkung geltend gemacht wird, ein solches, das einer öffentlichen Eisenbahnanlage dient, so müssen die Fenster und andere Lichtöffnungen so eingerichtet werden, daß das Oeffnen nicht möglich ist, während sie das Durchblicken gestatten dürfen (Art. 64 AG.[3]).

Nur auf Verlangen des Eigentümers[4]), für welches weder eine Form noch eine Frist vorgeschrieben ist[5]), müssen die Fenster und

---

[1]) Vgl. Begründung z. AG. S. 39 ff. (Becher, Mat. Abt. IV und V, Bd. 1 S. 84).

[2]) Dies kann geschehen durch Ausmauern der Lichtöffnungen bis zu dieser Höhe oder zweckmäßiger durch Verwendung von solchem Material zur nicht bewegbaren Ausfüllung, das zwar die Lichtstrahlen, nicht aber den Blick des Menschen durchläßt (Milchglas, gewelltes Glas u. s. w.). Wenn im Innern eines Raumes längs der Wand eine Galerie geführt ist, dann ist bezüglich der über dieser befindlichen Fenster der Boden der Galerie maßgebend.

[3]) Wenn aber dieses Grundstück mit einem Gebäude versehen ist oder als Hofraum dient, darf auch das Durchblicken nicht möglich sein. Es kommt dann die allgemeine Bestimmung des Art. 62 AG. zur Anwendung.

[4]) Nur der Eigentümer ist berechtigt, das Verlangen zu stellen, nicht etwa ein dinglich oder gar nur persönlich Berechtigter (Nießbraucher, Pächter). Oertmann, Landesprivatrecht S. 332. Ein Miteigentümer kann für sich allein das Verlangen wirksam stellen.

[5]) Der Nachbar kann dieses Verlangen auch dann jederzeit stellen, wenn er gegen die ohne Beschränkung ausgeführte Einrichtung der Fenster keinen Widerspruch erhoben hat. In dem bewußten Unterlassen eines durch die Sachlage nahegelegten Verlangens und in der Hinausschiebung dieses Widerspruchs bis nach Vollendung der Fenster wird man selbst oder richtiger gerade dann keinen Verzicht auf den Beseitigungsanspruch finden können (wie Oertmann, Landesprivatrecht S. 332 annimmt),

sonstigen Anlagen die vorgeschriebene Einrichtung erhalten. Auch in der Klageerhebung liegt ein solches Verlangen. Unterwirft sich der Beklagte sofort diesem Verlangen, das erstmals mit der Klagestellung erfolgt, so müssen dem Kläger die Kosten überbürdet werden. Wenn der Eigentümer des Nachbargrundstückes das Verlangen gestellt hat und der Nachbar ihm innerhalb einer angemessenen Frist[1]) nicht nachkommt, steht nur dem Eigentümer[2]), nicht etwa auch dessen Mieter der Anspruch auf gesetzmäßige Herstellung zu. Zur Begründung der Klage, welche sich als die Eigentumfreiheitsklage des § 1004 darstellt[3]) genügt der Nachweis, daß die Lichtöffnungen dem Gesetze nicht entsprechen. Behauptet der Beklagte Befreiung von der gesetzlichen Beschränkung aus einem besonderen Rechtsgrund, so trifft ihn die Beweislast[4]). Eine Befreiung von der gesetzlichen Beschränkung kann insbesondere durch Bestellung einer Grunddienstbarkeit erfolgen. Waren die beiden Grundstücke in einer Hand vereinigt und hat der Eigentümer in dem auf dem einen Grundstück stehenden Gebäude Lichtöffnungen anbringen lassen, welche den Vorschriften der Art. 62 ff. AG. nicht entsprechen, so kann der spätere Erwerber des anderen Grundstückes aus Art. 62 AG. Ansprüche regelmäßig nicht herleiten, weil angenommen werden muß, daß durch den Vertrag diese Ansprüche durch stillschweigende Bestellung einer Grunddienstbarkeit aufgegeben worden sind[5]).

---

wenn der Widerspruch nachweisbar nur zu dem Zweck hinausgeschoben wurde, um dem Nachbar Kosten und Unannehmlichkeiten zu bereiten. § 226 BGB. kann in solchem Falle nicht angewendet werden, wohl aber ist eine Schadensersatzpflicht nach § 826 begründet. Der zum Ersatz verpflichtende Umstand im Sinne des § 249 ist die Verzögerung des Widerspruchs. Es ist also der Zustand herzustellen, der bestehen würde, wenn der Widerspruch sofort erfolgt wäre (also Ersatz der Mehrkosten).

Hat der Nachbar die Anbringung von Fenstern ohne die vorgeschriebenen Beschränkungen ausdrücklich genehmigt, so bedarf die Unterstellung eines definitiven Verzichts auf die dem Gesetz entsprechende Einrichtung dieser Fenster besonderer Umstände. In der Unterzeichnung eines Bauplanes allein kann niemals ein Verzicht in dem Sinne erblickt werden, daß der Nachbar sich für alle Zeiten des Rechts begeben will, das Verlangen auf gesetzliche Einrichtung der Fenster zu stellen. Gerade weil erst durch das Verlangen die Beschränkung begründet wird, wird für einen Verzicht zumeist die Grundlage fehlen. Rechtlich denkbar ist ein solcher Verzicht allerdings, zwar nicht auf das Recht in seiner Totalität (vgl. Art. 77 AG.), aber mit Bezug auf den konkreten Einzelfall (Oertmann, Landesprivatrecht S. 334). Uebrigens würde ein solcher Verzicht, falls er der dinglichen Form entbehrt, den Singularrechtsnachfolger nicht binden.

[1]) Die Frist ist vom Nachbar nicht zu setzen, aber zu gewähren. Angemessen muß die Frist sein. Da erst infolge des Verlangens des Nachbars die Pflicht zur entsprechenden Einrichtung begründet wird, muß dem Eigentümer auch die Zeit und Gelegenheit gelassen werden, die Einrichtung auszuführen. Die Angemessenheit der Frist wird sich nicht lediglich nach der zur Ausführung der Einrichtung erforderlichen Zeit bemessen; handelt es sich z. B. um die Fenster eines bewohnten Zimmers, so braucht die Umänderung der Fenster im Winter nicht vorgenommen zu werden.

[2]) Aber auch dinglich Berechtigten.

[3]) Oertmann, Landesprivatrecht S. 333.

[4]) Striethorst' Arch. Bd. 66 S. 213.

[5]) Vgl. EntschOTr. Bd. 47 S. 89 (Striethorst' Arch. Bd. 44 S. 237). Vgl. oben S. 165 Anm. 5 und unten § 32.

Die Ansprüche aus den durch Art. 62—65 AG. statuierten Eigentumsbeschränkungen unterliegen gemäß Art. 68 AG. nicht der Verjährung und erlöschen nicht durch einen Verzicht des Berechtigten (Art. 77 AG.)[1]).

Die baupolizeilichen Vorschriften über die Beschaffenheit und den Grenzabstand von Fenster- und Lichtöffnungen werden durch die Art. 62ff. AG. nicht berührt[2]). Die bayerische Bauordnung enthält übrigens dermalen solche Vorschriften nicht.

## III. Zeitliche Statutenkollision.

1. Da der Inhalt des Eigentums sich nach den jeweils geltenden Gesetzen bestimmt, so sind die Vorschriften des AG. über das Fensterrecht sofort mit Inkrafttreten des BGB. in Wirksamkeit getreten[3]). Die Konsequenz dieses Grundsatzes würde dahin führen, daß auch diejenigen Fenster, welche am 1. Januar 1900 bereits bestanden haben, den Vorschriften des AG. entsprechen und daher eventuell umgeändert werden müßten. Diese Konsequenz wollte aber der Gesetzgeber nicht eintreten lassen und hat deshalb den Eigentümern bestehender Fenster gestattet, bei dem bisherigen Rechte zu bleiben, wenn dieses für sie günstiger ist. Der Nachbar wird dadurch nicht beschwert, weil er keinen Anspruch auf Aenderung des Gesetzes zu seinen Gunsten hat[4]). Art. 66 AG. bestimmt demzufolge, daß für die am 1. Januar 1900 bestehenden Lichtöffnungen (Fenster, Balkone, Erker und ähnliche Anlagen) die bisherigen Vorschriften in Geltung bleiben, soweit sie eine geringere Beschränkung des Fensterinhabers bestimmen, als die Art. 62—65 AG. Wird das Gebäude unter der Herrschaft des neuen Rechts abgebrochen und wieder aufgebaut, so besteht kein Recht, die Fenster in dem Neubau nach den Vorschriften des alten Rechts einzurichten[5]), ebensowenig ist eine Verlegung eines nur nach bisherigem Recht zulässigen Fensters angängig. Dem Nachbar kann bei einer solchen Verlegung nicht entgegengehalten werden, daß hierdurch sein Interesse nicht berührt werde und seinem Anspruch auf Einrichtung des verlegten Fensters nach dem AG. der § 226 entgegenstehe. Daran, daß das Fenster die Einrichtung erhält, hat ja der Nachbar ein Interesse. Selbstverständlich dürfen die nach bisherigem Rechte zulässigen Fenster bei einem bloßen Umbau des Gebäudes in ihrer bisherigen Gestalt beibehalten werden; wenn aber infolge des Umbaues zeitweilig das Fenster *vollständig* be-

---

[1]) Art. 77 AG. steht übrigens der Begründung einer Dienstbarkeit, welche den Nachbar zur Duldung einer den gesetzlichen Vorschriften nicht entsprechenden Lichtöffnung verpflichtet, nicht entgegen.

[2]) Begründung z. AG. S. 40 (Becher, Mat. Abt. IV und V, Bd. 1 S. 86).

[3]) Oertmann, Landesprivatrecht S. 333.

[4]) Begründung z. AG. S. 40 (Becher, Mat. Abt. IV und V, Bd. 1 S. 86).

[5]) Oertmann, Landesprivatrecht S. 334.

seitigt war, dann muß das Ersatzfenster auf Verlangen den Vorschriften des neuen Rechtes angepaßt werden.

Eine geringere Beschränkung als das AG. bestimmen vor allem jene Vorschriften des bisherigen Rechtes, welche die Einrichtung von Fenstern schlechtweg d. h. ohne jede Beschränkung zulassen, wie z. B. das gemeine Recht und das Bayerische Landrecht. Sind nach bisherigem Rechte für die Einrichtung von Fenstern beschränkende Bestimmungen gegeben, so ist zu prüfen, ob sie eine geringere Beschränkung darstellen als die Vorschriften des neuen Rechts. Nur in diesem Falle können sie für die bestehenden Fenster noch weiter angewendet werden, wobei es dem Eigentümer natürlich nicht verwehrt ist, den Fenstern und übrigen Anlagen die durch das AG. vorgeschriebene Einrichtung zu geben. Ist aber nach bisherigem Recht die Beschränkung eine stärkere als nach dem neuen Gesetze, so ist nur das letztere maßgebend. Dies trifft vor allem bei jenen Rechtsvorschriften zu, welche die Anlage von Fenstern überhaupt verbieten, so z. B. das Mainzer-, Amberger-, Nürnberger[1]), Dinkelsbühler- und Münchener-Recht für jene Mauern, die kein Traufrecht haben[2]).

Für die einzelnen Gebiete des bisherigen Rechts gilt folgendes:

a) In jenen Rechtsgebieten, in welchen bisher das gemeine Recht oder das bayerische Landrecht gegolten hat und nicht auf Grund von Statutarrechten abweichende Normen bestanden haben, darf der Eigentümer die bestehenden Fenster ohne jede Veränderung beibehalten.

b) Im Gebiete des Würzburger Stadtbaurechtes, das gewohnheitsrechtlich im ganzen Gebiete der fränkischen Landgerichtsordnung gilt, muß unterschieden werden zwischen Giebelmauern und solchen Mauern, die keine Giebelmauern sind. In den Giebelmauern durften nur sogen. hohe Lichter angebracht werden, die so eingerichtet sein mußten, daß niemand leichtlich dadurch aus- und in des Nachbars Haus und Hof einsehen kann[3]). Diese hohen Lichter können beibehalten werden. Sollte aber ein Eigentümer in einer Giebelwand vor dem 1. Januar 1900 gewöhnliche Fenster angebracht haben, so müssen sie nunmehr nach den Vorschriften des AG. oder nach der Bestimmung des Stadtbaurechtes (hohe Lichter) eingerichtet werden, soferne nicht der Fensterinhaber die Freiheit von der Eigentumsbeschränkung durch besonderen Rechtstitel erworben hat[4]).

Rücksichtlich jener Mauern, welche keine Giebelmauern sind, muß wiederum unterschieden werden zwischen solchen, denen das Traufrecht zusteht und solchen, welche kein Traufrecht haben[5]). In jenen

---

[1]) Für Nürnberger Recht vgl. SeuffBl. Bd. 56 S. 172.

[2]) Ueber Traufrecht s. unten § 24.

[3]) Würzburger Bauordg. III. (von Mauern und zwar von Giebelmauern) § 2. Ueber den Begriff Giebelmauern s. unten § 24, 1.

[4]) S. darüber unten § 22 III, 1, i.

[5]) S. darüber unten § 24.

Mauern, welchen das Dachtraufrecht zusteht, durfte der Eigentümer nach Belieben Fenster und Lichtöffnungen anbringen [1]). Die in solchen Mauern am 1. Januar 1900 bereits vorhandenen Fenster dürfen daher ohne jede Beschränkung in dem alten Zustande beibehalten werden. In jenen Mauern, die kein Traufrecht haben, durften ebenfalls Fenster angebracht werden; sie mußten aber nach Stadtbaurecht vergittert werden, d. h. die Gitter mußten vier Zoll hoch und vier Zoll weit sein [2]). Die am 1. Januar 1900 in solchen Mauern befindlichen Fenster müssen entweder nach Stadtbaurecht vergittert oder den Vorschriften des AG. entsprechend eingerichtet sein. Sind daher in solchen Mauern am 1. Januar 1900 unvergitterte Fenster vorhanden, so kann der Nachbar verlangen, daß sie nach Wahl des Eigentümers entweder nach Stadtbaurecht vergittert oder nach den Vorschriften des AG. eingerichtet werden.

c) Nach Ulmer- [3]) und Memminger-Stadtrecht [4]) ist ebenfalls der Unterschied zu machen zwischen Mauern, denen das Traufrecht zusteht und solchen, welche kein Traufrecht haben. In den Mauern mit Traufrecht konnten Lichtöffnungen angebracht werden; der Eigentümer war aber verpflichtet, sie auf Verlangen des Nachbars nach Stadtbaurecht mit eisernen Gittern, deren Sprossen einen halben Schuh weit kreuzweis voneinander standen, zu vergittern. In den Mauern ohne Traufrecht durften keine Lichtöffnungen angebracht werden. Sind in einer Mauer, welcher kein Traufrecht zustand, am 1. Januar 1900 Fenster vorhanden, so ist der Inhaber auf Verlangen des Nachbars verpflichtet, sie nach den Bestimmungen des AG. einzurichten, falls er nicht durch besondere Rechtstitel ein Recht auf Beibehaltung der Fenster erworben hat [5]). Der Nachbar ist nicht berechtigt, dieses Verlangen des Nachbars abzulehnen und eine Vergitterung der Fenster nach Stadtrecht vorzunehmen, weil den Mauern ohne Traufrecht bisher gar kein Fensterrecht zustand.

Sind in einer Mauer, welcher nach bisherigem Rechte das Traufrecht zustand, am 1. Januar 1900 Fenster vorhanden, so genügt es von da ab, wenn diese Fenster entweder den Vorschriften des Stadtbaurechtes oder den Bestimmungen des AG. entsprechen.

d) Nach Augsburger Baurecht durften in den Mauern ohne Traufrecht keine Lichtöffnungen angebracht werden. Ist dies doch geschehen, so sind sie ohne Beibringung eines anderen Beweises nur als Vergunstlichter anzusehen [6]). In den Mauern mit Traufrecht durften Fenster eingerichtet werden, jedoch nicht gerade

---

[1]) Würzburger Bauordg. IV. (von Mauern so keine Giebelmauern sind) § 1.
[2]) Würzburger Bauordg. IV. (von Mauern so keine Giebelmauern sind) § 2.
[3]) Ulmer Bauordg. X. § 3 u. 4.
[4]) Memminger Bauordg. XIV. § 3 u. 4.
[5]) S. darüber unten § 22, III, 1, i.
[6]) Augsburger Bauordg. Tl. II Kap. 8 §§ 35 u. 36, Tl. I Kap. 3 § 45. Ueber Traufrecht s. unten § 24.

denen des Nachbars gegenüber. Auch mußten die Fenster vergittert sein. Hiernach ergibt sich folgendes:

Befinden sich am 1. Januar 1900 in einer Mauer mit Traufrecht Fenster, welche denen des Nachbarhauses nicht gerade gegenüber liegen, so genügt es, wenn sie entweder nach Stadtbaurecht vergittert oder nach den Vorschriften des AG. eingerichtet sind. Liegen die Fenster aber denen eines Nachbarhauses gerade gegenüber, so kommt es darauf an, welche Fenster zuerst bestanden haben. Der Inhaber jener Fenster, die zuerst bestanden haben, könnte nach Stadtbaurecht von dem Nachbar die Beseitigung der gerade gegenüberliegenden Fenster verlangen. Jetzt kann er nur Einrichtung nach den Vorschriften des AG. verlangen. Mit einer bloßen Vergitterung, wie sie dem Stadtbaurecht entspricht, braucht er sich nicht zu begnügen. Die Beweislast dafür, daß die Fenster früher bestanden haben, trifft denjenigen, welcher auf Grund dieser Tatsache Rechte ableitet.

Sind am 1. Januar 1900 in einer Mauer, welcher bis dahin kein Traufrecht zustand, Fenster vorhanden, so müssen sie auf Verlangen den Vorschriften des AG. entsprechend eingerichtet werden.

e) Nach der Regensburger Wachtgerichtsordnung[1]) ist die Anbringung von Fenstern gestattet, sie müssen jedoch mit engen und weitern Gittern genugsam verwahrt sein, damit man in des Nächsten Haus, Hof oder Garten dadurch nicht steigen möge. Nur dann ist die Anbringung von Fenstern schlechtweg untersagt, wenn die in einer Mauer früher bestandenen Fenster sämtlich[2]) vermauert worden sind. Aus einem solchen Zustande wurde darauf geschlossen, daß der Eigentümer der Mauer seinem Nachbar eine Servitut, kraft deren er die Haltung von Fenstern verbieten dürfe, eingeräumt hat[3]). An dem Inhalte dieser Servitut, durch welche die nach dem Gesetze im Eigentum liegende Befugnis zur Haltung von Fenstern entzogen ist, wird durch das BGB. und das AG. gar nichts geändert. Denn die Vorschriften des AG. über das Fensterrecht beziehen sich lediglich darauf, ob und inwieweit das Eigentum die Befugnis zur Haltung von Fenstern mit sich bringt. Ist durch Vertrag oder Ersitzung ein besonderes dingliches Recht an einer fremden Sache erworben worden, so hat es hierbei sein Bewenden.

Soweit der Nachbar keine solche Servitut auf Untersagung von Fenstern hat, kann er verlangen, daß die Fenster nach Wahl des Fensterinhabers entweder nach der Wachtgerichts- und Bauordnung vergittert oder nach den Vorschriften des AG. eingerichtet werden.

---

[1]) Regensburger Wachtgerichtsordg. VI. §§ 1—17.

[2]) SeuffBl. Bd. 34 S. 128.

[3]) Vgl. Weber, Statutarrecht Bd. 5 S. 72; Roth, Bayer. ZivR. Bd. 2 § 168 Note 36.

f) Nach Nürnberger-[1]), Amberger-[2]), Mainzer-[3]), Dinkelsbühler-Stadtrecht[4]) ist die Anlage von Fenstern nach der Seite des Nachbars verboten, insoweit nicht eine besondere Befugnis hierzu, deren Entstehung nachgewiesen werden muß[5]), vorliegt. Die in den bisherigen Gebieten dieser Rechtsquellen am 1. Januar 1900 bestehenden Fenster müssen daher den Vorschriften des AG. entsprechend eingerichtet werden, soferne nicht eine besondere Berechtigung besteht.

g) Nach Münchener Stadtbauordnung[6]) war dem Eigentümer eines Gebäudes ohne Traufrecht untersagt, an der dem Nachbar zugewendeten Seite seiner Mauer Lichtöffnungen unterhalb einer Höhe von 12 Fuß von dem Erdboden aus gerechnet anzubringen[7]). Jetzt können in solchen Mauern Lichtöffnungen mit den Beschränkungen des AG. gehalten werden.

h) Nach dem preußischen Landrecht[8]) ist die Rechtslage folgendermaßen:

Jeder Grundeigentümer kann, wenn sein Gebäude nicht unmittelbar an der Grenze steht, also nur ein wenig von ihr entfernt ist, ohne jede Einschränkung in der nach dem Nachbargrundstücke zu belegenen Wand Fenster und sonstige Lichtöffnungen anbringen. Auch dann, wenn das Gebäude unmittelbar an der Grenze steht, kann er solches in dem Falle ohne alle Einschränkung tun, wenn auf dem Nachbargrundstücke ein Gebäude sich unmittelbar an das seinige anschließt, die von ihm eröffneten Fenster also auf das Dach des Nachbargebäudes hinausgehen[9]).

Sind nach diesen Bestimmungen zuläßige Fenster am 1. Januar 1900 vorhanden, so können sie nach Art. 66 AG. unverändert beibehalten werden.

Dagegen ist nach preußischem Rechte (§ 138, I, 8 ALR.) der Eigentümer dann, wenn sein Gebäude unmittelbar[10]) auf der Grenze steht und der daran anstoßende Teil des Nachbargrundstückes ein Hof oder Garten ist, d. h. nicht mit Gebäuden besetzt ist[11]), während

---

[1]) Nürnberger Reform. XXVI. Tit. 3 § 1.
[2]) Amberger Bauordg. VII.
[3]) Mainzer Bauamtsordg. § 34 (Land.-Ordg. VII).
[4]) Dinkelsbühler Statutarrecht XIX. § 8.
[5]) S. unten § 22, III, 2.
[6]) Art. 53.
[7]) EntschOGH. Bd. 3 S. 373.
[8]) ALR. Tl. I Tit. 8 §§ 137 ff.
[9]) Striethorst' Arch. Bd. 92 S. 167; Gruchot Bd. 25 S. 430; RG. Bd. 44 S. 317.
[10]) ALR. Tl. I, Tit. 8 § 138 findet keine Anwendung, wenn zwar der Sockel einer Wand, nicht aber der die Fenster enthaltende Teil dieser Wand unmittelbar an der Grenze steht. EntschOGH. Bd. 15 S. 608. A. M. Striethorst' Arch. Bd. 58 S. 539 und Gruchot Bd. 32 S. 939.
[11]) EntschOTr. Bd. 92 S. 164; Gruchot Bd. 25 S. 429.

aber ein anderer Teil desselben Grundstückes bebaut ist[1]), in der **Einrichtung** von Lichtöffnungen, insbesondere von Fenstern, aber auch nur in dieser, nicht etwa in der **Anbringung** von solchen überhaupt, insoferne beschränkt, als er sie unbedingt mit einem Drahtgitter oder eisernen zwei Zoll voneinander abstehenden Stäben verwahren muß[2]) und als er außerdem, sofern es die Umstände gestatten[3]), die Fenster nur in einer Höhe von sechs Fuß über dem Boden des Zimmers oder Behältnisses[4]) anbringen darf. Die Lichtöffnungen, welche in einer solchen unmittelbar an der Grenze stehenden Wand am 1. Januar 1900 vorhanden waren, müssen von da an eine Beschaffenheit haben, die entweder den Vorschriften des preußischen Rechts oder den Vorschriften des AG. entspricht. Selbstverständlich muß dies nur dann und insolange der Fall sein, als die rechtlichen Voraussetzungen der Art. 62 ff. AG. gegeben sind.

Auf Fälle, in welchen das Nachbargrundstück beiden Nachbarn gemeinschaftlich gehört, findet § 138, I, 8 ALR. keine Anwendung. Handelt es sich um einen Zwischenraum, der Grenzeinrichtung im Sinne des § 921 BGB. ist, dann finden nur die einschlägigen Bestimmungen des BGB. Anwendung[5]).

i) Nach **code civil** Art. 676—680[6]) galt folgendes:

Der Eigentümer einer Mauer durfte, auch wenn sie un-

---

[1]) EntschOTr. Bd. 94 S. 206. Unter dem Ausdruck „Hof oder Garten" ist also auch jeder zu dem Hause gehörige offene Raum zu verstehen. Striethorst' Arch. Bd. 23 S. 162. Ein Raum, welcher der Einfriedigung ermangelt und tatsächlich zur freien Passage benützt wird, ist nicht als Hof zu erachten. EntschOTr. Bd. 94 S. 206. Der Hof oder Garten muß den Teil eines praedium urbanum im Gegensatz zu einem Ackergrundstück in der freien Feldflur ausmachen und mit dem Hausgrundstück als ein ihm dienender Platz in räumlicher Verbindung stehen. Striethorst' Arch. Bd. 69 S. 313, EntschOTr. Bd. 94 S. 206. So ist eine Einfahrt als Hof behandelt und ebenso ein zur Ableitung des Trauf- und Regenwassers dienender Raum. Striethorst' Arch. Bd. 12 S. 312 Bd. 65 S. 309.

[2]) Die Gitter und Stäbe müssen in der Wand derart befestigt sein, daß sie nicht beliebig herausgenommen werden können. Das ergibt sich aus dem Begriff „verwahren". Auch das Drahtgitter darf nur höchstens zwei Quadratzoll breite Oeffnungen haben. Müller, Deutsches Bau- und Nachbarrecht S. 66.

[3]) Vgl. darüber RG. Bd. 5 S. 229. — Ist das Zimmer nur sechs Fuß hoch, so muß das Fenster so hoch als möglich, doch so, daß es noch seinen Zweck erfüllen kann, angelegt werden. Striethorst' Arch. Bd. 23 S. 142. Die neue Fensteranlage ist den vorher bestandenen faktischen Verhältnissen anzupassen. Werden aber die Bedürfnisse und Verhältnisse willkürlich geändert, z. B. ein Haus in einen Gasthof umgewandelt, so kann sich der Bauende nicht darauf berufen, daß die jetzigen Umstände es nicht gestatten. Striethorst' Arch. Bd. 65 S. 309.

[4]) Unter einem **Behältnis** ist ein nicht zum Bewohnen bestimmter Raum zu verstehen. Gruchot Bd. 30 S. 939, Bd. 41 S. 641; JW. 1897 S. 258 Nr. 96. Für die Messung der 6 Fuß vom Boden kommt nur die Lichtöffnung mit Rahmen in Betracht, nicht aber das Fensterfutter, d. h. die Verkleidung, in welcher der Rahmen sitzt. Striethorst' Arch. Bd. 10 S. 309.

[5]) Turnau-Förster S. 356, vgl. Striethorst' Arch. Bd. 18 S. 159.

[6]) Es sind hier nur die Vorschriften bezüglich der nicht gemeinschaftlichen Mauern erörtert, weil die Frage, ob in einer gemeinschaftlichen Mauer Fenster an-

mittelbar an das Nachbargrundstück angrenzte, in ihr Oeffnungen und Fenster anbringen, die mit einem Drahtgitter versehen waren und nicht geöffnet werden konnten. Sie mußten im Erdgeschosse acht Fuß (260 cm), in den oberen Geschossen sechs Fuß (190 cm) vom Fußboden entfernt sein, wobei der Fensterrahmen nicht mitgerechnet wurde[1]). Man nannte solche Fenster „jours“ (Lichtfenster), im Gegensatz zu „vues“ (Aussichtsfenstern), die nur in einer bestimmten Entfernung von der Grenze zulässig waren.

Gegen die weitere Beibehaltung von Lichtöffnungen, welche diesen Vorschriften entsprechen, ist auch unter der Geltung des BGB. nichts zu erinnern. Sind solche Lichtöffnungen mindestens 60 cm von der Grenze entfernt, so können sie nach Belieben des Inhabers umgeändert werden; sind sie aber weniger als 60 cm von der Grenze entfernt, so hat der Fensterinhaber die Wahl, ob er die Fenster mit einer der Vorschrift des code civil entsprechenden Einrichtung oder mit einer solchen, welche dem AG. entspricht, halten will.

Aussichtsfenster („vues“), das sind solche, welche in der Einrichtung keiner Beschränkung unterworfen waren, durften nur in einer bestimmten Entfernung von der Grenze gehalten werden. Diese Entfernung betrug bei Fenstern, welche die Aussicht geradeaus auf das Nachbargrundstück gewährten, sechs Fuß (190 cm)[2]) und für Fenster, welche die Aussicht von der Seite oder in schräger Richtung auf das Nachbargrundstück hatten, zwei Fuß (60 cm)[3]). Diese Entfernungen wurden berechnet von der Außenseite der Mauer, in welcher die Oeffnung angebracht ist und wenn es sich um einen Balkon oder anderen ähnlichen Vorsprung handelt, von dessen äußerster Linie[4]). Diese Bestimmung ist außer Geltung getreten, weil sie für die Fenster eine größere Beschränkung auferlegt, als die Vorschriften des AG.

2. Besondere Rechtsverhältnisse. Die in den oben aufgeführten bisherigen Rechtsvorschriften enthaltenen Beschränkungen des Eigentums, durch welche die an sich im Eigentum gelegene Befugnis zur Haltung von Fenstern eingeschränkt ist, konnten durch Begründung eines besonderen Rechtsverhältnisses beseitigt werden. Der wichtigste Fall einer solchen Beseitigung der gesetzlichen Eigentumsbeschränkung ist nach bisherigem Recht die Ersitzung einer Servitut.

---

gebracht werden, sich nunmehr ausschließlich nach § 920 BGB. richtet. Hiernach ist die Anbringung von Fenstern in einer gemeinschaftlichen Mauer unzulässig (vgl. oben S. 51) und daher gilt unter dem neuen Rechte dasselbe, was Art 675 code civil bestimmte.

[1]) Code civil Art. 676, 677.

[2]) Code civil Art. 678.

[3]) Code civil Art. 679.

[4]) Code civil Art. 680.

Die Vorschriften der bisherigen Rechtsquellen über den Erwerb von Grunddienstbarkeiten bleiben gemäß Art. 189 EG. und Art. 177 AG. bis zu jenem Zeitpunkte in Geltung, in welchem das Grundbuch als angelegt anzusehen ist. Deshalb ist bis zu diesem Zeitpunkte eine Ersitzung von Grunddienstbarkeiten zugelassen, obwohl das BGB. für Grunddienstbarkeiten die Ersitzung als Entstehungsgrund nicht kennt[1]).

Wird nach dem 1. Januar 1900 ein Fenster angelegt, dessen Einrichtung den Vorschriften des AG. zuwiderläuft, so läuft die Ersitzungszeit für den Erwerb der Fenstergerechtigkeit von dem Zeitpunkt an, in welchem das Fenster angelegt wurde.

Ist ein Fenster entgegen der Vorschrift des Würzburger Rechts am 1. Juli 1892 in einer Giebelwand angelegt worden, so wird die Ersitzung am 1. Juli 1902 vollendet, sofern nicht die Einrichtung des Fensters, welche es nach dem 1. Januar 1900 hat, den Vorschriften des AG. entspricht.

Ist eine Grunddienstbarkeit, deren Inhalt in der Freiheit von der gesetzlichen Eigentumsbeschränkung bezüglich des Haltens von Fenstern besteht, nach den bisherigen Rechtsvorschriften bereits erworben oder wird sie nach diesen Vorschriften bis zu dem Zeitpunkte, in welchem das Grundbuch als angelegt anzusehen ist, erworben, so können auf dieses besondere Rechtsverhältnis die Bestimmungen des AG. nicht angewendet werden; denn diese beziehen sich lediglich darauf, ob und inwieweit das Eigentum die Befugnis zur Haltung von Fenstern mit sich bringt.

Für die Ersitzung einer Servitut (Grunddienstbarkeit) ist erste Voraussetzung der Besitz eines Fensters, dessen Anlage den Vorschriften des Gesetzes, welchem es unterworfen ist, nicht entspricht.

Dieser Besitz muß während der Ersitzungszeit ausgeübt worden sein; dieselbe beträgt 30 Jahre nach Nürnberger[2]), Amberger[3]), Rothenburger[4]) und rheinischem[5]), 10 Jahre nach gemeinem Rechte;

[1]) Zustimmend Oertmann, Landesprivatrecht S. 333.

[2]) Nürnberger Reformation XXVI; SeuffBl. Bd. 36 S. 295.

[3]) Amberger Bauordnung § 7.

[4]) Ratsbescheid vom 9. Oktober 1730 und 2. Mai 1731 (Arnold, Beiträge Bd. 2 S. 596).

[5]) Code civil Art. 690. Wenn der Gebäudeeigentümer die durch das Gesetz verbotenen Fenster während eines Zeitraums von 30 Jahren innehatte, so hat er hierdurch ein Recht auf Beibehaltung der Fenster erworben. Art. 67 Abs. 2 AG. bestimmt ausdrücklich: Wenn der Eigentümer eines Gebäudes vor dem Inkrafttreten des BGB. nach den Vorschriften des Pfälzischen Rechts durch Zeitablauf das Recht erlangt hat, Fenster, andere Lichtöffnungen oder Balkone, Erker rc. zu halten, die den gesetzlichen Vorschriften nicht entsprechen, so gilt dieses Recht als Grunddienstbarkeit. Das Reichsgericht hat den Erwerb der Freiheit von dieser gesetzlichen Eigentumsbeschränkung ohnedies als Grunddienstbarkeit aufgefaßt (RG. Bd. 13 S. 305, Bd. 15 S. 329, Bd. 31 S. 344. Vgl. übrigens EntschOGH. Bd. 5 S. 91, Bd. 8 S. 572). Erachtet man die Ansicht des Reichsgerichts über das bisherige Recht als zutreffend, so muß man annehmen, daß im ehemaligen Gebiet des rheinischen Rechts eine Fenstergerechtigkeit als Grunddienstbarkeit durch Ersitzung bis zu dem Zeitpunkte erworben werden kann, in welchem das Grundbuch als angelegt anzusehen ist (Art. 189 EG., 177 AG.). Vgl. dagegen Begründung zum AG. S. 41 (Becher, Mat. Abt. IV. u. V. Bd. 1 S. 87). Ueber die bestrittene Frage, ob durch

nach BayLR. 10 Jahre, soferne ein Titel oder Kenntnis des Gegners vorhanden ist, andernfalls 40 Jahre; nach ALR. mit Titel 10, ohne Titel 30 Jahre. Die übrigen unter 1 erwähnten Statutarrechte haben über die Verjährungszeit keine besonderen Vorschriften, es sind also die Grundsätze des subsidiär anzuwendenden (gemeinen, bayerischen oder preußischen) Rechts maßgebend.

Durch die Ersitzung einer Grunddienstbarkeit des Inhalts, daß der Berechtigte Fenster, deren Anlage oder Einrichtung im Widerspruch mit den Gesetzesvorschriften steht, halten darf, wird noch kein Recht erworben des Inhalts, daß diesen Fenstern die Aussicht nicht verbaut werden darf. Hierzu ist der Erwerb einer Lichtgerechtigkeit erforderlich[1]).

Zur Bestellung einer Servitut ist bis zu dem Zeitpunkte, in welchem das Grundbuch als angelegt anzusehen ist, notarieller Vertrag erforderlich, von da ab Eintragung im Grundbuch[2]). Die Unterzeichnung des Bauplanes kann den notariellen Vertrag nicht ersetzen[3]).

## § 23. Lichtrecht.

Von dem Fensterrecht, d. i. der Befugnis des Eigentümers in seinem Gebäude Fenster zu haben, ist wohl zu unterscheiden das Lichtrecht als Befugnis des Fensterinhabers dem Nachbar die Verbauung des Lichtes für diese Fenster zu verbieten. Das Recht des Eigentümers Fenster in seinem Gebäude zu haben, ist der natürliche Ausfluß des Eigentums. Andererseits verhält es sich ebenso mit der Befugnis des Nachbars, auf seinem Grundstück nach Belieben zu bauen. Der Inhaber von Fenstern, der befugt ist, die Fenster zu haben, muß es sich daher gefallen lassen, daß der Nachbar diesen Fenstern durch Bauten das Licht entzieht, ja sogar (wenn die Mauer, in der sich die Fenster befinden, unmittelbar auf der Grenze steht)[4]), daß der Nachbar die Fenster zubaut[5]). Will der Inhaber der Fenster dem Nachbar die Entziehung des Lichtes verbieten, so muß er ein besonderes Recht zur Begründung des Verbotes geltend machen; eine gesetzliche Eigentumsbeschränkung ist in dieser Richtung weder im bürgerlichen Gesetze noch in den bayerischen Nebengesetzen enthalten[6]).

---

eine solche Fenstergerechtigkeit zugleich auch ein Recht erworben wurde, dem Nachbar die Verbauung dieser Fenster zu verbieten (Lichtrecht), s. unten § 23c.

[1]) S. unten § 23.

[2]) S. unten § 23a. Ueber Eintragung im Grundbuch s. Oertmann, Landesprivatrecht S. 333.

[3]) EntschOGH. Bd. 3 S. 371.

[4]) S. darüber unter Traufrecht, unten § 24.

[5]) Dies gilt selbst dann, wenn das Recht auf das Fenster unter der Geltung eines Rechts ersessen wurde, nach welchem das Fenster an sich (ohne speziellen Erwerb) unzuläsig war; denn das Fensterrecht schließt kein Lichtrecht in sich.

[6]) Wenn zwei Häuser durch eine enge Reihe geschieden werden, welche sich als Grenzeinrichtung im Sinne des § 921 BGB. darstellt, dann können die in den

Hatte der Fensterinhaber auf Grund nachbarrechtlicher Vorschriften der bisherigen Rechtsquellen ein solches Verbietungsrecht, so ist ihm dasselbe durch die neue Gesetzgebung entzogen, während ein Verbietungsrecht, das in einem besonderen Rechtsverhältnisse seine Wurzel hat, auch unter der Geltung des BGB. weiter besteht. Der wichtigste Fall eines besonderen Rechtsverhältnisses ist die Servitut:

a) Nach gemeinem Recht wurde eine solche Servitut (servitus ne luminibus officiatur) nicht schon dadurch erworben, daß während der Verjährungszeit oder seit unvordenklicher Zeit aussichtfreie Fenster bestanden haben; denn die Einrichtung und Innehabung von Fenstern im eigenen Haus erscheint zunächst nur als eine tatsächliche Ausübung des Eigentumsrechts. Der Besitz von Fenstern, auch wenn er unangefochten seitens des Nachbars besteht, schließt deshalb noch nicht den Besitz eines den letzteren beschränkenden Servitutrechtes in sich. Um einen solchen Besitz zu begründen, müssen besondere Umstände hinzutreten[1]). Ein solcher besonderer Umstand liegt darin, daß der Eigentümer des Gebäudes dem Nachbar die Verbauung der Fenster verboten und von diesem Zeitpunkt an während der Ersitzungszeit die Fenster unbeeinträchtigt beibehalten hat. Häufiger als der Fall der Ersitzung ist daher die Entstehung einer Lichtgerechtigkeit durch Bestellung.

In einem Fall, in welchem das Eigentum zweier aneinandergrenzender Anwesen in einer Hand vereinigt war und dann eines der Häuser „samt allen Lichtern und Trüpfen" verkauft wurde, ist angenommen worden, daß hierdurch dem Käufer ein dingliches Verbietungsrecht zum Schutze seiner Fenster habe eingeräumt und nicht nur eine Verpflichtung zur bloßen Duldung der Fenster ohne Verzicht auf beliebigen Anbau auf Seite des Verkäufers habe ausgedrückt werden wollen[2]).

Bei einer Veräußerung des einen von zwei in der Hand eines Eigentümers befindlichen Anwesens hat sich die bisherige Praxis geneigt gezeigt, aus den Umständen auf eine stillschweigende Bestellung einer Lichtgerechtigkeit zu schließen.

Zwischen den beiden Häusern befindet sich ein Zwischenraum, der ihnen, so lange sie noch in einer Hand waren, als Lichthof diente; beide

---

Häusern befindlichen Fenster nicht verbaut werden; hier handelt es sich natürlich nicht um ein Lichtrecht, sondern man hat es nur mit der gesetzlichen Folge des § 922 BGB. zu tun, wonach an der Grenzeinrichtung (d. i. der freie Luftraum zwischen den beiden Häusern) einseitig nichts geändert werden darf. S. oben § 7 S. 55.

[1]) SeuffA. Bd. 36 Nr. 110; JW. 1891 S. 23 Nr. 53. In letzterer Entscheidung ist ausgesprochen worden, daß der Eigentümer, welcher das Recht hat, die Fensterflügel durch den Luftraum des Grundstückes aufzuschlagen, dadurch allein noch nicht die Befugnis erhält, eine Verbauung des Lichtes zu verbieten, auch wenn durch diese Lichtentziehung sein Recht zur Aufschlagung der Fenster wertlos wird. Ein solches Ladenrecht müßte an sich durch Ausschachten der Mauer gewahrt bleiben. Allein da der Inhaber des Ladenrechts, wenn sein Fenster vollständig zugebaut wird, absolut kein Interesse mehr an dem Aufschlagen der Fensterflügel hat, kann der Nachbar die Ausschachtung unterlassen, da das Verlangen der Ausschachtung eine schikanöse Rechtsausübung darstellen würde. § 226 BGB.

[2]) SeuffBl. Bd. 36 S. 94.

Häuser hatten nach außen schlagende Fenster nach diesem Lichthof. Das Dach des an den Kläger verkauften Hauses ragt in den Luftraum des Hofes. Der Wert beider Häuser würde wesentlich beeinträchtigt, wenn der Hof dieser seiner Bestimmung als Lichthof entzogen würde. Daraus ist die Absicht der Parteien bei dem Verkauf abgeleitet worden, daß der Hof weiter zu diesem Zwecke benützt werden soll und daß dem Kläger, der das eine Haus gekauft hat, an dem Zwischenraum eine stillschweigend bestellte Servitut auf Gewährung von Licht und Luft zusteht [1]).

Die stillschweigende Bestellung einer Grunddienstbarkeit setzt den erkennbaren Willen des Veräußerers und Erwerbers, daß das tatsächliche Benützungsverhältnis auch nach der Trennung der Grundstücke fortbestehen soll, voraus. Es ist jedoch nicht von ausschlaggebender Bedeutung, ob auch ein wesentliches Bedürfnis zu solcher Benützung für das fortan herrschende Grundstück nachgewiesen ist; denn das wesentliche Bedürfnis ersetzt nicht den mangelnden Willen, sondern es begründet bloß eine Rechtsvermutung für dessen Vorhandensein und hat somit die Eigenschaft einer rechtlich anerkannten Tatsache, durch welche ein sonst nicht nachweisbarer Wille erkennbar gemacht wird [2]).

Nach gemeinem Recht ist zu unterscheiden zwischen der servitus altius non tollendi und der servitus ne luminibus officiatur [3]). Die servitus altius non tollendi steht nur dem Höherbauen entgegen, nicht aber Anpflanzungen oder Aufstapelungen von Materialien, welche Licht und Aussicht benehmen [4]). Daher liegt in der Uebernahme der Verpflichtung, eine Grenzmauer nicht zu erhöhen und auf einem Grundstück nicht zu bauen, für den Andern noch nicht das Recht, dem Nachbar zu verbieten, Bäume auf seinem Grundstücke zu halten, welche den Fenstern das Licht nehmen [5]).

Die Bestellung einer Grunddienstbarkeit erfolgt gemäß Art. 189 EG. und Art. 177 AG. bis zu dem Zeitpunkte, in welchem das Grundbuch als angelegt anzusehen ist, durch notariellen Vertrag; derselbe ist wesentlich nach Art. 14 NotG. Die oben erwähnten Fälle, in welchen stillschweigende Bestellung der Servitut angenommen wurde, stehen nicht entgegen; denn Voraussetzung derselben ist, daß aus dem Inhalt des notariellen Kaufvertrags durch Auslegung der auf Bestellung einer Servitut gerichtete Wille abgeleitet wird. Von dem Zeitpunkte an, in welchem das Grundbuch als angelegt anzusehen ist, ist zur Entstehung einer Servitut Eintragung im Grundbuch erforderlich. Die Unterzeichnung des Bauplanes ersetzt den notariellen Vertrag nicht [6]).

---

[1]) SeuffA. Bd. 53 Nr 10.

[2]) EntschOGH. Bd. 17 S. 215. Vgl. ferner über stillschweigende Bestellung von Servituten: EntschOGH. Bd. 8 S. 409, Bd. 9 S 679; JW. 1891 S. 213 Nr. 49; RG. Bd. 42 S. 158. In der letzten Entscheidung wird stillschweigende Servitutenbestellung für den Fall der Subhastation abgelehnt. Ueber stillschweigende Servitutenbestellung s. oben S. 165 Anm. 5 und unten § 32.

[3]) Vgl. SeuffBl. Bd. 60 S. 195. Ueber servitus prospectus vgl. SeuffA. Bd. 32 Nr. 305.

[4]) Vgl. Dernburg, Pand. Bd. 1 § 244 Z. 3.

[5]) EntschOGH. Bd. 15 S. 518.

[6]) EntschOGH. Bd. 3 S. 375.

b) Keine von dem gemeinen Recht abweichenden Bestimmungen enthalten die Vorschriften des BayLR.[1]), sowie der Statuten von Ulm, Nürnberg, Amberg, Mainz, Dinkelsbühl, München und Würzburg.

Das nach den Statutarrechten von Nürnberg und Amberg durch bloßen Zeitablauf erworbene Fensterrecht schließt nicht die Befugnis in sich, ein Verbauen des Lichtes zu verbieten. Dieses Verbietungsrecht ist nur dann durch Ersitzung erworben, wenn der Nachbar verbauen wollte, dies aber auf Widerspruch unterließ und von diesem Zeitpunkte an 10 Jahre (nicht 30 Jahre) abgelaufen sind.

c) Dagegen mußte nach Regensburger Recht bei Unentbehrlichkeit der bestehenden Fenster mit einem Neubau drei Schuh gewichen werden. Nach Augsburger Statutarrecht war eine Reihe von vier Schuh zu bilden. Diese Bestimmungen, bei welchen der Schutz der angelegten Fenster nicht von einem Zeitablauf abhängt, sind nachbarrechtliche Vorschriften über den Inhalt des Eigentums und daher durch das BGB. bezw. AG. aufgehoben, da ein Vorbehalt nicht gemacht ist[2]). Hieraus ergibt sich eine eigentümliche Konsequenz. Da in dem Gebiete des Regensburger und Augsburger Stadtrechts der Schutz der unentbehrlichen Fenster gegen Verdunkelung jedem stehenden Gebäude auf Grund des Nachbarrechts zustand, konnte eine Servitut durch Ersitzung nicht erworben werden; denn es fehlte an einem mit dem Gesetz im Widerspruch stehenden Besitzstand, welcher die erste Voraussetzung des Servitutenerwerbes ist. In den bisherigen Gebieten des Regensburger und Augsburger Statutarrechts kann daher eine Lichtgerechtigkeit für unentbehrliche Fenster nur dann in Anspruch genommen werden, wenn sie durch Bestellung entstanden ist.

d) Für das bisherige Gebiet des preuß. Rechts war ALR. Tl. I Tit. 8 § 139 maßgebend. Es ist oben ausgeführt worden, daß nach preuß. Recht der Eigentümer im allgemeinen berechtigt war, nach Belieben Fenster in seinem Gebäude anzubringen, auch wenn die Wand unmittelbar auf der Grenze stand. Nur dann, wenn die unmittelbar auf der Grenze stehende Wand an einen Hof oder Garten[3]) angrenzte, war die Einrichtung neuer Fenster gewissen Beschränkungen unterworfen. Waren die gesetzlichen Voraussetzungen für diese Beschränkung in der Einrichtung der Fenster gegeben und hat im Widerspruch hierzu ein Fenster während der Ersitzungszeit bestanden, so hat hierdurch der Fensterinhaber ein Fensterrecht als Grunddienstbarkeit erworben[4]). Auch hier gewährt aber das Fensterrecht nicht zugleich ein Lichtrecht. Regel ist vielmehr, daß der Grundeigentümer

---

[1]) BayLR. Tl. II Kap. 8 § 7.

[2]) Vgl. AAPr. S. 168 (Becher, Mat. Abt. IV. u. V. Bd. 1 S. 439). Ueber Licht-, Trauf- und Tropfrecht nach Augsburger Recht vgl. SeuffBl. Bd. 43 S. 37, Bd. 44 S. 104.

[3]) Vgl. darüber oben § 22.

[4]) Siehe oben § 22 a. E.

durch das Vorhandensein von Fenstern, welche der Nachbar in zulässiger Weise hält, nicht gehindert ist, diesen Fenstern das Licht zu entziehen; er kann vielmehr unmittelbar auf der Grenze bauen[1]), auch wenn er dadurch dem Nachbar Luft und Licht verbaut. Wenn aber die Fenster eines an der Grenze stehenden[2]) Gebäudes in zulässiger Weise[3]) schon seit wenigstens 10 Jahren bestehen[4]) und der innere Raum der Zimmer und sonstigen Behältnisse[5]) nur durch diese Fenster, also nicht auch von einer anderen Seite[6]) Licht empfängt[7]), muß der Nachbar[8]) mit einem Neubau[9]) soweit von der

[1]) ALR. Tl. 1 Tit. 8 § 139, wonach für neue Gebäude allgemein ein Abstand von drei Werkschuh vorgeschrieben war, enthält keine Besonderheit für Fenster- und Lichtrecht und kommt als nachbarrechtliche Bestimmung unter der Geltung des BGB. nicht mehr in Betracht.

[2]) Es ist gleich, ob die dem Neubau zugekehrte Seite die Front- oder die Giebelseite des Hauses ist (JW. 1897 S. 258 Nr. 96).

[3]) Hierzu ist lediglich erforderlich, daß entweder die Wand, in welcher sich die Fenster befinden, nicht unmittelbar an der Grenze steht, oder wenn dies der Fall ist, das an die Wand anstoßende Nachbargrundstück zur Zeit der Einrichtung nicht bebaut war (s. oben § 22). — Sind die Fenster unzulässigerweise eingerichtet worden, wurde aber durch Ersitzung ein Fensterrecht erworben (s. oben § 22), so beginnt die zehnjährige Frist für den Schutz der Fenster gegen Verdunkelung mit dem Zeitpunkt, in welchem das Recht auf das Haben der Fenster erworben war.

Dafür, ob die Fenster in zulässiger Weise bestanden haben, ist unerheblich, daß die Fenster gegen polizeiliches Verbot angelegt wurden. RG. Bd. 35 S. 181, Bd. 36 S. 218.

[4]) Ein innerhalb der 10 Jahre seitens des Nachbars erfolgter Widerspruch, ja sogar Klageftellung halten die Frist nicht auf. RG. Bd. 44 S. 313. Es kann also der Nachbar die Entstehung des Lichtrechts nur dadurch hindern, daß er vor Ablauf der 10 Jahre tatsächlich baut.

[5]) Unter Behältnissen sind schlechthin alle Räumlichkeiten zu verstehen (Strietshorst, Arch. Bd. 57 S. 148), insbesondere auch Bodenräume (Gruchot Bd. 41 S. 644; JW. 1897 S. 258 Nr. 96), Treppenhäuser, Hausflure (Gruchot Bd. 30 S. 929).

[6]) Hierzu genügt nicht schon das Vorhandensein irgendeiner noch so unbedeutenden Lichtquelle, vielmehr wird erfordert, daß aus dieser Nebenlichtquelle dem Behältnisse genügendes Licht zufließt (RG. Bd. 44 S. 335); dies kann auch bei einem Oberlicht der Fall sein (Bolze Bd. 21 Nr. 53). Das Licht kommt von einer anderen Seite auch dann, wenn es nur mittelbar (z. B. durch die Glastüre eines Nebenzimmers) zugeführt wird (RG. Bd. 2 S. 196; JW. 1897 S. 585 Nr. 67). Unter den Begriff „einer anderen Seite“ fällt die dem Bau zugekehrte Seite nicht; wenn daher von mehreren Fenstern, welche sich auf derselben Seite befinden, nur eines verbaut wird, ist § 142 anzuwenden (RG. Bd. 2 S. 199, Bd. 36 S. 217; JW. 1900 S. 303 Nr. 25; A. M. Gruchot Bd. 30 S. 939).

[7]) Die bloße Möglichkeit, auch auf einer anderen Seite Fenster anzubringen, steht dem Vorhandensein einer anderen Lichtquelle nicht gleich, auch dann nicht, wenn sich der Bauende erbietet, eine andere Lichtquelle auf seine Kosten zu schaffen. (RG. Bd. 35 S. 181; JW. 1895 S. 231 Nr. 27, 1897 S. 585 Nr. 67.)

[8]) Diese Bestimmungen über den Schutz der Fenster vor Verdunkelung kommen nur dann zur Anwendung, wenn der Neubau auf einem Grundstück errichtet wird, welches unmittelbar an das Gebäudegrundstück anstößt. Deshalb kommen diese Vorschriften für ein an einer öffentlichen Straße stehendes Gebäude gegenüber einem an der Jenseite derselben Straße zu errichtenden Neubau nicht in Betracht, selbst dann nicht, wenn das Straßenterrain demselben Eigentümer wie der Neubau gehört. RG. Bd. 45 S. 295.

[9]) Unter Neubau ist nicht nur ein Bau auf bisher unbebauter Stelle, sondern

Grenze zurückbleiben[1]), daß man in normaler Stellung[2]) aus den ungeöffneten Fenstern[3]) des zu ebener Erde gelegenen[4]) Geschosses und wenn der innere Raum noch von einer anderen Seite Licht empfängt (s. hierüber S. 198 Anm. 6 u. 7), aus den ungeöffneten Fenstern des eine Treppe hoch gelegenen Geschosses[4]) in vertikaler Richtung[5]) den Himmel sehen kann[6]).

---

auch das Höherführen eines bestehenden Gebäudes zu verstehen (Striethorst, Arch. Bd. 95 S. 331; RG. Bd. 2 S. 196). Wird ein abgebranntes oder abgebrochenes Gebäude wieder hergestellt, dann können, insoweit die Dimensionen dieselben sind wie beim alten Gebäude, von dem Fensterinhaber Rechte aus §§ 142, 143 nicht hergeleitet werden (Turnau-Förster S. 357). Nur gegen Neubauten, nicht auch gegen die Auflagerung von Holz ist der Fensterinhaber durch §§ 142, 143 geschützt, weil diese Vorschriften singulärer Natur sind und daher nicht ausdehnend ausgelegt werden können (Striethorst, Arch. Bd. 88 S. 74, Bd. 95 S. 336).

[1]) Dieser Verpflichtung kann der Bauende auch durch Herstellung eines trichterförmigen Lichtschachtes genügen (JW. 1897 S. 258 Nr. 96). Der Anspruch auf Erfüllung dieser Verpflichtung ist mit der Eigentumsfreiheitsklage (§ 1004 BGB.) geltend zu machen, vgl. JW. 1898 S. 620 Nr. 67. Er unterliegt nach altem wie neuem Recht einer Verjährung von 30 Jahren. Zur Erhaltung des Anspruchs ist nach jetzigem im Gegensatz zum früheren Recht nicht erforderlich, daß der Fenstereigentümer gegen den Neubau Widerspruch erhebt (Turnau-Förster S. 358).

[2]) Gruchot Bd. 31 S. 928, Bd. 36 S. 964; es ist die aufrechte Haltung eines Mannes von mittlerer Größe maßgebend (RG. Bd. 32 S. 194; JW. 1897 S. 585 Nr. 67; EntschObLG. Neue Folge Bd. 2 S. 818). Ueber analoge Anwendung des Lichtschutzes in einem Fall, wo das Fenster unterhalb der Augenhöhe eines mittelgroßen Menschen liegt vgl. JW. 1906 S. 29 Nr. 31, vgl. auch RG. Bd. 32 S. 200.

[3]) Darunter sind nur Lichtöffnungen zu verstehen, nicht auch Einrichtungen, welche lediglich den Zutritt der Luft zu vermitteln bestimmt sind. Gruchot Bd. 30 S. 938, Bd. 41 S. 641. Im übrigen erstreckt sich der Schutz der §§ 142, 143 ALR. auch auf Flur-, Treppen- und Bodenfenster, ohne Rücksicht auf deren Größe Gruchot a. a. O. Es ist ohne Bedeutung, daß ein Fenster einem polizeilichen Gebote zuwider angelegt ist; ist z. B. die Anlage von Fenstern in Brandmauern verboten, so hat das gleichwohl vorhandene Fenster dem Nachbar gegenüber Anspruch auf den privatrechtlichen Schutz der §§ 142, 143 ALR.; RG. Bd. 35 S. 181, Bd. 36 S. 218.

[4]) Striethorst, Arch. Bd. 55 S. 358. Ein Raum, dessen Fußboden erheblich unter der Erdoberfläche liegt, kann nicht als unteres Stockwerk angesehen werden (RG. Bd. 47 S. 264). Bei der Frage, ob das Hochparterre oder Souterrain als unteres Stockwerk anzusehen ist, entscheidet der Umstand, welches der beiden Gelasse mit seinem Fußboden der ebenen Erde näher gelegen ist. Vgl. Turnau-Förster S. 357. Wenn das Erdgeschoß überhaupt kein Fenster hat, sich dagegen im Obergeschoß Fenster befinden, so genügt es, wenn der Ausblick auf den Himmel aus dem hierauf zunächst folgenden Geschosse möglich ist. Striethorst, Arch. Bd. 79 S. 113; Turnau-Förster S. 358.

[5]) Hat ein Haus nur ein Stockwerk, so ist nach den Umständen, insbesondere der Bauart, zu ermitteln, ob, wenn das Haus ein oberes Stockwerk hätte, dasselbe nur nach der Bauseite Fenster haben und aus diesen der Blick auf den Himmel möglich sein würde (RG. Bd. 32 S. 194; JW. 1901 S. 214 Nr. 21).

Es genügt nicht, daß der Himmel seitwärts erblickt werden kann (Striethorst, Arch. Bd. 65 S. 256, Bd. 79 S. 113).

[6]) Wird dies nur durch außergewöhnliche Beschaffenheit (z. B. Erker, Balkone) der Wand, in welcher sich die Fenster befinden, unmöglich gemacht, so kann dieser Umstand dem Bauenden nicht zur Last gelegt werden (JW. 1895 S. 304

Das Verbietungsrecht, welches dem Inhaber des Fensters gegen dessen Verbauung zusteht, erlosch nach preußischem Recht durch stillschweigende Einwilligung mit Wirkung auch für den Singularrechtsnachfolger, wenn er es ohne Widerspruch wissentlich geschehen ließ, daß ihm der Nachbar die Fenster verbaute[1]).

Bezüglich des Schutzes, der hiernach im Gebiete des ALR. den seit 10 Jahren bestehenden Fenstern gewährt wurde, sind die Ansichten darüber geteilt, ob es sich um Ersitzung einer Grunddienstbarkeit[2]) oder um die Entstehung einer nachbarrechtlichen Eigentumsbeschränkung handelt[3]). Dieser letzteren, vom Reichsgericht eingehend begründeten Ansicht ist entschieden der Vorzug zu geben. Die Streitfrage hat auch für das geltende Recht fortdauernde Bedeutung insoweit als die Entstehung eines solchen Rechtes nach dem 1. Januar 1900 in Frage steht. Würde man der ersteren Ansicht beipflichten, so müßte man folgerichtig, da Art. 67 AG. sich nur mit dem Lichtrecht befaßt, welches der Fensterinhaber vor dem Inkrafttreten des BGB. erlangt hat, annehmen, daß nach dem Inkrafttreten des BGB. bis zu dem Zeitpunkte, in welchem das Grundbuch als angelegt zu erachten ist, ein Lichtrecht nach Maßgabe der §§ 142, 143 Tit. 8 Tl. I ALR. erworben werden könnte (Art. 189 EG., Art. 177 AG.). Wenn es sich aber bei diesen Vorschriften um gesetzliche Eigentumsbeschränkungen handelt, so sind diese durch Art. 1 AG. von der Geltung des BGB. an außer Wirksamkeit gesetzt und kann ein solches Lichtrecht durch einen bloßen zehnjährigen Zeitablauf nicht mehr erworben werden[4]).

Anlangend die Fälle, in welchen zur Zeit des Inkrafttretens des BGB. die Voraussetzungen der §§ 142, 143 ALR. schon erfüllt waren, hat die bayerische Ausführungsgesetzgebung die Streitfrage zugunsten der Auffassung gelöst, welche annimmt, daß ein erworbenes Recht in Frage stehe. Art. 67 AG. bestimmt: Hat der Eigentümer eines Gebäudes vor dem Inkrafttreten des BGB. nach den Vorschriften des ALR. durch zehnjährigen Zeitablauf das Recht er-

Nr. 42; (Gruchot Bd. 39 S. 935). Es genügt, daß der Nachbar durch irgend eine Scheibe den Himmel sehen kann und ist also nicht erforderlich, daß dies durch alle Scheiben möglich ist. Müller, Bau- und Nachbarrecht S. 72.

[1]) Müller a. a. O. S. 73. Veranlassung zum Widerspruch ist erst gegeben, wenn der Fensterinhaber sich darüber im klaren ist, daß seine Fenster nicht nur verdunkelt werden, sondern ihnen der gewährleistete Ausblick genommen wird. Müller a. a. O. S. 74. Es genügt nicht, daß er den Bau sehen konnte oder mußte, sondern es ist erforderlich, daß er den Bau tatsächlich gesehen hat. JW. 1896 S. 717 N. 76. Vgl. RG. Bd. 32 S. 189.

[2]) Striethorst, Arch. Bd. 28 S. 112, Bd. 42 S. 234, Bd. 71 S. 130, Bd. 93 S. 356, Bd. 98 S. 19, Bd. 99 S. 233; Dernburg S. 294 Anm. 17; Rehbein und Reincke zu Tl. 1 Tit. 8 § 143.

[3]) Paris in Gruchot Bd. 24 S. 67; Eccius in Förster-Eccius, PrPrivR. Bd. 3 § 170 Anm. 37; RG. Bd. 44 S. 312; Bd. 46 S. 269; JW. 1899 S. 733 Nr. 22.

[4]) Im Ergebnis ebenso Oertmann, Landesprivatrecht S. 333.

langt, daß zum Schutze seiner Fenster mit Anlagen auf einem Nachbargrundstücke ein bestimmter Abstand eingehalten werden muß, so gilt dieses Recht als Grunddienstbarkeit. Der Inhalt dieser Grunddienstbarkeit besteht nicht nur in dem Rechte, die Verdunkelung zu verbieten, sondern auch in dem Rechte, die Fenster in unverändertem Zustande beizubehalten. Dies ergibt sich zwar nicht aus Art. 66 AG., wohl aber aus Art. 67 AG., wonach für die zur Zeit des Inkrafttretens des BGB. bestehenden Lichtöffnungen die bisherigen Vorschriften in Geltung bleiben, soweit sie eine geringere Belastung darstellen. Da der Erwerb eines Lichtrechts nach preußischem Rechte voraussetzte, daß die Fenster in *zulässiger* Weise zehn Jahre bestanden haben, ist Art. 67 AG. beim Vorhandensein eines Lichtrechts immer einschlägig.

e) Für das bisherige Gebiet des pfälzischen Rechts bestand die Streitfrage, ob das durch dreißigjährige Verjährung gegenüber dem gesetzlichen Verbot erworbene Recht auf Beibehaltung der Fenster das Recht in sich schloß, einer Verbauung dieser Fenster durch den Nachbar zu widersprechen. Während das RG. diese Frage bejahend entschied[1]), wurde sie von der bayerischen Rechtsprechung konstant verneint[2]). Es wäre der vom RG. vertretenen Meinung der Vorzug zu geben, wenn nicht durch Art. 67 Abs. 2 AG. die bayerische Rechtsprechung eine gewisse gesetzliche Bestätigung erhalten hätte. Dort wird von dem durch Zeitablauf erlangten „Rechte, Fenster zu halten, die den gesetzlichen Vorschriften nicht entsprechen," gehandelt. Indem der Gesetzgeber den Inhalt des Rechtes angibt und den Schutz der Fenster vor Verdunkelung nicht erwähnt, muß derselbe durch diese Gesetzesbestimmung als ausgeschlossen erachtet werden.

## § 24. Traufrecht.

1. Das sogen. Traufrecht (Trüpfe) ist der Hauptsache nach kein Recht an einer fremden Sache und ist daher nicht zu verwechseln mit der römisch-rechtlichen servitus stillicidii, welche eine reine Grunddienstbarkeit darstellt und deren Inhalt darin besteht, daß der Eigentümer des Hauses das von der Dachtraufe fließende Wasser auf das Grundstück des *Nachbars* fallen lassen darf[3]). Das Traufrecht in deutschrechtlichem Sinne beruht vielmehr auf der den Gegenbeweis nicht ausschließenden Vermutung, daß bei Erbauung eines Hauses in der Breite des Trüpfraumes von der Grenze des eigenen Grundes zurückgeblieben worden sei, mithin die Traufe noch auf diesen falle[4]).

---

[1]) RG. Bd. 13 S. 304, Bd. 15 S. 328, Bd. 31 S. 341.

[2]) EntschOGH. Bd. 5 S. 89, Bd. 8 S. 571.

[3]) Vgl. SeuffBl. Bd. 43 S. 38; Bd. 45 S. 282; EntschOGH. Bd. 8 S. 397.

[4]) Vgl. Weiske, Skeptisch-praktische Behandlung einiger zivilrechtlicher Gegenstände (1829) S. 95 Anm. 2; Elvers, Servitutenlehre S. 434; Holzschuher, Theorie

Nur insoweit schließt das Traufrecht ein Recht an fremder Sache in sich, als der Boden des Nachbars in Betracht kommt, der an den unter der Traufe liegenden Boden angrenzt. Das Traufrecht berechtigt nämlich den Gebäudeeigentümer, das Wasser von der Traufe ablaufen zu lassen, ohne hierbei auf das Nachbargrundstück weiter Rücksicht zu nehmen. Wenn das Wasser von der Traufe auf das Grundstück des Nachbars abläuft, so muß es dieser aufnehmen. Das war wenigstens der Grundsatz der alten Statutarrechte. Diese Seite des Traufrechts, welche ein Recht zur Benützung einer fremden Sache darstellt, war in Bayern schon durch Art. 34 des WBG. vom 28. Mai 1852 aufgehoben worden. Ingleichen hat nach Art. 17 WG. jeder bei der Einrichtung seiner Traufe dafür zu sorgen, daß die Traufe nicht den Nachbargrund trifft[1]) und das aus der Traufe auf dem Boden sich sammelnde Wasser nicht auf das Nachbargrundstück abfließt, soferne nicht nach der Beschaffenheit des Bodens der natürliche Lauf des Wassers sich dorthin richten würde.

Die andere Seite des Traufrechts, nämlich die gesetzliche Vermutung des Eigentums an dem unter der Dachtraufe liegenden Grund und Boden galt nach den Statuten von Würzburg[2]), Augsburg[3]), München[4]), Regensburg[5]), Ulm[6]), Memmingen[7]) und Nürnberg[8]). (Vgl. auch Art. 681 code civ.)

Seine Wurzel hat das Traufrecht in dem gemeinrechtlichen Verbot, Flüssigkeiten auf das Grundstück des Nachbars abzuleiten[9]), sofern er keine Grunddienstbarkeit hierzu hatte. Dadurch wurde der Grundeigentümer genötigt, bei Errichtung eines Gebäudes mit der Umfassungsmauer so weit von der Grenze zurückzubleiben, daß das darüber gelegte Dach das Regenwasser noch auf seinen eigenen Grund und Boden ableitete. Da eine förmliche servitus stillicidii nicht zu

---

und Kasuistik Bd. 2 S. 400; SeuffBl. Bd. 43 S. 37, Bd. 44 S. 104; Weiske a. a. O. kennt ein Traufrecht nur bei der Vorderseite der Gebäude, nach Gassen und Plätzen hin. Dort ist das sächsische Recht zugrunde gelegt; s. dagegen Hesse, Nachbarrecht S. 503, der mit Recht nicht einsehen kann, warum die Vermutung des Eigentums nur gegen die Straße hin gelten soll und nicht gegen des Nachbars Hof. Man möchte im Gegenteil veranlaßt sein, sie gerade im letzten Fall gelten zu lassen, weil hier (SächsLR. II, 49) die Vorschrift gelte, daß kein Hausbesitzer dem anderen die Dachtraufe zuweisen könne.

Im Sinne der für Bayern in Betracht kommenden Statutarrechte bezieht sich das Traufrecht auf die dem Nachbar zugekehrte Seite des Gebäudes.

[1]) Begründung zum AG. S. 39 (Becher, Mat. Abt. IV. u. V. Bd. 1 S. 84).

[2]) Würzburger Stadtbaurecht I § 2, V § 1.

[3]) Augsburger Stadtbauordnung Tl. II c. 1 § 35. Ueber Licht-, Trauf- und Tropfrecht nach Augsburger Recht vgl. SeuffBl. Bd. 43 S. 37, Bd. 44 S. 104.

[4]) Münchener Bauordnung Art. 28.

[5]) Regensburger Wachtgerichtsordnung XVIII § 1.

[6]) Ulmer Bauordnung X § 6.

[7]) Memminger Bauordnung XIV § 6.

[8]) Nürnberger Reformation XXVI § 3 und 6.

[9]) § 1 J. 2, 3; l. 17 § 3, l. 20 § 2 und 3, D. 8, 2. Vgl. Windscheid, Pand. § 211 Anm. 1.

vermuten ist, hat man aus dem bloßen Vorhandensein der Dachtraufe einen Rückschluß darauf gezogen, daß der Erbauer des Gebäudes seinerzeit von der Grenze um den Raum zurückgeblieben sei, der von dem Dachtraufenfall betroffen wird. So führt das Vorhandensein der Dachtraufe zu einer Vermutung über das Eigentum an dem darunter liegenden Boden. Diese Vermutung ist zunächst nur eine tatsächliche und dabei hatte es im Gebiete des gemeinen Rechts, wie im Gebiete des preußischen und bayerischen Landrechts sein Bewenden [1]). Einzelne Statuten aber haben diese tatsächliche Vermutung zu einer gesetzlichen sanktioniert [2]). Die Vermutung konnte durch Gegenbeweis entkräftet werden. Das Traufrecht setzt ein Gebäude [3]) voraus; deshalb besteht für eine Mauer, auch wenn deren Abdecksteine dem Nachbar zugekehrt sind, so daß der Tropfenfall nach dessen Seite gelenkt wird, die Eigentumsvermutung nicht [4]).

Während in den Gebieten des gemeinen Rechts und BayLR. die rein tatsächliche Vermutung nur auf den Raum sich erstreckt, welcher durch den Tropfenfall direkt betroffen wird, haben die einzelnen Statutarrechte bestimmte Abstandsmaße gegeben, deren Einhaltung präsumiert wird. Meist beträgt dieser Abstand $1^1/_2$ Schuh [5]), aber auch 2 [6]) und 3 [7]) Werkschuh.

Hierbei kommt es nicht darauf an, ob das Traufdach tatsächlich in voller Breite des gesetzlich bestimmten Abstandes vorspringt. Wenn z. B. das Dach nur soweit überladen ist, daß die abfallenden Tropfen in einer Entfernung von 20 cm vom Sockel der Wand niederfallen, so gilt das Traufrecht (gesetzliche Vermutung des Eigentums) gleichwohl für die vollen $1^1/_2$ (bezw. 2 oder 3) Werkschuh.

Uebrigens konnte es ausnahmsweise vorkommen, daß der Eigentümer des Gebäudes die vorgeschriebenen Werkschuh nicht eingehalten hatte [8]). Solchen Mauern steht kein Traufrecht zu, auch wenn es keine Giebelmauern sind. Während aber bei Giebelmauern keine Vermutung besteht, daß sie von der Grenze zurückgeblieben sind, be-

---

[1]) So für das gemeine Recht auch Hesse, Nachbarrecht S. 508: „Da es Rechtssatz ist, daß der Hausbesitzer seine Dachtraufe nicht dem Nachbar zuweisen darf, so spricht eine faktische Vermutung dafür, daß der Streifen Landes, soweit meine Dachtraufe reicht, mein Eigentum sei . . . Diese Vermutung kann als Beweisbeihilfe benutzt werden".

[2]) S. die vorhergehende Seite.

[3]) Ueber den Begriff des Gebäudes s. oben § 21.

[4]) SeuffBl. Bd. 43 S. 38.

[5]) Würzburger Stadtbaurecht I § 5, V § 1; ALR. Tl. I Tit. 8 § 140; Münchener Bauordnung Art. 28.

[6]) Augsburger Stadtbauordnung II c. 1 § 35; Ulmer Bauordnung X § 6; Memminger Bauordnung XIV § 6.

[7]) Nürnberger Reformation XXVI § 3 und 6; Regensburger Wachtgerichtsordnung XVII § 1; ALR. Tl. I Tit. 8 § 139.

[8]) Vgl. Würzburger Stadtbaurecht I §§ 4 und 5, IV § 2; Münchener Bauordnung: Auer, Einleitung C; Ulmer Bauordnung X § 5; Memminger Bauordnung XIV § 5; Augsburger Bauordnung II c. 3 §§ 35 und 36.

steht bei Mauern, die keine Giebelmauern sind, eine solche Vermutung und muß daher das Gegenteil nachgewiesen werden. Dieser Nachweis kann insbesondere aus dem Umstand abgeleitet werden, daß die von alters her vorhandenen Fenster die Einhaltung der Beschränkungen aufweisen, welche von den einzelnen Statutarrechten gerade für jene Mauern vorgeschrieben sind, bei deren Errichtung die 2 bezw. $1^1/_2$ Werkschuh verbaut wurden[1]). Dieser Umstand kann aber wieder dadurch entkräftet werden, daß die Fenster der übrigen Wände, welche durch das Gesetz der betreffenden Beschränkung nicht unterworfen sind, gleichwohl ebenfalls den Beschränkungen entsprechend eingerichtet sind.

Das Würzburger Stadtbaurecht schreibt vor, daß in Wänden, welchen kein Traufrecht zusteht, d. i. bei welchen die $1^1/_2$ Schuh verbaut wurden, nur Fenster mit einer Vergitterung gehalten werden dürfen. Sind nun in der an der Grenze stehenden Wand, auf welcher die Dachtraufe aufliegt, Fenster, die nach Stadtbaurecht vergittert sind, so wird daraus gefolgert, daß der Gebäudeeigentümer seine $1^1/_2$ Schuh verbaut hat; denn man kann im allgemeinen annehmen, daß er seine Fenster nicht den Beschränkungen unterworfen hätte, wenn er nicht durch das Gesetz hierzu gezwungen gewesen wäre. Wäre er aber $1^1/_2$ Schuh von der Grenze geblieben, so hätte er seine Fenster nach Belieben einrichten können. Wenn aber auch die Fenster in der gegen die Straße gelegenen Wand in gleicher Weise vergittert sind, so läßt sich diese Folgerung nicht ziehen, weil die Fenster in einer an der Straße liegenden Wand keiner Beschränkung unterworfen sind und man daher auch bezüglich der anderen Wand nicht annehmen darf, daß die Fenster deshalb vergittert wurden, weil es durch das Gesetz vorgeschrieben ist.

Uebrigens reicht die Vermutung des Eigentums in jenen Fällen, in welchen der Eigentümer seine $1^1/_2$ Schuh verbaut hat, doch soweit, als er tatsächlich vorgebaut hat, also bis zu jener Linie, welche durch das Ende des Dachvorsprungs gebildet wird.

In der Praxis entsteht häufig Streit darüber, wie weit die Grenze bebauter Anwesen geht, namentlich für den Raum der Erdoberfläche, welcher vor der Grenzmauer eines Gebäudes unter der Dachtraufe liegt. Kann von keinem Teile das Eigentum an diesem unter der Trüpfe gelegenen Raum bewiesen werden, so wird zunächst der Besitzstand entscheiden. Im allgemeinen läßt sich sagen, daß durch den Tropfenfall ein Besitzstand ausgeübt wird. Besitzhandlungen sind auch darin zu erblicken, wenn sich nach außen schlagende Fenster oder Läden in dem Gebäude befinden; ja selbst in der Innehabung von Fenstern in dem Gebäude, welche nach den jeweils geltenden Vorschriften in dieser Gestalt nicht bestehen dürften, wenn der Nachbar Eigentümer des unter der Trüpfe belegenen Raumes wäre, kann eine Besitzhandlung gefunden werden, die in Verbindung mit dem Tropfenfall einen hinreichenden Besitzstand darstellt.

Andererseits wird dadurch, daß der Nachbar hie und da unter den an seinem Hofraum angrenzenden Trüpfraum Handwerksgeräte u. s. w. an das Nachbarhaus angelehnt hat, ein Besitzstand

[1]) Vgl. hierüber oben S. 187 ff.

nicht ausgeübt. Es fehlt derartigen Handlungen, an deren Unterlassung der Gebäudeeigentümer nicht das mindeste Interesse hat, der Charakter der Rechtsausübung.

Wenn freilich die Dachtraufe in einen von dem Gebäude und dem Nachbargebäude gebildeten Winkel einfällt, so wird dieser Besitzstand regelmäßig nicht maßgebend sein (s. darüber oben S. 37).

Zuweilen ist an dem Sockel der Traufwand ein schräger Stein angebracht; derselbe dient bestimmungsgemäß dem Nachweis, daß der Dachtraufraum nicht verbaut wurde; durch das Vorhandensein eines solchen Steines wahrt sich der Gebäudeeigentümer zwar nicht den Besitzstand an dem Trüpfraum, aber er schließt den guten Glauben des Angrenzers aus; überdies bildet der schräge Stein ein Beweismittel (Urkunde) für sein Eigentum an dem Trüpfraum.

Es fragt sich, ob das Traufrecht im Sinne einer Eigentumsvermutung auch dann in Betracht kommen kann, wenn die Dachtraufe mit einer Rinne versehen ist. Läßt sich nachweisen, daß die Dachtraufe früher nicht mit einer Rinne versehen war, so ist der Fall für den Beweis des Eigentums nicht anders zu entscheiden, als wenn auch jetzt noch keine Rinne vorhanden wäre. Läßt sich aber dieser Nachweis von dem hierfür beweispflichtigen Gebäudeeigentümer nicht erbringen, so kommt es darauf an, ob das Rohr, mit welchem das in die Rinne eingelaufene Wasser zum Erdboden geführt wird, in den $1^1/_2$ (bezw. 2 oder 3) Schuh breiten Raum einmündet. Ist dies der Fall, dann muß man das Eigentum des Gebäudeeigentümers an den $1^1/_2$ (bezw. 2 oder 3) Werkschuh selbst dann annehmen, wenn das aus dem Rohr kommende Wasser den jenseits dieser $1^1/_2$ Schuh liegenden Raum nicht überschreitet, vielmehr diesseits abfließt. Wenn aber die Mündung des Rohres von dem unter der Traufe liegenden Raum weg nach der anderen Seite des Hauses gerichtet ist, dann spricht die Vermutung für das Gegenteil. Immerhin aber muß man annehmen, daß das Eigentum bis zu jener Linie reicht, welche durch das Ende des Dachvorsprunges gebildet wird.

Die Giebelmauern haben keine Traufe und daher auch kein Traufrecht. Giebelmauern sind jene Mauern, bei welchen die Wand bis zum First des Daches geführt ist. Die obere Fläche der Wand bildet regelmäßig ein Dreieck, dessen obere Spitze durch den Dachfirst gebildet wird. Es kann aber auch vorkommen, daß die obere Fläche der Wand kein Dreieck bildet; dann nämlich, wenn das Haus nur ein einziges Pultdach hat, dessen obere Grenzlinie direkt auf der Hausmauer aufliegt. Die Wand, welche in ihrer oberen Grenzlinie den Dachfirst bildet, ist eine Giebelwand. Ein solches Haus hat dann regelmäßig drei Giebelwände. Es kann aber sein, daß die an vorbeschriebene Giebelmauer anstoßenden beiden Wände mit den daran stoßenden Kanten nicht bis an den Giebel reichen, sondern unter dem Dache stehen; dann hat das Haus nur eine Giebelwand.

2. Es ist nun zu prüfen, ob das Traufrecht auch noch unter der Herrschaft des BGB. gilt:

a) Bezüglich derjenigen Dachtraufen, welche bereits vor dem 1. Januar 1900 bestanden haben. Das BGB. und die bayerischen Ausführungsgesetze enthalten überhaupt keine Vorschrift über das Traufrecht[1]). Damit entfällt auch die gesetzliche Geltung dieser Vermutung. Gleichwohl wird man sie in den Gebieten des bisherigen Rechts, in welchen sie bis zum 1. Januar 1900 als gesetzliche Vermutung gegolten hat, für die Gebäude, welche am 1. Januar 1900 bereits mit der Traufe bestanden haben, als einen in den Tatsachen begründeten Satz der Erfahrung in Anwendung zu bringen haben. Denn wenn nach den zur Zeit der Erbauung geltenden Rechtsvorschriften der Erbauer eines Gebäudes, welcher auf der dem Nachbar zugekehrten Seite ein Abfalldach für das Regenwasser einrichtete, gehalten war, mit seiner Mauer einen gewissen Abstand von der Grenze einzuhalten, so kann man auch annehmen, daß dies geschehen sei. Derselbe Gedankengang, welcher die Gesetzgeber der Statuten zur Aufstellung einer gesetzlichen Vermutung veranlaßt hat, führt nun dazu, diese Vermutung als eine tatsächliche beizubehalten; dies um so mehr, als erfahrungsgemäß die Vorschrift der Statuten über das Eigentum an dem unter der Traufe befindlichen Boden allgemein bekannt war und daher anzunehmen ist, daß der Nachbar einem etwaigen Uebergriff widersprochen haben würde. Deshalb wird man die Vermutung für jene Breite ($1^1/_2$ Schuh) anwenden dürfen, auf welche sich nach der bisherigen Rechtsvorschrift das Traufrecht bezog[2]).

b) Bezüglich jener Gebäude, die nach dem Inkrafttreten des BGB. entstanden sind, kann von einem Traufrecht im technischen Sinne nicht gesprochen werden; denn weder das BGB. noch die Ausführungsgesetze enthalten eine einschlägige Vorschrift und wo es bisher in Bayern gegolten hat, ist es für die Zukunft aufgehoben[3]).

Aus der allgemeinen Vorschrift des § 903 BGB. ergibt sich, daß der Eigentümer sein Dach nicht in der Weise überladen darf, daß es in den Luftraum des Nachbars reicht; er muß seinen Bau so einrichten, daß er mit keinem Teile desselben (Vordach, Dachrinne) die Grenze überschreitet. Bringt er an seinem Dache keine Rinne an, sondern läßt er das Wasser von der Dachtraufe abfallen, so dürfen die Tropfen nicht unmittelbar auf den Boden des Nachbars auffallen. Ob der Nachbar das von der Traufe auf das Grundstück des Traufeninhabers abgefallene und von da abfließende Wasser aufnehmen muß, richtet sich danach, ob dieses Wasser seinen natürlichen

---

[1]) Vgl. Begr. zum AG. S. 39 (Becher, Mat. IV. u. V. Abt. Bd. 1 S. 84).

[2]) Vgl. Oertmann, Landesprivatrecht S. 335: „Die Vermutung gilt zwar an sich nur für die Zeit vor dem 1. Januar 1900, da aber das einmal erworbene Eigentum, weil ein ‚ewiges Recht', als bis zum Eintritt eines besonderen Verlustgrundes fortbestehend zu erachten ist, kann sie auch später noch verwertet werden".

[3]) Vgl. Begr. z. AG. S. 39 (Becher, Mat. IV. u. V. Abt. Bd. 1 S. 84).

Abfluß auf das Nachbargrundstück hat[1]). Ist dies nicht der Fall, so kann sich der Nachbar nicht nur gegen das Dachtraufwasser schützen, sondern auch dessen Zuführung verbieten (§ 903 BGB.). Er kann sogar die Beseitigung der Dachtraufe verlangen, wenn sie so eingerichtet ist, daß sie den Tropfenfall dem Nachbargrundstücke zuweist (§ 907 BGB.)[2]).

Aus dieser Rechtsvorschrift wird man auch für die erst nach dem 1. Januar 1900 erbauten Häuser die rein tatsächliche Vermutung ableiten dürfen, daß die von der Dachtraufe betroffene Fläche noch zum Gebäude gehört[3]). Diese Vermutung kann durch andere Umstände beseitigt werden und erstreckt sich keinesfalls weiter als der tatsächlich überladene Raum, also nicht etwa ohne weiteres auf eine Breite von $1^1/_2$ (bezw. 2 oder 3) Schuh.

## § 25. Notweg.

Für den Eigentümer eines Grundstücks besteht ein Notstand, wenn die erforderliche Verbindung zwischen dem öffentlichen Wegenetze und seinem Grundstücke fehlt. Die gemeinrechtliche Praxis[4]) hat in ausdehnender Auslegung der einen ganz singulären Fall behandelnden l. 12 D. 11, 7 dem Richter die Befugnis zuerkannt, im Notfalle den Nachbar zur Bestellung einer Wegegerechtigkeit gegen Entschädigung zu verurteilen. Viel weiter geht das preußische Recht: ALR. Tl. I Tit. 22 §§ 3—10 legt jedem Eigentümer eines Grundstücks diejenigen Einschränkungen seines Eigentums auf, ohne welche ein anderes Grundstück ganz oder zum Teil völlig unbrauchbar sein würde und es wird dortselbst andererseits auch zum Zwecke einer Verbesserung das Recht einer Notservitut eingeräumt. Code civil Art. 682—685 gewährt unter der Voraussetzung des Notstandes ein Notwegerecht gegen die Eigentümer benachbarter Grundstücke[5]).

Das BGB. verleiht in §§ 917 und 918 den Anspruch auf einen Notweg. Weitere Fälle sogen. Notservituten kennt das BGB. nicht. Auch die bayerische Ausführungsgesetzgebung hat solche weder eingeführt noch aufrecht erhalten. Da es sich in allen diesen Fällen um eine gesetzliche Beschränkung des Eigentums handelt[6]), so sind seit Inkrafttreten des BGB. die übrigen Notservituten der bisherigen Rechtsvorschriften beseitigt. Es gilt dies insbesondere von dem sogen.

---

[1]) Art. 17 WG.

[2]) Begr. z. AG. S. 39 (Becher, Mat. IV. u. V. Abt. Bd. 1 S. 84).

[3]) Zustimmend Oertmann, Landesprivatrecht S. 335.

[4]) Vgl. SeuffA. Bd. 1 Nr. 177, Bd. 6 Nr. 156, Bd. 13 Nr. 211, Bd. 14 Nr. 114; EntschOGH. Bd. 8 S. 68, Bd. 10 S. 607.

[5]) Die Notwegsgerechtigkeit konnte nach französ. Rechte durch Ersitzung nicht erworben werden. Preuß in Puchelts Zeitschr. Bd. 33 S. 627 ff.

[6]) Deshalb untersteht jetzt auch der vor 1900 bestehende Notweg dem BGB. (Puchelts Zeitschr. Bd. 36 S. 60, Köln), soferne nicht nach bisherigem Recht ein Sonderrecht (Grunddienstbarkeit) bereits vorher erworben ist.

Hammerschlags- oder Leiterrecht, d. i. der Befugnis des Eigentümers, in Notfällen das Nachbargrundstück zur Vornahme baulicher Reparaturen an seinem Gebäude zu betreten oder zu benützen [1]).

## I. Voraussetzungen des Notwegrechtes.

§ 917 BGB. macht den Anspruch auf den Notweg davon abhängig, daß einem Grundstücke die zur ordnungsmäßigen Benützung notwendige Verbindung mit einem öffentlichen Wege fehlt.

1. Nur für Grundstücke [2]), gleichviel ob städtisch oder ländlich, kann die Einräumung des Notwegs verlangt werden; der Schäfereiberechtigte kann deshalb auf Grund des § 917 BGB. die Einräumung eines Notweges auch dann nicht verlangen, wenn er mangels eines Weges das ihm zustehende Weiderecht teilweise nicht ausüben kann [3]). Dies gilt auch für den Fall, daß die Schäfereiberechtigung mit einem Grundstücke derart verbunden ist, daß sie dem jeweiligen Eigentümer desselben zusteht. Hat der Mangel eines Triebweges seinen Grund in dem gesetzlichen Verbot der Beweidung fremder Aecker während der Fruktifikations- oder Hegezeit [4]), so hat der Weideberechtigte nach Art. 3 des Gesetzes vom 28. Mai 1852 (über Ausübung und Ablösung des Weiderechts auf fremdem Grund und Boden) einen Anspruch darauf, daß ihm der erforderliche Durchtrieb auf den befreiten Grundstücken eingeräumt wird. Die Bestimmung des Triebweges in bezug auf Richtung und Breite sowie in bezug auf Dauer der Benützung erfolgt in diesem Falle, wenn sich die Beteiligten hierüber nicht gütlich einigen, durch die Behörde [5]) unter Beiziehung von Sachverständigen, wobei stets auf die möglichst geringe Belästigung der von der Weide befreiten Grundstücke Bedacht zu nehmen ist (Art. 2 des Ges. vom 28. Mai 1852).

2. Die Verbindung mit einem öffentlichen Wege muß fehlen. Der Begriff des öffentlichen Weges richtet sich nach Landes-

---

[1]) Begr. zum AG. S. 38 (Becher, Mat. IV. u. V. Abt. Bd. 1 S. 82); Staudinger, Vorträge S. 341. — Als gesetzliche Eigentumsbeschränkung galt das Hammerschlagsrecht übrigens nur in Regensburg und Amberg. Die Bestimmung des PrLR. über die Benützung des Nachbargrundes zur Ausbesserung von Planken hatte keine besondere Bedeutung. Vgl. auch Fenner und Mecke, Praxis des RG. Bd. 1 S. 77; EntschOGH. Bd. 3 S. 159; JW. 1880 S. 13. Ein Hammerschlagsrecht kann übrigens auch als Grunddienstbarkeit erworben worden sein. Ein solches erworbenes Sonderrecht bleibt von dem Inkrafttreten des BGB. unberührt. Vgl. EntschOGH. Bd. 3 S. 157, Bd. 4 S. 412; SeuffBl. Bd. 38 S. 110, Bd. 39 S. 184. Einen Ersatz bietet jetzt unter Umständen § 904 BGB. S. oben S. 78.

[2]) Auch ein See ist als Grundstück zu betrachten; vgl. Striethorst, Arch. Bd. 77 S. 202; Rüdenberg, Notwegrecht S. 13.

[3]) Vgl. Hesse, Nachbarrecht S. 548; Holzschuher, Theorie und Kasuistik Bd. 2 S. 149.

[4]) Art. 1 und 2 des Gesetzes vom 28. Mai 1852, betr. Ausübung und Ablösung des Weiderechts auf fremdem Grund und Boden.

[5]) Zuständig ist die Distriktsverwaltungsbehörde in erster und die Kreisregierung, Kammer des Innern, in zweiter und letzter Instanz Art. 47 a. a. O.

recht. In Bayern unterscheidet man Staats-, Distrikts- und Gemeindestraßen; letztere teilen sich in Gemeindeverbindungswege, Ortsstraßen und Feldwege[1]).

Die Verbindung mit einem schiffbaren Flusse schließt den Anspruch nicht aus, auch wenn ein Leinpfad vorhanden ist[2]), wenigstens wenn und soweit derselbe — was der Regel entspricht — zu anderen Zwecken als zu jenen der Schiffahrt nicht benützt werden darf[3]).

Ein Fluß oder See kommt als Verbindung nicht in Betracht, auch wenn er befahrbar ist und die erforderlichen Transportmittel vorhanden sind[4]). Es kann jedoch hierdurch die Notwendigkeit einer Landverbindung ausgeschlossen werden.

Nicht nur die Verbindung, sondern auch der öffentliche Weg, zu dem sie führt, muß den Anforderungen für eine ordnungsgemäße Benützung genügen[5]).

Ist das Grundstück durch ein demselben Eigentümer gehöriges Grundstück vom öffentlichen Wege getrennt, so kann regelmäßig ein Notweganspruch gegen einen Dritten nicht erhoben werden, solange die beiden Grundstücke in einer Hand vereinigt sind. Nur dann, wenn das demselben Eigentümer gehörige Grundstück durchaus nicht geeignet ist, eine entsprechende Verbindung für das andere herzustellen, kann ein Notweg auf einem anderen Grundstück verlangt werden[6]).

Derselbe Grundsatz muß entsprechend angewendet werden, wenn der eine Teil eines Grundstückes die Verbindung mit dem öffentlichen Wege hat, ein anderer wesentlicher Teil aber nicht, weil infolge der Terrainverhältnisse die Verbindung von letzterem über ersteren nicht möglich ist.

Der Anspruch auf Einräumung des Notwegs besteht auch dann nicht, wenn dem Grundeigentümer bereits ein ausreichendes Recht gegen einen Dritten auf Bestellung eines Wegerechts zusteht[7]) oder

---

[1]) Vgl. Becher, BayLZR. S. 1073; BlAdmPr. Bd. 43 S. 321 ff. Auch ein Weg, der im Eigentum eines Dritten steht, an welchem aber der Gemeinde eine Wegegerechtigkeit für alle ihre Mitglieder und Dritte zusteht, ist ein öffentlicher Weg (EntschOLGSt. Bd. 6 S. 119).

[2]) Dernburg S. 286. Vgl. RG. Bd. 6 S. 323; Bolze Bd. 8 Nr. 82.

[3]) S. unten im Wasserrecht.

[4]) Vgl. dagegen Rüdenberg S. 13.

[5]) Rüdenberg S. 20; s. unten I 3.

[6]) Vgl. SeuffA. Bd. 27 Nr. 8. Ebenso Rüdenberg S. 13: „Mehrere aneinanderstoßende Grundstücke desselben Eigentümers sind einem einzelnen Grundstücke gleich zu achten". Deshalb erlischt auch der Notweganspruch, sobald der Eigentümer des berechtigten Grundstücks ein daran angrenzendes Grundstück erwirbt, welches die Verbindung mit dem öffentlichen Wege hat und auch als Verbindung für das erste Grundstück dienen kann, auch wenn damit ein ziemlicher Umweg verbunden wäre. R. d. OLG. Bd. 2 S. 506 (Karlsruhe).

[7]) Vgl. Maenner S. 172. Mit Recht führt Rüdenberg S. 22 aus, daß der Notweganspruch selbst dann nicht besteht, wenn eine ausreichende Verbindung tatsächlich, wenn auch ohne rechtliche Grundlage (z. B. precarium) vorhanden ist, sofern sich nur die Ungewißheit über das künftige Weiterbestehen der Verbindung mit

wenn die bisherige Verbindung des Grundstücks mit dem öffentlichen Wege durch eine willkürliche Handlung des Eigentümers aufgehoben wird (s. unten Z. 3 a. E.).

3. Notwendig und nicht bloß zweckmäßig für die ordnungsmäßige Benützung des Grundstücks muß die Verbindung sein. Unter Benützung ist der Gebrauch und die Ausbeute des Grundstückes zu verstehen (§§ 99, 100)[1]. Der Begriff der Notwendigkeit ist objektiv und nach den Bedürfnissen einer praktischen Wirtschaft zu beurteilen. Er ist gegeben, wenn ohne die Verbindung die ordnungsmäßige Benützung des Grundstücks überhaupt nicht möglich ist oder sich nur durch kostspielige Veranstaltungen ermöglichen läßt, welche zu dem Ertrage der Benützung in keinem wirtschaftlichen Verhältnisse stehen[2]. Die bloße Schwierigkeit oder Unbequemlichkeit der Benützung rechtfertigt den Notweganspruch nicht[3]. Deshalb kann der Notweg wegen bloßen Gewinnes durch Wegabschneidung nicht verlangt werden[4]; wie es überhaupt ohne Bedeutung ist, ob die Benützung der vorhandenen Verbindung etwas kostspieliger ist, wie eine andere, während eine unverhältnismäßige Schmälerung des Ertrags den Anspruch auf den Notweg begründet[5].

Für die Ordnungsmäßigkeit der Benützung kommt es nicht nur auf die bisherige Benützung an, sondern auch darauf, ob überhaupt eine ordnungsmäßige Benützung den Notweg als erforderlich erscheinen läßt[6].

---

der ordnungsgemäßen Benützung des Grundstückes vertrage. Vgl. hierzu SeuffA. Bd. 1 Nr. 177; Hesse, Nachbarrecht S. 549. So hat z. B. der franz. Kassationshof (Sirey, Recueil général 1895 Bd. 2 S. 168) das Bedürfnis für einen Notweg verneint, weil die Forstverwaltung die Benützung eines ihr gehörigen, nicht öffentlichen Weges, der zu einem öffentlichen Wege führt, nicht beanstande. Vgl. aber auch Endemann S. 484 Anm. 28.

[1]) Rüdenberg S. 15.

[2]) Vgl. Hesse, Nachbarrecht S. 547; Dernburg S. 286; Recht 1901 S. 121 (Dresden).

[3]) Vgl. Hesse, Nachbarrecht S. 548; Recht 1901 S. 311 (LG. Metz). Selbst erhebliche Unbequemlichkeit: SächsArch. Bd. 14 S. 236 (Dresden); Recht 1904 S. 503 Nr. 2107 (Dresden). Deshalb besteht ein Notweganspruch nicht etwa nur deshalb, weil das deutsche Grundstück nur eine Verbindung mit einem französischen öffentlichen Wege hat und sein Eigentümer durch „les mesures politiques et douanières prises par la France" „geniert" wird. So Rüdenberg S. 15 unter Berufung auf ein Urteil des franz. Kassationshofes (Sirey, Recueil général 1890 Bd. 1 S. 392). Dabei wird aber doch wohl die Einschränkung zu machen sein, daß infolge dieser mesures die ordnungsgemäße Benutzung des Grundstücks nicht ungebührlich erschwert sein darf. Denn die Verbindung muß immerhin derartig sein, daß sie den Bedürfnissen für eine ordnungsgemäße Benützung des Grundstücks wenigstens notdürftig genügt Puchelt, Zeitschr. 1905 S. 152 (Zweibrücken).

[4]) Vgl. SeuffA. Bd. 13 Nr 210; R. d. OLG. Bd. 2 S. 506. Eine bloße Unbequemlichkeit liegt übrigens dann nicht mehr vor, wenn der Weg so weit außen herumführt, daß mit den ordnungsgemäß vorhandenen Transportmitteln die Ernte nicht in angemessener Zeit hereingeschafft werden kann.

[5]) Rüdenberg S. 15.

[6]) KommProt. S. 3588 (Mugdan Bd. 3 S. 598). Anders Entw. I § 863 und für das gemeine Recht SeuffA. Bd. 50 Nr. 79.

Ausschlaggebend ist, ob die geplante Benützung den wirtschaftlichen Bedürfnissen mit Rücksicht auf die Beschaffenheit des Grundstücks entspricht. Nicht jede spekulative Aenderung in der Benützung genügt, um den Anspruch auf den Notweg zu begründen, sondern es muß das Grundstück seiner Natur nach zu einer der Aenderung entsprechenden Benützungsart bestimmt sein. Ordnungsgemäß ist eine Benutzung, die nach ihrer Art der Natur (d. i. der Bodenbeschaffenheit, Größe und klimatischen Lage) und der Umgebung des Grundstückes angemessen ist und deren Ausübungsweise rationell ist[1]). So kann die Umwandlung eines bisher landwirtschaftlich benützten Grundstückes in einen Steinbruch eine ordnungsgemäße Benutzung sein[2]). Daß der Eigentümer aus persönlichen Gründen irgend eine neue Benützung, welche nicht als ordnungswidrig bezeichnet werden kann, der bisherigen vorzuziehen geneigt ist, kann nicht entscheiden[3]). Wenn der Eigentümer den Fortschritten und Anforderungen der Zeit und der örtlichen Verhältnisse Rechnung trägt und deshalb eine Aenderung der Benützung eintreten läßt, so handelt er rationell[4]).

Ist die Stadt an ein bisher landwirtschaftlich benütztes Grundstück herangewachsen, so wird die Erbauung von Wohnhäusern der Natur des Grundstückes entsprechen. Ist für diese Benützung der bisherige Zugang nicht mehr genügend, so kann der Notweg verlangt werden, nicht aber gleich für ein Hotel.

Soll auf einem Grundstück der dort vorhandene Steinbruch ausgebeutet werden, so ist dies eine ordnungsmäßige Benützung, die einen Fahrweg erforderlich macht.

Will der Eigentümer auf seinem Grundstück eine Fabrik errichten, so kommt es auf die Lage des Grundstückes an. In einem Industrieviertel ist dies eine ordnungsmäßige Benützung. Auf dem platten Lande dagegen liegt diese Voraussetzung regelmäßig nicht vor; denn hier wird zumeist diese Aenderung der Benützung nicht auf die durch die objektive Beschaffenheit des Grundstückes bedingten wirtschaftlichen Bedürfnisse, sondern auf die subjektive Willensrichtung des Eigentümers zurückzuführen sein. Wenn sich aber auf dem Grundstücke wertvolle Tonlager befinden, so wird die Errichtung einer Tonwarenfabrik der rationellen Ausbeutung dieses Tonlagers entsprechen und daher eine ordnungsmäßige Benützung im Sinne des Gesetzes darstellen.

Die Einrichtung einer Mühle auf einem an einem Triebgewässer liegenden Grundstücke ist ebenfalls eine ordnungsmäßige Benützung, da das Grundstück infolge seiner Lage zu dieser Art der Benützung bestimmt ist.

Es entspricht regelmäßig nicht der Lage, sohin nicht der Natur eines eingeschlossenen Grundstücks, darauf einen frequentierten Schuppen zu stellen, der im Laufe der täglichen Arbeit vielfach benützt werden muß. Diese Benutzungsweise ist zwar nicht ordnungswidrig, aber auch nicht naturgemäß[5]).

---

[1]) Rüdenberg S. 15—18.

[2]) Puchelts Zeitschr. 1905 S. 152 (Zweibrücken).

[3]) KommProt. S. 3591 (Mugdan Bd. 3 S. 599). Für jetziges Recht würde die den Notweganspruch einschränkende Entscheidung in JW. 1894 S. 437 Nr. 49 nicht mehr zutreffen. Vgl. R. d. OLG. Bd. 12 S. 124.

[4]) Scherer, Bem. 198 zu § 917 und 918 (Bd. 3 S. 105). Ein Nachweis der Rentabilität der Neuanlage kann nicht gefordert werden. Endemann S. 484 Anm. 29.

[5]) R. d. OLG. Bd. 12 S. 124.

Anders, wenn in der Umgebung des Grundstücks sich mehrfach Schuppen befinden.

**Das Bedürfnis nach einem Notweg kann ein nur vorübergehendes sein[1]); dann kann der Notweg nur insolange beansprucht werden, als das Bedürfnis besteht.**

Wenn infolge der Baufälligkeit eines Hauses Baumaterialien zu seiner Instandsetzung beigefahren werden müssen, muß zu diesem Zwecke ein Notweg eingeräumt werden.

**Auf der anderen Seite wird der Notweganspruch nicht dadurch ausgeschlossen, daß das Bedürfnis nach einem Notweg durch eine Veränderung der Kulturart, z. B. durch Holzbepflanzung, in Wegfall oder doch in engere Grenzen gebracht werden könnte[2]).** Dies gilt selbst dann, wenn bisher das Grundstück mit Holz bestanden war und erst als Ackerland urbar gemacht wurde.

Wie die Verbindung, so muß auch der öffentliche Weg, zu dem sie führt, den Anforderungen einer ordnungsgemäßen Benützung genügen[3]). Deshalb fehlt die zur ordnungsmäßigen Benützung notwendige Verbindung mit einem öffentlichen Weg nicht nur dann, wenn das notleidende Grundstück von der Verbindung mit dem öffentlichen Wege durch zwischenliegende, einer Wegeservitut nicht unterworfene Ländereien absolut ausgeschlossen ist; es kann vielmehr der Notweganspruch auch dann erhoben werden, wenn zwar ein Fußweg, nicht aber der erforderliche Fahrweg vorhanden ist oder wenn der vorhandene Fahrweg zu schmal ist[4]). Die erforderliche Verbindung mit einem öffentlichen Weg ist dann gegeben, wenn der Grundstückseigentümer eine dem Bedürfnis entsprechende Zugangs- bezw. Zufahrtsmöglichkeit[5]) zu einem dem gemeinem Gebrauch unterstellten Wege hat.

**Unter Umständen können für die ordnungsmäßige Benützung zwei Wege notwendig sein[6]); dies kann namentlich bei einem größeren Komplex zusammengehöriger Grundstücke der Fall sein.**

Das BGB. verlangt von dem Eigentümer des notleidenden Grundstückes nicht den Nachweis, daß die Notlage ohne sein Verschulden eingetreten sei, **wohl aber gestattet es dem in Anspruch genommenen Nachbar, die Duldung des Notweges zu verweigern, wenn die bisherige Verbindung des Grundstückes mit dem öffentlichen Weg durch eine willkürliche Handlung des Eigentümers aufgehoben wurde**

---

[1]) Rüdenberg S. 21.

[2]) Vgl. Striethorst, Arch. Bd. 31 S. 14; Dernburg S. 286.

[3]) Rüdenberg S. 20.

[4]) M. Bd. 3 S. 291 (Mugdan Bd. 3 S. 161).

[5]) **Dem steht aber nicht der Fall gleich, daß sich der eingeschlossene Grundstückseigentümer durch Kauf einen Weg erwerben könnte.** Puchelts Zeitschr. 1905 S. 152 (Zweibrücken).

[6]) **Rüdenberg S. 87.**

(§ 918 Abs. 1 BGB.). Beweispflichtig hierfür ist der in Anspruch genommene Nachbar[1]).

Dieser Umstand steht auch dem späteren Erwerber des Grundstücks entgegen, selbst wenn er nicht Universalrechtsnachfolger desjenigen ist, welcher die willkürliche Handlung vorgenommen hat[2]).

Der Ausdruck „willkürliche Handlung" ist lediglich in objektivem Sinne auszulegen, er stellt keineswegs einen Fall des Vorsatzes dar[3]); er ist nicht gleichbedeutend mit schuldhaft[4]). Willkürlich ist eine Handlung dann, wenn sie weder durch die ordnungsgemäße Benützung noch durch eine andere zwingende Veranlassung geboten ist[5]). Als willkürliche Handlungen können sonach unter Umständen[6]) in Betracht kommen der Abbruch einer den Zugang vermittelnden Brücke, die Ueberbauung der bisherigen Verbindungsfläche[7]), Verzicht auf eine Wegedienstbarkeit. Pflichtwidriges Unterlassen ist dem Handeln gleich zu achten[8]). Die Zustimmung des Wegebedürftigen zur Verlegung des bisher bestandenen öffentlichen Weges (ingleichen die Unterlassung eines Widerspruchs gegen die Verlegung) schließt den Notweganspruch dann aus, wenn anzunehmen ist, daß gegen den Widerspruch die Verlegung des öffentlichen Weges nicht erfolgt wäre[9]). Wenn der Notstand nur dadurch herbeigeführt wurde, daß das Grundstück verpachtet wurde und deshalb nach einer ganz anderen Richtung gravitiert, ist § 918 Abs. 1 anzuwenden.

## II. Inhalt des Notweganspruches.

Sind diese Voraussetzungen gegeben, so hat der Nachbar auf Verlangen des Eigentümers die Benützung seines Grundstückes zur

---

[1]) Maenner S. 172; Planck Anm. 1 zu § 918.

[2]) Dernburg S. 287 Anm. 9; Rüdenberg S. 33.

[3]) Weyl, Verschuldensbegriffe S. 410.

[4]) Rüdenberg S. 28.

[5]) Nach Rüdenberg S. 33 ist eine Handlung des Eigentümers dann nicht willkürlich, wenn er erstens zur Vornahme derselben von der Rechtsordnung oder durch widerrechtliche Drohung oder arglistische Täuschung eines Dritten bestimmt wird oder zweitens er sie kraft öffentlichen oder privaten Rechts vornimmt, insbesondere kraft des Rechts zur (schikanefreien) ordnungsgemäßen Benutzung seines Grundstückes. Alle anderen Handlungen des Eigentümers, durch welche die bisherige Verbindung aufgehoben wird, werden von Rüdenberg als willkürlich erachtet.

[6]) Nicht immer; man denke z. B. an die Zerstörung einer Brücke auf Anordnung der Behörde oder auf Drohung des Feindes. Vgl. Rüdenberg S. 29. Erfolgt die behördliche Anordnung zum Abbruch der Brücke wegen Baufälligkeit derselben, so kann die willkürliche Handlung in der Unterlassung der baulichen Unterhaltung bestehen.

[7]) Dernburg S. 287 wendet den § 918 Abs. 1 entsprechend an, wenn der Eigentümer sich willkürlich durch Veränderung in der Hauptbestimmung, z. B. durch Errichtung eines Miethauses auf einem früheren Kornfeld, in die Notlage versetzt hat. Jedenfalls müßte aber hier die Einschränkung gemacht werden, daß der Neubau nicht durch die ordnungsgemäße Benützung veranlaßt war.

[8]) Rüdenberg S. 26. Vgl. Anm. 6.

[9]) Vgl. Bolze Bd. 8 Nr. 82.

Herstellung der erforderlichen Verbindung zu dulden (§ 917 Abs. 1 BGB.). Diese Verpflichtung enthält eine gesetzliche Eigentumsbeschränkung[1]), kraft welcher der Nachbar einen Weg dulden muß. Es kann auf Grund des § 917 BGB. nicht die Duldung einer durch den Luftraum des Nachbargrundstückes geführten Drahtseilbahn zur Bei- oder Fortschaffung von Material u. s. w. verlangt werden[2]). Unter Umständen kann der Nachbar die Führung einer solchen Drahtseilbahn durch seinen Luftraum auf Grund des § 905 BGB. nicht verbieten[3]). Ebensowenig kann auf Grund des § 917 ein Anspruch darauf erhoben werden, Rohre durch ein Nachbargrundstück zu legen; § 917 erschöpft sich eben in einem Wegerecht, d. i. in der Befugnis über die Nachbargrundstücke zu fahren (auch mit Automobil), zu reiten, treiben und zu gehen[4]).

Der Notweg ist von dem Berechtigten auf seine Kosten anzulegen und zu unterhalten[5]). Ob der Verpflichtete den Notweg neben dem Berechtigten oder ob ihn dieser allein benutzen darf, entscheidet sich danach, ob bei der Mitbenützung durch den Eigentümer die für die ordnungsgemäße Benützung des herrschenden Grundstücks erforderliche Verbindung beeinträchtigt wird[6]).

1. Die Verpflichtung zur Duldung des Notweges tritt nur auf Verlangen des Eigentümers des notleidenden Grundstückes ein. Das Verlangen desselben ist eine empfangsbedürftige Willenserklärung; sie setzt Geschäftsfähigkeit des Verlangenden voraus und wird wirksam, sobald sie dem Gegner zugeht (§ 130 BGB.). Das Verlangen kann formlos geschehen. Immer aber ist erforderlich, daß in dieser Erklärung zum Ausdruck gebracht wird, daß der Wegebedürftige die Duldungspflicht als einen Notweganspruch geltend macht. Dies

---

[1]) Vgl. M. Bd. 3 S. 291 (Mugdan Bd. 3 S. 161). Dort werden die Gründe dargelegt, aus denen der Gesetzgeber die Konstruktion einer Expropriation ebenso wie die einer gesetzlichen Obligation abgelehnt hat. Das Notwegrecht ist keine Grunddienstbarkeit; deshalb finden auch die Vorschriften über den possessorischen Servitutenschutz keine Anwendung. Wenn auch im übrigen die Analogie zwischen dem Notweg und den Servituten nicht zu leugnen ist, so kann ein possessorischer Servitutenschutz schon um deswillen keine Anwendung finden, weil das für diesen Schutz im § 1029 BGB. vorgeschriebene Erfordernis der Eintragung fehlt. Vgl. M. Bd. 3 S. 292 (Mugdan Bd. 3 S. 162); Planck Bem. 2 a e zu § 917; Biermann S. 115 Nr. 2; Maenner S. 174, und dagegen KommProt. S. 3597 (Mugdan Bd. 3 S. 601); Staudinger Bem. 4 zu § 917; Rüdenberg S. 111, vgl. auch Recht 1904 S. 448 Nr. 1821 (Colmar).

[2]) SeuffA. Bd. 62 Nr. 41 (ObLG.).

[3]) S. oben S. 5.

[4]) RheinArch. Bd. 100, I S. 134 (Köln).

[5]) Der Nachbar kann dies der Duldungsklage gegenüber im Wege der Widerklage geltend machen. Soergel, Rechtsprechung 1903 S. 169; Recht 1903 S. 551 Nr. 2791 (Posen).

[6]) Rüdenberg S. 86; zu weit geht in der Annahme des Mitbenützungsrechtes Süßheim BlAdmPr. Bd. 52 S. 365. Wenn der Notwegberechtigte und der Eigentümer den Weg gemeinsam benützen, so tragen sie die Kosten der Unterhaltung nach den Grundsätzen der Gemeinschaft zusammen. Rüdenberg S. 90.

ist z. B. dann nicht der Fall, wenn der Eigentümer des wegbedürftigen Grundstückes eine Weggerechtigkeit behauptet und deswegen die Duldung verlangt. Es muß dies aus dem Unterschiede der Fassung des § 917 BGB. mit jener des § 912 BGB. gefolgert werden. § 912 BGB. besagt einfach: „So hat der Nachbar den Ueberbau zu dulden." § 917 BGB. dagegen bestimmt: „So kann der Eigentümer von den Nachbarn verlangen, daß sie . . . dulden." Hat der Eigentümer gegen die Anmaßung des als Grunddienstbarkeit beanspruchten Weges die actio negatoria erhoben, so kann der Beklagte, insolange er eine Grunddienstbarkeit behauptet, nicht eventuell den Notweganspruch einwenden; denn insolange er ohne Entschädigung zu fahren beansprucht, hat er in Wahrheit nicht die Einräumung eines Notweges verlangt[1]).

Aktiv legitimiert zur Stellung des Verlangens wie zur Erhebung des Anspruchs auf Duldung[2]) ist der Eigentümer des wegebedürftigen Grundstücks (§ 917 BGB.). Ein einzelner Miteigentümer ist zum Verlangen und zur Klage auf Einräumung des Notweges nicht legitimiert (trotz § 1011 BGB.)[3]). Dem Nießbraucher steht der Notweganspruch so wenig zu[4]) wie dem Besitzer und Pächter[5]), wohl aber dem Erbbauberechtigten (§ 1017).

Die Duldungspflicht trifft die Eigentümer aller jener Grundstücke, welche der Verbindung mit dem öffentlichen Wege entgegenstehen, unter Umständen also auch die mittelbaren Nachbargrundstücke[6]).

Hat ein Grundstück eine Fahrtgerechtigkeit über das daranstoßende Grundstück des **A**, nicht aber über das an letzteres angrenzende Grundstück des **B**, welches an einem öffentlichen Wege liegt, so richtet sich der Anspruch auf Einräumung des Notweges gegen B.

2. Es führen viele Wege nach Rom; welches von den in Betracht kommenden Grundstücken ist im Einzelfalle belastet? Die

---

[1]) Im übrigen kann der Notweganspruch einredeweise gegen die Negatorienklage geltend gemacht werden. Biermann zu § 917, vgl. Puchelts Zeitschr. 1905 S. 152 (Zweibrücken).

[2]) Für die Klage ist der dingliche Gerichtsstand des § 24 ZPO. begründet, weil sie gegen den Eigentümer des Nachbargrundstückes als solchen zu richten ist. Dernburg S. 288 Anm 15.

[3]) Turnau-Förster Bem. 1 zu § 917 BGB., weil der Anspruch auf Einräumung des Notweges von einer Gegenleistung abhängig ist. A. M. Maenner S. 173; Biermann Bem. 1 zu § 917.

[4]) A. M. Rüdenberg S. 81, der dem Nießbraucher das Notwegrecht grundsätzlich zuspricht, jedoch mit der weittragenden Einschränkung, daß er die „Bestimmung des Notweges" nicht vornehmen dürfe.

[5]) Rüdenberg S. 82; Süßheim, BlAdmPr. Bd. 52 S. 365; Neumann, Jahrbuch Bd. 6 S. 375 (Jena): „Der Pächter kann als solcher einen Notweg nicht beanspruchen. Indes wird man eine Erweiterung des Notwegrechts zugunsten des Jagdberechtigten nicht schlechthin ausschließen dürfen".

[6]) Denkschrift S. 126 (Mugdan Bd. 3 S. 974). Das Verlangen kann sich nur gegen denjenigen richten, dessen Eigentum beschränkt ist, das ist also gegen den Eigentümer, nicht etwa gegen den bloßen Besitzer, Nießbraucher u. dgl. (SeuffA. Bd. 56 Nr. 150).

Duldungspflicht liegt kraft Gesetzes allen Nachbarn ob, nicht nur dem Eigentümer desjenigen Grundstücks, welches durch den Weg am wenigsten belästigt wird[1]).

Es ist nicht erforderlich, daß der Eigentümer des notleidenden Grundstücks gerade die kürzeste Verbindung in Anspruch nimmt[2]). Der Einwand, daß der Notweg für ein anderes Grundstück weniger lästig wäre, ist daher unzulässig[3]). Immerhin muß angenommen werden, daß der Wegebedürftige nicht nach reiner Willkür irgendeine Verbindungslinie herausgreifen kann, sondern daß nur jene Grundstücke mit der gesetzlichen Eigentumsbeschränkung belastet sind, welche nach den Terrain- und sonstigen örtlichen Verhältnissen naturgemäß für eine Verbindung in Betracht kommen[4]).

Wenn in Frage steht, ob die Verbindung mit dem öffentlichen Wegenetz über eine kultivierte Wiese oder eine Oedung genommen wird, so kann der in Anspruch genommene Wieseneigentümer nicht geltend machen, daß der Weg über die Oedung für dessen Eigentümer nicht so lästig falle wie für ihn. Wenn aber der Weg über die Oedung nicht wesentlich länger und unbequemer ist, so kann man annehmen, daß die natürliche Verbindung über diese Oedung geht und daher die Wiese der gesetzlichen Beschränkung nicht unterworfen ist.

Wenn das eingeschlossene Grundstück eine entsprechende Verbindung über ein als Hausgarten dienendes Grundstück und ein als Ackerland benütztes Grundstück erhalten kann, so läßt sich unter Umständen annehmen, daß mit Rücksicht auf diese Verhältnisse der Hausgarten von der gesetzlichen Eigentumsbeschränkung nicht betroffen wird.

In Feldlagen kommen als besonders geeignet für den Notweg in erster Linie etwa vorhandene Häupter von Ackergrundstücken in Betracht.

Festungsanlagen und der dem Eisenbahnbetrieb dienende Boden kommen für den Notweganspruch als belastet nicht in Betracht[5]).

3. Die mehreren Miteigentümer des verpflichteten Grundstücks müssen gemeinsam belangt werden[6]). Das Verlangen zur Duldung ist daher an sämtliche Miteigentümer zu richten. Die Zuziehung der Erbbau- und Dienstbarkeitsberechtigten ist nicht erforderlich[7]). Gegen

---

[1]) Vgl. dagegen SeuffA. Bd. 16 Nr. 12, Bd. 27 Nr. 8.

[2]) SeuffA. Bd. 62 Nr. 41 (ObLG).

[3]) Dernburg S. 287. Vgl. dagegen Hesse, Nachbarrecht S. 549; SeuffA. Bd. 16 Nr. 12.

[4]) Vgl. Dernburg S. 287: „Wohl aber kann sich Beklagter darauf berufen, daß die leichtere Gewährung durch den Nachbar so offenbar sei, daß die Inanspruchnahme des Beklagten als Schikane erscheine.“ Aehnlich Rüdenberg S. 83: Der Berechtigte braucht bei seiner Wahl unter mehreren Nachbarn nur das Schikaneverbot zu beachten. — Er kann nicht gerade die kürzeste Verbindung beanspruchen. ObLG. N. F. Bd. 7 S. 230.

[5]) Rüdenberg S. 83. Vgl. Eger, Entsch. Bd. 18 S. 154 (RG.).

[6]) Maenner S. 173; Turnau-Förster Bem. 1 zu § 917; Dernburg S. 288. JW. 1906 S. 233 Nr. 19 (RG.).

[7]) Dernburg S. 288. Findet das Gericht, daß der Notweg über ein Grundstück gelegt werden muß, dessen Eigentümer nicht mitverklagt ist, so kann es, da das Urteil gegen diesen nicht wirkt, nicht erschöpfend und endgültig entscheiden. Planck Bem. 2a zu § 915, s. dagegen Dernburg S. 288.

nur dinglich Berechtigte oder gegen den bloßen Besitzer ist die Klage nicht zulässig[1]).

4. Eine Einschränkung erfährt der Kreis der Pflichtigen in den Fällen, in welchen infolge der Veräußerung eines Grundstücksteiles der veräußerte oder zurückbehaltene Teil von der Verbindung mit dem öffentlichen Wegenetz abgeschnitten ist. Hier wird ein Anspruch gegen die bisherigen Nachbarn dem Eigentümer des abgeschnittenen Grundstückes nicht gewährt, da lediglich durch dessen eigene Entschließung die vorhandene Verbindung aufgehoben ist. Jedoch darf in solchem Falle der Eigentümer, der versäumt hat, sich eine Wegegerechtigkeit bestellen zu lassen, nicht ohne Schutz bleiben. § 918 BGB. legt deshalb dem Eigentümer desjenigen Teiles, über welchen bisher die Verbindung stattgefunden hat, die Pflicht zur Duldung des Notweges auf. Auch in diesem Falle besteht Entschädigungspflicht[2]). In entsprechender Weise wird für den Fall Vorsorge getroffen, daß durch die Veräußerung eines von mehreren demselben Eigentümer gehörenden Grundstücken das veräußerte oder zurückbehaltene Grundstück von der Verbindung mit dem öffentlichen Wege abgeschnitten ist[3]).

Ergibt sich durch Auslegung des zwischen dem Eigentümer und dem Erwerber eines Grundstückes geschlossenen Vertrages, daß derjenige von beiden, welchem nach der Lage der Grundstücke ein Anspruch auf einen Notweg gegen den andern zustehen würde, hierauf habe verzichten wollen, so fragt es sich, welche Wirkung ein solcher Verzicht hat. Die Verpflichtung zur Duldung des Notweges ist eine gesetzliche Eigentumsbeschränkung des damit belasteten Grundstückes. Die Befreiung von dieser Last kann nur durch Begründung einer Grunddienstbarkeit herbeigeführt werden. Es ist im Wege der Auslegung aus den begleitenden Umständen abzuleiten, ob die Beteiligten durch den stillschweigenden Verzicht und dessen Annahme die Begründung einer solchen Dienstbarkeit herbeiführen wollten. Ist dies der Fall, so kann der Eigentümer des von der Duldungspflicht befreiten Grundstückes die formgültige Bestellung der Grunddienstbarkeit verlangen[4]), andernfalls hat der Verzicht nur obligatorische Bedeutung. Derjenige, welchem nach der Lage der Grundstücke ein Anspruch auf einen Notweg zustehen würde, kann ungeachtet eines Verzichtes, welcher der dinglichen Wirkung entbehrt, die Duldung des Notweges von dem

---

[1]) SeuffA. Bd. 56 Nr. 150.

[2]) Süßheim, BlAdmPr. Bd. 52 S. 357.

[3]) Denkschrift S. 126 (Mugdan Bd. 3 S. 974). § 918 Abs. 2 bezieht sich nicht nur auf die Verhältnisse unmittelbar nach der Veräußerung des Grundstücksteiles; auch die künftigen Eigentümer der beiden Grundstücke sind gebunden. Die Vorschrift ist nicht analog anzuwenden, wenn das Grundstück in mehr als zwei Teile geteilt wird und eine der abgeteilten Parzellen durch alle übrigen von der Verbindung mit dem öffentlichen Wege abgeschnitten wird. Rüdenberg S. 130f.

[4]) Vgl. KommProt. S. 3593 (Mugdan Bd. 3 S. 600).

Singularrechtsnachfolger desjenigen, dem gegenüber der obligatorische Verzicht erklärt wurde, verlangen [1]). Liegt ein Verzicht mit dinglicher Wirkung vor, so ist der Anspruch auf Einräumung eines Notweges überhaupt verscherzt, auch gegenüber den anderen in Betracht kommenden Nachbarn, weil im Verhältnis zu diesen der Interessent die Notlage durch eine willkürliche Handlung herbeigeführt hat [2]). Andererseits kann bei einem Vertrag, durch welchen ein Eigentümer einen Teil seines Grundstückes oder eines der ihm gehörigen mehreren aneinandergrenzenden Grundstücke veräußert hat, durch Erforschung des wahren Willens der Parteien das Resultat gewonnen werden, daß eine Wegegrunddienstbarkeit für das infolge der Veräußerung vom öffentlichen Wege abgeschnittene Grundstück als stillschweigend bestellt angenommen wird [3]).

5. Das Recht des Wegebedürftigen kann, wenn sich die Beteiligten nicht über die Art seiner Verwirklichung einigen, seinen Inhalt nur dadurch erhalten, daß die Richtung des Notweges und der Umfang [4]) des Benützungsrechtes durch Urteil bestimmt wird (§ 917 Abs. 1 BGB.). Das richterliche Urteil hat nur deklaratorische, nicht konstitutive Bedeutung [5]). Das Benützungsrecht selbst und die demselben entsprechende Duldungspflicht sind vom Gesetz geschaffen. Nur die Feststellung des konkreten Inhalts dieses Rechts, wie er von den Parteien behauptet wird, bleibt dem Richter überlassen [6]). Das Recht selbst besteht aber mit dem Vorliegen seiner gesetzlichen Voraussetzungen und wird nicht erst durch einen Richterspruch begründet. Hieraus ergibt sich die notwendige Folgerung, daß die Ausübung des Notwegerechts durch den Berechtigten schon vor Erlassung des Urteils zulässig ist [7]). Der Eigentümer des belasteten Grundstückes handelt

---

[1]) Vgl. übrigens auch KommProt. S. 3593 (Mugdan Bd. 3 S. 600).

[2]) Vgl. KommProt. S. 3588 u. 3593 (Mugdan Bd. 3 S. 598 u. 600).

[3]) Vgl. M. Bd. 3 S. 293 (Mugdan Bd. 3 S. 162). Vgl. EntschOGH. Bd. 8 S. 409, Bd. 9 S. 679; JW. 1891 S. 213 Nr. 49; RG. Bd. 42 S. 158. In der letzten Entscheidung wird stillschweigende Servitutenbestellung im Falle einer Subhastation abgelehnt. — Der Umstand, daß zur Bestellung einer Grunddienstbarkeit nach Art. 14 NotG. bis zur Anlegung des Grundbuchs notarielle Verlautbarung erforderlich ist (Art. 177 AG., Art. 189 EG.), steht der stillschweigenden Servitutenbestellung nicht im Wege; denn es wird ja aus dem Inhalt des notariellen Kaufvertrages der auf Bestellung einer Servitut gerichtete Wille abgeleitet. Vgl. unten § 32.

[4]) Es darf z. B. der Weg nur zu bestimmten Jahres- oder Tageszeiten oder zu bestimmten Zwecken verwendet werden. Es ist sehr wohl möglich, daß ein Bedürfnis für Fahrten mit Steinfuhrwerken besteht, während für Fahrten mit Fabrikfuhrwerken ein Bedürfnis in dem oben erwähnten objektiven Sinne (vgl. oben I, 3) nicht vorhanden ist.

[5]) Zustimmend ObLG. N. F. Bd. 7 S. 294; SeuffA. Bd. 61 Nr. 205 (ObLG.); ebenso Süßheim, BlAdmPr. Bd. 52 S. 370; Staudinger Anm. 1 zu § 917; Dernburg S. 286. A. M. Rüdenberg S. 107.

[6]) M. Bd. 3 S. 292 (Mugdan Bd. 3 S. 161); Maenner S. 173.

[7]) A. M. Rüdenberg S. 106.

rechtswidrig, wenn er die Benützung seines Grundstückes für den Notweg verwehrt. Freilich darf der Berechtigte nur jene Richtung des Notweges und jenen Umfang des Benützungsrechtes beanspruchen, die zur Herstellung der Verbindung erforderlich sind. Ist er bei seinem Verlangen darüber hinausgegangen, so hat er objektiv rechtswidrig gehandelt. Ob dies der Fall war, wird durch das richterliche Urteil im Streitfalle festgestellt. Der Anspruch kann auf jede Weise geltend gemacht werden, nicht nur durch Klage und Widerklage, sondern auch mittels Einrede[1]). Die Bezeichnung des Wegs nach seiner Richtung gehört zur Substanziierung der Klage[2]), auch ist der Umfang des behaupteten Benützungsrechts anzugeben, weil die Duldungspflicht nur auf Verlangen eintritt[3]). Das Anerbieten eines bestimmten Betrages für die dem Nachbar zu gewährende Entschädigung wäre an sich nicht erforderlich[4]), doch kann der Verpflichtete die Duldung des Notweges insolange verweigern, als der Berechtigte mit der Rentenzahlung in Rückstand ist (s. unten III, 6).

6. Die Richtung des Notwegs ist durch einen billigen Ausgleich zwischen den kollidierenden Interessen der Beteiligten zu bestimmen. In erster Linie entscheidet das Interesse des Eigentümers des belasteten Grundstücks. Deshalb kann der Berechtigte nicht gerade die kürzeste Wegerichtung verlangen[5]), wenn diese Richtung besonders beschwerlich für den Eigentümer wäre. Andererseits kann dem Berechtigten nicht ein ganz unverhältnismäßiger Umweg zugemutet werden. Bei wesentlicher Aenderung der Verhältnisse kann eine Aenderung der rechtsgeschäftlich oder richterlich festgesetzten Richtung und Benützungsart des Notwegs gefordert werden[6]).

Eine Vereinbarung über die Richtung des Notweges und den Umfang des Benützungsrechtes hat nur dann eine dingliche Wirkung, wenn die Vereinbarung die für die Bestellung einer Grunddienstbarkeit aufgestellten Voraussetzungen erfüllt; denn eine Erschwerung oder Erleichterung der gesetzlichen Eigentumsbeschränkung läuft auf die Bestellung einer Grunddienstbarkeit für das gesetzlich berechtigte bezw. gesetzlich belastete Grundstück hinaus. Zur Bestellung einer Grunddienstbarkeit ist bis zu dem Zeitpunkte, in welchem das Grundbuch

---

[1]) Zustimmend SeuffA. Bd. 61 Nr. 205; ObLG. N. F. Bd. 7 S. 294. Erhebt der Nachbar die Negatorienklage, so kann der Eigentümer des eingeschlossenen Grundstückes unter der Darlegung, daß die Notwegvoraussetzungen gegeben sind, die Abweisung des dem Kläger nicht zustehenden Eigentumsanspruches erwirken. Maenner S. 173.

[2]) Dies folgt aus der nur deklaratorischen Natur des Urteils, vgl. dagegen Dernburg S. 288; Rüdenberg S. 105 und andererseits S. 98.

[3]) Vgl. dagegen Dernburg S. 288.

[4]) Dernburg S. 288 Anm. 13. Vgl. EntschOTr. Bd. 30 S. 99.

[5]) SeuffA. Bd. 62 Nr. 41 (ObLG.)

[6]) Puchelts Zeitschr. 1905 S. 60 (Köln). In analoger Anwendung des § 1023 kann der verpflichtete Nachbar die Verlegung des bereits bestimmten Notwegs verlangen. Rüdenberg S. 89.

als angelegt anzusehen ist, notarielle Verlautbarung, von da ab Eintragung im Grundbuch erforderlich (Art. 189 EG., Art. 177 AG. mit Art. 14 des NotG.).

Der Notweganspruch erlischt, sobald die gesetzlichen Voraussetzungen in Wegfall kommen[1]). Das ist z. B. der Fall, wenn durch eine Flurbereinigung ein öffentlicher Weg an das berechtigte Grundstück gelegt wird oder wenn das Bedürfnis ganz oder teilweise wegfällt; z. B. der für die Ausbeutung eines Steinbruches notwendige Fahrweg wird deshalb überflüssig, weil der Steinbruch erschöpft ist.

Der Anspruch auf Duldung des Notweges ist nach § 924 BGB. der Verjährung entzogen.

Dem Notwegeberechtigten steht gegen jeden Störer in der Ausübung des Notwegs die Eigentumfreiheitsklage des § 1004 zu; denn ihm steht der Notweg an dem fremden Grundstücke auf Grund des Eigentums an seinem eigenen Grundstück zu. Dagegen hat der Notwegberechtigte keine Besitzstörungsklage (s. oben II am Anfang).

### III. Entschädigung des Grundeigentümers.

Wie im Falle des Ueberbaues steht der Verpflichtung zur Duldung des Notweges ein Anspruch auf Entschädigung durch eine Rente gegenüber. Hinsichtlich dieses Anspruches finden die für den Ueberbau geltenden Vorschriften des § 912 Abs. 2 Satz 2 und der §§ 913, 914, 916 BGB. entsprechende Anwendung (§ 917 Abs. 2 BGB.).

1. Die Rente hat die Natur einer gesetzlichen, allen anderen Lasten, auch den älteren, vorgehenden Belastung (§ 914 Abs. 1 BGB.)[2]). Bei der Zwangsversteigerung bleibt diese Last auch dann bestehen, wenn sie bei der Feststellung des geringsten Gebotes nicht berücksichtigt wurde (§ 52 Abs. 2 ZwVG.).

2. Der Anspruch auf die Rente tritt ipso iure ein und steht demjenigen zu, dessen Rechte durch den Notweg beeinträchtigt werden, d. i. der jeweilige Eigentümer des Grundstückes, über welches der Notweg führt (§ 913 BGB.). Entsprechende Rechte räumt § 916 BGB. demjenigen ein, dessen Erbbaurecht oder Dienstbarkeit durch den Notweg beeinträchtigt wird. Weitere Realberechtigte kommen nicht in Betracht, da für dieselben, insbesondere für die Pfandgläubiger, die durch den Notweg herbeigeführte Beeinträchtigung durch die mit der Duldungspflicht verbundene Rente ausgeglichen wird (§§ 96, 1126, 1192, 1200 BGB.).

Das Rentenrecht selbst kann nicht von dem Eigentum an dem

---

[1]) Maenner S. 173. Der Hebung des Mangels steht es gleich, wenn der Eigentümer die Beseitigung des Mangels absichtlich hindert. Süßheim, BlAdmPr. Bd. 52 S. 356.

[2]) Deshalb kann das kraft Gesetzes entstandene Recht auf die Rente und die durch ein Urteil festgesetzte Höhe der Rente im Grundbuch nicht eingetragen werden; nur der Verzicht auf die Rente und die vertragsmäßige Festsetzung der Rente werden eingetragen. DAnw. § 123 Z. 1.

belasteten Grundstücke getrennt werden (§ 914 Abs. 3 mit § 1110 BGB.). Dies steht jedoch einer Abtretung oder Pfändung des Anspruchs auf die einzelne Rente nicht entgegen.

Der Miteigentümer kann die Ansprüche aus dem Rentenrecht in Ansehung der ganzen Sache geltend machen, aber auf Befriedigung nur in Gemäßheit des § 432 BGB. Wird das Grundstück, über welches der Notweg führt, geteilt, so ist nur der Eigentümer jenes Teiles rentenberechtigt, auf welchem sich der Notweg befindet (§ 1109 Abs. 3 BGB.).

3. Schuldner der Rente ist der Eigentümer des Grundstücks, welchem der Notweg dient. Der Eigentümer haftet für die während der Dauer seines Eigentums fälligen Leistungen auch persönlich (§ 914 Abs. 3 mit § 1108 BGB.). Der Besitznachfolger haftet für die Rückstände des Vorbesitzers dinglich (§ 914 Abs. 3 mit §§ 1107, 1113ff. BGB.). Wird das Grundstück, welchem der Notweg dient, geteilt, so haften für die Rente die Eigentümer der einzelnen Teile als Gesamtschuldner (§ 914 Abs. 3 mit § 1108 BGB.).

4. Für die Höhe der Rente ist maßgebend der Zeitpunkt, in welchem der Wegebedürftige den Notweg in rechtmäßiger Weise in Anspruch nimmt[1]); denn die Duldungspflicht tritt nur ein auf Verlangen des Berechtigten. § 917 Abs. 2 BGB. bestimmt, daß die für den Ueberbau geltende Vorschrift des § 912 Abs. 2 Satz 2 BGB. entsprechend anzuwenden ist. Dort ist bestimmt, daß für die Höhe der Rente die Zeit der Grenzüberschreitung maßgebend ist. Dies muß dahin führen, daß hier der maßgebende Zeitpunkt jener ist, in welchem der Notweg in rechtmäßiger Weise in Anspruch genommen wird, da es in beiden Fällen auf den Zeitpunkt ankommt, in welchem aus der dem Nachbar auferlegten Duldungspflicht ein Schaden entsteht[2]). Ist das Grundstück schon tatsächlich benützt worden, bevor eine Anerkennung des Notwegrechts verlangt wurde, so ist der Zeitpunkt maßgebend, in welchem der Notweg erstmals als solcher, d. i. als Recht, beansprucht wurde. Beweispflichtig für diesen Zeitpunkt ist derjenige, der ihn als weiter zurückliegend behauptet.

Eine spätere Veränderung der Umstände, insbesondere ein Steigen oder Sinken des Grundwertes, hat deshalb auf die Höhe der Rente keinen Einfluß. Wohl aber kann bei einer Steigerung oder Minderung des Wegebedürfnisses Erhöhung oder Herabsetzung der Jahresrente verlangt werden[3]). Für die Festsetzung der Rentenhöhe ist die

---

[1]) KommProt. S. 3599 (Mugdan Bd. 3 S. 601); Planck Bem. 2 b α zu § 917 u. Rüdenberg S. 117 betrachten als maßgebend den Zeitpunkt der Bestimmung des Notweges. Nicht maßgebend ist der Eintritt der Zugangsnot, wie M. Bd. 3 S. 291 annehmen: KommProt. S. 3599 (Mugdan Bd. 3 S. 601) betrachten als maßgebend den Zeitpunkt, in welchem der Wegebedürftige den Notweg in Anspruch nimmt; das ist nur für den Fall zutreffend, daß der in Anspruch genommene Weg auch der rechtlich zustehende ist.

[2]) So auch Turnau-Förster Bem. 2 zu § 917; Maenner S. 173.

[3]) Maenner S. 173; Planck u. Biermann zu § 917.

Größe des durch den Notweg für die Benützung des Grundstückes herbeigeführten Schadens maßgebend [1]). Die Höhe des Entschädigungsanspruches ist bei dem Vorhandensein mehrerer Berechtigter nach Maßgabe der jedem einzelnen widerfahrenden Beeinträchtigung selbständig festzusetzen. Die mehreren Rentenberechtigten (§ 916 BGB.) werden in Ansehung der Höhe des Entschädigungsanspruches weder durch die von anderer Seite abgeschlossenen Rechtsgeschäfte, noch durch die unter anderen Personen ergehenden Urteile gebunden und können für die künftige Duldung die Fixierung eines angemessenen Betrages verlangen [2]). Die Feststellung der Höhe ist zunächst der Vereinbarung der Beteiligten anheimgestellt. Eine solche Vereinbarung erzeugt, wenn formlos abgeschlossen, eine nur obligatorische Wirkung zwischen den Beteiligten. Dasselbe gilt von einer Vereinbarung über einen Erlaß der Rente. Dagegen wird zu einer vertragsmäßigen Feststellung der Rentenhöhe mit dinglicher Wirkung und ebenso zu einem Verzicht auf die Rente mit dinglicher Wirkung bis zu dem Zeitpunkte, in welchem das Grundbuch als angelegt anzusehen ist, notarielle Verlautbarung nach Art. 14 des NotG. und von da an Eintragung im Grundbuch erfordert (Art. 189 EG. mit Art. 177 AG.). Eine Vereinbarung über die Höhe oder den Erlaß der Rente mit dinglicher Wirkung kann nur mit Zustimmung der an den beteiligten Grundstücken dinglich Berechtigten geschlossen werden [3]) (§§ 876, 877 BGB).

5. Verfallzeit der Rente. Die Rente verfällt jährlich (§ 913 BGB.). Das Jahr ist von dem Zeitpunkte an zu rechnen, in welchem das Verlangen auf Duldung des Notweges gestellt wurde. Die Rente ist im voraus zu entrichten (§ 913 BGB.). Verzugszinsen können nicht beansprucht werden (§ 914 Abs. 3 mit §§ 1107, 289 BGB.). Ansprüche auf Rückstände verjähren in vier Jahren (§ 197 BGB.) vom Schluß des Kalenderjahres ab, in welchem der Anspruch fällig geworden ist (§ 201 BGB.). Das Rentenrecht erlischt, sobald die Voraussetzungen für die Duldung des Notweges in Wegfall gekommen sind. Die Rente wird, abgesehen von dem Fall einer vertragsmäßigen Feststellung, nicht in das Grundbuch eingetragen (§ 914 Abs. 2 BGB.). Das Rentenrecht selbst ist der Verjährung entzogen, weil der Rentenanspruch stets neu entsteht, solange die Duldungspflicht besteht.

6. Notwegerecht und Entschädigungspflicht beruhen auf „demselben rechtlichen Verhältnis" im Sinne des § 273 BGB. Es kann also

---

[1]) Süßheim, BlAdmPr. Bd. 52 S. 360 will daneben auch den Vorteil des Berechtigten in Betracht ziehen. Dem ist nicht beizutreten. Wohl aber ist bei der Festsetzung der Höhe der Umstand in Betracht zu ziehen, daß ein mit einem Wegerecht belastetes Grundstück erfahrungsgemäß in seinem Wert erheblich herabgesetzt wird.

[2]) M. Bd. 3 S. 286 (Mugdan Bd. 3 S. 158).

[3]) KommProt. S. 3557 (Mugdan Bd. 3 S. 590). Nachträgliche Aenderung der dinglich festgestellten Rente nach § 323 ZPO. ist unzulässig, sofern nicht eine Aenderung im Notwege selbst eingetreten ist. Süßheim, BlAdmPr. Bd. 52 S. 361 f.

der Notwegberechtigte die Zahlung verweigern, wenn der Nachbar die Ausübung des Notwegrechts hindert[1]); in gleicher Weise kann aber der Eigentümer die Duldung des Notwegs verweigern, wenn der Berechtigte mit der Rentenzahlung im Rückstand ist[2]).

IV. Kein Anspruch des Eigentümers auf Kapitalabfindung.

Der Eigentümer des mit dem Notwege belasteten Grundstückes hat keinen Anspruch darauf, daß er gegen Abtretung der zum Notweg benützten Fläche eine Kapitalabfindung erhält; denn im § 917 Abs. 2 BGB. ist auf § 915 BGB. nicht verwiesen.

Ebensowenig hat der Rentenpflichtige Anspruch darauf, daß der Rentenberechtige sein Rentenbezugsrecht durch eine Kapitalabfindung beseitigen läßt.

## § 26. Anwenderecht[3]).

Unter der Geltung des bisherigen Rechts war es nichts Seltenes, daß dem Eigentümer eines Ackergrundstückes das Recht zustand, bei dessen Bestellung das Nachbargrundstück zur Führung des Gespanns insoweit zu benützen, als es zur Bestellung seines Ackers bis an die Grenze notwendig war (Anwenderecht).

Diese Befugnis konnte auf einem besonderen Rechtsverhältnis zwischen den Eigentümern der aneinander stoßenden Grundstücke beruhen (Grunddienstbarkeit) oder sich aus einem Herkommen[4]) ableiten, das innerhalb eines bestimmten örtlichen Kreises alle Rechtsverhältnisse der betreffenden Art beherrschte.

Während nun durch das Inkrafttreten des BGB. an dem Bestand und Inhalt der Grunddienstbarkeiten gar nichts geändert wurde, weil es sich hier um wohlerworbene Sonderrechte handelt (Art. 184 EG.), wäre die Frage, ob ein auf Herkommen beruhendes Anwenderecht durch das BGB. und die bayerische Ausführungsgesetzgebung außer Wirksamkeit gesetzt wurde, einer näheren Prüfung zu unter-

[1]) Rüdenberg S. 118.

[2]) A. M. Rüdenberg S. 118, da sich aus dem Verhältnis ein anderes — § 273 BGB. — mit Rücksicht darauf ergebe, daß der Rentenberechtigte durch die Verdinglichung und durch den Vorrang seines Rentenanspruchs Sicherheit genug habe. Das trifft wohl für die Duldung des Ueberbaus zu, die einen körperlichen Zustand voraussetzt, mit dessen Beseitigung die Duldungspflicht endgültig, nicht bloß vorübergehend, aufgehoben wäre; für die Notwegduldung besteht diese Besonderheit nicht und es verbleibt deshalb bei der Regel des § 273. Vgl. Dernburg S. 288 Anm. 13: „Zur Klage auf Einräumung des Notweges ist das Anerbieten eines bestimmten Betrages der Entschädigung nicht erforderlich", hierzu vgl. oben II, 5.

[3]) Ueber den Abstand von den Staatsstraßen, der beim Pflügen eingehalten werden muß, s. oben S. 128 Anm. 1.

[4]) Vgl. Roth, BayLZR. Bd. 2, § 128 Anm. 8; Beseler, PrR. § 93, 7; Schelhaß, Nachbarrecht S. 11; ALR. Tl. I Tit. 8 § 118; Thomas, Fuldaer Privatrecht Bd. 1 § 46 S. 259; SeuffBl. Bd. 15 S. 332, Bd. 46 S. 232; EntschOGH. Bd. 9 S. 35.

stellen. Durch Art 76 AG. wird man dieser Prüfung überhoben, indem dort bestimmt ist: Soweit in den Landesteilen rechts des Rheins am 1. Januar 1900 nach örtlichem Herkommen das Anwenderecht bestanden hat, bleibt es mit dem bisherigen Inhalt bestehen.

Der Begriff des Herkommens ist ein verschiedener, je nachdem man dasselbe im subjektiven oder objektiven Sinne auffaßt. Unter Herkommen im subjektiven Sinne versteht man die fortwährende, gleichmäßige Vollziehung eines Rechtsverhältnisses und die hierdurch ausgedrückte tatsächliche Anerkennung desselben [1]). Im objektiven Sinne — und nur dieser ist in Art. 76 AG. unterlegt — versteht man unter Herkommen die Uebung einer Rechtsnorm, welche innerhalb eines bestimmten örtlichen Kreises alle Rechtsverhältnisse der betreffenden Art beherrscht. Das Herkommen in diesem Sinne entsteht durch die gleichförmige Beobachtung einer allgemeinen Rechtsregel, welcher unter den gleichen Verhältnissen verschiedene Personen bei ihren rechtlichen Handlungen in übereinstimmender Ueberzeugung von der rechtsverbindlichen Kraft dieser Regel Ausdruck geben [2]).

I. Zur Begründung eines solchen Herkommens ist vor allem die Ueberzeugung von der rechtsverbindlichen Kraft der Norm (opinio necessitatis) erforderlich [3]). Die Annahme gemeinsamer Rechtsüberzeugung wird aber dadurch, daß einzelne von der Norm betroffene Personen dieselbe für eine unrechtmäßige gehalten oder erklärt haben, nicht schlechtweg ausgeschlossen [4]). Ob die Ueberzeugung sich infolge eines Irrtums der Beteiligten gebildet hat, ist ohne Bedeutung [5]). Das Herkommen muß sich gebildet haben bei dem Mangel einer gesetzlichen Vorschrift oder gegen eine gesetzliche Vorschrift. Das bloße Handeln nach Maßgabe einer allgemeinen gesetzlichen Vorschrift kann daher ein Herkommen nicht begründen [6]).

Die Ueberzeugung von der rechtlichen Verbindlichkeit der Norm muß aber auch in einer faktischen Uebung Ausdruck gefunden haben [7]). Die faktische Uebung braucht aber nicht gerade immer eine

---

[1]) Vgl. SeuffBl. Bd. 7 S. 142, Bd. 19 S. 285, Bd. 40 S. 280, Bd. 41 S. 106; EntschOGH. Bd. 5 S. 806, Bd. 9 S. 11; SeuffA. Bd. 19 Nr. 1; RG. Bd. 11 S. 212. Ein solches Herkommen im subj. Sinne stellt ein wohlerworbenes Recht dar.

[2]) Vgl. SeuffA. Bd. 10 Nr. 190; Entsch. d. VGH. Bd. 13 S. 131 u. 175; RG. Bd. 33 S. 199; SeuffBl. Bd 7 S. 142, Bd. 19 S. 285, Bd. 40 S. 280, Bd. 41 S. 106; EntschOGH. Bd. 1 S. 425, Bd. 5 S. 806, Bd. 9 S. 11; SeuffBl. Bd. 70 S. 705 (ObLG.).

[3]) Vgl. die unter der vorhergehenden Anm. aufgeführten Nachweise, insbes. Entsch. d. VGH. Bd. 13 S. 131; SeuffBl. Bd. 41 S. 106. Wenn die Rechtsüberzeugung in einer ortspolizeilichen Vorschrift ihre Bekräftigung gefunden hat, so wird hierdurch der privatrechtliche Charakter des Herkommens keineswegs beeinflußt.

[4]) Vgl. SeuffA. Bd. 7 Nr. 279.

[5]) Vgl. SeuffA. Bd. 1 Nr. 309; Entsch. d. VGH. Bd. 13 S. 131; Kuhlenbeck in der JW. 1895 S. 160f. und dagegen RG. Bd. 12 S. 293.

[6]) EntschOGH. Bd. 3 S. 245.

[7]) RG. Bd. 20 S. 304; SeuffA. Bd. 47 Nr. 89.

langjährige zu sein[1]). Ob die festgestellte Uebung zur Entwicklung eines örtlichen Gewohnheitsrechts genüge, war im Geltungsbereiche des gemeinen Rechts in Betracht der obwaltenden Umstände von Fall zu Fall zu entscheiden[2]). Hierbei ist zu berücksichtigen, daß die Uebung eine gleichförmige sein muß; eine Unterbrechung durch einzelne Fälle eines abweichenden Handelns schadet nicht, wenn dieselben zu denen, in welchen die gewöhnliche Norm gleichförmig eingehalten wurde, der Zahl nach in keinem Verhältnisse stehen[3]). Das BayLR. Tl. I Kap. 2 § 15 Nr. 3 setzt regelmäßig für die Entstehung eines Herkommens eine dreißigjährige Uebung voraus.

Wenn sich nun für einen örtlich abgegrenzten Bezirk ein Herkommen dahin gebildet hat, daß jeder Grundbesitzer gewisse Eingriffe des Nachbars auf sein Grundstück dulden muß, dann findet dieser Rechtssatz Anwendung auf alle zu dem örtlichen Bezirke gehörigen Grundstücke[4]). Es ist demnach völlig unzulässig, die Rechtsverbindlichkeit eines bestehenden örtlichen Gewohnheitsrechts (Herkommens) gegenüber einzelnen Angehörigen seines Geltungsbereichs von dem speziellen Nachweis abhängig zu machen, daß die jener Rechtsregel entsprechende Verpflichtung in Anspruch genommen bezw. erfüllt worden ist. Hierin zeigt sich am deutlichsten der begriffliche Unterschied zwischen Herkommen im objektiven Sinne (örtliches Gewohnheitsrecht) und Herkommen im subjektiven Sinne (Verjährung). Bei einer Verpflichtung, die auf einem Herkommen im objektiven Sinne beruht, ist die Verpflichtung als solche in ihrem Rechtsbestande von der Willkür des einzelnen nicht beeinflußt, so wenig als das geschriebene Recht seine Rechtsverbindlichkeit etwa deshalb verliert, weil es im einzelnen Falle nicht zur Anwendung kam[5]). Das auf einem Herkommen beruhende Anwenderecht ist ebensogut eine gesetzliche Eigentumsbeschränkung als die auf § 906 BGB. beruhende Verpflichtung zur Aufnahme mäßiger Immissionen. Für den berechtigten Grundeigentümer bildet das Anwenderecht eine Verstärkung des Eigentums. Wird das Anwenderecht beeinträchtigt, so liegt hierin eine Beeinträchtigung des Eigentums, zu deren Abwehr dem Eigentümer der negatorische Anspruch (§ 1004 BGB.) zusteht.

Wenn für ein im Geltungsbereich des Herkommens belegenes Grundstück das Anwenderecht noch nie ausgeübt wurde, kann es gleichwohl in Anspruch genommen werden. Für eine Wiese, welche in ein Ackergrundstück umgewandelt wird, kann daher von der Zeit dieser Umwandlung an das Anwenderecht ausgeübt werden, sofern nur das betreffende Grundstück in dem

---

[1]) SeuffA. Bd. 47 Nr. 90.

[2]) Entsch. d. BGH. Bd. 13 S. 131.

[3]) Seuffert, Pandekten § 9.

[4]) RG. Bd. 33 S. 199. Der Geltungsbezirk des Herkommens braucht keineswegs mit einem politisch abgegrenzten Bezirk zusammenzufallen. So können z. B. in den Bereich des Herkommens außer einer ganzen Ortsflur auch noch Teile der daran angrenzenden Nachbarflur einbezogen sein.

[5]) Vgl. SeuffA. Bd. 13 Nr. 3; Entsch. d. BGH. Bd. 13 S. 175.

räumlichen Geltungsbereich des Herkommens liegt; ja selbst dann, wenn das Grundstück von jeher Ackerland war und gleichwohl das Anwenderecht für dasselbe bisher nie ausgeübt wurde, kann das Anwenderecht beansprucht werden.

Will die Freiheit von der Eigentumsbeschränkung des Anwenderechts für ein einzelnes Grundstück behauptet werden, so muß für den Erwerb dieser Freiheit ein besonderer Rechtsgrund (Bestellung oder Ersitzung einer Servitut) dargetan werden. Wenn der Eigentümer eines Ackergrundstücks zehn Jahre lang das Anwenderecht nicht ausgeübt hat, so genügt dies nach bisherigem Recht für sich allein nicht zum Erwerb einer solchen Servitut; denn hierin liegt noch kein Besitz der Freiheit. Anders, wenn dem Grundeigentümer die Ausübung des Anwenderechts von dem Nachbar verboten oder durch Errichtung einer Anlage unmöglich gemacht wurde und ersterer während der Verjährungszeit dabei sich ruhig verhalten hat. Dagegen tritt nach positiver Vorschrift des Art. 79 AG. Erlöschung des Anwenderechts ohne weiteres ein, wenn es unter der Geltung des BGB. zehn Jahre lang nicht ausgeübt wird.

Nach Maßgabe dieser Grundsätze ist zu prüfen, ob in einem Bezirke das Anwenderecht nach örtlichem Herkommen am 1. Januar 1900 bestanden hat. War dies der Fall, dann bleibt es mit dem bisherigen Inhalt bestehen (Art. 76 AG.).

II. Der Inhalt des Anwenderechts ist in den verschiedenen Bezirken, in welchen das Herkommen besteht, verschieden bestimmt. Man versteht darunter stets nur die Befugnis bei der Bestellung (Pflügen, Eggen) das Nachbargrundstück zu benützen, nicht aber vor oder nach der Bestellung darüber zu fahren[1]). Einen bestimmten Umfang hat das Anwenderecht nicht; es kommt in verschiedenem Umfang vor und wird nur insoweit geschützt, als es hergebracht ist[2]). Bald kann das Nachbargrundstück nur zum Wenden des Gespannes und des Pfluges benützt, bald auch beim Pflügen und Eggen entlang der Grenze des zu bestellenden Grundstücks betreten werden. Auch die Voraussetzungen, unter welchen das Betreten des Nachbargrundstücks gestattet ist, sind verschieden; so wird das Anwenderecht in manchen Gegenden nur anerkannt, wenn sich der Eigentümer bei der Bestellung seines Grundstücks nicht durch Ziehung von Querfurchen an der Grenze helfen kann[3]). In manchen Gegenden darf das Anwenderecht nur insolange ausgeübt werden, als das Nachbargrundstück nicht bestellt ist, während anderwärts ohne Rücksicht darauf gewendet werden darf, ob das Grundstück des Nachbars bestellt ist oder nicht[4]).

---

[1]) Darüber, daß eine durch Herkommen begründete Berechtigung am fremden Grundstück (z. B. Befahren der Häupter) nicht aufrecht erhalten ist, vgl. unten § 32.

[2]) ObLG. N. F. Bd. 4 S. 675.

[3]) Begr. zum AG. S. 43 (Becher, Mat. Abt. IV und V, Bd. 1 S. 93).

[4]) Vgl. AAPr. S. 181 (Becher, Mat. Abt. IV und V, Bd. 1 S. 463).

Gegenseitigkeit in dem Sinne, daß das Anwenderecht nur auf solchen Grundstücken ausgeübt werden könne, welche gleichfalls als Ackergrundstücke benützt werden, ist keine begriffsgemäße Voraussetzung des Anwenderechts [1]; jedoch kann sich das örtliche Herkommen mit dieser Beschränkung gebildet haben.

Zumeist hängt das Anwenderecht mit der Dreifelderwirtschaft zusammen [2], die auch jetzt noch in einem großen Teile Bayerns üblich ist, aber immer mehr abkommt [3]. Da, wo sich das Anwenderecht im Anschluß an die Grundsätze der Dreifelderwirtschaft gebildet hat, steht auch der Inhalt des Anwenderechts regelmäßig mit den Grundsätzen der Dreifelderwirtschaft im Einklang. Da die Grundstücke einer Flurmarkung in einem genau bestimmten Turnus bestellt wurden, brauchte das Anwenderecht allseits nur zu einer Zeit ausgeübt zu werden, zu welcher die Grundstücke nicht bestellt waren. Man nannte dies offene Zeit [4] im Gegensatz zu der geschlossenen Zeit, in welcher die Grundstücke in der Fruktifikation standen. Während der geschlossenen Zeit bestand, so lange sich alle Beteiligten nach der Flurordnung bei der Bestellung ihrer Grundstücke richteten, kein Bedürfnis zum Anwenden. Deshalb entwickelte sich hierzu auch keine Berechtigung. Dabei hat es sein Bewenden; zwar kann man von keinem Grundeigentümer verlangen, daß er die Flurordnung (Zelchenordnung) einhält; er kann vielmehr, weil er Herr seines Eigentums ist, von der Flurordnung abgehen (verunzelchen). Er darf aber einerseits während der nach den Grundsätzen der Dreifelderwirtschaft geschlossenen Zeit nicht auf die Nachbargrundstücke hinüberwenden und muß sich andererseits, wenn infolge der Verunzelchung sein Grundstück zu einer Zeit bestellt ist, in welcher es bei Einhaltung der Zelchenordnung offen wäre, gefallen lassen, daß auch auf seinem bestellten Grundstücke gewendet wird, m. a. W. die für das Anwenden geschlossene und geöffnete Zeit bleibt auch bei einem Aufgeben der Dreifelderwirtschaft die gleiche wie früher [5]. Hier zeigt sich, wie wesentlich die Streichung der vom Entwurf vorgesehenen Bestimmung war, daß gegenüber einem

---

[1] ObLG. N. F. Bd. 4 S. 675; es können daher auch Wiesen zum Wenden benützt werden, wenn dies nach dem örtlichen Herkommen als zulässig betrachtet wurde.

[2] Vgl. AAPr. S. 183 (Becher, Mat. Abt. IV und V, Bd. 1 S. 467): „Das Herkommen wird überall da bestehen, wo die Dreifelderwirtschaft üblich ist." Keineswegs ist natürlich damit gesagt, daß da, wo die Dreifelderwirtschaft nicht besteht, auch kein herkömmliches Anwenderecht bestehen könne. Vgl. unten Anm. 5.

[3] Die Aeußerungen des Abgeordneten Lutz (AAPr. S. 183; Becher, Mat. Abt. IV und V, Bd. 1 S. 457), daß die Dreifelderwirtschaft noch bei 95 Prozent der bayerischen Landwirte Geltung habe, geht viel zu weit. Das herkömmliche Anwenderecht ist in Franken sehr häufig. Reichsrat Dr. von Schmitt bezeugt, daß es in seiner Heimat in Franken ganz allgemein bestehe (Becher, Mat. Abt. IV und V, Bd. 1 S. 843).

[4] Ueber offene Zeit vgl. SeuffBl. 8. Erg.-Bd. S. 153; Bd. 21 S. 431.

[5] Vgl. auch EntschOGH. Bd. 10 S. 121.

bestellten Grundstücke die Ausübung des Anwenderechts ausgeschlossen sein solle[1]).

Wenn aber in einem Flurbezirke die Dreifelderwirtschaft immer mehr abkommt, so kann es sich begeben, daß die geschlossene und offene Zeit sich durch ein neues Herkommen verschiebt, ja sogar, daß das Anwenderecht durch ein neues Herkommen gänzlich beseitigt wird[2]). Es bedarf im Einzelfall einer subtilen Prüfung, ob die neue Uebung die Kraft hat, das alte Recht aufzuheben. Jedenfalls muß auch für das neue Herkommen eine gleichförmige Uebung, die getragen ist von der Ueberzeugung der rechtlichen Notwendigkeit, erfordert werden.

Hat sich für einen räumlich abgegrenzten Bezirk ein Herkommen gebildet, wonach alle in diesem Bezirk belegenen Grundstücke dem Herkommen unterworfen sind, so liegt es nicht im Belieben des einzelnen Grundstückseigentümers, durch Aenderung der Kulturart sein Grundstück von der aus dem Anwenderecht sich ergebenden Belastung zu befreien; es ist auch nicht angängig, daß er durch Errichtung eines Zaunes oder eines Gebäudes das Wenden unmöglich macht[3]).

III. Nach dem 1. Januar 1900 kann in einem Flurbezirke, in welchem zu diesem Zeitpunkt ein herkömmliches Anwenderecht nicht

---

[1]) Mit Recht wurde vom Abgeordneten Lutz darauf hingewiesen, daß durch diese Bestimmung des Entwurfs das Anwenderecht tatsächlich aufgehoben werden würde; denn jeder würde dann, um das Anwenderecht unmöglich zu machen, seinen Acker so schnell als möglich mit irgend einer Frucht bestellen. AAPr. S. 181 und 182 (Becher, Mat. Abt. IV und V, Bd. 1 S. 463 und 465).

[2]) Keineswegs geht mit Aufhören der Dreifelderwirtschaft das Anwenderecht von selbst unter. Vgl. übrigens ObLG. N. F. Bd. 4 S. 673.

[3]) S. dagegen ObLG. N. F. Bd. 4 S. 675. Dort waren vom OLG. folgende Feststellungen getroffen: In der Flurmarkung, in welcher die Anwende seither in Eussenheim in Gebrauch war, liegen keine Gärten; es kam überhaupt niemals vor, daß sich dort jemand einen Garten mit Umzäunung anlegte; eine Anwende gegenüber Gärten konnte also bisher gar nicht ausgeübt werden, weil solche nicht in dem örtlich abgegrenzten Bezirk liegen, für welchen sich das Herkommen gebildet hat. Daraus soll nach der Ansicht des ObLG. unmittelbar folgen, daß in Eussenheim ein Herkommen, wonach die Anwende gegenüber Gärten ausgeübt wird, nicht besteht. Dem ist nicht beizupflichten. Wenn für alle Grundstücke eines örtlich abgegrenzten Bezirkes das Anwenderecht herkömmlicherweise bestand, dann konnte es bei der Respektierung dieses Herkommens gar nicht zu der Errichtung eines Zaunes kommen. Je sicherer die Ueberzeugung von der rechtlichen Notwendigkeit der Duldungspflicht allseits begründet war, desto weniger konnte ein Versuch, ein einzelnes Grundstück der Duldungspflicht zu entziehen, in Frage kommen. Wäre die Ansicht des ObLG. richtig, so hätte es jeder einzelne Grundbesitzer in der Hand, durch Einzäunung seines Grundstückes das Herkommen seinerseits zu durchbrechen. Wenn sich das Herkommen ausnahmslos auf alle Grundstücke eines örtlich abgegrenzten Bezirkes erstreckte, dann ruht eben auf allen dies gesetzliche Recht und die gesetzliche Last; für die Annahme, daß dies Herkommen sich auf Gartengrundstücke nicht erstrecke, fehlt es an jeder Grundlage, wenn es in dem abgegrenzten Bezirke keine solchen gab und sich somit eine Ausnahme von dem für die betreffenden Grundstücke allgemein geltenden Herkommen gar nicht bilden konnte. Vgl. hierzu die Aeußerung des Abgeordneten Lutz oben Anm. 1.

besteht, ein solches nicht mehr begründet werden. Die Reichsgesetzgebung würde zwar der Bildung eines partikulären Gewohnheitsrechts nicht im Wege stehen; denn es handelt sich bei dem Anwenderecht um eine Beschränkung des Eigentums und dieses Gebiet gehört nach Art. 124 EG. insoweit zu den der Landesgesetzgebung vorbehaltenen Gebieten, als es nicht durch die Reichsgesetzgebung geregelt wurde. Auf diesen der Landesgesetzgebung vorbehaltenen Gebieten ist aber nach Reichsrecht die Bildung eines örtlichen Gewohnheitsrechts (Herkommen) nicht ausgeschlossen [1]). Dagegen steht das Landesrecht der Begründung eines neuen Anwenderechts durch Herkommen entgegen. Zwar ist im Prinzip ein Herkommen auch auf einem Rechtsgebiete, welches durch ein allgemeines Landesgesetz geregelt wird, nicht schlechtweg unzulässig [2]); es ist vielmehr bei jedem allgemeinen Landesgesetz zu untersuchen, ob es die Bildung eines Herkommens auf dem von ihm geregelten Gebiete zulassen oder verbieten wollte. Ein diesbezügliches Verbot kann sich auch aus den Umständen ergeben. Das BayAG. wollte nun offenbar das Nachbarrecht auf dem ihm von der Reichsgesetzgebung übrig gelassenen Gebiete erschöpfend regeln; es sollte ein für ganz Bayern einheitliches Recht geschaffen werden [3]). Uebrigens machen die bayerischen Landesgesetze grundsätzlich ebenso Anspruch, für das ganze Königreich zu gelten, wie die Reichsgesetze gemäß Art. 3 der Reichsverfassung einheitliche Geltung für das Reichsgebiet beanspruchen. Nur soweit in dem betreffenden Landesgesetze ausdrücklich zugelassen ist, daß besondere partikuläre Rechtsnormen durch Gewohnheitsrecht (Herkommen) entstehen, kann durch örtliche Rechtsübung das einheitliche Landesrecht durchbrochen werden [4]). Die Fassung des Art. 76 AG. ergibt nun, daß ein Vorbehalt nur für das am 1. Januar 1900 bestehende Anwenderecht gemacht werden wollte. Die Worte: „Mit dem bisherigen Inhalte" weisen unzweideutig darauf hin. Auch die Motive gehen von derselben Auffassung aus, wenn sie sagen [5]), es sei geboten, die Anwenderechte da, wo sie bestehen, in dem durch das örtliche Herkommen bestimmten Umfang aufrecht zu erhalten und die allmähliche Beseitigung dem Fortschreiten der Flurbereinigung zu überlassen.

Ist diese Auslegung aber richtig, so bleibt es im übrigen bei der gesetzlichen Regel; nach dem 1. Januar 1900 kann deshalb ein Anwenderecht durch Herkommen nicht mehr begründet werden.

Der Inhalt des aufrecht erhaltenen Anwenderechts bleibt so, wie er sich nach dem örtlichen Herkommen herausgebildet hat. Hierbei ist aber zu berücksichtigen, daß durch eine nach dem 1. Januar 1900

---

[1]) Vgl. Niedner Bem. 5 zu Art. 2 EG.
[2]) Vgl. EntschOGH. Bd. 11 S. 18; RG. Bd. 5 S. 134.
[3]) Vgl. Begr. z. AG. S. 38 (Becher, Mat. Abt. IV und V, Bd. 1 S. 82).
[4]) Vgl. AAPr. S. 35 (Becher, Mat. Abt. IV und V, Bd. 1 S. 195); Becher, Bayer. Landeszivilrecht S. 5.
[5]) Begr. z. AG. S. 44 (Becher, Mat. Abt. IV und V, Bd. 1 S. 93).

betätigte gleichförmige Rechtsübung eine Aenderung in dem Inhalte des Anwenderechts herbeigeführt werden kann. Denn nach bisherigem Recht konnte ein Herkommen durch ein anderweitiges Herkommen abgeändert werden. Auch diese Abänderungsmöglichkeit gehört zu dem bisherigen Inhalt der Befugnis, welcher durch Art. 76 AG. aufrecht erhalten wurde. Dies muß auch für die Aufhebung des Herkommens durch ein entgegengesetztes Herkommen gelten.

## IV. Erlöschen des Anwenderechts.

a) Verzicht. Die aus dem örtlichen Herkommen abgeleitete Befugnis zur Benützung des Nachbargrundstückes erlischt gemäß Art 77 AG. durch Verzicht des Berechtigten, welcher gegenüber dem Eigentümer des Nachbargrundstücks in öffentlich beglaubigter Form[1]) abzugeben ist.

Ist das Grundstück des Berechtigten mit dem dinglichen[2]) Rechte eines Dritten belastet, so ist die Zustimmung des Dritten zum Verzicht erforderlich, es sei denn, daß dessen Recht durch den Verzicht nicht berührt wird. Die Zustimmung des Dritten ist entweder dem Grundbuchamte oder dem Eigentümer des Nachbargrundstückes gegenüber zu erklären und ist unwiderruflich (Art. 77 Abs. 2 AG. mit § 876 BGB.).

b) Zeitablauf. Das Anwenderecht erlischt mit dem Ablaufe von zehn Jahren nach der letzten Ausübung. Auf die Berechnung der Frist finden die Vorschriften über die Hemmung und Unterbrechung der Verjährung (§§ 202—207, 209—212, 216, 217, 219, 220 BGB.) entsprechende Anwendung (Art. 79 AG.). Dadurch, daß der Verpflichtete dem Berechtigten gegenüber den Anspruch anerkennt, wird die Verjährung nicht unterbrochen; dies ist durch die Uebergehung des § 208 BGB. in Art. 78 AG. zum Ausdruck gebracht. Der Grund, aus welchem der Berechtigte von seiner Befugnis keinen Gebrauch gemacht hat, ist ohne Bedeutung.

c) Einseitige Handlungen des Eigentümers des belasteten Grundstückes können dagegen ein Erlöschen der Anwendeberechtigung nicht herbeiführen. Das Herkommen erstreckt sich auf einen bestimmten, räumlich begrenzten Flurbezirk. Alle innerhalb dieses Flurbezirkes gelegenen Grundstücke sind zugunsten der angrenzenden Ackergrundstücke der gesetzlichen Eigentumsbeschränkung des Anwenderechts unterworfen. Die Eigentümer sind durch diese Eigentumsbeschränkung insoferne in der Verfügung über ihre Grundstücke beschränkt, als sie auf denselben keine Einrichtungen treffen dürfen, welche die Ausübung des Anwenderechts beeinträchtigen[3]).

---

[1]) Vgl. § 129 BGB.; Art. 1, 35 NotG.
[2]) Henle-Schneider Bem. 6 zu Art. 77 AG.
[3]) Vergl. oben II a. E.

Will ein Grundstückseigentümer sein Grundstück einzäunen oder auf demselben ein Haus errichten, so muß er soweit von der Grenze zurückbleiben, daß dem Angrenzer das Anwenden in der herkömmlichen Weise weder unmöglich gemacht noch erschwert wird.

V. Das Anwenderecht ist nicht mit dem Fahrtrecht zu verwechseln. Das Fahrtrecht ist zumeist eine Dienstbarkeit, doch kann die Befugnis, über ein fremdes Grundstück zu fahren, auch in einem Herkommen begründet sein. Ein solches Herkommen hat mit dem Inkrafttreten des BGB. seine Geltung verloren (vgl. unten § 32).

# III. Abschnitt.

## Ansprüche wegen Beeinträchtigung des Eigentums und Besitzes.

### § 27. Die Eigentumfreiheitsklage.

I. Voraussetzungen des Anspruchs.

Im Wesen des Eigentums liegt es, daß der Eigentümer einer Sache, soweit nicht das Gesetz oder Rechte Dritter entgegenstehen, andere von jeder Einwirkung ausschließen kann (§ 903 BGB.). Die rechtswidrige Einwirkung eines Dritten enthält daher eine Störung des Eigentumsrechts, zu deren Abwehr dem Eigentümer die Eigentumsklagen gegeben sind.

Bei totaler Verletzung des Eigentums, nämlich bei Entziehung oder Vorenthaltung des Besitzes, geht der Anspruch auf Herausgabe der Sache (§ 985 BGB., Eigentumsklage im engeren Sinn, rei vindicatio).

Wird das Eigentum nur partiell, d. i. eben in anderer Weise als durch Entziehung oder Vorenthaltung des Besitzes, beeinträchtigt, so steht dem Eigentümer die Eigentumfreiheitsklage zu (§ 1004 BGB., actio negatoria). Ob eine solche Beeinträchtigung des Eigentums vorliegt, ist nach den über den Inhalt des Eigentums gegebenen Vorschriften des Reichs- und Landeszivilrechts zu entscheiden.

Die nachbarrechtlichen Eigentumsbeschränkungen haben für den Inhalt des Eigentums eine doppelte Funktion: auf der einen Seite nehmen sie dem Inhalt des Eigentums eine Befugnis, auf der Seite des Nachbars fügen sie zu dem Inhalt des Eigentums eine Befugnis hinzu. So wird die dem einen auferlegte Eigentumsbeschränkung für den anderen zur Eigentumsverstärknng. Der Grundeigentümer, welcher mäßige Schallwellen auf das Nachbargrundstück eindringen läßt oder die Einräumung eines Notweges verlangt, macht kein dingliches Recht an dem Nachbargrundstücke, sondern das Eigentum an seinem Grundstücke geltend. Gerade im Nachbarrechte findet daher die Eigentumfreiheitsklage ihre häufigste Anwendung.

Eine Beeinträchtigung des Eigentums liegt in der Verhinderung des Eigentümers, mit der Sache innerhalb des durch das Gesetz gesteckten Rahmens nach Belieben zu verfahren und andere von jeder Einwirkung auszuschließen. Jede Beeinträchtigung des Eigentums mit Ausnahme der Vorenthaltung des Besitzes kann Veranlassung zu der Eigentumfreiheitsklage des § 1004 BGB. sein. Doch muß das Eigentum als solches beeinträchtigt sein, nicht bloß der derzeitige Eigentümer. Daher kann zur Geltendmachung eines bloßen obligatorischen Rechts der negatorische Anspruch nicht erhoben werden [1]).

a) Die Beeinträchtigung kann durch eine positive Tätigkeit oder eine rechtswidrige Unterlassung herbeigeführt worden sein; durch eine Unterlassung dann, wenn sie im Widerspruche steht zu einem der Ansprüche, zu denen jemand in Ansehung seiner Sache auf Grund seines Eigentums berechtigt werden kann [2]). Will jemand für die Beeinträchtigung verantwortlich gemacht werden, so ist jedenfalls erforderlich, daß diesem der Vorgang zuzurechnen, auf seine Handlung oder pflichtwidrige Unterlassung zurückzuführen ist. Es kann deshalb nicht ohne weiteres in jeder durch Naturgewalt herbeigeführten schädlichen Einwirkung von einem Grundstück auf ein anderes ein von dem Eigentümer des ersten Grundstückes oder sonst jemand zu vertretender Eingriff in fremdes Eigentum gefunden werden [3]), wohl aber dann, wenn menschliche Tätigkeit erst die schädliche Wirkung der Naturereignisse ermöglicht oder gefördert hat, wie z. B. die Anschüttung großer Sandmassen deren Abspülung durch Regengüsse bewirkt [4]).

Auch bloße Drohungen können eine Beeinträchtigung darstellen, sofern durch sie der Eigentümer in seinem Eigentum gestört wird, indem sie ihn z. B. zur Anstellung eines Wächters nötigen [5]) oder indem der Eigentümer aus Furcht vor der Verwirklichung der Drohung sich scheut, die Bäume anzupflanzen, deren Beseitigung für den Fall der Anpflanzung der Nachbar angedroht hat.

Eine Gefährdung durch die Gefährlichkeit eines benachbarten Betriebes (Gefahr der Explosion bei einer Pulverfabrik) stellt keine Beeinträchtigung dar [6]).

b) Dagegen genügt ein einfaches Bestreiten einer dem Eigen-

---

[1]) Biermann Bem. 1 zu § 1004.

[2]) Vgl. oben S. 98. Kuhlenbeck, Von den Pandekten zum BGB. Bd. 2 S. 564. Ein Beispiel bildet die durch Unterlassung der notwendigen Unterhaltung herbeigeführte Baufälligkeit des Nachbarhauses; s. oben § 16.

[3]) RG. in SeuffA. Bd. 60 Nr. 55 u. BayZfR. Bd. 1 S. 28. Vgl. hierzu z. B. über Absturz eines Felsblockes, Ausströmung von Miasmen aus einem Sumpf oben S. 70f.; vgl. ferner oben S. 98.

[4]) RG. in SeuffA. Bd. 60 Nr. 55 u. BayZfR. Bd. 1 S. 28.

[5]) Vgl. Cosack Bd. 2 S 176.

[6]) Vgl. oben § 14, I, S. 92.

tümer als solchem zustehenden Befugnis für sich allein nicht zur Begründung des negatorischen Anspruchs[1]). Wohl aber kann in solchen Fällen eine Feststellungsklage gegeben sein, wenn deren prozessuale Voraussetzungen vorliegen. Gemäß § 256 ZPO. kann auf Feststellung des Bestehens einer im Eigentum gelegenen Befugnis bezw. auf Feststellung des Nichtbestehens einer das Eigentum beschwerenden Befugnis eines Dritten Klage erhoben werden, ehe ein Zustand der Beeinträchtigung eingetreten ist, sofern der Eigentümer nur ein rechtliches Interesse[2]) an der alsbaldigen Feststellung dartun kann[3]).

c) Der negatorische Anspruch setzt kein Verschulden desjenigen voraus, welcher für die Beeinträchtigung verantwortlich ist[4]). Daß

---

[1]) R. d. OLG. Bd. 12 S. 128 (Jena). Wenn das wörtliche Bestreiten mit einem förmlichen Verbot fernerer Ausübung oder mit der Androhung tätlicher Verhinderung der Ausübung verbunden ist, liegt eine Beeinträchtigung vor; vgl. JW. 1908 S. 274 Nr. 9 (RG.); SeuffA. Bd. 57 Nr. 122; R. d. OLG. Bd. 4 S. 290.

[2]) M. Bd. 3 S. 423 (Mugdan Bd. 3 S. 236); JW. 1902 S. 68; Maenner S. 244; Cosack Bd. 2 S. 80. Die Entscheidung, ob ein solches rechtliches Interesse vorliegt, ist dem richterlichen Ermessen überlassen (M. Bd. 3 S. 423; Mugdan Bd. 3 S. 236).

[3]) Das Interesse für eine Feststellungsklage des Eigentümers kann beispielsweise gegen die beabsichtigte Veranstaltung eines Automobilrennens auf der an seinem Hause vorbeiführenden Straße begründet sein. Das Interesse an alsbaldiger Feststellung ist gerade dadurch begründet, daß der Eigentümer, wenn er erst die Ausführung des Rennens abwarten wollte, mit seiner Klage zu spät kommen würde. Die Klage ist gegen den veranstaltenden Automobilklub zu richten und geht auf Feststellung, daß der Kläger nicht verpflichtet ist, die mit der Abhaltung eines Automobilrennens auf der an seinem Anwesen vorüberführenden Straße verbundenen Einwirkungen durch Lärm, Rauch und Geruch zu dulden, insoweit hierdurch die Benützung des klägerischen Anwesens wesentlich beeinträchtigt wird. Materiell ist eine solche Feststellungsklage dann begründet, wenn als sicher anzunehmen ist, daß die dem vorliegenden Projekt entsprechende Ausführung des Rennens Einwirkungen auf das Anwesen des Klägers im Gefolge haben würde, welche nach § 906 BGB. unzulässig wären. In dieser Richtung muß in Betracht gezogen werden, daß dem Hauseigentümer gegen die Behinderung des Verkehrs auf der Straße und des Zugangs von dieser zu seinem Grundstück kein privatrechtliches Verbietungsrecht zusteht; die öffentlichrechtliche Seite untersteht lediglich der Würdigung der Straßenpolizei. Es kann also nur wegen der Einwirkungen auf sein eigenes Grundstück ein Verbietungsrecht des Straßenangrenzers in Frage kommen. Das Automobilfahren auf Straßen ist wohl eine übliche Art der Straßenbenützung, aber es kommt nicht nur auf die Art, sondern auch auf das Maß der Benützung an (vgl. oben S. 104); das Automobilrennen ist keine für Straßen übliche Benützung. Die damit verbundene Einwirkung auf die an die Straße angrenzenden Grundstücke ist daher unzulässig, wenn sie die Benützung dieser Grundstücke wesentlich beeinträchtigt (vgl. oben S. 99). Mit einem Automobilrennen können derartige unzulässige Einwirkungen verbunden sein, notwendig ist es nicht. Wenn die in Betracht kommende Straßenfläche von dem Rennen nur verhältnismäßig kurze Zeit in Anspruch genommen wird, wird regelmäßig keine wesentliche Beeinträchtigung angenommen werden können; eine Ausnahme wäre z. B. bei einer Heilanstalt für Nervenkranke anzunehmen.

[4]) M. Bd. 3 S. 426 (Mugdan Bd. 3 S. 238); Recht 1906 S. 1197 Nr. 2851 (Frankfurt). Vgl. RG. Bd. 60 S. 6; Gruchot Bd. 46 S. 650 (RG.).

sich dieser ein Recht zu seinem Verhalten zuschreibt, ist ebensowenig Voraussetzung des Anspruchs [1]), noch weniger ist erforderlich, daß der Beklagte behauptet, aus eigenem Rechte zu dem Eingriff berechtigt zu sein [2]). Der Anspruch kann selbst dann gegeben sein, wenn der Störer ausdrücklich erklärt, daß er kein Recht zu der Störung habe [3]). Wenn auch die Störung keineswegs auf Vorsätzlichkeit oder Fahrlässigkeit zu beruhen braucht [4]), so erzeugt doch nicht jeder rein zufällige Eingriff (z. B. eine Explosion) die Klage [5]). Andererseits ist der negatorische Anspruch jedesmal dann gegeben, wenn die Handlungen, durch welche die Störung verursacht ist, mit dem Bewußtsein vorgenommen werden, daß nach den Regeln der Erfahrung hierbei zufällige Einwirkungen in die fremde Rechtssphäre vorkommen.

II. Das Ziel der Eigentumfreiheitsklage ist die Abwehr der Beeinträchtigung. Es ist klar, daß sie da nicht angestellt werden kann, wo sie nicht mehr notwendig ist, weil keine Beeinträchtigung mehr vorliegt. Deshalb kann man sagen, daß die Eigentumfreiheitsklage einen Zustand der Beeinträchtigung voraussetzt [6]). Dieser Zustand kann in einem körperlichen Verhältnis [7]) bestehen, in welchem die Sache des Anderen zu dem Grundstücke des Eigentümers sich befindet, oder aber in einem Zustand der Gefährdung durch Wiederholung der Eingriffe [8]).

Aus dieser Verschiedenheit der Veranlassung ergibt sich eine doppelte Gestaltung des Anspruchs:

1. Der Anspruch auf Beseitigung der Beeinträchtigung geht auf Wiederaufhebung einer fortbestehenden Beeinträchtigung des Eigentums. Der Fortbestand und die Wiederaufhebbarkeit der Beeinträchtigung setzen ein körperliches Verhältnis voraus [9]).

---

Deshalb ist die Klage auf Beseitigung wie auf Unterlassung auch gegen einen Unzurechnungsfähigen zulässig. Eltzbacher, Unterlassungsklage S. 175. Vgl. Planck Bem. 1c zu § 227, Crome Bd. 1 S. 536, Endemann Bd. 1 S. 434.

[1]) Maenner S. 241; Dernburg S. 439; R. d. OLG. Bd. 4 S. 313.

[2]) Deshalb kann auch derjenige, welcher behauptet, nur deshalb über ein fremdes Grundstück zu gehen, weil über dasselbe ein öffentlicher Weg führe, mit der Eigentumfreiheitsklage belangt werden. SeuffA. Bd. 33 Nr. 203; s. Nachschr. des Herausgebers in SeuffBl. Bd. 43 S. 123 gegen die dort mitgeteilte oberstrichterliche Entscheidung. Unrichtig auch EntschOGH. Bd. 7 S. 233. Vgl. unten IV, 2.

[3]) Gruchot Bd. 44 S. 1095.

[4]) R. d. OLG. Bd. 4 S. 313. Dort wurde die Beklagte verurteilt, welche anläßlich der Eisengewinnung eine Abraumhalde angelegt und mit taubem Gestein verstürzt hatte. Die Gesteinsmassen übten auf das Nachbargrundstück einen Druck aus und gerieten zugleich ins Rutschen, so daß dasselbe mit Gestein überschüttet wurde; vgl. SeuffBl. 8. Erg.-Bd. S. 153 (Hinaustreten des Viehs über einen zum Trieb zustehenden Raum).

[5]) Vgl. EntschOGH. Bd. 8 S. 66; RG. Bd. 10 S. 142 (Explosion). Vgl. unten § 29 I, 2 b.

[6]) M. Bd. 3 S. 423 (Mugdan Bd. 3 S. 236).

[7]) M. Bd. 3 S. 424 (Mugdan Bd. 3 S. 237).

[8]) M. Bd. 3 S. 426 (Mugdan Bd. 3 S. 238).

[9]) M. Bd. 3 S. 424 (Mugdan Bd. 3 S. 237).

Eine vorübergehende Einwirkung kann daher diesen Anspruch nicht erzeugen (z. B. das Abfeuern einer Kanone auf dem Nachbargrundstück, einmaliges Betreten fremden Bodens durch einen Spaziergänger)[1]. Voraussetzung des Anspruchs auf Beseitigung der Beeinträchtigung ist demnach das gegenwärtige objektive Bestehen eines durch den Willen einer anderen Person aufrecht erhaltenen körperlichen Zustandes[2].

Hauptsächlich kommt das Halten von Anlagen in Betracht, welche selbst einen unberechtigten Eingriff in das Eigentum des Nachbars darstellen (z. B. Ueberbau, Fenster in unerlaubter Nähe an der Grenze) oder durch ihre Benützung eine unzulässige Einwirkung auf das Eigentum des Nachbars ausüben (z. B. Immissionen). Nach § 907 BGB. kann der Eigentümer dem Nachbar das Halten solcher Anlagen verbieten (vgl. oben § 15 S. 111ff.). Die Anlage selbst stellt die Beeinträchtigung dar und es kann daher die Beseitigung der Anlage verlangt werden[3]. § 907 BGB. ist unzweifelhaft auch auf gewerbliche Anlagen anzuwenden[4], soferne nur bei der dermaligen Beschaffenheit der Anlage mit Sicherheit vorauszusehen ist, daß der Betrieb eine (insbesondere in Gemäßheit des § 906 BGB.) unzulässige Einwirkung auf das Nachbargrundstück zur Folge hat. Aber auch solche Anlagen gehören hierher, welche einer diesseitigen erlaubten Hinüberwirkung über die Grenzen, z. B. dem natürlichen Wasserablauf, hindernd entgegenstehen[5]. Der Anspruch geht auf ein Tun, nicht etwa auf ein bloßes Unterlassen. Es ist nicht ganz genau zu sagen, daß der Beklagte verpflichtet sei, die Naturalrestitution zu bewirken[6]; jedenfalls darf man dies nicht dahin verstehen, daß der Verpflichtete den Zustand herzustellen habe, der bestehen würde, wenn die Beeinträchtigung überhaupt nicht eingetreten, also gar nie vorhanden gewesen wäre. Denn damit würde man einen Anspruch auf Schadensersatz einräumen (§ 249 BGB.), der nicht ohne weiteres wegen einer Eigentumsbeeinträchtigung gegeben ist[7]. Der Anspruch

---

[1]) Ein Automobilrennen auf öffentlicher Straße zieht eine Mehrheit von Einwirkungen nach sich (Lärm-, Staub- und Geruchzuführung durch jedes vorbeifahrende Automobil) vgl. oben S. 234 Anm. 3.

[2]) R. Bd. 3 S. 423 (Mugdan Bd. 3 S. 236). Vgl. Bolze Bd. 12 Nr. 68. Der Anspruch des Grundeigentümers auf Beseitigung der schädlichen Anlage besteht auch dann, wenn er selbst auf seinem Grundstück Aenderungen vorgenommen hat, welche die erste Ursache für die Schädlichkeit der Einwirkung gewesen sind. Recht 1903 S. 605 Nr. 3088 (Dresden); vgl. oben S. 100.

[3]) Vgl. JW. 1900 Beil. S. 26. Hier ist eine Klage gegen die Stadtgemeinde auf gänzliche Entfernung einer öffentlichen Bedürfnisanstalt zugelassen worden; vgl. ferner EntschOGH. Bd. 16 S. 330 u. SeuffA. Bd. 53 Nr. 8 (Beseitigung eines Knochenlagers).

[4]) Vgl. Turnau-Förster Bem. 1 zu § 907; s. im übrigen unten § 28.

[5]) R. Bd. 3 S. 423 (Mugdan Bd. 3 S. 237).

[6]) R. Bd. 3 S. 425 (Mugdan Bd. 3 S. 237).

[7]) Der Schadensersatzanspruch setzt Verschulden voraus, vgl. unten § 29. Nur dann, wenn dem Grundeigentümer im einzelnen Fall sein Abwehrrecht durch Spezial-

auf Beseitigung der Beeinträchtigung geht vielmehr nur dahin, daß der Zustand hergestellt wird, der bestehen würde, wenn die Beeinträchtigung nicht mehr vorhanden wäre[1]).

Hieraus ergibt sich aber keineswegs, daß, wenn die Beseitigung der Beeinträchtigung unmöglich und im Wege des unmittelbar auf ihre Herbeiführung gerichteten Zwanges nicht durchzusetzen ist, die Verpflichtung zur Leistung des Interesses nur aus einem besonderen Verpflichtungsgrunde hergeleitet werden kann[2]). Der Anspruch auf das Interesse an dem künftigen Wegfall der Beeinträchtigung tritt vielmehr als Ersatz an die Stelle des Anspruchs auf Beseitigung[3]).

Die Beeinträchtigung ist, soweit dies möglich ist, vollständig zu beseitigen. Zu diesem Behufe braucht nicht derselbe Zustand herbeigeführt zu werden, der früher bestanden hat; es genügt, wenn nur überhaupt ein Zustand hergestellt wird, bei welchem die Beeinträchtigung nicht mehr wirksam ist[4]).

Wenn der Beklagte die Mauer des Klägers weggerissen und dann ein neues Mauerwerk aufgeführt hat, so umfaßt die Beseitigung nicht nur die Wegnahme der störenden Anlage, sondern auch die Wiederherstellung des früheren oder eines gleichwertigen Zustandes, also nicht nur die Fortschaffung des vom Beklagten aufgeführten Mauerwerkes, sondern auch die Wiederaufführung der früher bestandenen Mauer[5]).

---

gesetz entzogen ist, wird ihm nach der Rechtsprechung des RG. eine vom Nachweis des Verschuldens befreite Schadensersatzklage gewährt. S. hierüber unten § 29 II.

[1]) Ist ein Gasrohr gebrochen, so wird der negatorische Anspruch auf Beseitigung der Beeinträchtigung durch Auswechselung des schadhaften Rohres bewerkstelligt. Er umfaßt also nicht den Ersatz des Schadens, der durch Ausströmen des Gases verursacht worden ist. RG. Bd. 63 S. 375. Ist durch Platzen eines Wasserleitungsrohres Wasser in einen Keller eingedrungen, so umfaßt der negatorische Anspruch nicht nur die Auswechselung des Rohres, sondern auch die Entfernung des im Keller infolge des Rohrbruchs vorhandenen Wassers, nicht aber auch den Ersatz für die Waren, welche durch das eingedrungene Wasser beschädigt wurden. Werner, Recht 1904 S. 330. Wenn sich aber der Pflichtige mit der Beseitigung der Beeinträchtigung im Verzug befindet, ist er nach § 286 zum Ersatz des durch den Verzug entstehenden Schadens verpflichtet.

[2]) A. M. M. Bd. 3 S. 425 (Mugdan Bd. 3 S. 237).

[3]) Wenn der Inhalt eines Petroleumfasses (ohne Verschulden eines Dritten) in ein fremdes Grundstück eingedrungen ist mit der Folge, daß der hierauf befindliche Brunnen für lange Zeit unbrauchbar ist, so ist die Beseitigung der vorhandenen Beeinträchtigung (Durchsetzung des Erdreichs mit Petroleum) unmöglich. Der an sich dem Eigentümer zustehende Anspruch auf Beseitigung dieser Beeinträchtigung kann nicht geltend gemacht werden. Eine trotzdem hierauf erhobene Klage wäre abzuweisen, da niemand zur Bewirkung einer Unmöglichkeit verurteilt werden kann. Der dem Beklagten obliegende Beweis der Unmöglichkeit wäre in diesem Falle ohne weiteres erbracht. Der Kläger kann hier nur den Geldbetrag, der sein Interesse an dem künftigen Wegfall der Beeinträchtigung darstellt, verlangen; er muß sich damit abfinden, daß der Zustand so bleibt wie er ist und ihm lediglich Ersatz dafür geleistet wird, daß der Zustand der Beeinträchtigung nicht beseitigt wird. Damit ist ihm keineswegs ein Schadensersatzanspruch zugesprochen (s. die Ausführungen S. 236).

[4]) M. Bd. 3 S. 425 (Mugdan Bd. 3 S. 237). Staudinger Bem. 5a zu § 1004.

[5]) R. d. OLG. Bd. 4 S. 65. Damit ist noch kein Schadensersatzanspruch zugesprochen; wo derselbe rechtlich begründet ist, hat der Beklagte außer der Wieder-

Die Verurteilung zur Beseitigung der Beeinträchtigung kann der Beklagte durch eine Geldentschädigung selbst dann nicht abwenden, wenn die Wiederherstellung des früheren Zustandes unverhältnismäßig hohe Kosten verursacht; denn es handelt sich bei der actio negatoria nicht um eine Schadensersatzleistung und nur für diese gilt § 251[1]).

Das zur Beseitigung der Beeinträchtigung Erforderliche hat der Verpflichtete auf seine Kosten vorzunehmen, gleichviel ob der Beeinträchtigungszustand auf ein Verschulden zurückzuführen ist oder nicht[2]). Ist die Passivlegitimation für die actio negatoria gegeben, so steht damit auch die Verpflichtung des Beklagten fest, die Kosten der Beseitigung der Beeinträchtigung zu tragen. Deshalb muß angenommen werden, daß der Vermieter, insoweit er die von seinem Mieter verursachte Beeinträchtigung zu vertreten hat[3]), auch verurteilt werden muß, die Beeinträchtigung auf seine Kosten zu beseitigen[4]). Erfüllt der verurteilte Beklagte diese Verpflichtung nicht, so darf der Eigentümer die Wiederherstellung auf Kosten des Beklagten nach richterlicher Ermächtigung selbst vornehmen (§ 887 ZPO.).

2. **Der Anspruch auf Unterlassung weiterer Beeinträchtigung** setzt eine zuständliche körperliche Beeinträchtigung nicht voraus, dabei findet jedoch eine Harmonie mit der unter 1 erörterten Gestaltung des Anspruchs insoferne statt, als auch hier der Anspruch die Aufhebung eines Zustandes, nur nicht eines körperlichen Zustandes bezielt und daher einen solchen Zustand auch zur Voraussetzung hat. Wenn das Zuwiderhandeln gegen die aus dem Inhalte des Eigentums für die anderen Personen sich ergebenden Pflichten die zuständliche, bis in die Gegenwart fortdauernde[5]) Folge hervorgebracht hat, daß weitere Beeinträchtigungen nach den Umständen zu besorgen sind, so ist dem Eigentümer der Anspruch auf Unterlassung weiterer Beeinträchtigung gegeben[6]) (§ 1004 BGB.). Die Befürchtung weiterer Gefährdungen braucht sich durchaus nicht auf ein schuldvolles Verhalten des Gegners zu gründen; vielleicht

---

herstellung des früheren Zustandes auch denjenigen Schaden zu ersetzen, der dem Kläger dadurch erwachsen ist, daß der Zustand von der Störung bis zur Beseitigung derselben geändert war.

[1]) M. Bd. 3 S. 423 (Mugdan Bd. 3 S. 237). R. d. OLG. Bd. 4 S. 313. SeuffA. Bd. 58 Nr. 55 (RG.). RG. Bd. 51 S. 408.

[2]) M. Bd. 3 S. 424 (Mugdan Bd. 3 S. 237).

[3]) S. unten § 27 IV 2.

[4]) Vgl. dagegen JW. 1900 S. 324 Nr. 34 und andererseits JW. 1901 S. 51.

[5]) Wenn der Geflügelzüchter, dessen Hühner regelmäßig in den Grasgarten des Nachbars gelaufen sind, vor der Erhebung der Klage mit seinem Geflügelhof in eine entfernte Gegend verzogen ist, ist der Zustand der Beeinträchtigung entfallen; vgl. S. 239 Anm. 2.

[6]) M. Bd. 3 S. 427 (Mugdan Bd. 3 S. 238). Vgl. SeuffBl. Bd. 66 S. 220 (LG. Würzburg).

ist dieser in ganz entschuldbarer Weise im Irrtum über sein Recht, und ist gerade wegen seines guten Glaubens die Fortsetzung der früheren rechtsverletzenden Handlungsweise zu erwarten[1]). Im übrigen ist die Frage, ob eine weitere Beeinträchtigung zu besorgen ist, nach den Umständen und der Lebenserfahrung zu beurteilen. Keineswegs braucht eine Gewißheit vorzuliegen, daß eine weitere Beeinträchtigung erfolgen wird; es genügt schon, wenn man nach Lage der Verhältnisse mit der Möglichkeit einer Wiederholung rechnen muß[2]). Daß der Beklagte ein Recht behauptet, ist nicht Voraussetzung. Wenn freilich der Beklagte ein Recht behauptet, so ist allemal die Besorgnis der Wiederholung gegeben; hat jedoch das Verhalten des Beklagten zu der Annahme, daß er ein Recht beanspruche, keine Veranlassung gegeben, so wird eine öftere Wiederholung erforderlich sein. Von wesentlicher Bedeutung ist die Vizinität. Bei dem Schäfer, dessen Herde beim Treiben zum Markt übergrast hat, wird die Gefahr der Wiederholung weniger in Betracht kommen als bei dem Schäfer, der regelmäßig an einem Grundstücke vorübertreibt. Läuft ein Spaziergänger einmal über eine fremde Wiese, so ist das etwas ganz anderes, als wenn der Briefträger bei seinem Botengang den Weg über die Wiese zur Abkürzung nimmt.

Der Unterlassungsklage braucht durchaus kein Verbot weiterer Beeinträchtigung vorauszugehen[3]), andererseits wird ein nur einmaliges, neuerliches Zuwiderhandeln gegen das Verbot regelmäßig die Besorgnis der Wiederholung begründen.

---

[1]) M. Bd. 3 S. 427 (Mugdan Bd. 3 S. 238).

[2]) Eine solche Besorgnis erfordert aber mehr als die abstrakte Möglichkeit, daß ein schadenbringendes Ereignis sich wiederholen könne. RG. Bd. 63 S. 379. Vgl. Gruchot Bd. 44 S. 868: Die Klage auf Unterlassung des Eingriffs wird dann zu versagen sein, wenn bei Erhebung der Klage der Eingriff bereits unterlassen ist und der Eigentümer nach den Umständen des Falls auch mit Sicherheit annehmen kann, daß eine Wiederholung nicht eintreten wird (vgl. Bolze Bd. 12 Nr. 68), und es mag dies unter Umständen vielleicht auch dann gelten, wenn der Fall so beschaffen ist, daß bei Erhebung der Klage die Eigentumsstörung zwar noch fortdauert, der Eigentümer aber mit Sicherheit erkennen kann, es handle sich um einen einmaligen, kurzen, vorübergehenden Eingriff, der sich gar nicht gegen sein Eigentum als solches richtet und auf dessen Unterlassung der Störer selbst bedacht ist. Vgl. auch JW. 1894 S. 30 Nr. 93, woselbst als Beispiel erwähnt ist, daß das Einwerfen eines Fensters durch einen Vorübergehenden die negatorische Klage nicht begründet. Ist der früher zugeführte Lärm infolge gerichtlicher einstweiliger Verfügung seit Monaten unterblieben, so ist möglicherweise kein Anlaß mehr zur Unterlassungsklage gegeben und kann eine solche nur dann Erfolg haben, wenn es sich etwa um eine Anlage im Sinne des § 907 handelt oder sonstwie eine Besorgnis der Wiederholung des Lärms festgestellt werden kann (Recht 1902 S. 149. RG.).

[3]) Wird ohne vorheriges Verbot geklagt, so können dem Kläger, wenn auf Unterlassung erkannt wird, nicht etwa deshalb die Kosten auferlegt werden, weil Beklagter den Anspruch sofort anerkennt. Denn in der Zusprechung des Anspruchs auf Unterlassung liegt zugleich auch die Anerkennung, daß der Beklagte zu der Klage Veranlassung gegeben hat.

Auch auf Grund einer einzigen Verletzung kann die Gefahr künftiger Verletzung als bestehend angenommen werden[1]).

a) Der Kläger braucht nicht die Vorkehrung bestimmter Maßregeln, durch welche die unzulässige Beeinträchtigung hintangehalten werden soll, zu verlangen; ja er darf dies nicht einmal tun, ebensowenig als das Urteil hierüber Bestimmung treffen darf. Es muß vielmehr dem Beklagten überlassen bleiben, wie er es anstellen will, um für die Zukunft eine unzulässige Beeinträchtigung zu verhüten[2]). Man muß sogar so weit gehen zu sagen, daß nicht einmal ganz allgemein auf Herstellung von Einrichtungen, welche die benachteiligende Einwirkung ausschließen, geklagt werden kann[3]); noch weniger kann auf Betriebseinstellung geklagt werden, wenn die Beeinträchtigung von einem Betrieb ausgeht[4]).

Die Unterlassungsklage ist eine Leistungsklage, keine Feststellungsklage, da sie nicht darauf geht, daß der Richter die Verpflichtung des Beklagten zu einem Unterlassen feststellt, sondern darauf, daß der Beklagte unterläßt und ihm der Richter dies gebietet. Für die Unterlassungsklage ist daher kein besonderes Interesse an der alsbaldigen Feststellung (§ 256 ZPO.) des vielleicht nie bestrittenen Anspruchs erforderlich[5]).

Liegt die Beeinträchtigung in einer unzulässigen Immission (vgl. § 906 BGB.), so geht der Anspruch dahin: „Der Beklagte hat die

---

[1]) Eltzbacher, Unterlassungsklage S. 187; Crome Bd. 3 S. 424; Planck Bem. 2b zu § 1004.

[2]) Vgl. SeuffA. Bd. 46 Nr. 248, Bd. 51 Nr. 11; RG. Bd. 37 S. 172, Bd. 40 S. 182; JW. 1896 S. 343 Nr. 57, 1897 S. 636 Nr. 16; Turnau-Förster Bem. 5 zu § 906. Die Frage, was zur wirksamen Verhütung unzulässiger Immissionen geschehen muß, kann nur von Fall zu Fall in der Zwangsvollstreckungsinstanz entschieden werden. JW. 1902 Beil. S. 203.

[3]) Vgl. Gruchot Bd. 44 S. 1096, Bd. 46 S. 1001. Anders, wenn die Anlage selbst, von welcher die Beeinträchtigung ausgeht, eine unzulässige Beeinträchtigung darstellt und in Gemäßheit des § 907 BGB. Beseitigung der Anlage verlangt werden könnte. Der Antrag auf Herstellung von Einrichtungen, welche die benachteiligende Einwirkung ausschließen, stellt sich gegenüber dem Anspruch auf Beseitigung der ganzen Anlage als das minus dar. Vgl. Gruchot Bd. 44 S. 1096. So kann z. B. der Eigentümer eines Grundstückes, in welches aus der Dunggrube des Nachbars auf unterirdischem Wege Mistjauche eindringt, den negatorischen Anspruch darauf erheben, daß der Nachbar die Wandungen der Dunggrube in einen für Flüssigkeiten undurchlässigen Zustand versetzt. Er kann aber auch Beseitigung der Dunggrube verlangen.

[4]) Vgl. RG. Bd. 37 S. 173. Im Erfolge kann allerdings die Durchführung des Anspruchs auf Unterlassung zur Einstellung des Betriebes führen; dann nämlich, wenn die Ausschließung der unzulässigen Einwirkung durch keinerlei Vorkehrungen bewirkt werden kann, wird sich der Betriebsunternehmer nicht anders helfen können, als daß er den Betrieb einstellt; aber direkt zur Einstellung des Betriebes kann er nicht verurteilt werden; es kann ja morgen eine Erfindung gemacht werden, vermöge welcher bei dem Betriebe jede unzulässige Einwirkung auf das Nachbargrundstück vermieden werden kann.

[5]) Eltzbacher, Unterlassungsklage S. 212. Vgl. Hellmann, JheringsJ. Bd. 31 S. 123; Gaupp II, 1 vor § 253; Seuffert 2a zu § 253 ZPO.

Zuführung von Rauch und Ruß auf das Grundstück des Klägers insoweit zu unterlassen, als dieselbe die Benützung dieses Grundstücks wesentlich beeinträchtigt und durch eine Benützung des beklagtischen Grundstücks herbeigeführt wird, welche nach den örtlichen Verhältnissen bei Grundstücken dieser Lage ungewöhnlich ist" [1]).

Dem Beklagten ist völlige Freiheit zu belassen, wie er die Ursache der Immission beseitigen will. Damit wird zugleich die übliche Einwendung des Beklagten ausgeschaltet, daß die begehrte Art der Beseitigung nicht geeignet sei, den beabsichtigten Erfolg herbeizuführen [2]).

Es ist zuzugeben, daß in einer solch allgemeinen Verurteilung eine gewisse Unbestimmtheit liegt. Es ist jedoch nicht möglich, diese Unbestimmtheit im Urteile zu beseitigen; denn dieselbe liegt nicht allein darin, daß je nach dem Zusammenwohnen der Menschen und den in den verschiedenen Ortschaften herrschenden Beschäftigungen das Maß der nach Billigkeit zu ertragenden und andererseits der übermäßigen Belästigungen ein verschiedenes sein wird, sondern durch Worte ist im voraus eine feste Begrenzung in der Urteilsformel überhaupt nicht zu geben; vielmehr wird stets nur in den in Zukunft etwa eintretenden einzelnen Fällen, also bei der Zwangsvollstreckung, geprüft und entschieden werden können, ob die vorliegende Beeinträchtigung als eine wesentliche anzusehen ist [3]).

Ist einmal eine Störung des Eigentums eingetreten, welche die Besorgnis weiterer Beeinträchtigung begründet, so kann der in seinem Eigentum Beeinträchtigte den Anspruch auf Unterlassung einer künftigen Störung nicht nur gleicher Art, sondern jeder dem Zwecke seines Eigentumsrechts zuwiderlaufenden Art erheben [4]). Der Anspruch wird nicht dadurch beseitigt, daß der Beklagte erklärt, daß er in Zukunft unterlassen wolle. Hat der Beklagte diese Erklärung schon vor der

---

[1]) Das RG. (Gruchot Bd. 44 S. 1096) hat auch für das neue Recht eine Verurteilung gebilligt, welche dahin ging, „die Erschütterungen und Geräusche, welche durch den Betrieb der Steindruckerei=Immobile, Langenstraße 123, in dem Hause des Klägers, Langenstraße 122, gegenwärtig entstehen, soweit sie das erträgliche Maß überschreiten, abzustellen." Die Unerträglichkeit einer Einwirkung stellt jedoch keinen gesetzlichen Tatbestand dar. Nach § 906 BGB. kann überdies eine unerträgliche Einwirkung erlaubt sein, weil durch eine Benützung herbeigeführt, die in jener Gegend gemeinüblich ist. Ueberhaupt ist der Begriff des Unerträglichen nicht nur unbestimmt, sondern auch unbestimmbar. Für die Vollstreckung eines Urteils ist aber notwendige Voraussetzung, daß der Inhalt der Verurteilung, mag dieselbe auch unbestimmt sein, aus sich selbst heraus bestimmt werden kann. Vgl. auch Bolze Bd. 10 Nr. 66.

Eine Verurteilung zur Unterlassung „soweit nicht § 906 BGB. die Zuführung gestattet", welche von Riehl bei Gruchot Bd. 51 S. 144 Anm. 9 empfohlen wird, genügt zwar diesem Erfordernis; die Anführung des gesetzlichen Wortlauts ist jedoch sachgemäßer. BayZfR. 1908 S. 288 (RG.)

[2]) Endemann S. 474 Anm. 54.

[3]) SeuffA. Bd. 53 Nr. 180; JW. 1902 Beil. S. 203. Vgl. Anm. 1.

[4]) Gruchot Bd. 44 S. 1098. Vgl. oben S. 118.

Klageerhebung abgegeben, so kann hierdurch unter Umständen die Besorgnis weiterer Beeinträchtigung entfallen und hiermit dem Unterlassungsanspruch selbst die Grundlage entzogen werden. Ist der unzulässige Eingriff von einer Anlage auf dem Nachbargrundstück ausgegangen, so wird der Anspruch auf Unterlassung nicht dadurch aufgehoben, daß im Laufe des Prozesses Einrichtungen an der Anlage getroffen worden sind, welche die benachteiligende Einwirkung ausschließen[1]). Dies gilt selbst dann, wenn der Fabrikbetrieb vollständig eingestellt ist[2]). Denn dem beeinträchtigten Eigentümer wird der fortbestehenden Anlage gegenüber der richterliche Schutz nur dadurch dauernd gewährt, daß er auf Grund des Urteils gegen den Beklagten jederzeit im Zwangsvollstreckungsverfahren vorgehen kann, wenn die getroffenen Einrichtungen beseitigt werden oder in der Folge sich doch nicht als zureichend erweisen[3]). Es ist also keine Voraussetzung, daß noch zur Zeit des Urteils die Besorgnis der Wiederholung besteht[4]). Ist aber zur Zeit des Urteils die Gewißheit gegeben, daß keine Wiederholung mehr erfolgen wird, so kann keine Verurteilung auf Unterlassung erfolgen, so z. B. wenn der Nachbar die Fabrik, von welcher die störende Einwirkung ausgeht, nicht nur stillgelegt, sondern abgebrochen hat[5]). Das gleiche muß gelten, wenn der Störer infolge Veräußerung seines Grundstückes nicht mehr in die Lage zu weiterer Beeinträchtigung kommen kann[6]). Andererseits muß die Besorgnis der Wiederholung zur Zeit der Klageerhebung gegeben sein (vgl. oben S. 239); hat der Beklagte schon vor der Klageerhebung in vertrauenswürdiger Weise die Unterlassung zugesichert, so kann nicht geklagt werden. Gibt aber der Beklagte erst nach der Klageerhebung eine solche Zusicherung ab, so kann er hierdurch seine Verurteilung nicht abwenden.

b) Die Zwangsvollstreckung aus einem Urteil auf Unterlassung weiterer Störung erfolgt in Gemäßheit des § 890 ZPO.[7]). Hiernach ist der Beklagte, wenn er der Verpflichtung, eine Handlung zu unterlassen, zuwiderhandelt[8]), wegen einer jeden Zuwiderhandlung auf Antrag des Gläubigers von dem Prozeßgerichte erster Instanz zu einer Geldstrafe bis zu 1500 Mark oder zur Strafe der Haft

---

[1]) Nur dann wäre eine Verurteilung ausgeschlossen, wenn eine Beseitigung oder Nichtbenützung dieser Einrichtungen unmöglich wäre. SeuffA. Bd. 57 Nr. 37 (RG.).

[2]) JW. 1906 S. 556.

[3]) RG. Bd. 36 S. 180; JW. 1898 S. 610 Nr. 41; Gruchot Bd. 44 S. 869; SeuffA. Bd. 57 Nr. 37. — Vgl. oben S. 80.

[4]) Eltzbacher, Unterlassungsklage S. 177.

[5]) Vgl. SeuffA. Bd. 57 Nr. 37 (RG.)

[6]) Eltzbacher a. a. O. S. 192.

[7]) Gruchot Bd. 44 S. 1098; JW. 1900 Beil. S. 1.

[8]) Die Strafe wird durch schuldhaftes Zuwiderhandeln gegen das Unterlassungsgebot verwirkt. RG. Bd. 36 S. 417; JW. 1898 S. 172 und dagegen RG. Bd. 39 S. 416.

bis zu 6 Monaten zu verurteilen[1]). Das Maß der Gesamtstrafe darf 2 Jahre Haft nicht überschreiten. Der Verurteilung muß eine Strafandrohung vorausgehen, welche, wenn sie in dem die Verpflichtung aussprechenden Urteile nicht enthalten ist, auf Antrag von dem Prozeßgerichte erster Instanz erlassen wird. Auch kann der Schuldner auf Antrag des Gläubigers zur Bestellung einer Sicherheit für den durch fernere Zuwiderhandlung entstehenden Schaden auf bestimmte Zeit verurteilt werden (§ 890 ZPO.).

Für die Frage der Unzulässigkeit einer Einwirkung muß unterschieden werden zwischen der Zeit des Immissionsprozesses und der des Zwangsvollstreckungsverfahrens. In letzterem ist nur zu prüfen, ob sich die konkrete Einwirkung als eine übermäßige im Sinne des Urteils erweist[2]).

c) Einer mit obrigkeitlicher Genehmigung errichteten gewerblichen Anlage (§ 26 GewO.) und Eisenbahn-, Dampfschiffahrts- und ähnlichen Unternehmungen gegenüber (Art. 80 AG. z. BGB.) kann niemals auf Einstellung des Betriebes, sondern nur auf Herstellung von Einrichtungen, welche die benachteiligenden Einwirkungen ausschließen oder, wo solche Einrichtungen nicht tunlich sind, auf Schadloshaltung geklagt werden (s. hierüber das Nähere unten § 28).

Außerdem greift der allgemein anerkannte Rechtsgrundsatz in die Eigentumfreiheitsklage ein, wonach gegenüber der Ausübung staatlicher Hoheitsrechte und speziell gegenüber polizeilichen Anordnungen nicht auf Unterlassung geklagt werden kann[3]). Deshalb wurde der Rechtsweg für unzulässig erklärt für Klagen auf Unterlassung des Maschinenbetriebs in einer Artilleriewerkstätte[4]), der dauernden oder vorübergehenden[5]) Heranziehung des Privateigentums zu militärischen Uebungen[6]) und der Sprengung durch Pioniere[7]), der Beeinträchtigung durch eine Polizeiwachstube mit Arrestlokal[8]). In solchen Fällen kann lediglich die Frage der gerichtlichen Entscheidung unterbreitet werden, ob etwa Einrichtungen und Vorrichtungen behufs möglichster Hintanhaltung der Beeinträchtigung unbeschadet der

---

[1]) Die Strafe kann auch gegen eine Körperschaft erkannt werden. RG. Bd. 43 S. 405. A. M. Gaupp Bem. II, 3 zu § 890; Eltzbacher, Unterlassungsklage S. 206.

[2]) Hörle im VerwA. Bd. 10 S. 368f.

[3]) Recht 1908 S. 331 Nr. 1974 (RG.); JW. 1894 S. 267 Nr. 25 erkennt einen solchen allgemeinen Rechtsgrundsatz nicht an. Dort wird der Rechtsweg nur dann ausgeschlossen, wenn nach Landesrecht die Gerichte nicht befugt seien, die Zulässigkeit des Eingriffes (Lärm infolge Schießens auf dem Kasernhof) zu prüfen. Vgl. Gruchot Bd. 24 S. 93 (Der Ortsschulze hatte auf Befehl des Amtsvorstehers im feuerpolizeilichen Interesse einen Zaun beseitigt. Besitzklage unzulässig).

[4]) RG. Bd. 44 S. 225.

[5]) § 11 des Gesetzes betr. die Naturalleistungen für die bewaffnete Macht im Frieden findet nur auf vorübergehende Benutzung von Grundstücken zu Truppenübungen Anwendung. Vgl. JW. 1896 S. 14 Nr. 55.

[6]) JW. 1908 S. 812 Nr. 19 (RG.).

[7]) Recht 1908 S. 201 Nr. 1200 (Königsberg).

[8]) Recht 1908 S. 331 Nr. 1974 (RG.).

Durchführung der staatshoheitlich getroffenen Anordnung tunlich sind und ob, wenn dies nicht der Fall ist, Schadloshaltung beansprucht werden kann[1]).

Es kann daher auch nicht auf Beseitigung eines Militärschießplatzes geklagt werden, wenn infolge ungeeigneter Anlage oder infolge von Richtfehlern Geschosse in das Nachbargrundstück einschlagen. Hierfür ist der Rechtsweg unzulässig, da es den Zivilgerichten nicht zukommt, eine von seiten der Verwaltung kompetenzgemäß getroffene Anordnung durch eine gegenteilige Verfügung außer Wirksamkeit zu setzen[2]). Der Regel nach ist die zivilrechtliche Zuständigkeit auf die Entschädigungsfrage beschränkt[3]). Daneben muß aber der Anspruch auf Unterlassung wenigstens insoweit zugelassen werden, als hierdurch weder eine Beseitigung noch eine Hemmung des militärischen Dienstbetriebes bewirkt wird. So hat das Reichsgericht wenigstens für den Fall, daß die Beeinträchtigung durch verirrte Geschosse (also nicht durch eine gewollte Handlung[4]) der Militärhoheit) bewirkt wurde, eine Unterlassungsklage unbedenklich zugelassen[5]). Dabei wird aber entsprechend der sonst vom Reichsgericht vertretenen Rechtsanschauung, die sicher nicht verlassen werden sollte, die Einschränkung zu machen sein, daß diese Unterlassungsklage nur unbeschadet der Aufrechthaltung des vollen Betriebes des Militärschießplatzes zulässig ist. Dies wird dazu führen, die Klage nur auf Herstellung von Einrichtungen oder Vorrichtungen behufs möglichster Hintanhaltung der Beeinträchtigung, jedoch bei voller Aufrechterhaltung der Schießübungen, zuzulassen.

Auch für eine Klage auf Unterlassung der Beeinträchtigung, welche durch das Läuten der Kirchenglocken herbeigeführt wird, ist der Rechtsweg unzulässig[6]). Hier handelt es sich um ein staatlich anerkanntes Recht der Kirchenhoheit. Die Glockenschläge (Rathaus 2c.), durch welche die Stundenzahl angegeben wird, sind als gemeinüblich zu erachten.

---

[1]) RG. Bd. 44 S. 227, Bd. 59 S. 70, Bd. 62 S. 131; Recht 1908 S. 331 Nr. 1974 (RG.).

[2]) Entsch. des Komp.Konfl.Gerichtsh. vom 18. März 1871 RBl. 1871 S. 610 ff.

[3]) Entsch. d. Komp.Konfl.Gerichtsh. vom 25. Juni 1866 RBl. 1866 S. 974 ff. im Gegensatz zu der gleichfalls die Beeinträchtigung durch militärische Schießübungen betreffenden Entscheidung desselben Gerichtshofes vom 27. Juli 1863, RBl. 1863, S. 1951 ff. Vgl. JW. 1896 S. 14 Nr. 15 (Ersatzpflicht des Militärfiskus bei mangelhafter Anlage des Schießplatzes).

[4]) Eine solche gewollte Einwirkung ist z. B. die Absperrung der an den Schießplatz angrenzenden Grundstücke; hier ist der Rechtsweg auf Unterlassung der Absperrung schlechtweg unzulässig, vgl. JW. 1896 S. 14 (RG.), auch insoweit als hierdurch die Schießübungen nicht beeinträchtigt würden. Wohl aber wäre eine Entschädigungsklage zulässig (vgl. Tit. IV § 8 der VerfUrk.).

[5]) RG. Bd. 55 S. 56.

[6]) RG. Bd. 56 S. 26. Diese Entscheidung trifft auch für bayerisches Recht zu. Vgl. § 35 der II. VerfBeil. zu Tit. IV § 9 der VerfUrk.; Endemann S. 475 Anm. 56 meint gegenüber dieser Entscheidung, daß der Rechtsweg wenigstens wegen des Anspruchs auf angemessenen und ortsüblichen Gebrauch hätte zugestanden werden

### III. Einwendungen des Beklagten.

Der Anspruch ist ausgeschlossen, wenn der Eigentümer zur Duldung der Beeinträchtigung verpflichtet ist (§ 1004 Abs. 2 BGB.).

Durch diese Bestimmung wird dem Beklagten eine Einwendung, keine bloße Einrede gewährt. Der Richter hat daher die Klage von Amts wegen dann abzuweisen, wenn aus dem Vorbringen des Klägers seine Verpflichtung zur Duldung erhellt[1]).

Die Verpflichtung zur Duldung kann durch Gesetz, durch Rechtsgeschäft oder durch ein anderweitiges besonderes Rechtsverhältnis auferlegt sein. Sie kann nicht nur in privaten Rechtsbeziehungen, sondern auch auf landespolizeilicher oder auf einer sonstigen, aus Gründen des Gemeinwohls oder öffentlichen Interesses getroffenen obrigkeitlichen Anordnung beruhen[2]). Sie kann auch auf einem persönlichen Rechte des Beklagten beruhen[3]). Hier kommt insbesondere ein Leih- oder Mietvertrag in Betracht.

Wenn z. B. der Eigentümer eines Grundstückes dem Besitzer einer elektrischen Licht- oder Kraftanlage gestattet, auf seinem Grundstücke Masten aufzustellen oder an seinem Hause Gestänge für die Leitungen anzubringen, so liegt ein Leihvertrag vor, wenn hierfür kein Entgelt vereinbart wird (§ 598 BGB.), dagegen ein Mietvertrag, wenn eine wiederkehrende Leistung bedungen ist (§ 535 BGB.); ist eine einmalige Entschädigung bedungen, so wird man es regelmäßig mit der zunächst nur obligatorischen Verpflichtung zur Bestellung einer Grunddienstbarkeit zu tun haben (s. hierüber unten § 31, I).

Ein obligatorisches Recht ist nur dann zur Begründung der Einwendung geeignet, wenn es dem Eigentümer gegenüber besteht[4]). Deshalb fällt der Anspruch nicht schon deswegen fort, weil der frühere Eigentümer den Eingriff gestattet hat[5]); nur dann trifft dies

---

sollen. Es kommt aber nur darauf an, ob das Läuten von der Stelle angeordnet worden ist, welche die Kirchenhoheit ausübt; dann liegt ein Akt der Kirchenhoheit vor, gegen welchen nur im Verwaltungswege Abhilfe gesucht werden kann. Endemanns Hinweis auf RG. Bd. 55 S. 56 trifft nicht zu; denn im Gegensatz zu der dort in Frage stehenden Beeinträchtigung durch irrlaufende Geschosse, die gegen den Willen der Militärstelle in fremde Grundstücke einschlagen, wird von der Kirchenstelle beim Glockenläuten gerade der bewußte Zweck verfolgt, die Schallwellen zu verbreiten.

[1]) Dabei ist jedoch zu beachten, daß hierher nicht jene gesetzlichen Vorschriften gehören, welche dem Inhalt des Eigentums eine konkrete Einschränkung geben. Denn in diesen Fällen (z. B. §§ 905, 906, 910 Abs. 2 BGB. fehlt es an einer Beeinträchtigung des Eigentums, da durch die bezügliche Vorschrift die Rechtsbefugnis zur Ausschließung entzogen ist. Dagegen ist z. B. einschlägig § 226 BGB.

[2]) JW. 1908 S. 334 Nr. 17 (RG.), vgl. die Entsch. bei Warneyer Bd. 1 S. 115 Nr. 1—3; Bd. 2 S. 84 Nr. 2; RG. Bd 37 S. 331; Endemann S. 485 ff.

[3]) Biermann Bem. 4 zu § 1004, Maenner S. 243.

[4]) Kuhlenbeck, Von den Pandekten zum BGB. Bd. 2 S. 566.

[5]) A. M. Staudinger Bem. 3 zu § 1004 unter Hinweis auf SeuffA. Bd. 36 Nr. 261. Vgl. auch JW. 1890 S. 182 Nr. 18.

zu, wenn hierdurch eine Grunddienstbarkeit begründet wurde; dazu ist erforderlich, daß die einschlägigen Formvorschriften beobachtet wurden [1]). Andererseits ist erforderlich, daß das einredeweise geltend gemachte Recht gerade dem Beklagten oder dessen Gewährsmann zusteht. Wird daher die Einwendung auf eine Grunddienstbarkeit gegründet, so muß der Beklagte berechtigt sein, dieselbe auszuüben, sei es als Eigentümer oder Nutzungsberechtigter des herrschenden Grundstücks [2]).

Die Rechtmäßigkeit der Beeinträchtigung kann möglicherweise aus einem Rechte abgeleitet sein, welches nicht demjenigen zusteht, von dem die Beeinträchtigung unmittelbar ausgeht, sondern demjenigen, in dessen Vertretung gehandelt worden ist [3]). Behauptet im Prozesse [4]) der Beklagte, daß er die Beeinträchtigung in Ausübung des Rechtes eines Dritten vorgenommen habe, so kann er, wenn er dem Dritten vor der Verhandlung zur Hauptsache den Streit verkündet und ihn unter Benennung an den Kläger zur Erklärung ladet, bis zu dieser Erklärung oder bis zum Schlusse des Termins, in welchem sich der Benannte zu erklären hat, die Verhandlung zur Hauptsache verweigern. Bestreitet der Benannte die Behauptung des Beklagten oder erklärt er sich nicht, so ist der Beklagte berechtigt, dem Klagantrage zu genügen. Wird die Behauptung des Beklagten von dem Benannten als richtig anerkannt, so ist dieser berechtigt, mit Zustimmung des Beklagten an dessen Stelle den Prozeß zu übernehmen. Hat der Benannte den Prozeß übernommen, so ist der Beklagte auf seinen Antrag von der Klage zu entbinden. Die Entscheidung ist in Ansehung der Sache selbst auch gegen den Beklagten wirksam und vollstreckbar (§§ 76, 77 ZPO.).

### IV. Parteistellung für die Eigentumfreiheitsklage [5]).

1. **Klageberechtigt** ist vor allem der Eigentümer [6]). Es ist nicht erforderlich, daß er im Besitze des Grundstückes ist. Auch ein einzelner Miteigentümer ist klageberechtigt (§ 1011) [7]).

---

[1]) S. darüber unten § 32.

[2]) Dernburg S. 441 Anm. 22.

[3]) Maenner S. 243. Vgl. hierüber unten S. 249.

[4]) Vgl. hierüber unten S. 250.

[5]) Tritt während des Prozesses ein Wechsel im Eigentum ein, so ist jedenfalls bezüglich des Anspruchs auf Beseitigung einer fortdauernden Beeinträchtigung der Rechtsnachfolger berechtigt und auf Antrag des Gegners verpflichtet, den Rechtsstreit aufzunehmen (§ 266 ZPO.), vgl. RG. Bd. 40 S. 333; Recht 1904 S. 79 Nr. 356 (Karlsruhe). Hat sich der Verkäufer im Kaufvertrage seinem Käufer verpflichtet, die auf dem Gut eingetragene Grunddienstbarkeit zur Löschung zu bringen und kann diese Löschung nur dadurch herbeigeführt werden, daß der Verkäufer gegen den Inhaber der Dienstbarkeit Klage erhebt, so liegt in der Verabredung der Verpflichtung auch die Ermächtigung des Käufers, an den Verkäufer die Klage anzustellen. Bolze Bd. 12 Nr. 70.

[6]) Der Käufer eines Hauses, dem dasselbe noch nicht übereignet ist, kann die Klage nicht erheben. Eltzbacher, Unterlassungsklage S. 150.

[7]) Gegen einen anderen Miteigentümer kann er aber die Eigentumfreiheits-

Der Anspruch steht ferner dem Erbbauberechtigten[1]), dem Dienstbarkeitsberechtigten[2]), dem Nießbraucher[3]) und dem Pfandgläubiger[4]) zu. Auch der Fideikommißbesitzer ist aktivlegitimiert. An Stelle des Eigentümers ist aktiv legitimiert: Der Konkursverwalter (§§ 6, 10f. KO.), der Testamentsvollstrecker (§§ 2212, 2213 BGB.), aber auch der Zwangsverwalter, weil die Eigentumfreiheitsklage im wesentlichen eine der ruhigen Bewirtschaftung des Grundstückes dienende Schutzklage ist[5]).

Dagegen fehlt die Aktivlegitimation dem Mieter und Pächter[6]).

Es ist keine Voraussetzung der Aktivlegitimation, daß der Kläger schon zur Zeit der Beeinträchtigung Eigentümer war. Es genügt deshalb zur Klage auf Unterlassung, wenn die Störung mit der Besorgnis der Wiederholung gegen den Rechtsvorgänger des Klägers erfolgt ist[7]).

Hat der klagende Eigentümer das beeinträchtigte Grundstück während der Anhängigkeit des Rechtsstreites veräußert, so ist sein Rechtsnachfolger berechtigt und auf Antrag des Gegners verpflichtet, den Rechtsstreit in der Lage, in welcher er sich befindet, als Hauptpartei zu übernehmen (§ 266 ZPO.). Als Rechtsnachfolger gilt auch derjenige, der das Grundstück im Zwangsversteigerungsverfahren erstanden hat[8]).

2. **Passiv legitimiert** für die Eigentumfreiheitsklage ist jeder Störer ohne Rücksicht darauf, ob er Eigentümer des Grundstückes

---

klage nicht stellen; in solchem Falle können nur die Ansprüche aus der Gemeinschaft geltend gemacht werden. Eltzbacher, Unterlassungsklage S. 151 und dagegen Recht 1901 S. 175.

[1]) § 1017 Abs. 2 BGB.

[2]) §§ 1027, 1090 Abs. 2 BGB. (bezüglich des Fischereiberechtigten s. SeuffBl. 12. ErgBd. S. 129, 134).

[3]) § 1065 BGB. Der Nießbraucher ist selbst dann zur Anstellung der actio negatoria berechtigt, wenn das Nießbrauchgrundstück und das Grundstück, von welchem die Beeinträchtigung ausgeht, demselben Eigentümer gehören.

[4]) § 1227 BGB.

[5]) Jäckel Anm. 3g zu § 152 ZwVG.

[6]) RG. Bd. 59 S. 327. Doch steht dem Besitzer die Besitzstörungsklage nach § 862 BGB. zu, die zu demselben Resultat führt. Volkmann in DJZ. 1901 S. 382; Staudinger Bem. 3a zu § 1004; vgl. oben S. 109 und unten § 30. Wird durch die Beeinträchtigung der Mietsache der vertragsmäßige Gebrauch derselben für den Mieter beeinträchtigt, so kann der Mieter auf Grund des § 536 BGB. den Vermieter auf Beseitigung der Beeinträchtigung belangen und so den Vermieter veranlassen, gegen den Nachbar mit der Eigentumfreiheitsklage vorzugehen. Ist durch die Beeinträchtigung dem Mieter oder Pächter ein Schaden verursacht worden, dann steht demselben, falls die Beeinträchtigung auf einem Verschulden des Einwirkenden beruht, die Schadensersatzklage des § 823 BGB. gegen den Störer zu, s. unten § 29, I.

[7]) Eltzbacher, Unterlassungsklage S. 178.

[8]) RG. Bd. 40 S. 333; JW. 1897 S. 448 Nr. 7 u. 8, 1899 S. 143 Nr. 14; Gruchot Bd. 43 S. 512; Turnau-Förster Anm. 7 zu § 906.

ist, von welchem die Störung ausgeht[1]). Weil aber nur eine zuständliche Eigentumsbeeinträchtigung den negatorischen Anspruch erzeugt, so ist Beklagter nicht notwendig derjenige, welcher die Handlung, durch welche der Zustand der Beeinträchtigung herbeigeführt wurde, vorgenommen hat, sondern derjenige, durch dessen Willen dieser Zustand aufrecht erhalten wird[2]). Deswegen kann gegen denjenigen, welcher einen Zaun über die Grenze gebaut hat, die Eigentumfreiheitsklage dann nicht mehr erhoben werden, wenn er vor der Klagezustellung das Grundstück an einen anderen veräußert hat[3]). Regelmäßig ist aber der Eigentümer als Vertreter des Grundstücks der richtige Beklagte[4]); so ist der neue Erwerber der Klage unterworfen, wenn er nicht für sofortige Beseitigung des Beeinträchtigungszustandes sorgt[5]). Aus dem gleichen Grunde kann wegen eines vom Mieter oder Pächter eines Grundstücks herbeigeführten körperlichen Zustandes der Beeinträchtigung regelmäßig neben dem Mieter und Pächter auch der Vermieter und Verpächter mit der Eigentumfreiheitsklage belangt werden. Besteht die Beeinträchtigung nicht in einem körperlichen Zustand, sondern in einem Zustand der Gefährdung durch Wiederholung der Einwirkung[6]), so haftet der Vermieter nur dann für diesen vom Mieter herbeigeführten Beeinträchtigungszustand, wenn er das Grundstück dem Mieter zu einer derartige Eigentumsübergriffe in sich schließenden Benützung überlassen hat oder doch wenigstens von den ihm gebotenen Mitteln, den Mieter von einer Wiederholung der ihm bekannt gewordenen Eingriffe abzuhalten, keinen vollen Gebrauch gemacht hat[7]). Dabei muß man den Vermieter in

---

[1]) Dernburg, S. 438. Vgl. Gruchot Bd. 25 S. 958, Bd. 38 S. 925; JW. 1894 S. 30 Nr. 93.

[2]) M. Bd. 3 S. 425 (Mugdan Bd. 3 S. 237); Biermann Bem. 2 zu § 1004.

[3]) Biermann Bem. 2 zu § 1004. Unzutreffend JW. 1900 S. 323 Nr. 32. Eine andere Frage ist, ob nicht die Beseitigung als Anspruch auf Schadensersatz wegen Verschuldens (Wiederherstellung des früheren Zustandes) verlangt werden kann (§§ 823, 249 BGB.), vgl. R. d. OLG. Bd. 4 S. 65 und oben S. 236. Hat der beklagte Eigentümer nach der Einreichung und vor der Zustellung der Klage das Grundstück veräußert, so kann er auf Ersatz der hierdurch dem Kläger erwachsenen Kosten nur dann in Anspruch genommen werden, wenn er den Zustand der Beeinträchtigung schuldhaft herbeigeführt oder aufrecht erhalten hat; in diesem Falle ist er schadensersatzpflichtig nach § 823 BGB. und zu dem von ihm herbeigeführten Schaden gehören auch die Kosten des Prozesses, der infolge des Eigentumswechsels nicht mehr fortgeführt werden kann. War die Klage schon zugestellt, so ist § 266 ZPO. anzuwenden; vgl. RG. Bd. 40 S. 333.

[4]) Recht 1904 S. 167 Nr. 764 (RG.).

[5]) Vgl. SeuffA. Bd. 48 Nr. 247; RG. Bd. 15 S. 344; Dernburg S. 439. Bolze Bd. 6 Nr. 85 verurteilt den Eigentümer eines Grundstückes, dessen Vorbesitzer Abfälle und Rückstände von der Vaselinfabrikation auf dem Grundstücke hat eingraben lassen, welche noch nach dem Besitzwechsel auf das Nachbargrundstück nachteilig einwirken, sogar auf Schadensersatz.

[6]) S. oben S. 238.

[7]) Vgl. JW. 1901 S. 51; 1904 S. 142; Recht 1904 S. 165 Nr. 737; RG. Bd. 47 S. 162; SeuffA. Bd. 48 Nr. 247; Bd. 57 Nr. 9; JW. 1900 S. 323 Nr. 33; Mugdan, R. d. OLG. Bd. 3 S. 11.

letzter Linie sogar für verpflichtet erachten, zu diesem Zwecke gegen seinen Mieter mit Klage auf Unterlassung vorzugehen[1]). Aus demselben Grunde ist die Stadtgemeinde dafür verantwortlich, daß die Ortseinwohner in den von der Stadtgemeinde eingerichteten und den Ortseinwohnern zur Ableitung der Abwässer überlassenen Kanal Fäkalien einleiten und es kann daher die Eigentumfreiheitsklage wegen hierdurch entstehender übler Gerüche in diesem Falle selbst dann gegen die Stadtgemeinde gerichtet werden, wenn sie die Einleitung von Fäkalien verboten hat[2]).

Keine notwendige Voraussetzung der Eigentumfreiheitsklage ist es, daß sich der Störer ein Recht zu dem Eingriff anmaßt, auch nicht, daß ihm die Störung zum Verschulden anzurechnen ist[3]).

Hat Jemand die Störung in fremdem Auftrag verübt, so hat sich die Klage in erster Linie gegen den Auftraggeber zu richten[4]), doch kann auch der Beauftragte verklagt werden, wenn durch denselben der Zustand der Beeinträchtigung aufrecht erhalten wird[5]). Dies trifft nicht zu bei dem Baumeister, welcher im Auftrag des Eigentümers einen Bau ausführt und wohl auch nicht bei dem Dienstknecht, der wiederholt auf Geheiß seines Dienstherrn über den fremden Acker fährt[6]). Dagegen ist der Pächter eines landwirt-

---

[1]) Vgl. JW. 1901 S. 51 und dagegen Mugdan, R. d. OLG. Bd. 3 S. 11. Hat sich der Vermieter durch entsprechende Bestimmungen des Mietvertrages die Klagestellung gegen den Mieter wegen Mißbrauchs unmöglich gemacht, so hat er im voraus unzulässigerweise seine Einwilligung zu Störungen des Nachbars erteilt. Gruchot Bd. 46 S. 654 (RG.).

[2]) Vgl. JW. 1901 S. 52; ObLG. Neue Folge Bd. 1 S. 313. Bedenklich Recht 1903 S. 551 Nr. 2792 (Celle). Beklagter hatte seinem Nachbar gestattet, Abwässer in den über das Grundstück des Beklagten führenden Graben zu leiten; von diesem Graben wurden die Abwässer dem Grundstück des Klägers zugeführt. Das OLG. hat die Passivlegitimation des Beklagten verneint. Zu Unrecht; denn dadurch, daß der Beklagte seinen Graben zur Aufnahme der Abwässer hergegeben hat, ist die unzulässige Einwirkung ermöglicht worden. Neben ihm kann natürlich auch derjenige belangt werden, der die Abwässer in den Graben eingeleitet hat.

[3]) S. oben § 27, I c.

[4]) EntschOGH. Bd. 7 S. 61; JW. 1898 S. 620 Nr. 67.

[5]) Vgl. Eltzbacher Unterlassungsklage S. 173. Zustimmend Staudinger Bem. 3b zu § 1004. Nach Dernburg S. 439 und Cosack Bd. 2 S. 175 ist die Klage gegen den Auftraggeber und den Beauftragten schlechtweg zulässig. Aehnlich BadRpr. 1903 S. 127 (Karlsruhe).

[6]) Wenn der Knecht ohne Geheiß seines Dienstherrn über den fremden Acker fährt, so ist der Dienstherr nicht ohne weiteres passiv legitimiert; wenn er aber davon Kenntnis erlangt hat, daß sein Knecht über das fremde Grundstück gefahren ist, liegt ihm die Verpflichtung ob, seinen Knecht von einer Wiederholung, die nach den Umständen als möglich anzunehmen ist, abzuhalten. Der Dienstherr befreit sich nicht unter allen Umständen durch ein wenn auch ernstgemeintes und energisches Verbot von seiner Verantwortung. Er muß den Vollzug seines Verbotes sichern; dazu gehört, daß er seinem Dienstknecht ab und zu nachgeht. Freilich kann man ihm nicht zumuten, daß er immer auf der Lauer steht; aber er muß so viel tun, als man von einem verständigen und gerecht denkenden Mann verlangen kann. Folgt der Knecht seinem Herrn nicht, so wird strengere Ueberwachung und äußerstenfalls

schaftlichen Guts, der den ihm vom Verpächter angewiesenen Weg über ein fremdes Grundstück nimmt, passivlegitimiert, ebenso wie der Verpächter.

Behauptet der Beklagte, daß er die Beeinträchtigung in Ausübung des Rechts eines Dritten vorgenommen habe, so finden die §§ 76, 77 ZPO. Anwendung[1]) (nominatio autoris).

V. Beweislast.

1. Der Kläger hat zu beweisen, daß er Eigentümer ist[2]). Ist er als solcher im Grundbuch eingetragen, so kommt ihm die Vermutung des § 891 BGB. zu statten.

Dem Kläger liegt ferner der Nachweis der Klageveranlassung ob; er muß also beweisen, daß ein Zustand der Beeinträchtigung vorliegt. Für den Anspruch auf Beseitigung muß das körperliche Verhältnis[3]) und für den Anspruch auf Unterlassung die Gefährdung durch die Besorgnis der Wiederholung[4]) nachgewiesen werden.

Für den Nachweis der Beeinträchtigung ist im Falle des § 906 BGB. genügend, wenn eine Einwirkung bewiesen wird; dies ergibt sich aus der Fassung des § 906 BGB., durch welche dem Immittenten die Beweislast für die Zulässigkeit der Immission überbürdet wird. Der Beklagte hat daher zu beweisen, daß entweder durch die Einwirkung die Benützung des Grundstückes nicht oder nur unwesentlich beeinträchtigt oder aber die Einwirkung durch eine Benützung des anderen Grundstücks herbeigeführt wird, die nach den örtlichen Verhältnissen bei Grundstücken dieser Lage gewöhnlich ist[5]).

---

sofortige Entlassung wegen beharrlicher Gehorsamsverweigerung eintreten müssen, wenn sich nicht der Dienstherr der Passivlegitimation für die Eigentumfreiheitsklage aussetzen will. Zu verweisen ist hier noch auf die Bestimmungen des Feldschadengesetzes (s. unten § 29 III). Hiernach muß der Dienstherr als Tierhalter Ersatzgeld nach Maßgabe des Art. 1 u. 2 Feldschadengesetzes bezahlen, wenn sein Knecht mit Spannvieh über fremde Aecker unbefugt fährt; denn das Fahren gilt als Uebertritt des Spannviehs (Art. 1 Abs. 4 Feldschadengesetzes).

[1]) Staudinger Bem. 3b zu § 1004. Wenn der Mieter dem Vermieter gegenüber zu den schädigenden Handlungen berechtigt wäre, kann er eine gegen ihn angestellte Klage auf Grund des § 76 ZPO. auf den Vermieter abwälzen. Recht 1904 S. 165 Nr. 737.

[2]) Eltzbacher, Unterlassungsklage S. 151. War zu der Zeit, zu welcher der Nachbar den Besitz an einem Grenzstreifen dem Eigentümer vollständig entzogen hat, (z. B. dadurch, daß er die Grenzmauer über die Grenze gerückt hat), der Kläger noch nicht Eigentümer des beeinträchtigten Grundstücks, so ist er gleichwohl zur Klage legitimiert. Der Beklagte kann nicht einwenden, daß dem Kläger von seinem Besitzvorgänger der Besitz an der überbauten Fläche nicht eingeräumt werden konnte und der Kläger daher nicht der Eigentümer des Grenzstreifens geworden sei. Das Klagerecht ist mit dem beeinträchtigten Grundstück verbunden und geht daher von selbst auf den Nachfolger im Eigentum über; es kann auch eine stillschweigende Zession des Klagerechts angenommen werden.

[3]) S. oben § 27 II 1.

[4]) S. oben § 27 II 2.

[5]) S. oben S. 110.

2. Dagegen ist es Sache des Einredebeweises für den Beklagten, darzutun, daß die Beeinträchtigung erlaubt ist oder m. a. W. daß der Eigentümer zur Duldung verpflichtet ist. Der Kläger hat die Freiheit des Eigentums von einem Beeinträchtigungsrechte des Störers zwar zu behaupten, nicht aber zu beweisen, da für die Freiheit des Eigentums die Vermutung spricht[1]). Darauf, ob sich der Beklagte im Besitze des angemaßten Beschränkungsrechtes befindet, kommt es also nicht mehr an[2]).

## VI. Zeitliche Statutenkollision.

Die Frage, von welcher Beschaffenheit eine zur Erhebung der Eigentumfreiheitsklage berechtigende Handlung sein muß, bestimmt sich nach dem zur Zeit ihrer Vornahme geltenden Rechte; der nach diesem erworbene Anspruch gegen den Störer wird nicht dadurch aufgehoben, daß nach Art. 181 EG. auf das bestehende Eigentum von der Zeit des Inkrafttretens des BGB. an eben dessen Vorschriften Anwendung finden sollen; denn der Anspruch ist zwar aus dem Eigentum und seiner Störung hervorgegangen, aber nicht Bestandteil des Eigentums[3]). Deshalb kann, wenn nach bisherigem Recht die mündliche Berühmung einer Servitut die actio negatoria begründete[4]), die Eigentumfreiheitsklage wegen einer vor dem 1. Januar 1900 erfolgten Berühmung einer Servitut auch nach diesem Zeitpunkte angestellt werden, ohne daß die zivilprozessualen Voraussetzungen einer Feststellungsklage gegeben zu sein brauchen[5]).

Andererseits äußert Art. 181 EG. insoferne seine Wirksamkeit, als auch wegen einer schon vor dem 1. Januar 1900 erfolgten Eigentumsstörung die Eigentumfreiheitsklage nicht mehr gestellt oder, wenn dies schon vorher geschehen ist, nicht durchgeführt werden kann, falls die Einwirkung auf das Eigentum, gegen welche sich die Klage richtet, nach den Vorschriften des neuen Rechtes zulässig ist[6]).

## VII. Gerichtsstand.

Für die Eigentumfreiheitsklage ist, soferne es sich um unbewegliche Sachen handelt, das Gericht ausschließlich zuständig, in dessen Bezirk die Sache belegen ist (§ 24 Abs. 1 ZPO.). Dabei

---

[1]) Dernburg S. 441.

[2]) Staudinger Bem. 4 zu § 1004 hebt dies unter Bezugnahme auf bayer. Landrecht Tl. II cap. 7 § 11 und Art. 142 des AG. zur ZPO. hervor.

[3]) JW. 1900 Beil. S. 89.

[4]) So für das gemeine Recht nach herrschender Ansicht Dernburg, Pandekten Bd. 1 § 256 Z. 2.

[5]) S. oben § 27 I.

[6]) Vgl. JW. 1900 Beil. S. 89. Wenn die Klage bereits gestellt war, bleibt dem Kläger nichts anderes übrig, als dieselbe zurückzunehmen; andernfalls müßte sie abgewiesen werden.

kommt es auf die Lage desjenigen Grundstückes an, für welches die Freiheit in Anspruch genommen wird (§ 24 Abs. 2 ZPO.)[1]).

Wird Klage erhoben, daß der Nachbar die Fenster entsprechend den Vorschriften des AG. einrichten soll[2]), so macht Kläger keine Belastung des Nachbargrundstückes geltend, sondern die Freiheit seines Grundstückes von der in den unzulässigen Fenstern liegenden Beeinträchtigung. Dasselbe gilt, wenn der Eigentümer des höher liegenden Grundstückes gegen den Nachbar klagt, daß er eine auf dessen tiefer liegendem Grundstück befindliche Anlage, durch welche der natürliche Wasserlauf zurückgestaut wird, beseitigen soll. In beiden Fällen ist deshalb für die Zuständigkeit die Lage des dem Kläger gehörigen Grundstücks entscheidend, weil die für das Nachbargrundstück statuierte gesetzliche Eigentumsbeschränkung für ihn eine Verstärkung seines Eigentumsrechtes bedeutet und daher durch Zuwiderhandeln gegen die Eigentumsbeschränkung sein Eigentum beeinträchtigt wird.

Der Gerichtsstand ist ein ausschließlicher, er kann also weder durch ausdrückliche, noch durch stillschweigende Vereinbarung beseitigt werden (§ 40 Abs. 2 ZPO.).

Mit der Klage nach § 24 ZPO. können nach § 260 ZPO. andere Klagen, so insbesondere die Klage aus der unerlaubten Handlung, verbunden werden, wenn für diese derselbe Gerichtsstand gegeben ist. Wenn infolge einer durch eine unerlaubte Handlung herbeigeführten Eigentumsbeeinträchtigung ein Schaden entstanden ist, so ist dies regelmäßig[3]) der Fall, da nach § 32 ZPO. für die hieraus abgeleitete Schadensersatzklage das Gericht zuständig ist, in dessen Bezirk die unerlaubte Handlung begangen ist.

Neben dem negatorischen Anspruch kann der auf Verschulden gestützte Schadensersatzanspruch als Nebenanspruch auch ohne Angabe des Schadensbetrages erhoben werden[4]).

VIII. Einstweilige Verfügungen können sich anläßlich eines Eigentumfreiheitsstreites vielfach als notwendig erweisen. Einschlägig wird zumeist § 940 ZPO. sein, so namentlich bei Immissionsprozessen. Durch einstweilige Verfügung kann z. B. die Nachtarbeit in einer Fabrik verboten werden, ja sogar ein Verbot der Errichtung einer Anlage kann durch einstweilige Verfügung auf Grund des § 940 ZPO. erlassen werden[5]). Bei Grenzüberschreitungen wird vielfach die Einstellung des Baues durch einstweilige Verfügung veranlaßt sein.

Der Richter ist hier vor eine schwierige Aufgabe gestellt. Zwar ist die Partei, welche die einstweilige Verfügung erwirkt hat, nach

---

[1]) Vgl. RG. Bd. 32 S. 414, Bd. 36 S. 237.

[2]) S. oben S. 184.

[3]) Nicht immer. Wenn z. B. ein Schaden dadurch herbeigeführt wird, daß der Eigentümer des tiefer liegenden Grundstücks entgegen seiner gesetzlichen Verpflichtung eine Anlage errichtet, durch welche der natürliche Wasserablauf auf das höher liegende Grundstück zurückgestaut wird und die beiden Grundstücke in verschiedenen Gerichtsbezirken liegen, so fällt die Zuständigkeit aus § 32 ZPO. mit der des § 24 ZPO. nicht zusammen.

[4]) Puchelts Zeitschr. Bd. 32 S. 80 (RG.)

[5]) R. d. OLG. Bd. 4 S. 62 (Zweibrücken: Verbot der Errichtung eines Leichenhauses).

§ 945 ZPO. auch ohne Verschulden, dem Gegner zum Schadensersatz verpflichtet, wenn sich hinterher die einstweilige Verfügung als unberechtigt erweist. Zum Vollzug dieser Vorschrift gehört aber ein zahlungsfähiger Gegner und gerade ein solcher wird sich die Beantragung einer solch einschneidenden einstweiligen Verfügung gerade mit Rücksicht auf seine Ersatzpflicht doppelt überlegen. Namentlich in größeren Städten sind die durch eine Baueinstellung entstehenden Verluste sehr bedeutend. Bei Würdigung der in das reine Ermessen des Richters gestellten Frage wird der Richter neben anderen Erwägungen zu prüfen haben, ob nicht die durch Baueinstellung für den Bauherrn entstehenden Schäden außer allem Verhältnis zu den Nachteilen stehen würden, welche eine Fortsetzung des Baues für den Nachbar bis zur Beendigung des Prozesses bringen würde.

Zur Verhütung von Grenzverdunkelungen kann eine vorübergehende Sequestration auf Grund des § 935 ZPO. in Frage kommen. Dieselbe Gesetzesbestimmung wäre für ein einstweiliges Verbot des Abbruchs einer strittigen Mauer anzuwenden.

## § 28. Die besondere Gestaltung der Eigentumfreiheitsklage gegenüber konzessionierten gewerblichen Anlagen und Verkehrsunternehmungen.

Durch die Bestimmung des § 26 der GewO., welche als lex specialis den Vorschriften des BGB. vorgeht und durch Art. 80 AG. z. BGB. wird für die dort vorgesehenen Fälle eine Beschränkung bezw. Aenderung des Eigentumfreiheitsanspruchs herbeigeführt.

Es kann nämlich einer mit obrigkeitlicher Genehmigung errichteten gewerblichen Anlage gegenüber (§ 26 der GewO.) und Eisenbahn-, Dampfschiffahrts- und ähnlichen Unternehmungen gegenüber, welche dem öffentlichen Verkehr dienen (Art. 80 AG.), niemals auf Einstellung des Betriebes, sondern nur auf Herstellung von Einrichtungen, welche die benachteiligenden Einwirkungen ausschließen oder, wo solche Einrichtungen nicht tunlich (mit einem gehörigen Betriebe des Gewerbes unvereinbar) sind, auf Schadloshaltung geklagt werden. Mit einem gehörigen Gewerbebetrieb sind solche Einrichtungen nicht vereinbar, die vom Standpunkte des Unternehmers als ganz unverhältnismäßig kostspielig erscheinen würden. Denn mit einem gehörigen Betriebe des Gewerbes ist alles unvereinbar, was das in wirtschaftlicher Beziehung vom Standpunkte des Gewerbetreibenden aus völlig Unzweckmäßige in sich schließt[1]).

1. § 26 der GewO. setzt voraus:

a) daß der Anspruch erhoben wird auf Grund des gesetzlichen Nachbarrechts. Eine auf besonderem privatrechtlichem Titel

---

[1]) Gruchot Bd. 42 S. 138.

(Servitut oder obligatorischer Zusage) beruhende Klage kann auch auf Einstellung des Betriebes gerichtet werden [1]);

b) daß es sich um eine gewerbliche Anlage handelt, für welche die GewO. besondere behördliche Genehmigung erfordert. So kann sich z. B. der Schmied nicht auf den § 26 GewO. berufen, weil seine Gewerbsanlage der gewerblichen Konzession nicht bedarf [2]). Die GewO. enthält ein Verzeichnis dieser Anlagen in § 16 Abs. 1, welches durch Beschluß des Bundesrates, vorbehaltlich der Genehmigung des nächsten Reichstags, abgeändert werden darf. Hierzu kommen dann noch die in §§ 23 und 24 der GewO. angeführten Anlagen;

c) daß die behördliche Genehmigung von der zuständigen Behörde erteilt worden ist [3]). Es ist eine Genehmigung im Sinne der GewO. erforderlich. Die gewöhnliche, polizeiliche Genehmigung ist nicht einschlägig [4]). Der Schutz des § 26 wird nur für die genehmigte Anlage (Dampfkessel), nicht aber für die mit dieser Anlage ein Ganzes bildenden nicht genehmigten Anlagen, z. B. eine mit dem Dampfkessel verbundene Dynamomaschine, gewährt [5]). Denn im Gegensatz zu den Fällen des § 16 der GewO., in denen die gesamte gewerbliche Anlage mit allem, was dazu gehört, der gewerbepolizeilichen Genehmigung bedarf, ist dies in § 24 der GewO. ausdrücklich auf einen bestimmten Teil der Anlage beschränkt. Die Gewerbebetriebe selbst werden, falls sie an sich nicht genehmigungsbedürftig sind, dies auch nicht dadurch, daß sie Dampfkessel benützen, welche der Genehmigung bedürfen.

Der Schutz des § 26 der GewO. ist daher im Falle des § 24 der GewO. nur für die Dampfkesselanlage selbst, nicht aber auch für die Feuerungsanlage gegeben [6]), obwohl ohne dieselbe eine Benützung des angelegten und genehmigten Dampfkessels gar nicht möglich ist.

Dagegen gehört zu der in § 16 der GewO. genannten Stauanlage [7]) auch das Triebwerk, welches dieser Stauanlage dient. Denn § 16 verweist bei der Stauanlage für Wassertriebwerke auf § 23 der GewO., welcher die einschlägigen landesgesetzlichen Vor-

---

[1]) Mandry, Der zivilrechtliche Inhalt der RG. S. 371. — Berger-Wilhelmi, GewO. Anm. zu § 26. — Vgl. RG. Bd. 13 S. 52. Bolze Bd. 11 Nr. 82 (Vereinbarung einer bestimmten Stauhöhe).

[2]) Bolze Bd. 5 Nr. 87; vgl. RG. Bd. 11 S. 186 Zuckerfabrik.

[3]) Diese Voraussetzung ist auch gegeben, wenn die Konzession vor Inkrafttreten der GewO. nach Landesrecht erteilt ist, Riehl bei Gruchot Bd. 51 S. 152, JW. 1886 S. 120 (RG.); Bolze Bd. 2 Nr. 151. A. M. RG. Bd. 11 S. 185; Bolze Bd. 2 Nr. 150.

[4]) Landmann, GewO. Anm. 3 zu § 26. Recht 1903 S. 557 Nr. 2887 für eine nur der polizeilichen Erlaubnis bedürfende Eismaschine einer Brauerei.

[5]) RG. Bd. 40 S. 182. SeuffA. Bd. 38 Nr. 159 (RG.).

[6]) SeuffA. Bd. 53 Nr. 180. — Vgl. Entsch. d. BGH. Bd. 2 S. 291.

[7]) Ueber den Begriff der Stauanlage s. SeuffA. Bd. 57 Nr. 66, RG. Bd. 49 S. 86.

schriften als maßgebend bezeichnet. Hierdurch wird bewirkt, daß die nach Landesgesetz vorgeschriebene obrigkeitliche Prüfung und Genehmigung eines Wassermotors sich als eine Unterart der Prüfung und Genehmigung darstellt, welche § 16 der GewO. für die dort aufgeführten gewerblichen Anlagen vorschreibt. Nach dem WBG. muß aber das Triebwerk und nicht bloß die mit ihm verbundene und ihm dienende Stauvorrichtung obrigkeitlich geprüft und genehmigt werden[1];

d) daß die gewerbliche Anlage unter Einhaltung der in der behördlichen Genehmigung gemachten Auflagen, durch welche eine Verminderung der betreffenden Einwirkungen bezweckt wird, errichtet worden ist[2].

Ist dem Betriebsunternehmer bei der Konzession die Einhaltung von Bedingungen auferlegt worden, so kann Klage erhoben werden, daß der Betriebsunternehmer die fernere Ueberschreitung der ihm seinerzeit auferlegten Konzessionsbedingungen unterläßt[3]. Handelt der Unternehmer den ihm auferlegten Konzessionsbedingungen zuwider, so haftet er insoweit nach den Grundsätzen der gewöhnlichen Eigentumfreiheitsklage. Dem Unternehmer liegt der Beweis ob, daß die Einwirkung durch eine konzessionierte Betriebshandlung herbeigeführt wird[4].

2. Es ist nun zu untersuchen, inwieweit § 26 der GewO. auf die einschlägigen Vorschriften des BGB. eingewirkt, bezw. was er von den hier gegebenen Ansprüchen übrig gelassen hat. Vor allem ist zu beachten, daß § 26 der GewO. lediglich zur Förderung des Gewerbebetriebs eingeführt wurde. Es wollte also nicht etwa gegen den Gewerbebetrieb ein Anspruch begründet werden, der nach den allgemeinen Vorschriften nicht bestehen würde. Der Anspruch, welcher zum Schutz des durch den Gewerbebetrieb belästigten Grundeigentümers durch die allgemeinen Normen gegeben ist, sollte in seinen Voraussetzungen nicht erleichtert werden[5].

Daß ein Anspruch auf Einstellung des Betriebes auf Grund des § 906 BGB. überhaupt nicht besteht, ist bereits ausgeführt worden[6]. Wenn aber nach § 907 BGB. ein Anspruch auf Beseitigung der ganzen Anlage besteht, so ist derselbe für die gewerblich konzessionierten Betriebe im Sinne des § 26 der GewO. und für Verkehrsunternehmungen im Sinne des Art. 80 AG. durch diese Bestimmungen ausgeschlossen. Es ist klar, daß, wenn § 26 der GewO. und der auf diesen verweisende Art. 80 AG. nicht einmal einen Anspruch auf Betriebseinstellung zuläßt, dadurch auch der

---

1) EntschOGH. Bd. 17 S. 19.
2) Vgl. SeuffA. Bd. 38 Nr. 159.
3) Reger, Entsch. Bd. 10 S. 385. — Landmann, GewO. Anm. 5 zu § 26.
4) Riehl bei Gruchot Bd. 51 S. 152.
5) Vgl. Mandry, Der zivilrechtliche Inhalt der RG. S. 370.
6) S. oben § 27 II 2a.

weitergehende Anspruch auf Beseitigung der Betriebsanlage entzogen ist[1]). Hiernach stellt sich die Rechtslage für die behördlich genehmigten gewerblichen Anlagen im Sinne des § 26 der GewO., und für die Verkehrsunternehmungen im Sinne des Art. 80 AG., wie folgt, dar:

a) Der allgemeine Anspruch[2]) auf Unterlassung der Beeinträchtigung auf Grund des § 906 BGB. fällt dann weg, wenn Einrichtungen, welche die benachteiligende Einwirkung ausschließen, untunlich sind. Denn wenn dies der Fall ist, dann könnte der Eigentümer nur durch Einstellung des Betriebes dem Anspruch auf Unterlassung gerecht werden. Gerade das soll aber von ihm nach § 26 der GewO. bezw. Art. 80 AG. nicht verlangt werden können. Aber auch die Herstellung solcher Einrichtungen, die mit einem gehörigen Betriebe des Gewerbes nicht vereinbar sind, soll nicht verlangt werden können und es ist daher der Anspruch auf Unterlassung der Beeinträchtigung auch dann versagt, wenn nur durch Herstellung solcher Einrichtungen die unzulässige Beeinträchtigung vermieden werden könnte. Sind aber Einrichtungen, welche die benachteiligenden Einwirkungen ausschließen, tunlich, so hat der Eigentümer des leidenden Grundstückes den Anspruch auf Unterlassung der Beeinträchtigung; er kann nicht verlangen, daß tatsächlich solche Einrichtungen getroffen werden[3]). Es bleibt dem Unternehmer überlassen, dem Anspruch auf Unterlassung der Beeinträchtigung auch durch Betriebseinstellung zu genügen. Sind Einrichtungen, welche die benachteiligende Einwirkung ausschließen, nicht tunlich, so kann der Eigentümer des leidenden Grundstückes doch auf die Unterlassung des Uebermaßes der benachteiligenden Einwirkungen klagen, um welches dieselben durch Herstellung der tunlichen Einrichtungen gemindert würden[4]).

b) Der allgemeine Anspruch auf Beseitigung der Anlage (§ 907 BGB.) fällt weg; an dessen Stelle tritt der Anspruch auf Herstellung der tunlichen Einrichtungen, welche die benachteiligenden Einwirkungen ausschließen. Der Nachbar braucht sich nicht damit zu begnügen, daß die Beeinträchtigung dadurch hintangehalten wird, daß der Nachbar den Betrieb einstellt. Er könnte jeden Augenblick doch wieder begonnen werden und gerade gegen solche Gefährdung wäre an sich der Anspruch auf Beseitigung gegeben, an dessen Stelle

[1]) Vgl. Turnau-Förster Anm. 1 zu § 907.

[2]) Nach § 51 GewO. kann die höhere Verwaltungsbehörde eine gewerbliche Anlage wegen überwiegender Nachteile und Gefahren für das Gemeinwohl jederzeit untersagen.

[3]) S. jedoch nachstehend unter b; es handelt sich hier nur um den nach Maßgabe des § 906 BGB. bestehenden Anspruch, während unter b der weitergehende Anspruch, der aus § 907 BGB. resultiert, erörtert wird.

[4]) SeuffA. Bd. 47 Nr. 285 (RG.). — Der infolge des Vorhandenseins der geminderten Beeinträchtigung erwachsende Minderwert des Hauses muß ersetzt werden. Vgl. EntschOGH. Bd. 6 S. 403. Vgl. unten c.

aber der mindere auf Herstellung von Einrichtungen tritt. Ist Ausschließung nicht möglich, so kann der Eigentümer des leidenden Grundstückes verlangen, daß Einrichtungen getroffen werden, welche die benachteiligenden Einwirkungen mindern. Der Anspruch auf Herstellung und Unterhaltung solcher Einrichtungen ist ein dauernder; er besteht solange, wie die beeinträchtigende Anlage. Daher ist die Klage nicht abzuweisen, wenn der Beklagte im Laufe des Rechtsstreits Vorrichtungen getroffen hat, welche die beeinträchtigenden Einwirkungen beseitigen [1]). Der Klageantrag und die Verurteilung dürfen nicht auf Herstellung konkret bestimmter Einrichtungen gerichtet werden, weil der Unternehmer in der Auswahl der ihm zu Gebote stehenden Schutzmaßregeln nicht beschränkt werden darf [2]). Dies bleibt der Zwangsvollstreckungsinstanz vorbehalten (§§ 887, 888 ZPO.) [3]).

Behauptet der Beklagte, daß die Herstellung von Einrichtungen, welche die benachteiligende Einwirkung ausschließen oder mindern, überhaupt nicht tunlich ist, so trägt er hierfür im Prozesse die Beweislast.

c) Anspruch auf Schadloshaltung. Es fragt sich nun, ob in jenen Fällen, in welchen auf Grund des § 26 der GewO. und des Art. 80 AG. der Anspruch auf Unterlassung der Beeinträchtigung in Wegfall gekommen ist, schlechtweg an dessen Stelle der im § 26 der GewO. bezw. Art. 80 AG. vorgesehene Anspruch auf Schadloshaltung tritt. An und für sich kann mit der actio negatoria ein Anspruch auf Schadensersatz nicht erhoben werden, vielmehr kann Schadensersatz nur im Falle eines Verschuldens in Gemäßheit der §§ 823 ff. BGB. verlangt werden [4]). Eine andere Beurteilung muß aber eintreten, wenn die actio negatoria zufolge der Bestimmungen des § 26 der GewO. und des Art. 80 AG. versagt. In diesem Falle bildet der Anspruch auf Schadloshaltung den Ersatz des durch diese Gesetzesbestimmungen in Wegfall gebrachten negatorischen Anspruchs. Der Anspruch auf Schadloshaltung kann daher keine anderen Voraussetzungen haben, als der durch ihn ersetzte negatorische Anspruch. Ein Verschulden ist hiernach nicht erforderlich [5]). Allein man muß den Begriff Schadloshaltung richtig auffassen und

---

[1]) RG. Bd. 36 S. 178; JW. 1896 S. 210 Nr. 37. — 1898 S. 610 Nr. 41.

[2]) RG. Bd. 36 S. 178.

[3]) Riehl bei Gruchot Bd. 51 S. 153; RG. Bd. 60 S. 120; SeuffA. Bd. 59 Nr. 21 (RG.).

[4]) S. unten § 29.

[5]) RG. Bd. 47 S. 98; JW. 1901 S. 11 Nr. 16; Gruchot Bd. 50 S. 412 (RG.). — Vgl. Maenner S. 165 Note 44; Bolze Bd. 17 Nr. 62 und dagegen: Endemann Bd. 2 S. 475 Note 57: „§ 26 der GewO. greift keineswegs der zivilrechtlichen Frage vor, ob stets eine Haftung auf Schadensersatz besteht.“ Richtig ist, daß für jene Fälle, in welchen nach dem allgemeinen Recht überhaupt keine Klage stattfand, durch § 26 auch keine andere begründet werden wollte; aber wo ein negatorischer Anspruch nach den allgemeinen Vorschriften besteht, der durch die spezielle Bestimmung des § 26 der GewO. bezw. Art. 80 AG. ausgeschlossen ist, tritt der Anspruch auf „Schadloshaltung“ an dessen Stelle.

dies geschieht nur dann, wenn man von der dem Anspruch zugewiesenen Funktion ausgeht, den negatorischen Anspruch zu ersetzen. Der Eigentümer soll dafür entschädigt werden, daß er die Einwirkungen dulden muß, die er an sich nicht zu dulden hätte. Nur hierfür soll er entschädigt werden. Diese Schadloshaltung begreift sonach lediglich den Minderwert[1]), den das Nachbargrundstück dadurch erleidet, daß es die unzulässige Einwirkung eben doch dulden muß. Weiter reicht der Anspruch auf Schadloshaltung, der an Stelle der actio negatoria eingeführt ist, nicht[2]). Werden z. B. durch die unerträglichen Schallwellen der auf dem Nachbargrundstück betriebenen Fabrik die Mieter vertrieben und wird dadurch das Grundstück entwertet, so ist der dadurch herbeigeführte Minderwert zu ersetzen. Wird aber infolge der unzulässigen Immission ein positiver Schaden, z. B. Zerstörung von Sachgütern, herbeigeführt, so muß nach den allgemeinen Grundsätzen entschieden werden, ob hierfür Ersatz zu leisten ist. Dasselbe gilt in dem oben erwähnten Falle für den Ausfall an Mietrente infolge des zeitweiligen Leerstehens der Wohnungen. Für diesen Anspruch auf Schadensersatz ist im Gegensatze zum Anspruch auf Schadloshaltung im oben dargelegten Sinne Verschuldung notwendige Voraussetzung. Man könnte zwar einwenden, daß nach Erhebung der actio negatoria auch ohne Verschulden ein Anspruch auf Schadensersatz besteht und sich daher der Nachbar durch Erhebung der negatorischen Klage den Anspruch auf Schadensersatz für die Zukunft sicher stellen kann, während andererseits der Nachbar, welchem durch § 26 der GewO. bezw. Art. 80 AG. der negatorische Anspruch entzogen ist, nicht in der Lage ist, durch Erhebung der Klage sich den Ersatz des künftig eintretenden Schadens zu sichern. Allein das ist eben eine notwendige Folge dieser Spezialbestimmungen und es muß bei Feststellung der Höhe des Anspruchs auf Schadloshaltung in Berücksichtigung gezogen werden, daß der Eigentümer des beeinträchtigten Grundstücks für alle Zukunft die Belästigung der Einwirkung selbst tragen muß, sofern nicht ein Ersatzanspruch auf Grund einer unerlaubten Handlung besteht. Eine

[1]) In SeuffA. Bd. 49 Nr. 236 ist eine Entscheidung des RG. mitgeteilt, durch welche eine Verurteilung zu 5% des Hauswertes gebilligt wird. Vgl. EntschOGH. Bd. 6 S. 403.

In den meisten Fällen wird die Verurteilung zu einer jährlichen Rente, welche für die Dauer des Beeinträchtigungszustandes zu zahlen ist, angezeigt sein, weil hierdurch auch die Möglichkeit des Fortfalls der Beeinträchtigung berücksichtigt wird.

[2]) Vgl. Gruchot Bd. 50 S. 412 (RG.): Die Voraussetzung eines Verschuldens entfällt nur insoweit, als die Schadensersatzklage die Klage auf Einstellung des Betriebes vertritt und darum nicht, soweit ein Ersatz für Schäden verlangt wird, die in der Vergangenheit liegen, die also mit der Klage auf Einstellung des Betriebes auch nicht verhindert worden wären, deren Ersatz vielmehr auch nur unter den allgemeinen Voraussetzungen des Schadensersatzes, regelmäßig also nur bei Verschulden, hätte gefordert werden dürfen. — Es wird also ein Ausgleich für künftige Schäden gewährt, weil der an sich zustehende Beseitigungsanspruch aus rechtlichen Gründen nicht durchführbar ist. Vgl. Bolze Bd. 2 Nr. 153, RG. Bd. 11 S. 80.

solche Gefährdung des Eigentums, gegen welche kein Rechtsbehelf gegeben ist, muß den Wert des Grundstücks herunterdrücken und der hierdurch herbeigeführte Minderwert, der unter Berücksichtigung aller Umstände nach freiem Ermessen abzuschätzen ist, muß für die Höhe des Anspruchs auf Schadloshaltung in Berücksichtigung gezogen werden.

Hieraus ergibt sich eine wichtige Konsequenz für die Beweislast. Derjenige, welcher den Anspruch auf Schadloshaltung im Sinne des § 26 der GewO. erhebt, muß beweisen, daß dessen Voraussetzungen gegeben sind. Mit anderen Worten, er muß nachweisen, daß der negatorische Anspruch infolge der Bestimmung des § 26 der GewO. bezw. des Art. 80 AG. in Wegfall gebracht ist, insbesondere auch, daß solche Einrichtungen, welche die Beeinträchtigung auf das zulässige Maß herabsetzen, nicht tunlich sind[1]). Anders natürlich, wenn ein Verschulden desjenigen vorliegt, der die Einwirkung zu vertreten hat; derselbe haftet dann nach Maßgabe der allgemeinen Vorschriften über unerlaubte Handlungen schlechtweg auf Schadensersatz. Auch nach einer in Gemäßheit der Grundsätze des § 26 der GewO. erfolgten Schadloshaltung haftet der Betriebsunternehmer auf Ersatz desjenigen durch eine nach § 906 BGB. unzulässige Einwirkung herbeigeführten Schadens, der ihm zum Verschulden anzurechnen ist. In dieser Beziehung wird insbesondere § 823 Abs. 2 BGB. in Betracht kommen.

Auch für die Verjährung des Anspruchs ist der Unterschied zwischen Schadloshaltung und Schadensersatz von Bedeutung. Der Anspruch auf „Schadloshaltung" in dem oben dargelegten Sinne unterliegt nach § 195 BGB. der regelmäßigen Verjährung von 30 Jahren, da der kein Verschulden voraussetzende Anspruch des § 26 GewO. und Art. 80 AG. mit einer unerlaubten Handlung nichts zu tun hat[2]). Der unabhängig hiervon bestehende, auf einem Verschulden beruhende Anspruch auf „Schadensersatz" verjährt dagegen in drei Jahren.

Der Anspruch auf Schadloshaltung in dem dargelegten Sinne kann nur für die von § 26 der GewO. und Art. 80 AG. betroffenen Betriebe in Betracht kommen. Wird z. B. ein ungewöhnlicher Lärm durch einen nicht konzessionierten Gewerbebetrieb verursacht, so kann beim Mangel eines Verschuldens des Betriebsunternehmers nur der negatorische Anspruch und nicht der Anspruch auf Schadloshaltung im Sinne des § 26 der GewO. erhoben werden. Es liegt also nicht im Belieben des beeinträchtigten Nachbars zu erklären, daß er die unzulässige Immission dulden wolle, dafür aber Schadloshaltung, d. i. Ersatz des durch die Duldung bewirkten Minderwertes seines Hauses, verlange[3]).

---

[1]) Vgl. Landmann GewO. Anm. 5 zu § 26. Es wird sich deshalb eine eventuale Kumulierung der beiden Ansprüche auf Unterlassung und Schadloshaltung für den Kläger empfehlen.

[2]) RG. Bd. 47 S. 99.

[3]) Vgl. Bolze Bd. 2 Nr. 154.

## § 29. Anspruch auf Schadensersatz.

I. Die Eigentumfreiheits- und Besitzstörungsklage selbst gehen nicht auf Schadensersatz [1]). Dabei ist der Unterschied zwischen Schadensersatzanspruch als dem Anspruch auf Wiederherstellung des früheren Zustandes [2]) und dem negatorischen und possessorischen Anspruch auf Beseitigung der noch vorhandenen Beeinträchtigung festzuhalten (s. oben § 27, II, 1). Der Unternehmer einer städtischen Gasanstalt haftet deshalb für den durch Bruch des Rohrnetzes entstandenen Schaden (z. B. Gasvergiftung eines Hausbewohners) nur im Falle seines Verschuldens [3]). Ob ein Schadensersatzanspruch wegen einer Beeinträchtigung des Eigentums oder Besitzes besteht, bemißt sich vielmehr nach den allgemeinen gesetzlichen Vorschriften. Ist hiernach ein Ersatzanspruch begründet, so steht nichts im Wege, ihn neben dem negatorischen oder possessorischen Anspruch in derselben Klage sogar ohne ziffernmäßige Angabe des Schadensbetrages zu erheben [4]).

In allen Fällen, in welchen Ersatz für einen Schaden begehrt wird, obliegt dem Kläger der Nachweis, daß der Schaden auf dasjenige Ereignis zurückzuführen ist, für das der Beklagte haftet (Kausalzusammenhang) [5]). In vielen Fällen handelt es sich hier um Fragen, die ganz besonders schwierig sind, bei deren Beantwortung der Richter aber immerhin nicht zu ängstlich zu Wege gehen darf. Der Umstand allein, daß ein Verhalten feststeht, das den Schaden herbeigeführt haben kann, begründet noch keine Vermutung, daß es den Schaden wirklich herbeigeführt hat [6]). Andererseits darf sich der Richter mit dem hohen Grade von Wahrscheinlichkeit begnügen, der dem Umfange der menschlichen Erkenntnis und den Erfahrungen entspricht und Wahrheit ist für ihn das, was er nach dem Stande der Wissenschaft und auf Grund der bisherigen Erfahrungen für Wahrheit halten darf [7]). So ist in der Rechtsprechung des Reichsgerichts mehrfach anerkannt, daß es, wenn die Wahrscheinlichkeit eines Ursachenzusammenhanges zwischen einem schadenbringenden Erfolge und einer gefährlichen Handlung gegeben ist, einer Aufklärung des Ursachenzusammenhanges in allen seinen Gliedern bis auf das erste durch die gefährliche Handlung gesetzte Glied nicht bedarf, sondern daß der Richter zur Annahme des Kausalzusammenhanges durch die

---

[1]) RG. Bd. 45 S. 300 Bd. 63 S. 374; SeuffA. Bd. 60 Nr. 218 (RG.); Recht 1906 S. 377 Nr. 940 (ObLG.); Werner im Recht 1904 S. 330 unter Widerlegung des gegenteiligen Urteils R. d. OLG. Bd. 7 S. 29 (Köln); Staudinger Bem. IV, 2, f, δ zu § 906 und dortige Nachweise.

[2]) Ueber die Art der Ersatzleistung s. unten I, 3.

[3]) RG. Bd. 63 S. 374. Ebenso beim Bruch eines Wasserleitungsrohres s. oben § 27, II, 1.

[4]) Puchelts Zeitschr. Bd. 32 S. 80 (RG.).

[5]) S. hierüber Staudinger Bd. 2 S. 34ff.

[6]) HansGZ. 1905 Beibl. 4 (Hamburg).

[7]) R. d. OLG. Bd. 2 S. 506. (Schädliche Raucheinwirkungen auf Waldungen.)

negative Feststellung gelangen kann, daß nach menschlicher Erfahrung mit Rücksicht auf die Sachlage, insbesondere den Grad der Gefährlichkeit eines Vorgangs eine Verursachung durch von anderer Seite gebotene Faktoren ausgeschlossen erscheint[1]).

Für den Anspruch auf Schadensersatz kommen insbesondere die Vorschriften über Haftung für Verzug und für unerlaubte Handlung in Betracht.

Nach § 286 BGB. hat der Schuldner dem Gläubiger den durch seinen Verzug entstehenden Schaden zu ersetzen. Ist der Pflichtige mit dem Anspruch auf Beseitigung der Beeinträchtigung (s. oben § 27, II, 1) in Verzug gesetzt (§§ 284, 286 BGB.) so ist er von da ab zum Ersatz des Schadens verpflichtet, der dem Eigentümer (Besitzer) durch die Fortdauer des Zustandes der Beeinträchtigung erwächst. Rücksichtlich des Anspruches auf Unterlassung weiterer Beeinträchtigung ist natürlich begriffgemäß ein Verzug ausgeschlossen[2]).

Wer vorsätzlich oder fahrlässig das Eigentum oder den Besitz[3]) eines anderen widerrechtlich verletzt, ist dem anderen zum Ersatz des daraus entstehenden Schadens verpflichtet (§ 823 Abs. 1 BGB.).

Die Verletzung kann nicht nur durch positives Handeln, sondern auch durch Unterlassung[4]) begangen werden, was insbesondere für die Fälle der fahrlässigen Rechtsverletzung von Bedeutung ist[5]).

1. Die erste Voraussetzung des § 823 Abs. 1 BGB. ist, daß die Verletzung widerrechtlich erfolgt ist. Demgemäß ist der Ersatzanspruch aus § 823 Abs. 1 BGB. wegen Verletzung des Eigentums insbesondere überall da versagt, wo dem Eigentümer durch die nachbarrechtlichen Gesetzesvorschriften das Recht, die fragliche Einwirkung zu verbieten, entzogen ist.

In einem Fabrikviertel ist gemäß § 906 BGB. eine starke Zuführung von Ruß zulässig. Wird durch den Ruß die Wäsche des Nachbars beschädigt, so fehlt es an der Widerrechtlichkeit dieser Einwirkung, auch wenn der Unternehmer die starke Zuführung von Ruß und selbst die Beschädigung der Wäsche vorausgesehen hat.

Die Besitzer der Wohnhäuser dürfen in denselben Feuerherde unterhalten; dabei kann es vorkommen, daß Funken auf das Strohdach des Nachbar-

---

[1]) RG. Bd. 8 S. 167, Bd. 10 S. 141 (Explosion einer Pulverfabrik als Folge der Nichtbeachtung polizeilicher Vorschriften); Bd. 2 S. 190, Bd. 15 S. 339, Bd. 29 S. 140 (Waldbrand); JW. 1903 S. 384, 1908 S. 197; ObLG. Neue Folge Bd. 2 S. 171.

[2]) Deshalb besteht auch nicht ohne weiteres eine Schadensersatzpflicht, wenn nach der Rechtshängigkeit des Unterlassungsanspruchs eine weitere Beeinträchtigung erfolgt. Vgl. dagegen Riehl bei Gruchot Bd. 51 S. 145, der bezüglich der nach der Klageerhebung erfolgten Störungen „ohne weiteres schon infolge prozeßrechtlicher Grundsätze" das Verschulden des Immittenten annimmt. Allein § 267 ZPO. verweist auf die Vorschriften des bürgerlichen Rechts und dieses enthält für den Fall des Anspruchs auf Unterlassung keine derartige Bestimmung (vgl. §§ 291, 292 BGB.).

[3]) RG. Bd. 59 S. 328; Recht 1905 S. 646 Nr. 2669 (Breslau).

[4]) Vgl. oben § 27, I, a.

[5]) M. Bd. 2 S. 727 (Mugdan Bd. 2 S. 406).

hauses fallen und dasselbe entzünden. Eine Eigentumsverletzung liegt vor, aber sie ist herbeigeführt durch eine Benützung des anderen Grundstücks, die nach den örtlichen Verhältnissen bei Grundstücken dieser Lage gewöhnlich ist[1]). Eine solche Einwirkung muß sich der Nachbar nach § 906 BGB. gefallen lassen. Der Besitzer des Hauses haftet aus § 823 Abs. 1 BGB. auch dann nicht[2]), wenn bei Anwendung eines Funkenfängers der Funkenauswurf verhütet worden wäre, soferne nicht bei Grundstücken jener Lage die Anwendung von Funkenfängern gewöhnlich ist[3]).

Der Eigentümer muß den Ueberbau unter gewissen Voraussetzungen dulden. Kraft dieser besonderen Bestimmung des § 912 BGB. wird der Ueberbauende von einer neben der Entschädigungsrente hergehenden Vertretung einer weniger als groben Fahrlässigkeit entbunden, aber nur insoweit, als fahrlässig die Grenze überschritten worden ist. Im übrigen bleibt er den allgemeinen gesetzlichen Bestimmungen unterworfen, hat daher nach diesen für schuldhafte Eingriffe in sonstige Rechte des Nachbars aufzukommen. Es kann daher ungeachtet des § 912 BGB. beim Vorliegen der Voraussetzungen des § 823 die Entfernung des Ueberbaues verlangt werden, wenn er auf den Fundamenten des Nachbarhauses aufgesetzt wird und dieses hierdurch Risse erhält oder gar einzustürzen droht[4]).

Das Bewußtsein der Rechtswidrigkeit ist zur Begründung der Schadensersatzpflicht nicht erforderlich.

2. Die Verletzung des Eigentums muß durch ein Verschulden des Einwirkenden[5]) herbeigeführt sein[6]). Dies ist der Fall, wenn die Eigentumsverletzung vorsätzlich oder fahrlässig erfolgt ist.

a) Unter Vorsatz versteht man die Voraussicht der Eigentums- oder Besitzverletzung, unter Fahrlässigkeit die Voraussehbarkeit derselben[7]). Nur auf die Eigentumsverletzung, nicht auf den durch diese herbeigeführten Schaden muß sich demnach die Schuld beziehen[8]).

Demnach genügt zum Vorsatz die Vorstellung des Erfolges (Eigentums- oder Besitzverletzung); nicht erforderlich ist, daß die

---

[1]) Vgl. unten S. 263 Anm. 2.

[2]) Dagegen kann unter Umständen die Haftung aus § 823 Abs. 2 BGB. bestehen, wenn durch Polizeivorschrift die Anwendung von Funkenfängern geboten ist. Darüber, daß zu den den Schutz eines anderen bezweckenden Gesetzen auch die Gesetze gehören, welche die Gesamtheit schützen sollen, herrscht Uebereinstimmung; a. M. nur Linckelmann, Schadensersatzpflicht S. 27. Vgl. unten S. 263 Anm. 2.

[3]) S. oben S. 106; vgl. übrigens unten S. 263 Anm. 2.

[4]) RG. Bd. 65 S. 74.

[5]) Ersatzpflichtig ist derjenige, welcher den Schaden herbeigeführt hat. Das ist der Störer in dem oben § 27, IV, 2 dargelegten Sinn. Der Beauftragte eines Dritten haftet neben dem Auftraggeber. Unter Umständen kann angenommen werden, daß den Beauftragten, der den Weisungen eines Dritten Folge geleistet hat, kein Verschulden trifft. Das ist Tatfrage. Der Pächter kann sich von der Schadensersatzpflicht für den dem Nachbargrundstück zugefügten Schaden nicht durch den bloßen Hinweis darauf befreien, daß er den Anordnungen des Verpächters Folge geleistet habe. Recht 1903 S. 18 Nr. 33 (RG.). Eine nominatio auctoris findet nicht statt, da sich die §§ 76, 77 ZPO. nur auf den negatorischen Anspruch beziehen.

[6]) Nach Art. 37 Abs. 5 WG. ist derjenige, welcher Abwässer, Fäkalien u. s. w. in Flüsse und Bäche einleitet, ohne Verschulden zum Ersatze des Schadens verpflichtet, der anderen an dem Wasser Berechtigten durch die Zuführung entsteht. S. darüber im Wasserrecht.

[7]) Liszt, Deliktsobligationen S. 54.

[8]) Liszt, Deliktsobligationen S. 28.

Verletzung gewollt wird; es genügt, wenn als notwendige oder doch mögliche[1]) Folge der Handlung die Verletzung des Eigentums oder Besitzes erkannt und gleichwohl die Handlung vorgenommen wird (Vorstellungstheorie)[2]).

---

[1]) Hiermit ist auch für das Zivilrecht der Begriff des dolus eventualis (Billigung des als möglich vorausgesehenen Erfolges) anerkannt. Liszt, Deliktsobligationen S. 55.

[2]) Liszt, Deliktsobligationen S. 55. — Es ist übrigens hervorzuheben, daß hier nur das gegen das Eigentum als solches gerichtete Delikt behandelt wird. Die Ersatzpflicht aus § 823 Abs. 2 BGB. beruht auf wesentlich anderer Grundlage. Es ist das Verdienst von Liszt, die unklare Bestimmung des § 823 Abs. 2 BGB. in scharfsinniger Weise klar gelegt zu haben. Während Abs. 1 des § 823 BGB. zur Voraussetzung hat, daß der Ersatzpflichtige die Eigentumsverletzung vorausgesehen hat (Vorsatz) oder doch voraussehen konnte (Fahrlässigkeit), ist die Voraussehbarkeit dieses Erfolges bei Abs. 2 des § 823 BGB. nicht erforderlich; vgl. JW. 1904 S. 408; hier genügt es, wenn ein den Schutz eines anderen bezweckendes Gesetz schuldhaft übertreten ist. Zu den den Schutz eines anderen bezweckenden Gesetzen gehören auch jene, welche die Gesamtheit schützen sollen, wenn sie nur daneben auch den Schutz des einzelnen bezwecken, Gruchot Bd. 52 S. 1008 (RG.); vgl. RG. Bd. 59 S. 237; JW. 1904 S. 554 und andererseits JW. 1905 S. 142; RG. Bd. 63 S. 329. Näheres über diese Frage s. bei Staudinger Bem. III, A, 2 zu § 823 und dortige Nachweise. So z. B. die mannigfaltigen Vorschriften des Polizeirechts, welche die Sicherheit der Personen und Sachgüter vor Gefährdung schützen sollen. Auch die auf Grund einer gesetzlichen Delegation erlassenen ortspolizeilichen Vorschriften erfüllen den Begriff des Gesetzes. Auch privatrechtliche Vorschriften können Schutzgesetze im Sinne des § 823 Abs. 2 BGB. sein, so z. B. das Verbot der Vertiefung eines Grundstückes in einer Weise, daß hierdurch dem Nachbargrundstück die erforderliche Stütze entzogen wird (§ 909 BGB.; JW. 1900, Beil. S. 231). In allen diesen Fällen bezieht sich das Verschulden nur auf die Willensbetätigung (mit Einschluß der Unterlassung), in welcher die Uebertretung des Schutzgesetzes gelegen ist; es braucht also Vorsatz oder Fahrlässigkeit nur in Beziehung auf das, was gegen Verbot getan oder gegen Gebot unterlassen wurde, vorzuliegen (vgl. Liszt, Deliktsobligationen S. 34; Kuhlenbeck Bem. 11 zu § 823; Oertmann Bem. 4 zu § 823; RG. Bd. 38 S. 272; JW. 1902 S. 11 (RG.); SeuffA. Bd. 59 Nr. 204 (Bamberg)). Ein Beispiel wird den Unterschied klar machen. In der Mitte eines größeren unbebauten Areals liegt ein Fabrikanwesen, aus dessen Kaminen ein starker Funkenregen ausgeworfen wird. Mit Rücksicht darauf, daß der Abstand von der Grenze ringsum ein großer ist, kann der Unternehmer auch bei Anwendung der im Verkehr erforderlichen Sorgfalt nicht voraussehen, daß ausströmende Funken auf fremde Grundstücke niederfallen könnten. Nach § 823 Abs. 1 BGB. würde der Unternehmer nicht haften, wenn gleichwohl durch einen Sturmwind ein Funke auf das Strohdach des Nachbarhauses getragen würde. Wenn aber eine Polizeivorschrift besteht, wonach Fabrikschlöte mit Funkenfängern versehen sein müssen, so haftet der Unternehmer aus § 823 Abs. 2 BGB., wenn nur die Zuwiderhandlung gegen das Gesetz vorsätzlich oder fahrlässig erfolgt ist und bei Befolgung der Polizeivorschrift der Schaden nicht eingetreten wäre. Für das Verschulden ist keineswegs erforderlich, daß der Unternehmer die betreffende Polizeivorschrift gekannt hat. Das erforderliche Verschulden fehlt dagegen z. B. dann, wenn der Unternehmer die Ersetzung des alten Funkenfängers angeordnet und der Gewerbsmeister ohne Wissen des Unternehmers den alten Funkenfänger abgenommen hat, bevor der neue zum Ersatz bereit war. Hier trifft den Unternehmer kein Verschulden und keine Ersatzpflicht, wenn in der Zwischenzeit durch ausströmende Funken ein Schaden angerichtet wurde.

Wenn aber das zum Schutze eines anderen erlassene Gesetz nicht eine Handlung schlechthin verbietet, sondern nur insoweit, als sie einen gewissen Erfolg, insbesondere eine schädliche Wirkung mit sich bringt, so daß dem Ermessen des Han-

Fahrlässigkeit im Sinne der Vorhersehbarkeit des Erfolges ist gegeben, wenn der Handelnde (Unterlassende) bei Anwendung der im Verkehr erforderlichen Sorgfalt die Eigentumsverletzung voraussehen konnte. Ob im gegebenen Falle die im Verkehr erforderliche Sorgfalt angewendet wurde, ist nach objektivem Maßstab zu beurteilen. Ob aber der Handelnde unter der Unterstellung, daß er diese Sorgfalt angewendet hat, auch in der Tat den Erfolg, welcher die Eigentumsverletzung darstellt, voraussehen konnte, ist unter Berücksichtigung der Individualität des Handelnden, also nach subjektivem Maßstab, zu bestimmen [1]). Hervorzuheben ist, daß sich das Verschulden nur auf die Verletzung des Eigentums oder Besitzes, nicht auf den durch diese herbeigeführten Schaden beziehen muß [2]). Die tatsächlichen Voraussetzungen der Eigentumsverletzung müssen sämtlich voraussehbar gewesen sein, während das Bewußtsein, daß diese Voraussetzungen eine Verletzung des Eigentums erfüllen, nicht erforderlich ist.

Bei einem Schadensersatzanspruch wegen unzulässiger Immissionen (§ 906 BGB.) ist daher zur Begründung desselben, insoweit er lediglich aus § 823 Abs. 1 BGB. abgeleitet werden will [3]), erforderlich, daß der Immittent bei Anwendung der im Verkehr erforderlichen Sorgfalt erkennen konnte, einmal, daß überhaupt eine Immission, d. h. eine Einwirkung auf das Nachbargrundstück, eintreten könne, ferner, daß diese Einwirkung, sei es für sich allein oder durch ihre zu gewärtigende Wiederholung oder ihr Zusammenwirken mit anderen Immissionsquellen die Benützung des Nachbargrundstückes wesentlich beeinträchtigen könne [4]) und durch eine Benützung seines Grundstückes

---

delnden in dieser Richtung ein Spielraum bleibt, so liegt ein Verschulden bei Nichtbeobachtung des Gesetzes nicht vor, wenn der Handelnde mit Fug und Recht glauben konnte, daß seine Handlung nicht schädigend wirken könne (RG. Bd. 38 S. 272). Deshalb trifft bei Zuwiderhandlungen gegen das Verbot des § 909 BGB. den Täter nur dann eine Ersatzpflicht, wenn er bei sorgfältiger Prüfung hätte voraussehen können, daß durch die Vertiefung das Nachbargrundstück die erforderliche Stütze verlieren würde (s. oben S. 127 ff.).

[1]) Liszt, Deliktsobligationen S. 55.

[2]) Liszt, Deliktsobligationen S. 28.

[3]) Vgl. z. B. Schadensersatzanspruch wegen Schädigung eines Gartenwirtschaftsbetriebs durch vorübergehende üble Gerüche RG. Bd. 47 S. 250. Ueber den Ersatzanspruch aus § 823 Abs. 2 BGB. s. S. 263 Anm. 2.

[4]) In diesem Falle muß die Beeinträchtigung der Benützung als Folge der Eigentumseinwirkung erkennbar sein; denn ohne diese Beeinträchtigung liegt keine Eigentumsverletzung vor und die Verletzung des Eigentums muß voraussehbar gewesen sein. Wenn an die Fabrik ein Grundstück anstößt, auf welchem sich ein Wohngebäude mit einem Hausgarten befindet und von der Fabrik Dämpfe auf das Nachbargrundstück ausgeströmt werden, so ist es zur Begründung der Ersatzpflicht aus § 823 Abs. 1 BGB. für die durch die Dämpfe herbeigeführte Beschädigung der Bäume erforderlich, daß der Fabrikunternehmer diese nachteilige Einwirkung der Dämpfe auf Pflanzen hätte erkennen können. Man wird aber dem Fabrikherrn, der weiß, daß die Dämpfe in den Garten eindringen, zur Pflicht machen müssen, sich sorgfältigst (ev. bei Sachverständigen) zu erkundigen, ob die ihm bekannte Einwirkung den fremden Bäumen schädlich ist.

herbeigeführt wird, die nach den örtlichen Verhältnissen bei Grundstücken dieser Lage außergewöhnlich ist.

b) Eine weitere Voraussetzung des Schuldmomentes ist, daß der Einwirkende in der Lage gewesen sein muß, den Eingriff zu unterlassen. Ob dies der Fall ist, muß nach allgemeinen wirtschaftlichen Grundsätzen beurteilt werden. Bei einer Kollision der Interessen ist nach richterlichem Ermessen abzuwägen, ob das Interesse an der Handlung so groß ist, um dieselbe trotz der Gefahr einer möglichen Verletzung der rechtlich geschützten Interessen Dritter zu rechtfertigen. Hierbei ist auch auf die Größe der bedrohten Interessen Dritter Gewicht zu legen.

In Anwendung dieser Grundsätze hat das Reichsgericht mit Recht ausgesprochen, es lasse sich keineswegs anerkennen, daß der Betrieb einer Eisenbahn schon an sich notwendig eine schuldhafte Handlung darstelle, weil der Unternehmer erkenne oder doch erkennen könne, daß die der Lokomotive entströmenden Funken einen Brand herbeizuführen vermögen; denn alle Verschuldung beruhe ihrem letzten Grund nach auf einem Willensfehler in der Richtung, daß der Täter freiwillig eine schädigende Handlung vorgenommen habe, obwohl er bei Anwendung der gewöhnlichen Sorgfalt und Vorsicht den eingetretenen Erfolg als eine mögliche Folge seiner Handlung hätte vorhersehen können; der Täter müsse daher in der Lage gewesen sein, die schädigende Handlung vorzunehmen oder zu unterlassen. Es bedürfe aber keiner Ausführung, daß nach den Gründen, welche den Staat zur Genehmigung einer Eisenbahn bezw. zum eigenen Betriebe einer Eisenbahn veranlassen, der Betrieb als ein willkürlicher in dem hervorgehobenen Sinne nicht aufgefaßt werden könne. Von Annahme einer Verschuldung im technischen Sinne müsse daher abgesehen werden, wenn durch die dem Betriebe eigenen besonderen Gefahren ein Schaden entstehe, welchen der Unternehmer als eine mögliche Folge des Betriebes und jener Gefahren vorhersehen konnte[1]).

Mit anderen Worten, es wäre ein Verschulden vorhanden, wenn nicht der Betrieb notwendig wäre[2]). Dies gilt in gleicher Weise für alle gefährlichen Betriebe, die wirtschaftlich notwendig sind. Man denke an eine Pulverfabrik und die Gefahr einer Explosion derselben[3]).

Dabei ist aber immer zu prüfen, ob und inwieweit der Eingriff trotz Notwendigkeit des Betriebs zu verhüten gewesen wäre; denn insoweit ist eben der Betrieb in dieser Art nicht notwendig. Der Unternehmer muß also alle jene Einrichtungen und Vorkehrungen

---

[1]) RG. Bd. 17 S. 103.

[2]) Vgl. Rümelin, Kulpahaftung und Kausalzusammenhang im ArchZivPrax. Bd. 88 S. 295 u. 303.

[3]) Auch hier ist Verschulden Voraussetzung der Schadensersatzpflicht. Ist aber dasselbe bewiesen, so tritt für den Beweis des ursächlichen Zusammenhangs zwischen Verschulden und Schaden eine Erleichterung ein. Vgl. RG. Bd. 10 S. 143 und oben S. 260.

treffen, die nach dem jederzeitigen Stande der Erfahrung und Technik zur Hintanhaltung einer Schadenszufügung gegeben und mit einem gehörigen Betriebe vereinbar sind.

So muß der Eisenbahnunternehmer die Schlöte der Lokomotive mit Funkenfängern versehen, für einen ordnungsgemäßen Aschenkasten sorgen und diese und die anderen erforderlichen Einrichtungen in ordnungsgemäßem Zustande erhalten.

Es ist Sache des Unternehmers darzutun, daß der Betrieb in der gegebenen Art unvermeidbar gewesen ist; deshalb ist beim Vorhandensein der übrigen Voraussetzungen des Verschuldens dasselbe nur dann als ausgeschlossen zu erachten, wenn der Unternehmer beweist, daß er zur Verhütung der unzulässigen Einwirkung das Menschenmögliche vorgekehrt hat.

Gelingt dem Unternehmer dieser Beweis, so kann er für die durch den unvermeidbaren Funkenauswurf der Lokomotive herbeigeführte Beschädigung von Sachgütern[1]) überhaupt nicht haftbar gemacht werden. Die gegenteilige Ansicht ist weder nach bisherigem, noch nach jetzigem Rechte haltbar.

Zwar ist die Zuführung von Lokomotivfunken eine unzulässige Immission im Sinne des § 906 BGB. Denn der Eisenbahnbetrieb ist wohl nie eine bei den Grundstücken jener Lage gewöhnliche Art der Benützung, weil nur wenige Grundstücke eines räumlich abgegrenzten Komplexes von dem Schienenstrang geschnitten werden; auf der anderen Seite wird durch den Funkenauswurf wohl regelmäßig die Benützung der davon betroffenen Grundstücke wesentlich beeinträchtigt, auch wenn gerade nicht ein Funkenregen niedergeht; denn immerhin findet bei der Regelmäßigkeit des Eisenbahnbetriebs eine Wiederholung statt und die Gefährdung ist eine sehr erhebliche. Inwieweit die Eigentumfreiheitsklage gegenüber dem Eisenbahnbetrieb durch Art. 80 AG. entzogen bezw. modifiziert ist, wurde bereits oben dargelegt[2]); hier ist nur daran zu erinnern, daß auf Einstellung des Betriebs nicht geklagt werden kann und daß der als Ersatz verliehene Anspruch auf Schadloshaltung für die damit unter Umständen verbundene Duldungspflicht der an sich unzulässigen Immissionen nur den hierdurch herbeigeführten Minderwert des Grundstücks, nicht aber den Ersatz für Zerstörung von Sachgütern umfaßt[3]).

3. Anlangend die Art der Ersatzleistung, so bestimmt § 249 BGB.: Wer zum Schadensersatze verpflichtet ist, hat den Zustand herzustellen, der bestehen würde, wenn der zum Ersatz verpflichtende Umstand nicht eingetreten wäre. Ist wegen Verletzung einer Person oder wegen Beschädigung einer Sache Schadensersatz zu leisten, so kann der Gläubiger statt der Herstellung den dazu erforderlichen Geldbetrag verlangen.

---

[1]) S. jedoch für Eisenbahnbetrieb auf öffentlichen Straßen Art. 58 AG. Bei Verletzungen von Personen greift das Reichshaftpflichtgesetz ein.

[2]) S. oben § 28.

[3]) S. oben § 28, 2, c.

Soweit die Herstellung nicht möglich oder zur Entschädigung des Gläubigers nicht genügend ist, hat der Ersatzpflichtige nach § 251 Abs. 1 BGB. den Gläubiger in Geld zu entschädigen. Nach § 251 Abs. 2 BGB. kann der Ersatzpflichtige den Gläubiger in Geld entschädigen, wenn die Herstellung nur mit unverhältnismäßigen Aufwendungen möglich ist.

Es kommt nur der Schaden in Betracht, welcher durch eine bereits vollzogene Eigentumsverletzung erwachsen ist oder noch erwachsen wird[1]). Eine Klage auf Ersatz des Schadens, der durch künftige Eingriffe in das Eigentum erwachsen wird, ist höchstens als Feststellungsklage und ohne ziffernmäßigen Schadensbetrag, nicht aber als Leistungsklage zulässig. Wenn z. B. infolge des unerträglichen Lärmes eines Fabrikbetriebes die Mieter des Nachbarhauses ausgezogen sind, so ist auch der durch den künftigen Mietsausfall erwachsende Schaden durch die bereits eingetretenen Verletzungen des Eigentums verursacht[2]). Insoweit aber der Mietwert der Wohnungen mit Rücksicht darauf herabgedrückt ist, daß die Immissionen fortdauern und auch für die Zukunft zu erwarten sind, kann dem Eigentümer nicht etwa eine dauernde Rente oder gar ein Kapitalsbetrag als Ausgleich für diesen künftigen Mindererträg zugebilligt werden[3]). Denn mit Sicherheit steht weder fest, daß die Eigentumsverletzungen in Zukunft fortdauern, noch auch, daß der durch die Verletzungen zugefügte Schaden in Zukunft der gleiche bleiben wird[4]). Es kann die Fabrik, welche den Lärm hervorruft, verlegt werden oder der Lärm durch technische Neuerungen auf ein erträgliches Maß herabgesetzt werden; es kann aber auch auf dem bisher beeinträchtigten Nachbargrundstücke eine Fabrik erbaut werden, deren Benützung durch den vom Nachbargrundstück kommenden Lärm gar nicht beeinträchtigt wird, oder es kann das ganze Viertel zu einem Industrieviertel werden, in welchem die bisher unzulässige Immission infolge dieser Aenderung schlechtweg zulässig ist. Nur in jenen Fällen, in welchen der negatorische Anspruch schlechtweg entzogen und durch den Anspruch auf „Schadloshaltung" ersetzt ist (gegenüber gewerblich konzessionierten Anlagen und Verkehrsunternehmungen), ist ein Ersatz des Minderwertes zu leisten, den das Nachbargrundstück dadurch erleidet, daß es die an sich unzulässigen künftigen Einwirkungen dulden muß (s. darüber oben § 28, 2, c).

4. Das konkurrierende Verschulden des Beschädigten ist in Gemäßheit des § 254 BGB. zu berücksichtigen. Dem durch die unzulässigen Einwirkungen beeinträchtigten Nachbar kann aber nicht an-

---

[1]) Riehl bei Gruchot Bd. 51 S. 148.

[2]) Vgl. Riehl bei Gruchot Bd. 51 S. 150.

[3]) Riehl bei Gruchot Bd. 51 S. 147. Eine Kapitalabfindung würde im Fall der Veräußerung gar nicht demjenigen zukommen, der den Schaden hat. Vgl. SeuffA. Bd. 54 Nr. 212 (Braunschweig).

[4]) Vgl. Riehl bei Gruchot Bd. 51 S. 147.

gesonnen werden, daß er seinerseits auf seinem Grundstücke Einrichtungen treffen muß, welche die Schädlichkeit der Einwirkungen von vornherein abwenden oder mildern. So kann dem beeinträchtigten Eigentümer nicht entgegengehalten werden, daß er durch einen sogen. Schutzstreifen seinen Wald vor Inbrandsetzung durch Lokomotivfunken hätte sichern sollen[1]) oder daß die Erschütterungen des benachbarten Stanzmaschinenbetriebs nur deshalb den Einsturz seines Hauses herbeiführten, weil dasselbe zu leicht gebaut war[2]). Wenn freilich zur Zeit der Errichtung des Hauses dessen Eigentümer erkennen mußte, daß es den Einwirkungen des schon vorhandenen benachbarten Stanzbetriebes nicht standhalten könne, wird § 254 BGB. anzuwenden sein. Der Eigentümer hätte in solchem Fall dem Haus eine festere Konstruktion geben müssen; den Mehraufwand hätte ihm der Immittent ersetzen müssen. Wer ungeachtet des übermäßigen Rußes der benachbarten Fabrik seine Wäsche zum Trocknen aufhängt, wird sich die Anwendung des § 254 BGB. gefallen lassen müssen; er hätte die Wäsche auf eine Bleiche verbringen und den hiermit verbundenen Aufwand beanspruchen sollen[3]).

5. Die an für sich auch hier zulässige compensatio lucri cum damno kann nicht dazu führen, daß gegenüber dem Schaden, der durch die unzulässige Einwirkung (z. B. Immissionen) entstanden ist, der Gewinn aufgerechnet wird, der dem Eigentümer durch die Anlage der einwirkenden Fabrik und die dadurch hervorgerufene Hebung der Industrie in der fraglichen Gegend erwachsen ist. Denn der Gewinn beruht in diesem Falle nicht auf demselben Ereignisse, das den Schaden verursacht hat[4]).

II. Schon für das bisherige Recht ist der Satz aufgestellt worden, daß eine im Gewerbebetrieb erfolgte Betriebshandlung, welche ihrer Natur nach das Eigentum Dritter gefährdet, während der Eigentümer auf Einstellung des mit obrigkeitlicher Genehmigung unternommenen Betriebes nicht klagen kann, allemal zum Schadensersatz verpflichte; der jedem Eigentümer gebührende Rechtsschutz fordere notwendig die Anerkennung der Verantwortung des Unternehmers[5]) eines solchen Betriebs für seine Betriebshandlungen als Korrelat seiner Befugnis zu den gefährdenden Handlungen; die Ablehnung der Verantwortung würde zu einer Beschränkung des Eigentums führen, welche dem gemeinen Rechte fremd sei[6]).

---

[1]) Recht 1902 S. 589 (Stettin). Vgl. dagegen Kehßner, Recht 1904 S. 619.

[2]) Vgl. EntschOGH. Bd. 17 S. 19; Bolze Bd. 10 Nr. 67.

[3]) Der negatorische Anspruch bleibt natürlich unberührt vgl. oben S. 100, 101.

[4]) Riehl bei Gruchot Bd. 51 S. 146.

[5]) Als haftbarer Betriebsunternehmer ist im Einklang mit dem Sprachgebrauch des Reichshaftpflichtgesetzes und der Unfallversicherungsgesetze derjenige anzusehen, für dessen Rechnung der Betrieb erfolgt. (Vgl. RG. Bd. 1 S. 280; Bd. 12 S. 145; Bd. 38 S. 92).

[6]) So für das gemeine Recht RG. Bd. 17 S. 103; JW. 1892 S. 186 Nr. 22; Gruchot Bd. 46 S. 1009; für das preußische Recht RG. Bd. 7 S. 265; Gruchot Bd. 36 S. 459; JW. 1892 S. 379 Nr. 34, 1894 S. 30 Nr. 93.

Dieser Beweisführung, welche auch für das neue Recht beibehalten wurde [1]), kann nicht beigepflichtet werden; denn sie beruht lediglich auf Zweckmäßigkeitsgründen, welche de lege ferenda beherzigenswert, nicht aber für das objektive Recht ausschlaggebend sein können. Gewiß ist richtig, daß eine derartige Beschränkung des Eigentums dem gemeinen Rechte fremd ist und dies ist in gleicher Weise auch für das BGB. zutreffend; nach gemeinem Recht wie nach BGB. könnte der Eigentümer die Unterlassung der Beeinträchtigung verlangen. Hier aber hat § 26 der GewO. und Art. 80 AG. eingegriffen, indem diese Gesetzesbestimmungen den Anspruch auf Einstellung des Betriebes versagen. Läßt sich die Einwirkung eben nicht anders als durch Einstellung des Betriebes beseitigen, so muß der Eigentümer die Beeinträchtigung dulden. Gibt ihm das bisherige bezw. neue Recht nur den Anspruch auf Unterlassung der Beeinträchtigung, nicht auch den auf Schadensersatz, so hat der Eigentümer, wenn der erstere Anspruch wegfällt, eben gar keinen Anspruch bezw. nur den als Ersatz des weggefallenen negatorischen Anspruchs verliehenen Anspruch auf Schadloshaltung, der keineswegs so weit geht als ein Schadensersatzanspruch [2]). Das mag zu unerträglichen Konsequenzen führen; diese zu beseitigen ist Sache des Gesetzgebers. Tatsächlich hat der Gedanke, daß die Unternehmer gewisser Betriebe für allen Schaden haften müssen, der durch den Betrieb auf Grund der mit ihm verbundenen eigentümlichen Gefährdung (spezifischen Gefahr) einem anderen zugefügt wird, in verschiedenen Spezialvorschriften die gesetzgeberische Sanktion erhalten; so insbesondere in dem Reichshaftpflichtgesetze vom 7. Juni 1871 für den Betrieb einer Eisenbahn im Fall der Tötung und Körperverletzung einer P e r s o n, in Art. 58 AG. bei Benützung öffentlicher Straßen oder Plätze zum Betrieb einer Eisenbahn im Fall der Beschädigung einer S a c h e und in noch weiterem Umfang durch das Reichsgesetz vom 6. Juli 1884 über die Unfallversicherung.

---

[1]) JW. 1904 S. 360; 1905 S. 131; Gruchot Bd. 45 S. 1018; RG. Bd. 58 S. 134, Bd. 59 S. 328, Bd. 60 S. 7 und 138; Recht 1904 S. 617 (RG.) und Staudinger Bem. IV, 2, f, δ zu § 906 nebst dortigen Nachweisen. Die oben angeführten Entscheidungen haben zumeist Beschädigungen durch Funkenfall aus Eisenbahnlokomotiven zum Gegenstand. R. d. OLG. Bd. 12 S. 123 wendet den Grundsatz des RG. Bd. 58 S. 134 (Ersatzpflicht für Funkenfall einer Eisenbahn ohne Verschulden) auf den Schaden an, der durch die Explosion einer polizeilich genehmigten Gasbereitungsanstalt entstanden ist. RG. Bd. 63 S. 374 hat diese Entscheidung aufgehoben, weil die Versorgung einer Stadt mit Gas bei ordnungsgemäßem Betriebe nur beim Eintritt von Zufällen einen Schaden anrichten könne, mithin ein ganz anderer Tatbestand vorliege. In Wahrheit scheut ssch eben das RG. die Konsequenz aus dem von ihm aufgestellten Rechtssatz zu ziehen. Wie recht hat Fuld, Puchelts Zeitschr. 1905 S. 616 ff., gehabt, wenn er darauf hinwies, daß die Anerkennung der allgemeinen Geltung des vom RG. aufgestellten Satzes auf erhebliche Bedenken stoße. Das RG. selbst legt hierfür Zeugnis ab. Vgl. auch Recht 1908 S. 201 Nr. 1200 (Sprengung durch Pioniere).

[2]) S. oben § 28, 2, c.

**Aber nach der Ordnung, welche das Bürgerliche Recht durch das BGB. erfahren hat, handelt es sich dabei um Ausnahmen von dem sonst als allgemein maßgebend anerkannten Verschuldungsprinzipe; es ist nicht etwa angängig, die Anwendungsfälle der Spezialgesetze auf ein gemeinsames höheres und daher allgemein gültiges Prinzip — das sogen. Verursachungs- oder doch wenigstens Gefährdungsprinzip[1]) — zurückzuführen[2]).**

**Dieser Standpunkt ist im Prinzip auch bei der Beratung des BGB. ausdrücklich anerkannt worden.**

Zur Haftung des Geschäftsherrn für Angestellte war ein Antrag eingebracht worden, wonach derjenige, der ein Gewerbe betreibt, für den Schaden haften sollte, welchen sein Angestellter oder Arbeiter in Ausführung der ihm gewerblich übertragenen Verrichtungen einem Dritten widerrechtlich zufügt. Zur Begründung dieses Antrages wurde u. a hervorgehoben[3]):

Es genüge für das heutige Rechtsbewußtsein nicht, den Unternehmer eines Erwerbsgeschäftes nur für die Beschädigungen, welche sein Vertreter oder Betriebsleiter einem Dritten zufüge, verantwortlich zu machen. Der industrielle Betrieb habe im Vergleich zu früheren Zeiten im letzten Jahrhundert eine ungeahnte Entwickelung genommen, welche das bisherige Recht nicht habe voraussehen können. Mit der Art der einzelnen Betriebe seien zahlreiche zuvor unbekannte Gefahren verbunden, die sich bei der zunehmenden Dichtigkeit der Bevölkerung noch erheblich steigerten. Man habe bisher nicht daran gedacht, eine Ausgleichung der durch derartige Betriebe hervorgerufenen Schädigungen vorzunehmen, man habe den Beschädigten die Nachteile wie einen unglücklichen Zufall tragen lassen, ohne Rücksicht darauf, ob er sie ertragen könne oder nicht. Den Ausgangspunkt müsse der volkswirtschaftliche Grundsatz bilden, daß jedes Gewerbe diejenigen Lasten auf sich zu nehmen habe, die in der Eigenart seines Betriebes liegen. Diese Tendenz verfolge auch die neuere sozialpolitische Gesetzgebung. Schäden, die öfter wiederkehrten, seien nicht als Zufall, sondern als eine Eigentümlichkeit des Unternehmens aufzufassen und müßten aus dem Unternehmen gedeckt werden.

Die Mehrheit lehnte jedoch diesen Antrag ab, wobei besonders folgende Erwägungen maßgebend waren[4]):

Der Antrag enthalte allerdings insoweit ein berechtigtes Element, als er auf dem Gedanken beruhe, daß derjenige, der die Vorteile eines Unternehmens genieße, auch für die Schäden, welche daraus für Dritte entstünden, aufzukommen habe[5]); aber im Rahmen des BGB. lasse sich dieser Gedanke nicht ausgestalten; das könne nur auf dem Wege der Spezialgesetzgebung geschehen, die allein imstande sei, allen in Betracht kommenden Rücksichten, besonders auch den in Betracht kommenden technischen Fragen, Rechnung zu tragen.

In der Reichstagskommission war der Antrag gestellt, die nach dem Reichshaftpflichtgesetz begründete Haftung auszudehnen auf Tötungen und Körperverletzungen infolge von Dampfschiffahrt und anderen Unternehmungen, bei welchen ein Dampfkessel oder ein durch elementare Kraft bewegtes Trieb-

---

[1]) Rümelin im ArchZivPrax. Bd. 88 S. 285 ff., 295.

[2]) Endemann Bd. 1 § 130, 3.

[3]) KommProt. S. 2781 (Mugdan Bd. 2 S. 1093).

[4]) KommProt. S. 2785 (Mugdan Bd. 2 S. 1094).

[5]) Man hat diesen Gedanken anderwärts als das Prinzip des aktiven Interesses bezeichnet, womit gesagt sein soll, daß, wer im eigenen Interesse aktiv wird, den entstehenden Schaden auf sich nehmen muß. Vgl. A. Merkel, Enzyklopädie §§ 664 ff.; R. Merkel, Die Kollision rechtmäßiger Interessen und die Schadensersatzpflicht bei rechtmäßigem Handeln.

werk zur Verwendung kommt oder Explosivstoffe hergestellt werden. Nachdem regierungsseitig eingewendet worden war, daß die Frage, wie weit die Grundsätze des Haftpflichtgesetzes auszudehnen seien, eine ausführliche Prüfung durch technische Sachverständige erfordere und nur auf Grund eines umfangreichen Materials stattfinden könne, wurde der Antrag mit großer Majorität abgelehnt[1]).

Während der erste Entwurf die Verursachungshaftung prinzipiell anerkannte und noch der Entwurf zweiter Lesung[2]) die Verursachungshaftung von dem richterlichen Ermessen abhängig machte, ist das Verursachungsprinzip durch den Bundesrats eliminiert worden und die Versuche, welche in der Kommission des Reichstags gemacht wurden, um eine ähnliche Bestimmung wieder hereinzubringen, sind gescheitert.

Es geht daher nicht an, dieses Verursachungs- bezw. Gefährdungsprinzip durch eine auf Zweckmäßigkeitsgründen beruhende Argumentation ohne gesetzliche Stütze in das Gesetz hineinzutragen[3]).

III. Eine singuläre Ersatzpflicht gilt auf Grund des bayer. **Feldschadengesetzes** vom 6. März 1902 (GVBl. 1902 S. 99ff.) für den Fall, daß bestimmte Arten von Haustieren auf fremde[4]) Grundstücke[5]) übertreten. Als Uebertreten gilt auch das Reiten und Fahren. Dieser Ersatzanspruch richtet sich gegen den Tierhalter[6]) und ist niemals von dem Nachweis eines Verschuldens und regelmäßig[7]) nicht einmal vom Nachweis eines wirklichen Schadens abhängig (Art. 1 Feldschadenges.).

---

[1]) Reichstagskommissionsbericht S. 108 (Mugdan Bd. 2 S. 1300).

[2]) § 752 des II. Entwurfes bestimmte, daß derjenige, der für einen von ihm verursachten Schaden deshalb nicht verantwortlich ist, weil ihm Vorsatz oder grobe Fahrlässigkeit nicht zur Last fällt, gleichwohl den Schaden insoweit zu ersetzen hat, als die Billigkeit nach den Umständen des Falls, insbesondere nach den Verhältnissen der Beteiligten eine Schadloshaltung erfordert und ihm nicht die Mittel entzogen werden, deren er zum standesgemäßen Unterhalte sowie zur Erfüllung seiner gesetzlichen Unterhaltspflichten bedarf.

[3]) Zu demselben Resultate gelangt Fuld in Puchelts Zeitschr. 1905 S. 616.

[4]) Als fremde Grundstücke sind die Grundstücke anzusehen, die derjenige, welcher die Tiere hält, für seine Haustiere zu benutzen nicht berechtigt ist (Art. 1 Abs. 4 Feldschadenges.).

[5]) Für den Fall des Uebertretens von Haustieren auf Waldgrundstücke verbleibt es bei den Vorschriften der Forstgesetze (Art. 21 Feldschadenges.). Einschlägig sind insbes. Art. 88, 92, 56, 62, 65, 71 Forstgesetzes und für die Pfalz das Forststrafgesetz in der Fassung vom 17. Juni 1896. Näheres s. von der Pfordten, Feldschadengesetz S. 116f.

[6]) Der Begriff des Tierhalters ist der gleiche wie in § 833 BGB. Fährt der Dienstknecht unbefugt mit Spannvieh über fremde Grundstücke, so muß der Dienstherr und nicht der Dienstknecht das Ersatzgeld zahlen (s. oben § 24, IV, 2), der Dienstknecht haftet daneben aus dem Delikt.

[7]) Das Ersatzgeld ist ohne Nachweis eines Schadens zu zahlen beim Uebertritt der betreffenden Haustiere auf bestellte fremde Aecker vor Beendigung der Ernte, auf fremde Wiesen während ihrer Hegezeit oder in fremde Gärten, Weinberge oder Baumschulen (Art. 1 Abs. 1 Feldschadenges.). Nur dann tritt diese Verpflichtung, Ersatzgeld zu zahlen, nicht ein, wenn die Möglichkeit einer Beschädigung des Grundstücks oder der getrennten, aber noch nicht abgeernteten Erzeugnisse ausgeschlossen war (Art. 1 Abs. 3 Feldschadenges.).

Die Höhe des Schadens muß in keinem Falle bewiesen werden; das Ersatzgeld beträgt bei Pferden, Eseln, Mauleseln, Maultieren, Rindvieh und Schweinen 25 Pfg. für das Stück, bei Jungvieh einer dieser Arten, das weniger als ein Jahr alt ist sowie bei Ziegen und Schafen 15 Pfg. für das Stück, bei Federvieh, das über drei Wochen alt ist, 5 Pfg. für das Stück. Ist gleichzeitig eine Mehrzahl von Tieren übergetreten, so darf der Gesamtbetrag der zu entrichtenden Ersatzgelder bei Federvieh 10 Mk., bei anderen Tieren 20 Mk. nicht übersteigen (Art. 2 Feldschadenges.). Sind Tiere, die von verschiedenen Personen gehalten werden, zu einer Herde vereinigt, so haften im Falle des Uebertrittes der Herde diejenigen, welche Tiere halten, als Gesamtschuldner (Art. 3 Feldschadenges.). Der Anspruch verjährt in drei Jahren nach Erlangung der Kenntnis vom Uebertritt und von der Person der Ersatzpflichtigen (Art. 5 Feldschadenges.). An Stelle dieses Ersatzgeldes kann der Geschädigte den ihm erwachsenen Schaden in voller Höhe auf Grund der allgemeinen Gesetzesvorschriften (§ 833, 823 BGB.) geltend machen, hat er aber das Ersatzgeld verlangt [1]) oder angenommen [2]), so ist die Geltendmachung eines weiteren Schadens ausgeschlossen.

Zur Sicherung des Anspruchs auf Schadensersatz oder Ersatzgeld räumt das Gesetz dem Berechtigten ein Pfändungsrecht an den übergetretenen Tieren ein (Art. 6—12 Feldschadenges.).

Hat der Verletzte nicht erklärt, daß er sich die Verfolgung seines Anspruchs vorbehalte [3]), so ist auf Antrag der Staatsanwaltschaft mit der Verurteilung zur Strafe in dem Urteil oder dem Strafbefehl auch die Verpflichtung des Verurteilten und der nach den §§ 831, 832 BGB. oder nach Art. 122 Abs. 2 des PStGB. verantwortlichen Personen zum Schadensersatz oder zur Zahlung von Ersatzgeld festzustellen (Art. 14 Abs. 1 Feldschadenges.). Ein Anschluß des Verletzten als Nebenkläger ist nicht zulässig (Art. 14 Abs. 3 Feldschadenges.).

Dem Verletzten bleibt es unbenommen, unabhängig von dem Strafverfahren seinen Anspruch im Zivilrechtsweg geltend zu machen. Soweit aber der Strafrichter in dem rechtskräftigen Urteile oder Strafbefehl dem Anspruch auf Ersatzgeld oder Schadensersatz stattgegeben hat, ist eine anderweitige Verfolgung des Anspruchs ausgeschlossen (Art. 18 Feldschadenges.). Der Kläger muß also eine vorher gestellte Klage zurückziehen oder doch um den im Strafver-

---

[1]) Es genügt, wenn das Verlangen dem Pflichtigen gegenüber in irgendwelcher Form gestellt wird, aus der sich zweifelsfrei ergibt, daß der Verletzte den ihm durch das Feldschadengesetz eingeräumten Anspruch geltend macht. Vgl. von der Pfordten S. 46, der mit Recht der Aufstellung Oertmanns, Landesprivatrecht S. 176, entgegentritt, daß ein „Verlangen" nur in der gerichtlichen Geltendmachung zu erblicken sei.

[2]) v. d. Pfordten S. 46.

[3]) Die Erklärung kann formlos, auch durch Erhebung der Zivilklage, erfolgen, v. d. Pfordten S. 96.

fahren zugesprochenen Betrag ermäßigen. Tut er dies im nächsten Ziviltermin, der auf den Eintritt der Rechtskraft des Strafbescheides folgt, so hat diese Zurücknahme auf die Kosten keinen Einfluß. Ist der Verletzte mit dem Betrage, den ihm der Strafrichter zugesprochen hat, nicht zufrieden, so kann er den beanspruchten Mehrbetrag im Zivilrechtsweg weiter verfolgen (Art. 18 Feldschadenges.)[1].

## § 30. Die Besitzstörungsklage.

### I. Begriff und Wesen des Besitzes.

1. Nach § 854 BGB. versteht man unter Besitz die rechtlich anerkannte tatsächliche Gewalt über eine Sache. Der Besitz ist als ein Recht zu erachten[2]. Im Gegensatz zu der rechtlichen Herrschaft über eine Sache, die im Eigentum zum vollendeten Ausdruck kommt, stellt der Besitz die tatsächliche Herrschaft dar.

Durch § 865 BGB. hat der Teilbesitz Anerkennung gefunden, indem der Besitz an einzelnen Teilen einer Sache insoweit möglich ist, als eine gesonderte räumliche Herrschaft einer anderen Person über den anderen Teil der Sache geübt werden kann[3]. So ist z. B. an dem Keller[4] oder an anderen Räumen (Mietwohnung)[5] eines Hauses, ja sogar an einem Teile der Oberfläche einer Hauswand[6] ein selbständiger Besitz möglich, der auch dem Eigentümer des Ganzen gegenüber vollwirksam ist.

Wann die für den Besitz erforderliche tatsächliche Herrschaft vorliegt, ist nach der im gewöhnlichen Leben und Verkehr herrschenden Auffassung für jeden Fall besonders zu entscheiden[7]. Das maßgebende Merkmal liegt darin, ob ein solches Verhältnis der Person zu der Sache vorliegt, welches die Möglichkeit gewährt, jederzeit auf die Sache einzuwirken[8]. Einen hierauf gerichteten Willen verlangt das Gesetz nicht als begriffliches Erfordernis[9], der Mangel eines solchen Willens wird aber regelmäßig bei der tatsächlichen Würdigung

---

[1]) Näheres über die Konkurrenz des Zivilanspruchs mit dem strafprozessualen Anspruch s. v. d. Pfordten S. 110.

[2]) Vgl. RG. Bd. 59 S. 328; Staudinger Vorbem. VII vor § 854, Bd. 3 S. 14 und die dortigen Nachweise über diese sehr bestrittene Frage. Vgl. oben § 29, I.

[3]) M. Bd. 3 S. 114 (Mugdan Bd. 3 S. 63).

[4]) Vgl. ObLG. Neue Folge Bd. 16 S. 282; SeuffA. Bd. 52 Nr. 147; SeuffBl. Bd. 32 S. 297.

[5]) RG. Bd. 59 S. 328.

[6]) R. d. OLG. Bd. 3 S. 26: Besitz an dem Teil der Oberfläche, auf welchem sich das Firmenschild des Mieters befindet.

[7]) Vgl. Prot. S. 3334 f.; Mugdan Bd. 3 S. 502.

[8]) ROHG. Bd. 7 S. 35.

[9]) Vgl. Bendix, Besitzlehre S. 1; Turnau-Förster Bem. 4 zu § 854. Zum Erwerbe des Besitzes ist also nicht unbedingt erforderlich, daß der Erwerber von seinem Besitze Kenntnis hat. Vgl. Strohal, Jahrb. f. Dogm. Bd. 38 S. 71; Turnau-Förster a. a. O.

der Frage, ob ein Besitzverhältnis vorliegt, gegen die Bejahung erheblich ins Gewicht fallen[1]).

Als Besitzhandlungen können alle Handlungen in Betracht kommen, durch welche eine Einwirkung auf das Grundstück ausgeübt wird. Gerade bei Liegenschaften kann sich der Besitz an dem ganzen Grundstück durch eine Einwirkung kund geben, die weder alle Teile der Sache trifft, noch an sich die vollendete Omnipotenz der Herrschaft in sich begreift, aus der sich aber doch die Möglichkeit für den Handelnden ergibt, auf das ganze Objekt einzuwirken[2]). Auch hier muß die besondere Gestaltung des Einzelfalls entscheiden. Maßgebend wird zumeist sein, welche Willensrichtung aus einem äußeren Vorgang gemeinhin abgeleitet wird. Ist an der Hauswand das Firmenschild des Ladenmieters angebracht, so wird niemand daran denken, daß hier ein Besitz an dem ganzen Hause[3]) manifestiert sei, während andererseits ein einziger auf das Grundstück gesteckter Strohwisch eine Besitzhandlung darstellen kann, die nach allgemeiner Auffassung das ganze Grundstück ergreift. Die den Besitz kennzeichnende Herrschaftsausübung wird vornehmlich durch Anlagen und Handlungen kundbar gemacht, die dem Zweck der wirtschaftlichen Verwendung des Grundstückes entsprechen[4]).

In dem Einpflocken eines Grundstückes mit Grenzzeichen, in dem Abpfählen einer Verlandung[5]), Einzäunen eines Grundstückes, Einstecken von Dörnern zum Schutze gegen Betreten durch Menschen, Aufstellung eines Strohwisches oder einer Warnungstafel, im Pflügen eines Ackers, Abgrasen eines Raines sind regelmäßig Besitzhandlungen zu erblicken. Auch die Dachüberladung mit dem dadurch bedingten Tropfenfall kann als Besitzausübung an dem unter der Traufe gelegenen Raum in Betracht kommen[6]). An einem Teich kann je nach den Umständen der Besitz durch Ausübung der Jagd, Fischerei, Schilf- und Materialentnahme ausgeübt werden[7]).

Andererseits ist z. B. aus der Entnahme von Lehm kein Besitz an dem Grundstück abzuleiten, wenn sie auf Grund einer vom Eigentümer erteilten Erlaubnis erfolgt[8]).

Zur Besitzübertragung bedarf es keiner äußeren Form, es genügt die bloße Einigung über den Besitzübergang (§ 854 Abs. 2

---

[1]) Vgl. Staudinger Bem. I, 2 zu § 854; BlfRechtspfl. im Bezirke des Kammergerichts 1903 S. 21 (Kammergericht).

[2]) Bendix, Besitzlehre S. 9.

[3]) Es liegt nur Besitz an dem Teil der Wandoberfläche vor, welche von dem Firmenschild bedeckt ist. R. d. OLG. Bd. 3 S. 26 (Kammergericht).

[4]) Endemann Bd. 2 S. 196.

[5]) PreußVerwBl. Bd. 23 S. 520 (Oberverwaltungsgerichtshof).

[6]) S. oben S. 204.

[7]) Vgl. EntschOTr. Bd. 55 S. 208.

[8]) Recht 1902 S. 125.

BGB.), die nicht ausdrücklich zu erfolgen braucht[1]), sondern sich auch aus den Umständen ergeben kann; so wird regelmäßig in der Auflassung auch die Einigung über den Besitzübergang liegen[2]).

2. Ausnahmsweise sind Personen, welche eine tatsächliche Herrschaft über eine Sache ausüben, nicht als Besitzer zu erachten, indem § 855 BGB. bestimmt: Uebt jemand die tatsächliche Gewalt über eine Sache für einen anderen in dessen Haushalt oder Erwerbsgeschäft oder in einem ähnlichen Verhältnisse aus, vermöge dessen er den sich auf die Sache beziehenden Weisungen des anderen Folge zu leisten hat (Besitzdiener), so ist nur der andere Besitzer.

Andererseits wird ein Besitz ohne tatsächliche Gewalt ausnahmsweise anerkannt, indem § 868 BGB. bestimmt: Besitzt jemand eine Sache als Nießbraucher, Pfandgläubiger, Mieter, Verwahrer oder in einem ähnlichen Verhältnisse, vermöge dessen er einem anderen gegenüber auf Zeit zum Besitze berechtigt oder verpflichtet ist, so ist auch der andere Besitzer (mittelbare Besitzer).

II. Voraussetzungen der Besitzstörungsklage.

1. Im Begriffe des Besitzes als der rechtlich anerkannten tatsächlichen Gewalt über eine Sache (§ 854 BGB.) liegt es, daß der Besitzer andere von jeder Einwirkung auf seinen Besitz ausschließen kann, soferne nicht die Einwirkung durch das Gesetz gestattet wird. Die rechtswidrige Einwirkung eines Dritten (verbotene Eigenmacht) enthält daher eine Störung des Besitzrechtes, zu deren Abwehr dem Besitzer neben dem Rechte der Selbsthilfe (§ 859 BGB.) die Besitzklagen gegeben sind (§ 858 BGB.).

2. Bei totaler Verletzung des Besitzes, nämlich bei Entziehung des Besitzes, geht der Anspruch auf Wiedereinräumung des Besitzes (§ 861 BGB.). Wird der Besitz nur partiell, d. i. eben in anderer Weise als durch Entziehung des Besitzes, beeinträchtigt, so steht dem Besitzer die Besitzstörungsklage zu (§ 862 BGB.).

Bei Grundstücken können die Klagen wegen Besitzentziehung und Besitzstörung leicht ineinander übergehen[3]). Wenn vom Nachbargrundstück eine Furche weggeackert wird, so wird man es nicht mit einer bloßen Besitzstörung, sondern mit einer Besitzentziehung an der weggeackerten Furche zu tun haben; daneben liegt Besitzstörung rücksichtlich des ganzen Grundstückes vor. Der Uebergang von der einen zu der anderen Besitzklage ist nicht als Klageänderung anzusprechen[4]).

3. Das Gesetz erkennt die tatsächliche Herrschaft als schutzwürdig an; dem Besitzer ist das Recht auf Erhaltung seiner tatsächlichen Herrschaft verliehen; sein Besitz wird geschützt ohne Rücksicht darauf, ob er mit der Rechtslage übereinstimmt. Wer diese

---

[1]) Staudinger Bem. II, 1, a zu § 854.

[2]) Staudinger Bem. II, 3 zu § 854.

[3]) M. Bd. 3 S. 126; Mugdan Bd. 3 S. 70.

[4]) Maenner S. 146; Staudinger Bem. 3 zu §§ 861, 862.

**tatsächliche Herrschaft ohne den Willen des Besitzers stört, handelt widerrechtlich, sofern ihm nicht das Gesetz die Störung gestattet; die Störung ist verbotene Eigenmacht (§ 858 BGB.) und also selbst dann unzulässig, wenn der Störer seinerseits ein Recht zum Besitze hat und der Besitz des Gestörten ein materiell rechtswidriger ist (s. hierüber unten III).**

4. Gestört ist der Besitz immer dann, wenn der ihn darstellende Zustand der tatsächlichen Herrschaft des Besitzers über eine Sache beeinträchtigt wird[1]). Die Handlungen, welche hierzu geeignet sind, decken sich mit jenen, welche eine Beeinträchtigung des Eigentums darstellen, weshalb auf die dortigen Ausführungen (oben S. 233) verwiesen werden kann[2]).

Hier wie dort kann die Beeinträchtigung durch positive Tätigkeit oder eine rechtswidrige Unterlassung herbeigeführt werden (vgl. oben § 27, I, a); ein bloßes Bestreiten des Besitzes genügt nur ausnahmsweise[3]), kann aber eine Feststellungsklage rechtfertigen (vgl. oben § 27, I, a u. b); die Besitzstörungsklage setzt kein Verschulden des Störers voraus (vgl. oben § 27, I, c.).

III. Das Ziel der Besitzstörungsklage ist die Abwehr der Beeinträchtigung. Es ist klar, daß sie da nicht mehr angestellt werden kann, wo sie nicht mehr notwendig ist, weil eine Störung des Besitzes nicht mehr vorliegt. Deshalb kann man auch von der Besitzstörungsklage sagen, daß sie einen Zustand der Beeinträchtigung voraussetzt. Dieser Zustand kann in einem körperlichen Verhältnis bestehen, durch welches die Störung dargestellt wird oder in einem Zustande der Gefährdung durch Wiederholung der Eingriffe.

Aus dieser Verschiedenheit der Veranlassung ergibt sich eine doppelte Gestaltung des Anspruchs:

1. Der Anspruch auf Beseitigung der Störung geht (§ 862 BGB.) auf Wiederaufhebung einer fortbestehenden Störung des Besitzes. Der Fortbestand und die Wiederaufhebbarkeit der Störung setzen ein körperliches Verhältnis voraus (vgl. hierüber oben § 27, II, 1).

2. Der Anspruch auf Unterlassung weiterer Störung setzt ebenfalls einen Zustand, jedoch nicht körperlicher Art, voraus. Wenn das

---

[1]) Vgl. R. d. OLG. Bd. 2 S. 40 (Besitzstörung durch den Verpächter); Striethorst' Arch. Bd. 65 S. 230 (Aufstellung einer Warnungstafel); RG. Bd. 59 S. 328; R. d. OLG. Bd. 9 S. 296 (Störung des Mietbesitzes durch unzuläßige Immissionen); JW. 1896 S. 14; RG. Bd. 55 S. 56 (Irrläufer bei militärischen Schießübungen; vgl. hierzu oben S. 244); R. d. OLG. Bd. 4 S. 148, Bd. 10 S. 105; JW. 1893 S. 350 (Pfändung); SeuffA. Bd. 21 Nr. 124 (Strafanzeige). In einer Klagestellung ist keine Besitzstörung zu erblicken, Staudinger Bem. II, 2, a zu § 858. Wegen bloßer Drohungen vgl. R. d. OLG. Bd. 4 S. 290; SeuffA. Bd. 57 Nr. 122 und oben S. 233.

[2]) Vgl. RG. Bd. 55 S. 57; R. d. OLG. Bd. 4 S. 290.

[3]) Aufstellung einer Warnungstafel kann bei Wegerechten eine Besitzstörung darstellen (Scherer Bd. 3 S. 24).

Zuwiderhandeln gegen das Verbot der Eigenmacht die zuständliche, bis in die Gegenwart fortdauernde Folge hervorgebracht hat, daß weitere Störungen nach den Umständen zu besorgen sind, so ist dem Besitzer der Anspruch auf Unterlassung weiterer Störung gegeben (§ 862 BGB. Vgl. hierüber oben § 27, II, 2).

Auch hier ist der Besitzer weder verpflichtet noch berechtigt auf Vorkehrung bestimmter Maßnahmen zu klagen, durch welche die Störung hintangehalten werden soll (vgl. oben § 27, II, 2, a). Die Zwangsvollstreckung aus einem Urteil auf Unterlassung erfolgt aus § 890 ZPO. (vgl. oben § 27, II, 2, b).

Auch die Besitzstörungsklage kann eine mit obrigkeitlicher Erlaubnis errichteten gewerblichen Anlage und Eisenbahn-, Dampfschiffahrts- und ähnlichen Unternehmungen gegenüber niemals die Einstellung des Betriebes, sondern höchstens die Herstellung von Einrichtungen, welche die Störungen ausschließen, bewirken. Wo solche Einrichtungen nicht tunlich sind, kann wegen der Besitzstörung lediglich Schadloshaltung verlangt werden (vgl. hierüber oben § 28).

Daneben greift der allgemein anerkannte Rechtsgrundsatz in die Besitzstörungsklage ein, wonach gegenüber der Ausübung staatlicher Hoheitsrechte und speziell gegenüber polizeilichen Anordnungen nicht auf Unterlassung geklagt werden kann (z. B. Besitzstörung durch Militärschießplatz, Artilleriewerkstätte, Polizeiwachtstube, Läuten der Kirchenglocken), vgl. hierüber oben § 27, II, 2, c.

IV. 1. **Nur der tatsächliche Besitzstand ist entscheidend und nicht das bessere materielle Recht auf den Besitz. Niemals kann die Besitzklage auf das materielle Recht gestützt werden. Wer mit der Besitzstörungsklage durchdringen will, muß seinen Besitz**[1]**) und die Störung desselben durch verbotene Eigenmacht nachweisen.**

Kann er seine den Besitz darstellende tatsächliche Gewalt über die Sache nicht nachweisen, so muß er mit seiner Besitzklage selbst dann abgewiesen werden, wenn sein materielles Recht auf den Besitz feststeht. Zur Begründung der Besitzstörungsklage ist aber weiter erforderlich, daß der Besitz durch verbotene Eigenmacht (§ 858 BGB.) gestört wurde. Die Besitzklage findet also nicht gegen jeden fehlerhaften und namentlich nicht gegen den precario erlangten Besitz statt[2]). Ob der Kläger seinerseits selbst den Besitz durch verbotene

---

[1]) Im allgemeinen steht auch dem mittelbaren Besitzer (§ 868 BGB.) die Besitzstörungsklage zu, wenn der Besitzer (Mieter, Pächter) in seinem Besitze gestört wird (§ 869 BGB.); jedoch kann der mittelbare Besitzer die Besitzstörungsklage nicht gegen den unmittelbaren Besitzer selbst erheben (vgl. SächsArch. Bd. 1 S. 435, Dresden), während umgekehrt dem unmittelbaren Besitzer (Mieter) die Besitzstörungsklage gegen den mittelbaren Besitzer (Vermieter) zusteht und ihm sogar den wirksamsten Schutz gegen Uebergriffe des Vermieters in die zum Gebrauch überlassene Sache gewährt (vgl. R. d. OLG. Bd. 2 S. 41, Stettin).

[2]) Recht 1907 S. 310 Nr. 588 (RG.). Der prekaristisch erlangte Besitz ist nicht ohne den Willen des früheren Besitzers entzogen.

Eigenmacht erlangt hat[1]), ist nur dann von Bedeutung, wenn der Besitzer dem Störer oder dessen Rechtsvorgänger gegenüber den Besitz durch verbotene Eigenmacht erlangt hat und der Besitz in dem letzten Jahre vor der Störung erlangt worden ist. Nur wenn diese doppelte Voraussetzung gegeben ist, ist die Besitzstörungsklage ausgeschlossen (§ 862 Abs. 2 mit § 858 Abs. 2 BGB.). Auf diese Weise konzentriert sich die Entscheidung im Besitzprozesse auf die Frage, ob verbotene Eigenmacht von einer der Parteien verübt wurde. Der Besitzschutz bezweckt die Aufrechterhaltung der äußeren Rechtsordnung. So wenig der nichtbesitzende Kläger den Mangel seiner Aktivlegitimation durch den Nachweis ersetzen kann, daß ihm nach materiellem Rechte der Besitz gehört, so wenig ist es dem Beklagten nachgelassen, die von ihm verübte verbotene Eigenmacht durch den Nachweis zu rechtfertigen, daß der Kläger nach materiellem Rechte zur Duldung der Besitzbeeinträchtigung verpflichtet ist. Ein solches materielles Recht zum Besitze oder zur Vornahme der störenden Handlung kann nur zur Begründung der Behauptung geltend gemacht werden, daß die Entziehung oder die Störung nicht verbotene Eigenmacht sei (§ 863 BGB.). Das will besagen: der Einwand, daß der Störer zur Störung berechtigt gewesen sei, ist insoweit unzulässig, als damit dargetan werden soll, daß der durch formelles Unrecht geschaffene Zustand dem materiellen Rechte entspreche[2]); zulässig ist jedoch dieser Einwand insoweit, als damit dargetan werden soll, daß durch die Störung gar kein formelles Unrecht geschaffen worden sei. Dies trifft nur dann zu, wenn entweder der Eigentümer[3]) oder das Gesetz die den Besitz beeinträchtigende Handlung gestattet hat. Die Erlaubnis des Eigentümers schließt den Begriff der Eigenmacht aus. Hat jemand nach materiellem Rechte den Anspruch auf die Besitzeinwirkung, so wird, namentlich wenn dieses Recht auf vertraglicher Grundlage beruht, die Zustimmung des Eigentümers zu der vertragsgemäß zulässigen Einwirkung regelmäßig insolange unterstellt werden dürfen, als nicht der Eigentümer seinen der Vertragspflicht entgegenstehenden Willen dem Vertragsgegner kundgegeben hat[4]). Zieht der Pächter zu dem vereinbarten Termine auf dem Pachtgute auf, so kann ihn der Eigentümer nicht mit der Besitzklage vertreiben. Hat aber der Verpächter dem Pächter vorher erklärt, daß er ihn nicht aufziehen lasse, so kann der Pächter, der dessen ungeachtet aufgezogen ist, die Besitzklage des Verpächters nicht damit bekämpfen, daß ja der Verpächter gemäß § 581 BGB. verpflichtet sei, ihm den Besitz zu dem vertragsgemäßen Termine einzuräumen und somit das Verbot des Verpächters rechtswidrig ge-

[1]) Vgl. RG. Bd. 34 S. 425.

[2]) Turnau-Förster Bem. 1 zu § 863.

[3]) Dem Eigentümer steht derjenige gleich, dem er die Befugnis eingeräumt hat, über das Grundstück zu verfügen.

[4]) Nur mit dieser Einschränkung ist Staudinger Bem. 1 zu § 863 beizupflichten.

wesen sei[1]). Andererseits kann der Vermieter gegen den Mieter, der nicht rechtzeitig räumt, die Besitzklage nicht erheben, weil ja der Mieter den Besitz mit dem Willen des Vermieters erlangt hat. Stört der Vermieter den Mieter in diesem materiell unrechtmäßigen Besitz, so steht dem Mieter die Besitzklage zu, gegen welche der Beklagte nicht einwenden kann, daß die Mietzeit abgelaufen und deshalb der Mieter zum Auszuge verpflichtet sei.

Die Erlaubnis des Gesetzes schließt den Begriff der verbotenen Eigenmacht aus. Hier kommen in erster Linie die allgemeinen Bestimmungen des § 229 BGB. über die erlaubte Selbsthilfe[2]) und des § 904 BGB. über die Notstandshandlungen (s. oben S. 77 ff.) in Betracht, daneben aber auch Spezialbestimmungen wie z. B. § 561 BGB., sowie das Feldschadengesetz (s. oben S. 271).

§ 561 BGB. berechtigt den Vermieter, die seinem Pfandrecht unterliegenden Gegenstände des ausziehenden Mieters auch gegen dessen Willen in Besitz zu nehmen. Die Besitzentziehungsklage des Mieters wird mit diesem Einwande aus dem Feld geschlagen. Räumt der Mieter die Mietwohnung nicht zu dem vereinbarten Endtermine, so kann der Vermieter keine Besitzklage gegen ihn stellen.

Die Vorschrift des § 863 hat eine wichtige prozessuale Konsequenz: Gegenüber einer Besitzklage ist eine petitorische Widerklage nur insoweit zulässig, als nach § 863 gegen die Besitzklage eine petitorische Einrede zulässig ist, d. h. also eine petitorische Widerklage kann eben nur im Rahmen des § 863 BGB. erhoben werden[3]), weil sonst der nach § 33 ZPO. erforderliche rechtliche Zusammenhang fehlt[4]). Dagegen ist eine Widerklage auf Besitzeinräumung gegenüber einer Besitzstörungsklage prozessual zulässig[5]).

2. Von dem Grundsatz, daß das materielle Recht für den Besitzschutz gleichgültig ist, gibt es eine Ausnahme. Der Besitzanspruch erlischt nach § 864 Abs. 2 BGB., wenn nach[6]) der Verübung der verbotenen Eigenmacht durch rechtskräftiges Urteil[7]) festgestellt wird,

[1]) Endemann S. 231 Anm. 23. Das Recht zum Besitz macht die Eigenmacht nicht zu einer rechtmäßigen Handlung, Endemann S. 231 Anm. 22. Ausnahme s. unten 2.

[2]) Von dem Einwand des Rechtes zum Besitze ist der Einwand des Rechtes zur Selbsthilfe streng zu unterscheiden. Endemann S. 232 Anm. 24.

[3]) Staudinger Bem. 3 zu § 864; Planck Bem. 4 zu § 863; Bendix, Besitzklage S. 71; Turnau-Förster Bem. I, 4 zu § 861; Seuffert Bem. 2e zu § 33 ZPO.; Recht 1902 S. 528; Biermann Bem. 2 zu § 863; Dernburg S. 95 Anm. 4. A. M. R. d. OLG. Bd. 4 S. 289; Cosack § 190, VIII.

[4]) Vgl. RG. Bd. 23 S. 396; JW. 1897, S. 228 Nr. 3 und dagegen SeuffA. Bd. 48 Nr. 63.

[5]) Turnau-Förster Bem. I, 4 zu § 861.

[6]) Liegt schon vor Verübung der Eigenmacht ein solches rechtskräftiges Urteil vor, so kann sich der mit dem Besitzanspruch Beklagte erst recht auf dieses Urteil berufen; denn dann ist der Besitzschutz von vornherein unbegründet. Endemann S. 233 Anm. 29.

[7]) Eine einstweilige, wenn auch rechtskräftige einstweilige Verfügung steht einem Urteil in dieser Hinsicht nicht gleich. So mit Recht Staudinger Bem. 2e zu § 864 gegen

daß dem Täter ein dingliches oder obligatorisches[1]) Recht an der Sache zusteht, vermöge dessen er die Herstellung eines seiner Handlungsweise entsprechenden Besitzstandes verlangen kann[2]). War beim Eintritt der Rechtskraft des petitorischen Urteils ein Besitzanspruch anhängig, so muß der Kläger seinen Anspruch zur Hauptsache zurücknehmen, er kann aber den Prozeß wegen der Kosten weiterführen[3]), denn wenn sein Anspruch erst durch das rechtskräftige Urteil beseitigt wurde, hat er ihn bis dahin mit Recht erhoben.

V. Der Anspruch auf Wiedereinräumung des Besitzes, wie auf Beseitigung der Störung und Unterlassung weiterer Störung erlischt mit dem Ablauf eines Jahres nach der Verübung der verbotenen Eigenmacht, wenn nicht vorher der Anspruch[4]) im Wege der Klage geltend gemacht ist (§ 864 Abs. 1 BGB.). Weil diese Frist keine Verjährungsfrist, sondern eine gesetzliche Ausschlußfrist ist, muß sie der Richter von Amts wegen berücksichtigen[5]). Sie läuft von der Verübung der verbotenen Eigenmacht an ohne Rücksicht auf die Kenntnis des Klägers[6]). Sind wiederholte Störungen vorgekommen, so wird zwar das Jahr von der letzten Störung an zu berechnen[7]) sein, die früheren Störungen können aber für die Anwendung des § 862 Abs. 2 BGB. von Bedeutung sein.

Recht 1901 S. 284 (Dresden). Allein es wird im Einzelfalle zu untersuchen sein, ob nicht die einstweilige Verfügung die Berechtigung zum eigenmächtigen Besitzeingriff verleihen wollte; dann ist der Besitzklage das Fundament entzogen, weil dann eben die Eigenmacht infolge der einstweiligen Verfügung (und zwar schon vor deren Rechtskraft) erlaubt, mithin nicht verboten ist.

[1]) Turnau-Förster Bem. 2 zu § 864; Endemann S. 233 Anm. 28 und die überwiegende Meinung. Dagegen für Beschränkung auf dingliche Rechte Planck Bem. 2 zu § 864; Staudinger Bem. 2 c zu § 864; vgl. die Nachweise bei Staudinger a. a. O. Es ist ja richtig, daß das BGB. unter einem Recht an einer Sache sonst nur ein dingliches Recht versteht. Das Motiv des Gesetzgebers, nach definitiver Ueberwindung des tatsächlichen Herrschaftsverhältnisses durch das materielle Recht nicht einen öden Formalismus aufkommen zu lassen und da zur Einräumung des Besitzes zu verurteilen, wo doch schon rechtskräftig feststeht, daß der eingeräumte Besitz sofort wieder zurückgegeben werden muß, trifft für obligatorische Rechtsverhältnisse genau so zu wie für dingliche. Da liegt es doch viel näher, an eine Ungenauigkeit des Gesetzgebers im sprachlichen Ausdruck zu denken, als durch Beiholung des § 226 BGB. die unerträgliche Lücke auszufüllen.

[2]) Die Besitzklage wie die Klage aus dem materiellen Rechte können unabhängig voneinander erhoben, ja sogar miteinander verbunden werden. Freilich wird sich eine solche Verbindung wohl niemals empfehlen; deshalb wird der Richter wohl auch von der Verbindungsbefugnis des § 147 ZPO. keinen Gebrauch machen; keinesfalls ist es angängig, daß die Verhandlung über den Besitzanspruch ausgesetzt wird bis zur rechtskräftigen Entscheidung des über das materielle Recht anhängigen Rechtsstreites. Denn gerade weil der Besitzanspruch abgesehen von der Ausnahme des § 864 Abs. 2 völlig unabhängig von dem materiellen Rechte ist, liegt Präjudizialität im Sinne des § 148 ZPO. nicht vor.

[3]) Staudinger Bem. 2 b zu § 864 und Nachweise.

[4]) Eine Feststellungsklage hält daher den Ablauf der Frist nicht auf. Staudinger Bem. 1 zu § 864.

[5]) Staudinger a. a. O.

[6]) Das muß auch für wörtliche Handlungen gelten, wenn hierin überhaupt eine Besitzstörung zu erblicken ist. Vgl. hierüber oben § 27, I.

[7]) Staudinger a. a. O.

# IV. Abschnitt.

## Grunddienstbarkeiten.

### § 31. Begriff und Wesen der Grunddienstbarkeiten.

I. Die Grunddienstbarkeiten sind dingliche Rechte auf Benützung eines Grundstückes zugunsten eines anderen Grundstückes[1]), mit welchem sie verbunden sind[2]).

Der dingliche Charakter der Grunddienstbarkeiten besteht darin, daß sie den Berechtigten in ein Verhältnis nicht zum Besteller des Rechtes, sondern zu der Sache selbst setzen[3]), so daß die Berechtigung jedem gegenüber geltend gemacht werden kann, also nicht nur gegenüber dem Besteller und seinem Erben. Häufig kann es zweifelhaft sein, ob eine vertragliche Abmachung auf Begründung einer bloß obligatorischen Verpflichtung oder auf Begründung einer dinglichen Belastung gerichtet ist.

Im Zweifel ist eine bloß obligatorische Verpflichtung als das Geringere anzunehmen[4]). Wenn aber der durch Uebernahme der Beschränkung verfolgte Vertragszweck nur durch eine dauernde, vom Wechsel des Besitzers unabhängige Belastung erreicht werden kann, streitet die Vermutung dafür, daß die Herbeiführung einer dinglichen Rechtsänderung gewollt ist (pactum intuitu fundi initum)[5]). Dies

---

[1]) Grunddienstbarkeiten sind auch zugunsten von Erbbaurechten (§ 1017 BGB.) und von Bergwerken zulässig. Vgl. Striethorst' Arch. Bd. 56 S. 44 (über ein mit einer selbständigen Fleischbankgerechtigkeit verbundenes Hütungsrecht).

[2]) Dernburg S. 553. In der Regel wird anzunehmen sein, daß derjenige, der ein beschränktes dingliches Recht an seinem Grundstücke bestellt, die übernommene Verpflichtung in der Belastung des Grundstückes erschöpfen und sich nicht auch noch persönlich (obligatorisch) zur Erfüllung der Verpflichtung verbinden will; jedoch ist die Uebernahme der persönlichen Verpflichtung neben der dinglichen keineswegs ausgeschlossen. Recht 1907 S. 1068 Nr. 2558 (RG.).

[3]) Dernburg, Pand. I § 236 Anm. 2.

[4]) Dernburg a. a. O.; Bolze Bd. 5 Nr. 103; vgl. SeuffA. Bd. 32 Nr. 21 (Recht zum Steinbrechen); SeuffBl. Bd. 37 S. 161 (Recht zum Torfstich). — SeuffBl. Bd. 29 S. 237 behandelt das Recht zum Torfstich als Grunddienstbarkeit; ich würde im dortigen Fall für heutiges Recht ein obligatorisches Rechtsverhältnis annehmen, wohl aber Grunddienstbarkeit im Fall SeuffBl. Bd. 39 S. 263.

[5]) SeuffA. Bd. 17 Nr. 118, vgl. Bd. 9 Nr. 10.

gilt namentlich dann, wenn durch die Verabredung das nachbarliche Verhältnis der Grundstücke geregelt und hinsichtlich ihrer Benützung eine bleibende Einrichtung getroffen wird[1]).

Wenn eine jährlich wiederkehrende Leistung für die Einräumung des Gebrauchsrechtes bedungen ist, wird man es regelmäßig (vgl. jedoch unten § 31, III, 7) mit einem Mietvertrag[2]) zu tun haben, so z. B. wenn der Grundeigentümer dem Besitzer eines Elektrizitätswerkes die Aufstellung eines Mastes gegen eine jährliche Entschädigung von 3 Mk. gestattet. Wäre dagegen eine einmalige Zahlung bedungen, so würde die Vermutung dafür streiten, daß die Verpflichtung zur Bestellung einer Grunddienstbarkeit begründet werden sollte. Wenn aber freilich die Verpflichtung nur für eine bestimmte Zeit von Jahren eingegangen wird, so wird dies wieder mehr auf einen Mietvertrag hinweisen; denn wenn auch die Bestellung einer Grunddienstbarkeit für Zeit möglich ist (s. hierüber unten § 31, III, 2), so ist dies doch außergewöhnlich. Wird die Benützung des Grundstückes unentgeltlich eingeräumt, so wird im Zweifel Leihe (§ 598 BGB.) anzunehmen sein; die schenkungsweise übernommene Verpflichtung zur Bestellung einer Grunddienstbarkeit hätte übrigens der Formvorschrift des § 518 BGB. zu genügen.

II. Die gesetzliche Definition der Grunddienstbarkeit gibt § 1018 BGB. Hiernach sind die Unterscheidungsmerkmale der bisherigen Rechtsquellen nach Feld- und Gebäudeservituten (servitutes rusticae und urbanae), nach ständigen und nichtständigen (continuae und discontinuae), nach offensichtlichen und nichtoffensichtlichen (apparentes und non apparentes) bedeutunglos[3]).

---

[1]) Vgl. SeuffA. Bd. 26 Nr. 222; Bolze Bd. 4 Nr. 102.

[2]) Vgl. hierzu Staudinger Bem. B I, 1, a zu § 535 (Auch bloße Teile einer unbeweglichen Sache können vermietet werden). Bei der Miete und Leihe ist für die Dauer des Gebrauchsrechtes zunächst die Bestimmung des Vertrags maßgebend (§§ 564, 604 Abs. 1 BGB.). Beim Mietvertrag, der für längere Zeit als ein Jahr geschlossen ist, kommt das Erfordernis der Schriftlichkeit in Betracht (§ 566 BGB.), während die obligatorische Verpflichtung zur Bestellung einer Grunddienstbarkeit formlos begründet werden kann (s. unten § 32). Ist eine Zeit nicht bestimmt, so kommen bei der Miete §§ 564 Abs. 2, 565 BGB., bei der Leihe § 604 Abs. 2 und 3 BGB. zur Anwendung. Die Verpflichtung aus der Miete geht auf den Erwerber des vermieteten Grundstückes nach Maßgabe des § 571 BGB. über, die Leihe verpflichtet den Erwerber des verliehenen Grundstückes nicht.

Ueber den Einfluß des Konkurses auf die Miete s. §§ 19, 20, 21 KO.; der Ersteher in einer Zwangsversteigerung kann die Miete aufkündigen § 52 ZwVG. Bezüglich des Einflusses der Zwangsversteigerung auf die Dienstbarkeit s. §§ 45, 91, 92, ZwVG.

[3]) M. Bd. 3 S. 480 (Mugdan Bd. 3 S. 267). Für die Uebergangszeit behalten jedoch diese Unterschiede fortdauernde Geltung und zwar nicht nur bezüglich der am 1. Januar 1900 bereits begründeten Grunddienstbarkeiten, die nach Art. 184 EG. mit dem sich aus den bisherigen Gesetzen ergebenden Inhalt

§ 1018 BGB. bestimmt, daß ein Grundstück zugunsten des jeweiligen Eigentümers eines anderen Grundstückes in der Weise dinglich belastet werden kann,

a) daß dieser das Grundstück in einzelnen Beziehungen[1]) benützen darf; z. B. zum Gehen, Fahren[2]), Pflugwenden[3]), Viehtreiben[4]), Viehweiden[5]). Befahren eines Gewässers[6]), Ausbeuten von Bodenbestandteilen[7]), zur Fischerei[8]), zum Wasserschöpfen[9]), Viehtränken[10]), zum Halten eines Bauwerkes[11]) oder einer sonstigen Anlage[12]), zu einer Rohrleitung[13]) oder Führung einer Drahtseilbahn durch den Luftraum[14]), zur Aufnahme des Tropfenfalls aus der

---

(es gelten jedoch die §§ 1020 bis 1028 BGB.) bestehen bleiben, sondern auch noch nach dem 1. Januar 1900 bis zum Inkrafttreten der Grundbuchverfassung für den Erwerb der Servituten (Art. 189 EG. Art. 177 AG.), s. darüber unten § 32 B, II.

[1]) Die Beschränkung auf die Benützung „in einzelnen Beziehungen" steht der Bestellung einer Wegegerechtigkeit auf der ganzen Fläche des dienenden Grundstückes nicht im Wege. Recht 1907 S. 1536 Nr. 3819 (RG.). Uebrigens gilt der Grundsatz der Unteilbarkeit der Grunddienstbarkeit auch für das neue Recht. Deshalb ist eine Grunddienstbarkeit, deren Bestand sich nur auf einen Teil des Grundstückes erstrecken soll, unzulässig, wohl aber kann die Ausübung auf einen Teil beschränkt sein. R. d. OLG. Bd. 2 S. 513.

[2]) S. über Wegegerechtigkeiten unten § 35.

[3]) S. oben S. 223.

[4]) Vgl. SeuffA. Bd. 2 Nr. 140, Bd. 17 Nr. 213 (servitus actus) s. darüber unten § 35.

[5]) S. unten § 36.

[6]) Servitus navigandi l. 23 § 1 D. 8, 3.

[7]) Vgl. SeuffA. Bd. 32 Nr. 21 (Steinbrechen), Bd. 5 Nr. 142; Gruchot Bd. 50 S. 102 (Graben von Ziegelerde); EntschOGH. Bd. 4 S. 491 (Ton- und Porzellanerde), Bd. 9 S. 216 (Mitbenützungsrecht des Eigentümers); JW. 1905 S. 393. Das Recht zur Ausbeutung von Bodenbestandteilen kann auch mit rein obligatorischer Wirkung eingeräumt werden. BayZfR. Bd. 1 S. 200, vgl. oben § 31, I.

[8]) Vgl. Bolze Bd. 2 Nr. 185; EntschOGH. Bd. 1 S. 1, Bd. 5 S. 400, Bd. 9 S. 98, Bd. 11 S. 315.

[9]) Servitus aquae haustus oder aquae hauriendae, vgl. Windscheid, Pand. § 211 Anm. 7 und dortige Quellen.

[10]) Servitus pecoris ad aquam appulsus, vgl. Windscheid, Pand. § 211 Anm. 8 und dortige Quellen.

[11]) Vgl. SeuffA. Bd. 29 Nr. 11. Ueber das Recht auf dem fremden Grundstücke einen Keller zu haben, s. oben § 4 S. 14 ff. Ueber den Unterschied der Grunddienstbarkeit von der superficies und dem Erbbaurecht s. oben S. 14.

[12]) Servitus protigendi, proiciendi. EntschOGH. Bd. 6 S. 775 (Dachvorsprung); SeuffA. Bd. 46 Nr. 170 (Ladenrecht; dieses schließt nicht notwendig ein Lichtrecht in sich); SeuffA. Bd. 36 Nr. 110; JW. 1891 S. 23 Nr. 53 (Recht, die Fensterflügel in den Luftraum des Nachbarn aufzuschlagen, s. oben S. 195 Anm. 1); EntschOGH. Bd. 6 S. 773 (Begräbnisstätte), Bd. 2 S. 12 (Dungstätte).

[13]) Vgl. EntschKG. Bd. 5 S. 205; EntschOGH. Bd. 4, S. 413; Neumann, Jahrb. Bd. 4 S. 343 (Kammergericht).

[14]) JW. 1900 S. 676 Nr. 46 (RG.).

Dachtraufe[1]), der Abwässer[2]), zum Betreten und Aufstellen von Leitern oder Gerüsten zwecks baulicher Reparaturen[3]), zur Auflagerung von Gegenständen[4]), zur Benützung der Nachbarwand als eigener Wand[5]), zum Stützen eines Bauwerkes oder eines Teiles desselben (Balken, Mauer) auf das Bauwerk des Nachbars[6]). Unter „Benützen eines Grundstückes in einzelnen Beziehungen" ist ein fortgesetztes oder doch mehr oder weniger häufig und regelmäßig wiederkehrendes Gebrauchmachen von dem Grundstücke zu bestimmten Zwecken zu verstehen. Die Berechtigung zur Vornahme einer einmaligen Handlung (z. B. Berechtigung zur Beseitigung eines Bauwerkes) kann deshalb den Inhalt einer Dienstbarkeit nicht bilden[7]),

---

[1]) Servitus stillicidii, s. hierüber oben S. 201; vgl. EntschOHG. Bd. 7 S. 847 (durch ein Traufrecht wird die Aufführung eines niedrigen Gebäudes an der Abfallstelle nicht ausgeschlossen). SeuffA. Bd. 4 Nr. 209, Bd. 32 Nr. 113, Bd. 34 Nr. 281, Bd. 35 Nr. 276; SeuffBl. Bd. 45 S. 282. Wenn der Nachbar das in einem Strahle oder einer Rinne gesammelte Wasser aufnehmen muß, spricht man von der servitus fluminis immittendi.

[2]) Servitus cloacae (mittendae) l. 7, D. 8, 1, l. 1 § 4, 6 D. 43, 23; vgl. SeuffBl. Bd. 41 S. 269; SeuffA. Bd. 4 Nr. 209, Bd. 21 Nr. 214. Zum Unterschied von der servitus latrinae ist der Berechtigte bei der servitus cloacae nicht berechtigt, Urin (Mistsudel) und andere übelriechende Dinge, sondern nur Spül- und Waschwasser durch den Kanal abzuführen. Beim Ersitzungsbeweis wird derjenige, welcher ein Recht behauptet, seine Mistsudel abzuführen, diese spezielle Art der Benützung des Kanals während der Ersitzungszeit nachzuweisen haben. Vgl. Holzschuher, Theor. und Kas. Bd. 2 S. 400. Ueber Servitut zur Ableitung von Abwässern in einen Fluß Bolze Bd. 1 Nr. 180.

[3]) Leiterrecht, Hammerschlagsrecht, s. hierzu oben S. 208; vgl. EntschOGH. Bd. 3 S. 159, Bd. 4 S. 410; JW. 1880 S. 13; SeuffBl. Bd. 38 S. 109, Bd. 39 S. 185.

[4]) Vgl. EntschOGH. Bd. 2 S. 12 (Ablagerung des Düngers in der Dungstätte des Nachbarn). SeuffBl. Bd. 44 S. 202 (Grunddienstbarkeit, eine Düngerstätte an des Nachbars Mauer anzulegen. Abwendung ihres schädlichen Einflusses).

[5]) Vgl. SeuffA. Bd. 53 Nr. 9.

[6]) Servitus tigni immittendi, tignum immissum habendi (Tramrecht). Mit dieser Servitut ist nach gemeinem Recht nicht ohne weiteres eine Pflicht des Nachbarn, das tragende Bauwerk in gutem Stand zu erhalten, verbunden. Dazu wäre besondere Bestimmung bei der Bestellung oder bei der Ersitzung der Nachweis erforderlich, daß der Nachbar im Interesse des Servitutenberechtigten eine Unterhaltungspflicht durch positive Handlung betätigt hat und von da an die Ersitzungszeit abgelaufen ist, ohne daß der Servitutberechtigte selbst das tragende Bauwerk erhalten hat; vgl. Windscheid, Pand. § 211 a Anm. 3; SeuffA. Bd. 42 Nr. 193. In solchem Falle spricht man von der servitus oneris ferendi. Nach ausdrücklicher Bestimmung der l. 6 § 4 D. 8, 5 kann der Inhaber der servitus oneris ferendi an einer mehreren gemeinschaftlichen Mauer deren Eigentümer nicht solidarisch, sondern nur pro rata auf die nötigen Reparaturen belangen. Dies entspricht auch dem bürgerlichen Rechte, sofern nicht § 427 BGB. einschlägt (§ 1022 mit § 1108 BGB.); Turnau-Förster Bem. 2 zu § 1108. Für preußisches Recht hat EntschOTr. Bd. 72 S. 125 Solidarhaftung der mehreren Miteigentümer angenommen.

[7]) R. d. OLG. Bd. 9 S. 308; ObLG. Neue Folge, Bd. 3 S. 129; ebenso R. d. OLG. Bd. 1 S. 426 (Verpflichtung ein überragendes Gesimse bei einem allenfallsigen Neubau des Nachbars zu beseitigen). In solchen Fällen, in denen nur eine einmalige Handlung in Frage steht, liegt auch keine Reallast vor. R. d. OLG. Bd. 1 S. 426; ObLG. Neue Folge, Bd. 3 S. 129.

ebensowenig die Verpflichtung, bei einem späteren Neubau einen Geländestreifen zum Straßenbau an die Gemeinde abzutreten [1]).

Die Jagdberechtigung auf fremdem Grund und Boden bleibt aufgehoben und darf in Zukunft nicht wieder als Grundgerechtigkeit bestellt werden [2]) (Art. 1 des Jagdges. vom 30. März 1852, für die Pfalz Art. 86 AG.). Ueber unzulässige Forst- und Weidedienstbarkeiten s. unten § 36; oder

b) daß auf dem Grundstücke gewisse Handlungen nicht vorgenommen werden dürfen. Hier können nur solche Handlungen in Betracht kommen, die nicht schon ohnedies durch Gesetz (z. B. die nachbarlichen Vorschriften) verboten sind [3]). Unter § 1018 fällt z. B. die Belastung, daß auf dem Nachbargrundstücke kein Gebäude oder doch keines über eine bestimmte Höhe [4]) oder kein Gebäude bestimmter Art [5]) oder nur ein Gebäude in Villenstil [6]) errichtet werden dürfe; daß einer Windmühle der Mahlwind nicht entzogen werden dürfe [7]), daß auf einem Grundstücke ein gewisses Gewerbe nicht betrieben [8])

---

[1]) Kammerger. Jahrb. Bd. 25 A. S. 147.

[2]) Vgl. R. d. OLG. Bd. 15 S. 372; die dort dem preußischen Jagdrechte entnommenen Gründe treffen in gleicher Weise für das bayerische Recht zu.

[3]) R. d. OLG. Bd. 1 S. 380; Staudinger, Bem. II, 1b zu § 1018. A. M. Planck Bem. 1 b zu § 1018.

[4]) Servitus non altius tollendi, servitus ne luminibus officiatur, Lichtgerechtigkeit, SeuffBl. Bd. 60 S. 195; SeuffA. Bd. 18 Nr. 19, Bd. 31 Nr. 313; Windscheid, Pand. Bd. 1 § 211 a Anm. 7 u. 8 und dortige Quellen; s. oben S. 196. Hierher gehört auch die servitus ne prospectui officiatur sive prospiciendi, wonach dem herrschenden Grundstücke die Aussicht nicht beeinträchtigt werden darf. Vgl. SeuffA. Bd. 31 Nr. 313, Bd. 32 Nr. 305; Windscheid, Pand. Bd. 1 § 211 a Anm. 9 und dortige Quellen; ferner Holzschuher, Theorie und Kas. Bd. 2 S. 398 f.

[5]) Z. B. keine öffentlichen Vergnügungs- und Schanklokale, R. d. OLG. Bd. 15 S. 372 (Kammergericht); Bolze Bd. 19 Nr. 74; vgl. ObLG. Neue Folge, Bd. 3 S. 133 (Dienstbarkeit, daß ein Grundstück, soweit es über die Baulinie hinausragt, nicht überbaut werden darf). Bolze Bd. 15 Nr. 43 (Beschränkung, kein Gebäude zu halten, es sei denn ein solches mit sauber gestrichener Wand, s. hierüber unten § 31 II, 6). Der Inhalt einer Dienstbarkeit kann auch darin bestehen, daß auf dem Grundstücke solche Anlagen nicht errichtet und solche Gegenstände nicht aufgestellt werden dürfen, die einen landschaftlich unschönen Anblick gewähren. Es ist nicht zu fordern, daß alle in Betracht kommenden Einzelanlagen im voraus bestimmt sein müssen. Es genügt die objektive Bestimmbarkeit auf Grund der angegebenen allgemeinen Merkmale. Im Streitfalle entscheidet der Richter. Bl. f. Rechtspfl. im Bez. d. Kammerger. 1907 S. 11 f. (Kammergericht); Bolze Bd. 12 Nr. 65.

[6]) Vgl. Kohler, ArchZivPrax. Bd. 87 S. 187.

[7]) Zur Begründung einer solchen Servitut (servitus ne ventus excludatur) durch Ersitzung ist nach gemeinem Recht ein Widerspruch des Müllers gegen eine windentziehende Anlage und Stillesitzen des Nachbars während der hierauf folgenden Ersitzungszeit erforderlich. Holzschuher, Theor. u. Kas. Bd. 2 S. 403.

[8]) SeuffA. Bd. 45 Nr. 168; EntschFG. Bd. 3 S. 148 (daß nur gewisse Arten von Getränken verschenkt werden dürfen), SeuffA. Bd. 15 Nr. 204 (Recht, die Errichtung einer Mahlmühle zu verbieten). Voraussetzung ist in allen derartigen Fällen, daß die Beschränkung für die Benützung des herrschenden Grund-

oder Steine nicht gebrochen[1]) oder keine Keller angelegt[2]) werden dürfen. Eine Grunddienstbarkeit, die den Eigentümer verpflichtetet, das ihm zustehende Jagdrecht nicht oder nur mit besonderen Beschränkungen auszuüben, ist inhaltlich unzulässig[3]); oder

c) daß die Ausübung eines Rechtes ausgeschlossen ist, das sich aus dem Eigentum an dem anderen Grundstücke auf Grund der nachbarrechtlichen Vorschriften ergibt[4]). Hierher gehört z. B. die Verpflichtung, sich Eingriffe in das Eigentum, insbesondere die Belästigung durch Funkenauswürfe aus den Lokomotiven[5]) oder durch Fabrikrauch[6]) oder durch Dämpfe[7]) gefallen zu lassen[8]); aber auch die Duldungspflicht von Fenstern, die nach dem Gesetze unzulässig wären[9]) (s. oben S. 192 ff.). Ein Verzicht auf künftige Entschädigungsansprüche wegen Beschädigung des Grundeigentums kann als zulässiger Inhalt einer Grunddienstbarkeit nicht erachtet werden[10]). Unter der Geltung des bisherigen Rechts haben sich vielfach Grunddienstbarkeiten entwickelt, deren Inhalt eine Befreiung von einer nach bisherigem Recht (namentlich nach Lokalbaustatuten) geltenden Eigentumsbeschränkung darstellt[11]). Soweit die neue Gesetzgebung diese Eigentumsbeschränkungen nicht aufgehoben hat, ruhen diese Servituten; sie gehen nicht etwa unter, so daß sie bei einer Gesetzesänderung ohne weiteres wieder aufleben würden.

---

stückes Vorteil bietet und die Benützung des dienenden Grundstückes betrifft, s. darüber unten III, 1.

1) Vgl. EntschOGH. Bd. 13 S. 592.

2) HansGZ. Bd. 11 S. 118.

3) R. d. OLG. Bd. 15 S. 372 (Kammergericht). Die dort dem preußischen Jagdrecht entnommenen Gründe treffen in gleicher Weise für das bayerische Jagdgesetz zu.

4) Vgl. JW. 1892 S. 153 Nr. 17.

5) Vgl. Gruchot Bd. 39 S. 974, Bd. 40 S. 1007; DNotZ. 1882 S. 155.

6) Vgl. SeuffA. Bd. 28 Nr. 201, Bd. 36 Nr. 265.

7) Vgl. SeuffA. Bd. 36 Nr. 264.

8) l. 8 §§ 5, 7 D, 8, 5. In solchen Fällen wird für die Ersitzung das Erfordernis der Rechtsüberzeugung besonders zu berücksichtigen sein, s. unten § 32 B.

9) Servitus luminum, vgl. SeuffA. Bd. 2 Nr. 139, Bd. 6 Nr. 15, Bd. 14 Nr. 13; ArchZivPrax. Bd. 52 S. 206. Vielfach wird die servitus luminum als das Recht aufgefaßt, in einer *fremden* oder gemeinschaftlichen Wand Fenster zu haben. Vgl. Windscheid, Pand. § 211 a Anm. 8; Holzschuher, Theor. und Kas. Bd. 2 S. 399; SeuffA. Bd. 10 Nr. 16.

10) Vgl. Staudinger Bem. II, 1 c zu § 1018 und dortige Nachweise. Doch ist eine Auslegung eines solchen Vertrages dahin zulässig, daß die Duldungspflicht selbst mit der Folge des Wegfalls des Entschädigungsanspruchs begründet werden wollte. R. d. OLG. Bd. 3 S. 291.

11) So z. B. Dienstbarkeiten auf das Recht zum Höherbauen oder zum Bauen unmittelbar an der Grenze, zum Verbauen der Aussicht; auf Befreiung von der Pflicht den Tropfenfall aufzunehmen. Servitus altius tollendi, officiendi luminibus vicini, stillicidii non avertendi; vgl. hierzu Windscheid, Pand. Bd. 1 § 211 a Anm. 10 und 11, aber auch Holzschuher, Theorie und Kas. Bd. 2 S. 400.

III. 1. Allen diesen Fällen ist jedoch gemeinsam, daß die Grunddienstbarkeit nur in einer Belastung bestehen kann, die für die Benützung des Grundstückes des Berechtigten Vorteil bietet (§ 1019 BGB.)[1]); servitus fundo utilis esse debet. Begrifflich wäre keine Voraussetzung, daß der Vorteil in Geldeswert umzusetzen sei; weil aber Belastungen, die nur den rein persönlichen Bedürfnissen oder Vorteilen eines bestimmten Grundeigentümers dienen[2]), keine Grunddienstbarkeiten im Sinne des BGB. darstellen, so wird im praktischen Ergebnis der Vorteil, welcher für die Benützung des Grundstückes objektiv wirkt, auch ein geldwerter sein. So wird z. B. durch das Recht, einen fremden Garten zu benützen, das Bewohnen des Hauses, mit welchem dieses Recht verknüpft ist, für jedermann annehmlicher und diese Annehmlichkeit stellt einen Geldwert dar[3]). Uebrigens kann der Vorteil auch in der Befriedigung anerkannter ästhetischer Interessen liegen[4]).

Die Beschränkung eines Gewerbebetriebs auf einem anderen Grundstücke bietet den geforderten Vorteil für die Benützung des Grundstückes des Berechtigten, soferne der Vorteil in der Beschaffenheit des herrschenden Grundstückes eine objektive Grundlage hat; es muß also das herrschende Grundstück zu dem Gewerbebetrieb, dessen Ausübung gefördert oder erleichtert werden soll, besonders eingerichtet oder doch diese Einrichtung in Aussicht genommen[5]) sein; so ist es z. B. für die Benützung eines Grundstückes, das für den Betrieb einer Brauerei eingerichtet ist, von Vorteil, wenn auf einem zum Betrieb einer Schankwirtschaft eingerichteten Grundstück nur Bier dieser Brauerei ausgeschenkt werden darf[6]); ingleichen hat man es mit

---

[1]) § 1019 enthält zwingendes Recht, SeuffBl. Bd. 66 S. 7.

[2]) In diesem Falle fehlt eben die wesentliche Voraussetzung, daß der Vorteil in der Beschaffenheit des herrschenden Grundstücks eine objektive Grundlage hat. Maenner S. 273; Turnau-Förster Bem. I, 2 zu 1019.

[3]) Vgl. Maenner S. 273 gegen Kohler, ArchZivPrax. Bd. 87 S. 170.

[4]) Dernburg S. 556; Kohler, ArchZivPrax. Bd. 87 S. 188, z. B. daß die Häuser am Kölner Domplatz im gotischen Stile gebaut werden. Vgl. LG. Mosbach bei Warneyer 1908 S. 204 (die Verpflichtung, ohne Genehmigung der Unterrichtsverwaltung an einem geschichtlich merkwürdigen Baudenkmal keine Aenderung vorzunehmen, ist als ein volkswirtschaftlicher Vorteil zugunsten der Unterrichtsverwaltung anzusehen).

[5]) Vgl. M. Bd. 3 S. 482; Mugdan Bd. 3 S. 268; JW. 1900 S. 676 Nr. 46); R. d. OLG. Bd. 15 S. 360; Maenner S. 274, die zeitweilige Einstellung des Gewerbebetriebes (Abbrennen der Fabrik) entzieht der Grunddienstbarkeit noch nicht die Grundlage; dazu wäre die dauernde Unmöglichkeit ihrer Ausübung erforderlich; das wäre z. B. der Fall, wenn mit Rücksicht auf den Schutz einer Heilquelle das Graben nach Lehm dauernd unzulässig wäre. Dernburg S. 557 erachtet eine besondere Einrichtung des Grundstückes zum Gewerbebetrieb nicht für erforderlich.

[6]) SeuffA. Bd. 45 Nr. 168; EntschFG. Bd. 3 S. 148; Turnau-Förster Bem. I, 1 b zu § 1018; Maenner S. 273; Recht 1903 S. 401 Nr. 2160 (ObLG); vgl. R. d. OLG. Bd. 15 S. 360 (Kammergericht). A. M. Kohler, ArchZivPrax. Bd. 87 S. 174; R. d. OLG. Bd. 15 S. 371 (Kammergericht).

einer Grunddienstbarkeit zu tun, wenn zugunsten des Eigentümers eines Grundstückes, das zu einem bestimmten Gewerbebetrieb eingerichtet ist oder eingerichtet werden soll, dem Nachbar die Beschränkung auferlegt ist, auf seinem Grundstücke kein Konkurrenzgeschäft zu betreiben [1]). Auch die Berechtigung, auf einem Nachbargrundstücke Lehm für eine auf dem Grundstücke des Berechtigten befindliche oder projektierte Ziegelei zu graben, eignet sich demnach als Inhalt einer Grunddienstbarkeit [2]).

Wenn es für den Vorteil, den die Berechtigung bringt, an einer objektiven, in der Beschaffenheit des herrschenden Grundstückes gelegenen Grundlage fehlt, kommt keine Grunddienstbarkeit, möglicherweise aber eine persönliche Dienstbarkeit in Frage [3]).

Zum Wesen sowohl der Grunddienstbarkeit wie der beschränkten persönlichen Dienstbarkeit gehört aber, daß das ihren Inhalt bildende Recht für den Berechtigten einen wirtschaftlichen Vorteil bietet oder bieten kann. Deshalb ist ein außerhalb des Privatrechts liegendes Interesse nicht ausreichend, um ein Recht, welches zu seiner Befriedigung dienen soll, als Dienstbarkeit gelten zu lassen. Es kann z. B. zugunsten einer Gemeinde nicht eine Dienstbarkeit des Inhalts bestellt werden, daß ein Grundeigentümer sich gewissen baupolizeilichen Beschränkungen unterwirft [4]). Damit steht nicht im Widerspruch, daß die Begründung einer Dienstbarkeit von an sich öffentlich-rechtlichem Inhalt durch privatrechtlichen Begründungsakt möglich ist mit der Folge, daß dem Berechtigten hieraus ein Privatrecht erwächst [5]). Voraussetzung ist hierbei aber, daß dieses Recht dem Berechtigten einen wirtschaftlichen Vorteil bietet.

2. Vizinität (Nachbarschaft) des herrschenden und dienenden Grundstückes ist begrifflich nicht erforderlich [6]), ebensowenig, daß das

---

[1]) Maenner S. 273.

[2]) Vgl. JW. 1905 S. 393 Nr. 12 (RG.).

[3]) Vgl. Recht 1907 S. 1068 Nr. 2558 (RG.). Einer Eisenbahngesellschaft ist das Recht eingeräumt, auf einem fremden Grundstück ein Gleis zu halten.

[4]) JW. 1905 S. 692 Nr. 16 (RG.); Recht 1907 S. 1138 Nr. 2743 (RG.).

[5]) Neumann Bd. 6 S. 398 (RG.).

[6]) M. Bd. 3 S. 482; Mugdan Bd. 3 S. 269. Es müssen aber natürlich solche räumliche Verhältnisse bestehen, daß die Gewährung des Vorteils möglich ist. (Weiter reichte übrigens auch die Tragweite des gemeinrechtlichen Satzes nicht: „praedia debent esse vicina“ vgl. SeuffA. Bd. 37 Nr. 296). Es wird z. B. die Grunddienstbarkeit aufgehoben, wenn der öffentliche Weg, durch dessen Benützung die Ausübung der Viehtrift ermöglicht wird, für immer aufgelassen wird. Endemann S. 633 Anm. 23; vgl. aber auch Kohler, ArchZivPrax. Bd. 87 S. 183 ff. — So erlischt die Grunddienstbarkeit, welche nur zum Aufschlagen der Fensterflügel durch den Luftraum berechtigt, nicht aber zugleich ein Lichtrecht in sich schließt, durch Verbauen der Fenster. Der Nachbar braucht in seinem Gebäude keine Ausschachtung vorzunehmen, um dem Fensterinhaber das alsdann für sein Grundstück wertlose Oeffnen der Fenster zu ermöglichen. Die Grunddienstbarkeit selbst ist wegen Wegfalls des Vorteils erloschen (SeuffBl. Bd. 39 S. 185); es ist nicht nötig, hierwegen, wie dies oben S. 195 Anm. 1 geschehen ist, auf § 226 BGB. zurückzugreifen.

belastete Grundstück den Vorteil dauernd gewähre (causa perpetua)[1]). Es ist deshalb auch eine Grunddienstbarkeit möglich, deren Vorteil nicht in der natürlichen Beschaffenheit des dienenden Grundstückes liegt, sondern künstliche Anlagen eines anderen voraussetzt[2]).

3. Nur zugunsten des jeweiligen Eigentümers eines Grundstückes kann die Belastung mit einer Grunddienstbarkeit erfolgen; es ist also die Grunddienstbarkeit begrifflich an ein bestimmtes (herrschendes) Grundstück gebunden[3]); selbstverständlich kann die gleiche Grunddienstbarkeit (z. B. Wasserleitung) zugunsten oder zu Lasten mehrerer Grundstücke[4]) bestellt werden; aber nur für jedes Grundstück als selbständige Berechtigung bezw. Belastung[5]), also nicht zugunsten oder zu Lasten einer ganzen Gemeindemarkung als solcher, die ja keine zivilrechtliche Einheit bildet[6]).

Da die Grunddienstbarkeit an ein herrschendes Grundstück gebunden ist, kann sie nicht für eine Gemeinde oder die einzelnen Mitglieder einer Gemeinde bestellt werden, wohl aber zugunsten der jeweiligen Grundeigentümer des Gemeindebezirkes.

Nach bisherigem Rechte konnte eine derartige Gemeindeservitut zugunsten eines ganzen territorialen oder personalen Kreises erworben werden, sofern die ihr zugrunde liegende Berechtigung zur Befriedi-

---

[1]) M. Bd. 3 S. 482; Mugdan Bd. 3 S. 269. Weil eine causa perpetua nicht erforderlich ist, kann an sich eine Grunddienstbarkeit mit zeitlicher Beschränkung bestellt werden. Weil die Grunddienstbarkeit nur in einer Belastung bestehen kann, die für die Benützung des Grundstücks des Berechtigten Vorteil bietet, erlischt die Grunddienstbarkeit, sobald die den Vorteil ermöglichenden tatsächlichen Unterlagen dauernd aufgehoben sind. Eine Grunddienstbarkeit auf Ausbeutung eines Steinbruchs erlischt daher, wenn der Steinbruch erschöpft ist. Vgl. Staudinger Bem. 1 e zu § 1019, ingleichen eine Wassergerechtigkeit, wenn die Quelle dauernd versiegt ist, während eine vorübergehende Austrocknung die Grunddienstbarkeit unberührt läßt. Wenn das herrschende Gebäude abbrennt, geht die Grunddienstbarkeit auf das neu errichtete Gebäude über. Endemann S. 632 Anm. 22. Voraussetzung ist, daß keine stärkere Belastung eintritt, vgl. hierüber unten § 33 B, I, 4.

[2]) Dernburg S. 556; vgl. Striethorst' Arch. Bd. 42 S. 240 (Servitut zum Walken von Fellen auf der Mühlenwalke eines anderen).

[3]) Daraus folgt, daß die Grunddienstbarkeit nicht ohne das herrschende Grundstück, als dessen Bestandteil sie nach § 96 BGB. gilt, veräußert werden kann und daß sie auf jeden neuen Eigentümer mit dem Erwerb des Eigentums des Grundstücks von selbst übergeht. In der Gebundenheit an ein bestimmtes herrschendes Grundstück liegt das entscheidende Unterscheidungsmerkmal von der superficies und dem Erbbaurecht (s. oben S. 16), aber auch von der persönlichen Dienstbarkeit.

[4]) Das herrschende Grundstück kann aus mehreren Plannummern bestehen; unter der Bezeichnung „Hofraithe" versteht man Wohnhaus, Hofraum und die dazu gehörigen Nebengebäude, nicht aber einen daran anstoßenden Garten. SeuffA. Bd. 22 Nr. 214.

[5]) Es kann deshalb für alle Grundstücke eines bestimmten Bezirkes die dingliche Beschränkung, wonach nur Villenbau zulässig sein soll, durch Bestellung gegenseitiger Grunddienstbarkeiten rücksichtlich aller einzelnen Grundstücke durchgeführt werden; vgl. Kohler, ArchZivPrax. Bd. 87 S. 187.

[6]) Endemann S. 629.

gung eines konkret begrenzten Bedürfnisses diente und den Charakter der Dauer an sich trug[1]). War ein solches Recht zur Zeit des Inkrafttretens des BGB. bereits begründet, so bleibt es mit dem Inhalt bestehen, der sich aus dem bisherigen Rechte ergibt und zwar als Grunddienstbarkeit (Art. 184 Satz 2 EG.)[2]).

Nach dem Inkrafttreten des BGB. kann aber zugunsten einer Gemeinde eine solche Grunddienstbarkeit nicht mehr begründet werden; zwar richtet sich die Begründung der Grunddienstbarkeit gemäß Art. 189 EG., 177 AG. bis zur Anlegung des Grundbuchs nach bisherigem Recht; allein ein Recht, welches einen nach dem BGB. unzulässigen Inhalt hat, kann nach dem 1. Januar 1900 nicht mehr begründet werden. Dagegen kann auch unter der Geltung des BGB. eine Gemeindedienstbarkeit als beschränkte persönliche Dienstbarkeit gemäß § 1090 BGB. bestellt werden[3]).

4. Auch an Grundstücken, die dem gemeinen Gebrauch zu dienen bestimmt sind, ist eine Grunddienstbarkeit möglich[4]), jedoch nur insoweit, als sie mit deren öffentlich-rechtlicher Bestimmung vereinbar ist[5]). Nach bayerischem Recht ist ein servitutarisches Recht der Straßenanlieger an dem Straßenkörper nicht anzuerkennen (s. hierüber oben S. 114).

5. Die Grunddienstbarkeit ist an und für sich ein Recht an einem fremden („anderen") Grundstücke: nemini res sua servit[6]). Zulässig ist aber nach § 1009 Abs. 2 die Belastung eines gemeinschaftlichen Grundstückes zugunsten eines im Alleineigentum eines der Miteigentümer stehenden Grundstückes[7]). Auch schließt der Satz: nemini

---

[1]) Ueber Ersitzung einer Gemeindeservitut s. unten § 32 B, II.

[2]) Vgl. RG. Bd. 14 S. 214; SeuffA. Bd. 41 Nr. 173 (Servitut einer Gemeinde auf den Besuch von Parkanlagen seitens des Publikums); Bd. 59 Nr. 6 (Weg zum Bahnhof); vgl. RG. Bd. 7 S. 164 (Servitut einer Fischereigenossenschaft zum Aufstellen ihrer Bote auf einer Wiese). In einem Falle, in welcher der Gemeinde als solcher die Grunddienstbarkeit zusteht, sind die einzelnen Gemeindeangehörigen nicht aktiv legitimiert. RG. Bd. 44 S. 146; SeuffA. Bd. 55 Nr. 63. Vgl. ferner Dernburg S. 554. Nach Art. 184 Satz 2 EG. finden auf Grunddienstbarkeiten, welche vor 1. Januar 1900 bestehen, die §§ 1018, 1019, welche den Begriff und Inhalt der Grunddienstbarkeit nach bürgerlichem Rechte bestimmen, keine Anwendung, Endemann S. 625.

[3]) SeuffA. Bd. 59 Nr. 6 (RG.); Endemann S. 668; ObLG. Neue Folge, Bd. 3 S. 126.

[4]) Maenner S. 272 Anm. 2.

[5]) ObLG. Neue Folge, Bd. 6 S. 65 und dortige Nachweise; JW. 1895 S. 362 Nr. 9; 1897 S. 48 Nr. 1. Ueber das Recht, Wagen auf einer öffentlichen Straße aufzustellen und die opinio iuris bei der Ersitzung eines solchen Rechts s. SeuffA. Bd. 42 Nr. 194 (RG.); vgl. unten § 32, B, II.

[6]) Vgl. SeuffA. Bd. 56 Nr. 151; R. d. OLG. Bd. 1 S. 427; RG. Bd. 47 S. 202.

[7]) Hier kommen namentlich gemeinschaftliche Einfahrten, Höfe u. s. w. in Betracht, die zugunsten des jeweiligen Eigentümers eines jeden der im Alleineigentum stehenden Grundstücke mit einer Grunddienstbarkeit belastet sind (Art. 43 UeG., Art. 21 LiegenschG. f. die Pfalz), s. darüber oben S. 44.

res sua servit gegenseitige Grunddienstbarkeiten[1]) nicht aus, wie sie namentlich bei Weidegerechtigkeiten, aber auch bei Anwende- und Wegegerechtigkeiten vorkommen; hier übt jeder auf seinem Grundstück das Eigentum, auf dem Nachbargrundstücke die Grunddienstbarkeit aus[2]). Im Zweifel ist nicht anzunehmen, daß bei gegenseitigen Grunddienstbarkeiten das Recht zur Benützung des fremden Grundstückes davon abhängig ist, daß der andere Nachbar seinerseits die Berechtigung ausübt; es liegt also nicht in dessen Macht, durch einseitigen Verzicht auf die gegenseitige Grunddienstbarkeit dem Nachbar die Befugnis zu entziehen.

Wennschon hiernach der Eigentümer zweier Grundstücke an dem einen zugunsten des anderen eine Grunddienstbarkeit nicht bestellen kann[3]), so geht andererseits eine bestehende und im Grundbuch eingetragene Grunddienstbarkeit durch Vereinigung des herrschenden und dienenden Grundstückes nach bürgerlichem Recht nicht unter (s. hierüber unten § 33 A 3). Dagegen erlöschen nicht eingetragene Grunddienstbarkeiten, die nach den Vorschriften des bisherigen Rechts entstanden sind, durch Konsolidation (Konfusion) sowohl vor (s. unten § 33 B I, 2) als nach dem Zeitpunkt, zu welchem das Grundbuch als angelegt anzusehen ist (s. unten § 33 B II, 2, c).

6. Servitus in faciendo consistere nequit[4]). Die fortdauernde Geltung dieses Satzes ergibt sich aus dem in § 1018 BGB. bestimmten Begriff der Grunddienstbarkeit. **Gerade hierin besteht der begriffliche Unterschied der Grunddienstbarkeit von der Reallast. Wie ein Tun nicht den wesentlichen[5]) Inhalt einer Grunddienstbarkeit bilden kann, so wenig entspricht ein bloßes Dulden oder Unterlassen dem Begriff der Reallast. Deshalb kann die Verpflichtung zur Herstellung eines Werkes, z. B. einer Einfriedigung, nicht als Dienstbarkeit bestellt werden, es müßte denn der Fall des § 1021 BGB. vorliegen[6]). Auch die Verpflichtung, ein überragendes Gesimse bei einem allenfallsigen Neubau des Nachbars zu beseitigen, kann deshalb nicht der Gegenstand einer Grunddienstbarkeit sein[7]). Würde der Inhalt des Rechtsverhältnisses dahin umschrieben, daß der Be-**

---

[1]) Vgl. R. d. OLG. Bd. 12 S. 128.

[2]) Maenner S. 275 Anm. 15.

[3]) RG. Bd. 47 S. 202.

[4]) Windscheid, Pand. Bd. 1 § 201; SeuffA. Bd. 21 Nr. 214; Neumann, Jahrb. Bd. 4 S. 343.

[5]) Bolze Bd. 15 Nr. 43 hat die Verpflichtung, die Giebelwand eines auf der Grenze zu errichtenden Gebäudes zu verputzen und zu streichen sowie in diesem Zustand zu erhalten, als Grunddienstbarkeit aufgefaßt. Wenn der Eigentümer nach Gesetz berechtigt sei, sein Grundstück bis an die Grenze zu bebauen, so läßt sich der Vertrag dahin auslegen, daß dieses Recht des Eigentümers dahin beschränkt sein solle, daß er kein Gebäude hart an der Grenze haben dürfe, es sei denn ein solches mit verputzter und gestrichener Giebelwand.

[6]) Neumann, Jahrb. Bd. 4 S. 343 (Hamburg), Bd. 5 S. 414 (Colmar).

[7]) R. d. OLG. Bd. 1 S. 426.

rechtigte seinerseits das überragende Gesimse beseitigen darf, so hat man es ebenfalls nicht mit einer Grunddienstbarkeit zu tun. Zwar steht dem dann nicht der Grundsatz „servitus in faciendo consistere nequit“ entgegen; wohl aber der § 1018 BGB., wonach die Berechtigung zur Vornahme einer einmaligen Handlung den Inhalt einer Dienstbarkeit nicht bilden kann[1]); aber auch als Reallast können solche Verpflichtungen nicht angesehen werden, weil hierfür ebenfalls wiederkehrende Leistungen erforderlich sind[2]):

a) Dem entsprechend hat der Berechtigte eine Anlage, welche er zur Ausübung der Dienstbarkeit auf dem dienenden Grundstücke hält, in ordnungsgemäßem Zustande zu erhalten, soweit es das Interesse des Eigentümers des dienenden Grundstückes erfordert (§ 1020 BGB.). Hierin bestehen jedoch folgende Ausnahmen[3]):

α) Es kann bestimmt werden, daß der Eigentümer des belasteten Grundstückes die Anlage zu unterhalten hat, soweit das Interesse des Berechtigten es erfordert. Steht dem Eigentümer das Recht zur Mitbenützung der Anlage zu, so kann bestimmt werden, daß der Berechtigte die Anlage zu unterhalten hat[4]), soweit es für das Benützungsrecht des Eigentümers erforderlich ist (§ 1021 Abs. 1 BGB.). Auf eine solche Unterhaltungspflicht finden die Vorschriften über die Reallasten entsprechende Anwendung (§ 1021 Abs. 2 BGB.).

β) Besteht die Grunddienstbarkeit in dem Rechte, auf einer baulichen Anlage des belasteten Grundstückes eine bauliche Anlage zu halten (servitus oneris ferendi)[5]), so hat, wenn nicht ein anderes bestimmt ist, der Eigentümer des belasteten Grundstücks seine Anlage zu unterhalten, soweit das Interesse des Berechtigten es erfordert. Auf diese Unterhaltungspflicht finden die Vorschriften über die Reallasten entsprechende Anwendung (§ 1022 BGB.).

In diesen beiden Fällen, in welchen hiernach dem Eigentümer der dienenden Sache die Verpflichtung zu einem Tun (Unterhaltung der Anlage) obliegt, ist diese Verpflichtung als akzessorisches Rechtsverhältnis mit der Grunddienstbarkeit verknüpft; durch diese Verknüpfung unterscheidet sich diese Unterhaltungslast von der Reallast, die eine für sich selbständige Bedeutung hat[6]).

---

[1]) S. oben § 31 II a.

[2]) R. d. OLG. Bd. 1 S. 426, Bd. 3 S. 292. Dagegen steht mit dem Begriff der Reallast nicht in Widerspruch, daß neben den wiederkehrenden Leistungen auch eine einmalige bedungen ist JW. 1896 S. 626 Nr. 68 (RG.).

[3]) Die §§ 1020—1022 gelten auch für die vor dem 1. Janunr 1900 begründeten Grunddienstbarkeiten. Vgl. RG. Bd. 56 S. 378; R. d. OLG. Bd. 4 S. 293.

[4]) Diese Verpflichtung ist nicht als eine neben der Dienstbarkeit selbständig bestehende Reallast sondern als eine Erweiterung der Dienstbarkeit anzusehen. ObLG. Bd. 4 S. 313; vgl. RG. Bd. 56 S. 382. Ueber die Eintragung der Verpflichtung des Berechtigten, die Anlage ausschließlich zu unterhalten, im Grundbuch s. Clarus, BayZfR. 1908 S. 173 und dagegen Predari a. a. O. S. 385. Siehe S. 301 vor Anm. 1.

[5]) Vgl. oben S. 284 Anm. 6.

[6]) Vgl. ObLG. Neue Folge, Bd. 4 S. 313.

b) Der Grundsatz: „servitus in faciendo consistere nequit" leidet keine Anwendung auf eine solche dem Eigentümer des dienenden Grundstückes obliegende Mitwirkung bei der Ausübung des Rechts, welche vorzugsweise den Zweck hat, den Eigentümer gegen eine mißbräuchliche oder unwirtschaftliche Ausnützung des Dienstbarkeitsrechts zu schützen; hierher gehört die Verpflichtung des Eigentümers zur Anweisung des Rechtholzes [1]), nicht aber auch zum Zurichten und Aufsetzen oder gar zum Abfahren des Rechtholzes [2]).

c) Dagegen kommt das Prinzip, daß der Eigentümer des dienenden Grundstückes zu keinem positiven Handeln verpflichtet ist, wiederum zur vollen Geltung insofern, als dem Eigentümer nicht zugemutet werden kann, dem Berechtigten durch irgendwelche positiven Handlungen die Möglichkeit zur Ausübung der Grunddienstbarkeit zu erhalten. Deshalb ist der Eigentümer dem Berechtigten gegenüber nicht verpflichtet, Einwirkungen Dritter, durch welche die Ausübung der Grunddienstbarkeit beeinträchtigt wird, zu verbieten oder zu hindern [3]). Es bleibt vielmehr dem Berechtigten selbst überlassen, Beeinträchtigungen seines Rechtes durch Dritte abzuwehren, und sich hierzu der ihm nach § 1027 zustehenden Störungsklage des § 1004 zu bedienen.

7. Die Verknüpfung einer fortdauernden Gegenleistungspflicht mit einer Grunddienstbarkeit, so daß diese Verpflichtung auf die Rechtsnachfolger des ursprünglichen Berechtigten übergeht, ist durch das Wesen des Dienstbarkeitsrechtes als eines dinglichen Rechtes ausgeschlossen [4]), weil dann die selbständige, unmittelbare Sachherrschaft fehlt [5]). Will eine Grunddienstbarkeit nur gegen die Uebernahme einer fortdauernden Gegenleistungspflicht bestellt werden, so kann der gewollte wirtschaftliche Zweck durch Bestellung einer Grunddienstbarkeit und einer damit auseinander fallenden Reallast erreicht werden. Es ist zulässig, die Reallast unter Beschränkung auf die Zeit zu bestellen, während welcher die Grunddienstbarkeit besteht und umgekehrt.

---

[1]) Dernburg S. 559.

[2]) Maenner S. 275 Anm. 15. Dagegen will Dernburg S. 559 im Anschluß an JW. 1888 S. 314 Nr. 19 auch in diesen Fällen Grunddienstbarkeit annehmen, sofern diese Mitwirkung des Eigentümers nur zur Sicherstellung einer ordnungsmäßigen Rechtsausübung diene. Allein bei einer Verpflichtung zu solch weitgehenden positiven Handlungen des Pflichtigen sind die Voraussetzungen dieser Einschränkung eben nicht gegeben. Es liegt dann eine Reallast vor.

[3]) Recht 1903 S. 340 Nr. 1839 (ObLG.) vgl. R. d. OLG. Bd. 15 S. 361.

[4]) M. Bd. 3 S. 481; Mugdan Bd. 3 S. 268; Turnau-Förster, Bem. VII zu § 1018; Endemann S. 631; Biermann Bem. 4 zu § 1018; Neumann, Jahrb. Bd. 5 S. 414. A. M. Staudinger Bem. II, 2 zu § 1018.

[5]) Endemann S. 631 Anm. 15: Wird ein Durchgangsrecht bestellt, dessen Zugang sich nur gegen den jedesmaligen Einwurf eines Geldstückes öffnet, so ist dies kein dingliches Recht im Sinne der §§ 1018 ff.

Anders zu beurteilen ist die Bestellung einer Grunddienstbarkeit unter der Bedingung, daß sie nur nach einer Gegenleistung ausgeübt werden darf. Das ist durchaus zulässig und wirksam[1]).

## § 32. Erwerb der Grunddienstbarkeiten.

In einem Teile Bayerns ist das Grundbuch bereits angelegt, in dem andern wird es noch geraume Zeit auf sich warten lassen. Bis zu dem Zeitpunkt, in welchem das Grundbuch als angelegt anzusehen ist, erfolgt die Begründung der Grunddienstbarkeiten nach den bisherigen Gesetzen (Art. 189 EG. mit Art. 177 AG.), s. hierüber unten § 32 B.

### A. Erwerb der Grunddienstbarkeiten nach dem Rechte des BGB.

I. Von dem Zeitpunkt an, in welchem das Grundbuch als angelegt anzusehen ist, kann eine Grunddienstbarkeit nur durch dinglichen Vertrag in Verbindung mit der Eintragung auf dem belasteten Grundstück entstehen.

Einen anderen Entstehungsgrund als den der rechtsgeschäftlichen Begründung oder Bestellung läßt das BGB. nicht zu; ein Erwerb durch Ersitzung ist also von dem Inkrafttreten der Grundbuchverfassung an ausgeschlossen. Dies gilt auch für die buchungsfreien[2]) und im Grundbuch nicht eingetragenen Grunddienstbarkeiten. Während aber sonst die Eintragung Erfordernis für die Entstehung der Grunddienstbarkeit ist, entsteht[3]) eine Grunddienstbarkeit an solchen buchungsfreien und nicht eingetragenen Grundstücken durch den dinglichen Vertrag, wobei die Erklärung des Bestellers in öffentlich beglaubigter Form, also notariell[4]) abgegeben werden muß (Art. 128

[1]) BayZfR. 1907 S. 335 (Nürnberg); Turnau-Förster Bem. VII zu § 1018; vgl. über das Recht zum Anbau an eine Kommunmauer gegen Ersatz der halben Baukosten oben S. 57 ff. und Staudinger Bem. IV zu § 921. Ueber bisheriges Recht vgl. unten § 32 B, II.

[2]) Von der Notwendigkeit grundbuchmäßiger Eintragung sind befreit: die Grundstücke des Reiches, des Staates, der Kreis- und Distriktsgemeinden, der politischen und Kirchengemeinden, der Ortschaften, der öffentlichen Stiftungen, der Klöster und der Versicherungsanstalten für Invaliditäts- und Altersversicherung; ferner die öffentlichen Wege und Gewässer, sowie solche Grundstücke, welche einem dem öffentlichen Verkehr dienenden Bahnunternehmen gewidmet sind. Das Gleiche gilt von den Grundstücken eines Landesherrn und den Grundstücken, welche zum Hausgut oder Familiengut einer landesherrlichen Familie, der Fürstlichen Familie Hohenzollern oder der Familie des vormaligen Hannoverschen Königshauses, des vormaligen Kurhessischen, des vormaligen Herzoglich Nassauischen und des Herzoglich Holsteinischen Fürstenhauses gehören. § 90 GBO. mit Art. 2 des Grundbuchanlegungsgesetzes vom 18. Juni 1898 (GVBl. 1898 S. 367 ff.) und § 1 der KV. v. 1. Juli 1898 (GVBl. 1898 S. 377) und für die Pfalz Nr. 334 der Grundbuchanlegungsordnung vom 15. September 1902. Für das Holsteinische Fürstenhaus Reichsges. vom 25. März 1904 (RGBl. S. 149).

[3]) Ueber Aufhebung solcher Grunddienstbarkeiten s. Art. 84 Abs. 2 AG. und Oertmann S. 466 ff., Henle-Schneider Bem. zu Art. 84 AG.

[4]) § 191 Abs. 2 FGG. mit Art. 15 AG. z. GVG.

EG.; Art. 84 AG.) [1]). Rücksichtlich der dem Buchungszwang unterliegenden Grundstücke sind bei jeder rechtsgeschäftlichen Begründung von Grunddienstbarkeiten drei verschiedene Vorgänge auseinander zu halten:

1. Das obligatorische Grundgeschäft (Kausalgeschäft), durch welches die obligatorische Verpflichtung zur Bewirkung der Rechtsänderung (hier zur Bestellung der Grunddienstbarkeit) eingegangen wird. Ein solcher auf Begründung einer Grunddienstbarkeit gerichteter Vertrag erzeugt für sich allein keine dingliche Wirkung. Der Singularrechtsnachfolger desjenigen, welcher diese Verpflichtung zur Bestellung eingegangen hat, ist also hieran nicht gebunden, wohl aber der letztere selbst mit der Wirkung, daß sein Vertragsgegner Erfüllung des Vertrages verlangen und im Klagewege erzwingen kann [2]). Der Vertrag wird erfüllt durch Bewirkung der dinglichen Rechtsänderung, d. i. durch Bestellung der Grunddienstbarkeit (s. unter 2).

Dabei besteht nun gegenüber dem bisherigen bayerischen Rechte ein weittragender Unterschied. Während bislang in Bayern nach Art. 14 des NotG. für einen Vertrag, durch welchen sich jemand zur Bestellung einer Grunddienstbarkeit verpflichtet, notarielle Verlautbarung notwendig war, ist diese Formvorschrift mit dem 1. Januar 1900 gefallen und ist von da ab, nicht etwa erst von dem Zeitpunkte an, in welchem das Grundbuch als angelegt anzusehen ist, ein solcher Vertrag ohne jede Form, also auch bei bloßer Mündlichkeit, obligatorisch wirksam [3]).

Ueber Fälle, in welchen es zweifelhaft ist, ob der Vertrag lediglich auf Begründung einer obligatorischen Verpflichtung oder auf die Verpflichtung zur Herbeiführung einer dinglichen Rechtsänderung gerichtet ist, s. oben § 31, I.

2. Das eigentliche Leistungsgeschäft (dinglicher Vertrag) [4]), durch welches der obligatorische Vertrag erfüllt wird, indem die dingliche Rechtsänderung herbeigeführt, im gegebenen Falle also die Grunddienstbarkeit bestellt wird. Diese Bestellung erfolgt durch einen abstrakten, von dem obligatorischen Vorvertrag (dem Kausalgeschäft) rechtlich losgelösten [5]), lediglich auf die dingliche Aenderung gerichteten

---

[1]) Näheres s. bei Oertmann S. 466 ff.; Henle-Schneider Bem. zu Art. 84 AG.

[2]) Kann durch Vertrag zugunsten Dritter eine Grunddienstbarkeit bestellt werden? Vgl. RG. Bd 47 S. 356; Staudinger Bem. B, I, 2 d zu § 873.

[3]) Staudinger Bem. B, I, 1 a zu § 873 und Bem. IV, 2 zu § 1018; Jacubezky in SeuffBl. Bd. 68 S. 449 ff.; RG. Bd. 48 S. 133, Bd. 54 S. 146; Habicht, Einwirkung S. 436; ObLG. Neue Folge, Bd. 4 S. 737 und dortige Nachweise.

[4]) Staudinger Bem. B, I, 2 zu § 973.

[5]) RG. Bd. 52 S. 114. Es ist deshalb für die Entstehung der Grunddienstbarkeit bedeutungslos, ob die Einigung mit dem Kausalgeschäft übereinstimmt oder nicht. RG. a. a. O., vgl. auch JW. 1902, Beil. S. 195. Selbstverständlich kann das obligatorische Kausalgeschäft und die dingliche Einigung zeitlich und inhaltlich zusammenfallen.

Vertrag (die sogen. Einigung) und die auf Grund dieser Einigung zu vollziehende Eintragung im Grundbuch. Das BGB. versteht unter Einigung im Sinne des § 873 BGB. nur dieses abstrakte Leistungsgeschäft, d. h. die Erklärung des Eigentümers des einen Grundstückes, daß er für ein anderes Grundstück eine Grunddienstbarkeit bestelle und die Annahme dieser Erklärung durch den Eigentümer des anderen Grundstückes. Die Grunddienstbarkeit ist bestellt, d. h. mit dinglicher Wirkung begründet, wenn auf Grund dieser Einigung die Eintragung im Grundbuch erfolgt ist (§ 873 BGB.).

Während sich also der Eigentümer durch das obligatorische Grundgeschäft verpflichtet, diejenigen Handlungen vorzunehmen, welche die Entstehung der Grunddienstbarkeit herbeiführen, erfüllt er diese seine Verpflichtung durch die Leistung des Versprochenen und das ist eben seine Mitwirkung zu dem dinglichen Vertrag, der darin besteht, daß der Eigentümer des einen Grundstückes erklärt, für ein anderes Grundstück die Grunddienstbarkeit zu bestellen und daß der Eigentümer des anderen Grundstückes diese Erklärung annimmt. § 873 Abs. 2 BGB. bestimmt, daß vor der Eintragung der Grunddienstbarkeit im Grundbuch die Beteiligten an die Einigung nur gebunden sein sollen, wenn die Erklärungen gerichtlich oder notariell beurkundet oder vor dem Grundbuchamt abgegeben oder bei diesem eingereicht sind oder wenn der zur Bestellung der Grunddienstbarkeit Berechtigte dem anderen Teile eine den Vorschriften der Grundbuchordnung entsprechende Eintragungsbewilligung ausgehändigt hat. Das will besagen: Vor Eintritt einer der Voraussetzungen, die § 873 Abs. 2 BGB. aufstellt, ist der abstrakte Einigungsvertrag noch nicht bindend. Diese Bestimmung bezieht sich ausschließlich auf die **dingliche** Einigung und läßt also die Wirksamkeit der obligatorischen Verpflichtung durchaus unberührt. § 873 Abs. 2 BGB. ist also nicht etwa so zu verstehen, daß der vor dem Eintritt der Bindung im Sinne des § 873 Abs. 2 zurücktretende Eigentümer des Grundstückes, welches mit der Grunddienstbarkeit belastet werden soll, von seiner obligatorischen Verpflichtung frei wäre. Diese muß er erfüllen, er hat durch seinen Rücktritt vom dinglichen Vertrag nur bewirkt, daß das Grundstück als solches (dinglich) nicht erfaßt wurde, aber seine Person bleibt nach wie vor in der Verpflichtung, wenn und soweit eine solche durch das vollständig formfreie Kausalgeschäft (s. oben unter 1) begründet wurde [1]).

Die dingliche Einigung bewirkt noch nicht die Rechtsänderung (bringt die Grunddienstbarkeit noch nicht zur Entstehung), aber sie bildet ihre notwendige Voraussetzung. Während das Kausalgeschäft nur die **Person** verpflichtet, also nicht den Singularrechtsnachfolger, wird durch die dingliche Einigung eine Verfügung über das **Grund**-

---

[1]) Vgl. JW. 1902, Beil. S. 195.

stück selbst getroffen. Wohl bedarf es noch des Hinzutritts der Eintragung im Grundbuch, um die durch die Verfügung bezweckte Rechtsänderung (Entstehung der Grunddienstbarkeit) herbeizuführen, aber durch die Einigung wird, wenn eine der Voraussetzungen des § 873 erfüllt ist, der Eigentümer des Grundstücks als dessen Repräsentant festgelegt, so daß es ihm nicht mehr möglich ist, den Eintritt der Rechtsänderung einseitig aufzuhalten [1]).

3. Als letzter Vorgang kommt hinzu die Eintragung im Grundbuch, durch welche die von der Bestellung bezweckte Wirkung vollzogen und die Grunddienstbarkeit zur Entstehung gebracht wird. Voraussetzung der Eintragung ist die dingliche Einigung; dem Grundbuchamt gegenüber genügt die Eintragungsbewilligung des Eigentümers des dienenden Grundstückes (§ 19 GBO.) [2]); dem Grundbuchamte braucht also das Einverständnis des anderen Teils nicht nachgewiesen zu werden.

Was nun den Inhalt und Umfang der Grunddienstbarkeit anlangt, so ist hierfür in erster Linie die Eintragung im Grundbuch maßgebend. Es ist aber keineswegs unzulässig, auch das außerhalb des Grundbucheintrages liegende Auslegungsmaterial behufs Ermittlung des Inhalts des die Begründung der Grunddienstbarkeit enthaltenden, aus dem Grundbuch ersichtlichen Rechtsgeschäftes zu benützen [3]). Einen wertvollen Auslegungsbehelf für die Feststellung des Inhalts der Grunddienstbarkeit bieten die besonderen Verhältnisse, unter denen die Dienstbarkeit entstanden ist, namentlich das zu dieser Zeit bestandene Bedürfnis [4]). Maßgebend ist das wesentliche und dauernde Bedürfnis des Grundstückes nach dem ihm bestimmungsgemäß innewohnenden Zweck, wie er sich in seiner wirtschaftlichen Beschaffenheit darstellt [5]).

Wenn der natürliche Betrieb, wie er zur Zeit der Begründung der Grunddienstbarkeit auf dem herrschenden Grundstücke bestanden hat, eine Erweiterung der Bedürfnisse [6]) bedingt, wird es regelmäßig im Sinne des Begründungsaktes liegen, daß die Benützung des dienenden Grundstückes auch zur Befriedigung dieser erweiterten Bedürfnisse stattfindet [7]). Bezüglich derjenigen Aenderungen der Be-

---

[1]) Der Schutz des öffentlichen Glaubens des Grundbuchs (§ 892 BGB.) bleibt natürlich unberührt.

[2]) ObLG. Neue Folge, Bd. 5 S. 165.

[3]) M. Bd. 3 S. 478 (Mugdan Bd. 3 S. 267).

[4]) ObLG. Neue Folge, Bd. 7 S. 539 (Fahrtrecht).

[5]) SeuffA. Bd. 55 Nr. 68.

[6]) So hat BayZfR. 1905 S. 430 durch Vertragsauslegung ein Recht des Berechtigten abgeleitet, eine gemeindliche Wasserleitungsanlage in sachgemäßer Weise unter Anwendung der Fortschritte der Technik zu erneuern und zu verbessern. SeuffA. Bd. 55 Nr. 68 (Ausdehnung des Geschäftsbetriebes, Umbau).

[7]) Prot. S. 3900 (Mugdan Bd. 3 S. 733); vgl. SeuffBl. Bd. 45 S. 60 und SeuffA. Bd. 35 Nr. 277. (Steht einem Anwesen ein Fahrtrecht zu, so

nutzungsart, die nach dem auf dem herrschenden Grundstücke vorhandenen Betriebe nicht vorauszusehen waren, muß das Umgekehrte gelten[1]). Nach diesen Grundsätzen wird sich auch die Frage beantworten, ob der Inhalt der Grunddienstbarkeit sich auf denjenigen Mehrbedarf erstreckt, der infolge der Errichtung einer Anlage auf dem herrschenden Grundstücke entstanden ist.

II. Eine stillschweigende Bestellung von Grunddienstbarkeiten in dem Sinne, daß eine Grunddienstbarkeit von selbst (ipso facto) entsteht im Falle der Veräußerung eines von zwei in einer Hand vereinigten Grundstücken, von denen eines bis dahin dem anderen tatsächlich diente, ist vom Inkrafttreten der Grundbuchverfassung[2]) an nicht mehr möglich. Denn die Entstehung einer Grunddienstbarkeit hat zur notwendigen Voraussetzung die dingliche Einigung[3]), welche als ein von den begleitenden Umständen losgelöster und somit rechtlich unabhängiger Vorgang in einer stillschweigenden Willenserklärung niemals erblickt werden kann.

Wohl aber kann die obligatorische Verpflichtung zur Bestellung einer Grunddienstbarkeit (s. oben A, I, 1) auch stillschweigend begründet werden[4]). Die für das bisherige Recht durch die Praxis entwickelten Grundsätze (s. unten S. 300) können bei der Erforschung des Willens zwar nicht als gesetzlicher, aber als tatsächlicher Auslegungsbehelf verwertet werden. Gelangt die Auslegung zur Annahme, daß die Bestellung einer Grunddienstbarkeit stillschweigend vereinbart ist, so kann auf formgültige Bestellung gegen den obligatorisch Verpflichteten geklagt werden[5]).

Aus der Unterzeichnung des Bauplanes allein kann der Wille, sich zur Bestellung einer Grunddienstbarkeit zu verpflichten, nicht abgeleitet werden, weil der Bauplan und dessen Unterzeichnung durch den Nachbar nur öffentlich-rechtliche Bedeutung hat und bestimmungsgemäß nicht auf Erzeugung privatrechtlicher Wirkungen gerichtet ist[6]).

Hat der Eigentümer das an sein Wohnhaus angrenzende Grundstück zu dem ihm bekannten Zwecke einer gewerblichen Anlage weg-

ist es im Zweifel auch für Fahrten zum Zwecke der Bewirtschaftung der mittlerweile zum Anwesen hinzuerworbenen Grundstücke anzusprechen).

[1]) Prot. S. 3900 (Mugdan Bd. 3 S. 733). — Vgl. JW. 1885 S. 337 Nr. 26; SeuffA. Bd. 42 Nr. 286 (zur Zeit der Bestellung führte die Fahrt nur zu Hausgärten, sie kann für eine später errichtete Fabrik nicht beansprucht werden). — Ebenso Gruchot Bd. 39 S. 982; JW. 1895 S. 210 Nr. 44 (für Errichtung einer Ziegelei); JW. 1895 S. 154 Nr. 32 (Errichtung eines Bleich- und Trockenplatzes); JW. 1900 S. 627 Nr. 16 (Errichtung einer Kunst- und Handelsgärtnerei).

[2]) Für die Zeit vom Inkrafttreten des BGB. bis zu dem Zeitpunkt, in welchem das Grundbuch als angelegt anzusehen ist, vgl. unten S. 300.

[3]) Vgl. RG. Bd. 65 S. 363.

[4]) Der Erwerb durch Zuschlag in der Zwangsversteigerung läßt keinen Raum für einen solchen Willen. RG. Bd. 65 S. 363.

[5]) Staudinger Bem. IV, 2 b zu § 1018, s. oben A, I, 1.

[6]) Vgl. EntschOGH. Bd. 13 S. 201; SeuffBl. Bd. 56 S. 173.

verkauft, so hat er damit stillschweigend seine Zustimmung zur Duldung aller jener Einwirkungen erteilt, welche mit einem derartigen Geschäftsbetriebe für ihn erkennbar verbunden zu sein pflegen [1]). Man wird hier regelmäßig eine obligatorische Verpflichtung zur Bestellung einer Grunddienstbarkeit anzunehmen haben. Zum mindesten ist der Verkäufer gegenüber dem Käufer, aber auch gegenüber einem Singularrechtsnachfolger des Käufers obligatorisch zur Duldung verpflichtet. Dem Singularrechtsnachfolger des Käufers gegenüber ist eine obligatorische Verpflichtung auf Grund des mit dem Vorbesitzer geschlossenen Vertrages, der zugleich auch für ihn, als zugunsten eines Dritten, abgeschlossen gilt (§ 328 BGB.), anzunehmen [2]). Die gleichen Grundsätze werden regelmäßig anzuwenden sein, wenn der Käufer eine Teilfläche des anderen Grundstücks erworben hat, auf dem bereits zur Zeit dieses Kaufes der beeinträchtigende Betrieb stattfand [3]). In jedem Fall müssen nur diejenigen Einwirkungen geduldet werden, welche dem zur Zeit des Verkaufes tatsächlich schon bestandenen Betriebe entsprechen; die durch eine Betriebserweiterung herbeigeführte Steigerung der Beeinträchtigung braucht nicht geduldet zu werden [4]). Nach dem Zeitpunkt, in welchem das Grundbuch als angelegt anzusehen ist, genügt ein wenn auch notariell abgeschlossener Vertrag nicht zur Begründung einer Grunddienstbarkeit [5]). In den Fällen, in welchen bis dahin stillschweigende Servitutbestellung mit dinglicher Wirkung anzunehmen ist, kann von da ab nur eine obligatorische Verpflichtung zur Bestellung einer Grunddienstbarkeit gefunden werden, aus welcher auf Bestellung geklagt werden kann (vgl. oben S. 294).

### B. Erwerb der Grunddienstbarkeiten nach bisherigem Rechte.

Gemäß Art. 189 EG. mit Art. 177 AG. erfolgt die Begründung von Grunddienstbarkeiten bis zu dem Zeitpunkt, in welchem das Grundbuch als angelegt anzusehen ist, nach den bisherigen Gesetzen; dies gilt in gleicher Weise für die rechtsgeschäftliche Begründung wie für die Entstehung durch Ersitzung (s. unten II) und durch unvordenkliche Verjährung (s. unten III).

Von der Ersitzung und unvordenklichen Verjährung ist wohl zu unterscheiden das Herkommen im Sinne eines örtlichen Gewohnheitsrechtes, welches abgesehen vom Anwenderechte keine Bedeutung mehr

[1]) Vgl. EntschOGH. Bd. 17 S. 215; RG. Bd. 29 S. 268; JW. 1890 S. 182 Nr. 81, 1895 S. 172 Nr. 35 und S. 173 Nr. 37, 1905 S. 493, 1907 S. 387; DJZ. 1906 S. 486. — SeuffA. Bd. 58 Nr. 142 wendet diesen Grundsatz mit Recht selbst auf den Fall an, daß die Schädlichkeit der Einwirkung erst später erkannt worden ist (Raucheinwirkung auf Wachstum des Waldes).

[2]) RG. Bd. 66 S. 128; JW. 1907 S. 388 Nr. 4 (RG.). Ein Singularrechtsnachfolger des Verkäufers ist nicht gebunden. JW. a. a. O.

[3]) S. dagegen DJZ. 1906 S. 486.

[4]) Vgl. hierzu ObLG. Neue Folge, Bd. 7 S. 537.

[5]) Vgl. unten B, I, 3.

hat (s. darüber unten S. 310ff.). Soweit nun nach dem 1. Januar 1900 eine Grunddienstbarkeit nach den Vorschriften des bisherigen Rechts erworben wird, ist sie, abgesehen von einer während der Uebergangszeit erfolgenden Aufhebung, nach jeder Hinsicht dem Recht des BGB. unterworfen; es richtet sich also auch hier der Begriff, der zulässige Inhalt und der Besitzschutz nach neuem Rechte; somit kann auch in der Uebergangszeit eine Grunddienstbarkeit nicht in einem größeren Umfang erworben werden, als dies § 1019 BGB. zuläßt. Andrerseits kann sich der Erwerb in der Uebergangszeit nur unter den Voraussetzungen vollziehen, unter welchen er nach bisherigem Rechte zulässig war. Während z. B. nach dem Rechte des BGB. der Eigentümer eines Grundstückes für dieses eine Grunddienstbarkeit an einem in seinem Miteigentum stehenden Grundstücke erwerben kann (§ 1009 Abs. 2 BGB.), war dies nach gemeinem Recht[1]) nicht zulässig und dabei hat es während der Uebergangszeit sein Bewenden.

I. Die rechtsgeschäftliche Begründung.

Hinsichtlich der rechtsgeschäftlichen Begründung einer Grunddienstbarkeit ist auch für die Uebergangszeit zwischen der obligatorischen Verpflichtung zur Begründung einer Grunddienstbarkeit und der dinglichen Rechtsänderung (der Entstehung der Grunddienstbarkeit selbst) zu unterscheiden (vgl. hierüber oben A I).

1. Die obligatorische Verpflichtung wird im Gegensatz zum bisherigen bayerischen Recht auch schon in der Uebergangszeit ohne jede Form wirksam begründet (s. hierüber oben A I, 1). **Insoweit ist also der Art. 14 NotG. von 1861 schon vom Inkrafttreten des BGB. an, nicht erst von dem Zeitpunkt an, in welchem das Grundbuch als angelegt anzusehen ist, aufgehoben.** Art. 14 NotG. gilt seit Inkrafttreten des BGB. nach Art. 189 Abs. 1 EG., solange das Grundbuch noch nicht als angelegt anzusehen ist, nur noch für die unmittelbare Verfügung über ein Recht an einem Grundstücke, den dinglichen Vertrag und ist demgemäß im Art. 132 NotG. vom 9. Juni 1899 nur in diesem Umfang aufrecht erhalten; für die Eingehung der Verpflichtung, ein Recht an einem Grundstück zu begründen, sind die landesgesetzlichen Vorschriften nicht vorbehalten, sondern lediglich die Vorschriften des BGB. maßgebend. Nach diesen sind aber Verträge, durch welche die Verpflichtung zur Begründung einer Grunddienstbarkeit eingegangen wird, formfrei[2]). Hat sich der Eigentümer eines Grundstückes formlos verpflichtet, eine Grunddienst-

---

[1]) EntschOGH. Bd. 7 S. 236; JW. 1886 S. 20 Nr. 41. In letzterer Entscheidung ist übrigens zutreffend hervorgehoben, daß eine bestehende Servitut nicht dadurch untergeht, daß der Eigentümer des herrschenden Grundstücks das Miteigentum an dem dienenden Grundstück erwirbt. Vgl. auch SeuffA. Bd. 44 Nr. 7 (Zulässigkeit einer Servitut zugunsten des Grundstücks einer offenen Handelsgesellschaft an dem Grundstück eines Teilhabers).

[2]) ObLG. Neue Folge, Bd. 4 S. 736 und dortige Nachweise; BayZfR. 1907 S. 87.

barkeit zu bestellen, so kann auf Erfüllung dieser Verpflichtung, d. i. also während der Uebergangszeit auf Mitwirkung zum Abschluß des notariellen Vertrags, geklagt werden.

2. Sofort mit der Errichtung der notariellen Urkunde ist die Grunddienstbarkeit begründet[1]). Die Eintragung der Grunddienstbarkeit im Hypothekenbuche ist hierzu nicht erforderlich, obgleich dieselbe gemäß Art. 44 UeG. schon seit dem 1. Juli 1899 sowohl von dem Berechtigten, als auch von dem Eigentümer des belasteten Grundstückes verlangt werden kann[2]).

3. **Die stillschweigende Bestellung von Grunddienstbarkeiten[3]) in der Uebergangszeit.** Bei einem notariellen Vertrag[4]), durch welchen ein Eigentümer einen Teil seines Grundstückes oder eines der ihm gehörigen mehreren aneinander grenzenden Grundstücke veräußert hat[5]), kann durch Erforschung des wahren Willens der Beteiligten das Resultat gewonnen werden, daß eine Grunddienstbarkeit an dem einen Grundstück zugunsten des anderen als stillschweigend bestellt angenommen wird[6]). Die „Bestellung" ist

---

[1]) Kann durch dinglichen Vertrag zugunsten Dritter eine Servitut bestellt werden? S. hierüber RG. Bd. 47 S. 356.

[2]) Die Grunddienstbarkeiten werden in die zweite Abteilung des Hypothekenbuchblattes eingetragen. JMBek. vom 12. November 1898 § 14 (JMBl. 1898 S. 650). Näheres über die Eintragung s. Staudinger Vorbem. III, 1 a $\beta$ vor § 1018; ObLG. Neue Folge, Bd. 1 S. 647, Bd. 4 S. 250. Der Eintragung im Hypothekenbuch sind, insolange es noch nicht als Grundbuch gilt, keineswegs die Wirkungen beigelegt, welche das bürgerliche Recht an die Eintragung einer Grunddienstbarkeit im Grundbuch knüpft. Die Grunddienstbarkeit kann also trotz Eintragung im Hypothekenbuch verjähren, s. unten § 33 B, I, 3.

[3]) Vgl. hierzu oben A, II.

[4]) Ob stillschweigende Servitutenbestellung auch im Falle der Subhastation angenommen werden kann, ist bestritten. Während diese Frage vom RG. Bd. 13 S. 249 für das preußische Recht bejaht wird, ist sie von SeuffA. Bd. 37 Nr. 10 und RG. B. 42 S. 160 für das gemeine Recht und von RG. Bd. 65 S. 363 für bürgerliches Recht zutreffend verneint worden.

[5]) Die Möglichkeit einer stillschweigenden Servitutenbestellung ist wenigstens unter der Einschränkung allgemein anerkannt, daß dasjenige Grundstück, zu dessen Vorteil das andere benützt wurde, veräußert wird, also das veräußerte die Eigenschaft des herrschenden erhält oder daß beide gleichzeitig an verschiedene Personen veräußert werden (EntschOGH. Bd. 8 S. 206), während dieselbe für den Fall, daß das veräußerte Grundstück das dienende würde, also für das nicht veräußerte die Fortdauer der bisherigen Benützung des veräußerten als Servitut reserviert sein solle, nicht unbestritten ist. Vgl. SeuffA. Bd. 11 Nr. 18; EntschOGH. Bd. 8 S. 206. Ueber Servitutenbegründung per alienationem ipso facto bei gleichzeitiger Veräußerung der bisher in einer Hand vereinigten beiden Grundstücke an zwei verschiedene Erwerber s. BayZfR. 1906 S. 326.

[6]) Vgl. M. Bd. 3 S. 478 (Mugdan Bd. 3 S. 266); vgl. ferner für das gemeine Recht: SeuffA. Bd. 53 Nr. 10 (Lichtrecht); EntschOGH. Bd. 17, S. 215 (Wegerecht), Bd. 9 S. 679 (Schaftriebrecht). — Für das BayLR. EntschOGH. Bd. 8 S. 409. — Für das preußische Recht: JW. 1884 S. 61 Nr. 63; 1888 S. 190 Nr. 43; Bolze Bd. 11 Nr. 57. — Für pfälzisches Recht s. code civil Art. 692—694. Hiernach ist zur Entstehung einer Grunddienstbarkeit durch sogen. Widmung ein unzweideutiges äußeres Merkmal eines Dienstbarkeitsverhältnisses erforderlich. Vgl. RG. Bd. 2 S. 360, Bd. 4

hier im dinglichen Sinne zu nehmen; der Umstand, daß zur Bestellung einer Grunddienstbarkeit bis zur Anlegung des Grundbuchs nach Art. 14 NotG. notarielle Verlautbarung erforderlich ist, steht der stillschweigenden Servitutenbestellung nicht im Wege; denn es wird ja aus dem Inhalt des notariellen Kaufvertrages der auf Bestellung einer Servitut gerichtete Wille durch Auslegung gewonnen[1]).

Für eine auf stillschweigende Servitutbestellung gerichtete Willensauslegung sind besondere Umstände erforderlich, welche einen dahin gehenden Willen der Vertragsteile in deutlicher Weise ergeben. Als hierfür konkludente Umstände sind namentlich[2]) anzusehen die Unentbehrlichkeit der Fortsetzung des bisherigen Gebrauchs für das herrschende Grundstück oder das Bestehen besonderer Einrichtungen oder baulicher Anlagen auf dem dienenden Grundstücke, wenn dieselben trotz der Veräußerung unverändert bei Bestand geblieben sind[3]).

Die Unterzeichnung des polizeilichen Bauplanes erzeugt für sich allein keine zivilrechtliche Wirkung (vgl. oben A II).

Der Inhalt einer stillschweigend begründeten Dienstbarkeit richtet sich nicht nach den jeweiligen Bedürfnissen des Berechtigten, sondern nach den tatsächlichen Verhältnissen, die zur Zeit der Entstehung der Dienstbarkeit bestanden[4]).

### II. Die Ersitzung[5]).

Die Voraussetzungen und Erfordernisse der Ersitzung bestimmen sich nach bisherigem Recht. Jedoch kann eine Grunddienstbarkeit nur noch mit dem Inhalt ersessen werden, der nach §§ 1018, 1019 BGB. zulässig ist. Der Begriff und zulässige Inhalt einer Grunddienstbarkeit richtet sich, auch wenn sie erst in der Uebergangszeit entsteht, durchaus nach neuem Recht (Art. 189, 184 EG.). Nur wenn die Servitut zur Zeit des Inkrafttretens des BGB. bereits bestanden hat, richtet sich der Begriff und Inhalt nach bisherigem Recht (Art. 184 EG.).

---

S. 346, Bd. 19 S. 387; Bolze Bd. 7 Nr. 72. Es genügt nach pfälzischem Recht nicht, wenn die vorhandenen, sichtbaren Zeichen auf das Bestehen der Grunddienstbarkeit mit Wahrscheinlichkeit schließen lassen. Es ist Gewißheit erforderlich. Deshalb genügen Türen, welche sich auf dem angeblich dienenden Grundstücke befinden, nicht; denn sie können auch angebracht sein, um für dieses den Durchgang auszuüben (Bolze Bd. 5 Nr. 102). Ein Graben wurde dagegen als genügendes Merkmal angesehen. Bolze Bd. 6 Nr. 76.

[1]) Vgl. EntschOGH. Bd. 17 S. 215; JW. 1895 S. 173 Nr. 35.

[2]) Vgl. EntschOGH. Bd. 17 S. 215. Nach pfälzischem Rechte ist ein unzweideutiges äußeres Merkmal eines Servitutverhältnisses unerläßlich, s. oben S. 301 Anm. 6.

[3]) RG. Bd. 42 S. 160; EntschOGH. Bd. 8 S. 409, Bd. 17 S. 216.

[4]) ObLG., Neue Folge, Bd. 7 S. 537 und dortige Nachweise. Vgl. oben S. 297.

[5]) Bei Feststellung von Grunddienstbarkeiten ist wegen der ihnen anhaftenden Eigenschaft, das Eigentum zu beschränken, im Zweifel gegen das Dasein der Grunddienstbarkeit zu entscheiden. EntschOGH. Bd. 15 S. 280.

Nach bisherigem Recht, welches für die Uebergangszeit bis zum Inkrafttreten der Grundbuchverfassung fortdauernde Geltung hat, wird zur Ersitzung ein ununterbrochener[1]), fehlerloser Besitzstand während der gesetzlich bestimmten Ersitzungszeit erfordert. Die Servitut muß in gutem Glauben[2]) und in der Ueberzeugung, ein Recht auszuüben[3]), ausgeübt worden sein. Das Bewußtsein von der juristischen Natur dieses Rechts ist nicht erforderlich[4]), es genügen daher auch solche Einwirkungen auf eine fremde Sache, welche in der Meinung vorgenommen wurden, ihr Eigentümer zu sein[5]).

Für die Ueberzeugung ein Recht auszuüben, streitet die Vermutung, da der Ausübende annehmen darf, daß sich niemand längere Zeit hindurch nachteilige oder sein Eigentum beeinträchtigende Handlungen ohne zwingenden Grund gefallen lassen wird[6]).

[1]) Bei nicht ständigen Servituten (z. B. Geh- und Weiderechten) ist kein Erfordernis, daß wenigstens in jedem Jahre einmal Ausübungshandlungen vorgenommen wurden. Es kann deshalb z. B. die Zeit, während welcher eine Weideausübung wegen Mangels an Vieh oder Weidenahrung unterblieb, in die Ersitzungszeit eingerechnet werden. EntschOGH. Bd. 3 S. 161. Ob aus einer länger andauernden Nichtausübung ein wenn auch nur vorübergehendes Aufgeben des Besitzwillens zu folgern ist, ist Tatfrage. EntschOGH. Bd. 15 S. 279.

[2]) EntschOGH. Bd. 14 S. 88. Hierfür ist mehr nicht erforderlich, als daß der Erwerber die redliche Ueberzeugung gehabt hat, mit den Besitzhandlungen kein materielles Unrecht zu begehen, EntschOGH. Bd. 8 S. 155.

[3]) EntschOGH. Bd. 1 S. 421 und zwar ein Privatrecht, EntschOGH. Bd. 3 S. 5, Bd. 7 S. 391. Die Benützung eines Weges in der Meinung, dieser Weg sei ein öffentlicher im Sinne des öffentlichen Rechts, kann eine Dienstbarkeit durch Ersitzung nicht begründen. EntschOGH. Bd. 3 S. 5; Bolze Bd. 2 Nr. 193. Die Bezeichnung „öffentlicher Weg" wird aber auch im Sinne eines dem Publikum zum Gemeingebrauch eröffneten Weges angewendet. In diesem Sinne kann die Gemeinde durch Ersitzung eine Dienstbarkeit erwerben. Bolze Bd. 2 Nr. 193. — Vgl. über die Gemeindedienstbarkeit oben § 31, III, 3. Darin, daß ein öffentlicher Weg, welcher nach seiner Bestimmung von jeher jedermann frei zugänglich war, von bestimmten Personen, wenn auch von jeher, als Weg benützt wurde, kann keine Rechtsausübung erblickt werden. EntschOGH. Bd. 8 S. 627, Bd. 10 S. 201; SeuffA. Bd. 59 Nr. 71 (RG.); BayZfR. 1906 S. 326, vgl. unten S. 305 Anm. 1. Dies gilt aber nur für Wege, die unter Zustimmung der Beteiligten dem öffentlichen Verkehr übergeben worden sind, nicht auch für Privatwege, gegen deren Begehung durch beliebige Personen bisher nur nichts erinnert wurde. BayZfR. 1906 S. 326.

[4]) SeuffA. Bd. 47 Nr. 188.

[5]) RG. Bd. 12 S. 175 (gem. Recht); Bolze Bd. 3 Nr. 96; RG. Bd. 16 S. 216 (preuß. Recht).

[6]) SeuffA. Bd. 24 Nr. 219; EntschOGH. Bd. 7 S. 240. Bei der Benützung eines Richtweges (Weg, der bloß der Abschneidung dient) wird ein strengerer Maßstab angelegt von SeuffA. Bd. 22 Nr. 219, Bd. 25 Nr. 9, Bd. 49 Nr. 10. Nach SeuffA. Bd. 36 Nr. 264 spricht die Tatsache, daß wegen der durch die Besitzhandlungen verursachten Schäden zeitweilig Entschädigung geleistet wurde, zwar regelmäßig, aber nicht unter allen Umständen, gegen die Absicht der Rechtsausübung. — Auch nach preußischem Recht braucht der Erwerber die Negative, daß er das streitige Recht nicht vermöge einer bloßen Vergünstigung ausgeübt hat, nicht zu beweisen. Dernburg S. 576 und dortige Nachweise. Ueber

Eine Ausnahme muß indes diese Rechtsregel dann erleiden, wenn Besitzhandlungen in Frage stehen, welche nicht von demjenigen, der das streitige Recht für sich in Anspruch nimmt, selbst unmittelbar vorgenommen werden, sondern durch einen Stellvertreter, eine Mittelsperson stattfinden. Durch den Stellvertreter wird einem Dritten der Besitz nur dann erworben, wenn auch der Prinzipal selbst die Besitzerwerbung gewollt, also Kenntnis von ihr gehabt und entweder schon vorgängig den Auftrag dazu oder doch nachträglich seine Genehmigung erteilt hat. Dies gilt im Prinzip auch für den Besitzerwerb durch den Pächter[1]).

1. Die Immission von Rauch, Ruß u. s. w. kann nicht ohne weiteres als eine Handlung aufgefaßt werden, welche in der Absicht erfolgt, ein Recht gegen das hiervon betroffene Grundstück zu erwerben[2]), ebensowenig das Ausschwärmenlassen von Bienen[3]).

Desgleichen stellen eine bloße Mauerausbauchung oder das bloße Hineinragen eines schief gewordenen Giebels für sich allein keinen zur Ersitzung geeigneten Rechtsbesitz dar[4]).

Als Besitzhandlungen kommen nicht nur Handlungen des Eigentümers selbst, sondern auch Handlungen Dritter, welche in einem Repräsentationsverhältnis zum Erwerber stehen, in Betracht[5]).

Der Rechtsbesitzstand wird nicht ohne weiteres dadurch verloren, daß der Eigentümer des herrschenden Grundstückes das dienende pachtet[6]).

Auch an Sachen, welche dem öffentlichen Gebrauch gewidmet sind, ist eine Servitutenersitzung nicht ausgeschlossen, soferne nur

---

Absicht der Rechtsausübung beim Aufstellen von Wagen auf einer öffentlichen Straße s. SeuffA. Bd. 42 Nr. 194 (RG.).

Periodische Gegenleistungen, z. B. Zahlung eines jährlichen Weidegeldes, schließen die Absicht der Rechtsausübung nicht aus (vgl. oben § 31 III, 7). Namentlich spricht Unveränderlichkeit und ungewöhnlich niedriger Betrag der Gegenleistung für ein Recht, wobei jedoch nicht ausgeschlossen ist, daß der Gegenleistung der Charakter einer Rekognitionsgebühr zukommen kann. Im Falle einer willkürlich erhöhbaren Gegenleistung stellt sich das Verhältnis als bloße Vergünstigung dar. So für preußisches Recht Dernburg S. 576. — Nach BayLR. wird die opinio iuris nach zehnjährigem Besitz vermutet. EntschOGH. Bd. 4 S. 362, Bd. 9 S. 701; SeuffBl. Bd. 39 S. 157.

[1]) EntschOGH. Bd. 7 S. 241.

[2]) Bolze Bd. 2 Nr. 191, Bd. 5 Nr. 97, Bd. 11 Nr. 51; RG. Bd. 12 S. 175; SeuffA. Bd. 46 Nr. 171.

[3]) Vgl. JW. 1884 S. 281 Nr. 39.

[4]) RG. Bd. 45 S. 287, vgl. dagegen R. d. OLG. Bd. 5 S. 423.

[5]) SeuffA. Bd. 47 Nr. 188, vgl. EntschOGH. Bd. 5 S. 795 (Ausübungshandlungen durch Dienstboten). Durch Dritte, welche in keinem Repräsentationsverhältnis zu der Person des Eigentümers stehen (z. B. colonus, mercenarius, hospes, medicus, fructuarius) kann nach gemeinem Recht die possessio einer Servitut zwar erhalten, nicht aber erworben werden. Angewendet auf die Käufer von Holz, die das gekaufte Holz aus dem Forst über andere Grundstücke abgefahren haben. SeuffA. Bd. 47 Nr. 188. Ueber Besitzhandlungen des Pächters vgl. oben zu Anm. 1.

[6]) RG. Bd. 22 S. 188; vgl. für ALR. RG. Bd. 31 S. 331.

diese Rechte mit der Zweckbestimmung der öffentlichen Sache vereinbar sind; dabei ist zu berücksichtigen, daß durch die auch noch so lange Ausübung von allgemeinen Gebrauchsbefugnissen, welche aus der Oeffentlichkeit des Weges folgen, nie ein Sonderrecht abgeleitet werden kann [1]).

Auch an einem Fideikommißgut kann eine Servitut ersessen werden [2]).

2. Der **Umfang** der durch Verjährung erworbenen Dienstbarkeit bestimmt sich nach dem Umfange des Besitzstandes während der Verjährungszeit (tantum praescriptum quantum possessum) [3]). Aber diese Rechtsregel ist nicht so zu verstehen, als ob im gegebenen Falle für alle denkbaren Möglichkeiten der Wirtschaftsbetriebsweise auf dem herrschenden Grundstücke Ausübungshandlungen vorliegen müßten. Sie soll vielmehr nur aussprechen, daß durch Ersitzung nicht ein Recht von größerem als durch die Ausübungshandlungen kundgegebenen Willen erworben werden kann [4]). Wenn der zur Zeit der Ersitzung bestehende Betrieb nicht nur erweitert, sondern seiner Art nach geändert wurde, braucht eine hierdurch herbeigeführte Erschwerung der Belastung nicht geduldet zu werden [5]).

3. Der Besitzstand ist **fehlerhaft**, wenn er gewaltsam (vi), heimlich (clam) oder bittweise (precario) ausgeübt wird. Zur **Gewalt** genügt schon Handeln gegen Verbot; das Verbot kann wörtlich oder tatsächlich eingelegt sein [6]); jede Handlung, welche darauf gerichtet

---

[1]) Kahr, Gemeindeordnung S. 359; vgl. BlAdmPr. Bd. 20 S. 340 u. 397; EntschOGH. Bd. 9 S. 81, Bd. 10 S. 200; SeuffA. Bd. 42 Nr. 194 (RG.) und dagegen EntschOGH. Bd. 12 S. 178, vgl. oben S. 303 Anm. 3.

[2]) SeuffA. Bd. 26 Nr. 225.

[3]) EntschOGH. Bd. 10 S. 121; vgl. RG. Bd. 1 S. 101 (Heu- und Grummetfahrten waren zugestanden, nicht aber Düngerfahrten. Letzteres muß daher vom Gegner bewiesen werden).

[4]) JW. 1880 S. 132 (RG.); EntschOGH. Bd. 2 S. 11 (Obwohl nur Dünger von Geisen während der Ersitzungszeit auf der fremden Dungstätte abgelagert worden, war Recht zur Ablagerung von Kuhdünger zugesprochen, weil der Wille auf die Ausübung einer den gesamten Düngeranfall umfassenden Dienstbarkeit gerichtet war); vgl. RG. Bd. 1 S. 335. — Wie bei einer **bestellten** Dienstbarkeit anzunehmen ist, daß sie nicht auf das im Augenblick der Bestellung gerade bestehende Bedürfnis beschränkt sei, sondern daß sie für den durch die Verkehrsauffassung bestimmten und äußerlich sich ausprägenden bisherigen **Charakter** des Grundstückes bestellt sei und sich einem im **Rahmen dieses Charakters** wechselnden Bedürfnisse zu fügen habe, so darf man sich auch bei einer durch Ersitzung entstandenen Dienstbarkeit trotz des Grundsatzes: tantum praescriptum, quantum possessum nicht ängstlich an nebensächliche Einzelheiten klammern, sondern man muß auch hier das Charakteristische der Ausübungshandlungen herausgreifen und danach Gruppen (z. B. hauswirtschaftliche, hausgewerbliche, landwirtschaftliche) bilden. Neumann, Jahrb. Bd. 5 S. 414 (Braunschweig).

[5]) Vgl. SeuffA. Bd. 52 Nr. 75 (Umwandlung eines bäuerlichen Anwesens in ein Kurhaus mit Hotelbetrieb), vgl. SeuffA. Bd. 42 Nr. 286; JW. 1895 S. 210 Nr. 44; 1900 S. 627 Nr. 16.

[6]) Vgl. RG. Bd. 12 S. 175.

ist, den Unternehmer von dem Beginn oder der Fortsetzung der Ausübung abzuhalten, gilt als Verbot[1]). **Heimlichkeit** liegt vor, wenn die Ausübung des Besitzstandes hinter dem Rücken des Eigentümers vorgenommen wird; dies ist nicht schon dann der Fall, wenn die Besitzausübung, sei es aus Mangel an einer Anzeige[2]) oder aus Unachtsamkeit des Eigentümers, nicht zur Kenntnis des letzteren gekommen ist, soferne nicht aus den Umständen gefolgert werden kann, die Besitzausübung habe verheimlicht werden wollen[3]). **Bittweise** ist der Besitzstand, wenn er nach den Umständen auf einer Gefälligkeit des Eigentümers beruht, worauf insbesondere die Einholung der Erlaubnis schließen läßt[4]).

Anlangend die **Beweislast**, so braucht nicht der Ersitzende die Abwesenheit der genannten Besitzfehler, sondern es muß der Eigentümer des in Anspruch genommenen Grundstückes das Vorhandensein derselben beweisen[5]). Erforderlich ist lediglich, daß die Besitzhandlungen während der Ersitzungszeit fehlerlos waren. Ein ursprünglich fehlerhafter Besitzstand kann in seinem späteren Verlaufe fehlerfrei sein. Denn die Ersitzung setzt nicht wie die unvordenkliche Verjährung einen unbekannten Anfang des Zustandes voraus, um eine Rechtmäßigkeit des Zustandes zu schaffen, sondern begründet das Recht selbst dann, wenn ein vor Beginn der Ersitzungszeit liegender rechtswidriger Ursprung konstatiert ist. Allerdings kann der Nachweis eines fehlerhaften Ursprungs indirekt von Bedeutung werden,

---

[1]) Z. B. Anbringung einer Verbotstafel (eines Strohwisches) oder Ziehung eines Grabens, Errichtung eines Schlagbaumes als gewolltes Hindernis gegen die beanspruchte Fahrt. Vgl. SeuffA. Bd. 10 Nr. 235; EntschOGH. Bd. 1 S. 166, Bd. 5 S. 796; RG. Bd. 1 S. 101. — Ein bloßes Schimpfen kann auch als Zeichen des Unmutes über eine für den Schimpfenden lästige Berechtigung eines anderen aufzufassen sein (LG. Würzburg 4. Februar 1902; PrR. Nr. 87/00). Ist eine Ausübungshandlung gegen Verbot ausgeübt worden, so klebt dieser Besitzfehler nicht notwendig allen späteren Ausübungshandlungen an. (SeuffA. Bd. 26 Nr. 223.)

[2]) Eine Anzeige ist nach gemeinem Recht nur ausnahmsweise erforderlich, wenn sich der Besitzer sagen muß, daß der Eigentümer von der Einwirkung sicher keine Kenntnis hat und sie bei Kenntnis nicht dulden würde. JW. 1890 S. 118 Nr. 26 (RG.).

[3]) RG. Bd. 22 S. 190, Bd. 25 S. 147; EntschOGH. Bd. 5 S. 56, Bd. 11 S. 727.

[4]) Vgl. Glück, Pandektenkomm. Bd. 9 S. 134; vgl. auch BayLR. Tl. II cap. 5 Nr. 4; ALR. Tl. I Tit. 22 §§ 14 f. (vgl. JW. 1880 S. 156). Wenn die Besitzhandlungen erstmals ausgeübt wurden, als die beteiligten Grundstücke nahen Verwandten gehören, spricht die Vermutung dafür, daß dies insolange nur aus Gefälligkeit geduldet wird. — Es ist nicht undenkbar, unter besonderen Umständen Vergünstigung anzunehmen, obwohl der Eigentümer die Ausübung verboten und der andere dessen ungeachtet die Ausübung fortgesetzt hat. Es ist möglich, daß es der Eigentümer aus Vergünstigung unterlassen hat, mit dem Verbote Ernst zu machen. Bolze Bd. 5 Nr. 95.

[5]) So für gemeines Recht RG. Bd. 1 S. 103; SeuffBl. Bd. 60 S. 369; für BayLR. Tl. II cap. 4 § 7 Nr. 2; EntschOGH. Bd. 13 S. 12; für preuß. Recht: Striethorst' Arch. Bd. 65 S. 71.

nicht weil die spätere Uebung bloß als eine Fortsetzung der früheren, fehlerhaften erscheint, sondern nur darum und insofern als (subjektiv) die Erinnerung an den fehlerhaften Beginn auch später das Bewußtsein einer berechtigten Uebung in dem Ausübenden ausschließen kann[1]).

4. Zeit der Ersitzung.

a) Nach gemeinem Rechte beträgt die Ersitzungszeit für alle Arten von Servituten[2]) 10 Jahre unter Anwesenden, 20 Jahre unter Abwesenden[3]). Ein Titel ist nicht erforderlich. Auch für eine Ersitzung gegenüber den Dorf- und Stadtgemeinden besteht keine Ausnahme[4]); dagegen beträgt die Ersitzungszeit gegenüber dem Fiskus 40 Jahre[5]).

b) Nach bayerischem Landrecht ist zu unterscheiden zwischen ständigen und unständigen Servituten (servitutes continuae und discontinuae), je nachdem die Ausübung ununterbrochen durch einen bestimmten Zustand der Sache oder von Zeit zu Zeit durch einzelne Handlungen geschieht.

Die ständigen Grunddienstbarkeiten werden in 10 Jahren unter Anwesenden, in 20 Jahren unter Abwesenden (vgl. Anm. 3) ersessen, soferne ein hinlänglicher Auskunftstitel[6]) oder wenigstens, daß der andere solches gewußt und gestattet habe, bewiesen werden kann[7]). Kann weder das eine noch das andere bewiesen werden, so beträgt die Ersitzungszeit 40 Jahre[8]).

Die nicht ständigen Grunddienstbarkeiten werden in 10 Jahren

---

[1]) Bolze Bd. 10 Nr. 72.

[2]) Auch für servitutes discontinuae, EntschOGH. Bd. 15 S. 278; RG. Bd. 3 S. 210. Im Gegensatz zum ALR. erfordert das gemeine Recht für die Ersitzung von Servituten, welche nur bei vereinzelten Gelegenheiten ausgeübt werden können (z. B. Bauholzberechtigung), nicht den Beweis der Ausübung in drei Fällen; es bleibt dem richterlichen Ermessen im Einzelfall überlassen, ob aus der Zahl der nachgewiesenen Fälle eine dauernde Rechtsübung gefolgert werden kann. JW. 1894 S. 325 Nr. 47. Ebensowenig besteht für die sonstigen servitutes discontinuae (z. B. Geh- und Fahrtrechte) das Erfordernis, daß die einzelnen den Gegenstand der Servitut bildenden Handlungen wenigstens einmal in jedem Jahre vorgenommen worden seien. Auch hier ist es Tatfrage des Einzelfalls, ob etwa eine Unterbrechung der Besitzhandlungen anzunehmen ist. EntschOGH. Bd. 15 S. 279.

[3]) Anwesend ist derjenige, der sein Domizil im Bezirke desjenigen Oberlandesgerichts hat, in welchem das angeblich dienende Grundstück liegt. Dies gilt für gemeines und preußisches Recht. Nach BayLR. gilt als abwesend, wer außerhalb Bayerns wohnt. BayLR. Tl. II, cap. 4 § 8 Nr. 3. Ist der abwesende Eigentümer durch einen Gutsverwalter vertreten, so ist gleichwohl die zwanzigjährige Ersitzungszeit erforderlich. SeuffA. Bd. 6 Nr. 312, Bd. 10 Nr. 137, Bd. 12 Nr. 250.

[4]) ObLG. Neue Folge, Bd. 4 S. 897.

[5]) RG. Bd. 6 S. 202, Bd. 24 S. 193, Bd. 25 S. 190. Ueber Berechnung der Ersitzungszeit, wenn wegen Besitzwechsels im dienenden Grundstücke teils ordentliche, teils außerordentliche Ersitzung stattfindet s. RG. Bd. 25 S. 189.

[6]) Ein formell ungültiger Vertrag ist auch nicht als Ersitzungstitel wirksam. EntschOGH. Bd. 6 S. 57, Bd. 7 S. 680.

[7]) BayLR. Tl. II cap. 7 § 5 Nr. 1.

[8]) BayLR. Tl. II cap. 7 § 5 Nr. 2; vgl. SeuffBl. Bd. 52 S. 388; EntschOGH. Bd. 11 S. 725.

unter Anwesenden, in 20 Jahren unter Abwesenden ersessen, soferne sowohl Titel als auch Wissenschaft des anderen Teils bewiesen werden kann. Kann nicht beides bewiesen werden, so ist unvordenkliche Verjährung erforderlich[1]).

Für die Ersitzung gegenüber Dorf- und Stadtgemeinden gilt nach BayLR. keine Besonderheit[2]).

c) Nach preußischem Landrecht beträgt die Ersitzungszeit[3]) mit Titel[4]) 10 Jahre unter Anwesenden, 20 Jahre unter Abwesenden[5]), ohne Titel 30 Jahre[6]). Solche Dienstbarkeiten, deren alljährliche oder gewöhnliche Ausübung nicht von der Willkür des Berechtigten abhängig ist, deren Ausübung vielmehr nur bei gewissen durch andere Umstände herbeigeführten Gelegenheiten möglich ist, deren Eintreten abgewartet werden muß, werden, gleichviel ob mit oder ohne Titel, in 40 Jahren ersessen[7]). Bei dieser außerordentlichen Ersitzung von 40 Jahren ist für solche unständige Servituten, die nur bei besonderen Gelegenheiten, deren Eintritt nicht von der Willkür des Berechtigten abhängt, sondern von diesem abgewartet werden muß[8]), ausgeübt werden können, eine mindestens dreimalige Ausübung erforderlich, wobei zwischen dem ersten und dritten Falle mindestens der Zeitraum von 40 Jahren liegen muß[9]).

Gegenüber dem Fiskus, den Kirchen und gleichberechtigten Korporationen findet in allen Fällen nur die ungewöhnliche Ersitzung von 44 Jahren statt[10]). Die Stadt- und Dorfgemeinden sind aber nicht als gleichberechtigte Korporationen anerkannt; für sie verbleibt es daher bei der gewöhnlichen Ersitzungszeit[11]). Nur soweit an sich die zehnjährige Ersitzungszeit genügen würde, wird diese durch ALR. I, 9 § 624 gegenüber Stadtgemeinden (ALR. II, 8 § 108) verdoppelt[12]).

---

[1]) BayLR. Tl. II cap. 7 § 5 Nr. 3; vgl. EntschOGH. Bd. 4 S. 73, Bd. 5 S. 613, Bd. 11 S. 725; SeuffBl. Bd. 7 S. 341, Bd. 10 S. 186, Bd. 34 S. 255, Bd. 52 S. 388.

[2]) ObLG. Neue Folge, Bd. 4 S. 897.

[3]) Feststellung des Besitzes zu Anfang und Ende der Verjährungszeit genügt, Fortdauer während der Zwischenzeit ist zu vermuten. ALR. I, 9 § 599. Bolze Bd. 2 Nr. 173.

[4]) Vor dem 1. Januar 1900 war der mündliche Vertrag kein ausreichender Titel, Bolze Bd. 11 Nr. 33; seit Inkrafttreten des BGB. gilt das Gegenteil; vgl. oben § 32 A, I, 1. Es ist ein genügender Titel, wenn das Recht nicht vom Eigentümer des Grundstückes, sondern von einem früheren Inhaber des Gebrauchsrechts abgeleitet wird. Bolze Bd. 3 Nr. 95; RG. Bd. 16 S. 217 (translativer Titel). Ueber die Bedeutung eines Zweifels an der Gültigkeit des Titels für die Ersitzung s. Bolze Bd. 3 Nr. 97.

[5]) ALR. I, 9 §§ 620—624, vgl. oben S. 307 Anm. 3. Ueber verhältnismäßige Berechnung der Abwesenheit s. ALR. I, 9 §§ 621, 623.

[6]) ALR. I, 9 § 625.

[7]) ALR. I, 9 § 649; JW. 1881 S. 51.

[8]) Vgl. JW. 1881 S. 51.

[9]) ALR. I, 9 § 649; vgl. JW. 1881 S. 51, 1894 S. 325 Nr. 47.

[10]) ALR. I, 9 §§ 629, 630; vgl. SeuffBl. Bd. 15 S. 252.

[11]) JW. 1898 S. 581 Nr. 33 und S. 582 Nr. 34.

[12]) JW. 1898 S. 581 Nr. 33.

Ausnahmslos ist nach ALR. I, 9 § 660 50jährige Verjährung erforderlich, wenn die Grenzen eines Rechtes durch Verträge oder rechtskräftige Erkenntnisse klar bestimmt sind. Voraussetzung dieses § 660 ist nicht nur, daß der Umfang und die Art des Rechts klar bestimmt sind, sondern es muß sich auch das Recht selbst, d. h. dessen Begründung, aus dem betreffenden Vertrage oder Urteile zweifelsfrei ergeben[1].

d) Nach Nürnberger[2]) und Rothenburger[3]) Recht beträgt die Ersitzungszeit für alle Grunddienstbarkeiten, gleichviel ob ständig oder unständig, mit oder ohne Titel, 30 Jahre. Dieselbe Ersitzungszeit gilt nach Amberger[4]) Recht für die servitus oneris ferendi, das Fensterrecht und die Fahrtgerechtigkeit.

e) Nach Salzburger Recht gilt für die Servitutenersitzung nichts Besonderes. Sie richtet sich also durchaus nach gemeinem Recht. Insbesondere ist die Aufstellung, daß nach einem Salzburger Gerichtsgebrauch eine servitus discontinua nur durch unvordenkliche Verjährung erworben werden könne, nicht hinlänglich nachgewiesen[5]).

f) Auch das Münchener Stadtrecht enthält für den Erwerb der Servituten keine besonderen Vorschriften; er richtet sich deshalb durchaus nach BayLR. Insbesondere ist in München die Wirksamkeit der Grunddienstbarkeiten nicht von der Eintragung in die Stadtgrundbücher abhängig[6]).

g) Nach pfälzischem Rechte beträgt die Ersitzungszeit[7]) 30 Jahre; es können aber nur ständige Grunddienstbarkeiten, deren Ausübung durch einen in die Augen fallenden Zustand in die Erscheinung tritt, ersessen werden[8]).

---

[1]) JW. 1898 S. 582 Nr. 34.

[2]) Nürnberger Reformation XXVI § 3. Hier ist die dreißigjährige Ersitzungszeit nur für das Lichtrecht ausdrücklich vorgeschrieben; dieselbe Ersitzungsdauer gilt aber gewohnheitsrechtlich auch für alle übrigen Grunddienstbarkeiten, SeuffBl. Bd. 31 S. 267. Wiederholt und auch auf die Rechtsverhältnisse im ehemals nürnbergischen außerhalb der Stadt gelegenen Gebiete angewendet SeuffBl. Bd. 43 S. 283.

[3]) Ratsbescheid vom 9. Oktober 1730 und 2. Mai 1731 (Arnold, Beiträge zum deutschen Privatrecht Bd. 2 S. 596). Nach diesem Ratsbescheid beträgt „gegen gemeine Stadt und pia corpora" die Ersitzungszeit 40 Jahre.

[4]) Amberger Bauordnung VIII, X, XXXIII.

[5]) SeuffBl. Bd. 16 S. 305.

[6]) SeuffBl. Bd. 38 S. 109.

[7]) Feststellung des Besitzes zu Anfang und Ende der Verjährungszeit genügt; Fortdauer während der Zwischenzeit war zu vermuten. Art. 2234 code civil; vgl. Bolze Bd. 3 Nr. 71.

[8]) Art. 690, 691 code civil. Ueber Erkennbarkeit der Anlagen zur Ausübung der Servitut s. RG. Bd. 20 S. 350. Offensichtlichkeit der Anlage kann gegeben sein, obwohl sie vom Eigentümer des dienenden Grundstückes übersehen wurde, Bolze Bd. 17 Nr. 59. Keine Ersitzung der Benützung von Quellwasser, wenn die Dohlen von dem Grundeigentümer zu seinem Vorteil angelegt wurden und wenn der Müller zufolge danach anzunehmender Vergünstigung diese Dohlenanlage vervollständigt hat. Bolze Bd. 19 Nr. 65. Dienstbarkeit der

III. Unvordenkliche Verjährung:

Das PrLR. erkennt die unvordenkliche Verjährung nicht an [1]).

Nach gemeinem Recht begründet die Unvordenklichkeit des Besitzes eine Rechtsvermutung dafür, daß ein rechtlicher Zustand, welcher seit Menschengedenken fortdauert, in einer nicht mehr festzustellenden Zeit in rechtsförmlicher und rechtswirksamer Weise begründet worden ist [2]).

Nur solche Zustände, welche sich als Ausübung von Rechten äußerlich darstellen, erhalten durch die Unvordenklichkeit gesicherten Bestand [3]). Es genügt jedoch, wenn die Ausübungshandlungen an sich geeignet sind, eine Rechtsausübung darzustellen, nicht aber ist erforderlich, daß zu der über Menschengedenken hinaus fortgesetzten Uebung noch besondere Merkmale hinzukommen müssen, welche in der Uebung eine Rechtsausübung hervortreten lassen. Man hat im Gegenteil davon auszugehen, daß bei Handlungen, welche an sich zur Darstellung einer Rechtsausübung geeignet sind, in der während der unvordenklichen Zeit fortgesetzten Uebung die Absicht, ein Recht auszuüben, genügend in die Erscheinung tritt und es also Aufgabe des Gegenbeweises ist, besondere Umstände darzulegen, welche eine andere Annahme rechtfertigen [4]).

Das Gesetz verlangt, daß der betreffende Zustand ununterbrochen so lange bestanden habe, als das Gedenken der jetzt lebenden Generation reicht; dieses Gedenken schließt nicht bloß die eigene Wahrnehmung, sondern auch das von der früheren Generation Erfahrene in sich. Aus diesem Grunde hat der Beweis der unvordenklichen Verjährung ein doppeltes — positives und negatives — Ziel zu verfolgen, indem nachgewiesen werden muß einerseits, daß der betreffende Zustand innerhalb derjenigen Zeit bestanden hat [5]), welche die eigene Wahrnehmung der jetzt lebenden Generation umfaßt und andererseits, daß die jetzt lebende Generation auch durch Mitteilung ihrer Vorfahren [6]) weder

---

Mühle an einem Graben kann ersessen werden. Bolze Bd. 6 Nr. 82. Ueber Ersitzung eines Fischereirechtes vgl. Bolze Bd. 2 Nr. 177. Ueber Ersitzung gegenüber einem Miteigentümer vgl. Bolze Bd. 2 Nr. 89 und Nr. 1351.

[1]) JW. 1889 S. 238 Nr. 11.

[2]) BGH. Bd. 13 S. 7.

[3]) Deshalb bildet die bloße Tatsache, daß bisher das Wasser durch einen Graben auf das niedriger gelegene Grundstück abfloß und von dessen Eigentümer bisher benützt wurde, keine für die unvordenkliche Verjährung genügende Rechtsausübung, da diese Tatsache auch die bloße Ausnützung eines tatsächlich vorhandenen Vorteils darstellen kann. Rechtsausübung wäre dagegen anzunehmen, wenn der Oberlieger auf Anfordern des Unterliegers den Graben aufgeräumt hätte. RG. Bd. 17 S. 123. Ebenso SeuffA. Bd. 32 Nr. 299 (für die Wasserbenützung eines Anliegers an einem Privatflusse).

[4]) RG. Bd. 24 S. 165. EntschOGH. Bd. 12 S. 98.

[5]) EntschOGH. Bd. 8 S. 200.

[6]) Der urkundliche Nachweis der Entstehung des Zustandes schließt die Anwendung der unvordenklichen Zeit dann nicht aus, wenn der hierdurch nachgewiesene Anfang der Zeit nach immerhin noch über den von der unvordenklichen Ver-

von dem Nichtbestehen dieses Zustandes noch von dem Anfange desselben eine Kunde habe[1]).

Die unvordenkliche Verjährung wird durch ein erfolgloses Verbot nicht unterbrochen[2]). Es ist deshalb der Beweis einer Grunddienstbarkeit durch unvordenkliche Verjährung selbst dann möglich, wenn der Eigentümer gegen die Rechtsausübung fortwährend Widerspruch erhoben hat[3]), sofern sich nur der Ausübende hierdurch in seiner Rechtsausübung nicht hat beirren lassen. Somit ist denkbar, daß die rechtmäßige Begründung einer Grunddienstbarkeit auf Grund unvordenklicher Verjährung anzuerkennen ist, obwohl der Ersitzungsbeweis wegen des Besitzfehlers der Gewalt versagen würde. Daraus ist jedoch keineswegs abzuleiten, daß die Fehlerhaftigkeit des Besitzes für die unvordenkliche Verjährung unter allen Umständen belanglos ist. Von einer Rechtsausübung, wie sie die unvordenkliche Verjährung erfordert, kann bei einer Heimlichkeit im Sinne der gewollten Verheimlichung der Ausübung begriffgemäß überhaupt nicht gesprochen werden[4]) und das gleiche gilt, wenn die Ausübung nur precario modo erfolgt[5]).

IV. Herkommen im Sinn eines örtlichen Gewohnheitsrechtes.

Auf einem ganz anderen Gebiete als die Grunddienstbarkeit, die eine Sonderberechtigung darstellt, liegt das Herkommen im Sinne eines örtlichen Gewohnheitsrechtes. Man versteht unter Herkommen in diesem objektiven Sinne die gleichförmige Beobachtung einer Rechtsnorm, welche innerhalb eines bestimmten örtlichen Bezirkes alle Rechtsverhältnisse der betreffenden Art beherrscht[6]). Auf dem Gebiete des Nachbarrechtes kommen z. B. Leiter- und Hammerschlagsrechte, Schaufelschlagsrechte und Fahrtbefugnisse in Betracht. So findet sich

---

jährung umfaßten Zeitraum hinausfällt; denn die unvordenkliche Verjährung wird nicht schon dadurch ausgeschlossen, daß die Zeit der Entstehung des Zustandes an sich nachgewiesen wird, sondern nur dadurch, daß zugleich die Unrechtmäßigkeit der Entstehung festgestellt wird. BGH. Bd. 13 S. 7; EntschOGH. Bd. 8 S. 237.

[1]) Es wird also hier eine bestätigende Ueberlieferung nicht verlangt, vielmehr genügt, daß nichts Gegenteiliges überliefert ist. JW. 1892 S. 42 Nr. 15; EntschOGH. Bd. 8 S. 200. Unzutreffend hat im Falle ObLG. Neue Folge, Bd. 4 S. 191 die dort bestätigte Entscheidung des OLG. Bamberg aufgestellt, daß zum Nachweise der unvordenklichen Verjährung dargetan werden müsse, daß der behauptete Zustand ununterbrochen zwei Menschenalter hindurch bestanden habe.

[2]) RG. Bd. 22 S. 189. EntschOGH. Bd. 8 S. 201.

[3]) Opinio juris auf Seite des Eigentümers des belasteten Grundstückes ist nicht erforderlich. Bolze Bd. 3 Nr. 54.

[4]) Vgl. EntschOGH. Bd. 3 S. 371.

[5]) Vgl. Bolze Bd. 9 Nr. 24, Bd. 17 Nr. 60, Bd. 19 Nr. 64. — Vgl. ferner Bolze Bd. 10 Nr. 28 (spätere Ausübung im Zusammenhang mit früherer prekaristischer).

[6]) Vgl. oben S. 224 f.

in Gegenden, in welchen die Dreifelderwirtschaft üblich ist, häufig das Herkommen, daß alle Grundbesitzer der Gemarkung zum Zwecke der Bestellung und Aberntung der Felder über alle in der Gemarkung belegenen Felder und zwar zumeist über deren Häupter zu der nach der Flurordnung offenen Zeit[1]) fahren dürfen.

Es fragt sich nun, ob ein solches Herkommen, welches am 1. Januar 1900 bestanden hat, auch jetzt noch gesetzliche Geltung hat. Das auf örtlichem Herkommen beruhende Anwenderecht ist ausdrücklich aufrecht erhalten durch Art. 76 AG. (s. hierüber oben S. 223 ff.). Schon hieraus läßt sich der Schluß ableiten, daß im übrigen ein am 1. Januar 1900 auf dem Gebiete des Nachbarrechtes geltendes örtliches Herkommen aufgehoben ist. Das läßt sich aber auch noch aus anderen Gründen dartun. An sich richtet sich der Inhalt des Eigentums vom 1. Januar 1900 ab nach den Vorschriften des BGB. (Art. 181 EG.). Nach ausdrücklicher Vorschrift (Art. 124 EG.) bleiben die landesgesetzlichen Vorschriften, welche das Eigentum an Grundstücken zugunsten der Nachbarn noch anderen als den im BGB. bestimmten Beschränkungen unterwerfen, in Kraft. Zu den landesgesetzlichen Vorschriften im Sinne des Art. 124 EG. gehört auch das Herkommen als örtliches Gewohnheitsrecht. Das BGB. selbst und das EG. zu demselben hat daher an einer auf Herkommen beruhenden Eigentumsbeschränkung, inhaltlich deren die Grundeigentümer die Benützung ihrer Grundstücke zum Fahren dulden müssen, nichts geändert. Die bayerische Ausführungsgesetzgebung hat nun die Anpassung des bestehenden Landesrechts an das neue bürgerliche Recht nach einer zweifachen Richtung hergestellt. Während die aus der Zeit nach 1818 stammenden Vorschriften des bisherigen Rechts auf dem der Landesgesetzgebung vorbehaltenen Gebiete grundsätzlich in Geltung geblieben und die (allerdings zahlreichen) Ausnahmen von diesem Grundsatze speziell aufgeführt sind, sind die aus der Zeit vor 1818 stammenden bürgerlich-rechtlichen Normen des bisherigen Rechts grundsätzlich aufgehoben und die Ausnahmen von diesem Grundsatze besonders aufgeführt. Eine auf örtlichem Herkommen beruhende Befugnis zur Benützung fremder Grundstücke ist abgesehen vom Anwenderecht (Art. 76 AG.) weder in der einen noch in der anderen Gruppe erwähnt. Man würde hieraus das Resultat gewinnen, daß ein Herkommen, welches nach dem Jahre 1818 begründet wurde, aufrecht erhalten bleibt, während ein vor diesem Zeitpunkt begründetes Herkommen aufgehoben ist[2]). Nun ist aber in Art. 1 Abs. 2 AG. bestimmt: Soweit in den in Kraft bleibenden

---

[1]) Vgl. oben S. 227. Uebrigens ist weder aus dem Umstande, daß ein gleichartiges Rechtsverhältnis in mehreren Fällen besteht, noch aus dem Vorhandensein einer für die Zeit der Ausübung mehrerer Fahrtrechte maßgebenden Flurordnung mit Notwendigkeit zu folgern, daß es sich nicht um Dienstbarkeiten, sondern um Herkommen handelt. Vgl. SeuffBl. Bd. 70 S. 705 (ObLG.)

[2]) Vgl. AMPr. S. 33 (Becher, Mat. Abt. IV und V, Bd. 1 S. 193).

Gesetzen und in diesem Gesetz auf örtliche Verordnungen oder auf das Herkommen verwiesen ist, behalten die bestehenden Verordnungen und das Herkommen ihre Geltung. — Der Gesetzgeber hat diese Bestimmung nur zu dem Ende eingefügt, um einen Widerspruch zwischen dem Art. 1 Abs. 1 und Art. 76 AG. zu vermeiden. Allein die Fassung dieser Bestimmung ist so allgemein gehalten, daß der Schluß als argumentum a contrario unabweisbar ist: Insoweit auf das Herkommen nicht verwiesen ist, tritt es außer Geltung. Wenn daher am 1. Januar 1900 nach örtlichem Herkommen[1]) die Grundeigentümer verpflichtet waren, unter gewissen Voraussetzungen die Benützung, z. B. das Befahren ihrer Grundstücke durch die Angrenzer, zu dulden, so ist diese nachbarrechtliche Eigentumsbeschränkung mit dem Inkrafttreten des BGB. aufgehoben. Fehlt infolgedessen einzelnen Grundstücken die zur ordnungsmäßigen Benützung notwendige Verbindung mit einem öffentlichen Wege, so haben die Eigentümer derselben den Notweganspruch nach Maßgabe der §§ 917 ff. BGB.[2]).

Ein neues Herkommen kann auf dem Gebiete des Nachbarrechts nach dem Inkrafttreten des BGB. nicht mehr begründet werden (s. oben S. 228 f.).

## § 33. Verlust der Grunddienstbarkeiten.

Rücksichtlich der Aufhebung der Grunddienstbarkeit ist ebenso wie für die Begründung scharf zu unterscheiden zwischen der dinglichen Rechtsänderung (der Aufhebung, dem Erlöschen der Grunddienstbarkeit) und der obligatorischen Verpflichtung zur Herbeiführung dieser dinglichen Rechtsänderung (vgl. hierüber oben § 32 A I, 1). Dieses obligatorische Kausalgeschäft, durch welches die Verpflichtung zur Herbeiführung der dinglichen Aufhebung begründet wird, ist seit Inkrafttreten des BGB. für alle Arten von Grunddienstbarkeiten, gleichviel ob sie vor oder nach diesem Zeitpunkt entstanden sind[3]), formfrei gültig.

Die nachstehenden Ausführungen befassen sich lediglich mit der Beendigung im dinglichen Sinn.

Diese ist durch das BGB. nur für den Fall geregelt, daß die Grunddienstbarkeit im Grundbuch eingetragen ist. Im anderen Falle bemißt sich die Beendigung teils nach Landesrecht, teils nach bisherigem Recht (s. unter B).

### A. Eingetragene Grunddienstbarkeiten.

Wenn die Grunddienstbarkeit im Grundbuch[4]) eingetragen ist, entscheiden über ihre Beendigung die Vorschriften des

[1]) Im objektiven Sinne, s. oben S. 311.

[2]) S. oben S. 207 ff.

[3]) JW. 1904 S. 7 Nr. 4; vgl. Henle-Schneider 2. Aufl. S. 147 Bem. 3.

[4]) Nach Art. 44 UeG. kann vom 1. Januar 1900 an bis zu dem Zeitpunkte, in welchem das Grundbuch als angelegt anzusehen ist, die Eintragung von Grunddienstbarkeiten in das Hypothekenbuch von dem Berechtigten und von

BGB., gleichviel ob die Grunddienstbarkeit vor oder nach Inkrafttreten des BGB. oder der Grundbuchverfassung zur Entstehung gelangt ist.

1. Vertragsmäßige Aufhebung. Zur Aufhebung einer Grunddienstbarkeit ist nach § 875 BGB. die Erklärung des Berechtigten, daß er das Recht aufgebe und die Löschung des Rechts im Grundbuch erforderlich[1]). Die Erklärung ist dem Grundbuchamte oder demjenigen gegenüber abzugeben, zu dessen Gunsten sie erfolgt[2]).

Vor der Löschung ist der Berechtigte an seine Erklärung nur gebunden[3]), wenn er sie dem Grundbuchamte gegenüber abgegeben oder demjenigen, zu dessen Gunsten sie erfolgt, eine den Vorschriften der Grundbuchordnung entsprechende Löschungsbewilligung ausgehändigt hat (§ 875 Abs. 2 BGB.).

Ist das Grundstück, dem die Grunddienstbarkeit zusteht, mit dem Rechte eines Dritten (z. B. einer Hypothek belastet), so ist nach § 876 BGB. die Zustimmung des Dritten erforderlich, es sei denn, daß dessen Recht durch die Aufhebung nicht berührt wird. Die Zustimmung ist dem Grundbuchamt oder demjenigen gegenüber zu erklären, zu dessen Gunsten sie erfolgt; sie ist unwiderruflich.

2. Der Verjährung unterliegen die eingetragenen Grunddienstbarkeiten nicht (§ 902 BGB.). Wenn eine Grunddienstbarkeit im Grundbuch mit Unrecht gelöscht ist, so erlischt sie, wenn der Anspruch des Berechtigten gegen den Eigentümer verjährt ist (§ 901 BGB.). Die Verjährung beginnt mit der Entstehung des Anspruchs, das ist mit der Entstehung eines Zustandes, welcher der in der Grunddienstbarkeit bestehenden Belastung entgegensteht (§ 198 BGB.). Solange die Grunddienstbarkeit im Grundbuch eingetragen ist, kann sie grundsätzlich nicht zur Erlöschung gelangen, sie bleibt also bestehen, auch wenn sie während noch so langer Zeit nicht ausgeübt wurde. Hiervon wird nur eine einzige Ausnahme durch § 1028 BGB. gesetzt.

Ist auf dem belasteten Grundstücke eine Anlage, durch welche die Grunddienstbarkeit beeinträchtigt wird, errichtet worden, so unterliegt der Anspruch des Berechtigten auf Beseitigung der Beeinträchtigung der Verjährung, auch wenn die Grunddienstbarkeit im Grundbuche eingetragen ist. Mit der Verjährung des Anspruchs erlischt die Dienstbarkeit, soweit der Bestand der Anlage mit ihr im Widerspruch steht (§ 1028 Abs. 1). Dem entsprechend kann der Eigen-

---

dem Eigentümer des belasteten Grundstückes verlangt werden, siehe oben S. 301. Ein solcher Eintrag im Hypothekenbuch steht natürlich einer Eintragung im Grundbuche nicht gleich.

[1]) Vgl. aber auch § 21 GBO.

[2]) Es genügt, wenn die Erklärung einem der mehreren Miteigentümer des belasteten Grundstückes gegenüber abgegeben wird, während andererseits eine Erklärung der sämtlichen Miteigentümer des herrschenden Grundstückes erforderlich ist (Maenner S. 285).

[3]) Gemeint ist die dingliche Gebundenheit. Vgl. hierüber oben § 32 A, I, 2.

tümer des belasteten Grundstückes die Berichtigung des Grundbuchs verlangen (§ 894 BGB). Die Vorschriften des § 892 BGB. über den Schutz des öffentlichen Glaubens des Grundbuchs finden keine Anwendung (§ 1028 Abs. 2 BGB.).

3. Durch **Konfusion**[1]) (Vereinigung des Eigentums am berechtigten und belasteten Grundstück) erlischt eine im Grundbuch eingetragene Grunddienstbarkeit nicht (§ 889 BGB.).

4. **Teilung** des berechtigten oder belasteten Grundstückes.

Wird das Grundstück des Berechtigten geteilt, so besteht die Grunddienstbarkeit für die einzelnen Teile fort; die Ausübung ist jedoch im Zweifel nur in der Weise zulässig, daß sie für den Eigentümer des belasteten Grundstückes nicht beschwerlicher wird. Gereicht die Dienstbarkeit nur einem der Teile zum Vorteile, so erlischt sie für die übrigen Teile (§ 1025 BGB.).

Wird das belastete Grundstück geteilt, so werden, wenn die Ausübung der Grunddienstbarkeit auf einen bestimmten Teil des Grundstückes beschränkt ist, die Teile, welche außerhalb des Bereiches der Ausübung liegen, von der Dienstbarkeit frei (§ 1026 BGB.).

### B. Nichteingetragene Grunddienstbarkeiten.

**Wenn die Grunddienstbarkeit im Grundbuch nicht eingetragen ist**, so muß für ihre Beendigung unterschieden werden zwischen der Zeit vor und nach Eintritt der **Grundbuchverfassung**.

I. **Bis zu der Zeit, zu welcher das Grundbuch als angelegt anzusehen ist**, erfolgt die Aufhebung der Grunddienstbarkeiten nach bisherigem Recht (Art. 189 Abs. 3, 218 EG. und Art. 11 UeG.)[2]).

1. Der vertragsmäßige **Verzicht** erfordert bis zum Inkrafttreten der Grundbuchverfassung zu seiner dinglichen Wirksamkeit[3]) einen notariellen Vertrag.

Dieses Erfordernis der notariellen Verlautbarung hat jedoch für das Erlöschen der Grunddienstbarkeiten durch sogen. stillschweigende Einwilligung (Duldung eines mit der Grunddienstbarkeit nicht vereinbarlichen Zustandes) keine Bedeutung; denn wenn auch die partikularen Rechtsquellen in solchen Fällen vom Erlöschen der Grunddienstbarkeiten durch stillschweigende Einwilligung sprechen, so tritt das Erlöschen im Grunde genommen nicht zufolge eines vertragsmäßigen Verzichts, sondern infolge einer einseitigen Handlung des Verpflichteten ein, durch welche er sein Grundstück von der Last

[1]) Auch Konsolidation genannt.

[2]) Es finden deshalb die Vorschriften der §§ 875, 876 BGB. über die Aufhebung von Rechten an einem Grundstücke keine Anwendung auf Grunddienstbarkeiten, die vor dem Inkrafttreten des Grundbuchrechts entstanden und nicht im Grundbuch eingetragen sind. BayZfR. 1907 S. 471 (RG.).

[3]) Ueber die obligatorische Wirksamkeit eines formlosen Verzichts auf die Grunddienstbarkeit s. oben § 33 erster Absatz.

befreit, sofern sich der andere die Handlung gefallen läßt. Man spricht hier von einem einseitigen Verzicht (Dereliktion) des Eigentümers, weil die Annahme seitens des Eigentümers des belasteten Grundstückes nicht erforderlich ist[1]).

In den ehemals preußischen Gebietsteilen hat deshalb dieser Erlöschungsgrund bis zu dem Zeitpunkt, in welchem das Grundbuch als angelegt anzusehen ist, fortdauernde Geltung. Hiernach erlöschen die Grunddienstbarkeiten durch stillschweigende Einwilligung des Berechtigten, wenn er wissentlich geschehen läßt, daß auf dem belasteten Grundstücke Anstalten und Einrichtungen getroffen werden, welche die Ausübung der Grunddienstbarkeit geradezu unmöglich machen (ALR. I Tit. 22 § 43.). Sobald der Berechtigte von der Ausführung einer solchen Anlage und davon, daß sie die Ausübung seiner Grunddienstbarkeit völlig[2]) unmöglich macht (ALR. I Tit. 22 § 44), auf irgendeine Weise[3]) Kenntnis erlangt hat, muß er gegen die Ausführung der Anlage Widerspruch erheben[4]). Unterläßt er diesen sofortigen[5]) Widerspruch, so erlischt die Grunddienstbarkeit; dem Berechtigten ist der Einwand, daß er in Wahrheit den Verzichtswillen nicht gehabt habe, versagt[6]). Trotz eines solchen Widerspruchs kann nach den Umständen des einzelnen Falls ein stillschweigender Verzicht daraus abgeleitet werden, daß der Berechtigte seinen Widerspruch nicht weiter verfolgt[7]). Wenn der Berechtigte erst nach der Fertigstellung der Anlage von dieser oder[8]) von ihren seine Grunddienstbarkeit beeinträchtigenden Folgen Kenntnis erhält, so kann die Vorschrift des ALR. I Tit. 22 § 43 nicht angewendet werden, so daß also dem Berechtigten die Grunddienstbarkeit ungeschmälert erhalten bleibt[9]).

In einer den §§ 43 und 44 entsprechenden Weise ist durch ALR. I Tit. 22 § 45 geregelt, inwiefern daraus, daß der Berechtigte Anstalten auf dem belasteten Grundstücke, welche die Ausübung seiner Grunddienstbarkeit hindern oder erschweren, wissentlich hat treffen lassen, eine stillschweigende Einwilligung desselben in eine solche Beeinträchtigung seiner Grunddienstbarkeit zu erblicken ist.

---

[1]) Dernburg, Pand. § 254, 2; Windscheid, Pand. § 215 Anm. 11; Roth, BayZR. § 154 Anm. 22. Es muß sich aber dann um einen unbedingten Verzicht handeln; wird Verzicht geleistet nur gegen Einräumung eines anderen dinglichen Rechtes, dann ist für die dingliche Gültigkeit des Verzichts notarieller Vertrag erforderlich. Vgl. EntschOGH. Bd. 4 S. 475.

[2]) JW. 1896 S. 380 Nr. 54.

[3]) ObTr. Arch. Bd. 68 S. 307.

[4]) ObTr. Arch. Bd. 90 S. 251. Gruchot Bd. 36 S. 965 (RG.). Eine Form ist für den Widerspruch nicht vorgeschrieben, nur muß der andere rechtzeitig von dem Widerspruch Kenntnis erlangen. Turnau-Förster S. 532.

[5]) Vgl. hierzu Bolze Bd. 2 Nr. 196, Bd. 13 Nr. 66, Bd. 15 Nr. 45.

[6]) Turnau-Förster S. 533 und die dort mitgeteilte Entsch. des RG. Vgl. Bolze Bd. 20 Nr. 60.

[7]) RG. Bd. 32 S. 188.

[8]) Gruchot Bd. 30 S. 938.

[9]) JW. 1896 S. 716 Nr. 76; 1898 S. 401 Nr. 53.

Für das Gebiet des BayLR. bestimmt Tl. II cap. 7 § 7, Nr. 5, daß die Dienstbarkeiten durch ausdrückliche oder stillschweigende Renunziation erlöschen, welch letztere auch durch der Servitut zuwiderlaufende Facta, sofern man denselben akquiesziert, zu geschehen pflegt[1]).

Auch für das gemeine Recht wird angenommen, daß die Grunddienstbarkeiten durch das Zulassen von Veranstaltungen auf dem dienenden Grundstück, welche die Ausübung der Dienstbarkeit dauernd unmöglich machen, erlöschen[2]).

2. Konfusion (Konsolidation). Die Grunddienstbarkeiten erlöschen nach gemeinem Recht[3]), wie nach ALR. I, 21 § 184, I, 22 § 52[4]), BayLR. Tl. II, cap. 7 § 7 Nr. 3[5]), und Regensburger Wachtgerichtsordnung X, 11 durch Konfusion, d. i. durch die Vereinigung des Eigentums am herrschenden und dienenden Grundstück in der Hand eines Eigentümers[6]); bei späterer Trennung der Grundstücke lebt die einmal erloschene Grunddienstbarkeit nicht von selbst wieder auf[7]); es wird aber zu prüfen sein, ob nicht in dem Veräußerungsvertrage eine Grunddienstbarkeit stillschweigend bestellt worden ist[8]).

3. Verjährung. Endlich gehen die Grunddienstbarkeiten durch Nichtgebrauch — non usus — unter[9]). Zu dieser Verjährung durch Nichtgebrauch wird erfordert, daß die ganze Verjährungszeit hindurch die Ausübung unterlassen wurde; der Grund der Unterlassung ist gleichgültig; das Erlöschen tritt jedoch dann nicht ein, wenn Hindernisse eintreten, welche die Ausübung der Grunddienstbarkeit zeitweise unmöglich machen, z. B. wenn der servitutpflichtige Weg durch Elementarereignisse oder der Brunnen infolge Versiegens des Wassers nicht benutzt werden kann. Ein derartiges Hindernis ist jedoch da nicht als vorhanden anzunehmen, wo der Servitutberechtigte durch seine eigene Tätigkeit einen Zustand herbeiführt hat, zufolge dessen er keinen Anlaß hat, von der Servitut Gebrauch zu machen, wenn er z. B. das Halten von Spannvieh aufgegeben und infolgedessen die Fahrt nicht mehr ausgeübt hat[10]). Die Servitut

[1]) Vgl. EntschOGH. Bd. 4 S. 475.

[2]) Roth, BayZR. Bd. 2 § 154 A. 23; Seuffert, Pand. § 177; Schelhaß, Nachbarrecht S. 70; Dernburg, Pand. § 254, 2.

[3]) Roth, BayZR. § 154 Anm. 16; Dernburg, Pand. § 254 Ziff. 1.

[4]) Roth, BayZR. § 154 Anm. 16.

[5]) Vgl. EntschOGH. Bd. 5 S. 113, Bd. 6 S. 408.

[6]) Dem steht natürlich die Pachtung des einen Grundstücks durch den Eigentümer des anderen nicht gleich. (EntschOGH. Bd. 5 S. 114).

[7]) Dernburg, Pand. § 254 Ziff. 1; Roth a. a. O.

[8]) S. hierüber oben § 32 B, I, 3.

[9]) Nach bisherigem bayerischem Rechte tritt Erlöschung der Servitut auch dann ein, wenn sie im Hypothekenbuche eingetragen ist (Regelsberger, Hypothekenrecht S. 179). Dies gilt auch für die ehemals preußischen Gebietsteile Bayerns, da hier ALR I, 22 § 50 nicht gilt. Vgl. SeuffBl. Bd. 11 S. 344.

[10]) EntschOGH. Bd. 5 S. 115 (BayLR. und gem. Recht).

erlischt auch dann, wenn der Eigentümer des dienenden Grundstückes ihre Ausübung verhindert; ein guter Glaube auf dessen Seite ist nicht erforderlich[1]). Die Ausübung erfordert dann keinerlei Tätigkeit, wenn ein dem Inhalt der Grunddienstbarkeit entsprechender Zustand vorhanden ist (z. B. Aufliegen der Mauer, Zufluß des Wassers in der Wasserleitung). Ist der Zustand, in welchem sich die Grunddienstbarkeit verkörpert, aufrecht erhalten oder die Handlung, zu welcher die Grunddienstbarkeit die Befugnis gewährt, vorgenommen worden, so bleibt die Grunddienstbarkeit erhalten, ohne Rücksicht darauf, ob dies geschehen ist in der Absicht, von einem Servitutenrechte Gebrauch zu machen. Deshalb wird die Grunddienstbarkeit auch erhalten, wenn der Eigentümer des dienenden Grundstückes als Pächter des herrschenden zu dessen Vorteil die Fahrt ausgeübt hat[2]).

Es genügt Ausübung durch den Pächter, die Familie, das Gesinde des Berechtigten, wenn sie nur zum Vorteil des Grundstückes geschah.

Teilweise Ausübung genügt zur Erhaltung des vollen Rechtes, wenn der Berechtigte dieses und nicht etwa bloß ein vermeintliches anderes Recht ausüben wollte[3]). Wenn z. B. ein Fahrtrecht zusteht und der Berechtigte ist über das fremde Grundstück nur gegangen, nicht gefahren, so wird auch das Fahrtrecht erhalten[4]).

Zur Beendigung der Gebäudeservituten[5]) genügt nach gemeinem Recht der bloße Nichtgebrauch der Servitut nicht, es muß vielmehr noch die usucapio libertatis hinzukommen; man versteht darunter, daß sich der Besitzer des dienenden Grundstückes während der Verjährungszeit in dem Besitze des dem Inhalte der Grunddienstbarkeit zuwiderlaufenden Zustandes befunden hat.

Die usucapio libertatis besteht bei negativen Servituten, deren Inhalt dem Eigentümer einer Sache eine Handlung verbietet, darin, daß dieser eine mit der Servitut im Widerspruch stehende Handlung vorgenommen und sich der Berechtigte dabei während der Verjährungszeit beruhigt hat. Bei affirmativen Servituten, deren Inhalt dem Eigentümer einer Sache ein Dulden auferlegt, besteht die usucapio libertatis darin, daß der Zustand, dessen Duldung den Inhalt der Grunddienstbarkeit bildet, während der Verjährungszeit aufgehoben ist. Dem entspricht ALR. I, Tit. 22 § 50, 51, wonach für jene Grunddienstbarkeiten, die durch besondere Anstalten und Anlagen ihr Dasein bekunden, erst mit der Wegnahme derselben die Verjährung durch Nichtgebrauch beginnt.

Das BayLR. unterscheidet für die Verjährung durch Nicht-

---

[1]) Schelhaß, Nachbarrecht S. 69.
[2]) Vgl. EntschOGH. Bd. 5 S. 114.
[3]) Dernburg, Pand. § 254 Anm. 20.
[4]) Schelhaß S. 71.
[5]) Man versteht darunter solche Dienstbarkeiten, bei welchen das herrschende oder dienende Grundstück oder jedes ein Gebäude ist. Schelhaß S. 93.

gebrauch zwischen servitutes continuae und discontinuae und hält nur bei ersteren ein factum contrarium für erforderlich, dagegen bei servitutes discontinuae den bloßen Nichtgebrauch als genügend; gemeinrechtliche verschiedene Behandlung der servitutes rusticae und urbanae ist also für das BayLR. für die Verjährung durch Nichtgebrauch bedeutungslos[1]).

Das teilweise Erlöschen einer Grunddienstbarkeit durch usucapio libertatis ist möglich. Insbesondere kann die Servitut, wonach der Nachbar sein Grundstück nicht überbauen darf, dadurch teilweise erlöschen, daß auf einem Teile des belasteten Grundstückes während der Verjährungszeit ein Bauwerk steht. Das Erlöschen des ganzen Dienstbarkeitsrechtes könnte nur dann in Frage kommen, wenn das dienende Grundstück durchweg überbaut oder in dasselbe ein Gebäude gestellt worden wäre, neben welchem der unüberbaute Teil des Grundstückes seine Bedeutung für das dienende Grundstück verloren hätte[2]). Was hier von der teilweisen Ueberbauung der Grundfläche gesagt ist, hat auch für eine teilweise Verbauung der Höhe analoge Geltung. Wenn z. B. ein Gebäude errichtet ist, durch welches die Fenster des ersten Stocks verbaut werden, bleibt die Lichtgerechtigkeit für die Fenster des zweiten Stocks erhalten.

Für die usucapio libertatis ist weder guter Glaube noch Titel erforderlich, selbst Gewalt und Heimlichkeit steht ihr nicht entgegen[3]). Denn entscheidend ist nur die Duldung des der Servitut entgegenstehenden Zustandes durch den Berechtigten. Wenn aber der Berechtigte dem anderen diesen entgegenstehenden Zustand nur vergünstigungsweise gestattet, dann kann man von einem Nichtgebrauch seines Rechtes insolange nicht sprechen[4]), als der andere den entgegengesetzten Zustand auf Grund und im Bewußtsein dieser Vergünstigung beibehält, weil hierdurch das Recht des Berechtigten eine tatsächliche Anerkennung findet.

Die Verjährung durch non usus erfordert nach gemeinem Recht 10 Jahre unter Anwesenden und 20 Jahre unter Abwesenden[5]). Die gleiche Zeitdauer ist nach BayLR. Tl. II Tit. 7 § 8 Nr. 2 erforderlich, jedoch ist für jene servitutes discontinuae, welche nur monat- oder jahrweise auszuüben sind, der doppelte Zeitraum erforderlich[6]); dies gilt in gleicher Weise nach der Regensburger Wachtgerichtsordnung X, 11.

---

[1]) BayLR. Tl. II Tit. 7 § 8.

[2]) RG. Bd. 14 S. 212.

[3]) SeuffBl. Bd. 17 S. 377.; Dernburg, Pand. § 254, 3; BayLR. Tl. II Tit. 7 § 8 Nr. 4 (EntschOGH. Bd. 4 S. 398; SeuffBl. Bd. 42 S. 279). A. M. Windscheid, Pand. § 216 Anm. 9.

[4]) Dernburg, Windscheid a. a. O.

[5]) Ueber den Begriff praesentes, absentes s. oben S. 307 Anm. 3.

[6]) EntschOGH. Bd. 4 S. 65, Bd. 5 S. 814. Eine solche servitus discontinua ist das Beholzungsrecht (SeuffBl. Bd. 31 S. 368), aber nicht das Recht zum Steinbrechen (SeuffBl. Bd. 17 S. 377).

Steht die Grunddienstbarkeit einer Person zu, gegen welche nur die außerordentliche Eigentumsersitzung zulässig ist (vgl. oben S. 307), so ist der für diese außerordentliche Ersitzung vorgeschriebene Zeitraum nach gemeinem Recht auch für das Erlöschen durch Nichtgebrauch erforderlich [1]). Dasselbe gilt für das preußische Recht [2]).

Nach preußischem Recht [3]) ist für das Erlöschen der Grunddienstbarkeiten durch Nichtgebrauch stets ein 30jähriger Zeitraum erforderlich; für jene Servituten, deren alljährliche oder gewöhnliche Ausübung nicht von der Willkür des Berechtigten abhängig ist, deren Ausübung vielmehr nur bei gewissen, durch andere Umstände herbeigeführten Gelegenheiten möglich ist, fängt die Verjährung erst von der Zeit an, da sich eine solche Gelegenheit ereignet hat; auch müssen, wenn solche Rechte durch den bloßen Nichtgebrauch erlöschen sollen, seit dem Anfang der Verjährung wenigstens noch zwei Gelegenheiten, wo die Ausübung des Rechtes hätte stattfinden können, vorgekommen sein (ALR. I, 9 § 543, 544) [4]).

4. Nach gemeinem Recht besteht keine Bestimmung, wonach eine Servitut durch den Wegfall einer derjenigen Voraussetzungen untergeht, ohne welche sie nicht hätte entstehen können [5]).

So erlischt z. B. das einer Wiese zustehende Bewässerungsrecht nicht dadurch, daß die Wiese in einen Park umgewandelt wird [6]).

Ein Gebäudeservitut erlischt nicht schlechtweg mit dem Untergang des Gebäudes, zu dessen Gunsten sie begründet ist [7]), sie dauert vielmehr nach dem Untergang des früher herrschenden Gebäudes für ein unter denselben Verhältnissen und in der gleichen Eigenschaft errichtetes Gebäude fort [8]), nur dürfen mit diesem Neubau nicht Aenderungen verbunden sein, welche die Last des dienenden Grundstückes erschweren [9]).

---

[1]) Roth, BayZR. § 154 Anm. 41; Schelhaß S. 69.

[2]) SeuffBl. Ergänz. zu Bd. 31 und 32 S. 27.

[3]) Die im ALR. I, 22 § 50 für Grunddienstbarkeiten, die im Hypothekenbuch eingetragen sind, gesetzte Ausnahme gilt für die ehemals preußischen Gebietsteile Bayerns nicht (SeuffBl. Bd. 11 S. 344).

[4]) Vgl. SeuffBl. Ergänz. zu Bd. 31 und 32, S. 27.

[5]) RG. Bd. 26 S. 168, Bd. 27 S. 166; SeuffA. Bd. 40 Nr. 1.

[6]) Bolze Bd. 7 Nr. 74.

[7]) Bolze Bd. 3 Nr. 108 (die servitus altius non tollendi bleibt für den Neubau erhalten); vgl. ferner RG. Bd. 27 S. 166. Hier hatte der Eigentümer das Gebäude, welchem ein Gehrecht zustand, weggerissen und auf der Abbruchstelle und einem daran angrenzenden nichtberechtigten Grundstück ein einheitliches Gebäude errichtet. Das RG. hat entschieden, daß hierdurch zwar die Grunddienstbarkeit nicht erloschen sei, aber das Recht zur Ausübung einstweilen zessiere. Praktisch führt dies allerdings nach Ablauf der Verjährungszeit zur Erlöschung durch non usus.

[8]) EntschOGH. Bd. 13 S. 201.

[9]) JW. 1881 S. 171; Bolze Bd. 2 Nr. 188. Ist die Grunddienstbarkeit eingeräumt, das Gebälke in der durch den Vertrag bestimmten Weise in die Mauer des Nachbarhauses einzulegen (sogen. Tramrecht), so können nicht an Stelle des vorhandenen Gebälkes bei einem Neubau eiserne Unterzüge und zwar

Die Grunddienstbarkeit, daß auf einem Nachbargrundstück ein bestimmtes Konkurrenzgewerbe nicht betrieben werden darf, erlischt nicht schon mit der Einstellung des geschützten Gewerbebetriebes auf dem herrschenden Grundstücke[1]).

Andererseits erlischt eine Grunddienstbarkeit, sobald die Benützung des dienenden Grundstückes dauernd unmöglich geworden ist; es ist z. B. der Steinbruch erschöpft oder die Quelle dauernd versiegt (s. über einen solchen Wegfall der causa perpetua oben S. 287 Anm. 5 und 289 Anm. 1).

II. Von der Zeit an, zu welcher das Grundbuch als angelegt anzusehen ist, muß unterschieden werden zwischen Grunddienstbarkeiten an einem Grundstücke, das im Grundbuch nicht eingetragen ist und nach den Vorschriften der Grundbuchordnung nicht eingetragen zu werden braucht und zwischen solchen auf anderen Grundstücken lastenden Grunddienstbarkeiten, die nach den bisherigen Vorschriften entstanden sind und nicht in das Grundbuch eingetragen sind[2]).

1. Eine Grunddienstbarkeit an einem Grundstücke, das im Grundbuche nicht eingetragen ist und nach den Vorschriften der Grundbuchordnung nicht eingetragen zu werden braucht[3]), endigt nach Art. 84 Abs. 2 und 3 AG.

a) durch Verzicht, nämlich durch die Erklärung des Berechtigten gegenüber dem Eigentümer, daß er die Grunddienstbarkeit aufgebe; die Erklärung muß in öffentlich beglaubigter Form abgegeben werden. Die Vorschriften des § 876 BGB. finden entsprechende Anwendung (Art. 84 Abs. 2 AG.).

b) Durch Nichtausübung erlischt eine solche Grunddienstbarkeit mit dem Ablaufe von 10 Jahren nach der letzten Ausübung. Hat eine Ausübung nicht stattgefunden, so beginnt die 10jährige Frist mit dem Zeitpunkte, von dem an die Ausübung zulässig war. Die für die Verjährung geltenden Vorschriften der §§ 202—207, 209—212, 216, 217, 219, 220 BGB. finden entsprechende Anwendung. Der Lauf der Erlöschungsfrist wird nicht dadurch gehemmt, daß die Dienstbarkeit nur zeitweise ausgeübt werden kann. Die Frist endigt jedoch in diesem Fall nicht, bevor die Zeit, zu welcher die Ausübung zulässig war, zum zweiten Male eingetreten und seit dem zweiten Eintritt ein Jahr verstrichen ist (Art. 84 Abs. 3 AG.).

---

unter wesentlicher Veränderung der örtlichen Lage, die infolge der Erhöhung der einzelnen Stockwerke bedingt war, in der dienenden Mauer angebracht werden. SeuffBl. Bd. 68 S. 166 (ObLG).

[1]) S. oben S. 287 Anm. 5 und S. 289 Anm. 1.

[2]) Sobald die Grunddienstbarkeit im Grundbuch eingetragen ist, entscheidet ausschließlich das Recht des BGB., gleichviel ob die Grunddienstbarkeit vor oder nach dem Inkrafttreten des BGB. oder der Grundbuchverfassung entstanden ist.

[3]) S. darüber oben § 32 A, I.

2. Grunddienstbarkeiten an Grundstücken, die dem Grundbuchszwange unterliegen, erlöschen, sofern sie nach den bisherigen Vorschriften enstanden[1]) und nicht in das Grundbuch eingetragen sind, von der Zeit an, zu welcher das Grundbuch als angelegt anzusehen ist, nach Maßgabe der Art. 11—17 UeG. auf folgende Weise:

a) Durch vertragsmäßige Aufhebung; in dieser Richtung stimmt Art. 12 UeG. wörtlich überein mit Art. 84 Abs. 2 AG. (s. oben II, 1, a).

b) Durch Nichtausübung; in dieser Richtung stimmt Art. 13 UeG. wörtlich überein mit Art. 84 Abs. 3 AG. (s. oben II, 1, b).

c) Durch Konsolidation. Entgegen dem Standpunkte des BGB., welches gemäß § 889 BGB. Grunddienstbarkeiten an eigenen Grundstücken zuläßt, bestimmt Art. 14 UeG., daß die hier in Frage stehenden Grunddienstbarkeiten erlöschen, wenn sie sich mit dem Eigentum[2]) an dem belasteten Grundstücke vereinigen. Die Grunddienstbarkeit lebt mit der Aufhebung der Vereinigung nicht wieder auf.

d) Durch Aufgebot. Ist die Grunddienstbarkeit dem Eigentümer unbekannt, so kann der Berechtigte mit seinem Rechte im Wege des Aufgebotsverfahrens ausgeschlossen werden. Das Aufgebot erstreckt sich nicht auf Grunddienstbarkeiten, mit denen das Halten einer dauernden Anlage verbunden ist, solange die Anlage besteht (Art. 15 UeG.). Das Aufgebotsverfahren wird im Art. 16 und 17 UeG. geregelt.

## § 34. Inhalt und Ausübung der Grunddienstbarkeit.

I. Durch Art. 184 EG. sind die zur Zeit des Inkrafttretens des BGB. bestehenden Grunddienstbarkeiten mit dem sich aus den bisherigen Gesetzen ergebenden Rang und Inhalt aufrecht erhalten, jedoch mit der Maßgabe, daß die Vorschriften der §§ 1020 bis 1028 BGB. auch für diese Grunddienstbarkeiten sofort gelten. Hierdurch ist bezüglich der Ausübung für alle Grunddienstbarkeiten, gleichviel ob sie vor oder nach Inkrafttreten des BGB. entstanden sind, einheitliches Recht geschaffen worden.

Der Inhalt der Grunddienstbarkeit, das ist die Frage, in welchen Beziehungen der Berechtigte zur Benützung des fremden Grundstückes berechtigt ist (§ 1018 BGB.), richtet sich aber bezüglich derjenigen Grunddienstbarkeiten, die am 1. Januar 1900 bereits bestanden haben, nach bisherigem Recht (Art. 184 EG.). Da aber Art. 189 EG. die Begründung einer Grunddienstbarkeit noch bis zu dem Zeitpunkte, in welchem das Grundbuch als angelegt anzusehen ist, nach bisherigem Rechte erfolgen läßt, ergibt sich die

---

[1]) Hierher können auch Grunddienstbarkeiten gehören, die nach dem Inkrafttreten des BGB. entstanden sind (vgl. oben S. 299 ff.).

[2]) Dem steht der Erwerb des Miteigentums nicht gleich. Henle-Schneider Bem. 1 zu Art. 14 UeG.

unabweisbare Konsequenz, daß das bisherige Recht auch darüber entscheidet, welchen Inhalt eine zwischen dem 1. Januar 1900 und dem Eintritt der Grundbuchverfassung erworbene Grunddienstbarkeit hat. Indem Art. 189 EG. vorschreibt, daß sich der Erwerb der Grunddienstbarkeit nach bisherigem Recht bestimmt, setzt es das bisherige Recht als maßgebende Norm auch dafür fest, welche Befugnisse als Inhalt dieses Rechtes der Berechtigte erwirbt. Nur eine Einschränkung ist zu machen, in welcher die unterschiedliche Behandlung der am 1. Januar 1900 bereits bestehenden und der von da ab bis zum Eintritt der Grundbuchverfassung entstehenden Grunddienstbarkeiten hervortritt. Nach dem 1. Januar 1900 kann eine Grunddienstbarkeit, die einen anderen als den in §§ 1018, 1019 BGB. vorgesehenen Inhalt hat, nicht mehr entstehen (Art. 189 Abs. 1 Satz 3 EG.), während eine zu diesem Zeitpunkt bereits bestehende Grunddienstbarkeit mit ihrem sich aus dem bisherigen Recht ergebenden Inhalt selbst dann bestehen bleibt, wenn dieser Inhalt nach §§ 1018, 1019 BGB. unzulässig ist (Art. 184 EG.).

II. Das Bedürfnis des herrschenden Grundstücks steckt dem Inhalte der Grunddienstbarkeit die Grenze. Ueber dieses Bedürfnis hinaus kann der Inhalt der Grunddienstbarkeit niemals gehen[1]). Innerhalb dieses Rahmens ist der Umfang der den Inhalt der Grunddienstbarkeit bildenden Befugnisse nach den Umständen des einzelnen Falles festzustellen. Auszugehen ist von der grundsätzlichen Freiheit des Eigentums, so daß die Beschränkung nach Inhalt und Maß von demjenigen nachgewiesen werden muß, der sie behauptet. Für die Auslegung ist das Bedürfnis des herrschenden Grundstückes zur Zeit der Begründung der Dienstbarkeit von besonderer Bedeutung.

Hat sich seitdem das Bedürfnis gesteigert, so wird allerdings regelmäßig, das ist, sofern sich nicht aus dem Begründungsakte etwas

[1]) Dies bezieht sich auf Begriff und Wesen der Grunddienstbarkeit (Vgl. hierüber oben S. 287). Die Berechtigung unbestimmte Quantitäten Holz, Torf oder Steine zur beliebigen Verwendung, also auch zum Verkauf, aus einem fremden Grundstück zu entnehmen, ist nach bürgerlichem Recht nicht den Grunddienstbarkeiten beizuzählen; sie kann aber eine beschränkte persönliche Dienstbarkeit sein (Vgl. RG. Bd. 8 S. 210). Befindet sich auf dem herrschenden Grundstück eine Ziegelei, so kann zugunsten derselben auf einem fremden Grundstück die Grunddienstbarkeit bestellt werden, dort den für die Ziegelei erforderlichen Lehm zu graben (EntschOGH. Bd. 9 S. 216; Kohler, ArchZivPrax. Bd. 87 S. 181; vgl. Maenner S. 274 Anm. 11; aber auch Dernburg S. 557). In solchem Fall steht dem Eigentümer das Recht zu, seinerseits ebenfalls Lehm zu holen, soferne nicht der Servitutberechtigte die Ausschließlichkeit seines Rechtes besonders nachweist. EntschOGH. Bd. 9 S. 216 vgl. unten S. 329. Eine Fischereigerechtigkeit, vermöge deren der Berechtigte nicht nur für seinen Hausbedarf, sondern auch zum Verkauf Fische fangen kann, ist keine Grunddienstbarkeit. JW. 1895 S. 53 Nr. 47; RG. Bd. 53 S. 101; Kohler, ArchZivPrax. Bd. 87 S. 183 erachtet eine solche Servitut nicht einmal bei Beschränkung auf den Hausbedarf für zulässig, da hiermit nicht den Zwecken des Grundstückes gedient werde.

anderes ergibt, anzunehmen sein, daß die Grunddienstbarkeit nicht auf das im Augenblick der Bestellung gerade bestehende Bedürfnis beschränkt sein sollte, sondern daß sie für den durch die Verkehrsauffassung bestimmten und äußerlich sich ausprägenden bisherigen Charakter des Grundstücks bestellt ist und sich einem im Rahmen dieses Charakters wechselnden Bedürfnis zu fügen hat[1]). Es wird also das dienende Grundstück auch für ein erweitertes Bedürfnis herangezogen werden können, sofern es sich nur um eine Steigerung der der Art nach gleichbleibenden Benützung handelt, die in der naturgemäßen Fortentwicklung der Verhältnisse begründet ist. Wenn aber die Steigerung durch eine Aenderung der Benützungsart herbeigeführt ist, die aus dem Rahmen einer solchen natürlichen Entwickelung herausfällt, kann das dienende Grundstück für die hierdurch herbeigeführte Mehrung der Belästigung nicht in Anspruch genommen werden[2]). In diesem Sinn hat das ALR. Tl. I Tit. 22 §§ 8 u. 71 Auslegungsregeln aufgestellt, die das BGB. als entbehrlich nicht übernommen hat. Man wird im Wege der Auslegung des Begründungsaktes und aus dem Wesen der Grunddienstbarkeiten zu demselben Resultate für die Anwendung des bürgerlichen Rechts gelangen. Sind bisher bewaldete Teile des wegeberechtigten Landgutes in Ackerland umgewandelt worden, so muß die Benützung des Weges zu dem hierdurch gesteigerten Verkehr geduldet werden[3]). Wenn aber die Wegegerechtigkeit einem Waldgrundstücke als solchem zusteht, so braucht die durch seine Umwandelung in Ackerland herbeigeführte Mehrung der Belästigung nicht geduldet zu werden. Wird auf dem wegeberechtigten Acker ein Steinbruch angelegt, so kann die Wegegerechtigkeit für die Steinfuhren nicht in Anspruch genommen werden[4]), ebensowenig erstreckt sich die einer Wiese zustehende Fahrtgerechtigkeit auf den später angelegten Torfstich[5]) oder eine darauf errichtete Scheune[6]). Eine Wegegerechtigkeit, die einem bisher landwirtschafttich benutzten Grundstücke zusteht, kann nicht für die Zwecke einer darauf errichteten Fabrik[7]), Ziegelei[8]), Handelsgärtnerei[9]), eines Bleich- und Trockenplatzes[10]) oder einer auf der Wiese

[1]) Neumann, Jahrb. Bd. 5 S. 414 (Braunschweig). Aehnlich Kohler, ArchZivPrax. Bd. 87 S. 217 ff. Mit Recht hebt Kohler a. a. O. S. 221 hervor, daß der Charakter des Grundstücks in bezug auf die Servitutenbenützung entscheidend ist und eine Aenderung regelmäßig nicht in Betracht kommt, wenn sie nicht eine Charakteränderung in dieser Beziehung involviert.

[2]) Vgl. Maenner S. 274; Dernburg S. 565; Endemann S. 641.

[3]) EntschOTr. Bd. 68 S. 231.

[4]) Endemann Bd. 2 S. 641 Anm. 12.

[5]) Gruchot Bd. 24 S. 882.

[6]) Sirey, Recueil géneral Bd. 50 II, S. 179.

[7]) JW. 1885 S. 337 Nr. 26 (RG.); Bolze Bd. 2 Nr. 188.

[8]) Gruchot Bd. 39 S. 962, JW. 1895 S. 210 Nr. 44 (RG.).

[9]) Gruchot Bd. 45 S. 918 (RG.).

[10]) JW. 1895 S. 154 Nr. 32 (RG.).

angelegten Eisbahn [1]) benützt werden. Wird ein bäuerlicher Hof in ein Kurhaus mit Hotelbetrieb umgewandelt, so hat sich die Wegegerechtigkeit der hierdurch herbeigeführten Steigerung der Bedürfnisse nicht zu fügen [2]).

Ein Wegerecht für ein Wohnhaus kann nicht für die Zwecke eines Vergnügungsetablissements beansprucht werden [3]); besteht ein Wegerecht für einen Garten, so ist es eine unzulässige Erschwerung, wenn der Berechtigte diesen Weg als Durchgang von und zu seinem daneben liegenden Hause benützt [4]); dasselbe gilt, wenn der einem Privathause zustehende Weg für ein dort eingerichtetes Bordell benützt werden will [5]).

Eine Wasserleitungsservitut für einen Fischteich wird wohl auch für die Bewässerung einer an Stelle des Fischteiches angelegten Wiese beansprucht werden dürfen [6]), da eine Steigerung des Bedürfnisses nicht vorliegt und in bezug auf die Servitutenbenützung insoferne keine Aenderung eingetreten ist, als ja immer noch das Wasser in der gleichen Weise, nur nicht in der gleichen Quantität, auf das Grundstück geleitet wird.

Ist die Grunddienstbarkeit zugunsten eines Gewerbebetriebes bestellt, so wird regelmäßig der Berechtigte zu einem anderen, für die Benützung äquivalenten Industriezweig übergehen dürfen [7]); es ist aber im Einzelfall sehr wohl möglich, daß der Begründungsakt derart auszulegen ist, daß die Dienstbarkeit nur für einen streng bestimmten Gewerbebetrieb eingeräumt werden sollte [8]).

Eine Aussichtsgerechtigkeit bleibt von der Umwandlung einer Villa in ein Hotel unberührt; ja sogar, wenn an Stelle der Villa ein vielstöckiges, räumlich ausgedehnteres Hotel errichtet wird, bleibt die Aussichtsgerechtigkeit in demselben Umfang bestehen, in welchem sie der Villa zustand [9]).

Wird dem zur Zeit der Bestellung bereits als Wohnhaus benützten Gebäude ein weiteres Stockwerk aufgesetzt, so ist das dienende

---

[1]) Bolze Bd. 16 Nr. 57.

[2]) SeuffA. Bd. 52 Nr. 75 (ObLG.).

[3]) Sirey, Recueil général Bd. 68 I, S. 395.

[4]) Sirey a. a. O. S. 334.

[5]) Kohler im ArchZivPrax. Bd. 87 S. 220 gegen Sirey, Recueil général Bd. 57 II, S. 66.

[6]) Dagegen Sirey, Recueil général Bd. 68 I, S. 247.

[7]) Kohler, ArchZivPrax. Bd. 87 S. 221.

[8]) Kohler a. a. O. und die von ihm angeführten Entscheidungen des französischen Kassationshofes. Für die Auslegung des Begründungsaktes kann die Erwägung von Bedeutung sein, daß im Zweifel nicht anzunehmen sein wird, daß der Besteller der Grunddienstbarkeit einem anderen eine Erleichterung der Konkurrenz habe verschaffen wollen. So wurde angenommen, daß die Servitut des Wasserlaufes nicht weiter gelte, wenn an Stelle der berechtigten Gerbermühle eine Oelmühle (Sirey, Recueil général Bd. 34 I, S. 491) oder an Stelle der berechtigten Walkmühle eine Getreidemühle errichtet wird (Sirey a. a. O. Bd. 39 I, S. 918).

[9]) Kohler, ArchZivPrax. Bd. 87 S. 222.

Grundstück der hierdurch herbeigeführten Steigerung des Bedürfnisses regelmäßig unterworfen [1]).

Ingleichen kann der für ein Wohnhaus bestellte Weg auch zum Besuche eines dort angelegten Weinkellers benützt werden, soferne nur durch die Anlage des Kellers der Charakter des Gebäudes nicht geändert wird [2]); eine solche Veränderung müßte z. B. angenommen werden, wenn ein großer Lagerkeller für eine Brauerei oder Weinhandlung in dem bisherigen Privathause angelegt worden ist.

Eine Aenderung der landwirtschaftlichen Kultur läßt an und für sich den Charakter des Grundstückes als eines landwirtschaftlich benützten gewahrt [3]). Es darf aber nach Zeit und Umfang der Rechtsausübung dem Eigentümer des belasteten Grundstückes keine wesentliche Erschwerung der Belastung angesonnen werden.

Steht einem Hause die Grunddienstbarkeit zu, zum Zwecke seiner Beleuchtung die Gasleitung in einem fremden Grundstücke zu haben, so kann bei einer notwendig gewordenen Auswechselung der Leitungsröhren an deren Stelle auch eine elektrische Beleuchtungsleitung gelegt werden, sofern nach Raum und Gefährdung die Anlage so ausgeführt wird, daß hiemit keine größere Belästigung des dienenden Grundstückes verbunden ist; dagegen braucht die Auswechselung von Wasserleitungsröhren gegen Gasröhren nicht geduldet zu werden, weil hier das Bedürfnis, dessen Befriedigung die Grunddienstbarkeit dient, von einer ganz anderen Art ist (vgl. unten IV).

Steht einem bäuerlichen Anwesen ein Holzbezugsrecht zu, so hat sich die Servitut unter der Voraussetzung eines als vernünftig anzusehenden und mit dem ursprünglichen Charakter des Anwesens im Einklang stehenden Wirtschaftsbetriebes einer Vergrößerung der Wohn- und Wirtschaftsgebäude zu fügen; willkürliche Veränderungen, z. B. die Aufsetzung eines Stockes zur Vermietung an Sommerfrischler, können die Belastung nicht vermehren [4]).

Bei städtischen Grundstücken, welche im allgemeinen dazu bestimmt sind, daß in ihnen ein bürgerliches Gewerbe betrieben wird, kann in Ermangelung besonderer Umstände angenommen werden, daß eine einem solchen Grundstück zustehende Grunddienstbarkeit auch für einen bisher nicht ausgeübten Kleingewerbebetrieb in Anspruch genommen werden darf [5]).

Immer kann die Grunddienstbarkeit nur für dasjenige Grundstück beansprucht werden, für das sie bestellt ist, also nicht für ein anderes Grundstück des Berechtigten, insbesondere nicht für Grundstücke, die der Berechtigte später dazu erworben hat [6]), wenn sie auch

[1]) Sirey, Recueil général Bd. 46 II, S. 472.
[2]) Striethorst, Arch. Bd. 98 S. 55.
[3]) Vgl. Sirey, Recueil général Bd. 92 I, S. 310; EntschOTr. Bd. 68 S. 231.
[4]) Vgl. BlAdmPr. Bd. 14 S. 257; Ganghofer Note 1 zu Art. 28 Forstges.
[5]) SeuffA. Bd. 41 Nr. 174; Bd. 33 Nr. 290.
[6]) RG. Bd. 1 S. 329.

in räumlichem Zusammenhange mit dem herrschenden Grundstück stehen[1]). Deshalb kann eine Gehgerechtigkeit nicht mehr ausgeübt werden, wenn der Eigentümer das Gebäude, welchem das Gehrecht zustand, weggerissen und auf der Abbruchstelle und dem daran angrenzenden Grundstücke ein einheitliches Gebäude errichtet hat[2]). Dabei ist vorauszusetzen, daß der Bau mit einem wesentlichen Teile, nicht mit einem bloßen Nebenraum, über das herrschende Grundstück hinausreicht. Im anderen Falle wäre die Ausübung für den auf dem herrschenden Grundstücke stehenden Teil des einheitlichen Neubaues dann möglich, wenn und insoweit mit dieser Benützung des Weges nicht auch zugleich ein Vorteil für den Gebäudeteil verbunden wäre, der auf dem nicht berechtigten Grundstück steht, wenn z. B. dessen Räume einen eigenen Zugang hätten und von dem anderen Gebäudeteil aus nicht zugänglich wären[3]).

Wenn aber die Grunddienstbarkeit einem Anwesen, z. B. einem Bauernhof, zusteht, dann kann die Grunddienstbarkeit in dem Sinne bestellt oder auch ersessen sein, daß z. B. die Fahrtberechtigung ihrem Inhalte und Umfange nach nicht auf solche Fahrten beschränkt ist, welche zum Vorteile des Anwesens in seinem Bestande zur Zeit des Erwerbes der Dienstbarkeit dienen, daß vielmehr das dem Anwesen als solchem dienende Fahrtrecht für die jeweils mit diesem Anwesen wirtschaftlich verbundenen Grundstücke ausgeübt werden kann. Nicht diesen letzteren Grundstücken, welche, abgesehen von der wirtschaftlichen Verbindung mit dem berechtigten Anwesen, eines Fahrtrechts über das dem Anwesen benachbarte fremde Eigentum gar nicht bedürften, gereicht in diesem Falle das Fahrtrecht zum Vorteil, sondern vielmehr dem Anwesen selbst, für welches das Bedürfnis besteht, zur Bewirtschaftung der zu ihm gehörigen Grundstücke die Fahrt von und zu dem Anwesen über das dazwischen liegende fremde Eigentum zu nehmen. Solchergestalt erstreckt sich das Fahrtrecht auch auf die nach seiner Begründung zu dem Anwesen hinzugekauften Grundstücke, wobei freilich die Einschränkung zu machen ist, daß hierdurch nicht der Betrieb des landwirtschaftlichen Anwesens der Art nach eine Umgestaltung erfahren (z. B. aus einem Kleinbetrieb ein Großbetrieb werden) darf[4]).

Steht einer Schneidemühle ein Wegerecht zum Transport der

---

[1]) Kohler, ArchZivPrax. Bd. 87 S. 224. Das gilt auch für später dem herrschenden Grundstück zugeschriebene Flächen (RG. Bd. 27 S. 164).

[2]) RG. Bd. 27 S. 166.

[3]) Kohler, ArchZivPrax. Bd. 87 S. 225. Wenn eine Ziegelei, der die Grunddienstbarkeit zum Bezug des Lehmbedarfs zusteht, eine lokale Ausdehnung auf ein anderes Grundstück erfährt, so darf die Dienstbarkeit überhaupt nicht mehr ausgeübt werden. Vorausgesetzt wird jedoch hierbei, daß Teile, welche für die Produktion der Ziegel wesentlich sind, auf dem dritten Grundstücke stehen und der Betrieb eine Ausscheidung des verwendeten Materials nicht ermöglicht, vgl. Kohler, ArchZivPrax. a. a. O.

[4]) Vgl. SeuffA. Bd. 20 Nr. 16, Bd. 33 Nr. 290.

in der Mühle verarbeiteten Hölzer zu, so handelt es sich nur um eine erweiterte Ausdehnung des Schneidemühlenbetriebes, wenn ein hinzugekauftes Grundstück als Stapelplatz für die von und zu der Mühle transportierten Hölzer eingerichtet wird. Auch wenn das hinzuerworbene Grundstück mit der Schneidemühle nicht im örtlichen Zusammenhange steht, kann der für das Mühlengrundstück eingeräumte Weg zum Ab- und Zufahren der Hölzer benützt werden, weil das neue Grundstück den Zwecken des Mühlengrundstücks dient und somit die für dessen Zwecke in Anspruch genommene Benützung des streitigen Fahrtrechts dem Interesse des Mühlengrundstücks selbst zu gute kommt[1]).

Aehnliche Grundsätze sind auf eine anderweitige Veränderung des herrschenden Grundstücks anzuwenden. Nur eine solche Veränderung übt auf den Bestand der Grunddienstbarkeit einen Einfluß aus, welche bei einer natürlichen Weiterentwicklung der Verhältnisse nicht vorausgesehen werden konnte und die eine größere Belastung des dienenden Grundstücks mit sich bringt. Wird an Stelle des berechtigten Gebäudes ein anderes Gebäude unter denselben Verhältnissen und in der gleichen Eigenschaft errichtet, so dauert die Grunddienstbarkeit (z. B. Aussichtsgerechtigkeit oder Beholzungsrecht) für diesen Neubau fort, sofern nicht mit diesem Aenderungen verbunden sind, welche die Last des dienenden Grundstücks erschweren[2]). Deshalb erlischt durch Niederlegung und Wiederaufbau des servitutsberechtigten Hauses dessen Tropfenfallsrecht nur, wenn der Nachbar dadurch mehr wie vorher beschwert wird[3]). Weil der Servitutberechtigte die Lage des dienenden Grundstückes erleichtern darf, wird die servitus stillicidii (Traufrecht) aufrecht erhalten, wenn das herrschende Gebäude von der Grenze zurückgerückt wird, so daß der Tropfenfall nicht mehr unmittelbar auf das dienende Grundstück fällt, sondern auf das herrschende und das sich so sammelnde Wasser auf diese Weise mittelbar auf das dienende Grundstück gelangt[4]). Selbstverständlich kann die einem Grundstücke zustehende Grunddienstbarkeit nicht dadurch auf ein anderes Grundstück verlegt werden, daß das herrschende Gebäude abgebrochen und auf einem anderen Grundstücke desselben Eigentümer wieder aufgebaut wird, selbst dann nicht, wenn hiermit für das dienende Grundstück keine größere Belastung verbunden wäre[5]).

---

[1]) JW. 1900 S. 677 Nr. 48 (RG.).

[2]) Vgl. hierüber oben S. 320 insbes. Anm. 9. — Ist das bauholzberechtigte Anwesen abgebrannt oder wird der holzkohlenberechtigte Eisenhammer nicht mehr betrieben, so kann der Berechtigte Holz und Kohle nicht verlangen, bis das ursprüngliche Bedürfnis durch Wiederaufbau des Hauses oder Wiedereröffnung des Betriebes wieder hergestellt ist. Vgl. Ganghofer Note 2 zu Art. 28, Note 12 zu Art. 27 und die dort mitgeteilten Entscheidungen, ferner SeuffA. Bd. 17 Nr. 214 und Bd. 21 Nr. 104.

[3]) Fenner u. Mecke, Prax. d. RG. Bd. 3 S. 81.

[4]) EntschOGH. Bd. 8 S. 396.

[5]) Gruchot Bd. 32 S. 1011.

### III. Mitbenützungsrecht des Eigentümers. Schonende Ausübung der Grunddienstbarkeit.

Die Grunddienstbarkeit geht grundsätzlich dem Rechte des Eigentümers vor [1]). Das Recht des Eigentümers geht eben nur soweit, als es nicht durch die Grunddienstbarkeit eingeschränkt ist; deshalb ist es insoweit ausgeschlossen, als hierdurch die Ausübung der Grunddienstbarkeit beeinträchtigt werden würde. Der Eigentümer muß also mit der Mitbenützung zurückstehen, wenn und soweit seine Ausübung mit dem Mitbenützungsrechte des Grunddienstbarkeitsberechtigten nicht verträglich ist [2]). Bei einer Kollision des Eigentums mit der Grunddienstbarkeit muß immer erst der Inhalt und Umfang des Grunddienstbarkeitsrechtes festgestellt werden. Die Beweislast für den von ihm behaupteten größeren Umfang der Grunddienstbarkeit trägt der Servitutberechtigte [3]). Im Wesen des Eigentums als der begriffsgemäß unumschränkten Herrschaft liegt auch die Befugnis zu jedweder Benützung. Dadurch allein, daß dem Grunddienstbarkeitsberechtigten die Befugnis zu einer Benützung in einer bestimmten Beziehung zusteht, ist dem Eigentümer die Befugnis zur Benützung seines Eigentums in der gleichen Beziehung nicht ohne weiteres entzogen. Die Ausschließlichkeit des Benützungsrechtes muß vom Servitutberechtigten besonders nachgewiesen werden [4]) sei es, daß er die Einräumung der Ausschließlichkeit durch den Bestellungsakt nachweist oder daß er, soweit Ersitzung oder unvordenkliche Verjährung in Betracht kommt, den Besitz des Verbietungsrechtes während rechtsverjährender Zeit dartut [5]). Der bloße Nichtgebrauch stellt noch keinen Besitz des Verbietungsrechtes dar, so daß also hierdurch allein das Mitbenützungsrecht des Eigentümers keinesfalls verloren geht [6]). Vermag der Berechtigte die Ausschließlichkeit seines Rechtes nicht darzutun [7]), so darf der Eigentümer neben dem Berechtigten Wasser schöpfen, Vieh hüten [8]), fahren, Steine brechen [9]), auch wenn hierdurch dem Berechtigten die Ausübung der Grunddienstbarkeit wesentlich erschwert wird; sein Recht wird hierdurch nicht beeinträchtigt, denn es geht eben nicht auf eine ungeschmälerte Benützung, soferne er die Ausschließlich-

---

[1]) BayZfR. 1906 S. 272 (RG.). Endemann S. 689.

[2]) Vgl. Staudinger Bem. 2 zu § 1020; Maenner S. 280; Endemann S. 639.

[3]) EntschOGH. Bd. 9 S. 217.

[4]) Vgl. Sirey, Recueil général Bd. 40 Abt. 1 S. 509.; SeuffA. Bd. 45 Nr. 169 (Fahrtrecht unter Ausschließung der Fahrtbenützung durch den Eigentümer).

[5]) Der Besitz des Verbietungsrechts wird dadurch erworben, daß sich der Berechtigte der Mitbenützung durch den Eigentümer widersetzt und infolgedessen der Eigentümer die Mitbenützung unterläßt. Vgl. Holzschuher, Theor. u. Kas. Bd. 2 S. 387.

[6]) EntschOGH. Bd. 9 S. 218. SeuffA. Bd. 22 Nr. 20 (Weiderecht).

[7]) Vgl. SeuffA. Bd. 7 Nr. 10.

[8]) Windscheid Pand. § 209 Anm. 13; SeuffA. Bd. 22 Nr. 20. Der Eigentümer kann auch dritten Personen die Mithut gestatten. SeuffA. Bd. 1 Nr. 11.

[9]) EntschOGH. Bd. 9 S. 218.

keit seines Benützungsrechtes nicht nachweisen kann. Auf Grund einer Hutgerechtsame, die nur während der sogen. offenen Zeit (s. darüber unten S. 356), mithin nur neben der dem Eigentümer während der geschlossenen Zeit verbleibenden landwirtschaftlichen Benützung zusteht, kann der Eigentümer nicht gehindert werden, während der offenen Zeit dasjenige vorzunehmen, was zu der ihm zustehenden gewöhnlichen Benützung seines Eigentums nach landwirtschaftlichen Grundsätzen erforderlich ist. Ist hiernach die Bewässerung der mit dem Weiderecht belasteten Wiese Bedürfnis, so muß sie der Berechtigte selbst dann dulden, wenn durch die Bewässerung die Wiese zur Behütung unbrauchbar gemacht wird[1]). In gleichem Umfang wie dem Eigentümer selbst das Mitbenützungsrecht zusteht, kann er es auch Dritten übertragen, auch durch Belastung mit einer weiteren auf die gleiche Benützung gerichteten Grunddienstbarkeit[2]). Soweit aber der Berechtigte den Nachweis der Ausschließlichkeit erbringen kann, geht seine Befugnis dem Eigentumsrechte vor. Der Eigentümer muß dann die Mitbenützung insoweit unterlassen, als sie sich mit der ordnungsgemäßen Ausübung der Grunddienstbarkeit nicht verträgt.

Während der Inhalt und Umfang des Mitbenützungs*rechtes* durch den Begründungsakt bestimmt wird, gibt § 1020 BGB. die Norm, *in welcher Weise* dieses Recht auszuüben ist. Der § 1020 BGB. bestimmt also nicht, *was* der Berechtigte tun darf, sondern er schreibt nur vor, *wie* der Berechtigte das, wozu er kraft seiner Grunddienstbarkeit berechtigt ist, tun darf, mit anderen Worten, in welcher Weise er die ihm als Inhalt seines Rechtes zustehenden Befugnisse auszuüben hat[3]); § 1020 gibt also eine Vorschrift über die Ordnungsmäßigkeit der Benützung; sie lautet: Bei der Ausübung einer Grunddienstbarkeit hat der Berechtigte das Interesse des Eigentümers des belasteten Grundstückes tunlichst zu schonen. Gerade bei einer Kollision zwischen Eigentum und Grunddienstbarkeit ist die Entscheidung nach § 1020 BGB. zu treffen. Der § 1024 BGB. kann in solchem Fall nie angewendet werden[4]).

Besteht z. B. die Grunddienstbarkeit in dem Rechte Wagen und Pflüge in dem Hof des Nachbars aufzustellen, so muß der hierfür erforderliche und geeignete Raum vom Eigentümer für die zuständige Zeit freigehalten werden. Würde der Nachbar vorübergehend den Platz zur Ausführung eines Neubaues nicht entbehren können, so könnte unter Umständen nach § 1020 BGB.

---

[1]) SeuffA. Bd. 11 Nr. 122.

[2]) Maenner S. 280. Besteht eine Grunddienstbarkeit zum Befahren eines langen Ganges, der so schmal ist, daß sich zwei Fuhrwerke nicht ausweichen können, so kann der Eigentümer natürlich nicht gleich der ganzen Gemeinde das Fahrtrecht einräumen; denn dadurch würde die Ausübung der zuerst bestehenden Fahrtgerechtigkeit in einer ihrem Inhalt zuwiderlaufenden Weise erschwert.

[3]) Ausübung und Inhalt der Grunddienstbarkeit darf nicht verwechselt werden. Die Pflicht aus § 1020 darf nicht zu einer inhaltlichen Verengung des Rechts führen (DJZ. 1907 S. 103; R. d. OLG. Bd. 18 S. 148).

[4]) BayZfR. 1906 S. 273 (RG.); unrichtig Dernburg S. 564; Biermann, zu § 1022).

der Berechtigte angehalten werden, auf dieses unabweisbare Bedürfnis des Eigentümers tunlichst Rücksicht zu nehmen. Besteht die Grunddienstbarkeit in dem Rechte mit Schubkarren durch einen engen Gang zu fahren, so ist auch der Eigentümer berechtigt, den Gang in gleicher Weise zu benützen; ist der Gang so schmal, daß zwei Schubkarren nicht aneinander vorbeifahren können, so führt der Grundsatz, daß die Grunddienstbarkeit dem Rechte des Eigentümers vorgeht, nicht etwa dazu, daß der den Gang mit einem Schubkarren befahrende Eigentümer umkehren und dem Berechtigten Platz machen muß, sobald dieser mit einem Schubkarren daherkommt. Der Grunddienstbarkeitberechtigte wird sich vielmehr in Anwendung des § 1020 BGB. gefallen lassen müssen, daß der Eigentümer, der zuerst hineingefahren ist, den Gang passiert. Hat der Eigentümer eines Steinbruchs mit dem Ausbrechen von Steinen begonnen, so wird derjenige, dem die nicht ausschließliche Grunddienstbarkeit zum Brechen von Steinen in diesem Bruche zusteht, nicht etwa seinerseits an der vom Eigentümer aufgebrochenen Stelle weiter brechen dürfen, wenn nach den Umständen anzunehmen ist, daß der Eigentümer dort demnächst weiterbrechen will. Würden freilich an einer anderen Stelle geeignete Steine nicht zu finden sein, dann könnte der Berechtigte an derselben Stelle weiter brechen. Das könnte sogar dazu führen, daß der Eigentümer zeitweilig zurückstehen muß.

Hier kommt wieder der Satz zur Geltung, daß die Grunddienstbarkeit dem Eigentumsrecht vorangeht, so daß dann, wenn die Kräfte der dienenden Sache zur Befriedigung der Bedürfnisse des Eigentümers und des Grunddienstbarkeitsberechtigten nicht ausreichen, der Eigentümer zurückstehen muß und nicht etwa eine Teilung nach Maßgabe des § 1024 BGB. Platz greift [1]).

Wenn z. B. der Holzungsberechtigte zum Bezug einer bestimmten Quantität Holz berechtigt ist, so muß der Eigentümer im Falle der unzulänglichen Ertragsfähigkeit des Waldes mit seinem eigenen Holzbedarf zurückstehen [2]). Es besteht kein Grund, für ein ungemessenes Beholzungsrecht anders zu entscheiden; denn auch dieses ist nach Maßgabe des Bedürfnisses bestimmbar und muß vor dem Bedürfnis des Eigentümers befriedigt werden [3]).

Der § 1020 BGB. legt dem Berechtigten überhaupt die Verpflichtung auf, den Zweck der ihm zustehenden Befugnis in derjenigen Weise zu verfolgen, die das Interesse des Eigentümers am wenigsten beeinträchtigt. Nicht nur das unmittelbare Interesse des Eigentümers selbst ist zu berücksichtigen, sondern auch das mittelbare Interesse, welches der Eigentümer daran hat, daß die von ihm abgeleiteten Rechte Dritter, z. B. des Pächters, respektiert werden [4]). Im übrigen ist jedwedes Interesse des Eigentümers, auch das nicht vermögensrechtliche, geschützt [5]).

Nach § 1020 BGB. ist ordnungsgemäß auch eine für den Eigentümer noch so erschwerende Ausübung der Grunddienstbarkeit, wenn der Zweck der den Inhalt der Grunddienstbarkeit bildenden Befugnis ohne diese Belästigung nicht zum Vollzug gebracht werden

---

[1]) Windscheid, Pand. § 209 Anm. 13.
[2]) Holzschuher, Theor. u. Kasuistik Bd. 2 S. 165.
[3]) Unzutreffend Holzschuher a. a. O.
[4]) Biermann Bem. 2a zu § 1020; Dernburg S. 562.
[5]) Biermann Bem. 1a zu § 1020; Dernburg S. 562.

kann. Die Regeln und Bedürfnisse einer ordnungsgemäßen Wirtschaft sind im Streitfalle von ausschlaggebender Bedeutung. Ein Grundstück darf aus der ihm zustehenden Wasserleitung nicht mehr Wasser beziehen, als es bedarf[1]); einer nutzlosen Wasservergeudung kann auf Grund des § 1020 BGB. entgegen getreten werden. Derjenige, dem ein Fahrtrecht von nicht bestimmter Richtung über einen fremden Acker zusteht, darf nicht gerade da fahren, wo er den meisten Schaden anrichtet, er muß einen mäßigen Umweg in den Kauf nehmen. Der Inhaber einer Aussichtsgerechtigkeit (s. oben S. 285) muß sich die mit einem Umbau verbundene nur vorübergehende Anhäufung von Baumaterial gefallen lassen[2]). Wer das Recht hat, durch einen fremden Hofraum zu gehen, wird sich regelmäßig die Anbringung eines verschließbaren Tores gefallen lassen müssen, falls ihm nur die Oeffnung des Tores nicht unbillig erschwert wird[3]). Für ländliche Verhältnisse wird es entsprechend sein, das Tor während des Tages unverschlossen zu halten und dem Berechtigten einen, unter Umständen auch mehrere Schlüssel zu liefern[4]). Für städtische Verhältnisse können je nach Lage des Falls noch weitere Vorkehrungen erforderlich sein. So können nach dem Bedürfnis des herrschenden Grundstücks von dem Eigentümer des belasteten Grundstückes Vorkehrungen verlangt werden, daß das Tor jeweilig ohne Verzug geöffnet wird, so oft es das Bedürfnis des Berechtigten erfordert; daß demselben Schlüssel zur Verfügung gestellt oder ein elektrischer Klingelapparat von der Tür nach dessen Wohnung eingerichtet wird, kann unter Umständen dem Bedürfnis nicht ausreichend Genüge leisten[5]).

Zur pfleglichen Ausübung einer Wegegerechtigkeit gehört auch, daß der Wegeberechtigte das vorhandene Tor nach jedem Gebrauche schließt[6]).

Unter Umständen, namentlich wenn dies für die Ausnützung des belasteten Grundstückes wirtschaftlich notwendig ist, kann die zustehende, bisher offene Einfahrt in einen überbauten Torweg umge-

---

[1]) Annalen d. OLG. Dresden Bd. 13 S. 424.

[2]) SeuffA. Bd. 14 Nr. 210.

[3]) Vgl. Recht 1902 S. 434, Jena. Bei Gruchot Bd. 45 S. 1019 hat das RG. als einen Fall nicht schonender Ausübung im Sinne des § 1020 die Anbringung einer Tafel durch den Wegberechtigten betrachtet, welche beim Publikum den Glauben erweckte, es handle sich um einen öffentlichen Weg. Allein in der Anbringung der Tafel liegt überhaupt keine Ausübung des Wegerechts. Die Entscheidung ist im Ergebnis zutreffend. Nach § 1004 richtet sich die Eigentumsfreiheitsklage gegen den Störer. Wer neben einem fremden Grundstück eine Tafel anbringt, durch welche das Publikum veranlaßt wird, den Weg als öffentlichen anzusehen und deshalb zu begehen, hat die in diesem Begehen durch das Publikum liegende Störung verursacht und ist deshalb passiv legitimiert für die Störungsklage.

[4]) SeuffA. Bd. 63 Nr. 66. Vgl. Bd. 12 Nr. 7, Bd. 18 Nr. 211.

[5]) Bolze Bd. 2 Nr. 186; vgl. Bolze Bd. 1 Nr. 173.

[6]) JW. 1881 S. 27.

wandelt werden, wenn die Einfahrt hierdurch nicht fühlbar erschwert, insbesondere auch für entsprechende Lichtzuführung gesorgt ist [1]).

IV. Der Grunddienstbarkeitsberechtigte ist zu einer besseren und bequemeren Ausübung der Grunddienstbarkeit insoweit befugt, als hierdurch eine größere Belästigung für das dienende Grundstück nicht herbeigeführt wird und es ist ihm unter dieser Voraussetzung insbesondere die Anlegung und Instandhaltung der deshalb notwendigen Einrichtungen erlaubt [2]). Es ist dies eine Konsequenz des Grundsatzes, daß die Grunddienstbarkeit auch einer Erweiterung der Bedürfnisse zu dienen hat (s. oben S. 297 und § 34, II.). Wenn aber die Veränderung eine Erschwerung der Belastung mit sich bringt, so ist sie unzulässig [3]).

V. Hält der Berechtigte zur Ausübung der Dienstbarkeit auf dem belasteten Grundstücke eine Anlage, so hat er sie im ordnungsgemäßen Zustande zu erhalten, soweit das Interesse des Eigentümers es erfordert [4]) (§ 1020, Abs. 2 BGB.). Hiervon ist durch § 1022 BGB. für die servitus oneris ferendi eine Ausnahme gesetzt; ingleichen kann durch **Vertrag** eine anderweitige Regelung der Unterhaltungspflicht getroffen werden (§ 1021) [5]), s. hierüber oben S. 292.

VI. **Anspruch des Eigentümers auf Verlegung der Grunddienstbarkeit.** Der örtliche Bereich der Grunddienstbarkeit wird durch den Begründungsakt bestimmt. Bei der Ersitzung der Grunddienstbarkeiten kommt der Rechtssatz tantum praescriptum quantum possessum (s. oben S. 305) in Anwendung. Der Berechtigte hat keinen Anspruch auf Verlegung der örtlichen Ausübung. Der Eigentümer des belasteten Grundstücks dagegen kann, falls sich die jeweilige Ausübung einer Grunddienstbarkeit auf einen Teil des belasteten Grundstücks beschränkt, die Verlegung der Ausübung auf eine andere für den Berechtigten ebenso geeignete Stelle [6]) verlangen,

---

[1]) BayZfR. 1909 S. 188 (RG.); vgl. aber auch R. d. OLG. Bd. 18 S. 148 (Kammergericht).

[2]) EntschOGH. Bd. 4 S. 64; vgl. oben S. 297 Anm. 6 über Verbesserung einer Wasserleitungsanlage; vgl. SeuffA. Bd. 29 Nr. 221 (Befugnis des Berechtigten zur Anlegung einer neuen Brunnenkammer).

[3]) So die von Kohler, ArchZivPrax. Bd. 87 S. 205 mitgeteilte Entscheidung des Kassationshofes Palermo vom 29. Dezember 1894: Dort handelte es sich um eine Wasserleitung in einem natürlichen Rinnsal; der Servitutenberechtigte wollte sie in ein Gemäuer fassen; dies wurde als Erschwerung untersagt, weil das Wasser in der bisherigen natürlichen Rinne dem Grundstück durch Einfiltrieren in den Boden und indirekte Bewässerung der Bäume und Sträucher Vorteil brachte.

[4]) Vgl. SeuffA. Bd. 51 Nr. 12 (Unterhaltung einer Wasserleitung).

[5]) Regelmäßig wird dadurch dem Berechtigten nicht die Befugnis entzogen, die Reparaturen seinerseits vorzunehmen und zu diesem Zwecke das dienende Grundstück zu betreten SeuffA. Bd. 21 Nr. 214.

[6]) Unter Umständen kann auch die Verlegung auf ein anderes, demselben Eigentümer gehöriges Grundstück verlangt werden; Endemann S. 640; Kohler, ArchZivPrax. Bd. 87 S. 235. Dagegen nimmt RG. Bd. 50 S. 32 an, daß sich die Verlegung nur innerhalb des belasteten Grundstückes, das übrigens auch aus-

wenn die Ausübung an der bisherigen Stelle für ihn besonders beschwerlich ist, z. B. weil er auf einem Teil des mit dem Wegerecht belasteten Grundstücks einen Hausgarten anlegen will. Daß diese besondere Beschwerlichkeit vorliegt, muß der Eigentümer beweisen; völlig gleichgültig ist, aus welchem Grund die besondere Beschwerlichkeit resultiert. Die für die Verlegung in Aussicht genommene Stelle ist nur dann für den Berechtigten ebenso geeignet, wenn die Verlegung keine erhebliche Erschwerung der Ausübung der Dienstbarkeit zur Folge haben würde. Unerhebliche Unbequemlichkeiten muß der Berechtigte allerdings in Kauf nehmen [1]). Anwendungsfälle sind z. B. Verlegung eines Weges, eines Dachtraufenrohres, einer Wasserleitung, eines Kabels, u. s. w. Die Kosten der Verlegung hat der Eigentümer des belasteten Grundstückes zu tragen und vorzuschießen. All dies gilt nach ausdrücklicher Vorschrift des § 1023 BGB. auch dann, wenn der Teil des Grundstückes, auf den sich die Ausübung beschränkt, durch Rechtsgeschäft bestimmt ist. Dieses Recht auf die Verlegung kann durch Rechtsgeschäft nicht ausgeschlossen oder beschränkt werden.

Hat der Berechtigte in die Verlegung des Weges eingewilligt, so kann aus dieser Einwilligung ein darüber hinausgehender Wille, auch eine mit der Verlegung verbundene Erschwerung seines Wegerechtes hinzunehmen, nicht unter allen Umständen hergeleitet werden. Regelmäßig wird der Berechtigte voraussetzen dürfen, daß der Verpflichtete diejenigen Vorkehrungen treffen werde, welche die dem früheren Zustand entsprechende Ausübung der Grunddienstbarkeit ermöglichen [2]).

## VII. Kollision zwischen der Grunddienstbarkeit und sonstigen dinglichen Rechten an demselben Grundstück.

Trifft eine Grunddienstbarkeit mit einer anderen Grunddienstbarkeit oder einem sonstigen Nutzungsrechte an dem Grundstücke dergestalt zusammen, daß die Rechte nebeneinander nicht oder nicht vollständig ausgeübt werden können und haben die Rechte gleichen Rang, so kann nach § 1024 BGB. jeder Berechtigte eine den Interessen aller Berechtigten nach billigem Ermessen entsprechende Regelung der Ausübung verlangen. Für Mehrheitsbeschlüsse nach Art der Gemeinschaft ist hier kein Raum [3]). Die Vorschrift des § 1024 gilt auch

---

mehreren Grundstücken bestehen kann, zu vollziehen hat. — Die Verlegung auf ein *anderes* Grundstück muß der Berechtigte jedenfalls dann dulden, wenn die Verlegung seine Interessen nach keiner Richtung auch nur im geringsten berührt, man denke z. B. an ein Ausgußrohr, dessen Verlegung für den Berechtigten völlig gleichgültig ist. Hier kann die Verlegung in Gemäßheit des § 226 u. § 826 durchgeführt werden.

[1]) Gruchot Bd. 48 S. 107.

[2]) R. d. OLG. Bd. 18 S. 149 (Kiel, entsprechende Regulierung des Wasserlaufs).

[3]) Staudinger Bem. 1b zu § 1024; Dernburg S. 564.

für die bei Inkrafttreten des BGB. bereits bestehenden Grunddienstbarkeiten. § 1024 BGB. bezieht sich aber nicht auf eine Kollision der Grunddienstbarkeit mit dem Eigentum, für welche § 1020 BGB. anzuwenden ist (s. oben III).

Wer eine Regelung nach § 1024 verlangt, hat einen bestimmten Antrag zu stellen; im Streitfalle hat der Richter zu entscheiden. Das Urteil wirkt nicht konstitutiv, sondern nur deklaratorisch [1]). Die Regelung kann durch eine räumliche oder zeitliche Abgrenzung der Benützungsrechte erfolgen.

Das Zusammentreffen der Grunddienstbarkeit mit Miete und Pacht ist durch § 577 BGB., das Zusammentreffen mit Reallasten, Hypotheken, Grundschulden und Rentenschulden durch § 10 ff., 44 ff., 52 und 91 ZwVG. geregelt.

VIII. Teilung des berechtigten oder belasteten Grundstückes. Der Grundsatz der Unteilbarkeit der Grunddienstbarkeit gilt auch für das neue Recht. Deshalb ist eine Grunddienstbarkeit, deren Bestand sich nur auf einen Teil des Grundstückes erstrecken soll, unzulässig, wohl aber kann die Ausübung auf einen Teil beschränkt sein [2]).

1. Wird das Grundstück des Berechtigten naturaliter geteilt, so besteht die Grunddienstbarkeit für die einzelnen Teile fort; die Ausübung ist jedoch im Zweifel nur in der Weise zulässig, daß sie für den Eigentümer des belasteten Grundstücks nicht beschwerlicher wird. Nur im Zweifel gilt diese Regel. Es kann im Sinne des Begründungsaktes liegen, daß nicht das zur Zeit der Bestellung vorhandene Bedürfnis des herrschenden Grundstücks, sondern das jeweilige Bedürfnis für den Umfang der Belastung maßgebend sein soll [3]). — So kann z. B. die zugunsten eines Baugeländes eingeräumte Geh- und Fahrtgerechtigkeit von vorneherein für den Fall der Parzellierung des Grundstücks bestellt sein.

Stand einem Wohnhaus eine ungemessene Brennholzgerechtigkeit zu und werden aus dem Wohnhaus mittelst einer Scheidemauer zwei Wohnungen gebildet, so darf für die beiden Wohnungen an jedem Holztage der Holzbedarf geholt werden [4]). Denn es wird in Anwendung der oben (§ 34, II) ausgeführten Grundsätze regelmäßig anzunehmen sein, daß hier nur eine zulässige Erweiterung des Bedürfnisses vorliegt. Wird von einem zwei Wohnhäuser enthaltenden bäuerlichen Anwesen, mit welchem in seinem ganzen Bestande ein Holzbezugsrecht verbunden ist, das eine Wohnhaus zur Bildung einer selbständigen bäuerlichen Wirtschaft abgetrennt, so verbleibt das Forstrecht bei jedem der getrennten Anwesen, soweit es ihm zum Vorteil

---

1) Vgl. Staudinger Bem. 1 u. 2 zu § 1024.
2) R. d. OLG. Bd. 2 S. 513.
3) Staudinger Bem. 1a zu § 1025; vgl. oben § 34 II.
4) A. M. Dernburg S. 566 und die dort mitgeteilte Entscheidung.

gereicht, aber das Forstrecht, wonach für das ursprüngliche Anwesen der gesammte Wirtschaftsbedarf an Nutzholz beansprucht werden konnte, erfährt keine Erweiterung, sondern es ist für den Holzbezug der Bedarf maßgebend, der sich ergeben würde, wenn das Anwesen vereinigt geblieben wäre [1]). Hat die Grunddienstbarkeit ein bestimmtes Maß, wie z. B. das Weiderecht mit einer bestimmten Anzahl von Schafen, so erhält jedes Teilstück ein dem Größenverhältnis der Parzellen entsprechendes Teilrecht [2]). Gereicht die Dienstbarkeit nur einem der Teile zum Vorteile, so erlischt sie für die übrigen Teile [3]). Dies gilt namentlich für den Fall, daß die Grunddienstbarkeit gewisse Eigenschaften des herrschenden Grundstückes deshalb voraussetzt, weil bei deren Mangel der für den Begriff der Grunddienstbarkeit erforderliche Vorteil (servitus fundo utilis esse debet s. oben S. 287) fehlt. Die Grunddienstbarkeit kann nur solchen Trennstücken zukommen, welchen diese Eigenschaft innewohnt [4]). Wenn z. B. einem Bauernhof eine Brennholzberechtigung zusteht und es wird von dem berechtigten Grundstück, das sich aus der Behausung und dem Wirtschaftshofe zusammensetzt, der Hof abgetrennt, so wird regelmäßig die Dienstbarkeit auf dem Hof erlöschen [5]). Dasselbe gilt für ein Streurecht; es verbleibt bei einer Teilung des herrschenden Gutes bei dem Teile, auf welchem sich der Stall befindet [6]).

Wenn von einem weideberechtigten Bauerngut eine Waldparzelle abgetrennt wird, so erlischt das Weiderecht für diesen abgetrennten Teil, weil auf demselben Vieh gar nicht gehalten und somit die Weidegrunddienstbarkeit zu seinen Gunsten nicht ausgeübt werden kann [7]). In gleicher Weise würde die für den Hausbedarf bestehende Fischereiservitut bei der Abtrennung des Hofes von der Behausung für ersteren erlöschen [8]).

2. Wird das belastete Grundstück geteilt, so werden, wenn die Ausübung der Grunddienstbarkeit auf einen bestimmten Teil des be-

---

[1]) ObLG. N. F. Bd. 7 S. 562.

[2]) Vgl. SeuffA. Bd. 38 Nr. 108; Bd. 52 Nr. 76.

[3]) Vgl. § 372 DAnw.

[4]) Dernburg S. 566; EntschOGH. Bd. 16 S. 191.

[5]) Dernburg S. 566. — Vgl. EntschOGH. Bd. 5 S. 813. Zwei brennholzberechtigte Häuser, die in einer Hand vereinigt waren, wurden niedergerissen und an ihrer Stelle ein einheitliches Anwesen errichtet. Auf der Stelle, an welcher früher das eine der beiden Häuser stand, wurde eine zum Anwesen gehörige Scheune errichtet. Dem Besitzer des Anwesens wurde das gemessene Brennholzrecht in dem für beide Häuser bestandenen Umfang zugebilligt.

[6]) EntschOGH. Bd. 4 S. 407.

[7]) EntschOGH. Bd. 16 S. 191; SeuffA. Bd. 52 Nr. 76. Die Möglichkeit, daß die Waldung irgend einmal in Wiesen und Aecker umgewandelt werden kann, ist ohne rechtlichen Belang, weil es nur auf die Beschaffenheit zur Zeit der Teilung ankommt. — Vgl. Dernburg S. 567. (An einer Sommerweide kann ein Trennstück nur teilnehmen, wenn es imstande ist, mit seinen Futtermitteln wenigstens ein Stück Vieh zu überwintern).

[8]) JW. 1888 S. 262 Nr. 45 (RG.).

lasteten Grundstücks beschränkt ist (wie z. B. bei der servitus oneris ferendi oder bei einer Wegegerechtigkeit, die nur auf einer bestimmten Teilfläche ausgeübt werden darf), die Teile, welche außerhalb des Bereiches der Ausübung liegen, von der Dienstbarkeit frei.

Dem entsprechend kann die Berichtigung des Grundbuches verlangt werden. Sofern der Eigentümer des befreiten Teiles die Voraussetzungen des § 1026 BGB. in grundbuchmäßiger Form nachweisen kann, ist zur Löschung die Einwilligung des Berechtigten nicht erforderlich[1]).

IX. Die Grunddienstbarkeit ist an das herrschende Grundstück gebunden (s. oben S. 289) dergestalt, daß sie nicht auf ein anderes Grundstück, auch wenn es demselben Eigentümer gehört, übertragen werden kann[2]). Dies gilt selbst für Gerechtigkeiten, welche einen bestimmt bemessenen Inhalt haben, z. B. das Recht, eine genau bestimmte Zahl von Klastern Holz zu fällen[3]).

## § 35. Wegegerechtigkeiten.

I. Der Unterschied der Wegegerechtigkeit — als einer Sonderberechtigung eines einzelnen — von einem Herkommen, vermöge dessen alle Grundstücke eines bestimmten örtlichen Bezirks unter den gleichen Verhältnissen der fremden Benützung, z. B. der Befahrung der Häupter, unterworfen sind, ist oben S. 311 ff. dargelegt. Hier ist nochmals besonders hervorzuheben, daß ein solches örtliches Herkommen seit dem 1. Januar 1900, abgesehen von dem Anwenderecht (s. oben S. 223 ff.), keine Geltung mehr hat (s. oben S. 313).

Die nachstehenden Ausführungen befassen sich nur mit Wegegerechtigkeiten im Sinne von Grunddienstbarkeiten. Es gehört also der Fall nicht hierher, daß sich eine ganze Wegestrecke im Miteigentum mehrerer Personen und namentlich im Miteigentum der jeweiligen Eigentümer der Grundstücke befindet, deren Bewirtschaftung der Weg dient[4]). Vgl. Art. 43 UeG. (oben S. 43 f.).

Für die Wegegerechtigkeit gilt an sich keine Besonderheit, so daß die allgemeinen Grundsätze über Inhalt und Ausübung der Grunddienstbarkeit anzuwenden sind. Da in der Praxis Streitigkeiten über Wegegerechtigkeiten häufig vorkommen, sollen hier im Zusammenhang folgende Einzelheiten hervorgehoben werden.

II. Eine Wegegerechtigkeit ist auch an öffentlichen Straßen möglich[5]) (s. oben S. 290). Für die Entstehung eines solchen Rechts

---

1) Staudinger Bem. 4 zu § 1026.
2) Vgl. EntschOGH. Bd. 4 S. 406; Bd. 16 S. 190.
3) Dernburg S. 568.
4) Vgl. Henle, Anl. d. Grundb. S. 73.
5) JW. 1897 S. 356 Nr. 48; vgl. 1894 S. 185 Nr. 21.

durch Ersitzung ist jedoch zu berücksichtigen, daß durch die auch noch so lange Ausübung von allgemeinen Gebrauchsbefugnissen, welche aus der Oeffentlichkeit des Weges folgen, ein Sonderrecht noch nicht dargetan werden kann[1]) (s. oben S. 303 und 305).

Da die Grunddienstbarkeit an ein herrschendes Grundstück gebunden ist, kann sie im Gegensatz zum bisherigen Recht nicht mehr für einen ganzen Territorial- oder Personenkreis erworben werden (s. hierüber insbesondere die sogen. Gemeindeservituten oben S. 289 und S. 303, Anm. 3).

Eine Wegegerechtigkeit kann auch auf einem Waldgrundstück lasten. Nach Art. 92 Z. 1 in Verbindung mit Art. 49 Abs. 1 des bayer. Forstgesetzes vom 28. Mai 1852 (übereinstimmend mit Art. 30 Z. 1 des revidierten Forststrafgesetzbuches für die Pfalz) ist das Betreten der Forstpflanzungen unter sechs Jahren (Schonungen) mit Vieh verboten. Nach konstanter Rechtsprechung[2]) ist hiernach das Betreten der Schonungen unter sechs Jahren mit Vieh unter allen Umständen strafbar und diese Strafvorschrift auch gegenüber einem Fahrt- oder Triebberechtigten zur Anwendung zu bringen, so daß also die Grunddienstbarkeit sechs Jahre lang ruht[3]). Abhilfe kann nur auf dem in Art. 23 Abs. 2 FG. vorgezeichneten Wege erlangt werden. Hiernach hat die Forstpolizeibehörde vorbehaltlich des Rechtsweges darüber zu entscheiden, ob die Anlegung der Schonung zulässig ist[4]). Vor Ab-

[1]) OTr. Bd. 13 S. 167 (für preuß. Recht); EntschOGH. Bd. 9 S. 83 (für bayerisches Landrecht). R. d. OLG. Bd. 15 S. 363, 365.

[2]) OLG. München in Straff. Bd. 1 S. 259; Bd. 3 S. 492; Bd. 4 S. 89; Bd. 6 S. 1; ObLG. in Straff. N. F. Bd. 4 S. 122 u. 389.

[3]) Dagegen wendet sich LG. Würzburg (F. I, 55/07) und Pfister, BayZfR. 1908 S. 113. Insbesondere wird ausgeführt, daß der Sinn des Art. 92 Z. 1 FG. nur dahin gehen könne, daß das „unbefugte" Betreten mit Vieh strafbar sei; würde aber § 92 Z. 1 FG. dahin zu verstehen sein, daß auch der Berechtigte nicht fahren dürfe, so sei insoweit Art. 92 Z. 1 FG. durch keinen Vorbehalt des EG gedeckt, da Art. 113 EG. nur eine Einschränkung, nicht aber eine zeitweilige völlige Aufhebung einer Grunddienstbarkeit zulasse.

[4]) Für die Entscheidung dieser Frage sind folgende Grundsätze maßgebend. Dem Waldbesitzer steht die freie Bewirtschaftung seines Waldes nur vorbehaltlich der Rechte Dritter zu. Nach Art. 24 FG. können Forstberechtigungen den Waldbesitzer in der nachhaltigen Bewirtschaftung des Waldes sowie in den durch die Boden- und klimatischen Verhältnisse gebotenen Veränderungen der Holz- und Betriebsarten nicht hindern. Der Waldeigentümer darf also die zur Erhaltung und Verjüngung des Waldes erforderlichen Kulturen vornehmen und insoweit den Wald teilweise in Hege legen; er darf aber nicht mit Rücksicht auf höheren Ertrag beliebige Abänderungen der Holz- und Betriebsarten unter Beeinträchtigung von Forstberechtigungen vornehmen. Er darf die Forstberechtigungen nicht durch solche Maßnahmen schmälern, welche nicht die Erhaltung, sondern die Verbesserung des Waldes bezwecken; dies gilt auch von solchen Aenderungen, welche mittelbar das Servitutrecht beeinträchtigen oder gar zeitweilig vernichten (SeuffA. Bd. 27 Nr. 209). Andrerseits muß sich der Forstberechtigte notwendige forstwirtschaftliche Maßnahmen selbst dann gefallen lassen, wenn sie sein Recht völlig vernichten (LG. Würzburg 31. Januar 1908 F. I, 55/07).

schluß des forstpolizeilichen Instanzenweges steht einer Klage des Fahrtberechtigten die Einrede der Unzulässigkeit des Rechtsweges entgegen [1]).

III. In Anlehnung an das römische Recht unterscheidet man Geh-, Fahrt- und Trieb-(Trift)gerechtigkeiten. Für den Umfang und die Richtung des Wegerechtes ist zunächst die Bestimmung bei der Bestellung maßgebend. Ist ein Weg ohne Bestimmung des Gebrauchszwecks eingeräumt, so ist im Zweifel anzunehmen, daß er zu jedem Gebrauch hat eingeräumt werden sollen, zu welchem Wege benützt zu werden pflegen, also nicht bloß zum Gehen, sondern auch zum Reiten, Fahren und Viehtreiben [2]). Beim Mangel eines Bedürfnisses wird insoweit anders zu entscheiden sein [3]). Ein Fahrtrecht schließt nicht notwendig das Recht zum Gehen ohne Gespann in sich; die römischen Quellenstellen, wonach ein Fahrtrecht von selbst ein Triftrecht in sich schloß, waren wegen des veränderten Sprachgebrauchs für das gemeine Recht nicht anwendbar [4]), namentlich nicht auf ersessene Fahrtrechte [5]); noch weniger gewährte nach gemeinem Recht eine Gehgerechtigkeit von selbst die Befugnis zum Fahren mit Schiebkarren [6]). Andrerseits steht nichts im Wege, daß der Gehberechtigte beim Gehen Lasten trägt [7]).

ALR. I, 22 § 65 bestimmt ausdrücklich: Wer das Recht hat über das Grundstück des andern zu gehen, darf sich dessen weder zum Reiten, noch zum Fahren, auch mit einräderigen Karren, bedienen. Dagegen darf nach ALR I, 22 § 66 wer das Recht hat, auf einem Wege zu fahren, darauf auch reiten, mit Karren fahren und Vieh an Stricken, nicht aber ungekoppelt (ALR. I, 22 § 67), darüber treiben. Aus einem Triftrecht folgt keine Befugnis zum Fahren (ALR. I, 22 § 68).

Ist ein Gehrecht für die Bewohner eines Hauses bestellt, so wird im Zweifel anzunehmen sein, daß ein Zweirad zum mindesten darüber geschoben werden darf [8]).

Bei ersessenen Servituten kommt es auf die bisherige Art der Benützung an (Tantum praescriptum quantum possessum s. oben S. 305). Ist hiernach eine bestimmte Richtung des Weges nicht einzuhalten, so ist das dienende Grundstück an und für sich in allen Teilen belastet. Aus der durch § 1020 BGB. begründeten Verpflichtung

---

[1]) A. M. LG. Würzburg F. I, 55/07, weil in diesem Falle nicht über die Art und Weise der Ausübung, sondern über den Umfang und Bestand des Fahrtrechts zu entscheiden sei. Vgl. hingegen OLG. München in Straff. Bd. 6 S. 112, unten § 37 V.

[2]) Windscheid, Pand. § 211 Anm. 3.

[3]) Vgl. SeuffA. Bd. 4 Nr. 113.

[4]) SeuffA. Bd. 4 Nr. 13; Bd. 12 Nr. 127.

[5]) SeuffA. Bd. 17 Nr. 213; Bd. 18 Nr. 121.

[6]) SeuffA. Bd. 5 Nr. 5

[7]) SeuffA. Bd. 10 Nr. 136.

[8]) Vgl. Endemann S. 637 Anm. 15 und andrerseits Oertmann S. 472.

zur schonenden Ausübung der Grunddienstbarkeit folgt aber, daß der Berechtigte genötigt werden kann, unter Berücksichtigung der Interessen des Verpflichteten eine für die Benützung seines Weges geeignete bestimmte Strecke zu benützen [1]).

Ist über die Breite des Weges bei der Bestellung nichts bestimmt, so ist sie unter Berücksichtigung der Umstände, namentlich des Bedürfnisses, festzusetzen. Die römischen Quellenstellen, wonach für einen Fahrtweg (via) in Ermangelung einer anderweitigen Festsetzung eine Breite von 8 Fuß in der geraden Linie und von 16 Fuß in der Wendung zugestanden wird, gilt schon für das gemeine Recht als antiquiert. Immerhin wird eine solche Breite für landwirtschaftliche Verhältnisse regelmäßig den Umständen und namentlich dem Bedürfnisse entsprechen. Bei Festsetzung der für eine ordnungsgemäße Ausübung erforderlichen Breite ist dem Umstande Rechnung zu tragen, daß bei landwirtschaftlichen Fuhren mit Rücksicht auf Bespannung, Fahrzeug und Bodenverhältnisse die gerade Linie und die Wendung nicht so genau einzuhalten sind.

Nach ausdrücklicher Vorschrift des ALR. I, 22 § 78 f. ist in Ermangelung einer vertragsmäßigen Bestimmung die Breite eines Fußsteiges auf 3 Fuß und, wenn darauf geritten oder mit Karren gefahren werden darf, auf 4 Fuß einzuräumen. Auf Wege zum Fahren ist eine Breite von 8 Fuß in der geraden Linie und von 12 Fuß in der Biegung, auf Viehtriften hingegen die doppelte Breite eines Weges zu rechnen. Diese Vorschriften gelten jedoch nach ALR. I, 22 § 28 nicht für Grunddienstbarkeiten, die durch Verjährung erworben worden sind, weil sich dieselben nur so weit erstrecken, als der Besitz während der Verjährungszeit gegangen ist.

IV. Die Wegegerechtigkeiten können dem Zweck und der Zeit nach beschränkt sein. Ist eine Fahrtgerechtigkeit ohne ausdrückliche Beschränkung bestellt, so ist gleichwohl anzunehmen, daß sie nur für den durch die Verkehrsauffassung bestimmten und durch äußere Merkmale sich ausprägenden bisherigen Charakter des Grundstücks bestellt ist und deshalb über den Rahmen dieses Bedürfnisses hinaus nicht ausgeübt werden darf. Ein für einen Acker bestellter Weg darf deshalb nicht zur Ausbeutung eines später darauf erschlossenen Steinbruchs benützt werden (s. oben § 34 II). Für ersessene Grunddienstbarkeiten kommt der Grundsatz Tantum praescriptum, quantum possessum zur Anwendung. Sie haben sich jedoch ebenso wie bestellte Grunddienstbarkeiten auch einer Erweiterung des Bedürfnisses zu fügen, soferne nur der Charakter der Benützungsart gewahrt bleibt (s. oben S. 305 u. § 34 II).

Weil die ersessene Grunddienstbarkeit nicht weiter geht als der Umfang des Besitzstandes während der Ersitzungszeit, muß der Be-

---

[1]) JW. 1880 S. 175; Dernburg, Pand. Bd. 1 § 242; RG. Bd. 2 S. 159; ALR. I, 22 § 29; vgl. EntschOGH. Bd. 6 S. 687 u. 765 (Bayer. LR.).

rechtigte im Streitfalle nachweisen, daß er während der Verjährungszeit nicht nur zu gewissen Zeiten oder unter gewissen Umständen gefahren ist. In diesem Sinne hat die Befugnis über ein bestelltes Grundstück fahren zu dürfen, die Vermutung gegen sich [1]). Das ist aber nicht so zu verstehen, daß derjenige, welcher nur Fahrten über das unbestellte Grundstück nachzuweisen vermag, von dem bestellten Grundstück unter allen Umständen wegbleiben muß. War während der Ersitzungszeit im Frühjahre und Herbst das belastete Grundstück offen und hat dann der Berechtigte regelmäßig (s. oben S. 307 Anm. 2) die Fahrt ausgeübt, so wird im Zweifel anzunehmen sein, daß der Eigentümer gehalten ist, entweder sein Grundstück zu den Zeiten, zu welchen bisher der Berechtigte die Fahrt ausgeübt hat, von Früchten freizuhalten oder die Fahrt über das während dieser Zeiten bestellte Grundstück zu dulden. Ist z. B. das belastete Grundstück mit Pflanzen bestellt, welche nicht in jedem Herbste eingeerntet werden, sondern mehrere Jahre hindurch perennieren, so darf der Berechtigte seinen Weg über das Grundstück wenigstens zu der Zeit nehmen, zu welcher das Grundstück bei normaler Fruchtart offen wäre [2]). Will der Eigentümer sein Grundstück während der Zeit, zu welcher es sonst offen war und die Fahrt ausgeübt wurde, bestellen und dann die Fahrt verbieten, so würde ihn seinerzeit die Beweislast dafür treffen, daß während der Ersitzungszeit die Fahrt trotz des dazu bestehenden Bedürfnisses mit Rücksicht auf eine solche Bestellung unterlassen wurde. Soweit und insolange ein solcher Beweis erbracht ist, fehlt der Besitzstand für das Fahrtrecht gegenüber dem bestellten Grundstück. Vielfach hängt im Einzelfall das Fahrtrecht mit der Dreifelderwirtschaft zusammen, die auch jetzt noch in einem großen Teile Bayerns üblich ist, aber immer mehr abkommt. Da, wo das Fahrtrecht zu einer Zeit entstanden ist, wo die Grundstücke nach den Grundsätzen der Dreifelderwirtschaft bestellt wurden, steht der Umfang des Fahrtrechts häufig mit den Grundsätzen der Dreifelderwirtschaft im Einklang. Da hiernach die Grundstücke einer Flurmarkung in einem genau bestimmten Turnus bestellt wurden, bestand für das Fahrtrecht nur zu einer Zeit ein Bedürfnis, zu welcher das belastete Grundstück nicht bestellt war. Man nennt dies die offene Zeit [3]) im Gegensatze zu der geschlossenen Zeit, in welcher die Grundstücke in Fruktifikation stehen. Während der geschlossenen Zeit besteht, solange sich alle Beteiligten bei der Bestellung ihrer Grundstücke nach der Flurordnung richten, kein Bedürfnis zum Fahren. Deshalb konnten, solange die Dreifelderwirtschaft bestand, zur geschlossenen Zeit Fahrtausübungen nicht vorkommen. Die schon nach bisherigem Rechte bestehende Verpflichtung zur schonenden Aus-

---

[1]) SeuffA. Bd. 9 Nr. 269.
[2]) SeuffA. Bd. 5 Nr. 256.
[3]) Vgl. SeuffBl. 8. Erg.-Bd. S. 133, Bd. 21 S. 431.

übung der Grunddienstbarkeit hat im Gefolge, daß der Eigentümer des herrschenden Grundstücks mit seiner Fahrtausübung warten mußte, bis das dienende Grundstück abgeerntet war, wobei allerdings dem Eigentümer desselben die Verpflichtung oblag, dies nach Eintritt der Reife zu tun. In diesem Umfange ist dann das Fahrtrecht ersessen. Dabei hat es sein Bewenden. Zwar kann von keinem Grundeigentümer verlangt werden, daß er die Flurordnung (Zelchen-Ordnung) einhält, er kann vielmehr, weil er Herr seines Eigentums ist, von der Flurordnung abgehen. Aber einerseits darf der Eigentümer des herrschenden Grundstücks nicht während der nach den Grundsätzen der Dreifelderwirtschaft geschlossenen Zeit das Grundstück befahren und andererseits muß sich der Eigentümer des dienenden Grundstücks, wenn infolge der Verunzelchung sein Grundstück zu einer Zeit bestellt ist, in welcher es bei Einhaltung der Zelchen-Ordnung offen wäre, gefallen lassen, daß auch über sein bestelltes Grundstück gefahren wird.

V. Die Unterhaltung des Weges in einer für die Benützung geeigneten Beschaffenheit ist Sache des Berechtigten (servitus in faciendo consistere nequit; s. oben S. 291).

Eine Verpflichtung gegenüber dem Eigentümer liegt ihm jedoch regelmäßig nicht ob. Der Eigentümer kann deshalb eine Einebnung der tiefen Geleise, welche durch die Fahrtausübung bei feuchtem Wetter verursacht wurden, vom Berechtigten nicht verlangen. Dagegen ergibt sich, wenigstens bei städtischen Grundstücken, für den Fahrtberechtigten aus § 1020 BGB. die Verpflichtung, die durch das Spannvieh bei Ausübung der Fahrt verursachte Verunreinigung des Weges alsbald zu beseitigen. Der Unterschied von der Verursachung der tiefen Geleise besteht darin, daß aus dem Wegerecht noch nicht die Befugnis zur Verunreinigung des Weges folgt[1]). Hat der Berechtigte den Weg gepflastert, so trifft ihn regelmäßig (Ausnahme § 1021 BGB.) die Verpflichtung, das Pflaster in gutem Zustande zu erhalten, soweit es das Interesse des Eigentümers des dienenden Grundstücks erfordert (§ 1020 BGB.). Das Bestehen eines Fahrtrechts auf einer Wiese hindert die Umwandelung der belasteten Wiese in einen Acker nicht, soferne hierdurch die Ausübung der Dienstbarkeit nicht wesentlich erschwert wird. Unter der gleichen Voraussetzung darf der Eigentümer zur Abführung des Tagewassers eine gepflasterte Kandel quer über die Fahrt legen. Eine damit verbundene Unannehmlichkeit muß der Berechtigte nach § 1020 BGB. in Kauf nehmen[2]). Diese Bestimmung, wonach der Berechtigte bei Ausübung der Grunddienstbarkeit das Interesse des Eigentümers des belasteten Grundstücks tunlichst zu schonen hat, ist namentlich von

---

[1]) R. d. OLG. Bd. 18 S. 147 (Hamm).
[2]) Vgl. Dernburg S. 591.

Bedeutung für das Recht des Eigentümers, sein Grundstück trotz bestehender Wegegerechtigkeit zu umzäunen und mit verschließbaren Türen zu versehen (s. oben § 34 III).

## § 36. Weiderechte.

I. Abgrenzung von den öffentlich-rechtlichen Nutzungsrechten. In den Rahmen dieser Abhandlung fallen nur die dinglichen Rechte mit privatrechtlichem Charakter. Wenn Nutzungsrechte an dem ungeteilten Gemeindevermögen[1]) in Frage stehen, kann es zweifelhaft sein, ob diese Nutzungsrechte im Gemeindeverbande (das ist in den öffentlich-rechtlichen Beziehungen der Gemeindemitglieder zu der Gemeinde) wurzeln, oder ob sie völlig unabhängig von dem Verhältnis der Gemeindezugehörigkeit lediglich ein privatrechtliches Rechtsverhältnis zwischen dem Berechtigten und der Gemeinde als der Eigentümerin des belasteten Grundstückes darstellen[2]).

Die Lösung dieses Zweifels muß stets nach der besonderen rechtlichen Gestaltung des Einzelfalls erfolgen; allgemeine Regeln lassen sich nicht aufstellen. Durch Verjährung und Unvordenklichkeit können auch im Bereiche des öffentlichen Rechts Rechte erworben werden[3]). Auf die privatrechtliche Natur von Gemeindenutzungsrechten weist

---

[1]) Hier ist Voraussetzung, daß die belasteten Gründe auch wirklich der Gemeinde gehören. Die Nutzungen, welche aus einem sogen. Körperschaftswalde gezogen werden, stehen den einzelnen Berechtigten auf Grund ihres Eigentums, also als Privatrecht, zu. Besteht Streit darüber, ob Eigentum der Gemeinde oder Privateigentum der Berechtigten gegeben ist, so spricht nicht etwa eine Rechtsvermutung für das Eigentum der Gemeinde. — In früherer Zeit hat sich ein Teil des von den Bewohnern eines Bezirks benützten Grund und Bodens (Wohnstätte, Acker- und Wiesland) im Sondereigentum der einzelnen Familie befunden, neben welchem dann anderes Areal (namentlich Waldungen und Weideland) der gemeinschaftlichen Benutzung der sich zu einem genossenschaftlichen Ganzen vereinigenden Sondergutsbesitzer vorbehalten war, die sogen. Almende. Die geschichtliche Entwicklung hat nun einen verschiedenen Gang genommen, wobei sich mit Staudinger SeuffBl. Bd. 35 S. 69 ff. zwei Hauptkategorien unterscheiden lassen: a) die alte Mark im engeren Sinne, Almende, stellt sich heute als gemeinschaftliches Privateigentum bestimmter Berechtigter dar, so zwar, daß deren Nutzungsrecht einen Ausfluß dieses Eigentums und damit ein Recht an eigener Sache bildet; b) das ursprünglich markgenossenschaftliche Nutzungsobjekt ist in das Eigentum der politischen Gemeinde übergegangen. In welche der beiden Kategorien das konkrete Verhältnis einzureihen sei, ist quaestio facti, wobei keineswegs eine Vermutung dafür spricht, daß die Almende in das Eigentum der Gemeinde übergegangen ist, SeuffBl. Bd. 61 S. 33 ff. Ein besonderes Gewicht wird dort mit Recht darauf gelegt, ob der betreffende Wald durch die Gemeinde bewirtschaftet wurde.

Wenn die Weide nicht allein auf den unverteilten Gründen der Gemeinde — der Almende — zusteht, sondern auch das Privateigentum der Bürger davon erfaßt wird, so daß das Weiderecht auf der ganzen Flurmarkung lastet, hat man es mit einer dem Privatrecht angehörenden gegenseitigen Grunddienstbarkeit zu tun. EntschOGH. Bd. 13 S. 212.

[2]) S. über diese Frage die ausführlichen und gründlichen Erörterungen von Kahr, Gemeindeordnung Bd. 1 S. 313 ff.

[3]) ObLG. N. F. Bd. 7 S. 17.

weder der Umstand allein hin, daß sie auf den früheren Bestand einer Markgenossenschaft zurückzuführen sind, noch die Ungleichheit der Beteiligung an den Nutzungsrechten, noch die Verbindung der Rechte mit einem Hause oder Grundstücke, noch die erfolgte Eintragung der Rechte in das Grundsteuerkataster oder als Zubehör von Anwesen in das Hypothekenbuch, noch die Zusammenlegung mehrerer Rechte bei einem Anwesen oder deren Uebertragung auf andere Anwesen, noch der Umstand, daß die Rechte auch gegenüber dem eigenen Bedarf der Gemeinde bevorzugt sind[1]).

Dagegen ist als ausschlaggebendes Kriterium für den privatrechtlichen Charakter des Rechtsverhältnisses eine derartige Verbindung des Nutzungsrechtes mit einem bestimmten Anwesen anerkannt, daß sie unter Ausschluß jeder gemeindlichen Einwirkung ohne weiteres auf jeden Besitzer unabhängig von seinem persönlichen Verhältnisse zur Gemeinde übergingen[2]). Begriffgemäß können öffentlich-rechtliche Gemeindenutzungsrechte nur gemeindezugehörigen Personen zustehen. Dabei ist jedoch zu beachten, daß nach §§ 3—5 des Gemeinde-Edikts vom 24. September 1808, § 11 ff. des Gemeinde-Ediktes von 1818/34 die Besitzer eines besteuerten häuslichen Anwesens in der Gemeinde kraft Gesetzes die Eigenschaft eines wirklichen Gemeindegliedes hatten[3]).

Es ist nicht zu verkennen, daß die Rechtsprechung auf diese Weise eine tatsächliche Vermutung für den öffentlich-rechtlichen Charakter derartiger Nutzungsrechte am unverteilten Gemeindevermögen aufgestellt hat[4]). Zwar wird in der Rechtsprechung immer wieder hervorgehoben, daß weder eine Vermutung für die privatrechtliche noch eine solche für die öffentlich-rechtliche Natur der Nutzungsrechte an den unverteilten Gemeindegründen bestehe[5]). Aber andererseits geht die gleiche Rechtsprechung doch derartig zu Werke, daß sie, falls keine Erscheinungen nachgewiesen sind, die mit dem öffentlichrechtlichen Charakter des Nutzungsrechtes ganz und gar unverträglich sind, das Bestehen von Nutzungsrechten privatrechtlicher Natur als nicht erwiesen erklärt[6]) und sie damit von selbst dem öffentlichen Rechte überweist[7]).

---

[1]) ObLG. N. F. Bd. 7 S. 3 ff.

[2]) EntschOGH. Bd. 5 S. 628; Bd. 10 S. 503; Bd. 12 S. 378.

[3]) Kahr a. a. O. S. 296.

[4]) Kahr a. a. O. S. 315.

[5]) ObLG. N. F. Bd. 7 S. 3.

[6]) ObLG. N. F. Bd. 7 S. 19; vgl. SeuffA. Bd. 37 Nr. 284.

[7]) Für das preußische Recht hat das RG. auf Grund allgemeiner Erwägungen diese Konsequenz unbedenklich gezogen: Wenn die Teilnahme der Gemeindeglieder oder einzelner Klassen derselben an den Nutzungen des unverteilten Gemeindevermögens durch den Besitz von Grundstücken bedingt ist, lassen sich zwar die Nutzungen als Ausfluß einer diesen Grundstücken an dem Grundbesitz der Gemeinde zustehenden Grundgerechtigkeit denken. Allein die gesetzliche Vermutung für die geringere Belastung des Eigentums nötigt dazu, in solchem Falle die Nutzungen an dem Eigentum der Gemeinde so lange als ein aus der Gemeindemitgliedschaft selbst hervor-

Zur Entscheidung von Streitigkeiten über Nutzungsansprüche aus dem Gemeindeverbande sind die Gerichte nicht zuständig[1]).

## II. Unzulässigkeit der Begründung von Weiderechten.

Durch das bayerische Gesetz vom 28. Mai 1852 über die Ausübung und Ablösung des Weiderechts auf fremdem Grund und Boden (Gesetzblatt 1853, S. 601 ff.), welches nach Art. 65 nur für das rechtsrheinische Bayern gilt, sind zwar die zur Zeit des Inkrafttretens dieses Gesetzes (28. Juli 1852, Art. 65 Weidegesetzes) bestehenden Rechtsverhältnisse in der Hauptsache erhalten; Art. 34 des Gesetzes bestimmt jedoch, daß der Eigentümer eines Grundstücks von da ab kein Weiderecht als Dienstbarkeit bestellen und ebensowenig bei Veräußerung von Grundstücken ein Weiderecht vorbehalten darf. Es kann somit auch ein Weiderecht vom 28. Juli 1852 an nicht mehr ersessen werden; eine bereits im Laufe befindliche Ersitzung kann nicht mehr fortgesetzt werden. Dagegen steht einem Vergleiche nichts im Wege, wenn darin die Anerkennung eines Weiderechtes als eines bereits vor dem 28. Juli 1852 entstandenen enthalten ist. Der Entstehungsgrund der unvordenklichen Verjährung kann auch jetzt noch in Anspruch genommen werden[2]).

Dieses Verbot hat gemäß Art. 115 EG. z. BGB. auch vom Inkrafttreten des BGB. an fortdauernde Geltung.

Aus dem Verbot des Art. 34 Weidegesetzes ergibt sich die Folge, daß ein bestehendes Weiderecht nicht auf ein anderes herrschendes Grundstück oder berechtigtes Rechtssubjekt übertragen werden kann, weil hierdurch der Umfang der Berechtigung im Laufe der Zeit (z. B. wegen Veränderung des Bedürfnisses ein ganz anderer werden könnte[3]). Nur bei bestimmt bemessenen (s. hierüber unten S. 354) persönlichen Dienstbarkeiten kann eine Uebertragung unter Umständen zulässig sein.

Daneben enthält das Weidegesetz Vorschriften über die Beschränkung der Weideausübung und die Ablösbarkeit der Weidedienstbarkeiten. Diese landesgesetzlichen Vorschriften sind durch Art. 113 EG. z. BGB. aufrecht erhalten.

---

gehendes Recht anzusehen, als nicht die Nutzungsberechtigten ihrerseits den Nachweis führen, daß ein von der Gemeindemitgliedschaft unabhängiges, also weitergehendes, lediglich privates Recht ihrer Grundstücke vorliege (JW. 1888 S. 144 Nr. 37).

[1]) Ueber die Zuständigkeit der Verwaltung s. Kahr, Gemeindeordnung S. 318 ff.

[2]) Vgl. Oertmann S. 474; SeuffBl. Bd. 36 S. 1; EntschOGH. Bd. 8 S. 394. Die Unvordenklichkeit erfordert einen positiven und einen negativen Nachweis (s. oben S. 310). Es wird nun nicht für genügend zu erachten sein, wenn bezüglich des vor Inkrafttretens des Weidegesetzes liegenden Zeitraums nur die negative Seite der Beweisführung zur Geltung kommt; es wird wohl gefordert werden müssen, daß der für die Rechtsausübung zu erbringende positive Beweis noch in die Zeit vor dem 28. Juli 1852 hineinreicht.

[3]) Vgl. RG. Bd. 8 S. 303.

Vom 1. Januar 1900 an können auch in der Pfalz neue Weiderechte nicht mehr begründet werden (Art 86 AG.). Die dort bestehenden Weiderechte, die regelmäßig als Dienstbarkeiten zu betrachten sind [1]), bleiben mit dem bisherigen Inhalte aufrecht erhalten (Art. 184 EG.).

## III. Rechtliche Natur der Weiderechte.

Das Weiderecht kommt in verschiedenen Rechtsformen vor. Die Weidebefugnis von Gemeindemitgliedern auf den unverteilten Gemeindegründen (Almende) gehört regelmäßig dem öffentlichen Rechte an [2]) (vgl. hierüber oben I.). Voraussetzung ist hierbei, daß die Almende auch wirklich der Gemeinde gehört und nicht etwa im Miteigentum der Weideberechtigten steht [3]); solchergestalt würde die Weide auf Grund des Eigentums, also eines Privatrechtes, ausgeübt [4]). Wenn den Gemeindebürgern das Weiderecht nicht allein auf den unverteilten Gründen der Gemeinde (der Almende), sondern daneben auch auf dem gesamten Privateigentum der einzelnen Gemeindeglieder zusteht, so daß das Weiderecht auf der ganzen Flurmarkung lastet, so hat man es mit einer dem Privatrechte angehörenden Grunddienstbarkeit zu tun, die zum wesentlichen Teil als gegenseitige (sogen. Koppelhut, siehe unten IV) zu betrachten ist [5]).

Hier erscheint die ganze Gemeindeflur, wenn auch die einzelnen Teile den verschiedenen Eigentümern gehören, in Rücksicht auf das Weiderecht als eine Einheit. Der einzelne übt die Weide teils auf eigenem, teils auf fremdem Grunde aus [6]).

Wenn die Mitglieder einer Gemeinde oder einzelne Klassen derselben auf den Grundstücken eines Dritten, z. B. des Fiskus, ein gemeinschaftliches Hütungsrecht auszuüben befugt sind, so erscheinen im Zweifel diejenigen, welche das Recht nutzen (ihr Vieh auf dem belasteten Grundstücke weiden lassen), auch als die Besitzer des Rechtes, welches als eine gemeinschaftliche Dienstbarkeit zu erachten ist. Es liegt solange kein Grund vor, diejenigen, welche das Recht ausüben und welchen die Nutzungen zugute kommen, nicht auch für die Eigentümer oder wenigstens für die vollständigen Besitzer der Berechtigung anzusehen, als nicht erhellt, daß sie das Recht nicht als ihr eigenes, sondern nur in ihrer Eigenschaft als die zur Ausübung des Rechtes eines anderen (der Gemeinde) Berufenen ausgeübt haben. Hierfür müßten besondere Nachweise geliefert werden [7]).

---

[1]) Henle Anm. 4 zu Art. 86 AG.
[2]) SeuffA. Bd. 37 Nr. 284.
[3]) S. oben S. 343 Anm. 1 (vgl. JheringsJ. Bd. 10 S. 506).
[4]) SeuffBl. Bd. 61 S. 33 (s. oben I.).
[5]) EntschOGH. Bd. 13 S. 212.
[6]) Stobbe § 133 II, A S. 17.
[7]) JW. 1888 S. 144 Nr. 37 (RG.); vgl. SeuffA. Bd. 15 Nr. 205 und dagegen Bd. 9 Nr. 256.

Die dem Privatrechte zugehörigen Weiderechte sind sowohl im rechtsrheinischen, wie im linksrheinischen[1]) Bayern regelmäßig als Grunddienstbarkeiten zu erachten. Allerdings kann das Weiderecht auch ohne Beziehung auf ein herrschendes Grundstück einer bestimmten physischen oder juristischen Person (Gemeinde), auch einer Korporation[2]), zustehen. Doch bildet dies die Ausnahme und es ist daher Sache desjenigen, der diese rechtliche Konstruktion geltend macht, die hierfür erforderlichen Unterlagen nachzuweisen[3]). Aber auch in diesem Falle hat man es nach bisherigem Recht zumeist mit einer Grunddienstbarkeit zu tun. Das gemeine Recht hat die irregulären Personalservituten als Grunddienstbarkeiten behandelt, die ohne Beziehung auf ein herrschendes Grundstück eingeräumt sind[4]) (s. oben S. 290). An eine der Gesamtheit der Berechtigten als einer Korporation zustehende irreguläre Personalservitut wird man z. B. denken können, wenn ein für die Zwecke der Weideausübung reserviertes gemeinschaftliches Vermögen vorhanden ist[5]).

Die landesgesetzlichen Vorschriften über die zur Zeit des Inkrafttretens des BGB. bestehenden Realgemeinden und ähnlichen Verbände, deren Mitglieder als solche an land- und forstwirtschaftlichen Grundstücken berechtigt sind, sind durch Art. 164 EG. aufrecht erhalten, wobei es keinen Unterschied macht, ob diese Verbände juristische Personen sind oder nicht und ob die Berechtigung der Mitglieder an Grundbesitz geknüpft ist oder nicht (vgl. bez. der Weideverbände GeschAnw. § 74).

Ein Weiderecht, welches in der Gutsherrlichkeit seinen Ursprung hat, ist in der Regel als Grunddienstbarkeit zu betrachten, da die Gutsherrlichkeit regelmäßig ein untrennbares Attribut eines Güterkomplexes und nicht etwa ein persönliches Recht war[6]).

## IV. Einseitige und gegenseitige Weiderechte. Koppelhut.

Die Weideberechtigung ist entweder eine einseitige oder gegenseitige (sogen. Koppelhut). Streitigkeiten darüber, ob ein Weiderecht ein einseitiges oder ein gegenseitiges ist, gehören zur Zuständigkeit der Gerichte (Art. 48 Z. 4 Weidegesetz)[7]). Eine solche Koppel-

---

[1]) Henle-Schneider Anm. 4 zu Art. 86 AG.

[2]) Vgl. SeuffBl. Bd. 36 S. 344 und S. 412 (Weiderecht einer Innung; Einfluß der gesetzlichen Aufhebung der Zünfte).

[3]) Dies gilt in gleicher Weise nach gemeinem Recht (EntschOGH. Bd. 13 S. 213; SeuffBl. Bd. 38 S. 269), wie nach BayLR. (EntschOGH. Bd. 16 S. 188) und ALR. (Stobbe § 133 Anm. 34; EntschOGH. Bd. 13 S. 213).

[4]) Vgl. Roth, Bayer. ZR. Bd. 2 § 156 Anm. 6 und § 163 Anm. 9; SeuffBl. Bd. 8 S. 144 (Ersitzung); Bd. 13 S. 159; s. dagegen BayZfR. 1906 S. 446 (Bamberg) u. ObLG. N. F. Bd. 3 S. 505.

[5]) Vgl. EntschOGH. Bd. 13 S. 212.

[6]) Roth, Bayer. ZR. § 163 Anm. 9; SeuffBl. Bd. 38 S. 269. Vgl. aber auch Stobbe § 131 II, A a.

[7]) BGH. Bd. 15 S. 118.

hut ist gegeben, wenn die Grundstücke mehrerer Grundbesitzer einen gemeinschaftlichen Hütungsbezirk bilden dergestalt, daß jedes der betreffenden Grundstücke die Eigenschaft des herrschenden und dienenden Grundstückes hat[1]). Regelmäßig wird die Weide gemeinschaftlich ausgeübt[2]). Nicht damit zu verwechseln ist der Fall, daß mehrere Weideberechtigte gemeinschaftlich oder neben einander auf Grundstücken, die ihnen nicht gehören, zu weiden berechtigt sind[3]). Doch kann eine einseitige und gegenseitige Weideberechtigung gleichzeitig gegeben sein, so z. B. wenn die ganze Gemeindemarkung einen einheitlichen Weidebezirk[4]) bildet; so ist das Weiderecht auf der Almende und anderen Grundstücken, deren Eigentümer nicht zu den Koppelhutberechtigten gehören, eine einseitige Dienstbarkeit, während das auf den übrigen Grundstücken wechselseitig ausgeübte Weiderecht unter den Begriff der Koppelhut fällt. Zu beachten ist ferner, daß eine Koppelhut nicht schon deshalb vorliegt, weil neben dem Weideberechtigten der Eigentümer des dienenden Grundstücks ebenfalls auf seinem Grundstück weiden darf. Erfordernis für die Koppelhut wäre vielmehr, daß er auch seinerseits auf dem Grundstücke des anderen zu weiden berechtigt ist. Wenn jedem Besitzer eines Gemeinderechts das Weiderecht mit 3 Schafen auch dann zusteht, wenn er keine Scholle Land für die Weide zur Verfügung stellt, während andererseits sonstige Gemeindebewohner von der Teilnahme ausgeschlossen sind, mag auch deren der Weidegenossenschaft dienender Grundbesitz noch so groß sein, dann ist für die Gesamtheit der Gemeinderechtsbesitzer eine Dienstbarkeit begründet auf der Gesamtflur der Gemeinde, so daß also jener Gesellschaft der Berechtigten die Gesamtheit der Grund-

---

[1]) ALR. I, 22 §§ 135—137.

[2]) Es versteht sich nicht von selbst, daß die Koppelhutsberechtigten das Weiderecht in einer gemeinschaftlichen Herde ausüben; freilich hat jeder Mitberechtigte regelmäßig ein Interesse daran, daß der andere nicht eine besondere Herde auftreibt und dadurch seinem Vieh zuvorkommt. Wenn aber von jeher das Weiderecht in einer gemeinschaftlichen Herde ausgeübt wurde, so ist dieses Verhältnis, wozu auch die gemeinschaftliche Besoldung des Hirten gehört, wegen des bleibenden und natürlichen Zusammenhanges, in welchem es zu dem dinglichen Rechtsverhältnisse steht, als Modalität desselben zu erachten; es hat also dinglichen Charakter und ist nicht etwa als ein bloßes obligatorisches Verhältnis (societas) zu betrachten. SeuffA. Bd. 5 Nr. 251. Vgl. SeuffBl. Bd. 26 S. 167 über die Zuständigkeit der Verwaltung für Streitigkeiten zwischen den Mitgliedern einer Gemeinde oder einzelnen Mitgliedern mit der Gemeinde selbst über die Ausübung einer der letzteren zustehenden Koppelhut auf ihrer Flurmarkung. — Der Mitweideberechtigte hat gegen die excedierenden Genossen den Anspruch auf Unterlassung, SeuffBl. Bd. 54 S. 154.

[3]) In diesem Fall richtet sich das Rechtsverhältnis der mehreren Berechtigten unter sich nach den Grundsätzen der Gemeinschaft, das Verhältnis aller zum Eigentümer des dienenden Grundstückes nach den allgemeinen Grundsätzen über Dienstbarkeiten, vgl. SeuffBl. Bd. 17 S. 229.

[4]) Wenn die Gemeinde ein Schafweiderecht nicht besitzt, so bildet die Schafweide auf der Gemeindemarkung keinen gemeindlichen Vermögensbestandteil; die Gemeinde ist daher ohne Zustimmung der sämtlichen Grundeigentümer nicht befugt, die Einführung einer Gemeindeweide zu beschließen, vgl. VGH. Bd. 6 S. 84.

besitzer als Verpflichtete gegenübersteht. In solchem Fall liegt kein gegenseitiges, sondern ein einseitiges Weiderecht vor [1]).

V. Das Schäfereistabrecht ist eine besondere Rechtsbildung, vermöge deren ein wechselseitiger Anspruch besteht, daß die Schafe mehrerer Schafhalter dem Stabführenden zur Obhut übergeben und von diesem übernommen werden [2]). Der Inhalt dieses Rechtsverhältnisses wird durch das bisherige Herkommen bestimmt. Zumeist hat der Stabführende das Recht zu verlangen, daß von Seite der Zutreibenden jedes Alleinhüten unterbleibt, sobald sein Hirte die Hut eröffnet hat. Der Stabberechtigte hat die Verpflichtung zur sorgfältigen Obhut der Schafe; er darf die ihm zugetriebenen Schafe nicht zugunsten seiner eigenen zurücksetzen [3]). Wenn ihm auch die Abteilung der unter seinen Stab gehörigen Schafe in einzelne Herden frei steht, so darf er doch nicht ohne dringende, dem allseitigen Interesse entnommene Veranlassung willkürlich gleichartige Schafe überhaupt, also auch nicht seine Mutterschafe und die Mutterschafe der Stabpflichtigen trennen und auf der gemeinschaftlichen Weide besonders hüten lassen, da dies der Natur der Verbindung der Schafe unter einem Stabe, d. h. unter demselben Hirten, widerstreitet, aber auch dem völlig gleichmäßigen und gleichzeitigen Mithütungsrecht der Stabpflichtigen. Denn nur durch das Beisammenlassen der gleichartigen Schafe wird die gleichmäßige Behandlung der fremden und der eigenen Schafe garantiert [4]). Regelmäßig fließen dem Stabberechtigten die mit der Beweidung verbundenen Vorteile, z. B. das Pferchgeld, zu, während er andererseits die erforderlichen Zuchtböcke halten und auch die Hunde, Hürden und Schäferkarren stellen muß [5]).

VI. Hordenschlag- und Pferchrecht; Weidegeld.

Mit dem Weiderecht steht im Zusammenhange das Hordenschlagrecht, eine Dienstbarkeit, vermöge deren dem Weideberechtigten die Befugnis zusteht, das fremde Grundstück für sein Weidevieh nicht nur zum Weiden, sondern auch als Aufenthaltsort, insbesondere während der Nacht, zu benützen, es dort einzupferchen. Wer das Hordenschlagrecht besitzt, hat regelmäßig auch die Befugnis, seine Schäferhütte oder den Schafkarren auf des anderen Grund und Boden zu stellen [6]). Wohl hiervon zu unterscheiden ist das Pferchrecht [7]), welches eine Belastung des weideberechtigten Grundstücks

---

[1]) Vgl. BGH. Bd. 15 S. 119.
[2]) Vgl. Fuldaer Landrecht bei Weber Bd. 3 S. 1002.
[3]) Holzschuher, Theor. u. Kas. Bd. 2 S. 394.
[4]) SeuffA. Bd. 16 Nr. 197.
[5]) Holzschuher, Theor. u. Kas. Bd. 2 S. 395.
[6]) Holzschuher, Theor. u. Kas. Bd. 2 S. 385.
[7]) Zuweilen wird „Pferchrecht" gleichbedeutend mit Hordenschlagrecht gebraucht. Vgl. Holzschuher, Theor. u. Kas. Bd. 2 S. 385; Fuldaer Landrecht; Weber Bd. 3 S. 1002.

darstellt. Es verleiht dem Besitzer des weidedienenden Grundstücks einen Anspruch darauf, daß der Weideberechtigte das Weidevieh, namentlich Schafe, während der Mittagszeit oder während der Nacht auf dem beweideten Grundstücke lassen muß, so daß dem Grundstücke der während dieser Zeit produzierte Dünger zugute kommt[1]) (ius faldagii). In solchem Falle darf der Weideberechtigte den Dünger nicht fortnehmen, wozu er sonst berechtigt wäre. Das Pferchrecht ist regelmäßig[2]) keine selbständige Berechtigung, sondern ist mit der Weidebefugnis als eine damit zusammenhängende Gegenleistung des Berechtigten verknüpft[3]). Auf diese Gegenleistungspflicht finden die Grundsätze über Reallasten Anwendung[4]). Uebt der Weideberechtigte sein Weiderecht nicht aus, so braucht er natürlich auch nicht zu pferchen. Die Pferchpflicht des Weideberechtigten fällt regelmäßig mit einer ihm zustehenden Pferchbefugnis im Sinne eines Hordenschlagrechtes zusammen. Will der Eigentümer des für die Weide dienenden Grundstücks behaupten, daß der Weideberechtigte nicht nur das Recht hat zu pferchen (Hordenschlagrecht), sondern die Pflicht, so muß er einen besonderen Nachweis für die Begründung dieser Verpflichtung erbringen. Hierzu genügt noch nicht die Tatsache, daß während rechtsverjährender Zeit der Weideberechtigte tatsächlich gepfercht hat, sondern es müssen Anhaltspunkte dafür geliefert werden, daß dies in Anerkennung einer Rechtspflicht geschehen ist. Solche Anhaltspunkte würde z. B. das Pferchen auf Anfordern des Berechtigten bieten, aber auch ein genau eingehaltener Turnus in der Aufstellung des Pferches auf den einzelnen Grundstücken. Bei einem Streite über die Verpflichtung der Weideberechtigten zum Pferchen sind die Gerichte zuständig, die überhaupt darüber zu entscheiden haben, ob und in welchem Maße der Weideberechtigte zu Gegenleistungen an den Weidepflichtigen verbunden ist (Art. 48 Z. 6 Weidegesetz). Durch die Zahlung eines Weidegeldes wird der Charakter der Rechtsausübung nicht ausgeschlossen (s. oben S. 304 Anm.)[5]).

---

[1]) ALR. I, 22 § 157.

[2]) Eine selbständige Berechtigung liegt vor, wenn dem Eigentümer eines Grundstückes, das nicht weidepflichtig ist, ein Pferchrecht zusteht. Vgl. SeuffBl. Bd. 24 S. 186.

[3]) SeuffA. Bd. 20 Nr. 109; SeuffBl. Bd. 31 S. 366; Stobbe § 133 II, A 6. Die Verpflichtung des Weideberechtigten, die Schafe auf der beweideten Flur Mittagsruhe halten zu lassen, steht in untrennbarem Zusammenhang mit dem Schäfereirecht und ist ein Ausfluß desselben. Es betrifft den modus exercendi des Weiderechts; es darf nur so ausgeübt werden, daß, so oft geweidet wird, die Mittagsruhe der Schafe auf derselben Flur gehalten werden muß. Der auf Einhaltung dieser Mittagsruhe gerichtete Anspruch ist mit der actio negatoria zu verfolgen. Vgl. übrigens SeuffA. Bd. 32 Nr. 8; dort ist als möglich anerkannt, daß ein Pferchnutzungsrecht, welches auf einem dem öffentlichen Rechte angehörenden Kommunalschafweiderecht ruht, dem Privatrecht angehören kann.

[4]) Kohler, ArchZivPrax. Bd. 87 S. 192 betrachtet das Pferchrecht als eine Servitut auf den Dünger der auf dem Grundstück befindlichen Tiere

[5]) Es kann daher eine Weideservitut, die mit einer laufenden Geldvergütung

## VII. Mithut des Eigentümers.

Der Eigentümer des mit dem Weiderecht eines Dritten belasteten Grundstücks ist neben diesem zur Mithut[1]) berechtigt[2]), soferne nicht der Berechtigte die Ausschließlichkeit seines Rechts nachweisen kann[3]).

Streitigkeiten darüber, ob das Weiderecht ein ausschließliches ist oder ob noch andere das Mithütungsrecht haben, gehören zur Zuständigkeit der Gerichte (Art. 48 Z. 3 Weidegesetz).

Für das Mitbenützungsrecht des Eigentümers besteht die Beschränkung, daß hierdurch die Ausübung des vollen Rechtes des Berechtigten nicht unmöglich gemacht werden darf. Reicht also die Weide auch bei einem gegenseitigen Ineinanderschicken des Berechtigten und des Eigentümers nicht aus, um neben dem Vieh des Eigentümers das für die Weideberechtigung zustehende Vieh[4]) zu erhalten, so muß der Eigentümer soweit zurückstehen, daß der Berechtigte sein Recht voll ausüben kann[5]). Nach manchen Partikularrechten hat jedoch in

---

belastet ist, auch ersessen werden. Die Gegenleistung für die Servitut kann in ihrem Gesamtbetrage festgesetzt (vgl. ALR. I, 22 § 104) oder nach der wechselnden Viehzahl bestimmt sein. JW. 1894 S. 33 Nr. 103. Ueber Ablösung einer mit Weidegeld belasteten Weidegerechtigkeit, vgl. JW. 1889 S. 49 Nr. 31.

[1]) Vgl. SeuffA. Bd. 1 Nr. 181. Der Eigentümer eines Grundstückes, auf welchem eine Rindviehhutservitut lastet, ist nicht berechtigt, dieses Grundstück mit einer Schafherde zu beweiden, weil das Rindvieh da nicht gerne frißt, wo Schafe gegrast haben, vgl. SeuffBl. Bd. 17 S. 232. Vgl. unten S. 353 Anm. 4.

[2]) Vgl. ALR. I, 22 § 89; SeuffA. Bd. 7 Nr. 10. — Der Eigentümer ist an sich nicht auf das Vieh beschränkt, welches er durchwintern kann und darf auch Dritten die Mithut gestatten. Stobbe § 133 Anm. 27; SeuffA. Bd. 1 Nr. 11.

[3]) S. hierüber oben § 34 III; SeuffBl. Bd. 21 S. 110; SeuffA. Bd. 1 Nr. 9ff.; Bd. 7 Nr. 10; Bd. 22 Nr. 20 (Vertreibung des Schäfers des dienenden Grundstücks von der Mithut ohne Wissen seines Eigentümers). Zuweilen ist die Ausschließlichkeit der Weideberechtigung im gutsherrlichen Verbande begründet, indem sich an den ehemals der Gutsherrlichkeit unterworfenen Grundstücken auch nach deren Umwandlung in freies Eigentum bezüglich der Weideausübung das volle Herrschaftsrecht des früheren Gutsherrn erhielt (vgl. Stobbe § 133 II, B). Allein dies bedarf des besonderen Nachweises im Einzelfall. Es spricht für die Ausschließlichkeit der Weideberechtigung des Gutsherrn keine Vermutung, vgl. Holzschuher, Theor. u. Kas. Bd. 2 S. 386. Anders für preußisches Recht ALR. I, 22 § 146. Wenn „für den Gutsherrn zu A“ die Schafhutgerechtigkeit bestellt ist, dieser aber auch in C ein Gut besitzt, so ist im Zweifel anzunehmen, daß durch die Bezeichnung des gutsherrlichen Sitzes zu A das herrschende Grundstück festgesetzt und nicht etwa bloß der Wohnsitz des Gutsherrn angegeben werden sollte. Der Gutsherr kann daher für seine Schafhaltung in C die Hutgerechtigkeit nicht beanspruchen. Holzschuher, Theor. u. Kas. Bd. 2 S. 385.

[4]) Hierbei macht es keinen Unterschied, ob die zulässige Zahl der Weidetiere bestimmt ist oder nicht, denn auch im letzteren Falle ist die Zahl vermöge des Ueberwinterungsfußes (s. unten S. 354) bestimmbar. Vgl. Holzschuher, Theor. u. Kas. Bd. 2 S. 388.

[5]) SeuffA. Bd. 1 Nr. 10; Stobbe § 133 II, A 4. — Dies gilt insbesondere auch im Falle der Verminderung der Weide. — Mit Recht führt Holzschuher Theor. u. Kas. Bd. 2 S. 388 aus, daß der Grundsatz, wonach Servituten schonend auszuüben sind, nicht zu einer Schmälerung des zustehenden Rechts führen kann.

solchen Fällen eine verhältnismäßige Einschränkung der beiderseitigen Hütungsbefugnisse einzutreten [1]).

Besonders zu beurteilen ist die Frage, ob der Eigentümer während der Zeit, zu welcher der Weideberechtigte die Weide auszuüben nicht berechtigt ist (geschlossene Zeit), sein eigenes Vieh auftreiben darf. Hierzu ist er uneingeschränkt befugt, auch wenn dadurch die Weide des Berechtigten in der offenen Zeit geschmälert wird, weil die Schafe des Eigentümers viel weniger Futter übrig lassen als die Sichel [2]).

Wo hiernach der Eigentümer neben dem Berechtigten auf seinem Grundstücke zu weiden befugt ist, liegt deswegen eine Koppelhut noch nicht vor. Dazu wäre erforderlich, daß der Eigentümer des belasteten Grundstücks auch seinerseits auf dem berechtigten Grundstücke zu weiden befugt ist.

## VIII. Art und Zahl des Weideviehs.

1. Fremdes Vieh. Im Wesen der Grunddienstbarkeiten ist es gelegen, daß die Weideberechtigung nicht über den eigenen Bedarf des herrschenden Gutes ausgedehnt werden darf. Daraus ist zuweilen gefolgert worden, daß der Weideberechtigte nur eigenes und kein gepachtetes Vieh zur Weide bringen dürfe [3]). Dem ist nicht beizupflichten. Allerdings darf der Weideberechtigte die Ausübung des Weiderechts für sich allein, also ohne das herrschende Grundstück, nicht verpachten [4]). Aber es steht nichts im Wege, daß er selbst oder durch den Pächter seines Gutes die Weideberechtigung auch mit gemietetem Vieh ausübt [5]).

Nach preußischem Landrecht darf der Berechtigte bei unbestimmten Weidegerechtigkeiten gemietetes Vieh nicht auftreiben, bei festbestimmten ist die Weide fremden Viehs dagegen zulässig [6]).

Nach gemeinem Rechte ist auch bei unbestimmten Weiderechten das Weiden mit dem sogen. Meng- und Setzvieh als zulässig zu erachten, weil es auf dem herrschenden Gute durchgewintert wird und

---

Erstreckt sich die rechtliche Grenze der Servitut bis auf den vollen Bedarf des herrschenden Gutes, dann kann der Berechtigte durch die Rücksicht auf die Interessen des Eigentümers nicht verbunden sein, etwas aufzugeben, um dem Verpflichteten die rechtlich begründete Last zu erleichtern.

[1]) ALR. I, 22 §§ 103 ff.

[2]) SeuffA. Bd. 7 Nr. 272.

[3]) SeuffBl. Bd. 8 S. 128.

[4]) SeuffBl. Bd. 32 S. 213; Roth, Bayer. ZR. § 163 Anm. 41; Stobbe § 133 II, A 2; s. dagegen SeuffA. Bd. 3 Nr. 147; Gerber-Cosack § 146 Anm. 4.

[5]) Holzschuher, Theor. u. Kas. Bd. 2 S. 381; SeuffA. Bd. 21 Nr. 20. Voraussetzung ist dabei, daß das gemietete Vieh auch wirklich dem Vorteile des Oekonomiebetriebes des berechtigten Gutes dient.

[6]) ALR. I, 22, § 91.

für einen verständigen Schäfereibetrieb geradezu notwendig ist[1]). Dagegen kann eine Weidegrunddienstbarkeit nicht auch für solche fremde Schafe ausgeübt werden, welche auf dem herrschenden Gute überhaupt nicht gehalten werden, sondern von dritten Personen, welche den Vorteil der Haltung dieser Schafe ziehen, für die Weide in Kost gegeben werden (Kostschafe)[2]). Andererseits kann der Grunddienstbarkeitsberechtigte auch ihm eigentümlich gehörendes Vieh dann nicht auf die Weide treiben, wenn dieses Vieh nicht zur Bewirtschaftung des herrschenden Gutes, sondern für einen anderweitigen Gewerbebetrieb gehalten wird oder wenn Handelsvieh in Betracht kommt[3]).

Auf persönliche Dienstbarkeiten können jedoch derartige Beschränkungen nicht ohne weiteres angewendet werden.

2. Art des Weideviehs[4]). Wenn die Hutgerechtigkeit durch Verjährung erworben ist, darf sie nur mit den Vieharten ausgeübt werden, welche seit rechtsverjährter Zeit auf die Weide gebracht worden sind: Tantum praescriptum, quantum possessum (s. oben S. 305). Dasselbe gilt, wenn die Vieharl bei der Bestellung besonders bedungen ist[5]). Hiervon wird jedoch durch ALR. I 22 § 101 für den Fall eine Ausnahme gemacht, daß der Berechtigte durch Zufall oder vis major eine Zeitlang genötigt war, eine andere statt der bisherigen Vieharl zu halten.

---

[1]) Holzschuher, Theor. u. Kas. Bd. 2 S. 383. Der oder die Weideberechtigten sind darauf angewiesen, die Weideschafe der Obhut eines Schäfers anzuvertrauen, von dessen Sorgfalt das Gedeihen der Schafzucht abhängig ist. Es ist für die Schafzucht sehr nützlich, ja geradezu notwendig, den Schäfer in das Interesse des Weideberechtigten zu ziehen und dies geschieht vielfach durch den sogen. Setz- oder Mengekontrakt. Dabei ist zu unterscheiden, ob der Schäfer einen Stamm Schafe in Natur einbringt und sie unter die Schafherde des Herrn einmengt, so daß dieses sogen. Knechtvieh an der Stallung, Weide, Fütterung wie überhaupt an dem Schicksal der ganzen Herde teilnimmt. Die andere Form des Setzkontraktes besteht darin, daß der Schäfer eine Quote der Herde, z. B. $^1/_{10}$, zu ideellem Miteigentum erwirbt. Der Schäfer teilt dann nach Verhältnis seines Anteils den Gewinn und Verlust, bezieht also jährlich seinen Anteil an der Wolle und dem Jungvieh (vgl. hierüber Weiske, Handb. d. Allgem. Deutsch. Landw.-Rechts §§ 187 u. 188).

[2]) Holzschuher, Theor. u. Kas. Bd. 2 S. 382; SeuffA. Bd. 21 Nr. 20; vgl. SeuffBl. Bd. 37 S. 80 (BayLR.).

[3]) Holzschuher, Theor. u. Kas. Bd. 2 S. 380.

[4]) Ueber das Verhältnis der Schafhut zur Rindviehhut s. oben S. 351 Anm. 1. Das Hohenlohesche LR. Tl. 3 Tit. 19 (Arnold Beitr. Bd. 2 S. 484) verbietet, daß der Schäfer auf einen Acker treibe und dem gehörnten Vieh vorkomme, es wäre dann solcher drey Tage vorher abgeschnitten worden, in Betracht, daß, wo der Schäfer mit der Heerd einmal gewesen, das gehörnte Viehe hernach nichts mehr findet, wo aber der Hirt mit dem gehörnten Viehe hingetrieben, der Schäfer allezeit noch sich ätzen können. — Dort, wo Weiderechte auf Rindvieh- und Schafhut nebeneinander bestehen, kann diese Vorschrift als allgemeingültige zweckentsprechende Regel über die Weideausübung angewendet werden. Vgl. hierzu für Fuldaer Recht Weber, Statutarrecht Bd. 3 S. 1002.

[5]) Roth, Bayer. ZR. § 163 Anm. 34; Kreittmayr Anm. 2b zu BayLR. Tl. II Tit. 8 § 13.

Wenn die Gattung nicht bestimmt ist, so kann nach gemeinem Recht [1]) und nach BayLR. [2]) jede Gattung geweidet werden, während nach preußischem Landrecht [3]) eine Hütungsgerechtigkeit, die ohne Bestimmung einer gewissen Art des Viehs bestellt ist, alles Zug-, Rind- und Schafvieh unter sich begreift. Aus der Vorschrift des § 1020 BGB. über schonende Ausübung der Grunddienstbarkeit (s. oben S. 330), folgt der auch nach bisherigem Rechte [4]) bereits anerkannte Satz, daß der Weideberechtigte krankes Vieh nicht auf die Weide treiben darf.

3. Zahl des Weideviehs. Wo die Weidegerechtigkeit nicht für eine Person und deren Bedürfnis bestellt oder die Zahl des aufzutreibenden Viehs nicht bestimmt ist, darf der Berechtigte soviel Stück Vieh auftreiben, als er mit dem auf dem herrschenden Grundstück gewonnenen Futter durchwintern kann (Durchwinterungsfuß) [5]), vgl. Art. 14 Weidegesetz.

Ist die Zahl bestimmt, so wird nach gemeinem Recht [6]) wie nach ALR. I 22 § 98 das noch saugende Jungvieh, nach BayLR. Tl. II Kap. 8, § 13 Nr. 2 das Jungvieh bis zu 1 Jahre nicht mitgerechnet.

Streitigkeiten darüber, ob das Weiderecht ein gemessenes oder ein ungemessenes ist, gehören zur Zuständigkeit der Gerichte (Art. 48 Z. 2 Weidegesetz). Die Gerichte sind ferner zuständig bei einem Streite darüber, zu welcher Art und Zahl von Weidevieh ein

---

[1]) Roth, Bayer. ZR. § 163 Anm. 32.

[2]) BayLR. Tl. II Kap. 8 § 13 Nr. 1.

[3]) ALR. I, 22 §§ 99 u. 100.

[4]) BayLR. Tl. II, Kap. 8 § 13 Nr. 1.

[5]) SeuffBl. Bd. 32 S. 213, Bd. 54 S. 157; SeuffA. Bd. 6 Nr. 14, Bd. 21 Nr. 20; Kohler, ArchZivPrax. Bd. 87 S. 182; ALR. I, 22 § 90. Entscheidend ist nicht wie viel Stück der Berechtigte durchgewintert hat, sondern wie viel er durchwintern kann. SeuffA. Bd. 24 Nr. 15. — Wenn durch intensivere Bewirtschaftung des herrschenden Gutes die Zahl der Schafe, welche durchgewintert werden können, eine Steigerung erfährt, hat das dienende Gut auch diesem gesteigerten Bedürfnis zu dienen. Dagegen hat sich die Grunddienstbarkeit der Mehrung des Bedürfnisses dann nicht zu fügen, wenn sie durch eine Aenderung des Charakters des Grundstückes herbeigeführt ist (s. hierüber oben § 34 II). Dies wäre beispielsweise der Fall, wenn ein bisher als Ackergut bewirtschaftetes Gut in eine reine Schafzucht und deshalb die Aecker in Wiesen umgewandelt werden, um auf diesen das Winterfutter zu gewinnen. Bezüglich der Mehrung des Bedürfnisses sind ähnliche Grundsätze auch auf eine unbestimmte persönliche Dienstbarkeit anzuwenden. Wenn z. B. die zur Hut mit ihren Stichschafen berechtigte Metzgerzunft einer Stadt infolge des Bevölkerungszuwachses die doppelte Anzahl von Schafen zur Weide bringt, so muß dies der Eigentümer des dienenden Grundstückes hinnehmen. Doch hat dies seine Grenzen. Man wird sich auf den Standpunkt stellen müssen, daß eine Veränderung der Umstände, welche zweifelsohne bei der Bestellung der Dienstbarkeit nicht in den Bereich der Erwägungen einbezogen wurde und die dadurch herbeigeführte Steigerung des Bedürfnisses die Belastung insoweit nicht steigert. Vgl. Holzschuher, Theor. u. Kas. Bd. 2 S. 385.

[6]) Roth, Bayer. ZR. § 163 I, 4. — Die Absetzzeit der Lämmer tritt zwischen Pfingsten und dem Johannistage ein. Holzschuher, Theor. u. Kas. Bd. 2 S. 384.

gemessenes Weiderecht berechtigt (Art. 48 Z. 5 Weidegesetz). Wenn es sich dagegen um ein der Art oder Zahl nach ungemessenes Weiderecht handelt, entscheidet im Zweifel die Verwaltungsbehörde darüber, welche Art und Zahl zulässig ist (Art. 47 mit Art. 48 Z. 5 Weidegesetz).

## VIII. Einschränkungen der Weiderechte[1]).

1. Zuständigkeit. Streitigkeiten über Ausübung von Weiderechten auf fremdem Grund und Boden sind Verwaltungsrechtssachen (Art. 8 Z. 12 VGHGes. Art. 47 Weidegesetz)[2]). Wenn aber streitig ist, ob das beanspruchte Weiderecht überhaupt besteht, ist die gerichtliche Zuständigkeit begründet (Art. 48 Ziff. 1 Weidegesetz).

Aus den Vorschriften der Art. 47, 48 Weidegesf. ergibt sich nicht, daß auch für die Entscheidung über Ansprüche auf Ersatz eines durch unzeitige Ausübung des Weiderechtes verursachten Schadens die Verwaltungsbehörden zuständig seien; soweit der Schadensersatzanspruch auf die Vorschriften des BGB. (Verletzung des Eigentums) gestützt ist, haben die Gerichte zu entscheiden. Ergibt sich, daß die Entscheidung nicht ohne Lösung der Vorfrage erfolgen kann, ob nach dem Weidegesetz das Weiderecht so, wie es geschehen ist, ausgeübt werden durfte, so wird dadurch der Zivilrechtsweg für den Ersatzanspruch nicht unzulässig, sondern das zuständige Gericht hat nach § 148 ZPO. das freie Ermessen, ob es diese Vorfrage des öffentlichen Rechts selbst lösen oder die Aussetzung der Verhandlung bis zur Entscheidung der Verwaltungsbehörde anordnen will[3]).

Wenn dagegen der Weideberechtigte Schadensersatz begehrt, weil ihm die Weide in unzulässiger Weise geschmälert worden sei, sind die Verwaltungsgerichte zuständig[4]) (s. unten 3).

2. Der Weideberechtigte hat bei der Ausübung seiner Dienstbarkeit das Interesse des Eigentümers des belasteten Grundstücks tunlichst zu schonen; er ist deshalb verpflichtet, das Vieh nur unter Aufsicht eines Hirten weiden zu lassen, sofern das unbeaufsichtigte Weiden zur Schädigung des Grundeigentümers führen würde. Beim Uebertritt von Weidevieh auf Stellen, an denen die Ausübung des Weiderechts unzulässig ist, kommt das Feldschadengesetz zur Anwendung (s. oben S. 271 ff.). Krankes Vieh darf nicht auf die Weide gebracht werden, weil hierdurch die Gefahr der Ansteckung für

[1]) Ueber das Verhältnis statutarischer Weideordnungen für städtische Feldmarken zu den Rechten der Eigentümer von Sondergrundstücken auf der Feldmark vgl. RG. Bd. 10 S. 128.

[2]) Bezüglich der Anwendbarkeit des Art. 8 Z. 12 VGH. Ges. auf die Pfalz s. Krais Handb. S. 326, 324.

[3]) Entsch. des Komp.Konfl.GH. Bd. 1 S. 353; GVBl. 1906 Beil. I; BayZfR. 1906 S. 366.

[4]) BlAdmPr. Bd. 31 S. 334.

das eigene Vieh des Grundeigentümers begründet wird. — Vgl. Bay.LR. Tl. II Kap. 8 § 13 Nr. 1.

Selbstverständlich darf der Weideberechtigte das Gras nicht abmähen lassen, auch wenn er es zum Füttern des weideberechtigten Viehs verwenden will (vgl. Bay.LR. Tl. II Kap. 8 § 13 Nr. 5).

Dem Weideberechtigten ist es an und für sich unbenommen, die Herde in einzelne Haufen abzuteilen und die weidepflichtige Fläche mit den getrennten Haufen zu behüten, obwohl hierdurch eine größere Belästigung des Grundeigentumes bewirkt wird [1]. Es kann jedoch ein solches Verbietungsrecht für den Eigentümer bestellt oder hergebracht sein [2].

3. Die Weide auf Aeckern während ihrer Fruktifikation und auf Wiesen während ihrer Hegezeit ist schlechthin unzulässig (Art. 1 Weideges.). Die Fruktifikation eines Ackers beginnt mit dem Zeitpunkt, in welchem derselbe mit landwirtschaftlichen Erzeugnissen bestellt, d. h. besät oder bepflanzt wird und schließt jeweils mit der Abräumung desselben nach beendeter Ernte. Es ist deshalb z. B. die Weide auf einem mit Klee bestellten Acker insolange unbedingt und zu jeder Jahreszeit verboten, als der Klee nicht wieder gestürzt ist [3].

Die Hegezeit der Wiesen wird, falls durch die Partikularrechte keine größere Erschwerung des Weiderechtes bestimmt ist, auf die Dauer vom 1. April bis zur Abräumung der Heu- bezw. letzten Grummet-Ernte festgesetzt (Art. 2 Abs. 2 Weidegesetz) [4].

Läßt ein Grundbesitzer sein Heu oder Grummet (Gras) selbst dann noch stehen, während die anderen Wiesenbesitzer ihre Wiese schon abgeräumt haben und macht er hierdurch die Weide auf anderen Wiesen unmöglich, so hat er den Durchtrieb durch seine Wiese unentgeltlich zu gestatten (Art. 2 Abs. 3 Weidegesetz).

Neuangelegte, sowie frisch umgebaute Wiesen bleiben von der Schafweide während der ersten 3 Jahre, von der Weide mit anderen

---

[1] Vgl. SeuffA. Bd. 16 Nr. 197.

[2] SeuffA. Bd. 16 Nr. 196.

[3] SeuffBl. Bd. 21 S. 431.

[4] Sobald tatsächlich feststeht, daß in dem betreffenden Jahre bei zweimähdigen Wiesen aus der Heu- und einmaligen Grummeternte eine zweite Grummeternte nicht zu erwarten ist, wenn auch stellenweise noch Gras gewachsen ist und kleinere Mengen mit dem Grasstumpf zur Grünfütterung abgesichelt werden können, so darf der Weideberechtigte sofort nach Abräumung der einmaligen Grummeternte sein Weiderecht ausüben. Denn Art. 2 Abs. 2 des Gesetzes hat die Hegezeit sämtlicher Wiesen auf die Dauer vom 1. April bis zur Abräumung der Heu- bezw. Grummeternte festgesetzt. Letzterer Zeitpunkt ist nach Boden- und Witterungsverhältnissen verschieden, z. B. möglicherweise bei einmähdigen Wiesen schon im Sommer bei dreimähdigen erst nach dem 1. Oktober. Ein stellenweiser Graswuchs ist aber insolange bedeutungslos, als er sich nicht in einer derartigen Quantität und Qualität vorfindet, daß das Gras nach landwirtschaftlicher Anschauung abgemäht und heimgeführt werden kann (SeuffBl. Bd. 60 S. 398. Vgl. hierzu BlAdmPr. Bd. 28 S. 65).

Viehgattungen während der ersten 5 Jahre nach Vollendung der Anlage gänzlich befreit. Doch sind hierunter die sogen. Eggartenwiesen nicht begriffen (Art. 2 Abs. 4 Weidegeş.).

Für den Entgang der Weide kann in den Fällen der Art. 1 und 2 Weidegeş. eine Entschädigung in keinem Falle gefordert werden. Würde aber hierdurch dem Berechtigten die Ausübung der Weidebefugnis auf anderen Grundstücken oder der benötigte Viehbetrieb auf eigenem Grundstücke unmöglich gemacht, so muß ihm der erforderliche Durchtrieb auf den befreiten Grundstücken eingeräumt werden. Dieses Durchtriebsrecht tritt insolange an die Stelle der Weideberechtigung, als diese nicht ausgeübt werden kann. Das Durchtriebsrecht entsteht von selbst mit dinglicher Wirkung, weil es gewissermaßen ein Ueberbleibsel des Weiderechts darstellt[1]), das ja selbst nicht aufgehoben, sondern nur sistiert ist. Die Bestimmung des Triebweges in bezug auf Richtung und Breite sowie in bezug auf die Dauer der Benützung erfolgt in diesem Falle, wenn sich die Beteiligten hierüber nicht gütlich einigen, durch die Verwaltungsbehörde unter Beiziehung von Sachverständigen, wobei stets auf möglichst geringe Belästigung der von der Weide befreiten Grundstücke bedacht zu nehmen ist[2]) (Art. 3 Abs. 3 Weidegeş.). Der Bescheid der Verwaltungsbehörde hat nur deklaratorische und nicht konstitutive Bedeutung.

In bezug auf landwirtschaftliche Arbeiten und Unternehmungen, mittels deren die Weidepflichtigen den bisherigen Stand der Kultur ihrer Weiden zu erhöhen oder auszudehnen beabsichtigen, steht dem Weideberechtigten ein Einspruchsrecht selbst in dem Falle nicht zu, wenn hierdurch die bis dahin bestandene Fruktifikation oder Hegezeit eine den Ertrag des Weiderechts schmälernde Erweiterung erhält (Art. 5 Weidegeş). Dies gilt selbst dann, wenn hierdurch dem Weideberechtigten die Ausübung des Weiderechtes teilweise oder ganz unmöglich gemacht wird.

Es kann daher z. B. eine Oedung in Wies- oder Ackerland umgewandelt werden; wo herkömmlicherweise die Dreifelderwirtschaft besteht, ist der Eigentümer durch ein Weiderecht nicht gehindert, während der Brachfeldzeit sein Grundstück anzubauen[3]).

Auch das Düngen der Wiesen ist als landwirtschaftliche Arbeit bezw. als eine landwirtschaftliche Unternehmung zu erachten; der Weideberechtigte kann hiergegen keinen Einspruch erheben, obwohl hier-

---

[1]) Oertmann S. 481 verleiht dem Berechtigten einen Anspruch auf Bestellung eines dinglichen servitutarischen Triftrechts, das von der Anlegung des Grundbuches an erst durch Eintragung entstehen würde. Hierbei wird übersehen, daß das Weiderecht selbst nicht erloschen ist und das während seiner Sistierung zustehende Durchtriebsrecht auch von dem Besitznachfolger geduldet werden muß.

[2]) Vgl. VGH. Bd. 8 S. 248, Bd. 9 S. 398.

[3]) Vgl. SeuffBl. Bd. 16 S. 194.

durch die Weide unbrauchbar werden kann[1]). Für die Entscheidung über Schadensersatzansprüche wegen Entgangs oder Schmälerung der Weide sind die Verwaltungsgerichte zuständig[2]), für den Schaden, der dem Weideberechtigten, abgesehen von dem Weideentgang z. B. durch Erkrankung des Viehs infolge der Kianitdüngung entsteht, ist jedoch die Zuständigkeit der Gerichte gegeben[3]).

Aber auch abgesehen von landwirtschaftlicher Kultivierung ist der Eigentümer eines mit einem Weiderecht belasteten Grundstückes in der Benützung seines Eigentums nur insoweit für beschränkt zu erachten, daß er keine Handlungen vornehmen darf, durch welche die Deckung des Bedürfnisses, welchem die Dienstbarkeit dient, beeinträchtigt wird[4]). Namentlich bei solchen Weiderechten, welche sich auf die ganze Gemarkung einer Gemeinde erstrecken, wird die Vermutung berechtigt sein, daß sie von Anfang an denjenigen Beschränkungen unterworfen sein sollten, welche mit Rücksicht auf die natürliche und voraussichtliche Entwicklung der Gemeinde und auf die Bedürfnisse des Gemeindelebens sich als selbstverständlich ergeben[5]). Es ist dies eine Folgerung aus der Vorschrift des § 1020 BGB., wonach bei der Ausübung der Dienstbarkeit das Interesse des Eigentümers tunlichst zu schonen ist[6]). Es darf daher auf einem einzelnen Grundstücke ein Gebäude errichtet[7]) oder es darf in der belasteten Gemeinde ein neuer Friedhof ohne Ablösung des Weiderechts angelegt werden, während eine willkürliche Einfriedigung von Grundstücken, ungewöhnliche Anlagen von größerem räumlichen Umfang, wie z. B. Eisenbahnbauten, als unzulässig zu erachten sind[8]). Ueber einen Streit, der in dieser Richtung entsteht, haben die Verwaltungsgerichte zu entscheiden (Art. 47 Weidegesetz. Art. 8 Z. 12 VGHGes.).

Für die Pfalz sind die bestehenden Weiderechte mit dem bisherigen Inhalt aufrecht erhalten durch Art. 184 EG. Die Bestimmungen des hiernach noch gültigen Dekrets vom 28. September und 6. Oktober 1791 gewähren dem Eigentümer des belasteten Grundstücks die Befugnis, sein Grundstück durch Umfriedung der Ausübung des öden Weidestrichrechtes zu entziehen. Auch darf hiernach das Recht des öden Weidestrichs weder auf künstlichen Wiesen noch auf bestellten Aeckern und auf natürlichen Wiesen nur zu der durch Gesetz und Gebrauch bestimmten Zeit und niemals vor dem ersten

---

[1]) VGH. Bd. 20 S. 4.
[2]) BlAdmPr. Bd. 31 S. 331; Entsch. des Komp.Konfl.GH. Bd. 1 S. 353; GVBl. 1906 Beil. I; BayZfR. 1906 S. 366.
[3]) VGH. Bd. 20 S. 7.
[4]) Roth, Bayer. ZR. § 163 III, 2; ALR. I, 22 § 81; BayLR. Tl. II Kap. 8 § 13 Nr. 7.
[5]) SeuffA. Bd. 29 Nr. 112.
[6]) SeuffA. Bd. 15 Nr. 203.
[7]) SeuffA. Bd. 15 Nr. 203, Bd. 29 Nr. 112.
[8]) SeuffA. Bd. 29 Nr. 112.

und (zufolge dem Dekret vom 26. Juni 1790) nach dem letzten Grasschnitte ausgeübt werden [1]).

4. Auf die Weide in Waldungen und auf der Alp findet das Weidegesetz vom 28. Mai 1852 keine Anwendung [2]). Es ergibt sich dies aus Art. 1 und 6 des Weidegesetzes, wo nur von der Weide auf Aeckern, Wiesengründen, Oedungen, Heiden und anderen nicht kultivierten Weidegründen die Rede ist.

a) Für die Weide in Waldungen gelten zunächst die allgemeinen Einschränkungen des Forstgesetzes über Forstberechtigungen (s. unten § 37 V). Daneben sind durch Art. 43 des Forstgesetzes für die Weide in Waldungen besondere Beschränkungen bestimmt. Die Weide in Waldungen darf nur unter der Aufsicht eines Hirten oder Hüters ausgeübt werden (Art. 43 Abs. 1 des Forstgesetzes). Junghölzer, Schläge und Holzanflüge sind mit dem Eintreiben von Weidevieh insolange zu verschonen, bis die Beweidung ohne Schaden für den Nachwuchs geschehen kann [3]). Bei Fehmel- (plenterweisem) [4]) Waldbetrieb wird die höchste Zahl des einzutreibenden Weideviehs von der Forstpolizeibehörde bestimmt (Art. 43 Abs. 3 FG.).

Die Weide nach Sonnenuntergang und vor Sonnenaufgang (Nachtweide) ist verboten. Soweit für die Weide in Waldungen ähnliche Rechtsverhältnisse und Ordnungen bestehen wie für Alpenweiden, sind diese auch jetzt noch maßgebend (Art. 44 Abs. 2 des Forstgesetzes). Den Beschränkungen des Art. 43 FG. gegenüber ist ein anderweitiges Herkommen nicht zu beachten [5]). Zuwiderhandlungen gegen diese die Weideausübung in Wäldern beschränkenden Vorschriften macht strafbar nach Maßgabe der Art. 88 und 89 FG. [6]). Für Uebergriffe des Hirten bei der Waldweide haftet dessen Dienstherr nach Maßgabe des Art. 69 Abs. 1 Z. 7 FG. [7]), falls er nicht beweist, daß er nicht imstande war, den Frevel zu verhindern (Art. 69 Abs. 2 FG.) [8]).

Da das Weidegesetz auf das Weiderecht in Waldungen keine Anwendung findet, so ist entgegen der Vorschrift des Art. 5 des Weidegesetzes der Verpflichtete bei Rodungen an die Einwilligung des Weideberechtigten gebunden (Art. 34 des Forstgesetzes) [9]).

b) Für die Alpweide sind neben den allgemeinen Einschrän-

[1]) Henle-Schneider Bem. 4 zu Art. 86 AG.

[2]) Roth, Bayer. ZR. § 163 Anm. 20; Becher, Bayer. ZR. S. 622 Anm. 3 u. S. 637.

[3]) Vgl. OLG. München in Straff. Bd. 2 S. 203, 338, Bd. 3 S. 357.

[4]) S. hierüber oben S. 143.

[5]) SeuffBl. Bd. 23 S. 55.

[6]) Vgl. EntschOGH. in Straff. Bd. 3 S. 539, Bd. 9 S. 464; OLG. München in Straff. Bd. 2 S. 203 u. S. 338.

[7]) Vgl. EntschOGH. in Straff. Bd. 3 S. 539; OLG. München in Straff. Bd. 2 S. 12.

[8]) Vgl. OLG. München in Straff. Bd. 2 S. 536, Bd. 4 S. 41 u. 497, Bd. 5 S. 82.

[9]) Roth, Bayer. ZR. § 166 Anm. 51.

kungen des Forstgesetzes nur die bestehenden besonderen Rechtsverhältnisse und Alpenordnungen maßgebend. Es dürfen jedoch ohne Zustimmung des Weideberechtigten vom Waldbesitzer auch nicht bloße Erweiterungen von Alpenangern und Lichtungen vorgenommen werden (Art. 44 Abs. 3 FG.)[1]). Falls nicht besondere Rechtsverhältnisse und Ordnungen bestehen, ist der Weideberechtigte im Gebiete der Alpenweide nicht verpflichtet, behufs Schonung der innerhalb seines Weidebezirkes liegenden Jungschläge besondere Schutzvorkehrungen (z. B. Gitter) herzustellen[2]). Eine Weide, welche von jeher unter der Aufsicht eines Hirten ausgeübt wurde, ist auch in den Alpen nicht als Alpenweide zu betrachten[3]).

IX. Ablösung. Die Weidedienstbarkeiten sind unter gewissen Voraussetzungen der einseitigen Aufhebung und Ablösung unterstellt. Der Vollzug der Ablösung obliegt der Verwaltungsbehörde[4]) (Art. 47 Weidegesetz). Bestrittene Rechtsansprüche und Verbindlichkeiten, welche die Ablösung von Weiderechten auf fremdem Grund und Boden betreffen, sind Verwaltungsrechtssachen im Sinne des Art. 8 Z. 12 VGHGes. — Besteht Streit über Vorfragen, die durch Art. 48 Weidegesetz der gerichtlichen Zuständigkeit vorbehalten sind (z. B. ob ein Weiderecht ein einseitiges oder gegenseitiges ist), so muß die Ablösung bis zur Entscheidung des Gerichts ausgesetzt werden[5]).

Für die Ablösung selbst ist zu unterscheiden zwischen einseitigen und gegenseitigen Weidedienstbarkeiten (s. darüber oben S. 347).

1. Bei einseitigen Weidedienstbarkeiten kann die Ablösung regelmäßig (Ausnahme Art. 7 Weidegesetz)[6]) nur für den gesamten Umfang eines zusammenhängenden Weidebezirks an Aeckern und Wiesgründen, dann Oedungen, Heiden und anderen nicht kultivierten Weideplätzen, gleichviel ob sich der Weidebezirk über eine oder mehrere Gemeindemarkungen erstreckt, verlangt werden. Die Ablösung wird zwangsweise durchgeführt, wenn sie mindestens von der Hälfte (Art. 10 Weidegesetz) der Verpflichteten beantragt wird (Art. 6 Weidegesetz). Die Mehrheit der Weidepflichtigen wird nach der Zahl der Tagwerke bemessen, welche die Weidepflichtigen auf der beteiligten Grundfläche besitzen. Hierbei werden im Regelfalle des Art. 6 Weideges. die Stimmen der Eigentümer von Oedungen, Heiden und anderen nicht kultivierten Weideplätzen nur insoweit in Berechnung gezogen, als sich die erwähnten Eigentümer für die Ablösung des Weiderechts aussprechen (Art. 8 Weidegesetz). Im Falle der Ablösung sind

[1]) Vgl. EntschOGH. Bd. 9 S. 610.
[2]) EntschOGH. Bd. 9 S. 610.
[3]) OLG. München in Straff. Bd. 3 S. 357.
[4]) Vgl. SeuffBl. Bd. 26 S. 167.
[5]) VGH. Bd. 15 S. 118.
[6]) Ablösung durch einen einzelnen Besitzer ist nur zulässig für Wiesen, die mit künstlichen Wässerungseinrichtungen versehen sind, dann bei nassen oder durchbrüchigen Wiesen (Art. 7 Abs. 2 und Art. 39 Weidegef.).

die Weideberechtigten nach Maßgabe der Art. 11 bis 22 Weidegeſ. zu entſchädigen. Die Ablöſung iſt auf Beſeitigung des ganzen Weiderechtes gerichtet. Eine teilweiſe Ablöſung kann durch Erweiterung der geſetzlichen Hegezeit für Wieſen eintreten (Art. 7 Abſ. 1 Weidegeſ.).

Mit dem Schluſſe desjenigen Jahres, in welchem der Vollzug der Ablöſung endgültig erfolgt iſt, erlöſchen die Weiderechte (Art. 23 Weidegeſ.). Ausnahmsweiſe kann die Behörde aus wirtſchaftlichen Gründen das Erlöſchen um einen Höchſttermin von 3 Jahren hinausſchieben (Art. 24 Weidegeſ.). Zugleich mit dem Weiderechte erlöſchen auch die für deſſen Ausübung beſtehenden Durchtriebsrechte des Weideberechtigten auf der weidedienſtbaren Fläche ohne beſondere Entſchädigung, jedoch nur inſoweit, als der Berechtigte dieſelben nicht zur Beweidung der zur Zeit der Ablöſung in ſeinem Eigentum ſtehenden Grundſtücke oder zur Ausübung von Weiderechten auf anderen Grundſtücken bedarf (Art. 26 Weidegeſ.).

Die Wirkungen der Ablöſung auf ein an dem Weiderecht oder an dem mit dem Weiderecht ausgeſtatteten Gute beſtehendes Pachtverhältnis ſind in den Art. 29 bis 32 des Weidegeſetzes geregelt.

2. Bei gegenſeitigen Weidedienſtbarkeiten, bei welchen keiner der Teilnehmer ein größeres Teilnahmsrecht auszuüben hat, als ihn nach Verhältnis der Größe und Beſchaffenheit ſeines hierbei beteiligten Grundbeſitzes treffen würde, kann jeder einzelne Teilnehmer zu jeder Zeit ohne Entſchädigungspflicht aus der Weidegemeinſchaft austreten [1]). Dieſes hat die Folge, daß ſeine Grundſtücke von den übrigen Teilnehmern und die letzteren von ihm nicht mehr beweidet werden dürfen (Art. 37 Abſ. 1 Weidegeſ.). Der Austretende iſt jedoch gehalten, den übrigen Teilnehmern den erforderlichen Triebweg einzuräumen (Art. 37 Abſ. 2 Weidegeſ.). Bei anderen gegenſeitigen Weidedienſtbarkeiten mit verhältnismäßig ungleichartigen Teilnahmsrechten tritt die Aufhebung der Weidegemeinſchaft nur gegen Entſchädigung und nur dann ein, wenn dieſelbe für den geſamten Umfang der Gemeinſchaft und von der unter Z. 1 erwähnten qualifizierten Mehrheit verlangt wird. Nur ausnahmsweiſe kann unter beſonderen Vorausſetzungen die teilweiſe Ablöſung einer Weidedienſtbarkeit eintreten (Art. 39 Weidegeſ.). Auch hier kann unter Umſtänden durch die Behörde aus wirtſchaftlichen Gründen das Erlöſchen der Weideberechtigung um einen Höchſttermin von 3 Jahren hinausgeſchoben werden (Art. 46 Weidegeſ.).

---

[1]) Vgl. SeuffBl. Bd. 42 S. 96.

## § 37. Forstberechtigungen [1]).

I. Begriff; Abgrenzung von den öffentlichen Nutzungsrechten.

Unter Forstberechtigungen im weiteren Sinne versteht man alle auf einer Waldung als dienendem Grundstücke ruhenden dinglichen Lasten; dazu würden dann auch Fahrtrechte oder Wasserleitungsrechte, mit denen ein Wald belastet ist, gehören. In der Tat hat der Gesetzgeber in diesem erweiterten Sinne von „Forstberechtigungen" gesprochen [2]). Im engeren und eigentlichen, auch den nachstehenden Ausführungen zugrunde gelegten Sinne hat man jedoch unter Forstberechtigung nur dingliche Rechte zu verstehen, welche ein Recht auf den Bezug von Waldnutzungen gewähren [3]). Dabei sind je nach der von der Berechtigung erfaßten Nutzung drei Gruppen zu unterscheiden: das Recht zum Bezug von Holz, Streu und Waldweide.

Vielfach stehen die Waldungen im Eigentum der Gemeinden. Soweit Nutzungsrechte an Waldungen, die zum unverteilten Gemeindevermögen gehören, in Frage stehen, kann es zweifelhaft sein, ob diese Nutzungsrechte im Gemeindeverbande wurzeln, oder ob sie völlig unabhängig von dem Verhältnis der Gemeindezugehörigkeit lediglich ein privatrechtliches Rechtsverhältnis zwischen dem Berechtigten und der Gemeinde als der Eigentümerin des belasteten Waldes darstellen. Die Unterscheidungsmerkmale sind oben § 36 I dargelegt. Die nachstehenden Ausführungen beziehen sich nur auf die privatrechtlichen Forstnutzungsrechte.

II. Unzulässigkeit der Begründung von Forstrechten.

Durch das Forstgesetz vom 28. Mai 1852, welches nach Art. 189 FG. nur für das rechtsrheinische Bayern gilt, sind zwar die zur Zeit des Inkrafttretens des Forstgesetzes (1. Januar 1853) bestehenden Forstberechtigungen, allerdings unter Beschränkung ihrer Ausübung, erhalten; Art. 33 FG. bestimmt jedoch, daß neue Forstberechtigungen vom Tage der Verkündung des Forstgesetzes an (28. Mai 1852) nicht mehr erworben werden können. Dieses Verbot hat gemäß Art. 115 EG. zum BGB. auch nach Inkrafttreten des BGB. fortdauernde Geltung. Vom 1. Januar 1900 an können auch in der Pfalz neue Forstrechte nicht mehr begründet werden (Art. 86 AG.).

Dieses Verbot der Neubegründung von Forstberechtigungen bezieht sich nur auf dingliche Berechtigungen, steht also der Wirksamkeit rein obligatorischer Verpflichtungen nicht im Wege. Die Erweiterung eines bereits bestehenden dinglichen Forstrechtes ist in gleicher Weise wie die Neubegründung unzulässig [4]).

---

[1]) Ueber Inhalt des Waldeigentums s. Trendel, BlAdmPr. Bd. 56 S. 155 ff.

[2]) So z. B. in Art. 23 FG. Vgl. ObLG. in Straff. Bd. 4 S. 390, woselbst ausgeführt ist, daß die Fahrtberechtigten zu den Forstberechtigten im Sinne des Art. 23 FG. gehören. Vgl. BayZfR. 1908 S. 113 f.

[3]) BlAdmPr. Bd. 56 S. 161.

[4]) SeuffBl. Bd. 34 S. 254.

Vom 28. Mai 1852 an ist natürlich auch eine Ersitzung einer Forstberechtigung ausgeschlossen; eine bereits im Laufe befindliche Ersitzung kann nicht mehr fortgesetzt werden. Der Gültigkeit eines Vergleiches steht dagegen das Verbot des Art. 33 FG. dann nicht im Wege, wenn darin lediglich die Anerkennung eines Forstrechtes als eines bereits vor dem 28. Mai 1852 entstandenen enthalten ist[1]. Der Beweisgrund der unvordenklichen Verjährung kann auch jetzt noch in Anspruch genommen werden[2], denn die unvordenkliche Verjährung wirkt nicht rechtserzeugend, durch sie wird ein Recht nicht erworben; sie gewährt nur die Vermutung, daß das Recht in unbekannter Vorzeit durch rechtmäßigen Titel erworben worden ist[3]. Immerhin wird es nicht für genügend zu erachten sein, wenn bezüglich des vor Inkrafttreten des Forstgesetzes liegenden Zeitraumes nur die negative Seite der Beweisführung (s. hierüber oben S. 310) zur Geltung kommt; es wird wohl gefordert werden müssen, daß der für die Rechtsausübung zu erbringende positive Beweis noch in die Zeit vor dem 28. Juli 1852 hineinreicht.

Nur auf Forstberechtigungen im engeren Sinne (s. oben I) bezieht sich das Verbot des Art. 33 FG. und Art. 86 AG.; es steht also der Neubegründung von anderen dinglichen Berechtigungen (z. B. Fahrtrecht, Wasserleitungsrecht) an einem Walde nicht entgegen[4].

III. Rechtliche Natur der Forstberechtigungen.

Die dem Privatrechte zugehörigen dinglichen Forstberechtigungen sind in der Regel Dienstbarkeiten[5] und zwar Grunddienstbarkeiten, wenn sie mit einem herrschenden Grundstück verbunden sind[6], im anderen Falle persönliche Dienstbarkeiten[7]. Daneben kommt die Forstberechtigung auch als Reallast vor; die Grenze zwischen Grunddienstbarkeit und Reallast wird durch den Grundsatz: „servitus in faciendo consistere nequit“ (s. oben S. 291 f.) gezogen. In jenen Fällen, in welchen der Eigentümer des dienenden Grundstücks nicht zu einem bloßen Dulden, sondern zu einem selbständigen Handeln verpflichtet ist, hat man es mit einer Reallast zu tun[8]. Der Grundsatz „servitus in faciendo consistere nequit“ leidet jedoch keine Anwendung auf eine solche dem Eigentümer des dienenden Grundstückes obliegende Mitwirkung bei der Ausübung des Rechts, welche vorzugsweise den

---

1) Oertmann S. 474; EntschOGH. Bd. 6 S. 571; SeuffBl. Bd. 42 S. 158.

2) SeuffBl. Bd. 36 S. 1; EntschOGH. Bd. 8 S. 394; Oertmann S. 474; vgl. Becher, Bayer. ZR. S. 631 Anm. 5.

3) SeuffBl. Bd. 36 S. 1.

4) Ganghofer Anm. 3 zu Art. 33 FG.

5) Roth, Bayer. ZR. § 166 I; BayZfR. 1907 S. 205.

6) SeuffBl. Bd. 21 S. 228 (Vizinität ist nicht erforderlich).

7) SeuffBl. Bd. 21 S. 225; Kreittmayr Anm. 1 c zu BayLR. Tl. II Kap. 8 § 15.

8) SeuffA. Bd. 5 Nr. 6; vgl. BayZfR. 1907 S. 205; Henle, Anleg. d. Grundbuchs S. 241 f.

Zweck hat, den Eigentümer gegen eine mißbräuchliche oder unwirtschaftliche Ausübung des Forstrechtes zu schützen; hierher gehört die Verpflichtung des Eigentümers zur Anweisung des Rechtholzes, auch zum Fällen[1]) desselben, nicht aber zum Zurichten und Aufsetzen oder gar zum Abfahren des Rechtholzes[2]); denn hier dient die Mitwirkung des Eigentümers nicht in erster Linie zur Sicherstellung einer ordnungsmäßigen Rechtsausübung. Das BayLR. Tl. II Kap. 7 § 2 Nr. 1 erkennt Grunddienstbarkeiten, wonach der Eigentümer des dienenden Grundstückes etwas zu tun hat, ausdrücklich an; in dessen Geltungsbereich ist daher eine Forstgerechtigkeit, welche auf „Lieferung" von Holz gerichtet ist, als Servitut aufzufassen[3]). Das preußische Landrecht behandelt die Holzungsgerechtigkeit nur als Grunddienstbarkeit (ALR. I 22 § 197).

Der Umstand, daß die Ausübung der Forstberechtigung von einer Gegenleistung abhängig ist (vgl. oben S. 293), verträgt sich nach der Auffassung des bisherigen Rechts mit einer Grunddienstbarkeit. So wird insbesondere im Gebiete des BayLR. das Recht zum Bezug von Holz gegen ein an den Eigentümer des Waldes zu entrichtendes Anweisgeld als Dienstbarkeit aufgefaßt[4]); ingleichen eine Berechtigung, Holz um den laufenden Preis oder um die Forsttaxe aus einem fremden Walde zu beziehen[5]); dies gilt auch für gemeines und preußisches Recht[6]).

Natural-, Holz- oder Waldfronen, welche die Eigenschaft von Gegenleistungen für forstrechtlich noch bestehende oder abgelöste Nutzungen an sich tragen, sind durch gütliche Uebereinkunft oder in Ermangelung einer solchen auf Anrufen eines Beteiligten in eine bestimmte jährliche Geldabgabe umzuwandeln (Art. 31 FG.), die mit dem 25fachen Betrage abgelöst werden kann (Art. 31 Abs. 4 FG.), die übrigen Waldfronen sind ohne Entschädigung aufgehoben[7]) (Art. 31 Abs. 5 FG.). Streitigkeiten über das Recht oder den Umfang oder die Eigenschaft einer Natural-, Holz- oder Waldfrone gehören vor die Gerichte (Art. 31 Abs. 6 FG.).

### IV. Gemessene und ungemessene Forstberechtigungen[8]).

Bei ungemessenen Berechtigungen richtet sich deren Umfang nach dem Bedürfnis des Berechtigten[9]) (s. hierüber, insbesondere auch über

[1]) SeuffBl. Bd. 21 S. 230.

[2]) Maenner S. 275 Anm. 15 und dagegen JW. 1888 S. 314 Nr. 19; Dernburg S. 559.

[3]) EntschOGH. Bd. 5 S. 610.

[4]) SeuffBl. Bd. 31 S. 269 u. 368.

[5]) SeuffBl. Bd. 13 S. 286, Bd. 31 S. 269.

[6]) Roth, Bayer. ZR. § 175.

[7]) Vgl. SeuffBl. Bd. 25 S. 53.

[8]) Ein Streit darüber, ob eine Forstberechtigung eine gemessene oder ungemessene ist, gehört zur Zuständigkeit der Gerichte (Art. 23 Abs. 2, Art. 27 Abs. 5 FG.).

[9]) Vgl. SeuffA. Bd. 23 Nr. 16, Bd. 29 Nr. 14 und insbes. ObLG. N. F. Bd. 7 S. 562 (unter dem für die Hauswirtschaft nötigen Holze ist nur der Be-

eine Aenderung des Bedürfnisses oben § 34 II). Wo kein Bedürfnis besteht oder dasselbe in anderer Weise Befriedigung findet, kann auch die Berechtigung nicht ausgeübt werden. Deshalb verpflichtet der Verkauf des bereits angewiesenen Holzes zum Wertsersatz [1]). Vgl. ALR. I 22 §§ 237, 238, 239. Diese Verpflichtung ist in § 812 BGB., aber auch durch § 823 Abs. 2 BGB. mit Art. 97 FG. begründet; speziell für Bauholzberechtigung ist diese Ersatzpflicht, wie sofort dargelegt werden wird, durch ausdrückliche Vorschrift des Forstgesetzes statuiert. Ist das Recht zur Zeit des Bedürfnisses nicht ausgeübt worden, so kann eine Nachforderung nicht erfolgen; Schadensersatz kann nur begehrt werden, wenn der Waldeigentümer in Verzug gesetzt wurde [2]). Mit dem auf Grund einer gemessenen Berechtigung bezogenen Material darf der Berechtigte anfangen, was er will; er darf es also auch verkaufen [3]).

Bei Bauholzberechtigungen, welche nicht auf ein bestimmtes jährliches Maß festgesetzt sind, ist der Berechtigte gehalten, jedesmal vorerst den Bedarf und nachfolgend die wirkliche Verwendung auf Verlangen des Verpflichteten genügend nachzuweisen (Art. 28 Abs. 1 FG.). Wenn über diesen Bedarf zwischen dem Berechtigten und dem Verpflichteten Streitigkeiten entstehen, so hat hierüber vorbehaltlich des Rechtsweges, der innerhalb einer Frist von 3 Monaten von der Eröffnung an durch Klagezustellung zu beschreiten ist (Art. 32 FG.), die Forstpolizeibehörde zu entscheiden (Art. 28 Abs. 2 FG.). Das infolge einer solcher Berechtigung abgegebene Bauholz muß innerhalb zweier Jahre, von der Abgabe an gerechnet, demjenigen Zwecke gemäß verwendet werden, der in dem vom Eigentümer bezw. von der Forstpolizeibehörde anerkannten Bedarfsnachweise festgelegt ist [4]) (Art. 28 Abs. 3 FG.).

Zuwiderhandeln begründet — außer der im Art. 97 FG. festgesetzten Strafe, wenn das Holz veräußert wurde — die Verbindlichkeit zum Ersatz des Wertes, welcher nach dem Zeitpunkte der Abgabe des Holzes zu bemessen ist. Die Ersatzpflicht tritt selbst dann ein, wenn die Verzögerung durch unabwendbare Hindernisse herbeigeführt ist,

---

darf, der sich aus der im Anwesen geführten bäuerlichen Wirtschaft ergibt, nicht das von der Bewirtschaftung des Anwesens unabhängige persönliche Bedürfnis des Bauers nnd seiner Angehörigen zu verstehen).

[1]) Dernburg S. 598.

[2]) Vgl. ObLG. N. F. Bd. 8 S. 114. Die Verjährung der Ersatzansprüche tritt nach § 852 BGB. ein in drei Jahren von dem Zeitpunkt an, in welchem der Berechtigte von dem Schaden Kenntnis erlangt hat. Der Schaden des Buchenholzberechtigten ist eingetreten mit der Umwandlung des Buchenwaldes in Nadelwald und nicht erst zu der Zeit, wo die andernfalls neu angepflanzten Buchen Brennholz geliefert haben würden, Bolze Bd. 22 Nr. 153.

[3]) Dernburg S. 598 Anm. 9.

[4]) Ganghofer Note 4 zu Art. 28: Das für einen Dachsparren abgegebene Holz darf nicht zu einem Türstock verwendet werden, auch wenn dieser nötiger wäre wie jener.

da das für den Gesetzgeber maßgebende Motiv für die Begründung der Ersatzpflicht darin bestand, daß durch den Verzug das Bauholz verschlechtert wird und somit der Bedarf des Berechtigten vor der Zeit wieder eintritt [1]). Ueber diesen Ersatz haben, vorbehaltlich der durch Art. 64 FG. in dem Falle der geschehenen Veräußerung begründeten Zuständigkeit der Forstrügegerichte die Zivilgerichte zu entscheiden. Führt also der Bauholzberechtigte, wenn auch auf Grund einer baupolizeilichen Anordnung, seine Bauwendung mit Eisenträgern aus, so kann er seine Berechtigung auf das Baustammholz nicht geltend machen [2]).

Sowohl der Waldbesitzer als der Forstberechtigte ist jederzeit befugt, die Umwandlung ungemessener Forstberechtigungen in gemessene zu verlangen. Falls die Beteiligten sich über die Art und Weise dieser Umwandlung nicht einigen, hat die Forstpolizeibehörde die Umwandlung nach Maßgabe der in Art. 27 FG. enthaltenen näheren Bestimmungen vorzunehmen [3]). Wird bei der Verhandlung das Recht selbst oder dessen Umfang streitig, so sind die Beteiligten auf den Rechtsweg zu verweisen (§ 27 Abs. 5 FG.).

## V. Einschränkung der Forstberechtigungen [4]).

Der Berechtigte hat bei Ausübung seiner Berechtigung der allgemeinen Vorschrift des § 1020 BGB. zufolge das Interesse des Eigentümers des belasteten Grundstücks tunlichst zu schonen. Daneben ist er aber auch bei Ausübung seiner Berechtigung an die genaue Befolgung der forstpolizeilichen Bestimmungen des Forstgesetzes gebunden. Als forstpolizeiliche Vorschriften sind alle diejenigen Gebote und Verbote zu erachten, welche das Forstgesetz mit Rücksicht auf das öffentliche Interesse an der Erhaltung der Waldungen zum Schutze derselben erlassen hat. Hierher gehören die Vorschriften der Art. 34 mit 47, 49 mit 107 FG., insbesondere auch die in Art. 90 mit 97 FG. Hierdurch werden einschneidende Wirkungen erzeugt. Nach Art. 93 Z. 6 FG. wird bestraft, wer bei Waldarbeiten den erteilten besonderen Vorschriften zuwiderhandelt. Die Rechtsprechung nimmt an, daß hierunter auch Vorschriften fallen, welche der Waldeigentümer selbst dem Forstberechtigten erteilt [5]). Daraus ergibt sich die zivilrechtliche Folge (Art. 23 Abs. 1 FG.), daß sich der Forst-

---

[1]) Ganghofer Note 5 zu Art. 28 FG.

[2]) Ganghofer Note 3 zu Art. 28 FG. — Bezüglich der Forstberechtigungen in Staatswaldungen vgl. MBl. vom 18. Juli 1896 (FMBl. 1896 Nr. 13) § 4 Abs. 6 und Abs. 7. Hier ist im Falle des gebotenen und freiwilligen Massivbaues eine Entschädigung vorgesehen. Jedoch besteht hierauf kein Rechtsanspruch.

[3]) Vgl. BlAdmPr. Bd. 5 S. 337, Bd. 16 S. 141.

[4]) Durch Art. 113 EG. sind die Vorschriften des Landesrechts über Einschränkung von Dienstbarkeiten aufrecht erhalten. Unter diesen Vorbehalt fallen auch die forstpolizeilichen Vorschriften. BayZfR. 1908 S. 114.

[5]) OLG. München in Straff. Bd. 5 S. 421, Bd. 6 S. 112.

berechtigte bei der Ausübung seiner Berechtigung an die Anweisung von Seite des Waldeigentümers halten muß. Hiergegen kann nur auf dem in Art. 23 Abs. 2 FG. vorgezeichneten Wege Abhilfe erlangt werden [1]). Neben die allgemeine Vorschrift des § 1020 BGB. über die schonende Ausübung der Grunddienstbarkeiten tritt für die Forstberechtigungen die Vorschrift des Art. 24 des Forstgesetzes, wonach Forstberechtigungen den Waldbesitzer in der nachhaltigen Bewirtschaftung des Waldes sowie in den durch die Boden- und klimatischen Verhältnisse gebotenen Veränderungen der Holz- und Betriebsarten nicht hindern können (s. oben S. 339 Anm. 1) [2]). Wenn der Eigentümer nachweisen kann, daß durch die Ausübung des Stockholzrechtes die Jungwüchse vernichtet würden, so muß der Berechtigte insoweit die Ausübung seines Stockholzrechtes unterlassen [3]). Zu Rodungen ist dagegen der Waldeigentümer nur mit Einwilligung der Forstberechtigten befugt (Art. 34 Z. 3 FG.). Diese Beschränkung des Eigentümers gilt auch für die Waldweide; Art. 5 Weidegesetz ist hierfür nicht maßgebend [4]). Streitigkeiten über die Art und Weise der Ausübung einer Forstberechtigung werden von den Forstpolizeibehörden [5]) entschieden, jedoch mit Vorbehalt des Rechtsweges, insofern ein Beteiligter sich durch die Entscheidung in seinem Rechte oder dessen Umfange für verletzt erachtet (Art. 23 Abs. 2 FG.). Die Grenze, welche bloß die Art und Weise der Ausübung einer Forstberechtigung bezeichnet, ohne in irgendeiner Weise den Umfang des Rechtes selbst zu berühren, ist manchmal fast oder überhaupt nicht zu ziehen, weil die Befugnis, eine Forstberechtigung in der einen oder anderen Weise auszuüben, im Grunde genommen nichts anderes ist, als ein wesentlicher Teil der Forstberechtigung selbst [6]). In einem solchen Falle, in welchem ein Streit über die Art und Weise der Ausübung von selbst und unvermeidbar hinübergreift auf den Umfang des Rechtes, ist immer erst die Entscheidung der Forstpolizeibehörde nach Art. 23 Abs. 2 FG. einzuholen; denn ohne diese vorgängige Entscheidung der Forstpolizeibehörde kann zwar das Gericht feststellen, was der Berechtigte tun darf, aber nicht, wie er das, wozu er kraft seines Rechtes berechtigt ist, tun darf, m. a. W. in welcher Weise er die

---

[1]) OLG. München in Straff. Bd. 5 S. 421; vgl. Roth, Bayer. ZR. § 166 Anm. 8.

[2]) Zu ähnlichen Grundsätzen gelangte die gemeinrechtliche Praxis auf Grund der Verpflichtung des Berechtigten, civiliter uti; vgl. SeuffA. Bd. 29 Nr. 14, Bd. 36 Nr. 263.

[3]) Ganghofer Note 2 zu Art. 23 FG.

[4]) BlAdmPr. Bd. 14 S. 283; Roth, Bayer. ZR. § 166 Anm. 51.

[5]) Das ist die Distriktspolizeibehörde (Art. 109 FG.), die unter Zuziehung von Laienbeisitzern entscheidet (Art. 110 FG.) und gegen deren Entscheidung Berufung innerhalb einer Frist von 14 Tagen von der Eröffnung des Beschlusses an zulässig ist (Art. 112 FG.).

[6]) Vgl. OLG. München in Straff. Bd. 6 S. 112; Ganghofer Note 5 zu Art. 23 FG.

ihm als Inhalt seines Rechts zustehenden Befugnisse auszuüben hat. Beabsichtigt der Waldbesitzer eine Abänderung der Holz- oder Betriebsart[1]), in deren Folge eine Forstberechtigung nicht mehr in der bisherigen Weise ausgeübt werden kann, so ist er verpflichtet, vor der Ausführung die Forstpolizeibehörde in Kenntnis zu setzen, die im Streitfalle über die Statthaftigkeit der beabsichtigten Abänderung endgültig sowie mit Vorbehalt des Rechtsweges, der nach Art. 32 innerhalb 3 Monaten von der Eröffnung an zu beschreiten ist, auch darüber zu entscheiden hat, in welcher Weise die Berechtigten zu entschädigen sind[2]). Die Entschädigung ist, wenn und soweit die Verhältnisse es gestatten, durch Umwandlung des bisherigen in einen anderen entsprechenden Forstnutzungsbezug, andernfalls in Geld zu leisten (Art. 26 Abs. 2 FG.).

Forstberechtigungen, welche die nachhaltige Bewirtschaftung des Waldes beeinträchtigen, sind auf Antrag des Verpflichteten für einen bestimmten Zeitraum entsprechend zu ermäßigen[3]). Stehen mehreren Personen Forstberechtigungen gleicher Gattung an dem Walde zu, so kann der Waldbesitzer den Antrag auf Ermäßigung nur gegen alle diese Berechtigte verbunden stellen. Ein Anspruch auf Entschädigung für eine solche Ermäßigung findet bloß dann statt, wenn die Ermäßigung durch unnachhaltige Bewirtschaftung von seiten des jetzigen oder der früheren Waldbesitzer veranlaßt worden ist. Sowohl über die Ermäßigung[4]) als über die Statthaftigkeit und den Betrag der Entschädigung[5]) entscheidet die Forstpolizeibehörde vorbehaltlich der Betretung des Rechtsweges, der innerhalb 3 Monaten von dem Tage der Eröffnung an beschritten werden muß (Art. 25 mit Art. 32 FG.).

Die Berechtigten, welche gegen den Ausspruch der Forstpolizeibehörde auf Ermäßigung den Rechtsweg betreten, sind beweispflichtig

[1]) Gemeint ist hier die Veränderung des ganzen Wirtschaftsbetriebes in einem Walde, nicht jede Aufforstung abgetriebener oder öder Waldstellen. Ganghofer Note 1 zu Art. 26 FG.

[2]) Eine Entschädigung ist dann nicht zu leisten, wenn die Veränderung durch die Boden- oder klimatischen Verhältnisse geboten ist (Art. 24 FG.). Noch weiter geht von Stengel, SeuffBl. Bd. 65 S. 245, anscheinend mit Billigung von Oertmann S. 475, der eine Entschädigung dann versagt, wenn der Waldeigentümer durch äußere von seinem freien Willen mehr oder weniger unabhängige Umstände, z. B. Insektenfraß, zu einer Aenderung der Holz- und Betriebsart gezwungen ist. In derlei Fällen soll die Entschädigung nur darin bestehen, daß der Eigentümer dem Forstberechtigten Gelegenheit geben muß, das Recht fortan in einer der geänderten Holz- oder Betriebsart entsprechenden Weise auszuüben. Ich halte dies nur unter der Beschränkung für richtig, daß ohne die Aenderung die nachhaltige Bewirtschaftung des Waldes (Art. 24 FG.) unmöglich wäre.

[3]) Der Antrag auf Ermäßigung ist jederzeit und selbst dann zulässig, wenn das Recht rechtskräftig festgestellt ist. Ueber Einstellung der Zwangsvollstreckung mit Rücksicht auf einen Ermächtigungsantrag, vgl. SeuffBl. Erg.-Bd. zu Bd. 31 u. 32 S. 184.

[4]) Vgl. SeuffBl. Bd. 27 S. 221.

[5]) Vgl. SeuffBl. Bd. 27 S. 288.

dafür, daß die Ausübung der von ihnen festgehaltenen Forstberechtigung die nachhaltige Bewirtschaftung des Waldes nicht beeinträchtigt. Dies ergibt sich aus Art. 33 Abs. 2 FG. [1]) im Zusammenhalt mit der Erwägung, daß der Gesetzgeber den Forstpolizeibehörden einen zunächst und vorbehaltlich der gerichtlichen Entscheidung maßgebenden Einfluß einräumen wollte.

## VI. Arten der Forstberechtigungen.

1. Das Beholzungsrecht (ius lignandi) kann auf Brennholz oder Bauholz gerichtet sein; es kann sich auf das Stockholz oder auf das Fallholz (Raff- und Leseholz) oder auf das von den gefällten Bäumen zurückgelassene Reisig (Abraum) beschränken [2]). In einem solchen Rechte auf das Raff- und Leseholz ist das Recht auf das Lagerholz (infolge Alters umgefallene Bäume) so wenig enthalten wie auf Windbrüche oder auf stehendes abgestandes Holz [3]), vgl. ALR. I 22 §§ 214 bis 217, 224. Die Berechtigten müssen sich die Anweisung bestimmter Reviere (Art. 93 Z. 6 FG.) und bestimmter Holztage (Art. 90, 91 FG.) gefallen lassen. Wenn einem Anwesen das Beholzungsrecht ohne nähere Bestimmung eingeräumt ist, dann kommt es auf die Auslegung des Begründungsaktes an; einen wichtigen Auslegungsbehelf bietet die bisherige Uebung; im Zweifel wird man darunter nur die Berechtigung zum Bezuge des Brennholzbedarfes, nicht auch zum Bezuge des Bauholzes zu verstehen haben [4]). Anders entscheidet ALR. I 22 § 201. Ist eine Bauholz- und Brennholzberechtigung nebeneinander zuständig, so bestehen zwei rechtlich voneinander unabhängige Dienstbarkeiten, von denen die eine selbständig abgelöst werden [5]) oder durch Nichtgebrauch untergehen kann, während sich die andere erhält [6]).

Ist das Holzbezugsrecht auf eine Holzart beschränkt, so ruht das Recht, insolange die betreffende Holzart in dem Walde nicht mehr anzutreffen ist. Eine Pflicht des Eigentümers zur Schadloshaltung besteht dann, wenn der Mangel der Holzart von dem Eigentümer selbst herbeigeführt ist, ohne daß dies für die nachhaltige Bewirtschaftung des Waldes notwendig oder durch die Boden- und klimatischen Verhältnisse geboten war (s. oben V). Insoweit sind die Bestimmungen des ALR. I 22 §§ 231—234 durch Art. 24 FG. geändert.

Bei ungemessenen Berechtigungen bemißt sich der Umfang des Rechts nach dem Bedürfnis (s. oben IV).

---

[1]) SeuffBl. Bd. 27 S. 265.

[2]) Vgl. SeuffA. Bd. 11 Nr. 124, Bd. 24 Nr. 14, Bd. 38 Nr. 10. Ueber Abraum vgl. Striethorst' Arch. Bd. 92 S. 117.

[3]) Dernburg S. 597; EntschOGH. in Straff. Bd. 4 S. 46.

[4]) Holzschuher Theor. u. Kas. Bd. 2 S. 166.

[5]) SeuffBl. Bd. 27 S. 377.

[6]) Dernburg S. 597.

2. Das Streurecht besteht in der Befugnis, abgefallenes Laub, Nadeln und Moos zur Verwendung als Streu in den Viehställen zu beziehen [1]). Der Streuberechtigte darf die Streu erst nach vorgängiger Anweisung des Waldeigentümers holen, widrigenfalls er gestraft wird (Art. 85 FG.) [2]). Erachtet sich der Berechtigte durch die Anweisung in unstatthafter Weise beeinträchtigt, so steht ihm frei, die Forstpolizeibehörde um eine Entscheidung über die Art der Ausübung seiner Forstberechtigung nach Art. 23 Abs. 2 FG. anzugehen (s. oben V); er ist aber der Strafbestimmung des Art. 85 Abs. 1 FG. gegenüber nicht befugt, eigenmächtig an einem anderen als dem vom Waldbesitzer angewiesenen Waldorte von seiner Berechtigung Gebrauch zu machen. Die Anwendung eiserner Rechen, Hacken, Hau- oder Schneide-Werkzeuge beim Streusammeln ist verboten (Art. 90 FG.).

3. Das Waldweiderecht ist nicht nach dem Weidegesetz, sondern nach dem Forstgesetz zu beurteilen (s. hierüber oben § 36, VIII, 4).

Hierher gehört das Mastungsrecht, das ist die Befugnis, Schweine in den Wald eines anderen zu treiben, um sie von den darin befindlichen Mastfrüchten, insbes. Eicheln und Bucheckern, zu nähren [3]). Ist diese Gerechtigkeit nicht der Zahl der Schweine nach gemessen, so ist auch hier das Bedürfnis des herrschenden Gutes maßgebend. Es folgt daraus regelmäßig, daß der Berechtigte nicht mehr Schweine aus dem Walde mästen darf, als er zu seinem Hausgebrauch bedarf [4]). In dem Rechte der Mastung ist die Befugnis zum Eichellesen nicht ohne weiteres enthalten [5]) (s. jedoch ALR. I 22 §§ 187 ff.). Der Berechtigte darf das Recht in der Regel nur bei vollem Fruchtertrag (volle Mast im Gegensatz zu Sprengmast) [6]), ausüben.

### VII. Ablösung der Forstberechtigungen [7]).

Die Ablösung von Forstberechtigungen jeder Art ist lediglich im Wege eines freiwilligen Uebereinkommens statthaft (Art. 30 FG.). Zur Ablösung ist die Zustimmung der Hypothekengläubiger erforderlich [8]).

Unter dem Geltungsbereich der landesherrlichen Verordnung vom 18. Januar 1805, die Ablösung der Forstservituten betr. (RBl. S. 129) wurden die Holzberechtigungen vielfach durch Ueberlassung

---

[1]) Roth, Bayer. ZR. § 166 Anm. 47.
[2]) EntschOGH. in Straff. Bd. 6 S. 448; vgl. Bd. 2 S. 257; OLG. München in Straff. Bd. 6 S. 647.
[3]) Dernburg S. 600; Holzschuher a. a. O. S. 167.
[4]) Holzschuher a. a. O. S. 167.
[5]) Holzschuher a. a. O. S. 167.
[6]) Vgl. hierzu Dernburg S. 600; Holzschuher a. a. O. S. 167 f.
[7]) Ueber Ablösung von Forstrechten auf Fideikommißgrundstücken vgl. ObLG. N. F. Bd. 2 S. 448, auf Lehenswaldungen vgl. EntschOGH. Bd. 15 S. 361.
[8]) ObLG. N. F. Bd. 4 S. 176.

von Waldflächen (sogen. Purifikationswaldungen) abgelöst. Die hiernach abgetretenen Waldflächen sind in das Eigentum der bisherigen Forstberechtigten, nicht in das der Gemeinde übergegangen, denen die Berechtigten angehörten [1]).

Die Forstrechtsablösung stellt sich als Aufhebung eines dinglichen Rechtes durch entgeltlichen Verzicht dar [2]).

## § 38. Klagenschutz der Grunddienstbarkeiten.

Wird eine Grunddienstbarkeit beeinträchtigt, so stehen dem Berechtigten die im § 1004 BGB. bestimmten Rechte zu (§ 1027 BGB.).

I. Die Beeinträchtigung kann durch eine positive Tätigkeit oder eine rechtswidrige Unterlassung herbeigeführt worden sein. Freilich ist hier zu berücksichtigen, daß vermöge des Grundsatzes servitus in faciendo consistere nequit (s. oben S. 291) der Eigentümer des dienenden Grundstücks regelmäßig nicht zu einem positiven Tun verpflichtet ist. Doch gibt es hiervon Ausnahmen [3]) (vgl. hierzu oben S. 292 und 293).

Auch bloße Drohungen können unter Umständen eine Beeinträchtigung der Grunddienstbarkeit darstellen, während ein bloßes Bestreiten regelmäßig den Anspruch aus § 1027 nicht erzeugt [4]) (vgl. oben S. 233). In letzterem Falle kann ein Feststellungsanspruch auf Anerkennung des rechtlichen Bestandes oder Umfanges der Grunddienstbarkeit erhoben werden, wenn die Voraussetzungen des § 256 ZPO. gegeben sind. Die Verbindung eines solchen Feststellungsanspruchs mit dem Anspruch aus § 1027 ist zulässig und wird sich häufig empfehlen, um Rechtskraft zugunsten des ganzen Rechtsverhältnisses herbeizuführen und die Grundlage für die Eintragung der Grunddienstbarkeit im Grundbuch zu schaffen [5]).

Der Anspruch setzt kein Verschulden desjenigen voraus, welcher für die Beeinträchtigung verantwortlich ist (vgl. oben S. 234).

II. Das Ziel des Anspruchs ist die Abwehr der Beeinträchtigung. Es ist klar, daß die Abwehrklage da nicht mehr angestellt werden kann, wo sie nicht mehr notwendig ist, weil eine Störung der Grunddienstbarkeit nicht mehr vorliegt. Deshalb kann man sagen, daß der Anspruch aus § 1027 einen Zustand der Beeinträchtigung voraussetzt. Dieser Zustand kann in einem körperlichen Verhältnis

---

[1]) ObLG. N. F. Bd. 4 S. 881.

[2]) BayZfR. 1907 S. 206, s. dort das Nähere über den grundbuchamtlichen Vollzug einer Forstrechtsablösung und Forstrechtstransferierung.

[3]) Siehe z. B. oben § 37 III über die Verpflichtung des Eigentümers eines mit einem Forstrecht belasteten Waldes das Holz anzuweisen oder zu fällen. — Ferner oben S. 292 über die Verpflichtung des Eigentümers zur Unterhaltung einer Anlage, welche der Ausübung der Grunddienstbarkeit dient. Soweit der Eigentümer des belasteten Grundstücks unterhaltspflichtig ist, steht dem Eigentümer des berechtigten Grundstücks der Anspruch auf Unterhaltung aus § 1027 BGB. zu.

[4]) Vgl. BayZfR. 1906 S. 446 (Bamberg); ObLG. N. F. Bd. 3 S. 500.

[5]) Staudinger Bem. 1 b zu § 1027.

bestehen, durch welches die Störung dargestellt wird, oder in einem Zustande der Gefährdung durch Wiederholung der Eingriffe.

Aus dieser Verschiedenheit der Veranlassung ergibt sich eine doppelte Gestaltung des Anspruchs:

1. Der Anspruch auf Beseitigung der Beeinträchtigung geht auf die Wiederaufhebung einer fortbestehenden Beeinträchtigung der Grunddienstbarkeit. Der Fortbestand und die Wiederaufhebbarkeit der Beeinträchtigung setzen ein körperliches Verhältnis voraus (s. hierüber oben S. 235).

Wenn die Unterhaltung einer zur Ausübung der Grunddienstbarkeit dienenden Anlage dem Eigentümer des dienenden Grundstückes obliegt, stellt die Unterlassung dieser Unterhaltung eine Beeinträchtigung der Grunddienstbarkeit dar. Die Beseitigung dieser Beeinträchtigung wird durch Ausführung der Unterhaltung bewirkt und hierauf ist also in diesem Fall der Beseitigungsanspruch zu richten [1].

2. Der Anspruch auf Unterlassung weiterer Beeinträchtigung setzt ebenfalls einen Zustand, jedoch nicht körperlicher Art, voraus. Wenn das Zuwiderhandeln gegen die aus dem Inhalte der Grunddienstbarkeit für die anderen Personen sich ergebenden Pflichten die zuständliche, bis in die Gegenwart fortdauernde Folge hervorgebracht hat, daß weitere Beeinträchtigungen nach den Umständen zu besorgen sind, so ist dem Berechtigten der Anspruch auf Unterlassung weiterer Beeinträchtigung gegeben (vgl. hierüber oben S. 238).

Auch hier ist der Berechtigte weder verpflichtet, noch berechtigt, auf Vorkehrung bestimmter Maßnahmen zu klagen, durch welche die Beeinträchtigung hintangehalten werden soll (vgl. oben S. 240). Die Zwangsvollstreckung aus einem Urteil auf Unterlassung erfolgt aus § 890 ZPO. (Vgl. oben S. 242).

Der Anspruch des Grunddienstbarkeitsberechtigten kann einer mit obrigkeitlicher Erlaubnis errichteten gewerblichen Anlage und Eisenbahn-, Dampfschiffahrts- und ähnlichen Unternehmungen gegenüber niemals die Einstellung des Betriebes, sondern höchstens die Herstellung von Einrichtungen, welche die Störung ausschließen, bewirken. Wo solche Einrichtungen nicht tunlich sind, kann wegen der Beeinträchtigung der Grunddienstbarkeit lediglich Schadloshaltung verlangt werden (vgl. hierüber oben S. 253 ff.). Daneben greift der allgemein anerkannte Rechtsgrundsatz auch in den Anspruch auf § 1027 ein, wonach gegenüber der Ausübung staatlicher Hoheitsrechte und speziell gegenüber polizeilichen Anordnungen nicht auf Unterlassung geklagt werden kann (vgl. oben S. 243).

3. Schadensersatz kann nur im Falle des Verschuldens nach Maßgabe der Haftung für die unerlaubte Handlung verlangt werden [2].

---

[1]) Staudinger Bem. 3 b zu § 1027; Dernburg S. 585.
[2]) Vgl. SeuffBl. Bd. 68 S. 166; ObLG. N. F. Bd. 3 S. 492.

Dieser Schadensersatzanspruch kann mit dem Anspruch aus § 1027 BGB. verbunden werden.

III. Parteistellung für die Klage.

1. Klageberechtigt ist der Inhaber der Dienstbarkeit, also der jeweilige Eigentümer des herrschenden Grundstücks. Es ist nicht erforderlich, daß er im Besitze des Grundstückes ist. Auch der einzelne Miteigentümer ist klageberechtigt (§ 1011 BGB.). Wird das herrschende Grundstück geteilt und die Grunddienstbarkeit bleibt für die einzelnen Teile fortbestehen (§ 1025 BGB. s. oben § 34 VIII), so ist jeder Eigentümer eines solchen Teiles klageberechtigt[1]). Ingleichen der Erbbauberechtigte (§ 1017 Abs. 2 BGB.) und der Nießbraucher (§ 1065 BGB.), soweit mit dem Erbbaurecht und dem Nießbrauch die Ausübung einer Grunddienstbarkeit aktiv verbunden ist. Der Fideikommißbesitzer des herrschenden Grundstücks ist aktiv legitimiert. An Stelle des Eigentümers ist der Konkursverwalter (§ 6, 10 f. KO.), der Testamentsvollstrecker (§§ 2212, 2213 BGB.), aber auch der Zwangsverwalter aktiv legitimiert. Dagegen fehlt die Aktivlegitimation dem Mieter und Pächter[2]) (über die Aktivlegitimation überhaupt vgl. oben S. 247).

2. Passiv legitimiert ist jeder Störer (vgl. hierüber oben S. 247 ff.), also nicht nur der Eigentümer des dienenden Grundstücks, sondern jeder Dritte, der unbefugt der Ausübung der Grunddienstbarkeit in den Weg tritt[3]). Mehrere Störer haften aus einer gemeinschaftlich begangenen Störung als Gemeinschuldner für die Beseitigung der Beeinträchtigung[4]).

Wird auf Feststellung einer Grundgerechtigkeit geklagt, die auf einem Grundstücke ruht, welches im Miteigentum mehrerer Personen steht, so muß die Klage gegen die sämtlichen Miteigentümer erhoben werden, wenn auch nur einer von ihnen die Grunddienstbarkeit bestritten hat[5]).

IV. Beweislast. Der Kläger ist für den von ihm behaupteten Inhalt und Umfang der Grunddienstbarkeit beweispflichtig, wobei hinsichtlich der im Grundbuch eingetragenen Grunddienstbarkeiten die Bezugnahme auf den Inhalt des Grundbuches genügt (§§ 891, 874 BGB.).

Dem Kläger liegt ferner der Nachweis der Klageveranlassung ob; er muß also beweisen, daß ein Zustand der Beeinträchtigung (in dem oben I und II erörterten Sinne) vorliegt.

---

[1]) Vgl. OTribArch. Bd. 25 S. 280.

[2]) Planck Bem. 2 zu § 1027. A. M. Staudinger Bem. 2a zu § 1027, Dernburg S. 584, die dem Mieter und Pächter die Feststellungsklage gewähren wollen Man wird dieselben auf die Besitzstörungsklage beschränken müssen, s. unten § 39.

[3]) BayZfR. 1906 S. 446 (Bamberg); ObLG. N. F. Bd. 3 S. 352 (Bamberg).

[4]) Vgl. SeuffA. Bd. 61 Nr. 224.

[5]) R. d. OLG. Bd. 18 S. 149 (Köln); die Kosten, die gegen den nicht bestreitenden Miteigentümer erwachsen sind, können diesem auch dann überbürdet werden, wenn er den Anspruch sofort anerkennt, weil sein Anerkenntnis insolange wirkungslos ist, als es nicht alle Miteigentümer erklären.

V. **Zeitliche Statutenkollision.** Der § 1027 BGB. gilt auch für die bei dem Inkrafttreten des BGB. bereits bestehenden Grunddienstbarkeiten (Art. 184 EG.).

VI. **Gerichtsstand.** Für die Klage aus § 1027 BGB. ist das Gericht ausschließlich zuständig, in dessen Bezirk das dienende Grundstück belegen ist (§ 24 ZPO.).

## § 39. Besitzschutz der Grunddienstbarkeiten.

### A. Begriff des Quasibesitzes an Grunddienstbarkeiten.

I. Ein Sachbesitz im Sinne des § 854 BGB. ist bei Grunddienstbarkeiten nur dann denkbar, wenn sich die Dienstbarkeit in Anlagen verkörpert, die auf das dienende Grundstück direkt einwirken, z. B. in überragenden Balken, Dunggruben, Wasserleitungen u. s. w. Auf diese Fälle finden die Vorschriften des BGB. über den Schutz des Sachbesitzes (§§ 854 ff. BGB.) unmittelbar Anwendung[1]).

II. Abgesehen hiervon ist ein Sachbesitz bei Dienstbarkeiten undenkbar. Obwohl das BGB. das Institut des Rechtsbesitzes im allgemeinen nicht anerkannt hat, hielt es aus praktischen Gründen für unumgänglich dem Besitzer einer Grunddienstbarkeit den possessorischen Rechtsschutz zu gewähren. Bei der Bestimmung der Voraussetzungen dieses Schutzes geht das BGB. davon aus, daß eine Analogie zwischen dem Sachbesitz und dem Zustande der Ausübung der Grunddienstbarkeit zu benützen ist. Das Analogon des Sachbesitzes ist bei den Grunddienstbarkeiten der Zustand der Ausübung bezw. der Zustand der tatsächlichen Geltung der Dienstbarkeit, welcher in deren Betätigung seitens des Berechtigten zutage tritt[2]). Den Vorschriften des BGB. liegt der Gedanke zugrunde, daß man denjenigen, welcher sich in der Ausübung der Dienstbarkeit befindet, gewissermaßen als Mitbesitzer (quasi possessor) neben dem Sachbesitzer ansehen kann[3]). Dadurch aber ist in der Tat bei Grunddienstbarkeiten vom BGB. der **Rechtsbesitz** anerkannt worden. Zwar spricht das BGB. nur von einer entsprechenden Anwendung der für den Besitzschutz geltenden Vorschriften auf den Schutz der Ausübung einer Grunddienstbarkeit (Art. 191 EG. § 1029 BGB.). Aber die entsprechende Anwendung der Vorschriften über den Schutz des Sachbesitzes ist eben nur dann möglich, wenn Rechtsbesitz (quasi possessio) des Servitutberechtigten zugrunde gelegt wird[4]).

---

[1]) Plank Bem. 1 zu § 1029; Staudinger Bem. 1a zu § 1029.

[2]) M. Bd. 3 S. 490, Mugdan Bd. 3 S. 273.

[3]) Plank Bem. 1 zu § 1029.

[4]) So ist nach § 862 Abs. 2 BGB. der Besitzanspruch ausgeschlossen, wenn der Besitzer dem Störer gegenüber fehlerhaft besitzt und der Besitz in dem letzten Jahre vor der Störung erlangt ist. Die entsprechende Anwendung dieser Vorschrift auf den Schutz der Ausübung von Grunddienstbarkeiten setzt unerläßlich voraus, daß auch hier ein tatsächliches Machtverhältnis als erlangt unterstellt wird. Mit

B. **Erwerb des Quasibesitzes an Grunddienstbarkeiten.**

I. Wie der Sachbesitz durch die Erlangung der tatsächlichen Gewalt über eine Sache erworben wird (§ 854 BGB.), so wird die quasi possessio durch die Ausübung der Grunddienstbarkeit erworben und zwar schon durch eine einmalige, auf Fortsetzung gerichtete Ausübung. Gleichwie der Sachbesitz als tatsächliche Gewalt besteht ohne Rücksicht darauf, ob er rechtlichen Schutz genießt, so besteht die dem Sachbesitz entsprechende quasi possessio unabhängig davon, ob und inwieweit ihr vom Gesetzgeber ein Schutz zugebilligt wird. Dieser Gedanke ist als grundlegend festzuhalten. Es wäre verfehlt, eine quasi possessio nur insoweit als gegeben zu erachten, als ein Schutz der quasi possessio vom Gesetzgeber zugebilligt ist. Die quasi possessio wird erlangt durch eine Handlung, welche sich objektiv als Ausübung einer Grunddienstbarkeit darstellt. Die Handlung muß den Charakter der Rechtsausübung tragen [1].

Gleichgültig für den Begriff der quasi possessio ist es, ob dieselbe durch eine fehlerhafte Besitzhandlung erworben wird. Gleichwie der Räuber an der von ihm abgenommenen Uhr den Besitz erwirbt, so wird die quasi possessio einer Grunddienstbarkeit auch dann erworben, wenn der Ausübende den seiner Fahrt entgegengesetzten Willen des Eigentümers mit Gewalt überwindet. Er besitzt fehlerhaft, aber er besitzt, wenn es ihm gelungen ist, den entgegenstehenden Willen des Grundeigentümers zu überwinden. Er hat die quasi possessio erlangt und behält sie solange, als er nicht das von ihm begründete Herrschaftsverhältnis aufgibt oder in anderer Weise verliert.

Durch den ergreifenden Akt der Betätigung der Dienstbarkeitsausübung wird also ein dem Sachbesitz analoges Herrschaftsverhältnis begründet, welches mit zuständlicher Wirkung fortdauert (quasi possessio).

Die quasi possessio reicht natürlich niemals weiter als die Ausübung und in diesem Rahmen hat sich dann auch der Besitzschutz, sofern er überhaupt besteht, zu halten.

II. Ob einer Handlung der Charakter der Rechtsausübung zukommt, muß nach Lage des Einzelfalles entschieden werden. Es ist nicht erforderlich, daß die Willensrichtung des Quasipossessors gerade auf die Ausübung einer Grunddienstbarkeit als eines Rechtes an einer fremden Sache gegangen ist; auch eine Rechtsausübung, welche in dem Glauben, Eigentümer zu sein, vorgenommen wurde,

---

anderen Worten: wie der Sachbesitz durch eine einmalige Handlung erworben wird, so muß auch das unterstellte Herrschaftsverhältnis bezüglich einer Grunddienstbarkeit, welches den Besitzschutz genießt, durch eine einmalige Handlung dergestalt erworben werden können, daß ein dem Sachbesitz analoges, aber nicht in der tatsächlichen Gewalt, sondern nur in der rechtlichen Fiktion bestehendes Herrschaftsverhältnis angenommen wird.

[1] Vgl. EntschOGH. Bd. 8 S. 461; R. d. OLG. Bd. 6 S. 255.

genügt. Aber es muß sich um eine solche Betätigung handeln, die rein objektiv betrachtet als die eines Grunddienstbarkeitsberechtigten aufgefaßt werden kann; es muß also eine Ausübung vorliegen, die für die Benützung eines dem Quasipossessor gehörigen Grundstückes Vorteil bietet; dem Grundsatz servitus fundo utilis esse debet (s. oben S. 287) muß bei der in Frage stehenden Betätigung Genüge geleistet sein, weil es sich sonst gar nicht um die Ausübung einer Grunddienstbarkeit handeln kann. Wenn z. B. der Postbote bei seinem täglichen Bestellgang über eine fremde Wiese geht, wird er niemals die quasi possessio einer Gehgerechtigkeit an dieser Wiese erwerben. Wenn aber der Eigentümer eines Ackers zum Zwecke der Bestellung desselben über einen daran grenzenden Rain gefahren ist, dann kann er hierdurch die quasi possessio einer Fahrtgerechtigkeit selbst dann erworben haben, wenn er sich irrtümlicherweise für den Eigentümer des Raines gehalten hat.

Die Immission von Rauch, Ruß usw. kann nicht ohne weiteres als eine Handlung aufgefaßt werden, in welcher die Absicht einer Rechtsausübung an dem fremden Grundstück zum Ausdruck kommt[1]), ebensowenig das Ausschwärmenlassen von Bienen[2]). Desgleichen stellt eine bloße Mauerausbauchung oder das bloße Hineinragen eines schief gewordenen Giebels für sich allein noch keine Rechtsausübung einer Servitut dar[3]). Die Rechtsausübung einer Dienstbarkeit an Sachen, welche dem öffentlichen Gebrauche gewidmet sind, ist denkbar, aber sie liegt noch nicht ohne weiteres in der Ausübung von allgemeinen Gebrauchsbefugnissen, welche aus der Oeffentlichkeit des Weges folgen[4]). Wenn die Benützung nur vergünstigungsweise oder mit dem Willen der Verheimlichung erfolgt, ist die quasi possessio nicht gegeben[5]). Dagegen kann eine gewaltsam erzwungene Ausübung sehr wohl den Charakter der Rechtsausübung tragen[6]). Gerade weil jemand sich sein Recht nicht nehmen lassen will, übt er es trotz des Verbotes erst recht aus.

Zweifelhaft ist, was zu der Ausübung der Dienstbarkeit gehört, wenn diese darin besteht, daß auf dem dienenden Grundstück gewisse Handlungen nicht vorgenommen werden dürfen. Die bisherige Rechtsprechung hat in solchen Fällen eine quasi possessio nur dann angenommen, wenn die Nichtvornahme der betreffenden Handlung infolge

---

[1]) Vgl. Bolze Bd. 2 Nr. 191, Bd. 5 Nr. 97, Bd. 11 Nr. 51, RG. Bd. 12 S. 175, SeuffA., Bd. 46 Nr. 171.

[2]) Vgl. JW. 1884 S. 281 Nr. 39.

[3]) Vgl. RG. Bd. 45 S. 287 und dagegen: R. d. OLG. Bd. 5 S. 423.

[4]) R. d. OLG. Bd. 6 S. 255, vgl. Kahr, GemO. S. 359; Entsch. d. OGH. Bd. 9 S. 81, Bd. 10 S. 200; SeuffA. Bd. 42 Nr. 194 (RG.).

[5]) R. d. OLG. Bd. 6 S. 255.

[6]) Vgl. RG. Bd. 22 S. 189; EntschOGH. Bd. 8 S. 201; a. M. Dernburg S. 587. Zu Unrecht beruft sich Dernburg auf Plank Bem. 3 b.

eines Verbotes des anderen Teiles erfolgte[1]). Daran wird festzuhalten sein. Wenn aber die Dienstbarkeit im Grundbuche eingetragen ist, so wird man in dieser Eintragung schon das erforderliche Verbot erblicken können[2]).

Durch Dritte kann, wenn sie in einem Repräsentationsverhältnis zu der Person des Berechtigten stehen, die quasi possessio erworben werden[3]); steht der Dritte zu dem Berechtigten in keinem Repräsentationsverhältnis, so kann die quasi possessio zwar durch ihn erhalten, aber nicht erworben werden[4]).

Wenn die Handlung so, wie sie äußerlich in die Erscheinung tritt, geeignet ist, eine Rechtsausübung darzustellen, so wird es Sache des Gegenbeweises sein, den Charakter der Rechtsausübung zu widerlegen[5]).

C. **Endigung der quasi possessio.**

Wie lange der durch den erwerbenden Akt vollzogene Zustand der quasi possessio erhalten bleibt, ist ebenso wie beim Sachbesitz eine Tatfrage. Auch hier tritt wieder in Erscheinung, daß der Begriff der quasi possessio den rechtlichen Schutz nicht zur Voraussetzung hat. Das ergibt sich aus Art. 191 EG. Danach wird für eine Grunddienstbarkeit, welche weder eingetragen, noch in einer Anlage verkörpert ist, der Besitzschutz nur gewährt, wenn die Dienstbarkeit in jedem der 3 letzten Jahre vor der Störung mindestens einmal ausgeübt worden ist. Damit ist nicht gesagt, daß der Besitzschutz stets dann gewährt werden muß, wenn die Dienstbarkeit in jedem der 3 letzten Jahre mindestens einmal ausgeübt worden ist. Es wird vielmehr vorausgesetzt, daß zur Zeit der Störung die quasi possessio noch besteht. Die quasi possessio kann aber erloschen sein, obwohl im letzten Jahre vor der Störung die Grunddienstbarkeit noch ausgeübt wurde[6]).

Es erlischt nämlich die quasi possessio, wenn der Berechtigte das durch Ausübung begründete Herrschaftsverhältnis aufgibt oder in anderer Weise verliert, gleich wie der Sachbesitz nach § 856 BGB. dadurch beendigt wird, daß der Besitzer die tatsächliche Gewalt über die Sache aufgibt oder in anderer Weise verliert.

Wenn z. B. der Kläger am 29. Mai 1909 bei einer Fahrt über die fremde Wiese gestört wird und deswegen die Besitzschutzklage erhebt, so wird er mit dieser Klage auch dann abgewiesen werden

---

[1]) Holzschuher, Theor. u. Kas., Bd. 2 S. 403; SeuffA. Bd. 36 Nr. 110; JW. 1891 S. 23 Nr. 53.

[2]) Plank Bem. 3 b zu § 1029.

[3]) Vgl. Plank Bem. 3 b zu § 1029; SeuffA. Bd. 47 Nr. 188, EntschOGH. Bd. 5 S. 795 (Dienstboten), Bd. 7 S. 241 (Pächter).

[4]) Vgl. SeuffA. Bd. 47 Nr. 188.

[5]) Plank Bem. 3 b zu § 1029.

[6]) Plank Bem. 3 zu § 1029.

können, wenn er in jedem der vorhergehenden 3 Jahre wiederholt und sogar durchaus ungehindert und im guten Glauben über die fremde Wiese gefahren ist. Wenn ihm z. B. am 20. Mai 1909 der Wiesenbesitzer eine von ihm aufgefundene Urkunde vorzeigt, aus der sich ergibt, daß die bis dahin von beiden Teilen unterstellte Fahrtgerechtigkeit in Wirklichkeit nicht besteht und daraufhin der Kläger, der im Begriffe stand über die Wiese zu fahren, dies unterläßt, so hat er hierdurch die quasi possessio verloren; er hat das durch die Ausübungshandlung begründete Herrschaftsverhältnis aufgegeben.

Das Herrschaftsverhältnis des Berechtigten an der fremden Sache, die quasi possessio, wird namentlich dadurch aufgegeben, daß der Berechtigte die nach den Umständen veranlaßte Fortsetzung der Ausübung mit dem Willen unterläßt, die Grunddienstbarkeit nicht mehr weiter auszuüben. Die Aufgebung des Besitzwillens ist unter diesen Umständen auch aus einer bloßen länger andauernden Nichtausübung des Rechtsbesitzes zu folgern. Ob dies der Fall ist, ist eine Frage vorwiegend tatsächlicher Natur [1]).

Der Verlust des Quasibesitzes tritt auch dann ein, wenn der Besitzer des herrschenden Grundstücks die Ausübung der Dienstbarkeit nicht freiwillig aufgibt, sondern ihm die Ausübung der Dienstbarkeit von dem Besitzer des belasteten Grundstücks, wenn auch nur zeitweilig [2]), unmöglich gemacht wird [3]). Allein gegen diese Behinderung kann gerade der Besitzschutz wirksam angerufen werden.

### D. Schutz der Ausübung der Grunddienstbarkeiten.

I. Voraussetzungen des Besitzschutzes.

Die Voraussetzungen sind verschieden, je nachdem die Grunddienstbarkeit im Grundbuche eingetragen ist oder nicht.

1. Eingetragene Grunddienstbarkeiten.

Wird der Besitzer eines Grundstückes in der Ausübung einer für den Eigentümer im Grundbuch eingetragenen Grunddienstbarkeit gestört, so finden die für den Besitzschutz geltenden Vorschriften entsprechende Anwendung, soweit die Dienstbarkeit innerhalb eines Jahres vor der Störung, sei es auch nur einmal, ausgeübt worden ist (§ 1029 BGB.).

Der Besitzschutz kann auf Grund des § 1029 niemals über den Inhalt der Grunddienstbarkeit, wie er im Grundbuche eingetragen ist, hinausgehen [4]). Eine Ausübung, die über den eingetragenen Inhalt der Grunddienstbarkeit hinausgeht, kann aber den Besitzschutz

---

[1]) Vgl. EntschOGH. Bd. 15 S. 279.

[2]) Nach dem Wegfall der Verhinderung kann die quasi possessio natürlich von neuem erworben werden.

[3]) Plank Bem. 3 zu § 1029.

[4]) Plank Bem. 4 zu § 1029.

unter den Voraussetzungen genießen, unter welchen er einer nicht eingetragenen Grunddienstbarkeit zukommt (s. unten 2).

Die Erfordernisse der Ausübung sind oben unter B erörtert.

Ist die Dienstbarkeit innerhalb des der Störung vorausgehenden Jahres nicht mindestens einmal ausgeübt worden, so bleibt der Besitzschutz überhaupt versagt. Er wird dagegen gewährt, wenn dies auch nur einmal in dem der Störung vorausgegangenen Jahre geschehen ist. War diese vorhergehende Ausübung eine gewaltsame, so kommt es darauf an, ob der Quasipossessor die quasi possessio schon vor dem Beginn des der Störung vorhergehenden Jahres erlangt hat (s. hierüber oben B I). War dies der Fall, dann kann ihm dieser fehlerhafte Erwerb seiner quasi possessio nach §§ 861 Abs. 2, 862 Abs. 2 nicht mehr entgegen gehalten werden. Hat aber der Besitzer des herrschenden Grundstückes die quasi possessio erst in dem der Störung vorhergehenden Jahre erlangt, dann sind die Voraussetzungen gegeben, vermöge deren der störende Besitzer des dienenden Grundstückes die Besitzklage nach §§ 861 Abs. 2, 862 Abs. 2 aus dem Felde schlagen kann.

2. Nicht eingetragene Grunddienstbarkeiten.

Nach Art. 191 Abs. 1 EG. sind die bisherigen Gesetze über den Schutz im Besitze einer Grunddienstbarkeit oder einer beschränkten persönlichen Dienstbarkeit aufrecht erhalten, bis das Grundbuch für das belastete Grundstück als angelegt anzusehen ist. Erst vom Inkrafttreten der Grundbuchverfassung an würde also der Besitzschutz der Grunddienstbarkeiten in Gemäßheit des Art. 191 Abs. 2 EG. nach Reichsrecht zu beurteilen sein. Art. 45 UeG. hat jedoch die Anwendbarkeit des bisherigen Rechts auch für die Uebergangszeit beseitigt und die Vorschriften des Art. 191 Abs. 2 EG. schon vom Inkrafttreten des BGB. an in Geltung gesetzt, so daß von da ab der Besitzschutz der nicht eingetragenen Grunddienstbarkeiten in Bayern einheitlich durch Art. 191 Abs. 2 EG. geregelt ist. Die Beschränkung, wonach Art. 191 Abs. 2 EG. nur insolange Anwendung finden soll, als Dienstbarkeiten nach Art. 128 oder Art. 187 EG. zur Erhaltung der Wirksamkeit gegenüber dem öffentlichen Glauben des Grundbuchs der Eintragung bedürfen, ist für Bayern zunächst bedeutungslos, da die für die Unterwerfung von Grunddienstbarkeiten unter den Eintragungszwang erforderliche kgl. Verordnung (Art. 10 Abs. 2 UeG.) bislang noch nicht erlassen wurde und vorerst auch nicht zu erwarten ist. Demgemäß finden in Bayern auch zum Schutze der Ausübung einer nicht eingetragenen Grunddienstbarkeit die für den Besitzschutz geltenden Vorschriften des BGB. vom 1. Januar 1900 an entsprechende Anwendung. Es sind jedoch zu unterscheiden:

a) die nicht eingetragenen Grunddienstbarkeiten, mit welchen das Halten einer dauernden Anlage verbunden ist. Diese genießen den Besitzschutz ohne weiteres (Art. 191 Abs. 2 S. 1 EG.).

b) Die sämtlichen nicht eingetragenen Grunddienstbarkeiten anderer Art, denen der Besitzschutz nur dann gewährt wird, wenn die Dienstbarkeit in jedem der 3 letzten Jahre vor der Störung wenigstens einmal ausgeübt worden ist (Art. 191 Abs. 2 Satz 2 EG.).

Daß die quasi possessio während der 3 Jahre ununterbrochen fortgedauert hat, ist nicht notwendig. Es genügt, wenn sie in jedem Jahre mindestens einmal, wenn auch nur zeitweilig vorhanden war, soferne sie nur unmittelbar vor Beginn des letzten der Störung vorausgegangenen Jahres bestanden hat. Ist aber die Wiedererlangung der quasi possessio erst in dem der klagegegenständigen Störung unmittelbar vorausgehenden Jahre wieder erlangt worden, so schlägt der störende Besitzer des belasteten Grundstücks die Besitzklage mit dem Einwande aus §§ 861 Abs. 2, 862 Abs. 2 BGB.

II. Inhalt des Besitzschutzes.

Solange das durch die Ausübungsbetätigung begründete zuständliche Herrschaftsverhältnis (quasi possessio) fortdauert, ist jede Behinderung oder Störung in der Ausübung der Dienstbarkeit ohne den Willen des Quasibesitzers eine Verletzung des Quasibesitzrechtes. Die rechtswidrige Verhinderung in der Ausübung oder deren rechtswidrige Beeinträchtigung ist verbotene Eigenmacht, zu deren Abwehr dem Quasibesitzer neben dem Rechte der Selbsthilfe [1]) (§ 859 BGB.) die Besitzklagen gegeben sind.

Bei totaler Verletzung, nämlich bei Entziehung des Quasibesitzes, geht der Anspruch auf Wiedereinräumung desselben (§ 861 BGB.). Wird der Quasibesitz nur partiell, d. i. eben in anderer Weise als durch Entziehung, beeinträchtigt, so steht dem Quasibesitzer die Besitzstörungsklage zu (§ 862 BGB.).

Der Quasibesitz ist entzogen, wenn der Dritte die Ausübung der Dienstbarkeit ganz vereitelt; er ist gestört, wenn die Ausübung der Dienstbarkeit erschwert wird; die Grenzen der beiden Besitzklagen sind bei ihrer Anwendung auf den Schutz der Grunddienstbarkeitsausübung besonders flüssig.

Das Gesetz erkennt mit gewissen Einschränkungen, die unter I erörtert wurden, die quasi possessio als schutzwürdig an; dem Quasipossessor ist das Recht auf Erhaltung des durch die Ausübung erlangten Herrschaftsverhältnisses in dem Sinn verliehen, daß er an der Fortsetzung der Ausübung nicht behindert werden darf. Sein Quasibesitz wird geschützt ohne Rücksicht darauf, ob er mit der Rechtslage übereinstimmt. Wer diesen Herrschaftszustand stört, handelt widerrechtlich, soferne ihm nicht das Gesetz die Störung gestattet (s. oben S. 277). Die Störung ist verbotene Eigenmacht (§ 858 BGB.) und also selbst dann unzulässig, wenn die angemaßte Grund-

---

[1]) Vgl. hierüber Plank Bem. 4a zu § 1029.

dienstbarkeit in Wirklichkeit gar nicht besteht. Ob der Kläger seinerseits selbst den Besitz durch verbotene Eigenmacht erlangt hat, ist nur dann von Bedeutung, wenn der Quasibesitzer dem Störer oder dessen Rechtsvorgänger gegenüber den Besitz durch verbotene Eigenmacht erlangt hat und der Besitz in dem letzten Jahre vor der Störung erlangt worden ist (§ 861 Abs. 2, § 862 Abs. 2 BGB.). Das Nähere hierüber s. oben S. 278, Anwendungsfälle s. oben D I, 1 und D I, 2 b.

Der Anspruch geht auf Wiedereinräumung des Quasibesitzes bezw. auf Beseitigung der Störung und Unterlassung weiterer Störung der Ausübung der Grunddienstbarkeit (s. oben S. 276). Er erlischt mit dem Ablaufe eines Jahres nach der Verübung der verbotenen Eigenmacht, wenn nicht vorher der Anspruch im Wege der Klage geltend gemacht ist (§ 864 Abs. 1 BGB., s. hierüber oben S. 280).

Eine Einwendung oder Widerklage aus dem materiellen Rechte ist nicht zulässig (s. hierüber und über die Ausnahmen von diesem Grundsatz oben S. 279).

# V. Abschnitt.

## Rechtsverhältnisse zwischen Grundeigentümer und Bergbauberechtigtem[1]).

### § 40. Das Recht auf die bergbaufreien Mineralien.

Nach § 905 BGB. erstreckt sich das Recht des Eigentümers eines Grundstückes auf den Erdkörper unter der Oberfläche; die Bodenbestandteile stehen somit im Eigentum des Grundeigentümers[2]). Hiervon wird durch Art. 1 des Bayerischen Berggesetzes[3]) vom 30. Juni 1900 die Ausnahme gesetzt, daß sich das Eigentum am Grund und Boden nicht auf die dort bezeichneten Mineralien[4]) erstreckt, deren Aufsuchung und Gewinnung durch Dritte[5]) der Eigentümer nach Maßgabe der Bestimmungen des Berggesetzes zulassen muß.

Die Frage, in wessen Eigentum diese Mineralien stehen, so lange sie sich ungebrochen auf ihrer natürlichen Lagerstätte befinden,

---

[1]) Auch wenn die Verleihung des Bergwerkseigentums vor Inkrafttreten des Berggesetzes vom 20. März 1869 (neue Fassung vom 30. Juni 1900) erfolgt ist, findet auf das Rechtsverhältnis zwischen dem Grundeigentümer und Bergwerkseigentümer gleichwohl nur dieses Gesetz Anwendung. RG. Bd. 38 S. 329.

[2]) Ein vom Grundeigentümer eingeräumtes Recht auf Gewinnung von Mineralien, die nicht zu den bergbaufreien im Sinne des Art. 1 Berggesetz gehören, ist nach bürgerlichem Rechte zu beurteilen; das Berggesetz findet hierauf keine Anwendung (Becher, Landeszivilrecht S. 969).

[3]) Die landesgesetzlichen Vorschriften, welche dem Bergrecht angehören, sind durch Art. 67 EG. z. BGB. aufrecht erhalten.

[4]) Diese Mineralien sind: Gold mit Ausnahme des Waschgoldes, Silber, Quecksilber, Eisen, Blei, Kupfer, Zinn, Zink, Kobalt, Nickel, Arsenik, Mangan, Antimon und Schwefel, gediegen und als Erze; Alaun- und Vitriolerze; Stein- und Braunkohle, Steinsalz nebst den mit ihm auf der nämlichen Lagerstätte vorkommenden Salzen, namentlich Kali-, Magnesia- und Borsalzen, sowie die Solquellen (Art. 1 Abs. 2 des Berggesetzes). Vgl. hierzu Becher, Landeszivilrecht S. 971.

[5]) Steinsalz nebst den mit ihm auf der nämlichen Lagerstätte vorkommenden Salzen, namentlich Kali-, Magnesia- und Borsalzen, sowie die Solquellen sind dem Staate vorbehalten (Art. 2 Abs. 1 Berggesetz).

wird verschieden beantwortet[1]. Soviel ist für Bayern kraft ausdrücklicher Bestimmung des Art. 1 Berggesetz sicher, daß sie nicht im Eigentum des Grundeigentümers stehen; diese rein negative Bestimmung gibt keinen Aufschluß, wem die Mineralien positiv gehören. Ein Eigentum des Staates[2] könnte nur auf Grund eines Bergregals und da nur mit Schwierigkeiten konstruiert werden; für Bayern ist aber das Bergregal schon durch Art. 240 des Berggesetzes vom 20. März 1869 aufgehoben worden[3]. Somit müssen die dem Bergbaurecht unterliegenden Mineralien als herrenlos betrachtet werden[4]. Sie unterliegen nicht dem allgemeinen freien, sondern einem nach Maßgabe des Berggesetzes besonders geregelten Okkupationsrechte[5] desjenigen, dem das Bergwerkseigentum verliehen wurde. Keineswegs gewährt diese Verleihung schon von selbst das Eigentum an den noch im Erdkörper befindlichen Mineralien; erst durch den Akt der Gewinnung und der Besitznahme erwirbt der Bergwerksberechtigte das Eigentum[6].

## § 41. Das Schürfrecht[7].

Das Schürfen (Aufsuchen der Mineralien) ist im allgemeinen jedermann gestattet (Art. 1 und 4 Berggesetz).

I. Auf öffentlichen Plätzen, Straßen und Eisenbahnen sowie auf Friedhöfen (auch wenn nicht mehr auf denselben beerdigt wird),

---

[1] S. darüber Sehling, Die Rechtsverhältnisse an den der Verfügung des Grundeigentümers nicht entzogenen Mineralien (Leipzig 1904) S. 35 ff.

[2] Dieses wird mit Nachdruck verfochten von Arndt, Zur Geschichte und Theorie des Bergregals und der Bergbaufreiheit (Halle 1879) S. 279 ff.; s. dagegen Sehling a. a. O. S. 41.

[3] Die Konstruktion von zwei übereinander liegenden Eigentumsschichten, etwa nach Art des Stockwerkseigentums, ist daher abzulehnen. Dernburg S. 494. Deshalb gehört eine im Abbaugebiete gelegene Höhle dem Grundeigentümer und nicht dem Bergwerkseigentümer. RG. Bd. 28 S. 152. Ein in der Lagerstätte gefundener Schatz ist zwischen dem Finder und dem Grundeigentümer zu teilen. Dernburg S. 494 Anm. 6.

[4] Sehling a. a. O. S. 50.

[5] Sehling a. a. O. S. 51.

[6] Sehling a. a. O. S. 54; RG. Bd. 10 S. 212. Dernburg S. 494. Oertmann S. 434. Becher, Landeszivilrecht S. 969. Dagegen betrachtet das ObLG. im Anschluß an die Motive zum Berggesetze (Verh. der Kammer der Abgeordneten Beil. Bd. 4 S. 36) das Bergwerkseigentum als ein wirkliches Grundeigentum an den Lagerstätten und Grubenfeldern und den darin befindlichen bergbaufreien Mineralien. EntschOGH. Bd. 7 S. 854. SeuffBl. Bd. 44 S. 152. Unentschieden EntschOGH. Bd. 14 S. 278, SeuffBl. Bd. 58 S. 120.

[7] Das Schürfrecht wird entweder durch Vertrag mit dem Grundeigentümer oder durch bergamtliche Bewilligung erworben. Die bergamtliche Bewilligung begründet stets ein dingliches Recht und zwar eine beschränkte persönliche Dienstbarkeit, die vererblich und veräußerlich ist. Im Zweifel ist anzunehmen, daß auch durch die freiwillige Einräumung des Schürfrechtes durch den Grundeigentümer ein dingliches Recht eingeräumt werden soll. Becher, Landeszivilrecht S. 974. Der Vertrag, durch welchen das Schürfrecht eingeräumt wird, ist obligatorisch formlos gültig. Zur dinglich wirksamen Entstehung der persönlichen Dienstbarkeit ist aber Eintragung im Grundbuch erforderlich. Vgl. Staudinger Bem. 3 zu § 1090 und oben S. 295 u. S. 300.

ist das Schürfen unbedingt verboten (Art. 5 Abs. 1 Berggesetz). Auf anderen Grundstücken ist das Schürfen unstatthaft, wenn nach der Entscheidung des Oberbergamts überwiegende Gründe des öffentlichen Interesses entgegenstehen (Art. 5 Abs. 2 Berggesetz)[1].

Solche Gründe können beispielsweise vorliegen, wenn es sich um den Schutz von gemeinnützigen Anlagen oder Mineralquellen handelt. Auch dem Grundeigentümer selbst kann auf Grund des Art. 5 Abs. 2 das Schürfen untersagt werden[2].

Unter Gebäuden[3]) und in einem Umkreise um dieselben bis zu sechzig Metern, in Gärten[4]) und in eingefriedeten Hofräumen darf nicht geschürft werden, es sei denn, daß der Grundbesitzer[5]) seine ausdrückliche Einwilligung hierzu erteilt hat (Art. 5 Abs. 3 Berggesetz). In diesem Fall ist jeder Zwang ausgeschlossen.

II. Abgesehen von den Fällen des Art. 5 Berggesetz muß der Grundbesitzer, er sei Eigentümer oder Nutzungsberechtigter, das Schürfen auf seinem Grund und Boden jedermann[6]) gestatten[7]) (Art. 6 Abs. 2 Berggesetz). Kann sich der Schürfer mit dem Grundbesitzer über die Gestattung der Schürfarbeiten nicht gütlich einigen, so entscheidet das Oberbergamt darüber, ob und unter welchen Bedingungen die Schürfarbeiten unternommen werden dürfen (Art. 9 Berggesetz)[8]). Der Schürfer ist verpflichtet, dem Grundbesitzer für die entzogene Nutzung jährlich im voraus vollständige Entschädigung zu leisten und das Grundstück nach beendigter Benützung wieder zur freien Verfügung des Grundbesitzers zu stellen, auch für den Fall, daß durch die Schürfarbeiten eine Wertsverminderung des Grundstückes eintritt, bei Beendigung der Benützung den Minderwert zu ersetzen (Art. 7 Abs. 1 Berggesetz). Für die Erfüllung dieser letzteren Verpflichtung kann der Grundbesitzer schon vor dem Beginne der Schürfarbeiten die Bestellung angemessener

---

[1]) Das Oberbergamt kann auch die Fortsetzung bereits begonnener Schürfarbeiten verbieten; ein Entschädigungsanspruch für die bis dahin gemachten nutzlosen Aufwendungen besteht nicht, vgl. RG. Bd. 43 S. 201.

[2]) Rauck Berggesetz Anm. 2 zu Art. 5, Becher, Landeszivilrecht S. 973.

[3]) Ueber den Begriff „Gebäude" s. oben S. 161.

[4]) Parkanlagen gehören nicht hierher Becher, Landeszivilrecht S. 973.

[5]) Unter Grundbesitzer ist nicht der Nutzungsberechtigte, sondern nur der Grundeigentümer zu verstehen. Dernburg S. 497. Gehört das Gebäude nicht dem Grundeigentümer, so ist die Zustimmung des Gebäudeeigentümers erforderlich. Dernburg S. 496. A. M. Achenbach, Das gemeine deutsche Bergrecht in Verbindung mit dem preußischen Bergrechte (1871) S. 337, Arndt, Berggesetz § 4.

[6]) Selbstverständlich auch dem Staat, JW. 1895 S. 364 Nr. 14 und S. 400 Nr. 68.

[7]) Die Erlaubnis ist ohne Form obligatorisch wirksam. Ueber das Wesen des durch die Erlaubnis begründeten Schürfrechtes s. oben S. 383 Anm. 7.

[8]) Ohne vorgängige Erlaubnis des Grundeigentümers darf mit den Schürfarbeiten nicht begonnen werden. Die Erteilung dieser Erlaubnis wird ersetzt durch die Entscheidung des Oberbergamts und durch Zahlung oder Hinterlegung der von diesem festgesetzten Entschädigung und Sicherheitsleistung (Art. 10 Berggesetz).

Sicherheit von dem Schürfer verlangen (Art. 7 Abs. 2 Berggesetz). Beim Mangel einer Einigung unter den Beteiligten setzt das Oberbergamt die Entschädigung und Sicherheitsleistung in Geld vorbehaltlich der Betretung des Rechtsweges fest. Gegen die Entscheidung des Oberbergamts ist Beschwerde an den Verwaltungsgerichtshof zulässig (Art. 226 Berggesetz). Vor Bescheidung der Beschwerde darf mit den Schürfarbeiten nicht begonnen werden [1]). Wird der Rechtsweg betreten, so ist für die Klage das Gericht ausschließlich zuständig, in dessen Bezirk das Grundstück liegt. Die Kosten des Verfahrens vor dem Oberbergamt fallen dem Schürfer zur Last (Art. 9 Berggesetz), während die Kosten des Beschwerdeverfahrens vor dem Verwaltungsgerichtshof dem hierbei Unterliegenden zur Last fallen. Durch Beschreiten des Rechtsweges wegen der Festsetzung der Entschädigung oder der Sicherheitsleistung wird der Beginn der Schürfarbeiten nicht aufgehalten, jedoch nur unter der Voraussetzung, daß die von dem Oberbergamt festgesetzte Entschädigung an den Berechtigten bezahlt oder bei verweigerter Annahme hinterlegt, desgleichen die Sicherheitsleistung in dem von der Bergbehörde festgestellten Betrage geschehen ist (Art. 10 Berggesetz).

III. In den Feldern fremder Bergwerke darf nur nach denjenigen Mineralien geschürft werden, welche in der dem Besitzer des Bergwerks erteilten Verleihung nicht bezeichnet sind (Art. 11 Abs. 1 Berggesetz). Bedrohen jedoch solche Schürfarbeiten die Sicherheit der Baue oder den ungestörten Betrieb des Bergwerks, so hat sie die Berginspektion zu untersagen (Art. 11 Abs. 2 Berggesetz). Dem Bergwerksbesitzer ist Entschädigung und Sicherheit für die ihm aus den Schürfarbeiten erwachsenden Nachteile zu leisten (Art. 11 Abs. 3 und 4 Berggesetz).

IV. Der Schürfer ist befugt, über die bei seinen Schürfarbeiten geförderten Mineralien, die in Art. 1 Abs. 2 Berggesetz aufgeführt sind, zu verfügen, aber nur insoweit, als nicht das Recht auf Gewinnung dieser Mineralien (Bergwerkseigentum) bereits einem Dritten verliehen wurde (Art. 12 Berggesetz).

V. Derjenige, welcher das Gesuch um Verleihung des Bergwerkseigentums (Mutung) [2]) eingereicht hat, ist zu weiteren Versuchsarbeiten berechtigt; deren Zulässigkeit und Folgen sind denselben Regeln unterstellt, welche für das eigentliche Schürfen gelten (Art. 22 Berggesetz).

---

[1]) Rauck Anm. zu Art. 10 Berggesetz.

[2]) Die Mutung muß bei der Bergbehörde entweder zu Protokoll erklärt, oder schriftlich (Telegramm genügt, Becher, Landeszivilrecht S. 976 Anm. 5) in zwei gleichlautenden Exemplaren eingereicht werden (Art. 14 Berggesetz). Der notwendige Inhalt der Mutung ist durch Art. 15 Berggesetz vorgeschrieben. Vgl. hierzu Becher, Landeszivilrecht S. 976. Unter dem Fundpunkt, dessen Bezeichnung hiernach notwendig ist, ist kein mathematischer Punkt, sondern der Fundort zu verstehen. Näheres s. Becher a. a. O.

Die den gesetzlichen Erfordernissen entsprechende Mutung bewirkt, daß ein Dritter, welcher das Mineral an einem anderen Fundpunkte des bereits gesetzlich begehrten Feldes aufschließt, hieraus ein Recht auf Mutung seinerseits nicht ableiten kann (Art. 20 Abs. 2 Berggesetz); sie begründet einen Anspruch auf Verleihung des Bergwerkseigentums. Dieser Anspruch ist vererblich und veräußerlich und hat dinglichen Charakter[1]). Er kann jedoch auf dem Rechtswege nicht gegen das zur Erteilung der Verleihung berufene Oberbergamt, sondern nur gegen diejenigen Personen verfolgt werden, welche dem Muten die Behauptung eines besseren Rechts entgegensetzen (Art. 24 Berggesetz)[2]).

VI. Der Schürfer haftet für den durch seine Schürfarbeiten dem Grundeigentum erwachsenden Schaden auch ohne Verschulden in demselben Umfang wie der Bergwerksbesitzer (Art. 188 Berggesetz), vgl. hierüber unten § 43.

## § 42. Das Bergwerkseigentum.

I. 1. Das Bergwerkseigentum wird nach Maßgabe der Art. 23 bis 39 Berggesetz verliehen. Man versteht unter Bergwerkseigentum die ausschließliche Befugnis, nach Maßgabe der Bestimmungen des Berggesetzes das in der Verleihungsurkunde benannte Material in dem verliehenen Grubenfelde (Art. 27 Berggesetz) aufzusuchen und zu gewinnen[3]).

Die bergrechtliche Verleihung verschafft dem Bergwerksbesitzer noch kein Eigentum an dem Minerale, auf welches sich die Verleihung bezieht; sie gewährt ihm vielmehr nur die ausschließliche Befugnis, das Mineral innerhalb seines Feldes aufzusuchen und zu gewinnen, so zwar, daß das Eigentum erst mit der Okkupation des einzelnen Mineralstückes erworben wird[4]).

Das Bergwerkseigentum kann daher rechtlich nicht als ein Eigentumsrecht im juristisch-technischen Sinne betrachtet werden; denn das ganze Minerallager ist herrenlos[5]); daraus folgt aber zugleich auch, daß das Bergrecht in der Hauptsache nicht als ein Recht an einer fremden Sache aufgefaßt werden kann[6]); es muß sich ja sogar der Grundeigentümer das Bergwerkseigentum verleihen lassen, wenn er die in seinem Grund und Boden befindlichen Mineralien gewinnen will. Man wird vielmehr das Bergwerkseigentum als ein sachenrechtliches Institut besonderer Art betrachten müssen, bei welchem das den Kern bildende Aneignungsrecht verbunden ist

---

[1]) Becher, Landeszivilrecht S. 979.
[2]) Vgl. RG. Bd. 8 S. 195. Becher, Landeszivilrecht S. 979 Anm. 23.
[3]) Vgl. Becher, Landeszivilrecht S. 969.
[4]) RG. Bd. 10 S. 212; vgl. oben § 40.
[5]) Oertmann S. 434.
[6]) A. M. Oertmann S. 434.

mit dem dinglichen Rechte, das fremde Grundstück zum Zwecke der Aneignung des herrenlosen Minerals in einzelnen Beziehungen zu benützen[1]).

Auf das Bergwerkseigentum finden die sich auf Grundstücke beziehenden Vorschriften des bürgerlichen Rechts Anwendung (Art. 42 Berggesetz). Es erhält daher ein Blatt im Grundbuche. Die Veräußerung des Bergwerkseigentums ist zulässig, der Veräußerungsvertrag bedarf zu seiner Gültigkeit der notariellen Verlautbarung (Art. 43 Berggesetz, § 313 BGB.).

2. Das dem Bergberechtigten zustehende Gewinnungsrecht erstreckt sich auf das gesamte Gebiet des Grubenfeldes, nicht etwa bloß auf die zusammenhängende Ablagerung des Minerals am Fund- oder Aufschlußorte. Wenn der Bergwerkseigentümer innerhalb seines Feldes durch Schürfen von einer neuen Aufbruchstelle der Oberfläche aus neue Abgrabungen des verliehenen Minerals vornehmen will, dann hat er die Bestimmungen der Art. 5 bis 12 Berggesetz zu beobachten[2]) (s. oben § 41).

Durch die Verleihung erwirbt der Bergwerkseigentümer das Recht auf Gewinnung des in der Verleihungsurkunde speziell bezeichneten Minerals (Art. 44 Berggesetz); er ist aber auch befugt, die nicht unter Art. 1 Berggesetz fallenden Mineralien ohne Entschädigung des Grundeigentümers zu verwenden, jedoch nur zu Zwecken seines Bergwerksbetriebes und nur unter der Voraussetzung, daß diese Mineralien durch den Betrieb des Bergwerkes gewonnen wurden. Verwendet er diese Mineralien nicht, obwohl er hierzu berechtigt wäre, so ist er verpflichtet, sie dem Grundeigentümer auf sein Verlangen gegen Erstattung der Gewinnungs- und Förderungskosten herauszugeben (Art. 47 Berggesetz). Hat er aber solche Mineralien nicht durch den Betrieb seines Bergwerkes gewonnen, dann muß er sie dem Grundeigentümer ohne Entschädigung[3]) herausgeben und ist im Falle des Verschuldens sogar schadensersatzpflichtig.

II. Das durch die Verleihung begründete Bergbaurecht ist mit denjenigen Befugnissen ausgestattet, welche zur Gewinnung des Minerals erforderlich erscheinen, insbesondere mit einem beschränkten Enteignungsrecht (Art. 156 Berggesetz) und dem Rechte auf Herstellung der zum Bergbau unter und über Tag erforderlichen Vorrichtungen[4]) (Art. 44 Berggesetz). Dem Bergwerkseigentümer steht ferner die Befugnis zu, die zur Aufbereitung (z. B. durch Pochen, Mahlen, Waschen) seiner Bergwerkserzeugnisse erforderlichen Anstalten zu errichten und zu betreiben (Art. 48 Berggesetz)[5]) und im freien Felde

---

[1]) Sehling a. a. O. S. 61—64; vgl. Dernburg S. 493.

[2]) Rauck Bem. zu Art. 44 Berggesetz.

[3]) Ungenau Rauck Anm. 1 zu Art. 47 Berggesetz.

[4]) Näheres s. Becher, Landeszivilrecht S. 982.

[5]) Wegen der polizeilichen Vorschriften und Beschränkungen s. Art. 49 Berggesetz.

Hilfsbaue anzulegen (Art. 50 Berggesetz). Unter Hilfsbauten versteht man bergmännische Anlagen außerhalb des verliehenen Feldes, welche die Mineralgewinnung im Felde ermöglichen oder erleichtern sollen[1]. Die Befugnis zur Anlegung von Hilfsbauten besteht auch gegenüber den Feldern anderer Bergwerkseigentümer, unterliegt aber hier gewissen Beschränkungen (Art. 50 Abs. 2 Berggesetz).

Ist für den Betrieb des Bergbaues und zwar zu den Grubenbauen selbst, zu Halden-, Ablage- und Niederlageplätzen, zu Wegen, Eisenbahnen, Kanälen, ohne Unterschied, ob diese Anlagen zur Gewinnung oder zum Absatze der Bergbauerzeugnisse dienen, ingleichen zu Maschinenanlagen, Wasserläufen, Teichen, Hilfsbauten, Zechenhäusern und zu anderen für Betriebszwecke bestimmten Tagegebäuden, Anlagen und Vorrichtungen, zu den im Art. 48 bezeichneten Aufbereitungsanstalten sowie zu Soleleitungen und Solebehältern die Benützung eines fremden Grundstückes notwendig, so muß der Grundbesitzer die Benützung desselben dem Bergwerksbesitzer insoweit überlassen, als es der Betriebszweck erfordert (Art. 156 Berggesetz). Zu dieser Ueberlassung kann der Grundeigentümer gezwungen werden, sofern nicht die Weigerung des Grundbesitzers durch überwiegende Gründe des öffentlichen Interesses unterstützt wird (Art. 157 Berggesetz). Im Streitfall entscheidet die Kreisregierung (Art. 169 Berggesetz). Vor der Enteignung hat der Bergwerksberechtigte nicht das Recht, eigenmächtig in das Eigentum an der Erdoberfläche einzugreifen; handelt er dem zuwider, so kann der Eigentümer nicht nur Schadensersatz (und zwar sowohl nach § 823 BGB. wie nach Art. 184 Berggesetz) fordern, sondern auch die Eigentumfreiheits- bezw. Besitzklage anstellen[2]. Der Bergwerksbesitzer ist verpflichtet, dem Grundbesitzer für die entzogene Nutzung im voraus jährlich vollständige Entschädigung zu leisten und das Grundstück nach beendigter Benützung[3] wieder zur Verfügung des Grundbesitzers zu stellen (Art. 158 Berggesetz). Diesen Verpflichtungen tritt für den Fall, daß durch die Benützung eine Wertsverminderung des Grundstücks eingetreten ist oder voraussichtlich eintreten wird[4], als weitere hinzu, daß der Bergwerksbesitzer bei der Rückgabe des Grundstückes dessen Minderwert[5] ersetzen und daß er auf Verlangen des Grundbesitzers schon bei der Ueberlassung des Grundstückes, selbstverständlich aber auch noch später[6], zur Sicherung der Erfüllung dieser

---

[1] Becher, Landeszivilrecht S. 983.

[2] RG. Bd. 32 S. 242.

[3] Ueber diesen Zeitpunkt vgl. RG. Bd. 47 S. 289.

[4] Vgl. RG. Bd. 34 S. 219.

[5] Ersatzberechtigt ist derjenige, welcher zur Zeit der Rückgabe der Eigentümer des abgetretenen Grundstückes ist. Vgl. RG. Bd. 34 S. 220.

[6] Der Kautionsanspruch kann nicht nur von dem Grundbesitzer, welcher das Grundstück zum Bergbaubetrieb abgetreten hat, sondern auch von dessen Besitznachfolgern während der ganzen Dauer der Nutzungsentziehung geltend gemacht werden, vgl. RG. Bd. 34 S. 220.

Verpflichtung eine angemessene Kaution bestellen muß (Art. 159 Berggesetz).

III. Mit diesen Befugnissen findet das Recht des Bergwerkseigentümers dem Grundeigentümer gegenüber seine Grenzen. Eine dingliche Belastung des Grundeigentums mit der Folge, daß der Eigentümer behindert wäre, sich einer jeden dem Bergbau nachteiligen Handlung zu enthalten, wird durch die bergrechtliche Verleihung nicht herbeigeführt. Vielmehr bewendet es auch bezüglich dieses Verhältnisses bei dem allgemeinen Grundsatze, daß der Eigentümer in dem Rechte der freien Benutzung seines Grundes und Bodens an sich unbeschränkt ist und durch die Ausübung dieses Rechts vorbehaltlich der Bestimmungen der §§ 226, 826 BGB. niemandem verantwortlich wird. Der Grundeigentümer ist deshalb berechtigt, eine *unter* dem Kohlenlager befindliche Tonschicht ohne Berührung des Kohlenlagers selbst dann auszubeuten, wenn hierdurch der Bergwerksbetrieb in dem Kohlenflötze beeinträchtigt wird[1]), z. B. dadurch, daß durch die Wegnahme des Tones dem Kohlenflötze und den in demselben befindlichen Bergbaueinrichtungen die erforderliche Stütze entzogen wird. Auch auf § 909 BGB., welcher von der unzulässigen Vertiefung eines Grundstückes handelt, kann sich der Bergbauberechtigte nicht berufen, da § 909 auf das Rechtsverhältnis zwischen Grundeigentümern und Bergbauberechtigten überhaupt keine Anwendung leidet.

## § 43. Entschädigungspflicht des Bergbauberechtigten.

Der Bergwerksbesitzer ist verpflichtet, für allen Schaden, welcher dem Grundeigentum[2]) oder dessen Zubehörungen durch den unterirdisch oder mittels Tagebaues geführten Betrieb des Bergwerkes zugefügt wird, vollständige Entschädigung zu leisten ohne Unterschied, ob der Betrieb unter dem beschädigten Grundstücke stattgefunden hat oder nicht, ob die Beschädigung von dem Bergwerksbesitzer verschuldet ist und ob sie vorausgesehen werden konnte (Art. 184 Berggesetz). Das Gleiche gilt für die von Schürfern oder Mutern ausgeführten Arbeiten (Art. 188 Berggesetz).

1. Haftbar für den Schaden ist derjenige, welcher bei Eintritt des Schadens der Eigentümer[3]) des Bergwerks ist, auch wenn die Betriebshandlung, durch welche die Schädigung verursacht wird, schon

---

[1]) RG. Bd. 38 S. 329.

[2]) Auch das im gemeinen Gebrauch stehende Staatseigentum ist geschützt. Vgl. Recht 1909 S. 77.

[3]) Nur der Eigentümer ist haftbar, nicht auch derjenige, welcher das Bergwerk auf Grund eines vom Eigentümer abgeleiteten Nutzungsrechtes besitzt. RG. Bd. 30 S. 228. A. M. Becher, Landeszivilrecht S. 1019 und dortige Nachweise, der unter Bergwerksbesitzer nicht bloß den Bergwerkseigentümer versteht, sondern jeden, der das Bergwerk auf eigene Rechnung betreibt.

unter seinem Vorbesitzer vorgenommen wurde [1]). Voraussetzung ist nur, daß das schädigende Bergwerk identisch ist mit dem, dessen Eigentümer in Anspruch genommen wird [2]). Dem hiernach Ersatzpflichtigen bleibt der Rückgriff gegen seinen Vorbesitzer vorbehalten, falls dieser nach dem der Besitznachfolge zugrunde liegenden Rechtsverhältnis regreßpflichtig ist.

Ist der Schaden durch den Betrieb zweier oder mehrerer Bergwerke verursacht, so haftet jeder Bergwerksbesitzer zu gleichen Teilen (s. unten 3).

Zur Entschädigung berechtigt ist auch jeder Nutzungsberechtigte des Grundstücks, sofern der Schaden Nutzungsrechte trifft [3]).

Der Entschädigungsanspruch ist persönlicher Natur; er geht daher weder auf Seite des Berechtigten noch auf der des Verpflichteten ohne weiteres [4]) auf den Singularrechtsnachfolger über [5]).

2. Diese Vorschriften bezwecken, soweit möglich, eine Ausgleichung der Nachteile herbeizuführen, die dem Grundeigentum durch die Ausübung der dem Bergbau durch die Gesetzgebung eingeräumten Rechte erwachsen. Eines dieser Rechte ist die Befugnis des Bergwerksbesitzers zum ungehinderten Betrieb des Bergwerks, den der Grundeigentümer dulden muß, auch wenn er darunter Schaden leidet; aber dafür ist der Bergwerksbesitzer zum vollen Ersatz dieses Schadens verpflichtet worden. Nur derjenige Schaden ist auf Grund Art. 184 Berggesetz zu ersetzen, welcher dem Grundeigentum oder dessen Zubehörungen zugefügt wird. Für den Begriff der Zubehörungen sind die §§ 93 ff. BGB. maßgebend; wegen Beschädigung von beweglichen Sachen, die nach bürgerlichem Recht nicht Zubehörungen des Grundstückes sind, kann ein Schadensersatzanspruch auf bergrechtliche Normen nicht gestützt werden [6]). Weil nur der dem Grundeigentum zugefügte Schaden zu ersetzen ist, kann der Eigentümer eines durch den Bergbaubetrieb beschädigten Grundstückes nicht etwa Ersatz der Geschäftsverluste beanspruchen, die er in mittelbarer

---

[1]) Rauck Bem. 1 g zu Art. 184; Becher Landeszivilrecht S. 1019.

[2]) Vgl. Daubenspeck, Bergrechtliche Entsch. S. 219, 231. Mitverantwortlich ist der Eigentümer desjenigen Bergwerks, dessen früherer Betrieb den durch den späteren Betrieb eines anderen Bergwerkes veranlaßten Schaden vergrößert hatte (vgl. Daubenspeck a. a. O. S. 337). Greift ein Bergwerksbesitzer in das Feld eines anderen unbefugterweise hinüber und verursacht hierdurch Schädigungen Dritter, so ist der andere Bergwerksbesitzer hierfür nicht verantwortlich. RG. Bd. 35 S. 165.

[3]) Rauck Bem. 1 b zu Art. 184 Berggesetz. Auch dem Pächter oder Mieter steht der Anspruch zu. Recht 1909 S. 255 (RG.). A. M. Becher, Landeszivilrecht S. 1019.

[4]) Eine stillschweigende Zession des Entschädigungsanspruches auf den Käufer des geschädigten Grundstückes ist denkbar.

[5]) Becher, Landeszivilrecht S. 1019.

[6]) Becher, Landeszivilrecht S. 1021.

Folge der Beschädigung des Grundstückes an einem außerhalb des letzteren betriebenen Gewerbe erlitten hat [1]).

Im Uebrigen ist der dem Grundeigentum als solchem durch den Bergbaubetrieb erwachsene Schaden [2]) schlechtweg zu ersetzen [3]). Der Begriff des Schadens ist im Berggesetz nicht definiert und muß deshalb nach den Vorschriften des BGB. (§§ 249 ff.) beurteilt werden. Hiernach gehört zur vollständigen Entschädigung der Ersatz des gesamten (positiven) Schadens (§ 249 BGB.) und des entgangenen Gewinns (§ 252 BGB.). Hieraus ergibt sich, daß der Eigentümer des beschädigten Grundstückes für alle mit dem Betriebe des Bergwerkes im Zusammenhang stehenden Vermögensnachteile, mögen sie unmittelbar oder mittelbar durch den Bergbau veranlaßt sein, Ersatz fordern kann und daß es keineswegs erforderlich ist, daß die Integrität des Grundstückes infolge der Einflüsse des Bergbaues aufgehoben werde oder auch nur eine Einbuße erleide. Es ist deshalb auch dafür Ersatz zu leisten, daß ein Grundstück durch den Bergbau seine bisherige Bauplatzqualität eingebüßt hat [4]), oder daß durch Bodensenkungen eine Erschwerung des Eisenbahnbetriebs bewirkt wird [5]). Demgemäß hat die auf der gleichen gesetzlichen Grundlage beruhende preußische Rechtsprechung dem Grundbesitzer z. B. auch für die Trockenlegung seines Brunnens und für die Entziehung bisher oberirdisch zugeflossenen Quellwassers Schadensersatz zugesprochen, auch wenn ihm Sonderrechte in diesen Beziehungen nicht zur Seite standen und obgleich er diese Handlungen, wenn in Ausübung des Eigentumsrechtes von dem Nachbar vorgenommen, ohne Entschädigung hätte dulden müssen.

Deshalb haftet der Bergwerksbesitzer dem Besitzer einer Windmühle für die Schädigung, welche die Mühle infolge der Windentziehung durch die Aufschüttung des bei Gewinnung des Minerals gebrochenen und aufgelagerten Steinmaterials (Halden) erleidet, ob-

---

[1]) RG. Bd. 64 S. 276.

[2]) Ist durch den Betrieb des Bergwerks der Wert eines Grundstückes gemindert, so ist eine einmalige Kapitalsabfindung und nicht eine fortlaufende Rente zu zahlen. Dies gilt auch dann, wenn die Wertsminderung in der dauernd verminderten Ertragsfähigkeit ihren Grund findet und sich mithin die Folgen des entstandenen Schadens in die Zukunft erstrecken und sich alljährlich erneuern. Vgl. RG. Bd. 45 S. 203.

[3]) Darüber, inwieweit sich der Geschädigte mit der Wiederherstellung des früheren Zustandes begnügen muß, vgl. RG. Bd. 11 S. 266 und §§ 249, 250, 251 BGB.

[4]) Art. 186 Abs. 2 Berggesetz steht dem nicht entgegen. RG. Bd. 30 S. 253. Ist dem Grundstück durch den Bergbau die Bauplatzqualität entzogen, so kann es für die Ersatzpflicht nicht darauf ankommen, daß möglicherweise künftighin Verhältnisse eintreten können, durch die das Grundstück wieder bausicher wird. Denn dem existent gewordenen Schaden gegenüber hat Kläger nicht die Verpflichtung, auch noch nachzuweisen, daß er ein dauernder bleiben werde. Gruchot Bd. 42 S. 726 (RG.).

[5]) Gruchot Bd. 45 S. 941 (RG.).

wohl dem Mühlenbesitzer kein gesetzliches Recht auf Windbezug zusteht[1]).

3. Voraussetzung ist natürlich immer, daß die schädigende Handlung im Betriebe des Bergwerkes geschehen ist. Unter Betrieb des Bergwerkes im Sinne des Art. 184 Berggesetz ist nur die unmittelbar auf Förderung des Minerals gerichtete Tätigkeit, der Betrieb im engeren Sinn, zu verstehen, nicht aber Handlungen und Veranstaltungen, welche zur Ausgleichung eines durch den Bergwerksbetrieb hervorgerufenen Schadens vorgenommen werden[2]).

Ist die Schädigung im Betriebe des Bergwerkes erfolgt, so ist es für die Ersatzpflicht des Bergbauberechtigten unerheblich, ob er Eigentümer des Grundstückes ist, auf welchem die dem Nachbar schädliche Handlung vorgenommen wird. Es kommt nur darauf an, ob der Schaden durch den Betrieb des Bergwerkes zugefügt wurde; ist dies der Fall, so muß der Bergwerksbesitzer auch dann entschädigen, wenn er auf Grund seines Eigentums am Grund und Boden oder einer sonstigen Berechtigung befugt ist, die schädliche Handlung, z. B. Entziehung des Quellwassers[3]), vorzunehmen; denn die Ersatzpflicht ist nicht davon abhängig, daß der Bergwerksbesitzer widerrechtlich gehandelt hat.

Ist der Schaden durch den Betrieb zweier oder mehrerer Bergwerke verursacht, so sind die Besitzer dieser Bergwerke gemeinschaftlich und zwar ohne Rücksicht darauf, ob der Schaden zum größeren oder geringeren Teil von dem einen oder anderen Bergwerk verursacht ist, zu gleichen Teilen zur Entschädigung verpflichtet[4]) (Art. 185 Abs. 1 Berggesetz). Im Verhältnis der Bergwerksbesitzer unter sich ist der Nachweis eines anderen Teilnahmeverhältnisses nicht ausgeschlossen (Art. 185 Abs. 2 Berggesetz).

4. Hat zur Entstehung oder Vergrößerung eines Bergschadens

---

[1]) RG. Bd. 49 S. 282.

[2]) RG. Bd. 35 S. 170. Der Bergwerksbetrieb hatte die Trockenlegung eines Sees erfordert. Um Ersatz für den Entgang des Trink- und Nutzwassers für die Angrenzer zu schaffen, hat der Bergwerksbesitzer auf einem ihm gehörigen Grundstück Wasser erbohrt, wodurch die Brunnen der Kläger trocken gelegt wurden. Der hierfür eingeklagte Ersatzanspruch wurde abgewiesen. Ebenso RG. Bd. 26 S. 225. Der Bergwerksbesitzer hatte behufs Entwässerung der durch den Bergbaubetrieb gesunkenen und versumpften Gegend eine Anlage gemacht, welche eine allmähliche Senkung des Grundwasserstandes zur beabsichtigten Folge hatte und hierdurch die Brunnen der Kläger trocken legte.

[3]) Art. 19 WG. findet auf eine im Betrieb des Bergwerkes (oder beim Schürfen) herbeigeführte Zutageförderung oder Ableitung von Grund- und Quellwasser keine Anwendung.

[4]) Eine notwendige Streitgenossenschaft ist auf Seite der mehreren Bergwerksbesitzer nicht gegeben; es kann also die Klage nur gegen einen derselben erhoben werden, selbstverständlich aber nur auf die Quote, für welche er haftet. Becher, Landeszivilrecht S. 1019 Anm. 40. Bei Schädigungen durch Bergbau einer Gewerkschaft und Immissionen Dritter besteht kein Gesamtschuldverhältnis. JW. 1908 S. 119 Nr. 20.

eine unerlaubte Handlung eines Dritten mitgewirkt, so stehen dem Beschädigten zwei aus verschiedenen Rechtsgründen Verpflichtete gegenüber, von denen jeder nur in dem von ihm verursachten und daher zu verantwortenden Umfang haftet; ein Gesamtschuldverhältnis kann weder aus §§ 830, 840 BGB. abgeleitet werden, da der Bergbau keine unerlaubte Handlung ist, noch aus § 431 BGB., da die jeden einzelnen treffende Verpflichtung zur Wiederherstellung des früheren Zustandes (§ 249 BGB.) sich je nach der zu vertretenden Einwirkung verschieden gestalten wird [1].

5. Der Bergwerksbesitzer (Schürfer) ist nicht zum Ersatze des Schadens [2] verpflichtet, welcher an Gebäuden oder anderen Anlagen durch den Betrieb des Bergwerkes [3] (bezw. das Schürfen) entsteht, wenn solche Anlagen [4] zu einer Zeit errichtet worden sind, wo die denselben durch den Bergbau (bezw. das Schürfen) drohende Gefahr dem Grundbesitzer [5] bei Anwendung gewöhnlicher Aufmerksamkeit [6] nicht unbekannt bleiben konnte [7] (Art. 186 Abs. 1 Berggesetz). Muß wegen einer derartigen Gefahr die Errichtung solcher Anlagen unterbleiben, so hat der Grundbesitzer auf die Vergütung der Werts-

---

[1]) RG. Bd. 67 S. 275.

[2]) Im Falle des Art. 186 Abs. 1 Berggesetz will der Gesetzgeber das unvorsichtig errichtete Gebäude weggedacht wissen und die Schadensersatzpflicht so regeln, als wenn das Grundstück nach wie vor eine unbebaute Grundfläche wäre. War das Grundstück eine Baustelle und hat es diese Qualität durch den Bergwerksbetrieb verloren, so ist dieser Minderwert auch im Falle des Art. 186 Berggesetz zu ersetzen (RG. Bd. 59 S. 287).

[3]) Bei Immission von Asche aus den Kaminen einer Zeche fällt der Anspruch des Nachbars weg, wenn er sein Haus zu einer Zeit erbaut hat, als bereits die Immissionen auf die Baustelle vorhanden waren. A. M. Gruchot Bd. 45 S. 1013 (RG.).

[4]) Eine Gasröhrenleitung kann als Anlage im Sinne des Art. 185 Berggesetz in Betracht kommen, jedoch nicht dann, wenn die Leitung in einer bereits bestehenden Ortsstraße gelegt wird. RG. Bd. 61 S. 23.

[5]) Art. 186 Berggesetz findet auch auf solche Fälle Anwendung, wo nicht der klagende Grundbesitzer, sondern dessen Vorbesitzer bei Errichtung der später beschädigten Anlage die gewöhnliche Aufmerksamkeit außer acht gelassen hat. RG. Bd. 34 S. 268.

[6]) Zuwiderhandeln ist gleichbedeutend mit grober Fahrlässigkeit RG. Bd. 11 S. 337.

[7]) Vgl. Gruchot Bd. 46 S. 1152 (RG.). — Der Umstand, daß der Bergbau in der Nähe des Grundstückes umgeht, wird in der Regel noch nicht die Besorgnis begründen, daß der Baugrund durch den Bergbau gefährdet sei. Ob dies der Fall sei, hängt ab von der Art und dem Umfang des Bergbaubetriebs, den Bodenverhältnissen, der Beschaffenheit des Deckgebirges, der Lagerung der Flöze u. s. w. Von einem Laien (gewöhnlichen Bergarbeiter) kann man nicht erwarten, daß er hierüber unterrichtet sei. Nur wenn er von Tatsachen Kenntnis erlangt hat, die bei jedem vorsichtigen Mann Zweifel an der Bebaubarkeit des Grundstückes rege zu machen geeignet sind, besteht die Pflicht, Erkundigungen einzuziehen (Gruchot Bd. 42 S. 1032 RG.). Eine bloße Warnung, durch welche die konkrete Gefahr nicht deutlich erkennbar gemacht wird, hat für sich allein noch nicht die Wirkung, daß der Grundbesitzer durch Außerachtlassung der Warnung seiner Entschädigungsansprüche verlustig geht. Gruchot Bd. 44 S. 993 (RG.).

minderung, welches sein Grundstück hierdurch erleidet, keinen Anspruch, wenn sich aus den Umständen ergibt, daß die Absicht zu errichten nur kundgegeben wird, um jene Vergütung zu erzielen.

6. Verjährung. Ansprüche auf Ersatz eines durch den Bergbau oder das Schürfen verursachten Schadens, welche sich nicht auf Vertrag gründen, verjähren in 3 Jahren von dem Zeitpunkte an, in welchem der Verletzte von dem Schaden und der Person des Ersatzpflichtigen Kenntnis erlangt, ohne Rücksicht auf diese Kenntnis in 30 Jahren von dem Eintritt des Schadens[1]) an (Art. 187, 188 Berggesetz mit § 852 BGB.

[1]) Rauck, Berggesetz Anm. 1 zu Art. 187.

# VI. Abschnitt.

## Wasserrecht.

### § 44. Einteilung der Gewässer.

Gemäß Art. 65 EG. sind durch das BGB. unberührt geblieben die landesgesetzlichen Vorschriften, welche dem Wasserrechte angehören, mit Einschluß des Mühlenrechts, des Flötzrechtes und des Flößereirechtes sowie der Vorschriften zur Beförderung der Bewässerung und Entwässerung der Grundstücke und der Vorschriften über Anlandungen, entstehende Inseln und verlassene Flußbette.

Das Wasserrecht umfaßt den Inbegriff derjenigen Normen, welche die Rechtsverhältnisse des Wassers betreffen. Es umfaßt die Rechtsverhältnisse der öffentlichen wie der Privatgewässer.

Das Wasserrecht war für Bayern bei Inkrafttreten des BGB. durch die drei Wassergesetze vom 28. Mai 1852 über die Benützung des Wassers, über die Bewässerungs- und Entwässerungsunternehmungen zum Zwecke der Bodenkultur und über den Uferschutz und den Schutz gegen Ueberschwemmungen geregelt. Diese Gesetze blieben mit wenigen, in den Art. 147—149 AG. z. BGB. enthaltenen Abänderungen in Geltung.

So sehr die Wassergesetzgebung von 1852 auf der Höhe ihrer Zeit gestanden hatte, so erwies sie sich doch infolge der Umgestaltung des wirtschaftlichen Lebens und der hierdurch bedingten außerordentlichen Ansprüche an die Wasserversorgung immer mehr als unzulänglich, um einen billigen Ausgleich der Interessenkonflikte unter den veränderten Umständen zu schaffen. Als dazu noch die Hochwasserkatastrophe vom Jahre 1899 die Unzulänglichkeit der Vorschriften über den Uferschutz in fühlbarer Weise dargetan hatte, da machte sich die Gesetzgebung auf den Weg, welcher zu dem Wassergesetz vom 23. März 1907 führte. Dieses neue Wassergesetz, welches die bisher in drei Gesetzen zerstreute Materie in einem einheitlichen Ganzen vereinigt, ist mit dem 1. Januar 1908 in Kraft getreten.

Die Flüssigkeit des Wassers gibt demselben Bewegung; die Wasserläufe durchziehen die nebeneinander liegenden Grundstücke. Durch seine eigentümliche, elementare Natur ist dem Wasser auf dem

Gebiete des Rechtes eine ganz besondere Stellung zuteil geworden. Ein Zug der Gemeinschaft ist für diese Natur bezeichnend und mehr oder weniger suchen deshalb auch alle Gewässer sich der Herrschaft des einzelnen Besitzers zu entziehen. Der Einfluß der Gewässer reicht im Guten und im Bösen weit über die Grenzen der Oertlichkeit hinaus, in welcher sie sich bewegen[1]). Gerade auf diesem Gebiete treten daher mannigfache Kollisionen der nachbarlichen Interessen ein, die dem Gesetzgeber die Aufgabe setzen, ausgleichende Normen aufzustellen.

Eine erschöpfende Darstellung des Wasserrechts fällt nicht in den Rahmen dieser Abhandlung. Einschlägig ist an sich nur die Behandlung jener Bestimmungen, durch welche die Kollision der nachbarlichen Interessen in geregelte Bahnen gebracht wird. Dabei ist freilich unerläßlich, die durch das Wassergesetz aufgestellten allgemeinen Begriffe klar zu stellen, weil die nachbarrechtlichen Vorschriften diese Begriffe voraussetzen. An und für sich würden die öffentlich-rechtlichen Normen, weil gleichfalls außerhalb des Rahmens dieser Arbeit liegend, nicht zu erörtern sein; allein in den bayerischen Wassergesetzen ist öffentliches und privates Recht so eng verwoben, daß der Zusammenhang verloren gehen müßte, wollte man die öffentlich-rechtlichen Normen ganz unberücksichtigt lassen. Diese werden deshalb insoweit herangezogen, als dies mit Rücksicht auf den Zweck einer zusammenfassenden Darstellung des Nachbarrechts geboten erscheint. Dabei wird die Grenze wesentlich enger gezogen werden können als in der ersten Auflage, da bereits verschiedene gründliche Bearbeitungen des neuen Wasserrechts vorliegen.

Der Gesetzgeber unterscheidet zwischen öffentlichen Gewässern und Privatgewässern:

A. Zu den öffentlichen Gewässern gehören:

1. die öffentlichen Flüsse (Art. 1 Abs. 1 und Art. 3),
2. die Staatskanäle (Art. 1 Abs. 1),
3. gewisse Seen (Art. 1 Abs. 2).

B. Zu den Privatgewässern gehören:

1. die geschlossenen Privatgewässer (Art. 16),
2. die Privatflüsse und Bäche (Art. 21).

## § 45. Die öffentlichen Flüsse.

Als *öffentliche Flüsse* werden die Flüsse und Flußteile betrachtet, welche und soweit[2]) sie zur Schiff- oder Floßfahrt einge-

[1]) Nieberding-Frank, Wasserrecht S. 56.

[2]) Die öffentliche Natur der schiffbaren Flüsse reicht nur soweit, als ihre Schiffbarkeit reicht; weiter hinauf gehören sie zu den Privatflüssen, während die Quelle bis zu ihrem Abfluß auf ein anderes Grundstück zu den geschlossenen Privatgewässern gehört.

richtet sind und wirklich hierzu benützt werden[1]), sowie die Nebenarme[2]) solcher Flüsse, selbst wenn sie nicht zur Schiff- oder Floßfahrt dienen (Art. 1 Abs. 1 WG.).

Flüsse und Flußteile[3]) behalten mit ihren Nebenarmen die Eigenschaft öffentlicher Flüsse, wenn sie nicht mehr zur Schiff- oder Floßfahrt benutzt werden (Art. 3 WG.).

Jeder Fluß und jeder Teil eines solchen kann, wenn er vom Staate oder von einem Dritten zur Schiff- oder Floßfahrt eingerichtet wird, von der Staatsregierung eventuell unter Zwangsenteignung zum öffentlichen Flusse erklärt werden[4]) (Art. 4 WG.) Wenn und soweit[5]) dies geschehen ist, kommen alle für öffentliche Flüsse gegebenen Rechtsvorschriften in Anwendung. Wird ein Privatfluß durch Naturgewalt zur Schiffbarkeit erweitert, so wird er von selbst zum öffentlichen Fluß[6]). Eine Entschädigung für die damit verbundene Beeinträchtigung erworbener Rechte kann nicht beansprucht werden. Doch kann von denjenigen, welche auf Grund erworbener Rechte Anlagen an oder in dem nunmehr öffentlichen Flusse innehaben, nicht die Beseitigung dieser Anlagen verlangt werden. Die Schiffahrt muß sich mit dem Zustande begnügen, welcher durch die Natur geschaffen wurde, unbeschadet des dem Staate zustehenden Rechtes auf Zwangsenteignung.

Der Schiffahrt dient ein Fluß nicht schon dann, wenn er zur Ueberfahrt mit Kähnen oder zu Spazierfahrten mit Gondeln oder zu bloßen Fischfahrten benützt wird; es wird vielmehr erfordert eine für größere Entfernungen bestimmte Transporttätigkeit in bezug auf

---

[1]) EntschOGH. Bd. 4 S. 366; Entsch. d. VGH. Bd. 5 S. 66. Der Umfang der Benützung ist gleichgültig (Entsch. d. VGH. Bd. 19 S. 292); vgl. hierzu Harster-Cassimir S. 5.

[2]) Wohl zu unterscheiden von den Nebenflüssen. Ausnahmsweise sind die Nebenarme öffentlicher Flüsse dann keine öffentlichen Gewässer, wenn an diesen Nebenarmen zur Zeit des Inkrafttretens des WG., also am 7. Oktober 1852, bereits ein Privateigentum begründet war, Harster-Cassimir S. 7. Die Flußhäfen sind den Nebenarmen zuzurechnen, Harster-Cassimir S. 9. Künstliche, zum Zwecke der Benützung des Wassers angelegte Seitenarme öffentlicher Flüsse z. B. Mühl- und andere Gräben, sind regelmäßig nicht als öffentliche Gewässer zu erachten, EntschOGH. Bd. 10 S. 307; Harster-Cassimir S. 9. Wird die Verbindung eines Nebenarmes mit dem Flußbett gänzlich aufgehoben (nicht bloß ausnahmsweise bei niederem Wasserstande vgl. SeuffBl. Bd. 49 S. 247), so wird er zum Altwasser und somit zum geschlossenen Privatgewässer, Harster-Cassimir S. 7.

[3]) Altwässer sind nicht als Flußteile zu erachten, vgl. oben Anm. 2.

[4]) Es genügt die Benützbarkeit des Flusses oder Flußteiles zur Schiff- oder Floßfahrt, vorherige Benützung ist also nicht erforderlich. Die Erklärung der Regierung ist unwiderruflich, Harster-Cassimir S. 29.

[5]) Privatflüsse, welche schiffbar gemacht sind, werden nur soweit, als die künstliche Schiffbarkeit reicht, zu den öffentlichen Flüssen gerechnet. Vgl. Nieberding-Frank, Wasserrecht S. 59.

[6]) Vgl. Nieberding-Frank, Wasserrecht S. 59. Zustimmend Harster-Cassimir S. 5.

Personen oder Güter[1]). Es ist nicht erforderlich, daß auch stromaufwärts gefahren wird. Gleichgültig ist ferner, durch welche Kraft die Schiffe bewegt werden. Die Benützung zur Schiff- oder Floßfahrt darf sich nicht auf vereinzelte Fälle beschränken[2]), während andererseits eine Intensität des Verkehrs nicht erforderlich ist[3]).

Unter Floßfahrt versteht man im Gegensatz zur Flößerei die Beförderung von verbundenen Flößen in der Längsrichtung des Flusses.

Oeffentliche Gewässer sind ferner die vom Staate errichteten Kanäle, soweit sie durch die Staatsregierung der Schiff- oder Floßfahrt eröffnet sind (Art. 1 WG.).

## § 46. Begriff der geschlossenen Privatgewässer.

Zu den geschlossenen Privatgewässern gehören nach Art. 16 WG.:

1. Das Wasser, welches auf dem Grundstück in Seen, Weihern (Teichen), Zisternen, Brunnen und anderen Behältern, in künstlich angelegten Wasserleitungen, Kanälen und Gräben sich befindet (Art. 16 Z. 1 WG.). Hierher gehören jene Seen, welche nicht der Schiffahrt dienen und daher nicht zu den öffentlichen Gewässern gehören.

a) Weiher oder Teiche sind kleine Seen; es ist kein begriffsgemäßes Erfordernis, daß sie künstlich hergestellt sind.

Zisternen sind künstliche Bodenvertiefungen zum Zwecke der Ansammlung von Niederschlagswasser[4]).

Brunnen sind künstliche Vorrichtungen zum Zwecke der Ansammlung und des Bezugs von Quell- oder Grundwasser[5]). Man unterscheidet Kesselbrunnen, Rohrbrunnen und artesische Brunnen[6]).

Für den Begriff des Behälters ist es gleichgültig, ob derselbe durch natürliche Ursachen entstanden (Wasserloch) oder künstlich errichtet ist[7]). Es ist nicht erforderlich, daß der Behälter eine selbständige Abgrenzung, wie gemauerte oder gezimmerte Wände, gegen das ihn umgebende Erdreich besitzt. Es sind daher auch einfache Gruben als solche zu erachten; ferner künstlich angelegte Fischteiche[8]), auch von Natur geschaffene Gräben[9]). Woher das Wasser stammt,

---

[1]) Harster-Cassimir S. 5. Auf der fränkischen Saale verkehren zwischen der Stadt Kissingen und der Saline Dampfschiffe, welche die Personenbeförderung vermitteln; die Strecke ist als der Schiffahrt dienend zu betrachten.

[2]) Harster-Cassimir S. 5.

[3]) Entsch. d. VGH. Bd. 19 S. 292.

[4]) Eymann Anm. 7 zu Art. 16.

[5]) Vgl. Eymann Anm. 8 zu Art. 16. Ueber Gemeindebrunnen vgl. Entsch. d. VGH. Bd. 5 S. 18; BlAdmPr. Bd. 23 S. 75.

[6]) S. hierüber Harster-Cassmir Anm. 7 zu Art. 16.

[7]) Pözl, Wassergeſ. S. 98.

[8]) Vgl. Reuß, Wassergeſ. S. 48.

[9]) Vgl. SeuffBl. Bd. 28 S. 152; BlAdmPr. Bd. 20 S. 118.

ist ohne Belang; ob also das Wasser eines Teiches aus Quellen im oder am Teiche kommt oder von außen zufließt, ob es infolge der natürlichen Gestaltung der örtlichen Verhältnisse dahin geflossen ist oder künstlich eingeleitet wurde, ist ohne Einfluß.

Wenn das den Teich umfassende Land nicht einer Person, sondern verschiedenen Personen als Eigentum gehört, so bleibt der Teich gleichwohl ein geschlossenes Privatgewässer. Das Wasser gehört jedem Teilhaber bis zur Grenze, die eventuell im Grenzstreitigkeitsverfahren festzustellen ist. Bezüglich der Wasserbenützung liegt eine Gemeinschaft vor [1]).

b) Die künstlich angelegten Wasserleitungen, Kanäle und Gräben.

Unter den Begriff der Wasserleitungen und Kanäle fällt jede durch Menschenhand angelegte Einrichtung, deren Zweck darin besteht, Wasser von einem Ort an einen anderen zu bringen. Die Worte „Wasserleitungen" und „Kanäle" sind gleichwertige Begriffe [2]), durch deren Nebeneinanderstellung dargetan wird, daß es gleichgültig ist, ob das Wasser in geschlossenen Röhren oder in offenen Rinnen oder Gräben geleitet wird. Das Gesetz macht keinen Unterschied nach dem Ursprung des geleiteten Wassers. Es ist daher gleichgültig, ob der Kanal das Wasser aus einem Privatgewässer oder einem öffentlichen Flusse erhält [3]). Wesentlich ist vor allem, daß der Wasserlauf künstlich hergestellt ist. Ein im natürlichen Rinnsal regelmäßig fließendes Gewässer gehört zu den Bächen. Wird ein bereits vorhandener natürlicher Wasserlauf durch Korrektion, wenn auch umfassender Art, reguliert, so wird er deshalb noch nicht zu einem künstlichen Wasserlauf. Deshalb wird ein Graben, in welchen das Wasser mehrerer Quellen seinen natürlichen Abfluß hat, dadurch, daß er breiter und tiefer gemacht wird, nicht zu einem künstlich angelegten Kanal [4]). Wird ein in Windungen sich hinziehender natürlicher Wasserlauf mittels Durchstechungen in eine gerade Linie gebracht, so wird er hierdurch

---

[1]) A. M. Pözl, Wasserges. S. 98, der solche Teiche den Privatgewässern im Sinne des Art. 39 WBG., jetzt Art. 21 WG. zurechnet; s. unten S. 407 § 47 III.

[2]) Deshalb fallen streng genommen nur solche Kanäle, welche zur Fortleitung von Wasser dienen, unter Art. 16 WG. — Dabei übt es keinen Einfluß, ob das Wasser mehr oder weniger rein, ja sogar direkt verunreinigt ist. Wenn aber die Zweckbestimmung des Kanals direkt darauf gerichtet ist, andere Stoffe als Wasser (z. B. Fäkalien, Abwässer) an einen anderen Ort zu bringen, so hat man es nicht mehr mit einem Kanal im Sinne des Art. 16 WG. zu tun (Eymann Anm. 10 zu Art. 16 und dagegen Harster-Cassimir Anm. 10 zu Art. 16); bezüglich des Eigentums und des Verfügungsrechtes gelten aber nach §§ 93 ff., 903 BGB. dieselben Grundsätze wie für die Kanäle des Art. 16 WG.

[3]) Vgl. Becher, BayLZR. Bd. 1 S. 1052 Anm. 5; EntschOGH. Bd. 10 S. 309 und dagegen Roth, Bayer. ZR. Bd. 3 S. 161 und Schelhaß, Nachbarrecht S. 34.

[4]) Vgl. EntschOGH. Bd. 15 S. 783.

nicht zu einem künstlichen [1]). Mithin kann eine kanalartige Beschaffenheit des Wasserlaufes noch keinen ausschlaggebenden Einfluß auf die Frage üben, ob er den geschlossenen Privatgewässern oder den Privatflüssen zuzurechnen ist. Doch wird man aus der kanalartigen Beschaffenheit immerhin einen tatsächlichen Anhaltspunkt dafür ableiten dürfen, daß das Wasser zu den geschlossenen Privatgewässern gehört [2]). Wird das frühere Bett eines versiegten oder fast versiegten Baches für die künstlich hergestellte Leitung eines Wasserlaufes benützt, dann hat man es mit einem geschlossenen Privatgewässer zu tun [3]). Auf die Größe, Länge, Breite und Tiefe des Wasserlaufes kommt es nicht an. Der Name Kanal ist keineswegs ausschlaggebend. Vielfach werden natürliche Wasserläufe Kanäle genannt, ohne es im juristisch-technischen Sinne zu sein. Insbesondere kommt dies in Städten und bei Mühlbächen vor [4]). Das Eigentum am Kanalbett braucht nicht notwendig demjenigen zuzustehen, dessen Zwecken der Kanal dient. Es kann ihm das ausschließliche Benützungsrecht auch auf Grund einer Grunddienstbarkeit zustehen [5]).

Ein weiteres und hauptsächliches Moment für die Begriffsbestimmung des Art. 16 WG. besteht darin, daß die Anlage von dem Hersteller in der Hauptsache [6]) zu seinen Privatzwecken errichtet wurde. Ist ein Kanal zu öffentlichen Zwecken oder zur allgemeinen Benützung angelegt worden, dann ist er zu den Privatflüssen zu rechnen [7]). Ob das eine oder das andere der Fall ist, hängt von der Gestaltung der tatsächlichen und rechtlichen Verhältnisse des einzelnen Falles ab [8]). Der Umstand allein, daß die Gemeinde oder eine andere Korporation den Kanal errichtet hat, ist nicht entscheidend; denn auch die Gemeinde kann hiermit Privatzwecke, z. B. gewerbliche Unternehmungen, verfolgen [9]). Keineswegs besteht eine Vermutung dafür, daß ein fließendes, in seinem Laufe Grundstücke verschiedener Eigentümer berührendes Wasser bis zum Beweise des Gegenteiles als ein Privatfluß anzusehen ist [10]). Die Beweislast für die Frage, ob ein künstlicher Kanal ein geschlossenes Privatgewässer oder einen Privatfluß darstellt, trifft denjenigen, der ein Recht zur Benützung aus der angeblichen Eigenschaft des Wassers ableitet [11]).

---

[1]) Vgl. EntschOGH. Bd. 14 S. 778.
[2]) Vgl. Bolze Bd. 16 Nr. 94.
[3]) Vgl. EntschOGH. Bd. 15 S. 784.
[4]) Vgl. Pözl, Wasserges. S. 101.
[5]) Vgl. EntschOGH. Bd. 14 S. 778.
[6]) Harster-Cassimir Anm. 10 zu Art. 16.
[7]) Soferne jedoch der Kanal für die Schiffahrt oder für die Floßfahrt mit gebundenen Flößen, gleichviel ob vom Staat oder von Privaten, eingerichtet wurde, ist er den öffentlichen Gewässern zuzurechnen. Vgl. SeuffBl. Bd. 27 S. 300.
[8]) BlAdmPr. Bd. 27 S. 295; EntschOGH. Bd. 14 S. 778; vgl. Pözl, Wasserges. S. 100.
[9]) Vgl. BlAdmPr. Bd. 27 S. 295 Anm.
[10]) Vgl. EntschOGH. Bd. 14 S. 776.
[11]) Vgl. EntschOGH. Bd. 14 S. 777.

Wenn künstliche Kanäle im Sinne des Art. 16 WG. auf der Grenze laufen, so müssen dieselben als Grenzeinrichtungen im Sinne des § 921 BGB.[1]) erachtet werden und wird daher vermutet, daß die Angrenzer zur Benützung der Einrichtung gemeinschaftlich berechtigt sind, soferne nicht äußere Merkmale darauf hinweisen, daß die Einrichtung einem der Nachbarn allein gehört. Als ein solches Merkmal ist es zu betrachten, wenn der Auswurf aus dem Graben sich nur auf der einen Seite desselben befindet. Dies weist daraufhin, daß der Graben dem Besitzer dieser Seite gehört[2]).

Zwischen den Kanälen und künstlich geschaffenen Gräben besteht kein rechtlicher Unterschied, während die von Natur vorhandenen Gräben schon unter die „anderen Behälter" im Sinne des Art. 16 Z. 1 WG. fallen[3]).

2. Das Wasser, welches auf dem Grundstück unterirdisch vorhanden ist[4]) (Grundwasser) (Art. 16 Z. 2 WG.). Dazu gehört auch das Sickerwasser eines Flusses[6]). Ueber die Grubenwässer vgl. Art. 181 Berggesetz[7]).

3. **Das auf dem Grundstück entspringende oder darauf sich natürlich sammelnde Wasser**, solange es von dem Grundstücke noch nicht abgeflossen ist (Art. 16 Z. 3 WG.). Hierher gehören vor allem die **Quellen**[8]). Die Quelle und der aus derselben abfließende Wasserlauf (Bach) bilden zusammen das geschlossene Privatgewässer. Der Wasserablauf wird von dem Punkte an Privatfluß, an welchem er die Grenze des Grundstückes, auf welchem er entspringt[9]), überschreitet[10]).

---

[1]) S. oben S. 41 ff. 44.

[2]) Vgl. Holzschuher, Theorie und Kasuistik Bd. 2 S. 153; Nieberding-Frank, Wasserrecht S. 72; ALR. Tl. 1 Tit. 8 §§ 100, 188; Code civil Art. 666 ff.

[3]) Harster-Cassimir Anm. 10 zu Art. 16.

[4]) Vgl. SeuffBl. Bd. 42 S. 386; SeuffA. Bd. 62 Nr. 85; RG. Bd. 36 S. 186; EntschOGH. Bd. 8 S. 154.

[5]) Vgl. Harster-Cassimir Anm. 11 zu Art. 16, insbesondere über die durch die Entziehung des Grundwassers hervorgerufenen Kulturschäden.

[6]) Harster-Cassimir Anm. 11 zu Art. 16.

[7]) Vgl. EntschOGH. Bd. 15 S. 1; Entsch. d. BGH. Bd. 12 S. 306.

[8]) Die Salz- und Solquellen sind dagegen Gegenstand des Bergwerkeigentums.

[9]) Wie bei den Gesetzgebungsverhandlungen nach mannigfachen Erörterungen schließlich festgestellt wurde, hat man unter „Grundstück" einen mathematisch begrenzten Ausschnitt aus dem Erdboden zu verstehen, der nach dem Grundsteuergesetz durch eine Plannummer bezeichnet und dadurch von anderen Ausschnitten unterscheidbar ist. Die in der ersten Auflage des Nachbarrechts vertretene Ansicht, daß die wirtschaftlich einheitliche Benützung verschiedene in der Hand eines Eigentümers vereinigte Plannummer zu einem einheitlichen Grundstücke zusammenfasse, kann daher für das neue Wassergesetz nicht aufrecht erhalten werden. Vgl. Harster-Cassimir Anm. 2 zu Art. 16; Eymann Anm. 4 zu Art. 16.

[10]) Vgl. EntschOGH. Bd. 4 S. 40, Bd. 7 S. 385, Bd. 15 S. 788; SeuffBl. Bd. 42 S. 390; ObLG., N. F. Bd. 1 S. 481.

Ferner gehört hierher das Wasser, welches sich infolge der atmosphärischen Niederschläge (Regen oder Schnee) angesammelt hat. Das wildablaufende Wasser unterscheidet sich von dem Privatflusse darin, daß der letztere einen bestimmten Ursprung und ein festes Bett hat. Strömt ein Gewässer von einer bestimmten Quelle, aber ohne ein begrenztes Bett frei über den Boden hin, so gehört es zu den wildablaufenden Gewässern und nicht zu den Privatflüssen. Wenn das Wasser zwar ein festbegrenztes Bett besitzt, aber ohne bestimmten Ursprung und regelmäßigen Abfluß je nach den Witterungsverhältnissen bald auftritt, bald wieder verschwindet, wie die sogenannten Wald- oder Gießbäche, so ist es nicht zu den Privatflüssen zu rechnen[1]. So gehört z. B. ein Graben, der nur bei Schneeschmelzen oder heftigem Regen sich anfüllt, zum Wildwasser und bildet daher keinen Privatfluß im Sinne des Art. 21 WG., sondern ein geschlossenes Privatgewässer im Sinne des Art. 16 WG.[2]. Das Regenwasser behält die Eigenschaft eines geschlossenen Privatgewässers auch auf dem Grundstück, auf welches es nicht direkt (aus der Atmosphäre), sondern indirekt durch Abfluß von einem anderen Grundstück gelangt ist[3].

## § 47. Das Verfügungsrecht des Eigentümers über geschlossene Privatgewässer.

I. Das Eigentumsrecht an einem Grundstück erstreckt sich auf das Wasser der geschlossenen Gewässer (Art. 16 WG.). Die Wassermasse mit ihrem Behälter[4] ist Bestandteil des Grundstücks. Das Eigentum an einem geschlossenen Privatgewässer kann daher ohne Grund und Boden nicht abgetreten und erworben werden; es bildet mit demselben ein unausgeschiedenes Ganzes[5]. Wohl aber kann ein Wasserbezugsrecht bestellt werden[6].

II. Verfügungsrecht des Eigentümers. Aus dem Eigentum an dem geschlossenen Privatgewässer würde nach § 903 BGB. die Befugnis des Grundeigentümers folgen, mit dem Wasser, so lange es sich auf seinem Grund und Boden befindet, nach Belieben zu verfahren. Unter der Geltung des WBG. war dieser Grundsatz bis in die äußersten Konsequenzen durchgeführt. Infolge dieser unbeschränkten

---

[1] Vgl. Nieberding-Frank, Wasserrecht S. 60; SeuffBl. Bd. 28 S. 153.

[2] SeuffBl. Bd. 28 S. 152. — Uebrigens erfordert der Begriff eines Privatflusses nicht einen unaufhörlich fortdauernden Wasserlauf, sondern nur einen solchen, der in der Regel und während des größten Teiles des Jahres besteht; s. unten § 50.

[3] SeuffBl. 1. Erg.-Bd. S. 252.

[4] Vgl. Harster-Cassimir Anm. 3 zu Art. 16.

[5] Vgl. EntschOGH. Bd. 7 S. 57.

[6] Vgl. ObLG., N. F. Bd. 1 S. 473.

Verfügungsgewalt des Eigentümers konnte den Besitzern bestehender Trink- und Nutzwasserleitungen, sowie den Eigentümern von Wasserbenützungsanlagen (Mühlen, Fabriken, Wiesenbewässerungsanlagen) der bisherige Wasserbezug entzogen oder geschmälert werden, ohne daß den Geschädigten, falls ihnen nicht etwa ausnahmsweise besonders erworbene Rechte zustanden, die Möglichkeit geboten war, sich gegen eine solche Beeinträchtigung ihrer wirtschaftlichen Existenz zu wehren oder eine Entschädigung zu erwirken. Mit Rücksicht auf die oft nicht unbedenklichen Folgen dieses Rechtszustandes hat Art. 19 WG. in das unbeschränkte Verfügungsrecht des Grundeigentümers, das im übrigen durchaus aufrecht erhalten wurde, eine Bresche gelegt, die als Ausnahmebestimmung nicht ausdehnend ausgelegt werden darf. Hiernach unterliegen die Zutageförderung oder die Ableitung[1]) von Grund- und Quellwasser auf ein anderes Grundstück, sowie die Aenderung am Abfluß eines Sees oder Weihers der Erlaubnis der Verwaltungsbehörde[2]).

Die Erlaubnis ist erforderlich, gleichviel, ob die Zutageförderung oder Ableitung bezweckt ist oder als eine vorhergesehene oder nicht vorauszusehende Folge menschlicher Tätigkeit eintritt. Ist eine Zutageförderung nicht bezwecktermaßen eingetreten, so kommt für die Zutageförderung selbst eine Erlaubnis nicht mehr in Frage, aber für die Ableitung des zutage geförderten Wassers ist die Erlaubnis nachträglich zu erholen[3]).

a) Die Erlaubnis ist nicht erforderlich für die Anlage von Brunnen, welche vorübergehenden Zwecken oder dem eigenen Haus- und Wirtschaftsbedarf, einschließlich des Bedarfs für landwirtschaftliche Nebenbetriebe[4]) (z. B. Brennereien), dienen (Art. 19 Abs. 1 WG.).

§ 31 der Vollzugsbekanntmachung hat für die Anwendung des § 19 Abs. 1 WG. folgende Richtpunkte gesetzt: Unter Brunnen, welche „vorübergehenden Zwecken“ dienen, sind beispielsweise solche zu verstehen, die bei Bauten, Volksfesten und dergl. angelegt werden. Unter „Brunnen“ sind alle Vorrichtungen zur Wasserentnahme (also auch Schöpfbrunnen) zu verstehen einschließlich der zur Hebung des Wassers dienenden maschinellen Vorrichtungen (Pumpe, Widder). „Eigener Haus- und Wirtschaftsbedarf“ ist einerseits der auf das einzelne Anwesen beschränkte Bedarf im Gegensatz zum Bedarf einer Mehrheit von Anwesen, großen Anstalten und Ortschaften und dergl.,

---

[1]) Eine künstliche Veranstaltung, durch welche das Wasser zum Versickern gebracht wird, ist als Ableitung zu erachten (Harster-Cassimir Anm. 2 zu Art. 19).

[2]) Ueber Zuständigkeit und Verfahren s. § 30, 32 ff. der Vollzugsbekanntmachung vom 23. März 1907 (GVBl. S. 876 ff.). Wegen der Kosten des Verfahrens s. § 38 der VB.

[3]) Vgl. Begr. S. 551 I.

[4]) S. hierüber Harster-Cassimir Anm. 3 zu Art. 19.

andererseits der Bedarf für die eigene Haushaltung und die in dem nämlichen Anwesen betriebene Wirtschaft für landwirtschaftliche und kleinere gewerbliche Betriebe, wie z. B. Gastwirtschaften, Schmieden, Metzgereien und dergl. Dabei ist jedoch die Einschränkung zu machen, daß es sich nicht um einen Großbetrieb handeln darf, da der Bedarf zu selbständigen Gewerbezwecken nicht begünstigt werden sollte[1]). Der „landwirtschaftliche Nebenbetrieb" muß mit dem landwirtschaftlichen Hauptbetriebe in festgegliedertem Zusammenhang stehen und im Verhältnis zum Hauptbetrieb von untergeordneter wirtschaftlicher Bedeutung sein. Wenn auch im allgemeinen bei einem Nebenbetrieb, z. B. Brennerei, Brauerei, das im landwirtschaftlichen Hauptbetrieb selbst gewonnene Rohmaterial verarbeitet werden soll, so fällt der Begriff Nebenbetrieb nicht schon deshalb allein weg, weil mit zugekauftem Material gewirtschaftet wird.

b) Die Erlaubnis ist zu versagen oder an Bedingungen zu knüpfen, wenn und soweit Rücksichten des Gemeinwohls es erfordern (Art. 19 Abs. 2 WG.).

c) Erleiden durch die Zutageförderung oder Ableitung von Grund- und Quellwasser, sowie die Aenderung am Abfluß eines Sees oder Weihers Beteiligte erheblichen Schaden, die als Besitzer von Wasserbenützungsanlagen oder als Grundeigentümer das Wasser seit mindestens dreißig Jahren selbst oder durch ihre Rechtsvorgänger ununterbrochen[2]) benützt oder unter der gleichen Voraussetzung die Fischerei ausgeübt haben, so ist bei Erteilung der Erlaubnis in allen Fällen, auch wenn Rücksichten des Gemeinwohls nicht vorliegen, dem Gesuchsteller die angemessene Entschädigung der einzelnen Beteiligten aufzuerlegen, soweit nicht der Schaden durch andere Bedingungen abgewendet werden kann (Art. 19 Abs. 3 WG.). Die Anwendung dieser Vorschrift ist also nicht davon abhängig, daß die tatsächlich erfolgte Ausübung der Wasserbenützung oder Fischerei auf Grund einer unentziehbaren Rechtsbefugnis geübt wurde[3]), während andererseits die Verwaltungsbehörde nicht gehindert ist, beim Vorhandensein der in Art. 19 Abs. 3 WG. aufgestellten Voraussetzungen die angemessene Entschädigung auch dann zuzubilligen, wenn ein Privatrecht auf Fortdauer des bisherigen Zustandes von dem Geschädigten geltend gemacht wird. Nur werden dadurch diese privatrechtlichen Ansprüche des Geschädigten nicht berührt (Art. 19 Abs. 5 WG.).

Wird in den Fällen des Art. 19 Abs. 2 und 3 WG. die Gewährung einer Entschädigung auferlegt, so ist ihre Höhe nach billigem Ermessen der Verwaltungsbehörde unter Ausschluß des Rechtsweges festzustellen. Die Verwaltungsbehörde kann den Vollzug der Erlaubnis davon abhängig machen, daß der Gesuchsteller für die Er-

[1]) Harster-Cassimir Anm. 3 zu Art. 19.
[2]) S. hierüber Harster-Cassimir Anm. 5 zu Art. 19.
[3]) Harster-Cassimir Anm. 5 zu Art. 19.

füllung seiner Entschädigungspflicht entsprechende Sicherheit leistet (Art. 19 Abs. 4 WG.).

Die von der Verwaltungsbehörde zuzubilligende Entschädigung soll keine volle Schadloshaltung sein, sondern nach Lage der Verhältnisse des einzelnen Falles unter Wahrung der Grundsätze der Billigkeit und unter Berücksichtigung der wirtschaftlichen Leistungsfähigkeit beider Teile bestimmt werden (§ 37 Abs. 4 der Vollzugsbekanntmachung). Dabei kann auch ein Gewinnentgang in Betracht kommen, der unter Umständen einen recht erheblichen Schaden darstellt [1]). Die Festsetzung der Entschädigung ist Bestandteil des Verfahrens über die Erlaubniserteilung. Mit der Rechtskraft des Bescheides über die Erlaubnis sind nachträgliche Entschädigungsforderungen ausgeschlossen (§ 37 Abs. 5 der Vollzugsbekanntmachung).

Privatrechtliche Ansprüche auf Fortdauer des bisherigen Zustandes (z. B. Wasserbezugsrechte, s. hierüber unten § 49) werden jedoch durch die Erlaubnis der Verwaltungsbehörde nicht berührt (Art. 19 Abs. 5 WG.).

Werden im Laufe des Verfahrens solche privatrechtliche Einwendungen erhoben, so hat die Verwaltungsbehörde nach Art. 170 WG. zu bemessen, ob die Erlaubnis unter Vorbehalt der gesonderten Austragung dieser Einwendungen zu erteilen oder das Verfahren bis zur Erledigung der Einwendungen auszusetzen ist (§ 37 Abs. 7 der Vollzugsbekanntmachung). Schreitet die Verwaltungsbehörde zur Erteilung der Erlaubnis unter diesem Vorbehalt, so hat sie dem Widersprechenden beim Vorhandensein der Voraussetzungen des § 19 Abs. 3 WG. die dort vorgesehene Entschädigung von Amts wegen zuzusprechen. Der Geschädigte mag dann vor den Zivilgerichten sein Recht suchen.

In diesem Fall darf er die ihm von der Verwaltungsbehörde zugesprochene Entschädigung nicht annehmen; durch eine vorbehaltlose Annahme würde er seiner privatrechtlichen Ansprüche verlustig gehen. Hat er die Entschädigung unter Vorbehalt angenommen, so wird der Unternehmer die Erfüllung des privatrechtlichen Anspruchs insolange verweigern dürfen, als der Geschädigte die ihm von der Verwaltungsbehörde zugesprochene Entschädigung behält; denn es kann dem Unternehmer billigerweise nicht angesonnen werden, die Vorteile der Erlaubnis zu entbehren, aber deren Nachteile zu tragen. Ist der privatrechtliche Anspruch begründet, so hat ihn der Unternehmer ungeachtet der von der Verwaltungsbehörde erteilten Erlaubnis zu erfüllen, die Entschädigung muß deshalb nach § 812 BGB. zurückgegeben werden. Wer also den privatrechtlichen Anspruch behauptet, gibt damit zu, daß er die ihm von der Verwaltungsbehörde zugesprochene Entschädigung ohne Grund besitzt und herausgeben muß. Diese seine Erklärung muß er gegen sich gelten lassen. Damit sind die

---

[1]) A. M. Harster-Cassimir Anm. 5 zu Art. 19.

gesetzlichen Voraussetzungen für das Zurückbehaltungsrecht des § 273 BGB. gegeben.

Streitigkeiten, die sich über die Anwendung des Art. 19 Abs. 1—3 WG. ergeben, sind Verwaltungsrechtssachen (Art. 177 WG.)[1]).

Zuwiderhandlungen gegen Art. 19 WG. sind nach Art. 203 Z. 2 WG. strafbar.

2. Eine weitere Beschränkung des Grundeigentümers ist zugunsten der öffentlich benützten Heilquellen einschließlich der Solquellen, gleichviel in wessen Eigentum sie stehen, durch Art. 20 WG. eingeführt. Hiernach ist die Vornahme von Grab- und Bohrarbeiten, ohne Unterscheidung zu welchem Zwecke sie erfolgen, im Bereiche von öffentlich benützten Heilquellen einschließlich der Solquellen an die Erlaubnis der Verwaltungsbehörde gebunden. Zuwiderhandeln gegen diese Vorschrift ist nach Art. 203 Z. 3 WG. strafbar.

Streitigkeiten, die sich über die Anwendung des Art. 20 WG. ergeben, sind im reinen Verwaltungsverfahren zu entscheiden.

III. Abgesehen von diesen beiden Ausnahmevorschriften kommt der Grundsatz des § 903 BGB., wonach der Eigentümer eines geschlossenen Privatgewässers, solange es sich auf seinem Grund und Boden befindet, mit ihm nach Belieben verfahren und andere von jeder Einwirkung ausschließen kann, zu uneingeschränkter Anwendung.

Der Grundeigentümer darf daher das auf seinem Grund und Boden natürlich oder künstlich zutage geförderte Wasser zu jedem beliebigen Zwecke gebrauchen und kann es ganz und gar verbrauchen[2]). Er kann das Regenwasser, welches sich auf seinem Grundstück sammelt, durch Vorrichtungen hindern, abzulaufen; nur muß er dann dafür sorgen, daß infolge einer Aufstauung der Abfluß des Wassers für den Nachbarn nicht lästiger wird, als der natürliche Wasserlauf.

Der Grundeigentümer braucht nicht zu dulden, daß ein anderer aus seiner Quelle oder Zisterne schöpft oder das auf seinem Boden befindliche Regenwasser benutzt. Aber nur das noch auf dem Grundstück befindliche Wasser ist dieser Machtbefugnis unterworfen; sobald das Wasser von dem Grundstücke abgeflossen ist, ist es seiner Herrschaft entzogen. Das Eigentumsrecht des Grundeigentümers reicht nur soweit, als sein Grund und Boden reicht, sowohl unter, wie über der Oberfläche des Grundstückes.

Wenn der Nachbar dem fremden Wasserbehälter infolge der in seinen eigenen Grenzen getroffenen Einrichtungen unterirdische Stoffe zuführt, welche den ferneren Gebrauch des Wassers beeinträchtigen, steht dem Eigentümer des Wasserbehälters, insbesondere des Brunnens, der Anspruch aus § 1004 BGB. zu[3]).

---

[1]) Näheres s. Harster-Cassimir Anm. 10 zu Art. 19; Eymann Anm. 1c zu Art. 19.

[2]) Vgl. SeuffA. Bd. 34 Nr. 92; RG. Bd. 12 S. 183; BlAdmPr. Bd. 30 S. 107 und S. 260.

[3]) Bei Verschulden besteht Schadensersatzpflicht, vgl. Bolze Bd. 8 Nr. 64.

Wenn ein geschlossenes Gewässer mehreren pro indiviso gehört, sind die Vorschriften über die Gemeinschaft anzuwenden. Ein jeder darf daher nur soweit gehen, daß keine Beeinträchtigung des gleichen den anderen Besitzern zustehenden Nutzungsrechtes herbeigeführt wird[1]). Wegen der Reinhaltung solcher gemeinschaftlicher Gewässer s. Art. 37 WG.

## § 48. Der natürliche Wasserlauf.

I. Das Bedürfnis der höher gelegenen Grundstücke, für das infolge elementarer Vorgänge auf sie gelangende Wasser einen Abfluß zu haben, ist durch die Natur der Dinge gegeben[2]). Auch hier handelt es sich im Grunde genommen für das tiefer liegende Grundstück um eine Immission. § 906 BGB. bezieht sich aber grundsätzlich nicht auf Flüssigkeiten, welche nicht in der Luft suspendiert sind[3]). Das Rechtsverhältnis über den Wasserablauf wird ausschließlich durch das Wassergesetz bestimmt. Nach dessen Art. 17 Abs. 1 ist der Eigentümer nicht befugt, dem Wasser, welches auf seinem Grundstücke entspringt oder sich darauf natürlich sammelt, zum Abfluß auf fremdes Eigentum eine dieses belästigende andere Leitung, als wohin nach Beschaffenheit des Bodens der natürliche Lauf des Wassers geht, oder eine belästigende größere als die natürliche Stärke zu geben. Diese Bestimmung findet ihre Ergänzung in Art. 17 Abs. 2 WG., wonach der Eigentümer des niedriger liegenden Grundstücks nicht befugt ist, den natürlichen Ablauf des Wassers von dem höher liegenden Grundstück zu dessen Nachteil zu hindern[4]).

Dazu kommt Art. 161 WG., wonach der Eigentümer des niedriger liegenden Grundstücks verpflichtet ist, gegen volle Entschädigung, die in Gemäßheit des Art. 195 WG. festzusetzen ist, den Abfluß des auf dem höher liegenden Grundstücke entspringenden oder darauf sich natürlich sammelnden Wassers in belästigender größerer als der natürlichen Stärke zu dulden. Art. 161 WG. bezieht sich nicht auf eine Aenderung der Richtung des Wasserlaufs. Eine solche kann dem Eigentümer gegen volle Entschädigung unter bestimmten Voraussetzungen zum Zwecke der Bewässerung und Entwässerung, der Förderung der Teichwirtschaft sowie für Stau- und Triebwerksanlagen angesonnen werden (Art. 160 WG.).

Wenn es das Gemeinwohl erfordert, kann die Aenderung des natürlichen Wasserlaufs im Wege der Zwangsabtretung erzwungen werden (Art. 18 WG.).

---

Ueber den negatorischen Anspruch, wenn die Beseitigung der Beeinträchtigung (Durchsetzung des Erdreichs mit Petroleum) unmöglich ist, s. oben S. 237 Anm. 3.

[1]) Vgl. Nieberding-Frank, Wasserrecht S. 234. Insbesondere tritt bei Brunnen, die gemeinsam sind, gegenseitige Beschränkung im Benützungsrechte ein. ArchZivPrax. Bd. 77 S. 28.

[2]) Vgl. M. Bd. 3 S. 280 (Mugdan Bd. 3 S. 155).

[3]) Vgl. Turnau-Förster, Bem. 11 zu § 906.

[4]) Vgl. ObLG., N. F. Bd. 3 S. 531.

Die das allgemeine Recht behandelnden Vorschriften des Art. 17 WG. gelten für alle Grundstücke, gleichviel welchem Zwecke sie dienen, also auch für die städtischen Grundstücke[1], und gleichviel in wessen Eigentum sie stehen, also auch für die öffentlichen Straßen[2].

Sie gelten aber nur bezüglich des Wassers, welches infolge natürlicher Vorgänge auf die Oberfläche des Grundstücks gelangt und den geschlossenen Privatgewässern zuzurechnen ist, sei es daß das Wasser als Quelle aus dem Boden hervortritt, oder durch atmosphärische Niederschläge von oben oder durch den Druck des Wassers von unten (Grundwasser) auf die Oberfläche des Grundstücks gelangt, oder von einem anderen Grundstücke dorthin abgeflossen ist. Dagegen gilt Art. 17 WG. nicht für die künstlich angelegten Kanäle, auch nicht für die durch menschliche Tätigkeit absichtlich oder zufällig neu erschlossenen Quellen[3], ebensowenig für die unterirdischen Wasserläufe und das Grundwasser, welches nicht über die Oberfläche der Erde gestiegen ist, noch weniger für Privatflüsse[4].

Wenn der Oberlieger das Regenwasser in einem Teich auffängt, so darf er beim Ablassen des Teiches das Wasser dem Unterlieger nicht zuleiten, wenn er hierauf kein besonderes Recht erworben hat; denn bei dem Ablassen des in einem Teich gesammelten Wassers kann man von einem natürlichen Wasserablauf nicht mehr sprechen.

II. Im einzelnen gilt folgendes:

Der Eigentümer des höher liegenden Grundstückes darf zwar das für ihn überschüssige Wasser auf das Nachbargrundstück ablaufen lassen, darf ihm aber keine andere, das fremde Eigentum mehr belästigende Leitung geben, als wohin nach Beschaffenheit des Bodens der natürliche Lauf des Wassers geht[5]. Damit ist auch der Begriff des natürlichen Wasserlaufes umschrieben.

Unter natürlichem Ablauf des Wassers versteht man den Ablauf, welchen das auf der Oberfläche eines Grundstücks angesammelte Wasser nach der durch die Natur geschaffenen örtlichen Beschaffenheit des Bodens, insbesondere nach der Niveauverschiedenheit, nimmt. Art. 17 WG. behandelt nicht nur das Verhältnis zwischen höher und niedriger liegenden Grundstücken, sondern setzt lediglich zur Voraussetzung, daß infolge der natürlichen Bodenbeschaffenheit ein Wasserablauf von dem einen Grundstück auf das andere stattfindet; es kann ja auch das niedrigere Grundstück beim Steigen des Wasserspiegels dem höher gelegenen Grundstücke Wasser zuschicken[6], während andererseits nicht schlechthin jedes tiefer liegende Grundstück das Wasser aufzunehmen verpflichtet ist[7]. Das ist festzuhalten, wenn

[1] Vgl. M. Bd. 3 S. 280 (Mugdan Bd. 3 S. 155).
[2] Vgl. Pözl, Wassergeſ. S. 113.
[3] Harster-Cassimir Anm. 3 zu Art. 17.
[4] EntschOGH. Bd. 15 S. 632; Harster-Cassimir Anm. 2 zu Art. 17.
[5] Vgl. SeuffBl. Bd. 28 S. 156.
[6] Vgl. M. Bd. 3 S. 282 (Mugdan Bd. 3 S. 156).
[7] Vgl. Holzschuher, Theorie und Kasuistik Bd. 2 S. 107.

auch in der Folge der Einfachheit halber nur von dem Normalfalle, das ist dem Verhältnisse zwischen höher und tiefer liegenden Grundstücken die Rede ist.

Mit dem Wasser muß der Unterlieger auch die festen Bestandteile aufnehmen, die das Wasser aus natürlichen Ursachen mit sich führt [1]).

Der höher liegende Grundbesitzer ist nicht verpflichtet, im Interesse des tiefer liegenden Nachbargrundstückes sich aller solcher Veränderungen zu enthalten, welche das Zuströmen des ohne sein Zutun dort zeitweilig vorhandenen Wassers zu dem Nachbargrundstücke vermehren, ohne daß die Veränderungen in solchen Anlagen bestehen, welche den Zweck einer derartigen Einwirkung auf das Nachbargrundstück haben [2]). Schon nach gemeinem Recht wurde die actio aquae pluviae arcendae gegen ein opus manu factum versagt, si agri colendi causa id factum sit [3]) und dieser Satz wurde dahin generalisiert, daß die Klage nur gegeben sei gegen eine zur Veränderung des Wasserablaufes gemachte Vorrichtung [4]). Für das bayerische Recht ist derselbe Grundsatz mit Rücksicht auf die Fassung des Art. 17 WG. (wie schon des Art. 34 WBG.) aufzustellen [5]); denn hier ist dem Nachbar nur untersagt, dem Wasser eine andere „Leitung" zu geben. Unter Leitung hat man eine zum Zwecke der Wasserabführung hergestellte Vorrichtung zu verstehen. Auch Vorrichtungen, welche das Versickern des Wassers bewirken, können hierher gehören [6]).

Das Wasser bleibt ein natürlich ablaufendes, auch wenn es infolge einer wirtschaftlichen Aenderung in der Benützung des oberen Grundstückes nunmehr stärker als zuvor abläuft, sofern nur der Zweck der Vorrichtung nicht gerade darin besteht, diesen Einfluß auf den Ablauf des Wassers auszuüben. Hierbei muß jedoch die Einschränkung gemacht werden, daß der Wasserlauf durch die Vorrichtung nicht eine völlig andere Richtung erhalten und nicht einem bisher nicht betroffenen Grundstücke zugeleitet werden darf, endlich daß die Aenderungen und ihre Wirkungen das Maß des Gemein-

---

[1]) Harster-Cassimir Anm. 3 zu Art. 17. Ueber die Rechtsverhältnisse bezüglich des abgeschwemmten Erdreichs, vgl. oben S. 6.

[2]) Vgl. die für das preußische Recht getroffene Entscheidung in RG. Bd. 24 S. 213 f.; Bolze Bd. 7 Nr. 64 und dagegen Bolze Bd. 9 Nr. 40.

[3]) l. 1 § 15 D. 39, 3.

[4]) Puchta, Pandekten § 395; RG. Bd. 24 S. 214; Gruchot Bd. 44 S. 1137; JW. 1900 S. 449 Nr. 30 und dagegen RG. Bd. 25 S. 168.

[5]) Vgl. Pözl, Wasserges. S. 111. Was als eine unzulässige Aenderung am oberen Grundstücke erscheint, ist eine Frage, die mit Rücksicht auf die tatsächlichen Verhältnisse zu beantworten ist. So wird es in der Praxis nicht als solche Aenderung angesehen, wenn die Furchen und Beete des höher liegenden Ackers anders als bisher gezogen werden oder wenn die Aecker in eine Wiese (oder umgekehrt) verwandelt werden; s. unten S. 410.

[6]) Harster-Cassimir Anm. 2 zu Art. 17.

üblichen und Regelmäßigen nicht überschreiten dürfen[1]). Wo eine solche Ueberschreitung des Gemeinüblichen vorliegt, ist die Zuführung auch dann unzulässig, wenn sie durch die vom Oberlieger errichtete Anlage ohne dessen weiteres Zutun bewirkt wird und selbst dann, wenn dieser Erfolg dem Oberlieger gar nicht zum Bewußtsein gekommen ist[2]). Insoweit aber das Maß des Gemeinüblichen und Regelmäßigen nicht überschritten wird, ist eine nicht bezweckte Aenderung des Wasserlaufes zulässig. So darf der Acker zum Zwecke der Bestellung mit Ackerfurchen versehen werden[3]), der Acker kann in eine Wiese umgewandelt werden[4]), der Hof oder die Straße kann gepflastert werden, obwohl infolge der Pflasterung dem Nachbargrundstück mehr Wasser zugeführt wird, weil der gepflasterte Boden nicht mehr so viel Flüssigkeit aufnehmen kann als das nackte Erdreich.

Dagegen geht es zu weit, wenn das Reichsgericht angenommen hat[5]), daß die Anlage einer Straßenrinne, die durch den Abhang des Straßendammes und die Bordsteine des Bürgersteiges gebildet wird, nicht zum Zwecke der Herstellung einer künstlichen Wasserabflußrinne vorgenommen sei. In einer solchen Wasserrinne muß vielmehr stets eine künstliche Anlage erblickt werden, welche die Wasserabführung bezweckt (Leitung). In diesem Falle könnte die dem Art. 17 WG. widersprechende Zuleitung in Gemäßheit des Art. 18 von der Verwaltungsbehörde gegen Entschädigung bewilligt werden. Dagegen wird in der Herstellung eines gewölbten und gepflasterten Straßendammes ohne Gossen keine die Wasserabführung bezweckende Anlage zu erblicken sein[6]).

Einer besonderen Erörterung bedarf die Dachtraufe. Es ist oben[7]) bei den Erörterungen über das Traufrecht ausgeführt worden, daß das Traufrecht im Sinne der landrechtlichen Statuten einen

---

[1]) Vgl. Gruchot Bd. 37 S. 1006. Für die Richtigkeit dieser Auslegung läßt sich auch die Praxis des Rheinischen Rechts heranziehen. Code civil Art. 640 bestimmt, daß die tiefer gelegenen Grundstücke das Wasser aufnehmen müssen, welches nach seinem natürlichen Laufe und ohne daß Menschenhände etwas dazu beitragen, von den höher gelegenen Grundstücken abfließt; ferner daß der Eigentümer des oberen Grundstücks nichts unternehmen darf, was die Last des unterhalb liegenden Grundstückes erschwert. — Trotz dieses nahezu entgegenstehenden Wortlautes ist angenommen worden, daß der Eigentümer des oberen Grundstücks nicht gehindert sei, sein Grundstück einzuebnen, teilweise zu erhöhen u. s. w., wenn auch dadurch dem Nachbar eine größere Wassermenge zugeführt werde als bisher (RheinArch. Bd. 82 Abt. I S. 123); vgl. RG. Bd. 24 S. 212.

[2]) Vgl. ObLG., N. F. Bd. 3 S. 534.

[3]) Pözl, Wassergeſ. S. 111. Allerdings muß es sich dabei um die gewöhnlichen Ackerfurchen handeln, nicht um tiefe Furchen (Gräben), die direkt die Zuführung des Wassers bezwecken. Vgl. EntschOGH. Bd. 9 S. 183; SeuffBl. Bd. 46 S. 348.

[4]) Pözl, Wassergeſ. S. 111.

[5]) JW. 1900 S. 449 Nr. 30.

[6]) Bolze Bd. 7 Nr. 64; vgl. aber auch BlAdmPr. Bd. 26 S. 175.

[7]) S. oben S. 201.

doppelten Charakter hat: einmal bestand derselbe in der gesetzlichen Vermutung, daß der Raum, welcher unter der Traufe liegt, dem Hauseigentümer eigentümlich gehört. Sodann schloß aber das Traufrecht eine gesetzliche Eigentumsbeschränkung für das Nachbargrundstück zugunsten des Traufeninhabers in sich: Es durfte nämlich derselbe das vom Dache abfließende Wasser ablaufen lassen, ohne auf das Nachbargrundstück weiter Rücksicht zu nehmen.

Insoweit dieses Recht zur Benützung des fremden Grundstücks in Betracht kommt, ist das Traufrecht der landrechtlichen Statuten schon durch Art. 34 WBG. aufgehoben worden. Für die Verpflichtung des Nachbargrundstücks, das von der Dachtraufe abfließende Wasser aufzunehmen, gelten sonach die allgemeinen Grundsätze über den Wasserablauf. Hiernach ist es — von besonderen Grunddienstbarkeitsverhältnissen abgesehen — schlechtweg unzulässig, das von der Dachtraufe kommende Wasser unmittelbar auf das Nachbargrundstück abfallen zu lassen[1]). Ob das Nachbargrundstück das von der Traufe auf das Grundstück des Traufeninhabers abgefallene und von da abfließende Wasser aufnehmen muß, richtet sich danach, ob dieses Wasser auch seinen natürlichen Ablauf auf das Nachbargrundstück haben würde. Diese Frage muß ohne Rücksicht auf die vorhandenen Gebäude nach der natürlichen Bodenbeschaffenheit entschieden werden. Die Terrainverhältnisse müssen unter Hinwegdenkung der auf dem Boden stehenden Gebäude in Betracht gezogen werden[2]); würde das Regenwasser nach der natürlichen Neigung der Erdoberfläche auf das Nachbargrundstück abfließen, so muß es der Nachbar auch dann aufnehmen, wenn es nicht unmittelbar auf den Erdboden, sondern erst auf das Dach und von da auf den Erdboden des höher gelegenen Grundstückes fällt. Denn solcher Gestalt hat der Grundeigentümer durch die Einrichtung des Daches mit der Traufe dem Wasser keine andere, das Nachbargrundstück mehr belästigende Leitung gegeben, als wohin nach Beschaffenheit des Bodens der natürliche Lauf geht[3]). Wenn aber die einzelnen Wasseradern, welche von dem Dach auf die Traufe herabfließen und von da abfallen, in einer Dachrinne aufgefangen und vermittels eines Abzugsrohres zu Boden geführt werden, dann liegt regelmäßig eine das Nachbargrundstück

[1]) Der Tropfenfall darf also den fremden Grund nicht treffen. Dabei kommt aber dem Hauseigentümer eine Vermutung zu statten, daß die vom Tropfenfalle betroffene Fläche noch zu seinem Eigentum gehört. Vgl. darüber oben S. 201. Diese Vermutung gilt auch jetzt noch, wenn auch nicht als gesetzliche, so doch als tatsächliche (s. oben S. 206).

[2]) Vgl. EntschOGH. Bd. 8 S. 398.

[3]) Vgl. SeuffA. Bd. 20 Nr. 228; vgl. ferner EntschOGH. Bd. 9 S. 28, woselbst beanstandet wurde, daß die Vorinstanz die Frage, ob durch die neuen Dächer der Wasserlauf geändert worden sei, nicht geprüft habe. Vgl. dagegen Pözl, Wasserges. S. 111; nach der dort vertretenen Ansicht soll der Grundbesitzer nicht verpflichtet sein, sich gefallen zu lassen, daß die Dachtraufe eines Nachbargebäudes auf sein Grundstück abfließe.

mehr belästigende Leitung vor; denn es wird hierdurch die Wassermenge, welche in verschiedenen Wasseradern auf das Nachbargrundstück in der ganzen Ausdehnung der von der Traufe begrenzten Fläche abfließen würde, auf einen Punkt geleitet und so dem Wasser eine belästigende größere als die natürliche Stärke gegeben (Art. 17 Abs. 1 WG.). Befindet sich aber z. B. auf dem Nachbargrundstück ein Kanal, durch welchen der Nachbar sein Regenwasser ableitet, dann wirkt die direkte Zuleitung der Dachtraufrinne in diesen Graben für das Nachbargrundstück nicht belästigend, wenn der Kanal auch das von der Dachtraufe kommende Regenwasser des Nachbars fassen kann. In diesem Fall ist zwar eine Leitung vorhanden, aber dies ist nicht unter allen Umständen unzulässig. Denn der obere Angrenzer darf dem Wasser eine andere Leitung geben, als wohin nach der Beschaffenheit des Bodens der natürliche Lauf desselben geht, soferne nur hierdurch das Nachbargrundstück nicht mehr belästigt wird, als durch den natürlichen Wasserlauf.

Unter dem Ausdrucke „belästigende Leitung" ist nicht schon eine nur bedrohliche Leitung, sondern eine in einer bestimmten Richtung ungünstig einwirkende Leitung zu verstehen, während es andererseits des Nachweises eines durch die unbefugte Ableitung verursachten Schadens nicht bedarf[1]).

Es ist gleichgültig, ob die Belästigung des fremden Eigentums durch die Aenderung des natürlichen Wasserlaufs unmittelbar oder mittelbar eintritt[2]).

Die größere Belästigung muß durch die Zuführung des Wassers verursacht sein; die Entziehung eines Vorteils durch Vorenthaltung des Wassers kommt nicht in Betracht.

Daraus, daß durch die Leitung der Wasserlauf abgekürzt und hierdurch eine Verminderung der Bewässerung bewirkt wird, kann keine größere Belästigung (im Sinne des Gesetzes) für das unterliegende Grundstück abgenommen werden. Eine Abkürzung des Wasserlaufes stellt sogar regelmäßig eine geringere Belästigung im Sinne des Gesetzes dar, mag auch die Abkürzung dem Nachbar noch so unangenehm sein. — Andererseits ist nicht mit jeder Verlängerung des Wasserlaufes auch notwendig eine Belästigung für das Nachbargrundstück verbunden. Man denke nur an den Fall, daß der Unterlieger auf seinem Anwesen eine gepflasterte Wasserrinne hält; der natürliche Wasserablauf des daran angrenzenden Grundstücks führt aber das von dort ablaufende Wasser nicht der Rinne zu. Der Oberlieger gibt nun dem Wasser eine Leitung, welche es in die Rinne bringt. Mag nun auch diese Rinne gegenüber dem natürlichen Rinnsal einen großen Umweg machen, so liegt doch keine Belästigung vor, soferne nur die Rinne alles Wasser zu fassen vermag.

Wer den natürlichen Wasserablauf ändert, den trifft die Beweislast dafür, daß die Aenderung keine größere Belästigung verursacht als der natürliche Wasserlauf; dies ergibt sich aus Art. 17 Abs. 2 WG.

Ist der natürliche Wasserlauf durch eine Zuleitung geändert, welche dem Nachbargrundstück keine größere Belästigung bringt und

[1]) ObLG., N. F. Bd. 3 S. 534; vgl. aber auch Bd. 6 S. 359ff.
[2]) ObLG. N. F. Bd. 3 S. 534.

deshalb geduldet werden muß, so muß diese Leitung, insolange sie benützt wird, auch ordnungsgemäß instand gehalten werden; der Unterlieger hat insoweit darauf ein Recht, als er hierdurch (z. B. durch die infolge Verschlammung herbeigeführte Unregelmäßigkeit des Ablaufs) benachteiligt wird. Dies gilt auch für den Fall, daß durch ein Naturereignis eine Beschädigung der Zuleitung herbeigeführt wurde. Dem Inhaber der Leitung ist es selbstverständlich jederzeit anheimgegeben, den natürlichen Ablauf wieder eintreten zu lassen.

Eine Leitung, welche für das betroffene Grundstück mit einer größeren Belästigung als der natürliche Wasserlauf verbunden ist, ist unzulässig. Dies gilt auch dann, wenn für das Wasser gar kein Ablauf vorhanden ist. Wenn z. B. ein Grundstück in einer Mulde liegt und infolge des Mangels eines Wasserablaufes versumpft, darf sich dessen Eigentümer nicht dadurch helfen, daß er einen Graben zieht, um mittels desselben das Wasser abzuleiten.

Wird eine Notlage für den Grundeigentümer dadurch herbeigeführt, daß der von dem natürlichen Wasserablauf des Grundstückes betroffene Nachbar den Wasserablauf behindert, so berechtigt dies den erstgenannten Eigentümer nicht, seinen Nachteil durch Eröffnung eines Wasserabzugswegs auf einen anderen Nachbar abzuwälzen [1]). Unter Umständen kann gegen Entschädigung Abhilfe erlangt werden (Art. 160 WG.).

Dem Eigentümer des niedriger [2]) liegenden Nachbargrundstückes ist eine gesetzliche Eigentumsbeschränkung [3]) auferlegt, welche in der Duldung des natürlichen Wasserlaufs besteht Art. 17 Abs. 2 WG. Weil nun der Abs. 2 des Art. 17 WG. mit seinem Abs. 1 ein innerlich zusammenhängendes Ganzes bildet, ist trotz des scheinbar entgegenstehenden Wortlauts des Abs. 2 die Duldungspflicht des Nachbars nicht auf den natürlichen Ablauf des Wassers beschränkt, erstreckt sich vielmehr auch auf eine Aenderung des Wasserlaufes, welche nach den oben vorgetragenen Grundsätzen in zulässiger Weise von dem Oberlieger ausgeführt wurde.

Der Umstand, daß das natürlich ablaufende Wasser dem tiefer liegenden Grundstücke Nachteile bringt, hebt die Duldungspflicht nicht auf [4]); es kann auch der Unterlieger nicht verlangen, daß der Eigentümer des höher liegenden Grundstücks den Schaden durch geeignete Anlagen abwende, da die Zulassung des natürlichen Wasserlaufes keinen Eingriff in das Eigentum des Nachbars enthält [5]). Selbst dann muß der natürliche Wasserlauf von dem Unterlieger aufgenommen werden, wenn er seinerseits das Wasser nicht weiter zu leiten vermag, so daß dasselbe eine Versumpfung seines Grundstücks herbeiführt.

---

[1]) Vgl. Bolze Bd. 21 Nr. 50.

[2]) Der Ausdruck „niedriger liegendes Grundstück" findet sich im Gesetz; er ist ungenau. Vgl. oben S. 408 bei Anm. 6.

[3]) Keine Servitut; vgl. Seuff.Bl. Bd. 39 S. 11; EntschOGH. Bd. 4 S. 470.

[4]) Pözl, Wassergeſ. S. 112; BlAdmPr. Bd. 25 S. 407.

[5]) Schelhaß, Nachbarrecht S. 35. Vgl. auch SeuffBl. Bd. 2 S. 386.

Ein Schadensersatzanspruch steht dem Unterlieger für die Aufnahme des natürlichen Wasserlaufs in keinem Falle zu.

Die Pflicht der Duldung des Wasserablaufs geht nicht so weit, daß dem Unterlieger verboten wäre, irgendwelche Aenderung an dem Wasserablauf vorzunehmen; er darf dies vielmehr insoweit tun, als er für anderen Ablauf sorgt und nicht infolge der Aenderung dem Eigentümer des höher liegenden Grundstücks ein Nachteil zugeht[1]).

Der Nachbar darf sich also gegen den Ablauf des Wassers nicht durch Dämme oder Mauern schützen. Eine solche Anlage ist unzulässig, wenn sie objektiv den Erfolg der Behinderung hat; es ist keineswegs notwendig, daß die Anlage gerade zu diesem Zwecke errichtet wurde[2]). Auch hier ist hervorzuheben, daß das zur Aufnahme des Wasserlaufs verpflichtete Grundstück nicht notwendig niedriger gelegen sein muß als das Grundstück, von welchem das Wasser kommt[3]).

Schickt ein Sumpf, welcher in den regnerischen Jahreszeiten regelmäßig auszutreten pflegt, das ausgetretene Wasser dem angrenzenden höheren Grundstück zu, so darf dessen Eigentümer keine Mauer errichten, wenn durch dieselbe das austretende Wasser ferngehalten wird und das zurückgedrängte Wasser dem anderen Grundstück Nachteile bringen kann[4]).

Art. 17 WG. bezieht sich nur auf Wasser in seiner natürlichen Beschaffenheit[5]), nicht aber auf Wasser, welches durch die menschliche Benützung hindurchgegangen ist (Spül-, Waschwasser). Es dürfen also dem Wasser keine fremden Substanzen beigegeben werden (Abfallwässer einer Fabrik, Waschbrühe, Mistjauche). Sobald der natürliche Zustand des Wassers, sei es durch Verunreinigung, sei es durch Benützung zu wirtschaftlichen Zwecken eine den Nachbar belästigende Veränderung erleidet, hört für den Nachbar die Pflicht zur Aufnahme dieses Wassers auf[6]).

Die Verpflichtung des Unterliegers zur Aufnahme des natürlichen Wasserablaufes wird dadurch nicht aufgehoben, daß der Oberlieger, wenn auch noch vor Inkrafttreten des WG., das Wasser seit rechtsverjährender Zeit nicht hat ablaufen lassen. Denn dadurch allein, daß der Berechtigte von seiner Befugnis, wenn auch noch so lange, keinen Gebrauch gemacht hat, hat der andere keine Servitut erworben[7]).

Andererseits hat der Eigentümer des unteren Grundstücks kein

---

[1]) Vgl. Reuß, Wassergeſ. Bem. zu Art. 35 WBG.; SeuffA. Bd. 20 Nr. 228.

[2]) Vgl. RG. Bd. 25 S. 165.

[3]) S. oben S. 408 bei Anm. 6.

[4]) l. 1 § 2 D. 39, 3.

[5]) Das Wasser hat seine natürliche Beschaffenheit insolange, als demselben nicht infolge der Benützung des Grundstücks fremde Stoffe zugeführt werden. Der Abfluß einer Quelle, die von Natur aus Schwefel enthält, muß trotz des vielleicht unangenehmen Schwefelgehalts aufgenommen werden. Anders, wenn infolge eines Fabrikbetriebes dem Wasser Schwefel zugeführt wird.

[6]) Vgl. Nieberding-Frank, Wasserrecht S. 90; Endemann, Das ländliche Wasserrecht S. 57; M. Bd. 3 S. 281 (Mugdan Bd. 3 S. 155). Vgl. auch oben S. 399 Anm. 2.

[7]) Vgl. Nieberding-Frank, Wasserrecht S. 91.

Recht darauf, daß der natürliche Abfluß des Wassers fortdauere und kann deshalb dem Eigentümer des oberen Grundstücks nicht verwehren, den Abfluß durch künstliche Anlagen zu hindern. Der Umstand, daß das Wasser seit langer Zeit, ja seit Menschengedenken auf sein Grundstück herabgeflossen ist, genügt für sich allein noch nicht zu einem Anspruch auf eine fernere Fortdauer dieses Zustandes [1]).

Ist der natürliche Wasserlauf in unzulässiger Weise [2]) von dem Oberlieger verändert worden, so darf der Unterlieger das Wasser zurückstauen, auch wenn es ausschließlich aus geschlossenen Privatgewässern herrührt [3]). Er kann auch Klage auf Unterlassung weiterer Zuleitung [4]) (§ 1004 BGB.), ja sogar auf Beseitigung der Anlage (z. B. Röhre, Rinne), durch welche die unzulässige Zuleitung bestimmungsgemäß vermittelt wird, erheben (§ 907 BGB.) [5]). Die Klage richtet sich gegen denjenigen, welcher die natürliche Ordnung in unzulässiger Weise stört. Geht die Störung nicht von dem unmittelbaren, sondern von einem entfernter liegenden Nachbar aus, so kann die Klage [6]) sowohl gegen den eigentlichen Störer, als auch gegen den Repräsentanten des unmittelbar anstoßenden Grundstücks gerichtet werden [7]). Ein Anspruch auf Schadensersatz wegen unzulässiger Veränderung des natürlichen Wasserlaufs setzt Verschulden voraus [8]).

III. Wenn eine nachteilige Aenderung des natürlichen Wasserablaufes durch Zufall oder durch Personen bewirkt wurde, für welche der Eigentümer nicht verantwortlich ist, so ist der hierdurch benachteiligte Eigentümer berechtigt, die Hindernisse und Veränderungen auf dem fremden Grundstücke gegen Entschädigung wegzuräumen (Art. 17 Abs. 3 WG.). Dabei muß er sich auf die zur Wiederherstellung des bisherigen natürlichen Wasserlaufes unumgänglich notwendigen Maßnahmen beschränken. Es ist der volle Schaden zu ersetzen, also auch der Entgang des Vorteils, welchen der ehemalige Zustand dem Eigentümer gewährte [9]).

---

[1]) S. unten § 49.

[2]) S. oben S. 408 f.

[3]) Vgl. SeuffA. Bd. 42 Nr. 14.

[4]) Vgl. ObLG., N. F. Bd. 3 S. 536: Der Kläger kann nur verlangen, daß der Beklagte Vorkehrungen trifft und unterhält, die geeignet sind, den belästigenden oder gegen früher mehr belästigenden Wasserzulauf zu verhüten.

[5]) Vgl SeuffBl. Bd. 38 S. 405; EntschOGH. Bd. 4 S. 355.

[6]) ObLG., N. F. Bd. 3 S. 534: Nicht bloß der Eigentümer des zunächst gelegenen Grundstückes, sondern alle Eigentümer der an einer und derselben Abdachung liegenden Grundstücke und Gebäude haben Anspruch auf den Rechtsschutz des Art. 17; jeder von ihnen kann diesen Anspruch gerichtlich verfolgen, auch wenn die übrigen Mitbeteiligten sich beruhigen.

[7]) Vgl. Holzschuher, Theorie und Kasuistik Bd. 2 S. 107; Schelhaß, Nachbarrecht S. 176. Es liegt ja in der Hand des unmittelbar angrenzenden Nachbars, dem eigentlichen Störer die unzulässige Zuleitung des Wassers zu unterbinden.

[8]) Vgl. EntschOGH. Bd. 4 S. 355, Bd. 9 S. 26; s. S. 262.

[9]) Harster-Cassimir Anm. 5 zu Art. 17.

## § 49. Besondere Rechtsverhältnisse rücksichtlich des Wasserablaufes.

Durch Begründung einer Dienstbarkeit können von den Bestimmungen des Art. 17 WG. über den natürlichen Wasserablauf abweichende Verhältnisse festgesetzt werden (Art. 17 Abs. 4 WG.). Diese Vorschrift war schon in gleichlautender Weise durch Art. 147 Z. 2 AG. z. BGB. erlassen worden. Art. 147 Abs. 2 AG. trat jedoch gemäß Art. 177 AG., 189 EG. erst von dem Zeitpunkte an in Kraft, in welchem das Grundbuch als angelegt anzusehen ist. Bis zu diesem Zeitpunkte richtete sich die Begründung besonderer Rechtsverhältnisse rücksichtlich des Wasserablaufes nach den Vorschriften des Art. 37 WBG. in seiner ursprünglichen und durch Art. 147, Abs. 2 AG. unberührten Fassung. Auf diese Weise ergibt sich hinsichtlich der zeitlichen Statutenkollision folgendes Bild:

1. Für die Zeit vor Inkrafttreten des WBG. vom 28. Mai 1852, also bis zum 28. August 1852, waren für die Begründung besonderer Rechtsverhältnisse die Bestimmungen der einschlägigen Zivil- und Statutarrechte maßgebend[1]). Nach gemeinem Rechte war für die Ersitzung eines Wasserbezugsrechtes Besitz der Dienstbarkeit während der Verjährungszeit erforderlich; zum Besitz gehört die tatsächliche Herrschaft über eine fremde Sache in der gewollten Richtung, sei es nun, daß die Herrschaft sich in der Errichtung von Anlagen auf dem dienenden Grundstücke zum Zwecke der Rechtsausübung kundgibt, sei es, daß sie im Widerspruch gegen eine der Ausübung der Dienstbarkeit entgegenstehende Einwirkung und der Beruhigung seitens des Eigentümers des dienenden Grundstückes während der Verjährungszeit zum Ausdruck kommt. Auch Erwerb durch unvordenkliche Verjährung ist durch den fortdauernden Besitz des Rechtes bedingt[2]). Nach diesen Grundsätzen ist zu entscheiden, wenn behauptet wird, daß das Recht schon vor dem Inkrafttreten der bayerischen Wassergesetzgebung von 1852 erworben wurde.

2. Vom Inkrafttreten des WBG. an (28. August 1852) war Art. 37 WBG. maßgebend.

Art. 37 WBG. bestimmte, daß durch Vertrag oder Verjährung von den Bestimmungen der Art. 34 und 35 WBG. abweichende Verhältnisse festgesetzt werden können. Durch Art. 34 und 35 WBG. war der natürliche Wasserablauf in derselben Weise geregelt, wie in Art. 17 WG. Von diesem Rechtszustande konnte demnach durch Vertrag eine Aenderung des gesetzlichen Rechtszustandes herbeigeführt werden. Die Art. 34 und 35 des WBG. bezogen sich auf den gesetzlichen Inhalt des Eigentums. Sollte hiervon durch Vertrag

---

[1]) Für das ALR. s. Koch, Komm. z. ALR. Tl. I Tit. 22 § 14; für Pfälzer Recht s. Code civil Art. 642. Ueber Ersitzung von Grunddienstbarkeiten nach bisherigem Recht s. oben S. 302 ff.

[2]) EntschOGH. Bd. 2 S. 238.

eine dingliche Aenderung herbeigeführt werden, so konnte dies nur durch Bestellung einer Dienstbarkeit geschehen. Ferner konnte aber auch durch Verjährung ein mit den Bestimmungen der Art. 34 und 35 WBG. in Widerspruch stehender Zustand zu einem rechtlich gesicherten werden (Art. 37 Abs. 1 WBG.). Dies war aber, wie bereits bemerkt, nur bis zu dem Zeitpunkte der Fall, in welchem das Grundbuch als angelegt anzusehen ist, da dann Art. 37 in der ihm durch Art. 147 AG. zum BGB. gegebenen Fassung in Wirksamkeit trat und nach dieser eine Aenderung durch Verjährung nicht mehr zugelassen war.

Bis dahin sind für die Verjährung drei Fälle zu unterscheiden.

a) Der Eigentümer des höher gelegenen Grundstücks hat dem Wasser einen der natürlichen Lage nicht entsprechenden, das Nachbargrundstück belästigenden Ablauf auf das fremde Grundstück gegeben und verlangt von dem Eigentümer desselben die fortdauernde Duldung des hierdurch geschaffenen Zustandes.

b) Das Wasser des höher gelegenen Grundstücks ist, obwohl es seinen natürlichen Wasserablauf auf das Nachbargrundstück hätte, nicht auf dasselbe abgelaufen und der Nachbar weigert sich, dasselbe für die Folge aufzunehmen.

c) Der Eigentümer des niedriger liegenden Grundstücks nimmt die Fortdauer des Wasserablaufes auf sein Grundstück in Anspruch.

Zur Verjährung wird für diese drei Fälle ein zehnjähriger, ununterbrochener, fehlerloser Besitzstand gefordert von der Zeit an, zu welcher eine Aenderung des gesetzlichen Zustandes, gegen welchen die Verjährung geltend gemacht wird, durch Anlagen zum Bezuge oder zur Abwendung des Wassers erkennbar bewirkt worden ist.

Die Frage, ob der Besitzstand fehlerlos ist, muß nach bisherigem Rechte beurteilt werden (s. hierüber oben S. 302 ff.).

Nach gemeinem Rechte ist der Besitzstand fehlerhaft, wenn er gewaltsam, heimlich oder bittweise ausgeübt wird. Zur Gewalt genügt schon Handeln gegen Verbot; das Verbot kann wörtlich oder tatsächlich eingelegt sein[1]); jede Handlung, welche darauf gerichtet ist, den Unternehmer von dem Beginn oder der Fortsetzung des Werkes abzuhalten, gilt als Verbot[2]). Heimlichkeit liegt vor, wenn die Ausübung des Besitzstandes hinter dem Rücken des Eigentümers vorgenommen wird; dies ist nicht schon dann der Fall, wenn die Besitzausübung, sei es aus Mangel an einer Anzeige oder aus Unachtsamkeit des Eigentümers nicht zur Kenntnis des letzteren gekommen ist, soferne nicht aus den Umständen gefolgert werden kann, die Besitzausübung habe verheimlicht werden wollen[3]). Bittweise ist

---

[1]) Vgl. RG. Bd. 12 S. 175.
[2]) EntschOGH. Bd. 1 S. 166.
[3]) RG. Bd. 22 S. 190, Bd. 25 S. 147.

der Besitzstand, wenn er nach den Umständen auf einer Gefälligkeit des Eigentümers beruht, worauf insbesondere die Einholung der Erlaubnis schließen läßt[1]).

Anlangend die Beweislast, so braucht nicht der Ersitzende die Abwesenheit der genannten Besitzfehler, sondern es muß der Eigentümer des in Anspruch genommenen Grundstücks das Vorhandensein derselben beweisen[2]).

Die Aenderung des gesetzlichen Zustandes muß erkennbar sein und es muß daher die Anlage eine gewisse Beständigkeit in sich tragen. Dies trifft bei Ackerfurchen, welche zur Bestellung eines Grundstückes noch so lange Zeit unverändert gezogen wurden, nicht zu. Andererseits ist es nicht notwendig, daß die Zweckbestimmung der Anlage gerade auf die Abwendung des Wassers gerichtet ist; es genügt, wenn nur dieser Erfolg tatsächlich herbeigeführt wird. Daher ist z. B. eine Hausmauer, welche das von dem Nachbargrundstücke kommende Tagewasser abhält, als Anlage im Sinne des Art. 37 WBG. zu erachten, wenn sie auch nicht gerade zu dem Zwecke errichtet wurde, das Wasser abzuhalten. — Das Vorhandensein einer Anlage ist unerläßliche Voraussetzung für die Verjährung. Für eine Aenderung des natürlichen Wasserablaufes ist das von selbst naturnotwendig, weil ja ohne Anlage das Wasser seinen natürlichen Ablauf nehmen würde.

Das Vorhandensein einer Anlage während der ganzen Verjährungszeit wird aber durch das Gesetz auch für die Entstehung eines Wasserbezugsrechtes als unerläßliche Voraussetzung aufgestellt mit dem weiteren Erfordernis, daß als Anlagen, welche hinsichtlich des Bezugs des Wassers die Verjährung zu begründen geeignet sind, nur solche betrachtet werden, welche der Eigentümer des herrschenden Grundstückes auf dem dienenden errichtet hat.

Die nach Art. 37 WBG. für die Ersitzung eines Wasserbezugsrechtes erforderliche Anlage muß sich auf dem dienenden Grundstücke befinden; der Anschluß eines auf dem eigenen Grund hergestellten Wassergrabens an den Wassergraben des Oberliegers stellt keine Anlage auf dem dienenden Grundstücke dar[3]); wenn aber der Berechtigte auf dem dienenden Grundstücke nachweisbar selbst einen Graben zur Ableitung des Wassers angelegt hat, ist der Rechtsbesitz gegeben.

Das Wasserbezugsrecht hat nicht zur notwendigen Voraussetzung, daß das herrschende und dienende Grundstück unmittelbar aneinander-

---

[1]) Vgl. Glück, Pandektenkommentar Bd. 9 S. 134. Vgl. auch BayLR. Tl. II cap. 7 § 5 Nr. 4; ALR. Tl. I Tit. 22 §§ 14, 15. Wenn die Besitzhandlungen erstmals ausgeübt werden, so lange die beteiligten Grundstücke nahen Verwandten gehören, spricht die Vermutung dafür, daß nur aus Gefälligkeit geduldet wird.

[2]) Vgl. RG. Bd. 1 S. 103.

[3]) Bolze Bd. 3 Nr. 201; RG. Bd. 17 S. 123.

stoßen[1]); es ist nur ein solches räumliches Verhältnis zwischen dem herrschenden und dienenden Grundstück erforderlich, daß das eine zu den Zwecken des anderen benützt werden kann.

Ist auf dem Grundstück a eine Anlage vorhanden, welche von dem Eigentümer des Grundstückes b errichtet wurde, um das Wasser von jenem auf dieses und von da auf das Grundstück c abzuleiten, so hat auch der Eigentümer des Grundstückes c ein Wasserbezugsrecht gegen das Grundstück a, wenn er selbst die auf dem Grundstück a befindliche Anlage zu Wässerungszwecken während der Verjährungszeit fehlerlos benützt hat[2]); denn es muß dann angenommen werden, daß der Eigentümer des Grundstückes b die Anlage auch für das Grundstück c errichtet hat.

Weil die Anlage notwendiges Entstehungselement für die Ersitzung eines Wasserbezugsrechts ist, begründet ein auch noch so langer Gebrauch des Wassers kein Wasserbezugsrecht, wenn die erforderliche Anlage auf dem dienenden Grundstücke fehlt[3]). Wenn daher das Wasser einer Quelle, welche seit unvordenklicher Zeit als Bach auf das Nachbargrundstück abgeflossen ist, von dem Eigentümer der Quelle an eine Stadt zur Speisung der Wasserleitung verkauft wird, hat der Nachbar kein privatrechtliches Widerspruchsrecht gegen die Entziehung des ihm bis dahin faktisch zugestandenen Genusses[4]), auch wenn er mit dem Bache eine Mühle betrieben hat, die er nunmehr nicht mehr betreiben kann[5]). Die Ableitung ist jedoch von der Erlaubnis der Verwaltungsbehörde abhängig, die unter bestimmten Voraussetzungen eine Entschädigung gewähren kann (Art. 19 WG. S. oben S. 404).

Für die Verjährung eines Rechtes auf den veränderten Zustand des Wasserablaufes[6]) ist nicht erforderlich, daß sich die Anlage gerade auf dem dienenden Grundstücke befindet. Dagegen ist auch hier Voraussetzung, daß sie von dem Besitzer des Grundstücks errichtet worden ist, für welches die Dienstbarkeit in Anspruch genommen wird.

Hat z. B. der Eigentümer eines Grundstücks durch Errichtung eines Hauses den natürlichen Ablauf des Wassers, welches sich auf seinem Grundstücke sammelt, auf das Nachbargrundstück während der Verjährungszeit tatsächlich verhindert, so kann der Nachbar nach Einlegung des Hauses die Aufnahme des natürlichen Wasserlaufes nicht ablehnen.

3. Die Bestimmungen des Art. 37 WBG. verloren ihre Geltung mit dem Zeitpunkte, in welchem das Grundbuch als angelegt anzu-

---

[1]) SeuffBl. Bd. 31 S. 331.

[2]) Vgl. EntschOGH. Bd. 4 S. 414.

[3]) Vgl. EntschOGH. Bd. 4 S. 40, Bd. 5 S. 118; SeuffBl. Bd. 37 S. 289, Bd. 66 S. 128.

[4]) Vgl. EntschOGH. Bd. 4 S. 40.

[5]) Vgl. SeuffA. Bd. 31 Nr. 107, Bd. 34 Nr. 267; Bolze Bd. 9 Nr. 84. — Wenn der Eigentümer des Grundstückes, auf welchem die Quelle entspringt, einen Teil seines Grundstückes an einen Müller verkauft, damit dieser mit dem Abfluß der Quelle eine Mühle betreibt, so kann unter Umständen eine stillschweigende Bestellung einer Wasserbezugsgerechtigkeit anzunehmen sein. Vgl. Pözl, Wasserges. S. 117 und oben S. 301.

[6]) S. oben S. 417, a.

sehen ist, spätestens aber mit dem Tage des Inkrafttretens des neuen Wassergesetzes (1. Januar 1908).

Nun ist nach Bezirken zu unterscheiden, ob zur Zeit des Inkrafttretens des Wassergesetzes (1. Januar 1908) das Grundbuch bereits als angelegt anzusehen war oder nicht.

a) In ersterem Falle richtete sich von dem Tage des Inkrafttretens der Grundbuchverfassung bis zum 1. Januar 1908 die Begründung eines besonderen Rechtsverhältnisses bezüglich des Wasserablaufes nach Art. 147 Abs. 2 AG., wonach durch Begründung einer Dienstbarkeit von den Bestimmungen der Art. 34 und 35 WBG., die im wesentlichen denselben Inhalt, wie Art. 17 WG. hatten, abweichende Verhältnisse festgesetzt werden können. Für die Begründung eines solchen besonderen Rechtsverhältnisses sind aber für diesen Zeitraum nicht mehr die Vorschriften des WBG, sondern die des BGB. maßgebend. Es konnte also in dieser Zwischenzeit der Lauf einer begonnenen Ersitzung einer Grunddienstbarkeit nicht mehr fortgesetzt werden und die Bestellung einer Grunddienstbarkeit hatte in der durch das BGB. vorgeschriebenen Weise zu geschehen.

b) War zur Zeit des Inkrafttretens des neuen Wassergesetzes (1. Januar 1908) in dem betreffenden Bezirke die Grundbuchverfassung noch nicht in Kraft getreten, so ist vom 1. Januar 1908 bis zum Zeitpunkte des Inkrafttretens der Grundbuchverfassung die Anwendbarkeit sowohl des Art. 37 WBG., wie auch der Bestimmungen des BGB. ausgeschlossen. Das ganze Wasserbenützungsgesetz ist mit dem Tage, in welchem das neue Wassergesetz in Kraft tritt, aufgehoben (Art. 211 Z. 1 WG). Die Vorschriften des BGB. über die Begründung eines von den Vorschriften des Artikel 17 WG. abweichenden Rechtes sind vor Inkrafttreten der Grundbuchverfassung nicht anwendbar, da sich nach Art. 189 EG. und Art. 177 AG. die Begründung eines solchen Rechtes bis dahin durchaus nach bisherigem Recht bestimmt. Es ist also für diese Zwischenzeit in dieser Hinsicht der Rechtszustand wieder hergestellt, der vor Inkrafttreten des WBG. gegolten hat (s. oben S. 416 Z. 1).

## § 50. Die Privatflüsse und das Eigentumsrecht der Adjazenten.

1. Privatflüsse und Bäche sind alle natürlichen, oberirdischen, nicht öffentlichen Wasserläufe[1]). Das Gesetz gibt keine Bestimmung des Begriffs „Privatflüsse". Er ergibt sich aus der Abgrenzung einerseits von den öffentlichen Flüssen und andererseits von den geschlossenen Privatgewässern.

Die Quelle, die als geschlossenes Privatgewässer zu erachten ist, wird zum Privatfluß, sobald sie von dem Grundstück abgeflossen ist.

[1]) Harster-Cassimir Anm. 1 zu Art. 21.

auf dem sie entspringt (s. oben S. 401). Das wildlaufende Wasser gehört zu den geschlossenen Privatgewässern. Es unterscheidet sich von dem Privatfluß dadurch, daß der letztere einen bestimmten Ursprung und ein festes Bett hat (s. oben S. 402). Jedoch erfordert der Begriff eines Privatflusses nicht einen unaufhörlich fortdauernden Wasserlauf[1]), sondern nur einen solchen, der in der Regel und während des größten Teiles des Jahres besteht. Ein sich gelegentlich sammelndes Schnee- oder Regenwasser, das zeitweise in Gestalt eines Baches abfließt, stellt dagegen ein geschlossenes Privatgewässer dar[2]). Für den Privatfluß ist ferner im Gegensatz zu den unterirdischen Wasseradern ein in der Hauptsache oberirdischer Wasserlauf wesentlich. Dies schließt nicht aus, daß streckenweise das Wasser eines Privatflusses unterirdisch weiterfließt, um weiter unten wieder zutage zu kommen. In diesem Falle wird auch die unterirdische Strecke nach den für die Privatflüsse maßgebenden Grundsätzen zu beurteilen sein[3]).

2. Die Privatflüsse und Bäche sind, soweit nicht andere Rechtsverhältnisse bestehen[4]), Bestandteil[5]) der Grundstücke, zwischen denen sie hindurchfließen (Art. 21 Abs. 1 WG). Gehören die beiden Ufer demselben Eigentümer, so gehört ihm die ganze Fläche des Privatflusses vom einen bis zum andern Ufer. Gehören die gegenüberliegenden Ufergrundstücke verschiedenen Eigentümern, so wird die Eigentumsgrenze, sofern sie nicht nachweisbar in anderer Weise festgesetzt ist, in Ansehung der gegenüberliegenden Ufergrundstücke durch eine durch die Mitte des Flusses nach Maßgabe des mittleren Wasserstandes zu ziehende Linie gebildet und in Ansehung der anliegenden Ufergrundstücke durch eine von dem Endpunkt der Landgrenze rechtwinklig zu der vorbezeichneten Mittellinie des Wasserlaufes zu ziehende Linie. Eine Vermarkung dieser Grenzlinie nach Maßgabe des Abmarkungsgesetzes kann nicht verlangt werden, weil dies nicht tunlich ist. Der mittlere Wasserstand wird durch das arithmetische Mittel der verschiedenen Wasserstände aus einer längeren Reihe von Jahren gefunden[6]), wobei jedoch außergewöhnliche Hochwasser nicht zu berücksichtigen sind, wohl aber die bei Eintritt des Frühjahres regelmäßig wiederkehrenden, nicht nur einen oder den anderen Tag

---

[1]) VGH. Bd. 17 S. 223. S. oben S. 402.
[2]) SeuffBl. Bd 28 S. 152.
[3]) Vgl. Bolze, Bd. 8 Nr. 113.
[4]) In dieser Richtung ist zu unterscheiden zwischen den Privatflüssen, die im Eigentum des Staates und solchen, die im Eigentum dritter Personen, also nicht der Ufereigentümer, stehen Art. 23, 24 WG. (s. unten im Text Ziff. 3). Die Ausführungen im Text behandeln die im Eigentum der Anlieger stehenden Privatflüsse.
[5]) Eine Loslösung des aus dem Eigentum hervorgehenden Rechts am Wasser von dem Ufergrundstück ist rechtlich unmöglich, dagegen ist die Uebertragung des Nutzungsrechtes an Dritte rechtlich denkbar. VGH. Bd. 26 S. 338.
[6]) Vgl. Bolze Bd. 7 Nr. 137.

dauernden Anschwellungen des Flusses[1]). Für die Feststellung des mittleren Wasserstandes ist die Grenze des Pflanzenwuchses von Bedeutung.

Die Privatflüsse werden von selbst mit dem Eigentum des Ufergrundstückes erworben und verloren, ohne daß es dazu eines selbständigen Erwerbsaktes bedarf. Die Ersitzung des Ufergrundstückes erstreckt sich daher der Regel nach auf den dazu gehörigen Privatfluß[2]).

3. Ausnahmsweise können die Privatflüsse auch im Eigentum des Staates (Art. 23 WG.)[3]) oder Dritter (Art. 24 WG.) stehen, falls dieses Eigentumsverhältnis durch besondere Rechtsverhältnisse begründet ist. Für das Eigentum der Anlieger streitet die Vermutung[4]). Es können auch einzelne Teile eines Flusses in gesondertem Eigentum stehen, während der übrige Teil Adjazentenfluß ist[5]).

Die dem Staate gehörigen Privatflüsse nehmen eine besondere Stellung unter den Privatflüssen ein, indem auf sie im allgemeinen die Bestimmungen über öffentliche Flüsse anzuwenden sind; insbesondere ist für sie der Gemeingebrauch ebenso wie für öffentliche Flüsse geregelt (Art. 23 WG)[6]).

Ein Streit über das Eigentum an dem Ufer und an dem Flußbett gehört zur Zuständigkeit der Zivilgerichte, desgleichen ein Streit über den Erwerb nach Uferrecht an Alluvionen (Ausbreitung des Ufers durch allmähliches Anspülen von Erdreich), Avulsionen, Landversetzungen und Inseln (s. hierüber unten § 52).

---

1) Vgl. Harster-Cassimir Anm. 1 zu Art. 6.

2) Pözl, Wassergef. S. 119.

3) Nach Brenner S. 93 sind beispielsweise ausschließlich Staatsprivatflüsse der große Regen, der kleine Regen, die kleine Laaber, die Partnach, der Hachingerbach, die große und kleine Vils in Niederbayern, die Traun, die Königseer Ache, die Rott in Niederbayern, die Wern, die Sinn, die Schondra, die Elsava, Mud, Erf, Kahl, Eger und nicht völlig unbestritten die Alz. Teilweise öffentliche Flüsse und Staatsprivatflüsse sind z. B. Iller, Lech, Wertach, Loisach, Ramsach, Ammer, Amper, Naab, weißer Regen, Ilz, Main, Regnitz, fränkische Saale. Teilweise Staatsprivatflüsse und gewöhnliche Privatflüsse sind z. B. Günz, Mindel, Wörnitz, Zusam, Schmutter, Genach, Singold, Paar, Ilm, schwarze Laaber, Pfreimd, Schwarzach, Vilz in der Oberpfalz, Richnacher-Schloßauer, Hengersberger-, Schöllnacher-, Schönberger-, Wolfsteiner-Ohe, Mangfall, Rottach, Weißach, Tiroler Ache, Jachen, Rißbach, Saalach, Itz, Würm, Baunach, Fränkische Rezat, Aurach, Rednitz, Pegnitz, Wiesent, Aisch, Ebrach, Lohr, Tauber, Aschaff, Sächsische Saale, Selbitz, Altmühl.

4) Ueber den Nachweis, insbesondere die Unzuverlässigkeit des Steuerkatasters s. Harster-Cassimir Anm. 2 zu Art. 21 und Anm. 1 zu Art. 24. Brenner S. 92. Vgl. auch oben S. 31. Ueber den Eigentumserwerb durch Ersitzung vgl. SeuffBl. Bd. 31 S. 328, auf Grund unvordenklicher Verjährung vgl. EntschOGH Bd. 7 S. 385.

5) Eymann S. 329, s. oben Anm. 3. Das Eigentum an einem Privatfluß umfaßt nicht von selbst dessen auf fremdem Grund befindliche Quelle, EntschOGH. Bd. 7 S. 385.

6) Vgl. VGH. Bd. 11 S. 190, 294, Bd. 15 S. 3 Ueber das Verfügungsrecht des Staates vgl. VGH Bd. 7 S. 210.

## § 51. Das Recht auf Gemeingebrauch der Privatflüsse.

Die Privatflüsse[1]) stehen, weil dem Privateigentum unterworfen, an und für sich unter der ausschließlichen Verfügungsgewalt der Eigentümer. Hievon ist im öffentlichen Interesse eine Ausnahme geschaffen worden, die als solche jedoch nicht ausdehnend ausgelegt werden darf. Es ist nämlich wie in den öffentlichen Gewässern so auch in den Privatflüssen und Bächen der Gebrauch des Wassers durch Schöpfen mit Handgefäßen[2]), zum Baden[3]), Waschen[4]), Tränken, Schwemmen[5]) sowie zur Eisbahn, soweit es ohne rechtswidrige Betretung fremder Grundstücke geschehen kann, jedem gestattet. Die Ausübung dieses Gebrauchs kann durch polizeiliche Vorschrift[6]) geregelt oder beschränkt werden (Art. 26 Abs. 1 WG). Dagegen ist vorbehaltlich besonderer Berechtigungen in den Adjazentenprivatflüssen und Bächen zur Entnahme von Eis[7]), Sand, Kies, Steinen, Schlamm, Erde und Pflanzen[8]) aus dem Flußbette und zur Goldwäscherei nur der Eigentümer des Flußbettes befugt und auch dieser nur, insoweit es ohne Nachteil für andere (z. B. die Fischereiberechtigten, s. unten § 55), besonders in bezug auf die Tiefe des Flusses und die Sicherheit der Ufer, geschehen kann (Art. 26 Abs. 2 WG.), während die Perlfischerei, soweit das Recht hierauf nicht Dritten zusteht, auch in Adjazentenprivatflüssen dem Staate vorbehalten ist (Art. 26 Abs. 3 WG.).

In Fällen gemeiner Gefahr ist die Entnahme von Wasser wie aus öffentlichen Gewässern, so auch aus Privatgewässern zulässig. Für den hierbei an Grundstücken oder Anlagen entstehenden Schaden hat die Gemeinde Ersatz zu leisten, deren Bewohnern die Entnahme des Wassers zugute kommt. Entsteht durch die Entnahme des Wassers ein unverhältnismäßiger Schaden, so ist dem Beschädigten insoweit Ersatz zu leisten, als die Billigkeit nach den Umständen eine Schadloshaltung erfordert (Art. 28 WG.).

---

[1]) Bezüglich der im Eigentum des Staates stehenden Privatflüsse vgl. oben § 50 a. E.

[2]) Also z. B. nicht mit Saugpumpen; dagegen ist es zulässig, das Wasser mit Handgefäßen in große Fässer zu schöpfen und diese abzufahren. Harster-Cassimir Anm. 3 zu Art. 26.

[3]) S. Art. 79 PStGB., vgl. BlfAPr. Bd. 17 S. 285.

[4]) Hierher gehört Waschen der Hände, der Wäsche, der Feldfrüchte u. s. w.

[5]) Hierher gehört auch das Einlassen von Gänsen und Enten, vgl. hierzu Harster-Cassimir S. 167.

[6]) Zur Erlassung der Polizeivorschriften ist die Ortspolizeibehörde zuständig. § 8 VBdg.

[7]) Entnahme von Eis in kleinen Mengen fällt unter Gemeingebrauch (IV. RRA. S. 172) AM. Harster-Cassimir Anm. 6 Z. 1 zu Art. 26. Ueber ein besonders erworbenes Recht auf Eisnutzung vgl. ObLG. NF. Bd 4 S. 4 SeuffBl. Bd. 69 S. 213.

[8]) Hierher gehören nur Wasserpflanzen, zu denen auch die Weiden zählen. S. Harster-Cassimir Anm. 6 zu Art. 26.

Der Gemeingebrauch erstreckt sich nur auf das Wasser, welches gerade vorhanden ist und gibt kein Recht darauf, daß der Eigentümer das zum Gemeingebrauch erforderliche Wasser zur Verfügung stellt.

Die Ausübung des durch Art. 26 eingeräumten Gemeingebrauchs ist nur zulässig, soweit dies ohne rechtswidrige Benützung fremder Grundstücke geschehen kann. Rechtswidrig ist die Betretung fremder Grundstücke dann, wenn sie generell durch Gesetz (vgl. z. B. § 368 Z. 9 RStGB.) oder Polizeiverfügung verboten ist oder wenn die Zustimmung des Eigentümers nicht unterstellt werden kann[1]). Ein Anspruch auf Einräumung eines Notweges zur Ausübung des Gemeingebrauches besteht nicht[2]). Die rechtswidrige Betretung ist durch § 368 Ziff. 9 RStGB. mit Strafe bedroht. Die Verwaltungsbehörde ist nicht befugt, bei der Regelung des Gemeingebrauchs die Betretung fremder Ufergrundstücke zu gestatten. Dies gilt auch für die Anweisung allgemeiner Badeplätze; soll der Zugang zum Badeplatz über ein Privatgrundstück führen, so ist die Zustimmung des Eigentümers erforderlich, ein Zwang gegen denselben ist unzulässig[3]). Soweit der Ufereigentümer anderen Personen den Zugang zu dem Ufer gestattet, kann selbst von diesem Privatufer (nicht nur von einem öffentlichen Wege) aus das Baden, Waschen und Schöpfen mit Handgefäßen durch jene Personen geschehen, ohne daß ein anderer Uferbesitzer das Recht hätte, dagegen Einspruch zu erheben[4]).

Das durch Art. 26 WG. in dieser Beschränkung eingeräumte Recht auf den Gemeingebrauch des Wassers der Flüsse ist eine öffentlich-rechtliche Eigentumsbeschränkung[5]).

Die in der ersten Auflage vertretene Auffassung, daß das Recht auf den Gemeingebrauch des Wassers ein im Klageweg verfolgbares Privatrecht für jedermann sei, hat vielfache Anfechtung erfahren. Oertmann § 95 Ziff. 3 g hat unter Ablehnung des dort für anwendbar erachteten interdictum ne quid in flumine publico fiat doch aufgestellt, daß die Annahme eines absolut wirkenden Privatrechts auf den Gemeingebrauch einigermaßen sicher gestellt sei; die rechtliche Natur dieses Anspruches wird von ihm nicht klargelegt. Dittmann[6]) will das Rechtsverhältnis auflösen einerseits in die öffentlich-rechtlichen Beziehungen zwischen den Gemeingebrauchsinteressenten und dem Flußeigentümer und andererseits in die privatrechtlichen Beziehungen zwischen den mehreren Interessenten, für welch letztere Beziehungen er eine iniuriarum actio generalis gewährt. Diese Zerreißung des einheitlichen Rechtsverhältnisses halte ich für verfehlt. Harster-Cassimir

---

[1]) Eymann Anm. 9 zu Art. 26.

[2]) Vgl. Eymann Anm. 9 zu Art. 26; Harster-Cassimir Anm. 2 zu Art. 26.

[3]) Vgl. BlAdmPr. Bd. 17 S. 285; Pözl, Wassergeſ. S. 144.

[4]) Vgl. Nieberding-Frank, Wasserrecht S. 246.

[5]) Harster-Cassimir Anm. 2 zu Art. 26.

[6]) BayZfR. 1908 S. 34 ff.

S. 171 ff., 175 tritt unter Anlehnung an die Motive zum württembergischen WG. mit Entschiedenheit dafür ein, daß der Gemeingebrauch dem öffentlichen Rechte angehöre, daß er kein subjektives Recht und somit auch keinen Klageanspruch (auch keinen verwaltungsrechtlichen) gewähre und lediglich dem Schutze des reinen Verwaltungsverfahrens unterstellt sei, daß also nur dann vor den Zivilgerichten geklagt werden könne, wenn ein Schadensersatzanspruch auf Grund der §§ 823 Abs. 2, 826 BGB.[1]) geltend gemacht werde.

Dieser Ansicht, die im Ergebnis auch von Eymann Anm. 1 c und 20 zu Art. 26, Anm. 1 zu Art. 27 vertreten wird, ist wenigstens für das neue Wassergesetz der Vorzug zu geben, wobei dahingestellt bleiben kann, ob auch für die alte Wassergesetzgebung die gleiche Entscheidung zu treffen wäre.

Im Gegensatz zum WBG. behandelt das WG. den Gemeingebrauch einheitlich für die öffentlichen und die Privatflüsse, so daß der Gemeingebrauch an beiden Gewässerarten derselben rechtlichen Beurteilung unterliegt.

Art. 1 WBG. enthielt die grundlegende Bestimmung, daß die öffentlichen Gewässer ein zur allgemeinen Benützung bestimmtes Staatsgut bilden. Damit hatte im Prinzip das Recht des Gemeingebrauches die gesetzliche Anerkennung gefunden und der Staat war nur insoweit zur Verfügung über die öffentlichen Gewässer befugt, als dadurch die allgemeine Benützung nicht geschmälert wurde oder eine spezielle gesetzliche Ermächtigung vorlag. Die entsprechende allgemeine Bestimmung des WG. besagt einfach, daß die öffentlichen Gewässer im Eigentum des Staates stehen (Art. 2 WG.); die prinzipielle Anerkennung des Gemeingebrauchsrechtes ist also gestrichen; aus dieser Aenderung ergeben sich weittragende rechtliche Folgen, deren praktische Bedeutung bei den Gesetzgebungsverhandlungen zu Unrecht bestritten wurde[2]). Wie mit Recht von der Begründung S. 544, I anerkannt wird, war nach dem bisherigen Art. 1 WBG. der Staat nur insoweit zur Verfügung über die öffentlichen Gewässer befugt, als dadurch die allgemeine Benützung nicht geschmälert wurde, so daß der Staat in der Erfüllung seiner Aufgabe, die öffentlichen Flüsse dem öffentlichen Wohle dienstbar zu machen, mitunter empfindlich behindert war. Durch die Aenderung sollte auf Kosten des Gemeingebrauchs diesen Folgerungen die Grundlage entzogen werden und dadurch der Staatsregierung in der möglichst rationellen Ausnützung der staatlichen Wasserkräfte im allgemeinen ein größerer Spielraum gelassen werden. Der Gesetzgeber hat diesen seinen Zweck durch die Fassung des Art. 2 WG. vollkommen erreicht. Während nach Art. 1 WBG. das Recht des Gemeingebrauchs das Prinzip war, dessen Anwendung nur in-

---

[1]) Art. 27 WG. ist ein Schutzgesetz im Sinn des § 823 Abs. 2 BGB. Harster-Cassimir Anm. 2 zu Art. 27.

[2]) S. hierüber Harster-Cassimir Anm. 7 zu Art. 2.

soweit ausgeschlossen war, als hiefür eine spezielle Gesetzesnorm bestand, gestaltet sich nach Art. 2 WG. die Rechtslage gerade umgekehrt. Die im Eigentum des Staates liegende unbeschränkte Verfügungsmacht (§ 903 BGB.) ist durch den Gemeingebrauch nur insoweit beschränkt, als dies durch spezielle Gesetzesvorschrift angeordnet ist. Dazu kommt dann noch die Vorschrift des Art. 26 WG., wonach die Ausübung des Gemeingebrauches durch polizeiliche Vorschrift[1]) geregelt oder beschränkt werden kann. Hierbei ist das polizeiliche Ermessen an keine Schranke gebunden. Bei solcher Gestaltung des Gesetzes, das die prinzipielle Anerkennung eines Gemeingebrauchsrechtes geflissentlich vermieden und dort, wo es eine bestimmte Art des Gemeingebrauchs zuläßt, der Polizeigewalt Tür und Tor ohne Begrenzung geöffnet hat, kann man ein mit Rechtsgarantieen ausgestattetes subjektives Recht nicht als gegeben erachten. Die notwendige Folge ist die Ueberweisung des ganzen Rechtsverhältnisses an das öffentliche Recht, um so mehr als es seine Wurzel wie seine Begrenzung im öffentlichen Interesse hat. All dies gilt zunächst nur für den Gemeingebrauch an öffentlichen Flüssen, ist aber in gleicher Weise auch für den Gemeingebrauch an Privatflüssen anzuwenden, weil der Gemeingebrauch für beide Arten von Gewässern **einheitlich** geregelt ist.

Der Gemeingebrauch des Wassers findet seine Grenze einmal in dem gleichen Rechte aller Uebrigen und zweitens in dem Sonderrechte der am Privatflusse Beteiligten, insbesondere der Uferangrenzer. Deshalb darf der Einzelne die ihm erlaubte Benützung des Wassers nicht in solcher Weise für seine Zwecke ausüben, daß er dadurch den übrigen Gemeingebrauchsinteressenten oder Sonderberechtigten die Ausübung ihres Gebrauchs unmöglich macht. Soweit aber eine Teilung des Gebrauchs möglich ist, hat, falls die Zwecke der mehreren Gebrauchsinteressenten nicht nebeneinander vollständig erfüllt werden können, eine verhältnismäßige Teilung einzutreten[2]).

Demgemäß bestimmt Art. 27 WG., daß der Gemeingebrauch nur in der Weise ausgeübt werden darf, daß dadurch der Gemeingebrauch anderer oder die besonderen Rechte Dritter nicht gefährdet oder ausgeschlossen werden.

Ein Gebrauch des Einzelnen, der die Mitbenützung der Uebrigen ausschließt, ist demnach unzulässig; ingleichen ein solcher, durch den die Gefahr begründet wird, daß die Mitbenützung der übrigen ausgeschlossen wird. Eine Gefahr droht nicht nur dann, wenn der künftige Eintritt des schädlichen Erfolges gewiß ist, sondern auch schon dann, wenn nach Lage der Verhältnisse die Möglichkeit zu gewärtigen

---

[1]) Die Behörde kann sowohl Anordnungen treffen, die für die Allgemeinheit maßgebend sind, als auch solche, welche nur für einzelne Personen Bedeutung haben.

[2]) Vgl. SeuffA. Bd. 42 Nr. 8, Bd. 50 Nr. 76; RG. Bd. 16 S. 145, Bd. 29 S. 144; EntschOGH. Bd. 15 S. 89.

ist. Es ist also nicht einmal eine Wahrscheinlichkeit erforderlich; andererseits genügt auch nicht jede noch so entfernte Möglichkeit; die Möglichkeit muß vielmehr unter Zugrundelegung der vorliegenden Umstände und der normalen Verhältnisse gegeben sein.

Für die Teilung des Gemeingebrauchs kommt folgendes in Betracht: Die bloße Tatsache, daß durch die Art der Benützung des Wassers seitens des einen der andere irgendwie in seiner Benützung beeinträchtigt wird, macht diese Benützung noch nicht zu einer unzulässigen; vielmehr müssen sich die einzelnen Interessenten ein gewisses nach freiem Ermessen der Verwaltungsbehörde unter Erwägung aller Umstände zu bestimmendes Maß von Belästigungen und Beschränkungen gefallen lassen[1]).

## § 52. Das Eigentumsrecht der Adjazenten.

Die Privatflüsse gehören, soweit nicht nachweisbar andere Rechtsverhältnisse bestehen[2]), samt den Ufern und dem Flußbett den Eigentümern der Grundstücke, durch welche sie hindurchfließen (Art. 21 WG.). Gehören die beiden Ufer demselben Eigentümer, so gehört ihm die ganze Fläche des Privatflusses vom einen bis zum anderen Ufer. Gehören die gegenüberliegenden Ufergrundstücke verschiedenen Eigentümern, so bildet die durch die Mitte des Flusses nach Maßgabe des mittleren Wasserstandes zu ziehende Linie die Grenze, soferne dieselbe nicht nachweisbar in anderer Weise festgesetzt ist[3]). Eine Vermarkung dieser Grenzlinie nach Maßgabe des Abmarkungsgesetzes kann nicht verlangt werden, weil dieselbe nicht tunlich ist.

Die Privatflüsse werden von selbst mit dem Eigentum des Ufergrundstückes erworben und verloren, ohne daß es dazu eines selbständigen Erwerbsaktes bedarf. Die Ersitzung des Ufergrundstücks erstreckt sich daher nach der Regel auf den dazu gehörigen Privatfluß[4]). Ein Streit über das Eigentum an dem Ufer und an dem Flußbett gehört zur Zuständigkeit der Zivilgerichte, desgleichen ein Streit über den Erwerb nach Uferrecht an Alluvionen, Avulsionen und Inseln.

1. Das verlassene Flußbett (alveus derelictus). Hat das Wasser von selbst (also ohne menschliches Zutun) sein bisheriges Bett

---

[1]) Vgl. SeuffBl. Bd. 51 S. 539. RG. Bd. 29 S. 144.

[2]) In dieser Richtung ist zu unterscheiden zwischen den Privatflüssen, die im Eigentum des Staates, s. oben § 50 S. 422 und solchen, die im Eigentum dritter Personen stehen (Art. 23, 24 WG.). Die Ausführungen im Text behandeln die im Eigentum der Anlieger stehenden Privatflüsse.

[3]) S. oben § 50 S. 421.

[4]) Pözl, Wassergeſ. S. 119.

verlassen, so bleiben die Rechtsverhältnisse[1]) an dem freigewordenen Rinnsal unverändert. Die Beteiligten[2]) sind insgesamt und einzeln[3]) befugt, den früheren Zustand auf ihre Kosten wieder herzustellen. Die Befugnis zur Wiederherstellung erlischt endgültig, wenn sie nicht binnen Jahresfrist bei der Verwaltungsbehörde angemeldet oder wenn die angemeldete Wiederherstellung nicht binnen der auf die Anmeldung bestimmten Frist ausgeführt wird. Die Frist zur Anmeldung beginnt mit dem Schlusse des Jahres, in welchem die Veränderung des Wasserlaufes erfolgt ist (Art. 25 WG.).

Das neue Flußbett wird mit dem Ablauf dieser Frist ipso iure Eigentum der Adjazenten nach Maßgabe des Art. 21 Abs. 2 WG. — Bei Flüssen, die im Eigentum Dritter stehen, wird der Eigentümer des Flusses auch Eigentümer des neuen Flußbettes[4]).

Die Eigentümer der Grundstücke, durch welche das neue Flußbett zieht, müssen den Beteiligten gestatten, ihre Grundstücke zu betreten und auf denselben diejenigen Verrichtungen vorzunehmen, welche zur Wiederherstellung des früheren Zustands erforderlich sind. Etwaige Streitigkeiten hierüber sind Verwaltungsrechtssachen (Art. 177 WG.).

Den Eigentümern der überströmten Grundstücke steht kein Anspruch auf Wiederherstellung des früheren Zustandes oder sonstige Entschädigung zu[5]).

2. Die Verlandungen (Alluvionen), das ist eine Ausbreitung des Ufers durch allmähliches Anspülen fremder Erdteile oder durch das Zurücktreten des Wassers, wachsen den Eigentümern der das Ufer bildenden Grundstücke zu (Art. 21 Abs. 3 mit Art. 8 WG.)[6]). Hierbei macht es im Ergebnis keinen Unterschied, ob der Privatfluß dem Ufereigentümer oder einem Dritten gehört; nur die rechtliche Konstruktion ist verschieden, je nachdem der Privatfluß den Ufereigen-

---

[1]) Ein etwa bestehendes Streurecht geht nicht auf das neue Flußbett über. Das Recht auf Streu lastet auf dem Grundstücke, über welches bisher das Wasser gelaufen ist. Dieses Grundstück ist noch vorhanden, nur nicht mit Wasser bedeckt; wird das Grundstück trocken gelegt, so ist eben die Ausübung des Streurechts nicht mehr möglich, aber das Streurecht selbst bleibt bestehen (RRA. S. 170).

[2]) Beteiligt sind außer den Eigentümern der alten und neuen Ufergrundstücke, denen durch Art. 210 WG. die Lehen- und Fideikommißbesitzer, die Nießbrauch- und Erbbauberechtigten gleichgestellt sind, die Triebwerksbesitzer, die Wässerungs-, Fischerei- und Streuberechtigten, sowie die Unterhaltungspflichtigen. Harster-Cassimir Anm. 3 zu Art. 25.

[3]) Der einzelne Beteiligte kann die übrigen Berechtigten nicht zwingen, sich an der Wiederherstellung zu beteiligen; er kann auch keinen Ersatz der von ihm allein ausgeführten Wiederherstellung beanspruchen. Harster-Cassimir Anm. 3 zu Art. 25.

[4]) Harster-Cassimir Anm. 2 zu Art. 25 gegen Eymann Anm. 1 zu Art. 25 und Dittmann BayZfR. 1908. S. 11 f.

[5]) Harster-Cassimir Anm. 3 zu Art. 25.

[6]) Die aus der Zeit vor dem Inkrafttreten des Gesetzes über Benützung des Wassers vom 28. Mai 1852 noch bestehenden Rechte Dritter auf solche Verlandungen können von den Eigentümern der Grundstücke gegen Entschädigung abgelöst werden (Art. 21 Abs. 3 mit Art. 8 Abs. 3 WG.).

tümern oder einem Dritten gehört (Art. 23, 24 mit Art. 8 WG.). Im ersteren Fall tritt regelmäßig nur eine Veränderung der tatsächlichen Verhältnisse ein, indem sich an der Flußstelle festes Land bildet. Das Eigentum verbleibt dem Ufereigentümer; im anderen Fall tritt ein Wechsel im Eigentumsverhältnis ein; während früher das Eigentum an der Stelle, wo sich die Verlandung gebildet hatte, dem Dritten gehörte, geht es durch die Verlandung in das Eigentum des Adjazenten über.

Für Erdzungen, die sich über die Mitte des Wasserlaufes hinaus erstrecken, gelten dieselben Grundsätze; sie gehören vollständig dem Eigentümer des Ufers, an welchem sie sich angesetzt haben. Dies muß mit Rücksicht auf Art. 21 Abs. 4 mit Art. 8 WG. selbst dann angenommen werden, wenn sie weiter als in die Mitte des auf der anderen Seite von einem fremden Grundstück begrenzten Wasserlaufes hineinreichen oder in ihren Ausläufern in Teile des Flußbettes eingreifen, welche auf beiden Seiten von fremden Grundstücken begrenzt werden.

Es ist ohne Bedeutung, ob sich die Verlandung ganz von selbst oder infolge künstlicher Anlagen gebildet hat [1]).

Der Rechtserwerb an den Verlandungen tritt von Rechtswegen ein; einer Besitznahme bedarf es nicht. Sobald sich die Verlandung gebildet hat, ist das Eigentum ipso jure erworben.

Eine Verlandung wird als bestehend betrachtet, wenn das angesetzte Land mit dem bisherigen Ufer bei mittlerem Wasserstand [2]) zusammenhängt und sich darauf Pflanzenwuchs gebildet hat (Art. 24 mit Art. 8 Abs. 2 WG).

Die Alluvionen haben im Gefolge, daß sich die Mitte des Wasserlaufes verschiebt und damit wird für diejenigen Privatflüsse, welche der Regel folgend im Eigentum der Adjazenten stehen, eine Verschiebung der Grenzlinie bewirkt. Wenn eben ausgeführt wurde, daß es für den Eigentumserwerb an Alluvionen gleichgiltig ist, ob sich dieselben ganz von selbst oder infolge künstlicher Anlagen gebildet haben, so ist hierbei Voraussetzung, daß die künstliche Anlage rechtlich zulässig ist. Dem Ufereigentümer steht nicht das Recht zu, den natürlichen Wasserlauf eigenmächtig zu ändern; denn er darf das Wasser nur mit Rücksicht auf die Rechte der übrigen Ufereigentümer und der sonstigen Berechtigten benützen (Art. 44 WG.). Daraus ergibt sich, daß er das Flußbett nicht eigenmächtig verändern darf, da hierdurch naturnotwendigerweise auf den Wasserlauf und hiermit auf die Benützungsrechte Dritter eingewirkt wird. Zur Vornahme künstlicher Verlandungen ist die vorherige Erlaubnis der Verwaltungsbehörde erforderlich (Art. 77 WG.).

---

[1]) Pözl, Wasserges. S. 124; anders für solche Privatflüsse, die im Eigentum des Staates stehen Art. 10 WG.

[2]) S. hierüber oben S. 421.

3. Die Landversetzung (Avulsion). Wird ein erkennbares Stück Land durch die Gewalt des Wassers an ein fremdes Ufer versetzt, so wird es Eigentum des Ufereigentümers, wenn der bisherige Eigentümer oder ein sonstiger Berechtigter nicht binnen Jahresfrist entweder gegenüber der Verwaltungsbehörde, in deren Bezirk das Landstück angelegt worden ist, die Erklärung abgegeben hat, daß er sein Recht, das angelegte Landstück von dem Ufergrundstücke wegzunehmen, geltend mache, oder die Anerkennung seines Rechtes von dem Ufereigentümer erwirkt oder hierwegen Klage erhoben hat. Die Frist beginnt mit dem Schlusse des Jahres, in welchem der Abriß erfolgt ist (Art. 21, Abs. 3 mit Art. 14, Abs. 1 WG.).

Hat sich das abgerissene Land außer Zusammenhang mit einem Ufer im Flusse festgesetzt, so verbleibt dies auch dann dem bisherigen Eigentümer, wenn derselbe die in Art. 14 Abs. 1 WG. vorgeschriebenen Handlungen nicht betätigt hat; denn der für öffentliche Flüsse gegebene Art. 14 Abs. 1 WG. ist in Art. 21 WG. für Privatflüsse als anwendbar nicht erklärt und sonach muß es bei der Regel des Art. 14 Abs. 2 WG., dessen analoge Anwendung Art. 21 WG. anordnet, sein Bewenden haben. Dies gilt aber nicht für solche Privatflüsse, die im Eigentum des Staates stehen, da Art. 23 den Art. 14 Abs. 2 WG. als anwendbar aufführt.

4. Inseln (Werde, Wörthe) sind Erderhöhungen, die sich außer Zusammenhang mit dem festen Lande[1]) in einem Flusse über dem mittleren Wasserstand erheben; sie gehören dem Eigentümer desjenigen Ufers, auf dessen Seite sich die Insel gebildet hat, nach Maßgabe der Uferlänge. Reicht die Insel über die Mitte des Flusses, so teilt sich dieselbe unter die Eigentümer der beiderseitigen Ufer nach Maßgabe einer durch die Mitte des Flusses bei mittlerem Wasserstand zu ziehenden Linie (Art. 22 mit Art. 21 WG.). Wenn nach Entstehung einer Insel nachträglich durch allmähliche Verlandung der Zusammenhang mit einem Ufer hergestellt wird, so bleiben die Eigentumsverhältnisse an der Insel unverändert. Die Verlandung, durch welche die Verbindung der Insel mit dem Ufer hergestellt wurde, wächst teils der Insel, teils dem Ufer zu. Wenn ein bisheriger Teil des festen Landes durch Wassergewalt (Durchbruch) vom Ufer getrennt und hierdurch rings vom Wasser umgeben und dadurch zur Insel wird, bleiben die Eigentumsverhältnisse unverändert.

Ist die Insel durch Versetzung eines erkennbaren Stück Landes (Avulsion) entstanden, so verbleibt die Insel dem bisherigen Eigentümer des Landes.

---

[1]) Halbinseln, die sich im Flusse bilden, gehören zu den Verlandungen.

## § 53. Die Wasserbenützung bei Privatflüssen [1]).

I. Der Ufereigentümer hat an sich nach § 903 BGB. das Recht der Benützung des über sein Flußbetteigentum fließenden Wassers zu jedem beliebigem Gebrauch und Verbrauch. Dieses Benützungsrecht des Ufereigentümers erfährt aber eine wesentliche Einschränkung nach verschiedenen Richtungen.

1. Der Ufereigentümer darf das Wasser nur mit Rücksicht auf die Rechte der übrigen Ufereigentümer und der sonstigen Wasserberechtigten benützen (Art. 44 WG.). Hierdurch wird zum Ausdruck gebracht, daß unter den anstoßenden Grundbesitzern, Triebwerksinhabern (Müllern) und sonstigen Berechtigten [2]) eine Art Gemeinschaft besteht, vermöge welcher keiner derselben, selbst auf eigenem Grund und Boden, von dem Wasser einen solchen Gebrauch machen darf, daß das Mitbenützungsrecht der übrigen Interessenten an dem im Flusse verbliebenen Wasser nicht dabei bestehen kann.

Das Mitbenützungsrecht der Uebrigen, wie es durch das Gesetz abgesehen von besonderen Rechtsverhältnissen eingeräumt ist, geht aber nur auf das im Flußbett befindliche Wasser. Hierin liegt der wesentliche Unterschied zwischen der in Art. 44 aufgestellten Beschränkung von den Beschränkungen des Art. 45 WG. [3]). Darauf, daß ihnen dieses Wasser nicht durch den Gebrauch anderer Mitberechtigter entzogen wird, haben dieselben keinen gesetzlichen Anspruch. Der Gebrauch des Wassers schließt einen Verbrauch desselben in sich [4]). Der Ufereigentümer darf daher das Wasser auch vollständig für sich verbrauchen. Abhilfe gegen die Mißstände, die sich hieraus ergeben können, ist nur im Wege des Ausgleichsverfahrens nach Art. 65 ff. WG. zu schaffen. Im Prinzip ist einem sachgemäßen Verbrauch keine Schranke gezogen. Nur eine nutzlose Vergeudung ist durch Art. 45 Abs. 1 Ziff. 1 WG. verboten (s. hierüber unten Ziff. 3). Demgemäß dürfen an sich die Eigentümer der an den Bach angrenzenden Wiesen das Wasser vollständig für die Bewässerung

---

[1]) Ist der Fluß ein Grenzfluß, so kommen für die bayerische Uferseite die Vorschriften des bayerischen Wassergesetzes in Anwendung, insoweit nicht Staatsverträge etwas anderes bestimmen (Art. 212 WG.). Vgl. Brenner Anm. 34 zu Art. 45; Harster-Cassimir Anm. zu Art. 212.

[2]) Der Gemeingebrauch gewährt keine Berechtigung in diesem Sinn; der Ufereigentümer wird deshalb in seinem Gebrauchsrecht durch den Gemeingebrauch nicht beschränkt.

[3]) Auf Grund des Art 44 WG. wird zu entscheiden sein, ob die untenliegenden Müller dagegen Widerspruch erheben können, daß der Adjazent das Wasser im Winter in ausgedehnte Fischweiher leitet mit der Wirkung, daß das Wasser infolge der größeren Angriffsfläche sich weit mehr abkühlt und schließlich dem Gefrierpunkte nahe in das Flußbett zurückgeleitet wird, so daß der Fluß vereist und die Müller kein Wasser mehr haben. Vgl. hierzu Harster-Cassimir Anm. 4 Z. 3 zu Art. 37 und unten § 53 A. III, S. 450.

[4]) Reuß, Wassergef. S. 87; BlAdmPr. Bd. 15 S. 284; Harster-Cassimir Anm. 2 zu Art. 45.

absorbieren, so daß für die weiter talwärts liegenden Mühlen gar nichts übrig bleibt. Die im Art. 44 WG. aufgestellte Beschränkung, daß die Benützung nur mit Rücksicht auf die Rechte der übrigen Ufereigentümer und sonstigen Wasserberechtigten erfolgen dürfe, steht nicht entgegen. Denn die übrigen Mitberechtigten haben nach dem Gesetze nur ein Recht auf das im Flußbett vorhandene Wasser, nicht aber darauf, daß das Wasser im Flußbett vorhanden ist[1]). Nur eine Entziehung des Wassers durch Ableitung von seinem Bett und Abführung des Wassers nach einer andern Richtung ist unstatthaft (s. hierüber unten Ziff. 2).

Ergeben sich aus diesem Verbrauchsrechte der Oberlieger Unzuträglichkeiten für die Unterlieger, so mögen sie das Ausgleichsverfahren der Verwaltungsbehörde (Art. 65 ff. WG.) herbeiführen. Insolange nicht die Verwaltungsbehörde im Ausgleichsverfahren die Teilung des Wassers verfügt hat, gehört den Ufereigentümern das gesamte an ihren Ufern vorüberfließende Wasser; sie dürfen es also zur sachgemäßen Benutzung auch vollständig verbrauchen, sofern nicht die Spezialbestimmungen des Art. 45 WG. entgegenstehen.

---

[1]) Vgl. RG. Bd. 38 S. 277; SeuffA. Bd. 34 Nr. 267.; Roth, Bayer. ZR. Bd. 3 § 289 Note 3, § 287 Note 1—2, dem sich Reuß, Wassergeſ. S. 65 anschließt, ist der Ansicht, daß das Gesetz den Gebrauch des Wassers immer nur unter der Bedingung zulasse, daß der Abfluß des Wassers in das ursprüngliche Bett nicht ganz ausgeschlossen erscheine.

Auch Oertmann S. 417 tritt mit Entschiedenheit für die Beschränkung ein, daß der Anlieger nicht durch vollständigen Verbrauch des Wassers den Fluß trocken legen oder seinem Charakter und seiner Zweckbestimmung vollständig entfremden dürfe. Im Einklang damit steht die Ansicht von Eymann Anm. 1 zu Art. 44; er erachtet es für unzulässig, die Benützung zum Nachteil der anderen Berechtigten in einer Weise auszuüben, daß „der größte Teil des Wassers" verbraucht wird und nicht mehr in den Fluß zurückgelangt.

Diese Auffassung führt zur vollendeten Rechtsunsicherheit. Wie soll das Maß gefunden werden für den Teil des Wassers, der den Unterliegern nicht genommen werden darf? Wie viel Wasser bleibt dem Oberlieger namentlich dann, wenn der Fluß überhaupt oder zeitweilig nur recht wenig Wasser führt? Das doch allseits anerkannte Recht des Anliegers zum Verbrauch des Wassers würde nur ein Scheinleben führen, wenn lediglich ein billiges, die Interessen aller Gebrauchsberechtigten berücksichtigendes Ermessen den Maßstab bilden würde; eine andere Richtschnur wäre aber nicht zu finden. Diese billige Berücksichtigung und der Ausgleich der widerstreitenden Interessen ist durch das Gesetz dem besonders geregelten Ausgleichsverfahren der Art. 65 WG. überwiesen. Dort geht offensichtlich der Gesetzgeber von dem Rechte der Anlieger zum völligen Verbrauch des Wassers aus; in Art. 67 WG. wird der Verwaltungsbehörde ausdrücklich die Befugnis eingeräumt, zur Erzielung eines entsprechenden Ausgleichs das einzelnen Berechtigten „gehörende Wasser" oder einen Teil desselben zeitweise in Anspruch zu nehmen. Auch aus Art. 45 Abs. 1 Z. 1 WG., der ausdrücklich die schädliche Austrocknung verbietet, läßt sich ein weiterer Behelf gegen die Ansicht Oertmanns ableiten, ingleichen aus Art. 45 Abs. 4 WG. der allseits, auch von Oertmann S. 415, dahin ausgelegt wird, daß jeder der gegenüberliegenden Adjazenten die Hälfte des Wassers benützen darf. — Zustimmend zu der hier vertretenen Ansicht sind die Ausführungen von Harster-Cassimir Anm. 2 zu Art. 45.

Das hiernach vom Gesetz dem Eigentümer eingeräumte Recht des Wasserverbrauchs kann durch besondere Rechtsverhältnisse ausgeschlossen sein [1]). So kann der Müller das für seine Mühle nötige Wasser dann beanspruchen, wenn er durch Verjährung oder Bestellung ein Wasserbezugsrecht erworben hat. Zur Ersitzung eines Wasserbezugsrechtes war nach bisherigem Recht erforderlich, daß der Müller oder sein Rechtsvorgänger gegenüber dem Oberlieger oder dessen Rechtsvorgänger eine Handlung vorgenommen hat, die sich als Rechtsausübung darstellt und daß der Letztere dabei während der Verjährungszeit sich ruhig verhalten hat [2]). Der bloße Nachweis, daß der Müller das Wasser seit einer noch so langen Reihe von Jahren, ja seit unvordenklicher Zeit, ungestört benützt hat, während der Wiesenbesitzer seine Wiese nie gewässert hat, ist für sich allein nicht genügend.

Einer besonderen Erörterung bedarf der häufige Fall, daß die gegenüberliegenden Ufer verschiedenen Eigentümern gehören. In diesem Fall hat jeder von Beiden das Recht zur gleichheitlichen Benützung des Wassers (Art. 45 Abs. 4 WG.). Es darf also jeder gleichzeitig und gleichseitig, d. h. jeder darf zu derselben Zeit auf seiner Hälfte des Wasserlaufes das Wasser benützen [3]). Aber nur über die eine Hälfte des an der einzelnen Uferstelle vorüberfließenden Wassers steht ihm diese Befugnis zu, während die andere Hälfte zur Verfügung des Besitzers des gegenüber liegenden Grundstücks bleiben muß. Der Umfang des Rechtes wird demgemäß nicht durch die Wassermenge bestimmt, welche der Fluß bei der ersten Berührung seines Ufergrundstückes mit sich führt; der Uferbesitzer kann vielmehr an jeder Stelle von neuem die Hälfte des Wassers in Benützung nehmen, sollte er auch bereits an einer oberhalb gelegenen Uferstrecke durch die Ausübung des gleichen Rechtes einen Teil des Flußwassers verbraucht haben. Denn keinem Uferbesitzer steht ein Anspruch auf die Hälfte derjenigen Wassermenge zu, welche der Fluß etwa weiter oberhalb enthalten hat, sondern nur derjenigen, welche er gerade an dem einzelnen Uferteile im Vorüberfließen noch enthält [4]).

---

[1]) S. darüber unten S. 444.

[2]) Vgl. SeuffA. Bd. 32 Nr. 299. Ueber stillschweigende Bestellung eines Wasserbezugsrechtes s. oben S. 419 Anm. 5.

[3]) Reuß, Wasserges. S. 92; Becher, Bayer. LZR. Bd. 1 S 574 Anm. 49; BGH. Bd. 12 S. 23.

[4]) Nieberding-Frank, Wasserrecht S. 250. Ebenso Harster-Cassimir Anm. 7 zu Art. 45. Im Gegensatz hierzu nimmt die auf der gleichen Grundlage aufgebaute preußische Praxis an (ebenso Eymann Anm. 33 zu Art. 45), daß jeder Uferbesitzer einen Anspruch auf die Hälfte desjenigen Wassers habe, welches sich beim Beginn seines Ufers in dem Privatflusse befindet und er demgemäß nach dem Verbrauche dieser Hälfte die von dem Besitzer des gegenüberliegenden Ufers nicht verbrauchte andere Hälfte des Wassers an einer weiter unten gelegenen Stelle seines Ufers nicht wieder teilen und neuerdings hälftig in Anspruch nehmen darf. (Vgl. Striethorst, Arch. Bd. 7 S. 326, Entsch. OTr. Bd. 26 S. 476).

Ueber diese Hälfte des Wassers kann der Eigentümer des einen Ufers ohne Rücksicht auf den Besitzer der anderen Uferseite frei verfügen; dieser hat dabei kein Recht des Widerspruchs und keinen Anspruch auf Rücksicht, wenn die Nutzung auf der einen Seite auf die Nutzungsweise der anderen Seite zurückwirkt. Aber über diese Grenzen darf der Ufereigentümer ohne die Zustimmung des Besitzers des gegenüberliegenden Ufers nicht hinausgehen. Wenn freilich dieser seinerseits nicht Willens oder nach der Beschaffenheit seines Ufergrundstückes gar nicht in der Lage ist, von dem ihm zustehenden Nutzungsrechte Gebrauch zu machen, kann diese Zustimmung mit Rücksicht auf das allgemeine Schikaneverbot des § 226 BGB. entbehrlich werden.

Es kann aber zwischen den Beteiligten auch eine von der gesetzlichen Regelung abweichende Art der Verteilung der Benützung durch besonderes Rechtsverhältnis begründet sein, z. B. Abwechselung mit der Benützung nach Tagen oder Stunden[1]). Dabei ist jedoch zu beachten, daß für eine die Rechtsnachfolger bindende Regelung die für Veränderung dinglicher Rechtsverhältnisse vorgeschriebenen Vorschriften eingehalten werden müssen (vgl. oben S. 295, für bisheriges Recht S. 300, vgl. ferner unten S. 444 ff.).

Rechtskräftige Erkenntnisse aus der Zeit vor Inkrafttreten der Wassergesetzgebung begründen nur dann einen von den Vorschriften des Wasserbenützungsgesetzes abweichenden Rechtszustand, wenn sie sich nicht lediglich auf das frühere Gesetz, sondern auf besondere, von diesem abweichende ältere Titel stützen. Denn andernfalls würden die durch diese Urteile statuierten Befugnisse ebensowohl als beseitigt erscheinen müssen, wie alle Befugnisse, welche das frühere Gesetz überhaupt verlieh[2]).

Wegen der Zuständigkeit für Streitigkeiten über die gleichheitliche Benützung des Wassers s. unten II.

2. Eine weitere Beschränkung des Benützungsrechts des Flußeigentümers besteht darin, daß infolge der Benützung keine einem Anderen schädliche Stauung und keine Ueberschwemmung, Versumpfung, schädliche Austrocknung oder sonstige Beschädigung fremder Grundstücke verursacht werden darf (Art. 45 Abs. 1 Z. 1 WG.).

Es kann jedoch zu einer Abweichung von dieser Bestimmung von der Verwaltungsbehörde die Ermächtigung erteilt werden, wenn der Nutzen der Anlage den zu befürchtenden Schaden erheblich überwiegt und Entschädigung gewährt wird (Art. 45 Abs. 2 WG.).

In dem Rechte des Ufereigentümers, das Wasser zu jedem beliebigen Gebrauche zu benützen, wäre von selbst die Befugnis enthalten, alle diejenigen Anlagen am und — soweit das Eigentum am Flußbette reicht, — im Flusse zu errichten, deren Zweckbestimmung

---

[1]) Vgl. Becher, Bayer. LZR. Bd. 1 S. 1056 Note 22.
[2]) Nieberding-Frank, Wasserrecht S. 252.

auf die Benützung des Wassers gerichtet ist. Durch Art. 45 Abs. 1 Ziff. 1 WG. wird nun die Errichtung solcher Anlagen verboten, durch welche entweder eine einem anderen schädliche Stauung oder eine Ueberschwemmung, Versumpfung, schädliche Austrocknung oder sonstige Beschädigung fremder Grundstücke verursacht wird.

Eine Anlage ist daher nicht schon dann unzulässig, wenn sie überhaupt eine Stauung verursacht, auch wenn diese über die Eigentumsgrenzen hinauswirkt, sondern nur dann, wenn sie einem Anderen schadet. Das ist bei einer geringen Unbequemlichkeit noch nicht der Fall. Eine Schädigung durch Stauung kann namentlich in einer Beeinträchtigung der Wassertriebkraft bestehen. Die Verminderung des Gefälls kann sich, namentlich wenn dasselbe schon an sich gering ist, weithin fühlbar machen. Für die Frage, ob eine unzulässige Stauung verursacht wird, kommt es nicht auf den mittleren Wasserstand an[1]).

Unzulässig ist eine Anlage ferner dann, wenn durch dieselbe eine Ueberschwemmung oder Versumpfung fremder Grundstücke herbeigeführt wird.

Unter einer Ueberschwemmung versteht man die Unterwassersetzung von Grund und Boden. Versumpfung ist eine übermäßige Durchsetzung des Bodens mit Feuchtigkeit. Dieselbe kann die Folge von Ueberschwemmungen sein, kann aber auch durch Vermehrung des Grundwassers herbeigeführt werden.

Eine schädliche Austrocknung ist nicht schon deshalb anzunehmen, weil infolge der Wasserbenützung des Oberliegers der Unterlieger seine Wiesen nicht bewässern kann und deshalb in der Wiesenbewirtschaftung Schaden erleidet. Das Verbot der Herbeiführung einer schädlichen Austrocknung ist erst durch den Landtag in das Gesetz gebracht worden als Gegenstück zur Versumpfung. Man wird um so eher annehmen dürfen, daß hiermit eine prinzipielle Aenderung nicht bezweckt wurde, als eine nähere Begründung nicht gegeben wurde. Gerade aus der gewollten Gegenüberstellung zur Versumpfung ergibt sich das Resultat, daß für die Austrocknung nur das Flußbett selbst in Betracht kommen kann. Beispielsweise fällt hierher eine Entziehung des für die Fischzucht oder für die Weidenbäume unentbehrlichen Wassers im Flußbett.

Sind die Eigentümer mehrerer an einander grenzender Ufergrundstücke über eine Anlage oder Wasserbenützung einverstanden, so werden diese Grundstücke als ein einziges Grundstück betrachtet (Art. 45 Abs. 3 WG.)[2]). Nur jene Grundstücke sind als fremde zu behandeln, welche nicht zu der betreffenden Wassergenossenschaft gehören. Damit ist jedoch nicht gesagt, daß die Anlage auch vom öffentlichen Stand-

[1]) EntschOGH. Bd. 10 S. 106.
[2]) Vgl. VGH. Bd. 12 S. 292.

punkte zulässig ist; die Polizeibehörde kann vielmehr im allgemeinen Interesse, insbesondere aus gesundheitspolizeilichen Rücksichten, die Anlage verbieten (Art. 48 WG.)[1]).

Wird infolge der Benützung des Wassers nach einer der oben bezeichneten Richtungen eine Beeinträchtigung fremder Grundstücke verursacht, so steht dem hierdurch beeinträchtigten Angrenzer der Anspruch auf Beseitigung und Unterlassung dieser Beeinträchtigung zu, welcher regelmäßig zur Zuständigkeit der Verwaltungsgerichte gehört[2]).

3. Der Ufereigentümer darf ferner nach Art. 45 Abs. 1 Z. 1 WG. das an seinem Grundstück vorüberfließende Wasser nur so benützen, daß nicht zum Nachteil anderer eine nutzlose Verschwendung oder eine willkürlich ungleichmäßige Ausnützung des Wassers stattfindet.

An und für sich wäre der Uferangrenzer nach § 903 BGB. in der Verfügung über das Wasser nicht beschränkt; er könnte also das Wasser, auch ohne daß es ihm einen Nutzen bringt, verbrauchen und die dadurch geschädigten anderen Interessenten hätten, abgesehen von dem allgemeinen Schikaneverbot des § 226 BGB., kein Einspruchsrecht. In folgerichtiger Durchführung des in Art. 44 WG. aufgestellten Grundsatzes, daß der Ufereigentümer das Wasser nur mit Rücksicht auf die Rechte der übrigen Ufereigentümer und der sonstigen Wasserberechtigten benützen darf, verbietet Art. 45 Abs. 1 Ziff. 1 eine für andere nachteilige und für den Uferangrenzer selbst nutzlose Wasserverschwendung. Einen Nutzen, wenn auch keinen wirtschaftlichen, gewährt auch ein Springbrunnen; dessen Speisung ist daher zulässig, auch wenn dadurch den übrigen Interessenten das nötige Wasser entzogen wird. In einem solchen Fall wird man aber — und wohl auch mit Erfolg — das Ausgleichsverfahren der Verwaltungsbehörde nach Art. 65 ff. WG. anrufen können. Wird die Wasservergeudung nur durch mangelhafte Einrichtungen verursacht, so liegt eine „nutzlose“ Vergeudung nicht vor[3]), denn für den Inhaber der Einrichtungen — und nur auf dessen berechtigten Standpunkt kommt es an — ist es ein Nachteil, wenn er sich eine neue Einrichtung beschaffen muß.

Wie die Wasservergeudung, so ist auch die ungleichmäßige Ausnützung des Wasserlaufes nur dann gegeben, wenn die Gleichmäßigkeit des Wasserablaufes ohne eigenen Nutzen und zu fremdem Nachteil gestört wird[4]).

4. Endlich ist der Ufereigentümer an die Beschränkung gebunden, daß dem Wasser unter allen Umständen der Abfluß in das ursprüngliche Bett des Flusses gegeben werden muß, bevor dieser das Ufer eines fremden Grundstückes berührt (Art. 45 Abs. 1 Ziff. 2 WG.).

---

[1]) Pözl, Wasserges. S. 147.
[2]) Vgl. unten II S. 438.
[3]) Harster-Cassimir Anm 1 Ziff. 2 zu Art. 45.
[4]) Harster-Cassimir Anm. 1 Ziff 3 zu Art. 45.

Zu einer Abweichung von diesen beschränkenden Bestimmungen kann von der Verwaltungsbehörde die Ermächtigung erteilt werden, wenn durch die Ableitung des Wassers anderen Beteiligten kein Nachteil zugeht (Art. 45 Abs. 2 WG.).

Für die Anwendung des Art 45 Abs. 1 Ziff. 2 WG. kommt nur die Seite des Flußufers in Betracht, auf welcher das Grundstück liegt, für welches das Wasser aus dem Flußbett genommen wurde. Der Ufereigentümer muß also dem Wasser vor der Grenze seines eigenen Grundstückes den Abfluß in das ursprüngliche Bett des Flusses geben. Daher braucht der rechtseitige Adjazent das Wasser nicht vor einem Wechsel des Eigentums an dem gegenüberliegenden linksseitigen Ufergrundstück dem Flußbette wieder zuzuführen[1]). Sind die Eigentümer mehrerer an einander grenzender Ufergrundstücke über eine Anlage oder Wasserbenützung einverstanden, so werden diese Grundstücke als ein einziges Grundstück betrachtet; nur jene Grundstücke sind fremde im Sinne des Gesetzes, welche nicht zu der Wassergenossenschaft gehören (Art. 45 Abs. 3 WG.). Die Genossen können sich das Wasser von Grundstück zu Grundstück zuleiten und müssen es erst an der Stelle in das Flußbett wieder einleiten, wo es erstmals die Grenze eines nicht zu der Genossenschaft gehörigen Grundstückes überschreitet.

Die in Art. 45 Abs. 1 Ziff. 2 WG. statuierte Beschränkung ist eine Konsequenz des allgemeinen Grundsatzes, daß der Anlieger das Wasser nur mit Rücksicht auf die Rechte der übrigen Ufereigentümer benützen darf. Die Vorschrift ist nicht dahin aufzufassen, daß das g a n z e dem Flusse entnommene Wasser unverkürzt wieder in denselben zurückgeleitet werden muß; der Ufereigentümer kann vielmehr das an seinem Grundstück vorbeifließende Wasser beliebig gebrauchen, also auch z. B. zur Wiesenbewässerung verbrauchen, soferne nur die in Art. 45 Abs. 1 Ziff. 1 und 2 gezogenen Schranken eingehalten werden[2]).

Hiernach darf wohl der Eigentümer eines Grundstückes, durch welches ein serpentinartig gewundener Bach fließt, mittelst Durchstiches den Wasserlauf gerade legen bis zu seiner Grenze; wenn sich aber in seinem Grundstücke eine im Eigentum eines Dritten stehende, am ursprünglichen Bette des Baches belegene Enklave befindet, so darf er den Durchstich nicht in der Weise vornehmen, daß er der Enklave den Bach entzieht[3]).

Die Ableitung des Wassers aus einem Privatflusse ohne Wiederzuleitung des nicht verbrauchten Wassers in das ursprüngliche Bett ist objektiv unberechtigt und verletzt die Rechte der unterliegenden Uferbesitzer, auch wenn ihnen ein aktueller Schaden dadurch nicht zugefügt wird.

---

[1]) VGH. Bd. 12 S. 24.
[2]) VGH. Bd. 12 S. 292.
[3]) Pözl, Wasserges. S. 148.

Wenn der Uferbesitzer durch Arbeiten oder Anlagen auf seinem Eigentum, wenn auch unabsichtlich, bewirkt, daß das Wasser des Privatflusses versiegt und so den anderen Adjazenten entzogen wird, so ist er zur Wiederherstellung des früheren Zustandes verpflichtet[1]); denn er hat tatsächlich — wenn auch auf unterirdischem Wege — das Wasser abgeleitet, ohne es wieder in das ursprüngliche Bett zurückzuleiten.

Durch die Bestimmung des Art. 45 Abs. 1 Ziff. 2 WG. ist die Verwendung des Wassers für nicht am Flusse liegende Grundstücke ausgeschlossen[2]). Der Ufereigentümer darf aber das vorüberfließende Wasser nicht bloß für sein Ufergrundstück, sondern für alle hinter diesem gelegenen, ihm gehörigen und mit dem Ufergrundstücke räumlich zusammenhängenden Grundstücke benützen[3]). Fremden Grundstücken darf dagegen das Wasser nicht zugeleitet werden. Es ist deshalb unzulässig, dem Privatfluß das für die Speisung einer städtischen Wasserleitung notwendige Wasser zu entnehmen, während der Adjazent das Wasser zur Speisung der Dampfkessel seiner Fabrik verwenden darf. Wenn sich der Bierbrauer einen Eisweiher anlegt, den er mit dem Wasser eines Privatflusses speist, so darf er das so gewonnene Eis nur für die auf dem Ufergrundstück (und den daran angrenzenden ihm gehörigen Grundstücken) gelegene Brauerei verwenden; er darf also das Eis zwar an die Wirte, die das Bier der Brauerei abnehmen, liefern, nicht aber darf er einen Handel mit dem Eis betreiben. Aus einem Fischweiher, der mit dem Wasser des Privatflusses gespeist wird, darf dessen Besitzer den Fischen das zu ihrer Versendung erforderliche Wasser mitgeben.

Art. 45 Abs. 2 WG. räumt der Verwaltungsbehörde die Befugnis ein, eine nach Art. 45 Abs. 1 Ziff. 2 unzulässige Ableitung zu bewilligen, jedoch nur dann, wenn durch die Ableitung anderen Beteiligten kein Nachteil zugeht. Beteiligt sind die Uferangrenzer und die sonstigen Gebrauchsberechtigten, z. B. die Müller, auch wenn sie kein Wasserbezugsrecht haben, dann aber auch diejenigen Grundeigentümer, welchen infolge der Ableitung des Wassers aus dem Flußbett das Wasser zugeführt wird.

II. Zuständigkeit. Streitigkeiten über Rechtsansprüche und Verbindlichkeiten in den Fällen des Art. 45 WG. sind Verwaltungsrechtssachen mit der Maßgabe, daß die im Abs. 2 des Art. 45 WG. vorgesehene Entschädigung in dem besonderen Verfahren des Art. 195 WG. entschieden wird (Art. 177 WG.).

---

[1]) Vgl. RG. Bd. 4 S. 344. Anders, wenn durch die Anlage die unterirdischen Wasseradern abgeleitet werden und dadurch das Versiegen des Privatflusses herbeigeführt wird, da dies durchaus nicht dem Falle gleichsteht, in welchem das in den Fluß bereits eingetretene Wasser abgeleitet wird. Vgl. RG. Bd. 27 S. 330.

[2]) Vgl. RG. Bd. 47 S. 292.

[3]) Eymann Anm. 8 zu Art. 45; vgl. Harster-Cassimir Anm. 2 Ziff. 2 zu Art. 45.

Es läßt sich im allgemeinen der Grundsatz aufstellen, daß ein Streit über den Bestand und Umfang des Rechtes am Wasser eines Privatflusses vor die Zivilgerichte gehört, während ein Streit über die Art der Ausübung eines solchen, nach Bestand und Umfang feststehenden Rechtes regelmäßig Verwaltungssache ist. Wenn also nur darüber gestritten wird, ob und in welcher Weise eine Benützung des Wassers nach den gesetzlichen Bestimmungen zulässig ist, so haben die Verwaltungsbehörden zu entscheiden[1]). Besteht jedoch Streit darüber, ob durch besonderen Rechtstitel eine Ausnahme von diesen Beschränkungen geschaffen ist, so ist die Zuständigkeit der Zivilgerichte begründet[2]). Streitigkeiten über die den gegenüberliegenden Adjazenten zustehende Befugnis zur gleichheitlichen Benützung des Wassers gehören gleichfalls vor die Verwaltungsgerichte, sofern nur Streit über die Anwendung des Art. 45 Abs. 4 WG. besteht[3]). Dreht sich der Streit aber darum, ob durch besonderen Rechtstitel eine Ausnahme von der gesetzlichen Regel des Art. 45 Abs. 4 WG. begründet ist, so haben die Zivilgerichte zu entscheiden[4]).

III. Im einzelnen ergibt sich für das den Ufereigentümern zustehende Recht der Wasserbenützung folgendes:

1. Der Gebrauch des Wassers zum Baden, Waschen, Schöpfen, Tränken, Wässern steht dem Ufereigentümer zu, soweit sein Eigentum am Flusse reicht. Gehören die gegenüberliegenden Ufer verschiedenen Eigentümern, so hat jeder nur Anspruch auf die Hälfte des Wassers (Art. 45 Abs. 4 WG. s. oben S. 433ff.)).

Während das Jedermann eingeräumte Recht zum Gemeingebrauch des Wassers ein beschränktes ist, wie oben[5]) ausgeführt wurde, ist der Ufereigentümer innerhalb seiner Machtsphäre zur an sich unbeschränkten Benützung und zum Verbrauch[6]) des Wassers, welches über den ihm gehörigen Teil des Flußbettes hinfließt[7]), berechtigt.

Ueber das Recht des Ufereigentümers besondere Anlagen zum Zwecke der Wasserbenützung zu errichten s. unten Ziff. 5 S. 440.

2. Das Befahren des Privatflusses mit Kähnen oder Dampfbooten ist eine zulässige Art der Benützung. Doch darf der Ufereigentümer nicht über seine Eigentumsgrenze am Flußbett hinausfahren. Er hat daher das Recht von einem Ufer zum anderen mit einem

---

[1]) Vgl. VGH. Bd. 12 S. 23, Bd. 15 S. 31.
[2]) Vgl. VGH. Bd. 3 S. 583, Bd. 12 S. 23.
[3]) Pözl, Wasserges. S. 153, Harster-Cassimir Anm. 9 zu Art. 45.
[4]) Nur in dieser Beschränkung kann an der in der ersten Auflage angenommenen Zuständigkeit der Gerichte festgehalten werden.
[5]) S. oben S. 423ff.
[6]) S. oben S. 432.
[7]) Vgl. RG. Bd. 38 S. 277.

Nachen überzusetzen, nur dann, wenn ihm beide Ufer gehören. Fährt Jemand auf dem Wasser, welches über den im Eigentum eines Anderen stehenden Flußbetteil fließt, so hat Letzterer den negatorischen Anspruch aus § 1004 BGB., wenn er hierdurch beeinträchtigt wird. Dasselbe gilt, wenn der Wellenschlag eines Dampfbootes eine erhebliche Beeinträchtigung auf das fremde Wasser oder das fremde Ufer ausübt. Eine solche Beeinträchtigung ist unzulässig, weil die Privatflüsse im Gegensatz zu den öffentlichen Flüssen nicht zur Schiffahrt bestimmt sind.

3. Entnahme von Material. Jeder Ufereigentümer ist — soferne nicht der Privatfluß im Eigentum Dritter steht, — befugt Eis, Sand, Kies, Stein, Schlamm, Erde und Pflanzen (z. B. Weiden und Schilf) aus dem Flußbette bis zu seiner Grenze zu nehmen[1]), soweit es ohne Nachteil für Andere, besonders in Bezug auf die Tiefe des Flusses und die Sicherheit der Ufer, geschehen kann (Art. 26 Abs. 2 WG.). Die Perlfischerei und Goldwäscherei in Privatflüssen ist dem Staate vorbehalten (Art. 26 Abs. 3 WG.)[2]).

Bei Streitigkeiten über die Entnahme von Material aus einem Privatflusse ist die Zuständigkeit verschieden, je nachdem das Recht zur Entnahme aus einem besonderen Rechtstitel abgeleitet wird oder nur aus den gesetzlichen Bestimmungen; ersteren Falls liegt eine Justizsache, im zweiten Fall eine Verwaltungsrechtssache vor.

4. Brücken und Stege dürfen die Ufereigentümer anlegen, soweit ihr Eigentum reicht; sind die gegenüberliegenden Ufer nicht in einer Hand, so kann der eine das Ufer des Anderen natürlich nur mit dessen Bewilligung benützen.

Die Brücken und Stege müssen übrigens so angelegt werden, daß sie den Wasserlauf nicht hindern.

Für Brücken, feststehende Stege und Ueberfahrtsanstalten über Privatflüsse, ferner für Ueberführungen (Wasser-, Gas-, Drahtleitungen 2c.) über und Unterführungen durch Privatflüsse ist unter gewissen Voraussetzungen die Erlaubnis der Verwaltungsbehörde erforderlich (Art. 78 WG.).

5. Dauernde Anlagen zur Benützung des Wassers.

a) Die Errichtung solcher Anlagen ist an sich den Ufereigentümern unbenommen. Einschlägig sind natürlich die allgemeinen Beschränkungen der Wasserbenützung, so z. B. Art. 49, durch den der Verwaltungsbehörde die Befugnis eingeräumt ist, zur Wahrung des unentbehrlichen Wasserbedarfs einer Ortschaft eine an sich erlaubte Wasserbenützung zu beschränken[3]).

[1]) Ueber ein durch Ersitzung erworbenes Streu- und Sichelschlagsrecht des Fischereiberechtigten vgl. EntschOGH. Bd. 7 S. 262.

[2]) Vgl. SeuffBl. Bd. 40 EBl. Nr. 1 und 2.

[3]) Vgl. VGH. Bd. 2 S. 558.

b) Die Errichtung einer Stauvorrichtung, gleichviel zu welchem Zwecke dieselbe dienen soll[1]) und die Errichtung eines Triebwerkes mit gespannter Wasserkraft an einem Privatflusse und nach Art. 57 WG. auch an einem geschlossenen Privatgewässer, ingleichen eine Abänderung an solchen Anlagen, sofern die Aenderung auf den Verbrauch des Wassers, die Wassermenge, die Art des Verbrauchs, das Gefälle oder die Höhe des Oberwassers Einfluß hat, bedarf der vorgängigen Genehmigung der Verwaltungsbehörde[2]) (Art. 50 Z. 1 u. 2 WG.). Durch die Bewilligung wird einem privatrechtlichen Widerspruchsrechte eines Beteiligten kein Eintrag getan[3]). Unter Stauvorrichtungen sind alle jene künstlichen Hemmungen des freien Wasserlaufs zu verstehen, welche dazu bestimmt sind, den Wasserstand über sein natürliches Niveau zu erhöhen (= zu spannen), um so ein ergiebigeres Gefälle zu erhalten oder auch das Wasser an einem Punkte auf eine solche Höhe zu bringen, daß es von da an einen über dem Wasserspiegel gelegenen Punkt geleitet werden kann[4]). Erforderlich ist also, daß die Anlage eine Aufstauung zum Zwecke, nicht bloß zur Folge habe[5]); dagegen kommt nichts darauf an, welcher Zweck mit der Aufstauung verfolgt wird[6]). Die Zweckbestimmung kommt aber insoferne in Betracht, als gewerbliche[7]) Stauanlagen für Wassertriebwerke und nur für solche (also z. B. nicht für Bewässerungsanlagen)[8]), neben der nach Art. 50 WG. erforderlichen wasserpolizeilichen Genehmigung auch der gewerbepolizeilichen Genehmigung bedürfen (§§ 17 ff., 23 Abs. 1 Reichsgewerbeordnung)[9]). Unter Triebwerk versteht man jedes durch das Wasser, sei es unmittelbar oder mittelbar, bewegte Werkzeug zur Ausnützung der Kraft des Wassers; wird eine Stauvorrichtung mit dem Triebwerk verbunden, so entsteht ein Triebwerk mit gespannter Wasserkraft[10]). Ist eine Anlage der in Art. 50 WG. bezeichneten Art ohne die erforderliche Genehmigung errichtet, so steht den Beteiligten ein Verwaltungsrechtsanspruch auf Einstellung des Betriebes bezw. Beseitigung der Anlage nicht zu[11]).

c) Eichpfahl. Bei jeder Stauanlage und bei jedem Triebwerke mit gespannter Wasserkraft ist nach Anordnung der Verwaltungs-

---

[1]) Pözl, Wassergeſ. S. 193.
[2]) Die Distriktspolizeibehörde (§ 5 V. Vdg.) der belegenen Sache (§ 114 V. Vdg.).
[3]) Vgl. Art. 170 WG.
[4]) Reuß, Wassergeſ. S. 116.
[5]) VGH. Bd. 4 S. 177.
[6]) Pözl, Wassergeſ. S. 192.
[7]) Ueber den Begriff „Gewerbe" ſ. VGH. Bd. 2 S. 557.
[8]) Landmann, GO. Bd. 1 S. 154.
[9]) Vgl. Reuß, Wassergeſ. S. 129.
[10]) Reuß, Wassergeſ. S. 117. Vgl. VGH. Bd. 4 S. 177, Bd. 25 S. 411, Bd. 19 S. 280.
[11]) VGH. Bd. 12 S. 393.

behörde auf Kosten des Unternehmers ein bleibendes Höhenmaß (Eichmarke, Eichpfahl, Pegel) aufzustellen, das auf eine in die Augen fallende Weise die festgesetzte Wasserhöhe und zwar, sofern der Wasserstand auf einer bestimmten Mindesthöhe erhalten werden muß, auch letztere zu bezeichnen hat (Art. 53 WG.). Streitigkeiten über die Verpflichtung zur Eichpfahlsetzung sind Verwaltungsrechtssachen (Art. 177 WG.)[1]). Das Verfahren bei Aufstellung dieser Höhenmaße und deren Beschaffenheit ist durch §§ 132—146 der Vollzugsbekanntmachung vom 3. Dezember 1907 bestimmt, s. Harster-Cassimir S. 346 ff. Ein nach Maßgabe dieser Vorschriften gesetzter Eichpfahl hat in seiner Eigenschaft als Wasserstandszeichen im Sinne des § 274 RStGB. die Bedeutung einer mit allgemeiner Glaubwürdigkeit und Beweiskraft ausgestellten öffentlichen Urkunde, deren Zweck darin besteht, in einer zu jeder Zeit und von Jedermann kontrollierbaren Weise die Höhe zu bezeichnen, bis zu welcher der Inhaber des Triebwerks oder der Stauvorrichtung den natürlichen Stand des fließenden Wassers durch die Stauanlage zur Vermehrung der Triebkraft des Wassers erhöhen darf[2]).

Es ist zu unterscheiden zwischen der *zuständigen* und der *zulässigen* Wasserhöhe[3]). *Zuständig* ist jene Wasserhöhe, auf welche der Anlagebesitzer ein Recht hat. Die Verwaltungsbehörde hat bei der Eichpfahlsetzung die zuständige Wasserhöhe zu ermitteln, sie hat dabei auch die privatrechtlichen Verhältnisse ihrer Würdigung zu unterziehen. Aber sie entscheidet nicht definitiv über diese privatrechtlichen Verhältnisse, sondern es muß eine Abänderung eines bestehenden Eichpfahles eintreten, sobald vor den hiezu kompetenten Zivilgerichten festgestellt worden ist, daß dem betreffenden Wasserwerksbesitzer eine höhere oder niedrigere Wasserhöhe zusteht, als ihm von der Verwaltungsbehörde zuerkannt wurde[4]).

Die Berufung auf den vorhandenen Eichpfahl begründet übrigens noch nicht den Beweis für ein Privatrecht auf die betreffende Wasserhöhe; dafür müssen andere Beweise geliefert werden[5]), da der Eichpfahl nicht notwendig auf einem Privatrechtstitel beruht. Der Eichpfahl kann auch nicht als Anfangspunkt oder als Titel zur Ersitzung eines solchen Privatrechts benützt werden[6]).

---

[1]) VGH. Bd. 4 S. 330, Bd. 16 S. 85.

[2]) VGH. Bd. 11 S. 215, Bd. 16 S. 85, Bd. 17 S. 97.

[3]) Vgl. hierzu die im wesentlichen übereinstimmenden Ausführungen bei Harster-Cassimir Anm. 6 und 7 zu Art. 53, der gegen Eymann Anm. 1a zu Art. 53 an der schon bisher vom VGH. Bd. 16 S. 89, Bd. 17 S. 96, Bd. 19 S. 92 vertretenen Ansicht festhält, daß das Recht auf die zuständige Stauhöhe ein Privatrecht sei.

[4]) VGH. Bd. 16 S. 85 und 89, Bd. 17 S. 94.

[5]) Pözl, Wassergef. S. 203; Harsten-Cassimir Anm. 6 zu Art. 53.

[6]) Pözl, Wassergef. S. 209.

Kann der Wasserwerksbesitzer nicht nachweisen, daß ihm eine bestimmte Wasserhöhe rechtlich zusteht, so hat die Verwaltungsbehörde die zulässige Wasserhöhe nach dem öffentlichen Interesse unter Ausgleichung der widerstreitenden Interessen aller Beteiligten nach ihrem Ermessen zu bestimmen[1]). Die Festsetzung der zulässigen Wasserhöhe ist Verwaltungsrechtssache (Art. 177 WG.); durch die rechtskräftige Festsetzung der zulässigen Wasserhöhe wird die widerlegbare Vermutung begründet, daß die festgesetzte zulässige Wasserhöhe auch die zuständige sei[2]). Der Gegenbeweis ist im Zivilprozeß zu führen; gelingt er, dann hat die Verwaltungsbehörde auf Grund des Zivilurteils von Amts wegen die entsprechende Aenderung des Höhenmaßes herbeizuführen[3]).

Die zuständige Wasserhöhe kann ohne Zustimmung aller Beteiligten nicht geändert werden, wohl aber kann die zulässige Wasserhöhe in anderer Weise bestimmt werden und es muß dann der Eichpfahl entsprechend geändert werden, was im Verwaltungsrechtsverfahren festzustellen ist[4]). Nach § 145 VVdg. kann die Distriktsverwaltungsbehörde die Abänderung eines bestehenden Höhenmaßes verlangen, wenn bei der ursprünglichen Aufstellung wesentliche Mängel stattgefunden haben oder wenn feststeht, daß das Höhenmaß der festgesetzten Wasserhöhe nicht entspricht.

d) Eigentumsbeschränkungen zu Gunsten und zu Lasten von Stauvorrichtungen.

Jeder Ufereigentümer, welcher zur Benützung des ihm zustehenden Wassers ein Stauwerk errichten will, ist befugt, gegen vorgängige volle Entschädigung von dem Eigentümer des gegenüberliegenden Ufers dessen Benützung und soweit erforderlich, auch die Benützung des Flußbettes von dessen Eigentümer zum Anschlusse der Anlage in Anspruch zu nehmen. Triebwerke, Gebäude und die dazu gehörigen Höfe und Gärten sind diesem Anspruche nicht unterworfen, Art. 158 WG. Der Eigentümer des für den Anschluß in Anspruch genommenen Ufers kann zu jeder Zeit[5]) die Mitbenützung des Stauwerks verlangen gegen Teilnahme an den Kosten der Errichtung[6]) und der künftigen Unterhaltung des Werkes im Verhältnisse zur angesprochenen Wassermenge. In diesem Falle ist von der nach Art. 158 geleisteten Entschädigung ein entsprechender Betrag zurückzuerstatten. Die Kosten der durch die Mitbenützung veranlaßten Aenderung der Stauanlage hat der die Mitbenützung Ansprechende

[1]) V. Vdg. § 143 Abs. 4, vgl. VGH. Bd. 19 S. 92.
[2]) VGH. Bd. 16 S. 86.
[3]) VGH. Bd. 16 S. 89, Bd. 17 S. 99.
[4]) VGH. Bd. 16 S. 85, Bd. 17 S. 94.
[5]) Also auch lange Zeit nach Herstellung des Stauwerkes.
[6]) Wird die Mitbenützung erst längere Zeit nach der Errichtung des Stauwerks verlangt, so ist das für die Errichtung aufgewendete Kapital nicht zu verzinsen.

zu tragen (Art. 159 WG.). Die über die Anwendung des Art. 158, 159 WG. entstehenden Streitigkeiten unterliegen der verwaltungsgerichtlichen Zuständigkeit (Art. 177 WG.).

Falls durch die Stauanlage fremdes Eigentum beschädigt wird, kann der Unternehmer unter gewissen Voraussetzungen zu einer Abänderung der Stauanlage gegen Entschädigung gezwungen werden (Art. 163, 164 WG.).

## § 54. Besondere Rechtsverhältnisse bezüglich der Wasserbenützung bei Privatflüssen.

1. Von den durch Art. 45 WG. aufgestellten Grundsätzen über die Benützung des Wassers von Privatflüssen können nach dem im Abs. 1 des Art. 45 WG. gemachten Vorbehalt durch Lokalverordnungen, Herkommen oder besondere Rechtsverhältnisse Ausnahmen begründet sein.

Unter Lokalverordnungen hat man gesetzliche Vorschriften zu verstehen, die nur für einen bestimmten räumlich abgegrenzten Bezirk Geltung haben.

Der Begriff des Herkommens ist hier, wie sich aus der Gegenüberstellung zu den besondern Rechtsverhältnissen ergibt, im objektiven Sinn zu verstehen, also als Uebung einer Rechtsnorm, welche innerhalb eines bestimmten örtlichen Kreises alle Rechtsverhältnisse der betreffenden Art beherrscht. Oertliches Gewohnheitsrecht (s. oben S. 224), die Lokalverordnungen und das Herkommen müssen vor dem 7. Oktober 1852 entstanden sein, weil von da ab die Wasserbenützung an Privatflüssen durch das WBG. geregelt war. Dieses hat die Lokalverordnungen und das Herkommen lediglich aufrecht erhalten (Art. 54 WBG.), so daß nach Inkrafttreten des WBG. Lokalverordnungen und Herkommen gegen das Gesetz nicht mehr entstehen konnten [1]).

Die Lokalverordnungen und das Herkommen gehören als gesetzliche Ausnahme von den dem öffentlichen Recht angehörenden Eigentumsbeschränkungen des Art. 45 WG. gleichfalls dem öffentlichen Rechte an [2]).

Im Gegensatz zu den gesetzlichen Ausnahmen des Herkommens und der Lokalverordnungen stehen die besonderen Rechtsverhältnisse, die durch Vertrag begründet werden und regelmäßig dem Privatrechte angehören [3]).

Wird durch Vertrag zugunsten oder zu Lasten des Anliegers eine Ausnahme von den Eigentumsbeschränkungen des Art. 45 mit

---

[1]) Harster-Cassimir Anm. 3 zu Art. 45 und Anm. 1 zu Art. 32.

[2]) Vgl. Harster-Cassimir Anm. 1 zu Art. 32; zu weitgehend dagegen Anm. 3 zu Art. 45.

[3]) VGH. Bd. 12 S. 23; OLG. NF. Bd. 6 S. 76; Harster-Cassimir Anm. 3 zu Art. 45 gegen Eymann Anm. 1 zu Art. 45.

dinglicher Wirkung vereinbart, so hat man es regelmäßig mit einem auf Begründung einer Grunddienstbarkeit gerichteten Vertrage zu tun und es kommen dann für die Giltigkeit dieses Vertrages, wie für die dingliche Bestellung der Grunddienstbarkeit die allgemeinen Rechtssätze zur Anwendung [1]).

2. Zeitliche Statutenkollission, insbesondere rücksichtlich der Ersitzung.

Art. 54 WBG. bestimmte, daß durch lokale Verordnungen, Herkommen, besondere Rechtstitel oder Verjährung eine Ausnahme begründet werden kann. Der Begriff der besonderen Rechtstitel des Art. 54 WBG. deckt sich mit dem Begriff der besonderen Rechtsverhältnisse in Art. 45 WG. Der Unterschied zwischen Art. 45 WG. und Art. 54 WBG. besteht daher lediglich darin, daß nach letzterem auch durch Verjährung eine Ausnahme begründet werden konnte, was nach Art. 45 WG. nicht mehr zulässig ist. Dies war übrigens schon durch Art. 147 AG. z. BGB. in gleicher Weise, wie im Art. 45 WG. geregelt. Der Art. 147 AG. tritt jedoch gemäß Art. 177 AG. erst von dem Zeitpunkte an in Kraft, in welchem das Grundbuch als angelegt anzusehen ist. Bis zu diesem Zeitpunkte blieb Art. 54 WBG. in seiner ursprünglichen Fassung in Geltung. In einzelnen Bezirken Bayerns war das Grundbuch bereits vor Inkrafttreten des WG. als angelegt anzusehen; in anderen ist die Grundbuchverfassung heute noch nicht in Kraft getreten. Die Verjährung im Sinne der Ersitzung eines dem Art. 45 WG. (bezw. Art. 54 WBG.) entgegenstehenden Rechtszustandes ist vom Tage des Inkrafttretens der Grundbuchverfassung und wenn für einen bestimmten Bezirk das Grundbuch bei Inkrafttreten des Wassergesetzes noch nicht als angelegt anzusehen war, vom Zeitpunkte des Inkrafttretens des Wassergesetzes (1. Januar 1908) an unzulässig, so daß von diesem Zeitpunkte an eine noch nicht vollendete Ersitzung nicht mehr weiter laufen konnte, während die vor diesem Zeitpunkte durch Ersitzung bereits erworbenen Rechte aufrecht erhalten bleiben.

Nach bisherigem Recht war zur Ersitzung einer Grunddienstbarkeit am Wasser eines Privatflusses ein zehnjähriger ununterbrochener fehlerloser Besitzstand erforderlich [2]).

Unter Besitzstand versteht man die tatsächlich vorhandene Herrschaft über eine fremde Sache in der gewollten Richtung, sei es nun, daß die Herrschaft sich in der Errichtung von Anlagen auf dem dienenden Grundstücke zum Zwecke der Rechtsausübung oder im (wörtlichen oder tatsächlichen) Widerspruch gegen eine der Ausübung der Herrschaft entgegenstehende Einwirkung und in der Beruhigung des-

---

[1]) Vgl. hierüber oben S. 294 ff. und für die Zeit bis zur Anlegung des Grundbuches S. 300 ff.

[2]) Vgl. hierüber oben S. 302 ff.

jenigen, in dessen Rechtszuständigkeiten hierdurch eingegriffen wurde, kundgibt.

Die auf die Wasserbenützung bezüglichen Grunddienstbarkeiten bestehen entweder darin, daß Jemand, der nach dem Gesetze zur Wasserbenützung nicht berechtigt wäre, ein solches Wasserbezugsrecht in Anspruch nehmen kann, oder darin, daß ein an sich Berechtigter zugunsten eines Dritten von dem Benützungsrechte auf Grund eines Ausschließungsrechtes ausgeschlossen ist[1]). Weil nun schon nach dem Gesetze alle Adjazenten zur Wasserbenützung berechtigt sind, kann ein eigentliches Wasserbezugsrecht (in dem zuerst genannten Sinne) an einem Privatflusse nur für ein nicht an den Fluß stoßendes Grundstück bestehen. Hieraus ergibt sich die natürliche Folge, daß der Besitz eines Wasserbezugsrechts notwendigerweise in einer Anlage an dem dienenden Flußbettgrundstücke verkörpert sein muß, weil ja sonst auf das berechtigte, nicht an den Fluß angrenzende Grundstück gar kein Wasser aus dem Flusse gelangen kann[2]).

Als eine solche Anlage für den Besitz eines Wasserbezugsrechtes ist es z. B. zu betrachten, wenn der Eigentümer eines Grundstückes, welches nicht an den Privatfluß anstößt, das Wasser desselben aufstaut und auf sein Grundstück ableitet[3]). Es genügt schon ein künstlicher Wassergraben, der von ihm selbst angelegt ist oder doch seinen Zwecken dient.

Ein zugunsten eines Grundstückes bestehendes Ausschließungsrecht, kraft dessen ein an sich, d. i. nach den Vorschriften des Wasserbenützungsgesetzes, zur Benützung des Wassers Berechtigter von diesem Benützungsrechte ganz oder teilweise ausgeschlossen wird, kann auch ohne Anlage auf dem dienenden Grundstücke erworben werden. Es wird aber ein solches Ausschließungsrecht nicht schon dadurch begründet, daß ein Anliegender früher von seinem gesetzlichen Benützungsrecht während der Verjährungszeit, ja selbst seit unvordenklicher Zeit keinen Gebrauch gemacht, während derjenige, welcher das Ausschließungsrecht für sein Grundstück in Anspruch nimmt, von jeher das ganze Wasser allein benützt hat. Denn darin allein liegt kein

---

[1]) Die beiden Fälle können auch in einem Falle vereinigt sein; es steht z. B. einem nicht an den Fluß stoßenden Grundstück das Wasserbezugsrecht in der Weise zu, daß die Angrenzer ihre Wiesen nicht wässern dürfen. Die Voraussetzungen der Ersitzung sind nach jeder der beiden Richtungen selbständig zu prüfen.

[2]) Pözl, Wasserges. S. 119 kommt zu demselben Resultate durch analoge Anwendung des Art. 37 WBG. (jetzt Art. 17 WG.). Eine analoge Anwendung dieser nur für geschlossene Privatgewässer gegebenen Vorschriften dürfte nicht zulässig sein; denn Art. 37 WBG. regelt ganz andere Verhältnisse als diejenigen, welche der Art. 54 WBG. im Auge hat (vgl. SeuffBl. Bd. 52 S. 125). Die weiteren Ausführungen Pözls a. a. O. erwecken den Eindruck, daß derselbe für jede Grunddienstbarkeit am Wasser eine Anlage auf dem dienenden Grundstück für notwendig erachtet. Dem wäre nicht beizupflichten.

[3]) Pözl, Wasserges. S. 119.

Besitzstand, der auf eine Rechtsausübung gerichtet ist; hiezu wäre erforderlich, daß letzterer gegenüber dem ersteren eine Handlung (z. B. Widerspruch gegen die Wasserbenützung) vorgenommen hat, die sich als Rechtsausübung darstellt und daß der letztere dabei während der Verjährungszeit stille gesessen hat[1]).

Der bloße Nachweis, daß der Müller seit einer noch so langen Reihe von Jahren, ja seit unvordenklicher Zeit[2]) das Wasser zum Treiben seiner Mahlgänge verwendet hat, während der oberliegende Wiesenbesitzer seine Wiese nie gewässert hat, ist für sich allein nicht geeignet, für den Müller ein Verbietungsrecht gegen die Wässerung des Oberliegers zu begründen[3]); dagegen würde ein solches Recht z. B. dadurch erworben, daß der Müller dem Oberlieger die Wässerung verboten und daraufhin der Wiesenbesitzer während der Verjährungszeit die Wässerung unterlassen hat[4]), wie überhaupt die Einhaltung bestimmter Wässerordnungen dann einen Besitzstand darstellt, wenn sich aus den Umständen ergibt, daß die Beteiligten dieselbe in der Ueberzeugung ihrer rechtlichen Gebundenheit eingehalten haben.

Das Ausschließungsrecht kann auch nur für einen Teil der Wasserbenützung begründet sein. Dies findet sich häufig bezüglich der Verteilung des Wassers zwischen den Berechtigten zum Zwecke der Wiesenbewässerung, sei es zwischen den Adjazenten untereinander oder im Verhältnis zum Triebwerksberechtigten (Müller). Streitigkeiten über solche Wässerungsordnungen sind privatrechtlicher Natur[5]).

Auch bezüglich des in Art. 45 Ziff 1 WG. (Art. 54 Ziff. 1 WBG.) aufgestellten Verbotes des schädlichen Rückstaus und des in Art. 45 Ziff. 2 WG. (Art. 54 Ziff. 2 WBG.) enthaltenen Gebotes zur Rückleitung des nicht verbrauchten Wassers in das ursprüngliche Bett können in gleicher Weise durch Lokalverordnungen, Herkommen oder Verjährung besondere abweichende Rechtsverhältnisse begründet sein. Besteht Streit darüber, ob dies der Fall ist, so ist die Zuständigkeit der Zivilgerichte begründet[6]). Hierher gehört der Fall, daß der Müller behauptet, ein Recht auf einen für den Ober-

---

[1]) Pözl, Wassergeſ. S. 146; Schelhaß, Nachbarrecht S. 39; SeuffBl. Bd 31 S. 334

[2]) EntschOGH. Bd. 2 S. 238.

[3]) Auch eine Mühlengerechtigkeit im Sinne eines vom Staate verliehenen oder durch unvordenkliche Verjährung erworbenen Rechtes zur Benützung einer bestimmten Wasserkraft hat nur das wirklich in dem Bachbette strömende Wasser zum Gegenstand (SeuffA. Bd. 34 Nr. 267).

[4]) Dagegen kann der Müller auf Grund des Art. 45 Abs. 2 Ziff. 2 WG. wie schon nach Art. 54 Abs. 2 Ziff. 2 WBG. einer Ableitung des Wassers eines Privatflusses für eine Wasserleitung widersprechen; vgl. oben S. 436 f. — Gegen die Ableitung der Quelle durch den Eigentümer derselben hat der Müller nur dann ein Widerspruchsrecht, wenn er ein Wasserbezugsrecht hat; s. oben S. 403 und 419.

[5]) Vgl. VGH. Bd. 11 S. 38; Regierungsblatt 1864 S. 877 (Erkenntnis des Komp. Konfl.-Sen.).

[6]) VGH. Bd. 12 S. 23.

lieger schädlichen Aufstau durch Verjährung erworben zu haben (zuständige Wasserhöhe)[1]. Hierfür ist ein genügender Besitzstand, wenn während der Verjährungszeit tatsächlich so aufgestaut wurde, wie es der Müller beansprucht.

## § 55. Einführung von Flüssigkeiten und festen Stoffen in die Gewässer.

Der öffentliche wie der Privatfluß ist innerhalb seines Zuflußgebietes der natürliche Rezipient nicht bloß für das aus dem Boden und von dessen Oberfläche abfließende Wasser, sondern vermöge der Bedingungen, unter denen menschliche Ansiedlung und Bodenbenutzung naturgemäß vor sich gehen, auch für dasjenige Wasser, das aus wirtschaftlichen Gründen künstlich fortgeschafft werden muß, wie nicht minder für mancherlei Stoffe, welche dem wirtschaftlich benützten Wasser sich beimengen und vor dessen Ableitung nicht wieder ausgeschieden werden können. Die Benützung der Wasserläufe zu einer derartigen Ableitung ist in einem gewissen Maße absolut unvermeidlich und darüber hinaus unentbehrlich. Mit der zunehmenden Industrialisierung wurde die Tragkraft des Wassers zur Abführung der Abwässer immer mehr in Anspruch genommen und infolgedessen drohten bedenkliche Zustände zu entstehen, wie sie sich anderwärts, namentlich in England und Westfalen, bereits gezeigt haben. Das bisherige Recht enthielt in dieser Richtung nur dürftige Vorschriften: für öffentliche Flüsse in Art. 1 Abs. 2 und Art. 10 WBG. und für Privatflüsse in Art. 58 WBG. Die für die öffentlichen Flüsse einschlägigen Art. 1 und 10 WBG. wären an sich ausreichend gewesen, um durch angemessene polizeiliche Anordnungen einen entsprechenden Ausgleich in den widerstreitenden Interessen rücksichtlich der Wassereinleitung herbeizuführen. Vollständig unzureichend war jedoch die für Privatflüsse gegebene Vorschrift des Art. 58 WBG. Allerdings war in jedem Falle die behördliche Bewilligung zur Einleitung schädlicher Abwässer erforderlich. Wurde aber die behördliche Bewilligung erteilt, so war nicht etwa schlechthin eine Ersatzpflicht des Unternehmers für die durch die Abwässereinleitung herbeigeführten Schäden begründet, sondern es konnte ein solcher Schadensersatzanspruch nur dann erhoben werden, wenn er nach dem einschlägigen Zivilrecht begründet war. Da nun in vielen Fällen die Bedürfnisse der Industrie von der Verwaltungsbehörde trotz der für Dritte in Aussicht stehenden Schäden nicht unberücksichtigt gelassen werden konnten und für den Fortbestand gewerblicher Unternehmungen die Einleitung schädlicher Abwässer vielfach unentbehrlich war, so war der praktische Schwerpunkt zumeist auf die Frage verlegt, ob der Unternehmer für die behördlich bewilligte Abwässereinleitung schadensersatzpflichtig sei: der Streit hierüber gehörte dem Privatrecht an und es war deshalb Auf-

[1]) S. oben S. 442.

gabe des Zivilrichters die widerstreitenden Interessen auszugleichen. In diesem Prozeß war dann zu entscheiden, ob abgesehen von der behördlichen Bewilligung die Abwässereinleitung nach Privatrecht zulässig war oder nicht.

Das Wassergesetz hat die ganze Frage, ob die Einführung von Flüssigkeiten und festen Stoffen in die Gewässer zulässig ist, aus dem Privatrecht herausgenommen und dem öffentlichen Rechte unterstellt.

Dabei wird jedoch ein prinzipieller Unterschied in der Richtung gemacht, ob die Anlage, durch deren Betrieb die Eigenschaften eines Gewässers in schädlicher Weise verändert werden, bereits zur Zeit des Inkrafttretens des Wassergesetzes — 1. Januar 1908 — bestanden hat oder nicht.

### A. Anlagen, welche nach dem 1. Januar 1908 errichtet werden.

I. Der Eigentümer eines geschlossenen Privatgewässers kann die Einleitung von Flüssigkeiten und Stoffen aller Art, gleichviel, ob sie schädliche Folgen hat oder nicht, verbieten (§ 903 mit § 1004 BGB.).

Der Eigentümer selbst darf in sein geschlossenes Privatgewässer solche Flüssigkeiten und Stoffe einleiten (§ 903 BGB.). Solchen geschlossenen Gewässern aber, an denen ein anderer mitberechtigt oder in denen ein anderer fischereiberechtigt ist, darf selbst der Eigentümer Flüssigkeiten oder andere nicht feste Stoffe, die eine schädliche Veränderung der Eigenschaften des Wassers zur Folge haben, nur mit Erlaubnis der Verwaltungsbehörde zuführen (Art. 37 WG., s. hierüber unten III, S. 450). Im Ergebnis das Gleiche gilt für die Einbringung von festen Stoffen, welche die Eigenschaften des Wassers in schädlicher Weise verändern oder auf den Wasserstand nachteilig einwirken (Art. 38 WG. s. unten IV, S. 453). Aber auch bei solchen geschlossenen Privatgewässern, an denen eine Mitberechtigung oder Fischereiberechtigung Dritter nicht besteht, kann die Zuführung solcher schädlicher Flüssigkeiten oder die Einbringung solcher nachteiliger fester Stoffe jedem, also auch dem Eigentümer, durch die Verwaltungsbehörde insoweit untersagt werden, als es das Gemeinwohl erfordert (Art. 39 WG.).

II. Oeffentlichen Gewässern und Privatflüssen dürfen Flüssigkeiten oder andere nicht feste Stoffe, die eine schädliche Veränderung der Eigenschaften des Wassers nicht zur Folge haben, schlechtweg zugeführt werden und zwar von jedermann[1]), also z. B. auch von

[1]) Vgl. dagegen Harster-Cassimir Anm. 4 Z. 3 zu Art. 37, der diese Befugnis nur dann gewährt, wenn sie nicht einer besonderen Anlage im Sinne des Art. 42 bedürfe. Da dies regelmäßig der Fall sein werde, habe die Nutzungsbefugnis nur geringe Bedeutung, sie werde sich im wesentlichen auf „Einschütten“ unschädlicher Wasser beziehen. Hiegegen ist zunächst zu bemerken, daß sich der Art. 42 nur auf die öffentlichen Gewässer bezieht. Die Einleitung von Flüssigkeiten in das Wasser stellt aber überhaupt keine Wasserbenützung im Sinne des Art. 42

jemand, der nicht Anlieger eines **Privatflusses** ist. Dies ist im Gesetz zwar nicht ausdrücklich ausgesprochen, folgt aber als argumentum e contrario aus Art. 37 WG. Die Art. 37—41 regeln die Zulässigkeit der Einführung von Flüssigkeiten und festen Stoffen in die Gewässer in erschöpfender und einheitlicher Weise und wenn nur für schädliche Abwässer die Erlaubnispflicht erforderlich ist, so muß die Einleitung unschädlicher Abwässer als zulässig erachtet werden, da abgesehen von den öffentlich-rechtlichen Bestimmungen der Art. 37ff. WG. für die nicht zu den geschlossenen Privatgewässern gehörenden Gewässer jede privatrechtliche Vorschrift fehlt, auf Grund deren die Zuleitung verboten werden könnte.

III. 1. Oeffentlichen Gewässern, Privatflüssen und Bächen, sowie solchen geschlossenen Gewässern, an denen ein anderer dinglich mitberechtigt oder in denen ein anderer fischereiberechtigt ist, dürfen Flüssigkeiten[1]) oder andere nicht feste Stoffe[2]), die eine schädliche Veränderung der Eigenschaften des Wassers[3]) zur Folge haben, an sich nicht zugeführt werden, auch nicht von dem Eigentümer. Geschieht dies dennoch (ohne behördliche Bewilligung) so sind die privatrechtlichen Ansprüche gegeben. Der Begriff der Zuführung ist derselbe wie in § 906 BGB. (s. oben S. 98); er umfaßt auch die nicht beabsichtigte Herbeiführung der Wirkung[4]).

2. Die Zuführung ist jedoch nur auf Grund einer von der Verwaltungsbehörde erteilten Erlaubnis zulässig. Wird die Erlaubnis erteilt, so ist der Unternehmer der Zuführung nach Art. 37 Abs. 1 WG. zum Ersatze des Schadens verpflichtet, der anderen an dem Wasser Berechtigten durch die Zuführung entsteht (s. hierüber unten Ziff. 3).

---

WG. dar. Auch eine besondere Anlage im Sinne des Art. 42 wird zumeist nicht in Frage kommen. Der Unternehmer läßt eben den Abwässern ihren natürlichen Lauf und sie gelangen von selbst in ihren natürlichen Rezipienten, den Wasserlauf.

[1]) Unter Flüssigkeiten sind nicht nur solche Abwässer zu verstehen, die vollständig gelöste Stoffe enthalten, sondern auch solche, die zwar ungelöste, aber sehr feine feste Stoffe mit sich führen wie z. B. Zellulose, Hanf, Wolle, Flachsfasern, Haare aus Gerbereien, erdige Bestandteile aus Gruben u. dgl. Art. 37 trifft demnach die gesamten industriellen Abwässer. Aber auch die in den Abwässern befindlichen Abfälle aus Haus- und Küchenbetrieben fallen hierunter. ABAK. S. 165.

[2]) Hierher gehören z. B. Dämpfe, Gase, aber auch die Fäkalien. Begr. S. 555 II.

[3]) Zu den Eigenschaften des Wassers gehört nicht nur die chemische Zusammensetzung, sondern auch die Temperatur des Wassers, nicht aber das Gefäll. Harster-Cassimir Anm. 4 Z. 3 zu Art. 37. Die Einleitung reinen Wassers, welches vorher aus dem Privatflusse auf Grund des Adjazentenrechts entnommen ist, fällt unter Art. 44 WG. vgl. oben § 51. Stammt das Wasser nicht aus dem Flusse, so kommt Art. 37 WG. zur Anwendung. Dies gilt auch für abgekühltes Wasser, durch welches eine Vereisung der Triebwerke herbeigeführt wird. Vgl. Harster-Cassimir Anm. 4 Z. 3 zu Art. 37, s. oben S. 431 Anm. 3.

[4]) Harster-Cassimir Anm. 4 Z. 2 zu Art. 37 gegen Eymann Anm. 9 zu Art. 37.

Wenn eine bereits genehmigte Zuführung bezüglich der Art oder Menge der zuzuführenden Flüssigkeiten in einer für die Eigenschaften des Wassers schädlichen Weise geändert wird, so ist diese Aenderung an sich unzulässig, d. h. sie bedarf der behördlichen Erlaubnis (Art. 37 Abs. 1 S. 2 WG.).

a) Die behördliche Erlaubnis im Sinne des Art. 37 WG. ist wohl zu unterscheiden von der gewerbepolizeilichen Bewilligung. Die wasserrechtliche Erlaubnis muß direkt darauf gehen, daß die Abwässer eingeleitet werden dürfen. Die gewerbepolizeiliche Genehmigung ist von dieser wasserrechtlichen Erlaubnis vollständig unabhängig. Erstere ist in § 16 der Reichsgewerbeordnung für eine ganze Reihe von gewerblichen Anlagen, deren Betrieb eine Verunreinigung der Wasserläufe im Gefolge hat, vorgeschrieben. Für diese Betriebe ist dann neben der zur Einleitung der Abwässer erforderlichen wasserpolizeilichen Erlaubnis eine gewerbepolizeiliche Genehmigung erforderlich.

b) Die wasserpolizeiliche Erlaubnis ist in widerruflicher Weise zu erteilen (Art. 37 Abs. 2 WG.). Sie ist zu versagen oder an einschränkende Bedingungen zu knüpfen, wenn und soweit durch die Zuführung gesundliche oder erhebliche wirtschaftliche Nachteile zu besorgen sind und wenn in letzterem Falle der von der Zuführung zu erwartende Vorteil von geringerer wirtschaftlicher Bedeutung ist als der durch die Zuführung entstehende Nachteil.

c) Der Unternehmer kann jederzeit von der Verwaltungsbehörde angehalten werden, diejenigen Einrichtungen zu treffen, welche erforderlich sind, um schädliche Einwirkungen der Zuführung auszuschließen oder möglichst einzuschränken, soweit die Einrichtungen mit dem ordnungsgemäßen Betriebe der Anlage vereinbar sind.

d) Durch die Erlaubnis der Behörde wird jedoch nur die Einwirkung auf das Wasser und mit ihr die durch das Wasser selbst vermittelte Einwirkung auf fremde Grundstücke bewilligt. Wenn infolge der Einleitung der Abwässer übelriechende Gase oder Dämpfe aufsteigen, so gehört die Frage, ob dies zulässig ist und welche Rechtsbehelfe hiegegen gegeben sind, nicht dem Wasserrechte an, sondern ist nach § 906 BGB. zu entscheiden. Die in ihrem Eigentum Beeinträchtigten können den negatorischen Anspruch erheben[1]). Dieser ist aber bei Anlagen, die nach der Reichsgewerbeordnung genehmigt sind, unter Umständen ausgeschlossen (vgl. oben S. 256).

3. Schadensersatzpflicht des Unternehmers.

a) Die Einführung von Flüssigkeiten oder anderen nicht festen Stoffen in Gewässer der in Art. 37 Abs. 1 WG. (s. oben Ziff. 1) bezeichneten Art, verpflichtet unter allen Umständen zum Schadens-

---

[1]) Dittmann BayZfR. 1908, S. 62; Harster-Cassimir Anm. 7 zu Art. 37 vgl. oben S. 96 Anm. 7.

ersatz; wenn die behördliche Erlaubnis fehlt, auf Grund des § 823 Abs. 2 BGB., da das Verbot des Art. 37 Abs. 1 WG. ein Schutzgesetz ist; freilich müssen in diesem Fall die Voraussetzungen des § 823 Abs. 2, also insbesondere Verschulden, gegeben sein; wenn dagegen die behördliche Erlaubnis erteilt ist, besteht die Schadensersatzpflicht des Unternehmers auf Grund des Art. 37 Abs. 5 WG. schlechtweg; es bedarf nicht des Nachweises eines Verschuldens. Der Schadensersatzanspruch ist der Ersatz für die durch Art. 37 WG. in Wegfall gebrachten privatrechtlichen Ansprüche, insbesondere die Eigentumfreiheitsklage, die bei vorliegender Bewilligung der Einleitung gegen die im Rahmen der Bewilligung sich haltende Einleitung[1]) unter keinen Umständen angestellt werden kann.

Der Umfang des Schadensersatzanspruches richtet sich im Uebrigen nach den allgemeinen Vorschriften des BGB. Eine Einschränkung des Ersatzanspruches durch die infolge der Erlaubnis erworbene Priorität findet nicht statt. Der Unternehmer einer nach dem 1. Januar 1908 an einem Adjazentenfluß errichteten, mit der Erlaubnis zur Abwassereinleitung ausgestatteten Zellulosefabrik muß deshalb im Prinzip auch den Schaden ersetzen, den ein Adjazent dadurch erleidet, daß eine Anlage, die er kraft seines Rechtes am Wasser mit behördlicher Bewilligung nach der Errichtung der Zellulosefabrik herstellt, z. B. eine Bleicherei, durch die Abwässer der Fabrik beeinträchtigt oder gar unmöglich gemacht wird[2]). Praktisch werden die Folgen sich nicht so schlimm gestalten. Abgesehen davon, daß die Verwaltungsbehörde bei Bewilligung späterer Anlagen auf die bereits vorhandenen Anlagen Rücksicht nehmen kann, ist aus § 254 BGB. ein Korrektiv abzuleiten.

b) Entschädigungsberechtigt sind diejenigen, welche die Zuführung verbieten könnten, falls keine behördliche Bewilligung vorliegen würde. Hierzu gehören vor allem die Adjazenten der Privatflüsse, aber auch die Fischereiberechtigten, denen übrigens zu aller Vorsorge der Entschädigungsanspruch durch Art. 109 WG. ausdrücklich zugesprochen ist. Der Gemeingebrauch gewährt, wie oben dargetan wurde, keinen subjektiven Anspruch und also auch keinen Ersatzanspruch.

c) Entschädigungspflichtig ist der Unternehmer der Zuführung.

d) Schätzungsverfahren. Ist die Verpflichtung zur Entschädigung dem Grunde nach nicht bestritten, so hat auf Antrag eines Beteiligten die Feststellung der Entschädigung im Wege der Schätzung durch die Distriktsverwaltungsbehörde zu erfolgen (Art. 195 Abs. 1 WG.).

---

[1]) Gegen eine Ueberschreitung der Erlaubnis sind nicht nur die Art. 174, 202 WG. anwendbar, sondern auch die privatrechtlichen Ansprüche gegeben die nirgends entzogen sind. Dittmann BayZfR 1908, S. 62; A. M. Harster-Cassimir Anm. 7 zu Art. 37.

[2]) A. M. Harster-Cassimir Anm. 7 zu Art. 37.

Gegen die Feststellung der Entschädigungssumme durch die Verwaltungsbehörde steht jedem Beteiligten innerhalb einer von der Bekanntgabe der festgestellten Beträge an laufenden Ausschlußfrist von einem Monat die Betretung des Rechtswegs behufs richterlicher Entscheidung über den Betrag der zu leistenden Entschädigung offen (Art. 195 Abs. 2 WG. mit Art. 21 Abs. 1 AG. z. ZPO.). Die Zuständigkeit für diese Klage richtet sich nach den allgemeinen Vorschriften der ZPO., da der einen ausschließlichen Gerichtsstand begründende Art. 21 Abs. 2 AG. z. ZPO. von Art. 195 WG. nicht übernommen wurde.

IV. Die Einbringung von festen Stoffen[1]), welche die Eigenschaften des Wassers *in schädlicher Weise verändern oder auf* den Wasserabfluß und Wasserstand *nachteilig einwirken*, insbesondere das Einwerfen von Schutt, Unrat, Tierleichen sowie das Einlegen von Flachs und Hanf in öffentliche Gewässer, Privatflüsse und Bäche sowie solche geschlossene Gewässer, an denen ein anderer mitberechtigt oder in denen ein anderer fischereiberechtigt ist, ist verboten. Ausnahmen können von der Verwaltungsbehörde in widerruflicher Weise zugelassen werden. Die behördliche Erlaubnis präjudiziert nicht der Frage, ob der Unternehmer privatrechtlich berechtigt ist, diese festen Stoffe einzubringen. Dies ist nur dann der Fall, wenn er Eigentümer ist (§ 903 BGB.) oder wenn er eine sonstige privatrechtliche (dingliche oder obligatorische) Befugnis hat.

Die Einbringung von festen Stoffen, welche weder die Eigenschaften des Wassers in schädlicher Weise verändern noch auf den Wasserabfluß und Wasserstand nachteilig einwirken, ist zulässig, aber nicht für jedermann, sondern nur für die Eigentümer der Gewässer, weil durch die festen Stoffe eine Einwirkung nicht nur auf das Wasser, sondern auch auf das im Privateigentum stehende Flußbett ausgeübt wird. Das ergibt sich aus § 903 BGB. und hiermit steht nicht im Widerspruch die oben vertretene Ansicht, daß zur Einleitung von unschädlichen Flüssigkeiten jedermann befugt sei, denn das ist nur deshalb der Fall, weil an dem fließenden Wasser als solchem kein Eigentum besteht.

### B. Anlagen, welche am 1. Januar 1908 bereits bestanden haben.

Nach § 95 der Ministerialbekanntmachung beziehen sich die Vorschriften des Art. 37 WG. nur auf die nach dem Inkrafttreten des Gesetzes zu genehmigenden Anlagen und deren Aenderungen und sind auf die am 1. Januar 1908 bestehenden Anlagen, durch deren Betrieb die Eigenschaften eines Gewässers in schädlicher Weise verändert werden, nur insoweit anwendbar, als es sich um genehmigungs-

---

[1]) Hierunter fallen auch feste Stoffe, die sich im Wasser auflösen. Eymann Anm. 6 zu Art. 37.

pflichtige Aenderungen an solchen Anlagen handelt. Diese Ansicht ist von Eymann Anm. 4 zu Art. 40 in konsequenter Weise auch auf die zu Unrecht eingerichteten am 1. Januar 1908 bereits bestehenden Anlagen angewendet worden. Hiefür spricht unzweifelhaft der Wortlaut des Gesetzes. Art. 40 Abs. 1 WG. spricht schlechtweg vom Betrieb einer beim Inkrafttreten des Gesetzes bestehenden Anlage und der Abs. 2 des Art. 40 WG. zweigt von einem „solchen Betrieb" die den „bestehenden Rechtsverhältnissen entsprechenden Anlagen" ab, so daß unter einem „solchen Betrieb" auch der Betrieb einer den bestehenden Rechtsverhältnissen nicht entsprechenden Anlage verstanden werden muß. Die Konsequenz, die sich aus dieser an den Wortlaut anschließenden Auslegung ergibt, verträgt sich jedoch nicht mit dem erkennbaren Willen des Gesetzgebers. Der Gesetzgeber wollte die Einleitung der Abwässer im Interesse der übrigen am Wasser Beteiligten einschränken und man kann ihm infolgedessen nicht den Willen zuschreiben, daß er eine nach bisherigem Rechte unzulässige Einleitung von Abwässern mit dem Inkrafttreten des WG. sanktionieren wollte. Der entgegenstehende Wille des Gesetzgebers ist im Art. 40 WG. zum Ausdruck gebracht, indem dort die „Befugnis zur Zuführung" vorausgesetzt wird. Wie auch Eymann in Anm. 7 zu Art. 40 gefühlt zu haben scheint und Harster-Cassimir aus dem Begriffe der Befugnis mit Recht ableitet, muß es sich um eine Anlage handeln, die den bestehenden Rechtsverhältnissen entspricht.

Es ergibt sich demnach für die am 1. Januar 1908 bestehenden Anlagen folgende Beurteilung.

I. Nur diejenigen Anlagen, welche am 1. Januar 1908 die Befugnis zur Einleitung hatten, sind mit der damals bestehenden Befugnis bestätigt. Die Befugnis ist im Sinne eines subjektiven Rechtes aufzufassen, so daß der Gemeingebrauch eine Befugnis nicht darstellt. Die Befugnis war vorhanden:

a) wenn überhaupt zur Zeit der Errichtung der Anlage keine behördliche Bewilligung zur Einleitung erforderlich war und wenn durch die Einleitung auch kein Privatrecht Dritter verletzt wurde, oder

b) wenn die behördliche Bewilligung erteilt war.

Dabei ist zu beachten, daß zumeist nicht durch die Anlage selbst, sondern erst durch deren Betrieb die Eigenschaften des Wassers in schädlicher Weise verändert werden. Die behördliche Bewilligung liegt nicht bloß bei einer ausdrücklichen Bewilligung der Abwässereinleitung vor, sondern auch bei Genehmigung einer Anlage, deren Betrieb die Abwässereinleitung zur notwendigen Folge hat. Unter dieser Voraussetzung ist auch durch die gewerbepolizeiliche Erlaubnis nach §§ 16 oder 25 GO. eine Befugnis zur Einleitung der Abwässer begründet[1]).

---

[1]) Vgl. Eymann Anm. 20 zu Art. 40.

II. Den Inhabern der Anlage stehen vom 1. Januar 1908 an jedoch nicht mehr Rechte[1]) zu, als sie nach bisherigem Rechte erworben hatten:

a) War die Befugnis eine widerrufliche, weil die erforderliche behördliche Bewilligung nur auf Widerruf erteilt war, so ist die Befugnis auch unter der Geltung des neuen Wassergesetzes widerruflich geblieben. Die Verwaltungsbehörde ist also unter den Voraussetzungen, unter denen dies nach altem Recht zulässig war, berechtigt, die Bewillgung zu widerrufen mit der Folge, daß von da ab die Einleitung der Abwässer ausschließlich nach den Art. 37—39 WG. zu beurteilen ist. Insolange aber die Verwaltungsbehörde die Bewilligung nicht widerrufen hat, bleibt die Befugnis zur Einleitung mit dem altrechtlichen Inhalte bestehen.

b) Bestand nach bisherigem Recht ein Entschädigungsanspruch Dritter für die ihnen durch die Einleitung verursachten Schäden, so besteht die Schadensersatzpflicht weiter. Dies gilt auch insoweit, als der Schaden erst nach dem ersten Januar 1908 eintritt. Der Art. 37, Abs. 5 WG. ist für diesen Fall nicht einschlägig[2]). Die Voraussetzungen des Entschädigungsanspruches richten sich vielmehr auch jetzt noch nach altem Recht. Das mag auffällig erscheinen, ist aber eine notwendige Konsequenz des oben entwickelten Grundsatzes, daß sich die Art. 37—39 WG. an sich nicht auf diejenigen Anlagen beziehen, welche die Befugnis zur Einleitung nach altem Recht erworben hatten, daß aber andererseits diese alten Anlagen nicht besser gestellt werden sollten, als dies nach bisherigem Rechte der Fall war. Weil nun das neue Recht für die am 1. Januar 1908 vorhandenen und zur Wassereinleitung befugten Anlagen über die Schadensersatzpflicht keine positive Bestimmung trifft, so würde eine Schadensersatzpflicht überhaupt nicht und in keinem Falle bestehen, wenn man nicht das bisherige Recht in dieser Hinsicht anwenden wollte. Auf diese Weise würden die bestehenden Anlagen hinsichtlich der Schadensersatzpflicht durch das neue Wassergesetz unter Umständen besser gestellt werden, als dies nach bisherigem Rechte der Fall war. Durch Art. 40 WG. wird die nach altem Rechte erworbene Befugnis lediglich aufrecht erhalten; sie wird mit dem Inhalt aufrecht erhalten, den sie nach altem Recht hatte und danach bestand die Befugnis immer nur vorbehaltlich der etwa bestehenden Entschädigungsansprüche[3]).

Nach bisherigem Rechte war die Rechtslage folgendermaßen zu beurteilen: Durch die behördliche Bewilligung zur Einleitung der

[1]) Ueber die Beschränkung dieser Rechte s. unten III.

[2]) Dies ergibt sich auch aus Art. 40 Abs. 2 WG. Dort ist den durch die Einleitung Geschädigten die Verpflichtung auferlegt, die zur tunlichen Minderung der Schädigung erforderlichen Aufwendungen zu tragen, wenn die am 1. Januar 1908 vorhandenen Anlage den bestehenden Rechtsverhältnissen entspricht.

[3]) Art. 58 WBG., der dies für die Privatflüsse bestimmte, wurde auch auf öffentliche Flüsse angewendet.

Abwässer erwarb der Unternehmer die Befugnis, innerhalb der in der Erlaubnis gezogenen Beschränkungen die Abwässer einzuleiten, selbst wenn er hierdurch das Wasser für die übrigen Berechtigten unbrauchbar machte und selbst wenn er in der Lage gewesen wäre, durch geeignete Vorkehrungen diese schädliche Wirkung der Zuführung aufzuheben oder abzuschwächen [1]. Wenn aber den übrigen Wasserberechtigten unter der Annahme, daß die behördliche Bewilligung nicht erteilt wäre, ein Anspruch auf Unterlassung oder Einschränkung der Zuführung zustehen würde, so bleibt ihnen der Anspruch auf Schadenersatz; es müssen aber, abgesehen von der Rechtswidrigkeit der Zuleitung, die übrigen Voraussetzungen des § 823 BGB. vorhanden sein.

Abgesehen von der behördlichen Bewilligung war aber die Ableitung von Wasser mit den Stoffen, welche das Wasser infolge seiner Benützung in sich aufgenommen hatte, in einen Privatfluß zulässig, soferne nur diese Vermischung des Wassers mit fremden Stoffen das Maß des nach den zeitlichen und örtlichen Verhältnissen Gemeinüblichen und Erträglichen nicht überschritt, selbst wenn dadurch die absolute Verwendung des den Unterliegern zufließenden Wassers beeinträchtigt wurde. Rechtswidrig war dagegen die Zuführung immer dann, wenn sie über das Gemeinübliche hinausging [2].

Nach diesen Grundsätzen ist zu entscheiden, ob und in welchem Umfang eine Schadensersatzpflicht für den nach dem 1. Januar 1908 entstandenen Schaden besteht. Nur auf diese Weise wird die Grundlage für die Anwendung des Art. 40 Abs. 2 letzter Satz WG. gewonnen, wonach „etwaige Schadensersatzansprüche Dritter unberührt bleiben".

III. Dagegen müssen sich die Inhaber von Anlagen, die am 1. Januar 1908 mit der Befugnis zur Einleitung ausgestattet waren, nach Art. 40 WG. folgende öffentlich-rechtliche [3] Beschränkungen dieser Befugnis gefallen lassen:

1. Aus Gründen des Gemeinwohls kann dem Besitzer einer solchen Anlage, durch deren Betrieb die Eigenschaften eines öffentlichen oder eines Privatgewässers in schädlicher Weise verändert werden, die Befugnis zur Zuführung von Flüssigkeiten oder anderen nicht festen Stoffen, die eine solche Veränderung bewirken, durch die Verwaltungsbehörden entzogen oder beschränkt werden (Art. 40 Abs. 1 WG.). Eine Entschädigung kann für die Entziehung oder Beschränkung nur dann beansprucht werden, wenn die Befugnis zur Einleitung auf einem Privatrechtstitel beruht (Art. 207 WG.) [4]. Der Ent-

---

[1]) Pözl, Wasserges. S. 157.

[2]) RG. Bd. 16 S. 182, vgl. auch ObLG. NF. Bd. 1 S. 313.

[3]) Bestrittene Rechtsansprüche und Verbindlichkeiten in den Fällen des Art. 40 WG. sind nach Art. 177 WG. Verwaltungsrechtssachen.

[4]) Harster-Cassimir Anm. 1 Z. 3 zu Art. 40.

schädigungsanspruch wird wohl nur für geschlossene Privatgewässer praktisch werden können.

2. Entsteht durch einen solchen Betrieb ein erheblicher Schaden für Dritte, denen Rechte an dem Gewässer zustehen, so kann auf Antrag der Geschädigten oder eines von ihnen der Unternehmer durch die Verwaltungsbehörde angehalten werden, Einrichtungen zu treffen, welche die schädliche Einwirkung der Zuführung von Flüssigkeiten oder anderen nicht festen Stoffen oder von festen Stoffen ausschließen oder möglichst einschränken, soweit die Einrichtungen mit dem ordnungsmäßigen Betriebe der Anlage vereinbar sind (Art. 40 Abs. 2 Satz 1 WG. vgl. hiezu oben S. 256f.). Handelt es sich um eine den bestehenden Rechtsverhältnissen entsprechende Anlage, so hat der Antragsteller dem Unternehmer die Kosten der Einrichtung zu ersetzen (Art. 40 Abs. 2 WG.). Der in Art. 40 Abs. 2 letzter Satz vorbehaltene etwaige Schadensersatzanspruch kann aber nach Maßgabe der oben unter II entwickelten Grundsätze dazu führen, daß der Antragsteller die ihm nach öffentlichem Recht zufallenden Kosten der Einrichtung auf Grund seines privatrechtlichen Anspruchs auf Schadensersatz auf den Unternehmer abwälzen kann.

IV. Für diejenigen am 1. Januar 1908 bestehenden Anlagen, welchen eine Befugnis zur Einleitung in dem oben erwähnten Sinne nicht zustand, gelten Art. 37—39 WBG. Wenn zwar die Befugnis zur Einleitung in einem gewissen Umfange am 1. Januar 1908 bestand, die Einleitung aber über diesen Umfang hinaus geschehen soll, so sind eben insoweit ebenfalls die Artikel 37—39 WBG. in Anwendung zu bringen.

## § 56. Fischereirechte[1]).

Die Rechtsverhältnisse der Fischereiberechtigten sind durch das Bayer. Fischereigesetz vom 15. August 1908 geregelt. Dieses Gesetz gibt eine einheitliche Regelung der fischereirechtlichen Bestimmungen sowohl vom Standpunkt des bürgerlichen als des öffentlichen Rechtes, wobei der Fischerei im Hinblick auf ihre hohe volkswirtschaftliche Bedeutung eine ausgiebige Förderung und der erforderliche Schutz gewährt wird.

### I. Rechtliche Natur des Fischereirechtes.

Das Fischereirecht gibt nach Art. 1 Fisch.Ges. die Befugnis, in einem Gewässer Fische, Krebse und andere nutzbare Wassertiere, soweit sie nicht Gegenstand des Jagdrechtes sind, zu hegen und sich anzueignen. Das Hegerecht gibt die ausschließliche Befugnis, Maßnahmen zur Züchtung und Erhaltung eines angemessenen Fisch-

---

[1]) Literatur: Bleyer, Das Fischereigesetz für das Königreich Bayern (J. Schweitzer); von Malsen und Hofer, Das bayerische Fischereirecht (C. H. Beck).

bestandes zu treffen[1]) und andere von einer Beeinträchtigung des Fischbestandes abzuhalten[2]).

Es ist zu unterscheiden zwischen den Fischereirechten, die den Eigentümern der Gewässer als Ausfluß ihres Eigentums zustehen, zu denen insbesondere die Fischrechte der Anlieger von Privatflüssen gehören und den Fischereirechten, die dritten Personen als dingliche Rechte an fremden Gewässern zustehen[3]).

Das Eigentum an einem Gewässer schließt regelmäßig das Fischrecht in sich.

Eine Wasserbenützung im eigentlichen Sinne des Wassergesetzes liegt in der Ausübung der Fischerei nicht. Das Recht des Eigentümers eines Gewässers zum Fischen ist begründet durch Art. 3 FischG., der bestimmt: Insoweit nicht auf besonderen privatrechtlichen[4]) Rechtsverhältnissen[5]) beruhende Rechte Dritter Personen bestehen, ist fischereiberechtigt

1. in öffentlichen Gewässern der Staat,

2. in Privatgewässern der Eigentümer des Gewässers.

Die Art. 9—17 FischG. beziehen sich ausschließlich auf die dritten Personen als dingliche Rechte an fremden Gewässern zustehenden Fischereirechte, vom Gesetz als selbständige Fischereirechte[6]) (Art. 9 FischG.) bezeichnet. Für diese gelten die sich auf Grundstücke beziehenden Vorschriften (Art. 9 Abs. 1 FischG.). Deshalb ist für einen Vertrag, durch den sich der Inhaber des Fischereirechtes zu dessen Veräußerung verpflichtet, die Form des § 313 BGB. erforderlich. Für Streitigkeiten über Fischereirechte ist der dingliche Gerichtsstand des § 24 ZPO. begründet; die Zwangsvollstreckung im Fischereirechte richtet sich nach dem Gesetze über die Zwangsversteigerung und Zwangsverwaltung[7]).

Für den Erwerb der selbständigen Fischereirechte finden die für den Erwerb des Eigentums geltenden Vorschriften entsprechende Anwendung (Art. 9 Abs. 2 Fisch.G.). Auch hier ist zu unterscheiden zwischen dem obligatorischen Grundgeschäft und dem dinglichen Vertrag (vgl. oben S. 295). Für das obligatorische Grundgeschäft, durch welches die obligatorische Verpflichtung zur Bestellung des Fischereirechts eingegangen wird, hat das Fisch.G. keine besondere Bestimmung getroffen. Es bedarf der Form des § 313 BGB., weil für die Verpflichtung zur Begründung eines Fischereirechtes nicht geringere

---

[1]) ObLG. NF. Bd. 6 S. 635.

[2]) ObLG. NF. Bd. 4 S. 12; Bleyer, FischG. Anm. 2 zu Art. 1.

[3]) Vgl. Bleyer S. 27.

[4]) Malsen S. 153.

[5]) Vgl. Entsch. OGH. Bd. 7 S. 264 und S. 239; SeuffBl. Bd. 34 S. 394.

[6]) Wohl zu unterscheiden von den wirtschaftlich selbständigen Fischereibetrieben (Bleyer S. 37) s. hierüber unten III.

[7]) Weitere Folgen s. Bleyer S. 40.

Erfordernisse verlangt werden können, wie für die Verpflichtung zur Veräußerung eines bereits bestehenden Fischereirechtes[1]).

Für den dinglichen Vertrag (vgl. oben S. 295) gilt die Sondervorschrift des Art. 13 FischG. wonach die zur Bestellung eines Fischereirechts erforderliche Einigung des Eigentümers des Gewässers und des Erwerbers des Fischereirechts bei gleichzeitiger Anwesenheit beider Teile vor dem Grundbuchamte oder einem bayerischen Notar erklärt werden muß. Aus Art. 14 Abs. 5 FischG. ist zu folgern, daß die Eintragung im Grundbuch zur Entstehung eines Fischereirechts nicht erforderlich ist[2]).

Das selbständige Fischereirecht ist seiner rechtlichen Natur nach ein dingliches, mit Grundstücksnatur ausgestattetes Nutzungsrecht besonderer Art[3]), welches entweder — und zwar ist das die Regel — gleich einem Erbbaurecht frei veräußerlich oder vererblich ist (Art. 9 FischG.) oder dem Inhaber nur in seiner Eigenschaft als Eigentümer eines bestimmten Grundstückes oder aber dem Inhaber rein persönlich, nicht auch seinen Rechtsnachfolgern zusteht (Art. 10 FischG.). In keinem Falle ist das Fischereirecht als Dienstbarkeit zu betrachten. Bestehende Fischereirechte, welche nach dem bisherigen Rechte Dienstbarkeiten waren[4]), gelten von dem Inkrafttreten des FischG. an, sofern sie Grunddienstbarkeiten waren, als Fischereirechte, welche zu Gunsten des jeweiligen Eigentümers eines Grundstückes und sofern sie beschränkte persönliche Dienstbarkeiten waren, als Fischereirechte, welche zu Gunsten einer bestimmten Person bestellt sind. Die Neubegründung eines Fischereirechtes als Dienstbarkeit ist unzulässig (Art. 15 FischG.).

II. Räumliche Ausdehnung des Fischereirechts.

Der Fischereiberechtigte am Hauptteil eines Flusses ist vorbehaltlich besonders begründeter Rechtsverhältnisse auch in den Abzweigungen des Flusses fischberechtigt (Art. 4 FischG.).

Für den Fall der natürlichen wie der künstlichen Veränderung des Laufes eines Gewässers wird in Art. 5 FischG. Bestimmung getroffen, während durch Art. 6 FischG. dem Fischereiberechtigten die ausschließliche Befugnis eingeräumt wird, während der Ueberflutung von Grundstücken auf diesen zu fischen (Art. 6 Abs. 1 FischG.). Auch nach dem Rücktritt des Wassers hat der Fischereiberechtigte eine Woche lang das ausschließliche Recht die in Vertiefungen zurückgebliebenen Fische sich anzueignen (Art. 6 Abs. 3 FischG.). In beiden Fällen

[1]) Malsen S. 199; Bleyer Bem. 3 zu Art. 13.

[2]) § 6 JMBek. vom 15. März 1909 (JMBl. S. 136 ff.); Malsen S. 198; AM. Bleyer Bem. 1 zu Art. 13.

[3]) Malsen S. 207.

[4]) Nach bisherigem Recht wurden die dinglichen Fischereiberechtigungen Dritter regelmäßig nach den Grundsätzen der Servituten beurteilt. Vgl. Staudinger in Stengels Wörterbuch des deutschen Verwaltungsrechts Bd. 1 S. 409. SeuffBl. Bd. 25 S. 104.

hat der Fischereiberechtigte den durch Ausübung der Fischerei allenfalls entstandenen Schaden zu ersetzen (Art. 6 Abs. 1 und 3 FischG.); Vorkehrungen, welche den Zweck haben die Rückkehr des Wassers und der Fische in das Wasserbett zu hindern, dürfen nicht angebracht werden (Art. 6 Abs. 3 FischG.).

III. Ausübung des Fischereirechtes.

Der Inhaber des dinglichen Fischereirechtes ist in folgenden Fällen nicht befugt, die Fischerei auszuüben:

a) Eine Fischereiberechtigung, welche bisher von den Einwohnern oder von Angehörigen einer Gemeinde oder Ortschaft als solche ausgeübt worden, geht auf die Gemeinde oder Ortschaft zur Ausübung über (Art. 7 Abs. 1 FischG.). Die dingliche Fischereiberechtigung der Einwohner oder Angehörigen selbst ist dadurch nicht aufgehoben. Die Gemeinde hat die Fischerei auf Rechnung der Berechtigten auszuüben [1]).

b) Zur Ausübung des Fischereirechtes ist in der Regel nur derjenige befugt, dessen Recht auf einen solchen räumlichen Umfang des Gewässers sich erstreckt, daß hierdurch eine ordnungsmäßige und nachhaltige Bewirtschaftung ermöglicht ist (Selbständiger Fischereibetrieb, Art. 18 FischG.). Fischereirechte von einem den Voraussetzungen des Art. 18 nicht entsprechenden räumlichen Umfang werden durch die Verwaltungsbehörde zu einem gemeinschaftlichen Fischereibetriebe vereinigt (Art. 19 FischG.). Die Fischerei in einem gemeinschaftlichen Fischereibetrieb darf gemäß Art. 20 FischG. nur ausgeübt werden durch besonders aufgestellte Fischer, durch Verpachtung auf gemeinsame Rechnung, auf genossenschaftlichem Wege (Art. 20 FischG.) oder durch die Gemeinde (Art. 21 FischG.).

Die Ausübung von Fischereirechten, welche weder einen selbständigen Fischereibetrieb bilden, noch einem gemeinschaftlichen Fischereibetriebe angehören, ist auf Antrag dem Inhaber eines im gleichen Wasserlauf bestehenden, selbständigen Fischereibetriebes und, falls ein solcher nicht vorhanden ist, dem Inhaber des selbständigen Fischereibetriebes in der angrenzenden Gewässerstrecke gegen eine angemessene jährliche Entschädigung zu überlassen (Art. 22 FischG.).

c) Wenn an derselben Gewässerstrecke mehrere Fischereirechte bestehen oder wenn an derselben Gewässerstrecke mehreren Personen ein Fischereirecht zusteht (Koppel-Fischerei, Art. 24 FischG.), so darf diese Koppelfischerei, soferne sie erst nach dem 1. April 1909 entstanden ist [2]), regelmäßig (die Verwaltungsbehörde kann Ausnahmen gestatten)

---

[1]) § 15 JMBek. vom 19. März 1909.

[2]) Die Neubegründung von Koppelfischereirechten oder Anteilsrechten an solchen durch Rechtsgeschäft unter Lebenden ist unzulässig (Art. 25 FischG.); Bleyer Anm. 1 zu Art. 25.

nur durch einen Vertreter oder durch Verpachtung oder durch Anschluß an eine Genossenschaft ausgeübt werden (Art. 25 Abs. 2 FischG.).

d) Gemeinden und Stiftungen können die ihnen zustehende oder zur Ausübung übertragene Fischerei, soferne sie nicht einer Genossenschaft angeschlossen sind, nur durch besonders aufgestellte Fischer oder durch Ausstellung von Erlaubnisscheinen nützen (Art. 30 Abs. 1 FischG.). Diese Vorschrift gilt nicht für Pfründestiftungen (Art. 30 Abs. 3 FischG.).

IV. Eigentumsbeschränkung zugunsten der Fischereiberechtigten.

a) Der zur Ausübung der Fischerei Berechtigte sowie dessen Hilfs- oder Aufsichtspersonen sind befugt, unter Einhaltung der zur Vermeidung von Beschädigungen erforderlichen Vorsicht fremde Ufergrundstücke, jedoch nicht auch eingefriedigte Grundstücke (Art. 70 Abs. 3 FischG.), Brücken, Wehre und Schleusen zu betreten, an ihnen Schiffe sowie zum Fange oder zur Aufbewahrung bestimmte Geräte zu befestigen, soweit dies zur ordnungsmäßigen Ausübung der Fischerei sowie zur Pflege und zur Beaufsichtigung des Fischwassers erforderlich ist (Art. 70 Abs. 1 FischG.). Für den hiedurch verursachten Schaden haftet neben dem Urheber des Schadens der zur Ausübung der Fischerei Berechtigte als Gesamtschuldner (Art. 70 Abs. 2 FischG.).

b) Die Eigentümer der Grundstücke haben die Errichtung von Zeichen zur Abgrenzung der Fischereirechte (Abmarkung) zu dulden (Art. 71, 12 FischG.).

c) Die Eigentümer von Wehren, Schleusen, Dämmen oder anderen Wasserwerken, welche den Zug der Fische nach auf- oder abwärts verhindern oder erheblich beeinträchtigen, können von der Verwaltungsbehörde angehalten werden, auf ihre Kosten geeignete Fischwege anzulegen und zu unterhalten (Art. 75 Abs. 1 FischG.). Die gleiche Verpflichtung kann nach Art. 75 Abs. 2 und 3 gegen Schadloshaltung den Eigentümern der zur Zeit des Inkrafttretens des Fischereigesetzes (1. April 1909) bestehenden Wasserwerke auferlegt werden.

d) Zum Schutze der Fischerei gegen Beschädigung durch Triebwerke kann dem Eigentümer der Anlage durch die Verwaltungsbehörde jederzeit die Herstellung und Unterhaltung von Vorrichtungen auferlegt werden, welche das Eindringen der Fische in die Triebwerke verhindern (Art. 76 Abs. 1 FischG.). Die Eigentümer der zur Zeit des Inkrafttretens des Fischereigesetzes bereits bestehenden Triebwerke haben die Herstellung und Erhaltung solcher Vorrichtungen nach Maßgabe des Art. 70 Abs. 2 FischG. zu dulden.

e) Die Verwaltungsbehörde kann auf Antrag dem Fischereiberechtigten erlauben, auf geringwertigen im Ueberflutungsbereich eines Fischwassers gelegenen Grundstücken gegen Entschädigung des Grundeigentümers Gräben anzulegen und zu unterhalten, um den Fischen das Zurückgehen in das Fischwasser zu ermöglichen (Art. 6 FischG.).

f) Ueber die Befugnis des Fischereiberechtigten auf überfluteten Grundstücken zu fischen s. oben II.

V. Schutz des Fischereirechtes.

Dem Inhaber des dinglichen Fischereirechtes steht in Gemäßheit des Art. 9 FischG. mit § 1004 BGB. bei Störung des Fischereirechts der Anspruch auf Beseitigung der Beeinträchtigung und Unterlassung weiterer Beeinträchtigung zu[1]). Durch Art. 16 Abs. 1 FischG. ist die Ausübung des selbständigen Fischereirechts ohne weiteres dann geschützt, wenn das Fischereirecht in das Grundbuch eingetragen ist. Alsdann ist jeder, der das Fischereirecht als fremdes Recht ausübt, also insbesondere auch die Personen, welche das Recht für den Inhaber ausüben[2]), nach den für den Besitzschutz geltenden Vorschriften[3]) gegen Störung der Ausübung geschützt. Ist das Fischereirecht nicht in das Grundbuch eingetragen, so wird der Besitzschutz nur dann gewährt, wenn das Fischereirecht in jedem der drei letzten Jahre vor der Störung mindestens einmal ausgeübt worden ist (Art. 16 Abs. 2 FischG., vgl. oben S. 376 und 380).

Die Beeinträchtigung der Eigentums-Fischereirechte richtet sich nach den allgemeinen Vorschriften; sie wird also mit der Eigentumfreiheitsklage des § 1004 und der Besitzstörungsklage des § 861 BGB. abgewehrt[4]). Nicht ohne weiteres erstreckt sich der Besitz am Ufergrundstück auch auf den Privatfluß. Ob ein Besitz am Privatfluß vorhanden ist, muß nach Lage des Einzelfalles entschieden werden. Nutzt der Anlieger das Wasser des Privatflusses, so liegt der zur Anstellung der Besitzklage gegen das Fischen eines Dritten genügende Besitzstand regelmäßig auch dann vor, wenn der Anlieger die Fischerei nicht ausgeübt hat; anders wäre zu entscheiden, wenn ein beim Prozeß nicht beteiligter Dritter bislang die Fischerei ungestört ausgeübt hat.

---

1) Vgl. hierzu oben S. 232 ff.

2) Z. B. Der Pächter, nicht aber die Inhaber von Erlaubnisscheinen und die Fischereigäste (Bleyer, Anm. 3 zu Art. 16, Malsen S. 209).

3) S. hierüber oben S. 275 ff.

4) Vgl. Bleyer, Anm. 9 zu Art. 9.

# Sachregister.

(Die Zahlen verweisen auf die Seiten.)

## A.

## B.

## F.

## J.

## K.

## M.

## T.



## U.

## W.

## Z.

FSC
www.fsc.org
MIX
Papier | Fördert
gute Waldnutzung
FSC® C083411

Kolibri 360 GmbH
Ferdinand-Jühlke-Straße 7
99095 Erfurt, Deutschland
produktsicherheit@kolibri360.de